U0915492

中共北京市通州区委党史工作办公室
北京市通州区地方志办公室
编

图书在版编目（CIP）数据

北京通州年鉴. 2015 / 中共北京市通州区委党史工作办公室，北京市通州区地方志办公室编. — 北京：方志出版社，2015.11
ISBN 978-7-5144-1829-3

Ⅰ. ①北… Ⅱ. ①中… ②北… Ⅲ. ①通州区—2015—年鉴 Ⅳ. ①Z521.3

中国版本图书馆CIP数据核字(2015)第292663号

北京通州年鉴（2015）

编　　者：中共北京市通州区委党史工作办公室
　　　　　北京市通州区地方志办公室
责任编辑：梅中英
出 版 人：冀祥德
出 版 者：方志出版社
　　　　　地址　北京市朝阳区潘家园东里9号（国家方志馆4层）
　　　　　邮编　100021
　　　　　网址　http://www.fzph.org
发　　行：方志出版社发行中心
　　　　　电话(010) 67110500
经　　销：各地新华书店
印　　刷：廊坊飞腾印刷包装有限公司
开　　本：889×1194　1/16
印　　张：34.5
字　　数：968 千字
版　　次：2015 年 11 月第 1 版　2015 年 11 月第 1 次印刷
印　　数：0001～3000 册
ISBN 978-7-5144-1829-3　定价：150.00元

地　　址：北京市通州区玉带河西街3号
电　　话：010—69543594
电子邮箱：tongzhounj@126.com
年鉴联系群：（QQ）159193072

编　辑　说　明

一、《北京通州年鉴》是一部大型的综合性资料工具书。在北京市通州区委、区政府的领导下，由区委党史工作办公室、区地方志办公室具体承编。

二、本年鉴以马克思列宁主义、毛泽东思想、邓小平理论、“三个代表”重要思想和科学发展观为指导，以经济建设为中心，坚持四项基本原则，科学地反映客观情况。

三、本年鉴采用文(文献或专文)、鉴(条目)、记(大事记)、图(图片、照片)、表(统计表)、录(附录)六种体裁，以鉴为主体，用规范的语体文、记述体直陈其事，文字力求言简意赅。

四、本年鉴从1999年开始逐年编辑。当年出版的年鉴全面汇集上一年度北京市通州区政治、经济、文化、社会发展等诸方面的重大事件和新的情况，为各级领导决策提供参考依据，为各行各业提供有价值的信息资料，为各方面人士了解通州提供全面情况和最新信息。本年鉴为本室连续出版的第17部，反映2014年1月1日至12月31日期间情况(部分内容依据实际情况时限略有上溯或下延)，文中一般直书月、日，不再写年份。本年鉴农用面积采用亩为计量单位。

五、本卷年鉴由特载、专文、大事记、正文、附录及彩页等部分组成。正文部分设有综述，党派，政权·政治协商，群众团体，法治·武装，经济管理，金融，农业，工业·信息化·建筑业，商贸·旅游·运输·房地产开发，城乡建设，市政管理，科教文卫体，社会生活，街道，乡镇，组织机构及负责人，先进单位、先进个人，统计表共19个类目，122个分目，106个子目，1894个条目。

六、本卷年鉴收有通州区副处级以上机构及副处级以上党政实职领导干部名录，并收录2014年内获得市以上各类先进人物、先进单位名单。

七、选入年鉴的文章和条目，均由各部门各单位确定专人撰写，经本部门、单位主管领导审阅，并经由区地方志编纂委员会审查。一人提供多个条目的，只在最后一个条目后署名，不再一一署名。统计资料由统计局提供。照片由各单位提供。

八、本年鉴的编辑工作得到各撰稿单位及各方面的热情关怀和大力支持，在此深表谢意。由于水平有限，对本书的疏漏之处与不足，恳请各界批评指正，以利于今后改进。

调研与视察

4月3日，中央政治局委员、北京市委书记郭金龙（右三）调研北环环隧项目建设

（新奥通城房地产开发有限公司提供）

3月14日，中科院遗传与发育生物研究所领导到北京通州国际种业科技园区调研　　（于家务回族乡提供）

◀ 北京市委常委、宣传部长李伟（右一）到通州调研　　（区委宣传部提供）

▶ 北京市副市长林克庆（左四）到通州调研小中河情况

（水务局提供）

◀ 10月21日，市委第九督导组领导到永顺镇调研

（永顺镇提供）

11月29日，通州区区委书记杨斌（左五）视察核心启动区建设　　（新奥通城房地产开发有限公司提供）

5月30日，通州区区委书记王云峰（左三）听取红领巾小导游介绍学校运河文化展览　　（团区委提供）

6月1日，通州区区长岳鹏（左六）到张湾中心校慰问　　（张家湾镇提供）

通州区人大常委会主任张文山（右三）在科协会员日期间慰问神舟绿鹏院士专家工作站　　（科协提供）

通州区政协主席王春元（右四）在科协会员日期间慰问中捷四方研发推广专家团队　　（科协提供）

通州区区委副书记、政法委书记李玉君（左四）在科协会员日期间慰问陆航学院科研团队　　（科协提供）

群众路线

群众路线专题报告会　　　　　　（区委宣传部提供）

团区委群众路线教育实践活动动员大会　　　　　　（团区委提供）

台湖镇党的群众路线教育实践活动动员部署大会　　　　　　（台湖镇提供）

3月5日，农业局党的群众路线教育实践活动动员会　　　　　　（农业局提供）

3月14日，邮政局党的群众路线教育实践活动动员大会　　　　　（邮政局提供）

城管执法局党的群众路线教育实践活动动员部署会　　　　　（城管监察局提供）

京哈南辅线工程完成　　（公路局提供）

宋梁路预防性养护工程完成　　（公路局提供）

武兴路大修工程完成　　（公路局提供）

竣工后的小中河　　（水务局提供）

竣工后的运潮减河　　（水务局提供）

通惠河一期景观工程　　（水务局提供）

医疗中心建设　　　　　　　　（漷县镇提供）

玉带路强排站施工现场　　　　　　　　（水务局提供）

于家府沟渠衬砌工程　　（水务局提供）

7月28日，通州区第一个个人电动车充电桩在马驹桥镇落成　　（供电公司提供）

演练

▶ 通州区二中应急逃生演练

（红十字会提供）

◀ 5月23日，区园林绿化局举办防汛演练

（园林绿化局提供）

▶ 5月20日，通州供电公司联合通州区发改委、应急办、消防支队及“120”救护中心进行有限空间应急演练

（供电公司提供）

执法

◀ 过期农药回收

（农业局提供）

▶ 农安科协同市农业局畜牧处对通州区生鲜乳收购站进行检查　　（农业局提供）

◀ 农药管理站在超市检查农药相关产品　　（农业局提供）

查抄小广告窝点　　　　　　（城管监察局提供）

夜查无准运证渣土车　　　　　　（城管监察局提供）

交通秩序大整治　　　　　（城管监察局提供）

燃气安全联合执法检查　　　　　（市政管委提供）

宣传

▶ 4月24日，知识产权宣传活动进学校　（知识产权局提供）

◀ 5月4日，永顺镇“围剿生态环境新四害 助力北京城市副中心大发展”五四主题活动在龙旺庄学校举行

（永顺镇提供）

▶ 5月22日，玉桥街道交通安委会走进辖区幼儿园开展宣传活动　（玉桥街道提供）

4月23日，新华街道开展法治宣传活动日　　　　　　（新华街道提供）

6月16日，永顺镇开展安全知识宣传活动　　　　　　（永顺镇提供）

2014科普行——走进马驹桥镇新海北里社区 （马驹桥镇提供）

开展社会宣传活动 （城管监察局提供）

歌华有线通州分公司参加社区文化节活动　　　　　（歌华有线公司通州分公司提供）

举办“国际志愿者日”活动　　　　　（北苑街道提供）

▶ 9月5日，“天涯共此时 相聚运河源”中秋晚会在运河文化广场举行 （永顺镇提供）

◀ “2014北京金福艺农番茄文化节”正式拉开帷幕，图为别开生面的番茄宝宝走秀活动 （台湖镇提供）

9月23日，“中国梦 通州梦”——通州区庆祝中华人民共和国成立65周年文艺汇演在北京现代音乐学院举行 （区委宣传部提供）

▶ 开展清明节主题活动
（马驹桥镇提供）

◀ 通州区承办“中国道德文化宣传（北京）社区行”系列活动之“精彩北京人”文艺节目市级选拔赛活动现场
（文明办提供）

▶ 4月21日，于家务回族乡花仙子万花园举办第二届“冰岛虞美人节”活动
（于家务回族乡提供）

◀ 通州区老年养生、摄影协会揭牌成立 （老干部局提供）

▶ 由北京市文联党组副书记王德新（原）（左四）和通州区委常委宣传部长王杰群（左三）共同为乡村书画讲堂揭牌

（轩鑫芳摄、文联提供）

◀ 区关工委领导为教育基地运河瓷画馆揭牌 （关工委提供）

▶ 10月31日上午，中加新能源汽车电驱动项目成果发布会暨北京佩特来电机驱动技术公司投产典礼在宋庄镇白庙工业区举行

（宋庄镇提供）

◀ 10月29日，北京工业大学实验学院信息工程系与华莱坞（北京）数字科技有限公司签署校企合作协议

（北工大提供）

▶ 12月23日，通州区与山东省庆云县举行战略合作签约仪式

（园区管委会提供）

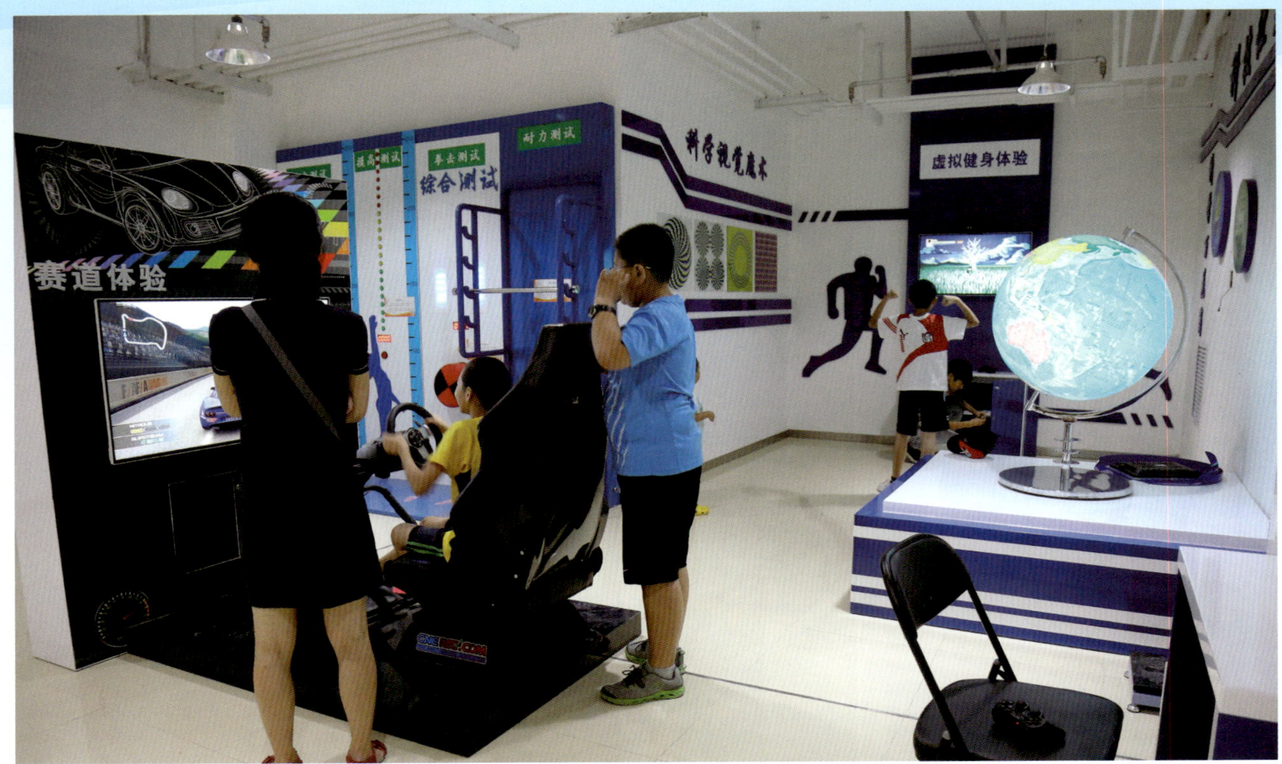

北苑街道科普基地落成　　　　（北苑街道提供）

举办世界台球团体锦标赛　　　　（体育局提供）

目录 CONTENTS

特　载

专　文

大事记

综　述

党　派

中国共产党北京市通州区委员会

政权·政治协商

群 众 团 体

通州区总工会

共青团通州区委员会

通州区妇女联合会

通州区工商业联合会

通州区残疾人联合会

通州区科学技术协会

经　济　管　理

私营个体经济

消费保护与监管

质量技术监督

规划管理

国土资源管理

行政服务工作

工业·信息化·建筑业

工　业

园　区

科教文卫体

科　技

教　育

社会组织

街　　道

中仓街道

新华街道

北苑街道

玉桥街道

乡　　镇

永顺镇

组织机构及负责人

先进单位、先进个人

统 计 表

附　　录

特载

通州区委书记杨斌（左二）调研漷县花卉（漷县镇提供）

继往开来　奋力拼搏
以更高的标准推进城市副中心建设

——2014年12月10日在中共北京市通州区委五届七次全体（扩大）会议上的报告

中共北京市通州区委书记　杨　斌

现在,我受区委常委会委托，向全会作工作报告。

2014年的主要工作

今年以来，在市委、市政府的坚强领导下，区委常委会深入贯彻党的十八大、十八届三中、四中全会和市委有关会议精神，牢牢把握稳中求进的工作总基调，认真落实“发展搞上去、人口降下来、生态好起来”的新要求，谋全局、议大事，先后召开27次常委会议，就深入开展党的群众路线教育实践活动、推进经济结构转型升级、破解城乡建设难题、加快社会事业发展、创建全国文明城区等重大问题作出决策部署，扎实推进各项工作，城市副中心建设开创新局面。重点抓了八个方面的工作：

一、坚定不移转作风，群众路线教育实践活动成效显著

常委会紧扣为民务实清廉主题，以“转作风、强组织、惠民生”为目标，聚焦整治“四风”，在全区深入开展了党的群众路线教育实践活动。坚持高标准、严要求，自觉将“标尺一”抬高到“标尺三”，扎实推进各环节工作。坚持领导带头，发挥示范效应，有效激发了各级领导干部内生动力。坚持整风精神，辣味十足开好专题民主生活会和组织生活会。坚持问题导向，下大力气推动整改落实，取得了重要成果。通过教育实践活动，加强了思想理论武装，党员干部理想信念和宗旨意识进一步增强。恢复和发扬了批评和自我批评的优良传统，党内政治生活进一步规范。有效整治了“四风”突出问题，文风、会风明显好转，群众反映强烈的公款吃喝、公车私用等问题得到全面遏制，“三公经费”支出大幅下降。建立完善各类制度259项，制度体系更加健全。广大党员干部工作作风明显好转，为群众办实事、好事2000多项，赢得了群众的充分认同，党群、干群关系进一步密切。

二、坚定不移抓发展，经济转型升级步伐加快

坚持以提高发展质量和效益为核心，着力调结构、转方式，经济运行呈现稳中有进、稳中向好的积极态势。经济结构进一步优化，非住宅类房地产开发比重不断上升，打造了万达广场等一批新商圈，金融企业加快聚集，楼宇经济不断壮大。园区转型升级不断加快，腾笼换鸟工作取得积极进展，“园中园”项目逐渐成为园区经济的新增长点。招商引资呈现出由土地招商为主向楼宇招商、园中园招商为主的新变化。淘汰落后产能工作走在全市前列。顺利完成万元GDP能耗下降的指标任务。积极推动“新三起来”工程，农业产业化进程不断加快，国际种业园区等园区农业形成区域特色品牌。全区经济在调整优化中保持平稳较快发展，预计全年实现地区生产总值550亿元，增长10%左右；地方公共财政预算收入60亿元，增长13.4%；全社会固定资产投资额670亿元，增长13.4%；社会消费品零售额300亿元，增长10.1%。

三、坚定不移抓“一核五区”建设，城乡发展协调并进

“一核五区”建设迈上新台阶，建立完善了关于土地一级开发、项目管理等制度，新城核心区重点地块全部实现上市，重大基础设施建设基本完工，产业项目进入全面建设期。文化旅游区环球影城主题公园项目正式获得国家发改委核准，配套市政基础设施启动建设。国际医疗服务区被确定为社会办医国家联系点。环渤海高端总部基地土地一级开发和重点工程进展顺利。宋庄文化创意产业集聚区基础设施和产业项目建设加快推进，成功举办2014中国艺术品产业博览交易会。国际组织聚集区战略规划取得阶段性成果。城市副中心的发展主框架渐次拉开。各功能区周边主干路网和联络线建设加快推进，地铁M6线二期即将通车运行，城市供热系统整合和供气保障体系建设全面推进。乡镇中心区建设加快，城镇化步伐不断加快。新农村建设各项工程成效明显，在全市率先实现“送气下乡”惠民工程全覆盖，完成11项农村基础设施管护工作，农村地区公共服务和产业承接能力不断增强。

四、坚定不移抓创城，城市形象明显改善

创城工作取得重大突破，顺利通过北京市全国文明城区提名资格综合测评，全面提升了各项工作水平。一是环境秩序发生明显改善。启动了公交站台港湾式改造等工程，进一步优化公交线路，倡导绿色出行，通过净化行动，打击“黑三轮”“黑摩的”，交通环境得到明显改善。平原造林任务全面完成，清洁空气行动计划得到有效落实。集中开展露天烧烤、占道经营等城市顽疾专项整治，严厉打击违法用地违法建设，违法建售“小产权房”势头得到有效遏制。二是群众文化生活更加丰富多彩。不断加强公共文化设施建设，在全市率先推出移动图书馆和电子图书借阅服务，成功举办2014北京通州运河艺术节、第二届北京七夕文化节、“繁荣杯”演艺大汇等文化活动。配合市有关部门成功完成大运河申遗工作。三是市民文明素质进一步提升。“道德讲堂”“通州榜样”等精神文明创建活动异彩纷呈，“六小”道德实践活动被评为首都未成年人思想道德建设十大品牌。四是政务环境明显改善，对全区所有法定职权和便民服务事项进行全面清理评估，稳步推进行政审批制度改革,优化投资项目审批流程，在全市率先推出企业注册登记“三证合一”制度并向乡镇延伸，进一步改善了发展环境。

五、坚定不移抓民生改善，公共服务水平持续提升

民生投入力度不断加大，人民群众切实从发展中得到实惠。城乡公共就业创业服务体系进一步健全，失业率控制在1.97%的较低水平。学前教育快速发展，贡院小学、永乐店中学等一批中小学校建成投入使用，规范义务教育入学招生工作，教育资源布局进一步优化，教学质量不断提升。潞河医院、新华医院等重点工程建设取得明显进展，与优质医疗资源对接工作步伐加快，建立起全市首家中医医联体。切实推进各项保险政策从制度全覆盖向人群全覆盖转变，养老金、低保标准等保障待遇持续提高。保障性住房建设和老旧小区综合整治任务进展顺利。城市居民人均可支配收入、农村居民人均纯收入同比分别增长10%、12%。网格化社会服务管理体系和平台建设实现城乡全覆盖，城乡社区建设取得新成绩，楼门文化建设进一步拓展提升。

六、坚定不移促和谐，社会更加安全稳定

切实加强对人大、政协工作的领导，支持人大积极履行监督职能，依法决定重大事项，支持政协围绕城市副中心建设广泛调研、献计献策。扎实开展“六五”普法工作。充分发挥各民主党派、工商联和无党派人士的作用，认真做好民族、宗教、对台、双拥共建和老干部工作，圆满完成工会、共青团、妇联和科协的换届工作，群团组织的桥梁纽带作用进一步发挥。调整理顺流动人口服务管理体制机制，建立全区人口动态监测台账，全面开展流动人口和出租房屋摸排调查工作，12个市区两级挂账群租房小区得到有效整治。加强社会矛盾排查化解，解决了一批重点疑难案件。强化社会治安综合治理，大图像三期建设进展顺利，老旧小区安防工程扎实推进，村庄社区化管理覆盖面进一步扩大，“两网三格局”的立体化社会治安防控体系全面建成，并荣获全国先进典型。牢牢把握对敌斗争主动权，严格落实反恐防暴工作措施，有效预防和处置突发事件，加强对各类重点人员管控，加大违法犯罪行为打击力度和治安乱点的整治力度，圆满完成新中国成立65周年、APEC会议等安保任务。健全完善安全生产隐患排查治理体系。社会稳定根基进一步筑牢，群众安全感明显提升，全区社会保持安全稳定。

七、坚定不移抓党建，党的建设科学化水平全面提升

加强处级领导班子建设，积极稳妥做好班子配备调整，领导班子结构进一步优化，领导水平和执政能力不断提高。认真贯彻执行《党政领导干部选拔任用工作条例》，大力培养选拔信念坚定、为民服务、勤政务实、敢于担当、清正廉洁的好干部，以“一把手”、年轻干部和后备干部为重点，打造与城市副中心建设相适应的骨干队伍，全年调整任免处级干部186人次，先后选派72名年轻干部、后备干部赴发达地区、艰苦地区和信访部门挂职锻炼，干部队伍建设稳步推进。进一步加强和改进干部教育培训，干部队伍整体素质不断提升。狠抓选人用人监督，强化干部日常监督，认真开展超职数配备干部专项治理等重点工作，干部管理监督力度进一步加大。深入推进基层服务型党组织建设，立体化打造服务体系。坚持选优训强与管好用活相结合，多举措培育服务骨干。扎实推进党代表任期制，全面试行乡镇党代会年会制，健全完善基层民主制度。“四评机制”“小支部大党建”“党代表服务圈”等典型模式深入推广。坚持培育典型与整顿软弱涣散相结合，分层次提升服务水平，基层党组织和党员队伍的凝聚力和战斗力明显增强。深入实施人才强区战略，着力培养和集聚各方面优秀人才，启动了高层次人才团队扶持计划和创新创业平台建设，人才激励和服务保障措施进一步优化，干事创业活力不断激发。

八、坚定不移惩治腐败，党风廉政建设取得新成效

坚持从严治党，聚焦党风廉政建设和反腐败中心任务，扎实推进纪检监察各项工作，为城市副中心建设营造了风清气正的良好环境。认真推进党风廉政建设责任书签订，严格落实党风廉政建设责任制检查，探索开展处级单位党委主要负责人向区纪委述责述廉，开辟书记谈落实“两个责任”媒体专栏，层层传导压力，党委主体责任和纪委监督责任得到较好落实，党风廉政建设和反腐败工作组织领导更加有力。狠抓中央八项规定精神落实，推动30项“四风”方面突出问题专项整治，持续深入开展多种形式的明察暗访，加大约谈、通报、曝光力度，严肃查处顶风违纪案件，作风建设深入推进。大力推进农村“三资”监管信息化系统建设，认真开展“严肃查处农村基层党员干部不正之风和违法违纪行为”专项行动，对农村基层突出问题进行专项治理，切实维护了广大群众的切身利益，有效促进农村基层突出矛盾化解。组织开展第二届“勤廉之星”评选活动并广泛宣传其先进事迹。加强对职能部门及其工作人员履职情况日常监督检查。继续深化廉政风险防控管理工作，积极推动涉权事项网上办理和电子监察系统建设，不断加强对权力运行的制约和监督。加大违法违纪案件查办力度，今年共新立案37件，结案30件，给予党纪政纪处分34人。

此外，我们还按照中央精神和市委、市政府部署，全面推进深化改革各项工作。成立了区委全面深化改革领导小组、十五个专项改革组和办公机构，研究确定了近期改革重点，国企改革、农村改革等改革任务取得了重要进展。

以上是常委会一年来的主要工作，这些工作的开展和成绩的取得，是市委、市政府正确领导的结果，是全区各级党组织和广大党员干部扎实工作的结果，是全区人民共同奋斗的结果。这些年来，通州区的党员干部群众在历届区委、区政府的带领下，抢抓机遇，锐意进取，埋头苦干，攻坚克难，创造性地开展工作，为赢得城市副中心定位这个历史性机遇作出了重大贡献，在城市副中心的建设发展历程中写下了浓墨重彩的一笔，打下了雄厚的发展基础，历史将永远铭记！在此，我代表区委，向全区人民，向各民主党派、工商联、无党派人士、各人民团体，向为通州发展作出重要贡献的历任老领导、老同志们，向所有关心、支持和参与通州发展建设的同志和朋友们，表示崇高的敬意和衷心的感谢！

形势与要求

目前，通州发展正处于乘胜前进、实现腾飞的起跑期，面临前所未有的历史机遇和独特的发展优势。

第一，从市委、市政府对城市副中心建设的重视程度上看，在习近平总书记视察北京发表重要讲话后，郭金龙书记就贯彻落实总书记重要讲话精神，到各区县调研，第一站就选择了通州，明确指出要坚定不移地推进城市副中心建设，要求各有关部门全力以赴配合、支持，并提出了“发展搞上去、人口降下来、生态好起来”的要求。这充分体现了市委、市政府对城市副中心建设的高度重视，是我们推进城市副中心建设的最大优势。城市副中心所带来的影响效应逐步显现，受到了更大范围更高程度的关注，前来投资发展的热度不断升温。

第二，从目前发展阶段的特点看，我区有着明显的后发优势，可以站在更高的层次上谋划发展，更好地体现产业发展“高精尖”的要求，更好地贯彻低碳环保的理念，可持续发展的后劲更足更大，从而为我们少走弯路、超赶先进、实现跨越提供了可能。同时，我区正处于大建设、大发展的关键时期，发展动力十分强劲。今年我区的开复工面积居全市前列，未来几年还将有大量的基础设施和公共服务设施陆续开工建设，投资必将持续、有力地拉动经济发展。随着大规模功能配套、商业设施建成投入使用，消费需求对经济贡献率将大大提高。

第三，从这些年所积聚的发展潜力看，“一核五区”的框架已经形成，基础设施和公共服务设施逐步完善，为进一步发展打下了十分坚实的基础。我区在不太长的时间里，就会进入一个以功能性项目和产业项目大量入驻发展的新时期。特别是环球影城项目已经落户通州，这是一个中央和市委都十分关注的大项目，必将极大地拉动经济发展，并对我区主导产业集群的形成和产业链条的构建起到巨大的牵引带动作用。

第四，从参与京津冀协同发展来看，我区是桥头堡和重要战略节点。京津冀协同发展将从交通一体化、产业链分工合作和生态环境建设等方面切入推进。由于所处的特殊地位，在这些方面的工作中，我们都会有非常深度的参与，一批项目必然在我区落地。这在拉动我区经济发展的同时，更重要的是，将使我区融入到更大范围的区域合作，从而为我区提供更多更好更可持续的发展机会。

第五，从干部队伍的情况看，这些年，历届区委率先垂范，以团结和谐、务实创新的优良作风，带动并锤炼了一支思想作风过硬、能力素质较高、干事创业激情满怀的干部队伍，特别是经过群众路线教育实践活动的洗礼，干部作风更加优良，群众更加信赖拥护。这是我们把城市副中心建设好的至关重要因素。

如上所述，我们已经具备了实现跨越式发展的基础和条件，一定要坚定信心，用我们的勇气、毅力和汗水把这些优势和条件转变为实实在在的发展成果。

同时，还要看到，我们面临不少挑战和压力。第一，加快推进的压力。郭金龙书记调研通州时，要求我们加快基础设施和公共服务设施建设步伐，群众对城市副中心尽快出形象也有很高的期待，明年又是实现“五年展雏形”目标的最后一年。这都要求我们必须加快推进城市副中心建设。而建设发展过程中总会有这样那样的因素影响工作进度，这需要我们通过百倍努力将影响进度的各种因素减少到最低程度。第二，转型发展的压力。我们必须坚决贯彻落实郭金龙书记提出的“发展搞上去、人口降下来、生态好起来”的要求，这就意味着要在资源和环境刚性约束越来越强的情况下，还要推进大发展，难度更大，要求很高。第三，建管并重的压力。管理北京这样一个大都市的城市副中心没有经验可循，特别是在大规模开展建设的背景下，如何做到科学管理，实现建设高速期和管理高水平的统一，这是一个需要深入研究并着力加以解决的问题。第四，破解难题的压力。在发展过程中有许多难题亟待破解，比如，某些体制机制不合理，需要逐步理顺；基础设施投资量很大，需要创新投融资体制；外来流动人口规模持续增长，需要采取更有力的调控措施；社会矛盾排查化解工作需要进一步加强，等等。这些都需要我们花费更多的精力去思考、去探索、去解决。

压力就是动力。在新形势下，全面推进城市副中心建设，必须做到以下四点。

第一，必须进一步振奋精神，以更加强烈的事业心和高度的责任感，挑起城市副中心建设这副千斤重担。对于一个党员领导干部来说，强烈的事业心和高度的责任感是党性的要求，是政治成熟和对党忠诚的表现，也是党的群众路线教育实践活动成果的体现。建设城市副中心是我们共同的事业，一定要把这副担子很好地挑起来。功成不必在我，一代人有一代人的使命，只要我们尽了百分之百的努力，全力地推进了城市副中心建设，我们就无愧于市委的重托。一定要把事业放在第一位，拿出百倍的干劲，全力推进各项工作的开展。各相关部门的工作诚心诚意地配合好，凝心聚力，共同为城市副中心建设做出贡献。

第二，必须进一步增强紧迫感，加快推进城市副中心建设。城市副中心建设一日也拖不得。要使“十二五”规划有一个完美的收官，使“五年展雏形”的目标有一个全面圆满的实现，必须加快各项工作的进度。这些年，同志们加班加点地工作非常辛苦，我在这里向大家道一声辛苦了！希望同志们切实认识到城市副中心建设的紧迫性，继续发扬特别能战斗、特别能吃苦的精神，高效推进各项工作。

第三，必须敢于担当，主动作为，以改革创新的精神破解发展难题。城市副中心建设过程中会遇到一些难题，特别是在转型发展、人口调控、环境秩序治理等方面，在招商引资、手续办理、土地上市等环节，难题比较突出。关键是要勇于破解，敢于直面问题和矛盾。办法总比问题多。只要我们面对矛盾敢于迎难而上，面对危机敢于挺身而出，面对失误敢于承担责任，进一步解放思想，创新思路；只要我们更加主动地作为，多沟通协调，积极争取各个方面的理解支持，我们就能够破解难题，从而赢得更大的发展空间和机遇。

第四，必须真抓实干，以求真务实的工作作风推进城市副中心建设实现新的跨越。城市副中心建设的宏伟蓝图已经绘就，关键是要抓落实。各领域要根据城市副中心建设的总目标总任务，研究确定本领域切实可行的阶段性分解目标和分解任务，细化责任，把各项任务真正落到实处。要强化执行力。对市委、市政府的决策部署，对区委、区政府决定了的事、明确了的任务、各项工作要求，一定要不折不扣地贯彻落实。要以作风的转变推进工作的落实。各级领导干部要真正扑下身子，深入一线、深入基层，把情况摸透，把工作凿实，以真抓实干的工作作风推进城市副中心建设上一个新的台阶。

2015年工作的目标要求和主要任务

2015年是决胜“十二五”、谋划“十三五”的关键之年，也是城市副中心“五年展雏形”的攻坚之年。安排明年的工作，谋划“十三五”的发展，必须以习近平总书记系列讲话，特别是视察北京重要讲话精神，为努力方向和行动指南；必须深刻领会和贯彻郭金龙书记通州调研重要讲话精神作为发展的总纲和旗帜；必须把握好城市副中心在全市发展总体格局中的地位，立足于提升功能的要求，既要发挥好功能疏解作用，为优化北京城市空间布局承担更多责任，又要依托资源禀赋特点，谋求自身健康快速和可持续发展；必须把参与京津冀协同发展作为安排和谋划工作的重要考量因素，留足发展空间和接口，主动作为，发挥好桥头堡作用。

2015年工作的总体要求是：深入学习贯彻党的十八大、十八届三中、四中全会和市委十一届六次全会精神，全面落实习近平总书记北京视察和郭金龙书记通州调研重要讲话精神，以抓好党建是党组织最大政绩为导向，以“发展搞上去、人口降下来、生态好起来”为总纲，以深化全国文明城区创建为载体，以改革创新为动力，倍加珍惜来之不易的发展局面不动摇，倍加珍惜千载难逢的历史机遇不懈怠，倍加珍惜广大人民群众的信任不折腾，狠抓经济提质、建设提速、管理提效、环境提升，全面完成“十二五”各项目标任务，精心谋划好“十三五”经济社会发展，一张蓝图绘到底，继往开来，奋力拼搏，以更高的标准推进城市副中心建设。

2015年经济社会发展的主要建议目标是：地区生产总值增长8%，地方公共财政预算收入增长10%，全社会固定资产投资额增长10%，社会消费品零售额增长10%，城镇居民人均可支配收入和农村居民人均纯收入分别增长9%和10%。

主要做好以下十个方面的工作：

一、全力提速“一核五区”建设，确保实现“五年展雏形”目标

一是要加快推进基础设施建设。下大力气推进轨道交通建设，加快一批城区主干道路建设，着力推进一批道路微循环改造工程，加快各功能区快速联络线规划建设，构建便捷畅通的立体化交通体系。下大力气推进水电气热等基础设施建设和改造升级。特别是核心区主要市政基础设施和主干路网要全面竣工并投入使用。二是要加快推进土地开发相关工作。核心区要研究启动南大街地区保护性修缮工作，文化旅游区和环渤海高端总部基地要完成土地一级开发，国际医疗服务区要完成一期土地开发，宋庄文化创意产业集聚区要全面完成六合村搬迁工作，实现一期地块上市交易。国际组织聚集区要启动街区控规编制。三是加快推进项目建设，促使项目尽快出效益。彩虹之门等核心区主要项目实现全部开工建设。国家车联网产业基地、中国艺术品交易中心等重点项目要开工建设。高度重视环球影城项目在提升城市副中心功能、带动产业发展方面的重要作用，集中全区力量做好项目建设和服务保障工作，确保项目按时开工。各项工作要列出阶段性目标，制定有力措施，责任落实到人，确保工作进度。

二、加大资源节约和环境保护力度，努力使生态环境更好一些

一是强化资源节约与集约利用。落实最严格的耕地保护和土地利用制度，开展闲置土地整治，提高土地利用效率和效益。加强节能减排目标责任考核。倡导绿色环保的生产生活方式。二是全面加强环境保护。认真落实清洁空气年度行动计划，强化源头控制，加大空气污染治理力度，加大清洁能源推广和使用，为首都的蓝天做出贡献。加大北运河等水系治理力度，推动流经区域共同治理。提高污水收集处理能力，改善河道水质。强化治污控排执法检查与考核奖惩，确保污染防治达标见效。加强农村垃圾专项治理。三是加强绿化美化，不断提升生态环境品质。实施水域生态修复工程，逐步恢复河流生态功能。加强城市段水系景观规划设计，继续推进平原造林、城市公共绿地等建设，努力打造水绿交融的优美环境。扎实开展公路绿化、屋顶绿化等工程，拓展城市绿色空间。积极参与京津冀生态环境建设的协作。

三、下大力气做好人口调控，不断优化城市副中心人口结构

要把“人口降下来”与“发展搞上去”摆在同等重要的位置，按照市委、市政府的关于人口调控的要求，主动作为，切实把人口总量控制在合理规模，促使人口结构有质的改变。一是坚决严厉打击违法用地和违法建设。下最大决心，坚决做到动态清零，确保实现“零增长”目标。要保持对小产权房的高压打击态势。要规范出租房屋管理，减少非正规出租形成的人口无序增量。二是要以产业和房地产结构调整促进人口调控，明确鼓励发展、限制发展、坚决不发展的产业类别，加快研究启动八里桥市场等农产品批发、建材类专业性市场搬迁转移，通过产业结构调整实现人口结构优化。要进一步优化房地产开发结构，完善功能配套，以房管人、控人。三是制定并严格实施好我区流动人口规模调控意见和调控方案，健全流动人口管理工作体系，强化职责落实，创新调控手段，遏制人口无序过快增长。

四、加快推进产业转型升级，努力构建“高精尖”产业体系

一是加强主导产业培育。大力推动高端商务、文化旅游等主导产业发展。完善文化创意产业政策体系，打造艺术品创作、展示、交易产业链。积极引进非银行金融机构、服务外包产业，加快形成以现代服务业为主导的产业结构。二是加强重点产业项目引进建设。集中人力物力和资源，引进一批辐射力、带动力强的大项目。加大用地供应，促进土地与重点在谈项目和目标企业的顺利对接，加快签约项目落地。加强协调调度，推进重点产业项目建设进度。加强环球影城关联产业链条和功能配套研究，周边地区要留足发展空间，为科学布局相关项目提供条件。三是推进产业园区提质增效。从区级层面加强园区发展的谋划与统筹调控，重新审视调整产业发展方向，形成特色鲜明、错位发展格局。加快研究建立园区发展专项资金和园区发展投融资平台。发挥科技创新引领作用，有效对接科技政策和项目，重点支持园区发展与企业技术创新。

五、深化全国文明城区创建，提升区域文明程度和市民文明素质

要以创城标准为全区各项工作的标准，通过创城提升各项工作的水平。一是强化“一把手”工程意识，全面落实测评指标任务。巩固提高已达标项目，抓紧研究落实未达标项目和新增指标。深入推进“八大环境建设”，积极破解难题，强化突出问题的整治，不断提高整体达标率。二是积极推进长效机制建设。转变突击迎检的工作思路，强化常态管理，将好的经验和做法以制度形式固化。加强日常监测和社会监督，强化宣传发动和社会动员。三是继续深化精神文明建设。切实抓好学雷锋志愿服务制度化、诚信建设制度化等重点工作。加强公民道德建设，强化公共文明引导，大力弘扬中华传统美德，推进市民行为习惯养成教育，不断提升市民文明素质。巩固未成年人工作特色品牌，不断加强未成年人思想道德建设。深化文明村镇、文明单位、文明社区等群众性精神文明创建活动，促进培育城市文明新风尚。

六、立足于城市副中心功能完备的目标，大力发展公共服务

坚持软硬件建设并进，以拓展供给、提升品质为要求，努力提高公共服务水平，更好地发挥城市副中心疏解功能，更好地服务居民需求。一是全面实施教育领域综合改革，加强教育基础设施建设，推进景山学校通州校区、杨庄小学等一批中小学校新建、改扩建工程，加快推进人民大学通州校区、北京电影学院通州校区建设，坚持引进优质教育资源与培育自有品牌相结合，进一步提升各个层次教育水平。二是深化医疗卫生体制改革，深入探索公立医院改革和社会资本办医新途径。推进新华医院、妇幼保健院等一批医疗卫生重点工程建设。进一步完善基层医疗卫生服务体系，更好地发挥医联体作用。三是进一步完善社会保障体系，提升保障水平。采取订单式培训、支持创业等措施，千方百计扩大就业。进一步增强社会保障能力，稳步提高社会保险待遇，推动建立可持续发展的社会救助体系，着力解决养老问题，大力发展残疾人事业，支持慈善事业发展，提高社会优抚安置水平。继续做好保障性住房建设和老旧小区综合整治工作。四是大力发展文化体育事业。弘扬运河文化精髓，举办好七夕文化节、北京通州运河艺术节。不断挖掘具有“通州味儿”的文化产品，加强运河文化遗产保护，扩大运河文化品牌效益。广泛开展百姓宣讲活动，巩固提升通州学习季、“我的舞台”等独具特色的文化品牌活动。继续发展体育事业，推进科技、档案等各项事业健康发展。

七、扎实做好“三农”工作，深入推进城乡一体化

一是加快推进新型城镇化建设。制定出台“四化同步”试验区实施方案，扎实推进全国农村综合改革试验区建设。出台乡镇功能定位指导意见，推进不同区域板块之间协调发展，从政策、资金和配套公共服务等方面加大对南部乡镇的支持力度。加快“一核五区”及乡镇中心区、园区周边地区旧村改造，梨园镇等具备条件的乡镇要率先实现整体城市化。巩固、拓展新农村建设成果，完善运行管护机制，推进基础设施和公共服务设施的城乡对接。二是促进农业融合高效发展。全面启动新一轮农业结构调整，推进农业园区化、数字化和科技化发展。推进籽种农业、综合节水等六大农业体系建设。打造一批有特色的现代农业园区，大力推进国家种业综合改革创新示范区申报，加强优质种业资源引进培育，努力把种业园区建成全国一流的种业集聚区。启动农业数字化管理平台建设，提高智慧农业水平。三是促进农民增收。完善农民增收政策体系，扩大绿色就业规模，加强公益性岗位开发，开展低收入农户精准帮扶，实现农村发展与惠民、富民相统一。

八、积极推进社会服务管理创新，提高社会治理现代化水平

一是着力构建多方参与、充满活力的社会治理格局。积极探索社会治理新模式，不断完善以社区居民自治、村民自治、社会组织自治为核心的社会自治体制机制。大力培育发展社会组织，加强社会组织孵化基地等服务平台建设，健全“枢纽型”社会组织自我管理工作体系。加强社区规范化建设，打造楼门文化新品牌。加强社会工作者、志愿者两支队伍建设，扩大人民群众参与。探索社会动员和疏导新机制，构建和谐社会。二是做好各个方面的管理工作。要通过全领域全过程科学、严格、规范的管理，进一步提高经济运行效率和社会管理水平。要按照“人性化、科学化、市场化、法治化”相统一的要求，加强施工过程管理和城乡日常运行管理，下大力气解决占道经营、乱停车等城乡环境秩序方面存在的突出难题。要提升城市管理信息化和精细化水平，加快三网融合，推动网格平台运行，有效解决联系服务群众“最后一公里”问题。要积极引入社会力量参与城市管理，推广市场化管理方式，提升社会管理实效。着力提高城乡运行保障水平，确保运行安全。

九、深入开展依法治区，着力打造法治通州

把依法治区贯穿到城市副中心建设的全过程，不断提升全区法治化水平。一是推进法治社会建设。出台全面推进依法治区实施意见，深入开展法治宣传教育，全面增强党员干部的法治思维和依法办事能力，提升公民的法治意识和法律素质。全力支持司法体制改革，确保法院、检察院依法独立行使职权，全面提升执法司法公信力。二是加快建设法治政府。依法全面履行政府职能，健全依法行政决策机制和政府法律顾问制度，推行权力清单制度。健全岗位责任制和限时办结制，严格规范公正文明执法，强化对行政权力的制约和监督。全面推行政务公开，启动网上服务大厅建设，提升行政服务效能。三是支持人大及其常委会依法履行职能，充分发挥政协组织独特优势，提高监督质量和成效。进一步做好统战、民族、宗教、老干部工作，支持各民主党派、工商联更好地发挥作用。进一步发挥工会、共青团、妇联、科协等人民团体的桥梁纽带作用，积极创新、形成特色。深化双拥共建，推进军民融合。四是着力提升群众安全感。深入推进社会治安综合治理，确保村庄社区化建设实现全覆盖，老旧小区安防改造工程全部完工，大图像三期建设全面完成，立体化社会治安防控体系建设再上新台阶。牢牢把握对敌斗争的主动权，严防暴力恐怖事件。依法严厉打击各类违法犯罪活动，综合整治各类突出治安问题。健全社会矛盾纠纷预防化解机制，依法妥善处理群众合理诉求。完善“党政同责、一岗双责、齐抓共管”的安全生产责任体系，强化安全生产责任落实，杜绝重大责任事故发生。

十、全面深化改革创新，为城市副中心建设提供强大动力

一是以深化认识为先导，把准改革方向。要进一步扩大主动求新求变的改革共识，着力扭转不想改、不敢改的思想，从有利于通州发展、有利于加快城市副中心建设来着眼谋划改革。二是以问题为导向，突出改革重点。明年要重点推进经济体制改革，积极探索社会资本参与城市副中心基础设施和公共服务领域建设的新途径；继续推进国有企业改革，全面完成通州区国有资本运营公司的战略重组，完善国有资产监督管理体系；着力推进财税体制改革，建立完善乡镇街道财政管理体制和考核制度；以“新三起来”为统领深化农村改革，积极推进台湖镇、宋庄镇集体经营性土地乡镇统筹、集约利用试点工作，创新农村资产、资源经营管理模式；大力实施政府机构改革，转变政府职能，提高行政效能。三是以规范操作为抓手，狠抓改革成效。改革要坚持依法依规推进，加强对重大改革问题的调查研究论证，确保改革举措有的放矢、切实可行。强化改革措施执行和监督，对区委全面深化改革领导小组议定的事项，要不折不扣抓好落实。

坚决落实从严治党要求，全面提高党的建设科学化水平

一、加强思想理论武装，凝聚强大的精神动力

牢牢掌握意识形态工作的领导权、管理权和话语权，巩固马克思主义在意识形态领域的指导地位，不断坚定道路自信、理论自信和制度自信。深入学习宣传贯彻习近平总书记系列重要讲话精神，全面领会“中国梦”的丰富内涵。扎实推进社会主义核心价值体系建设，切实形成推进社会主义核心价值观建设的强大合力。坚持团结稳定鼓劲、正面宣传为主，牢牢把握舆论导向，巩固壮大主流思想舆论。加大主流媒体阵地建设，提高驾驭互联网、手机等新媒体的能力，增强网络主阵地话语权。

二、巩固好党的群众路线教育实践活动成果，以更优良的作风取信于民

认真贯彻从严治党八项要求，持续推进作风建设，进一步巩固拓展教育实践活动成果。着重抓好整改落实工作，推动形成前后接续、上下联动解决问题的良好局面。把坚持民主集中制、严肃党内生活作为重要抓手，扎实推进党内生活规范化，营造党内政治生活新常态。紧紧盯住作风领域的新变化新问题，强化制度保障，完善制度体系，加强监督检查,以制度的刚性约束确保作风建设持久深入。

三、大力加强领导班子和干部队伍建设，进一步提高执政能力和领导水平

以强化理想信念和道德品行为主题，加强领导班子思想政治建设。进一步优化班子结构，健全运行机制，保障高效运转。实施“一把手”分类培养工程，突出抓好乡镇党政正职的培养锻炼。建立后备干部和年轻干部实践锻炼基地，加强递进式的历练培养。积极推进干部交流轮岗，增强干部队伍活力。注重在基层一线锤炼干部，面向基层一线选拔干部，牢固树立起注重基层一线的鲜明导向。改进和完善推荐提名机制，强化责任追究。加强履职过程管理，将干部的履职状态、履职能力和履职实绩作为评价、使用干部的标准。落实从严管理干部要求，以严的标准要求干部、以严的措施管理干部、以严的纪律约束干部。加大选人用人监督和干部日常管理监督力度，持续优化从政环境。

四、大力深化服务型党组织建设，进一步夯实党执政的基层基础

进一步落实党建工作主体责任，层层建立述职评议机制，切实将抓党建的压力传导到每个基层党组织。紧紧围绕“抓规范促落实”的总体思路，以创建星级服务型党组织为主线，以社区“两委”换届和村党组织换届为重点，统筹推进各领域基层党建。巩固基层党组织的领导核心地位，选优配强基

层班子，打造为民务实的骨干力量。健全完善基层民主制度，提升基层治理法治化水平。完善党员教育、管理和服务长效机制，推行发展党员全程记实制，稳妥有序推进不合格党员处置工作。坚持问题导向推进新一轮党建创新，逐步形成“面强点亮”的生动局面。

五、加快培养集聚各方面优秀人才，为城市副中心建设提供强大智力支持

完善党管人才工作格局，积极推进人才体制机制改革和政策创新。组织召开全区人才工作会议，做好人才发展规划中期评估，研究制定战略人才储备五年行动计划，推动人才结构战略性调整。加快引进和扶持高层次人才创新创业团队和平台建设。制定现代种业、医疗服务、文化创意等专项人才政策，促进人才与产业融合发展。深入推进央地、院地人才工作一体化发展，注重引进和培养战略性新兴产业人才。继续加大对“一核五区”专家顾问团、金融家俱乐部、博士联谊会等人才组织的指导和服务。加大人才公寓建设和管理力度，健全完善人才服务体系和激励机制，进一步优化人才创业发展的大环境。

六、深入开展党风廉政建设和反腐败斗争，为推动城市副中心建设提供坚强有力的保证

坚持党要管党，从严治党，持之以恒改进作风，坚定不移惩治腐败，形成不敢腐、不能腐、不想腐的长效机制。一是强化党委主体责任和纪委监督责任的落实。严格落实党政一把手“第一责任人”、班子成员“一岗双责”责任。建立完善各级党委、政府定期专题研究党风廉政建设、纪检监察工作制度，深入开展处级单位党委主要负责人向区纪委述责述廉工作。推动《纪检监察组织监督工作规则》落实，严肃执纪问责。二是深化廉政风险防控体系建设。加快推进电子政务和电子监察信息系统建设，让权力在阳光下运行。加强对各单位行政职权履职情况的监督。充分发挥农村“三资”监管信息化系统作用，深化农村基层突出问题的专项治理，进一步规范农村基层干部履职行为。广泛开展“勤廉之星”正面示范教育，深化警示教育，筑牢党员干部拒腐防变的思想防线。三是加大违纪违法案件查办力度。重点查处十八大后不收敛不收手、问题线索反映集中、群众反映强烈、已在重要岗位且可能还要提拔使用的领导干部；新城建设征地拆迁、工程建设等重点领域权钱交易、以权谋私案件；行政审批、行政执法、为民服务等重点岗位吃拿卡要、索贿受贿案件，以及农村基层的腐败案件。四是深入落实中央八项规定精神，对顶风违纪行为加大公开曝光及党纪政纪处分、组织处理力度，使作风建设落地生根，成为新常态。

2015年是“十二五”的收官之年，要扎实做好全年工作，立足当前，着眼长远，制定完善并实施新一轮城市副中心行动计划。要提早着手，科学谋划“十三五”全区发展大局，使这十年的工作前后接续、一脉相承。

同志们，以更高的标准推进城市副中心建设，任务艰巨、责任重大。让我们在中央和市委的正确领导下，以更加奋发有为的精神状态，以更加务实的工作作风，精诚团结，奋力拼搏，全面推进各项工作，开创通州建设新的辉煌！

通州区人民代表大会常务委员会工作报告

——2015年1月14日在通州区第五届人民代表大会第五次会议上

通州区人大常委会主任　张文山

各位代表：

我受通州区第五届人民代表大会常务委员会委托，向大会报告工作，请予审议。

2014年的主要工作

一年来，区人大常委会在区委的领导下，深入学习贯彻党的十八大和十八届三中、四中全会精神，认真落实区五届人大四次会议决议，紧紧围绕北京城市副中心建设大局，依法履行各项职能，深入开展党的群众路线教育实践活动，工作质量和实效有了新的提高，人大工作取得新的进展。

全年共召开7次常委会会议，审议18项议题，其中听取和审议专项工作报告12项，依法作出决议、决定6项。召开15次主任会议，听取“一府两院”专题工作报告19项；督办代表建议124件；开展专题调查研究8项。较好地发挥了地方国家权力机关的职能作用。

一、切实履行监督职权，推进经济社会发展

2014年，区人大常委会加大监督力度，突出监督重点，注重监督实效，推动“一府两院”相关工作不断取得新的进展。

（一）加强对经济建设的监督

把推进经济转型升级，提高经济发展质量和效益作为重点，着力加强对经济运行和重点工作的监督。一年来，常委会分别听取和审议了区政府上半年工作报告、2014年计划和预算上半年执行情况的报告；专题听取和审议园区产业发展的报告，听取农村“新三起来”、国有资产管理的报告；重点对商业资产运营、文化产业发展、税收征管等工作实施监督；对商务园、物流基地等各经济园区进行专题视察和调研。在各项监督中，常委会以通州作为城市副中心的功能定位和应具备的产业及经济发展，提出明确的意见建议：要坚定不移加快产业发展，不断提高经济总量和运行质量，确保产业结构的优化和经济不断发展。一要深入研究京津冀协同发展战略带来的机遇和挑战，以改革创新的精神积极探索，发挥通州在京津冀一体化协调发展中的桥头堡和重要枢纽作用。大力发展与城市副中心相匹配的高端产业，形成高端引领、创新驱动、绿色低碳的产业发展模式，提高产业发展质量。二要充分发挥通州作为城市副中心的作用，制定相关政策，加强招商引资，加快现代服务业发展。编制商业发展规划，创新国有资产发展模式，增强经济活力和国有资产贡献率。三要将各类园区发展放在重要位置，加强体制机制建设，增强自主创新能力。要深化区域布局统筹，搞好园区商业配套服务和生活基础设施建设，强化科技创新支撑，提高园区在经济发展中的重要作用。四要把城乡一体化与副中心建设同步推进。完善城乡建设规划，加快乡镇中心区建设，加大农村地区公共服务投入。要加强组织领导和政策研究，确保“新三起来”工作有序推进。五要严格控制人口规模，优化人口结构，实现人口、资源和环境协调发展。一年来，常委会的各项审议意见和建议在工作中不断得到落实，全区经济进一步发展。

（二）加强对城市副中心建设的监督

建设功能完备的城市副中心，是通州加快发展的重中之重。常委会把监督贯穿于城市副中心建设

全过程。2014年，针对创建全国文明城区、缓解交通拥堵、城乡住房保障、重点工程建设、国际医疗服务区建设等重点工作，运用多种监督方式，促进城市副中心建设有序推进。

创建全国文明城区是城市副中心建设的重要抓手，是提升市民文明素质、提高副中心品质的重要内容。2013年常委会专门听取和审议了创城工作报告，提出明确审议意见。2014年继续把创城工作作为监督重点，先后组织代表开展视察，召开不同形式座谈会，专题听取市容环境综合整治情况报告，听取并审议创城工作报告。针对创城工作，提出有针对性的意见：一要坚持不懈增加经济总量，提高产业发展质量，创建名副其实的文明城区。认真研究中心城区功能疏解和京津冀协同发展产业布局，加快推进产业转型升级，抓好支柱性产业、新兴产业，尤其是重大项目的引进落地，千方百计增强经济实力。二要多渠道开展市民道德教育，加强法治建设和社会诚信建设，引导市民作遵纪守法、明礼诚信的通州人。三要坚持问题导向，加大综合整治力度，完善市政市容设施建设，构建市容环境综合管理工作新格局。四要总结创城经验，改进完善测评方式，强化责任落实，形成长效机制，发挥创城的示范效应，推动城乡一体化发展。

畅通、和谐、有序的交通环境是建设城市副中心的必然要求，也是衡量城市文明指数的重要标尺。常委会在2013年开展缓解交通拥堵专题调研的基础上，2014年紧盯不放，跟踪监督，检查2013年调研意见落实情况，组织代表视察道路交通设施建设、交通运行管理工作，专题听取和审议了区政府关于缓解交通拥堵工作情况的报告，进一步指出：要统筹长远规划及近期行动计划，完善城市功能设施布局，推进交通城乡一体化建设；要标本兼治，严格控制人口增长，加快调整产业布局，从根本上做好缓解交通拥堵工作；要加快基础设施建设，构建内联外通路网体系，提升交通保障能力；要科学安排道路施工，合理组织施工时序，创新管理体制机制，严格各项责任落实；要广泛开展交通法律法规的宣传教育，严格交通管理执法，巩固和增强缓解交通拥堵工作效果。按照常委会意见，区政府及相关部门认真研究，采取多项措施，加大缓堵工作力度，并注重从规划入手、强化部门联动，着力促进拥堵问题的解决。

常委会对城乡住房保障、重点工程建设、国际医疗服务区建设等提出意见建议，推进了各项工作持续健康的开展。

（三）加强对科技创新和社会建设的监督

常委会把科技进步、养老服务业发展作为监督工作的重要内容，推动民生工作不断发展。

科技创新是社会活力的标志，是全区经济社会发展的重要引擎。常委会把科技创新对经济社会的支撑引领作为监督重点，深入开展调查研究，先后到北京莱恩斯高新技术有限公司、空间生物工程研究中心通州实验基地、北京农科院蔬菜中心等企业了解情况。在此基础上，听取和审议了区政府专项工作报告。常委会认为：全区科技工作领导体制和工作运行机制不断健全完善，科技发展平台和融合方式不断创新，对科技企业的指导和科技项目的推动力度不断加大，科技创新工作取得了新进展。常委会同时指出，科技创新工作还存在科技引领支撑能力不强、科技成果转化需要加大、科技人才紧缺、经费投入不足等问题。在今后科技工作中，一要加强科技创新发展的顶层设计，科学研判科技发展的趋势和动向，围绕城市副中心的功能定位、产业发展、科技支撑，全方位、高起点做好科技创新的规划；二要全面分析和梳理产业发展、城市建设与管理等方面的需求，策划和组织科技项目，搭建对接合作平台，加快推进科技与经济社会和人民生活的深度融合；三要抓好科技计划、成果转化和重大科技项目的管理，引领产业结构优化升级；四要打造广泛吸纳科技人才的“高地”，建立完善以科研能力和创新成果为导向的科技人才奖励和考核评价机制；五要加大政府资金投入，按照创建国家科技进步示范区的指标要求，到2015年，保证区级科技投入占本级公共财政预算支出比例的1.3%以上，并按照法定的指标逐年增长。工作中，常委会意见不断得到落实，区政府及相关部门加大对重点功能区、重点产业和重点工程的科技支持和资金投入，加强科技创新人才队伍建设和科普宣传，各项工作措施正在落实之中。

随着社会发展，人口老龄化问题不断显现，加快发展养老服务业日益受到社会的普遍关注，是事关社会发展和群众切身利益的民生工程。为促进养老服务业更好更快发展，常委会深入调研，加强监督，把养老服务工作提到重要日程，2014年先后实地视察玉桥街道通和园养老照料中心、郎府敬老院、永乐店镇应寺村老年餐桌等8家养老服务机构，多次召开座谈会听取各方面意见，专题听取和审议了养老服务业发展情况报告。常委会指出：要加强科学统筹规划，编制养老机构和居家养老服务发展专项规划，加快推进设施齐备、功能完善、布局合理、覆盖城乡的养老服务体系建设；要切实加强城乡社区养老服务设施建设，增强社区为老服务能力；要着力推进养老机构规范化建设，提升机构养老服务水平；要加强人才队伍建设和宣传工作，为养老服务业发展提供有力支撑。

2014年，常委会加强对教育卫生重点工程建设、乡镇卫生院发展、公共文化服务的监督，听取相关工作报告，组织代表视察调研，提出要按照城市副中心的功能定位，坚持政府主导原则，加大财政资金投入力度，创新管理体制机制，加强人才队伍建设，推动城乡基本公共服务均等化，不断提高基本公共服务水平。

（四）加强对生态环境建设的监督

建设生态环境优美的城市副中心，是推动通州科学发展、促进社会和谐文明的重要内容。常委会持续不断加强对生态环境建设的监督，采取多种监督形式，推进环境建设持续开展。

常委会成立执法检查组，开展对《北京市大气污染防治条例》《北京市市容环境卫生条例》实施情况的检查。执法检查中，采取多种方式了解情况，征求意见，把听取汇报与实地视察相结合，明察暗访与随机抽查相结合，既看亮点，更注重检查难点、乱点，着力推动实际问题的解决。执法检查组先后到永顺镇城乡结合部、玉桥街道、潞城镇三元村、西集镇胡庄村家具厂、经济开发区东区燃煤锅炉拆除现场、公交六厂汽车维修中心，杨庄生活垃圾转运站等地进行市容环境和环保执法检查。并专门召开会议，与政府部门共同分析存在的问题。针对执法力量薄弱、行政处罚难以落实、执法监管的体制机制不完善、执法力度不够、水平不高等问题，提出意见：一要健全大气污染防治工作长效监管机制。强化各属地、各相关部门责任制落实，加大科技投入，充分利用信息技术手段，整合管理资源，在源头上有效遏制违法排污行为的发生。二要坚持问题导向，加强部门协作，推进管理重心向城中村、企业、背街小巷、居民小区、支次道路延伸，提高市容环境卫生管理水平。三要加强执法人员法律法规及专业培训，坚持日常巡查与突击检查相结合、综合检查与专项执法相结合的方式，不断加大执法力度，增强执法效果。四要强化两个条例的宣传，调动公众参与市容管理、大气污染防治的积极性和主动性，营造良好社会氛围。

常委会继续跟踪监督北运河水系治理、平原造林、东郊森林公园建设，组织代表视察河东再生水厂运营情况，推动生态工程和水资源利用的深入进行。

（五）加强对司法工作的监督

常委会加强对审判、检察工作的监督，推动法检“两院”深化改革，促进公正司法。

近年来，随着劳动关系的不断复杂化，劳动争议案件呈易发多发态势，事关劳资双方切身权益，影响社会和谐稳定。主任会议专题听取区法院审判劳动争议案件情况报告，提出：一要进一步加强诉讼调解，积极主动在立案、审理、执行各个环节开展全程调解，尽可能促使案件达成调解协议，实现案结事了。二要完善裁审衔接机制，对于群体性、敏感性等重大疑难劳动争议案件，要提前介入，积极与区仲裁委协商确定调解方案，联合开展调解，形成妥善处理劳动争议的合力。三要注重依法及时保护劳动者的合法权益，对于严重影响劳动者基本生活的案件，要优先立案、优先审判、优先执行。四要加强队伍建设，深化理想信念、职业道德和廉政教育，提升审判工作人员的政治素质和业务能力。五要加大宣传力度，在劳动争议多发的重点行业组织开展专题法制宣传教育，从源头上减少劳动争议案件的发生，促进劳动关系和谐稳定。区法院根据主任会议意见，认真研究制定具体措施，进一步加强调解工作，优先妥善处理群体性、敏感性案件，对涉及女性劳动者、劳动者基本生活的案件给予倾斜性保护。

未成年人刑事检察工作关乎涉罪未成年人的一生，关乎其家庭幸福安宁，更关乎社会和谐稳定和国家未来。主任会议专题听取区检察院关于未成年人刑事检察工作报告，认为区检察院作为国家法律监督机关，对于依法妥善处理未成年人刑事案件、有力保障未成年人合法权益承担着重要责任，指出：一要把未成年人刑事检察工作摆在更加突出的位置，在工作部署、人员配备、检务保障等方面确保工作顺利开展。二要立足检察机关职能，加强与区各政法机关的沟通协调，促进办理未成年人刑事案件配套制度建设。三要充分发挥自身优势，促进未成年人犯罪预防工作的开展。四要加强检察业务能力建设，努力构建一支专业型、复合型、高素质的办案队伍。五要加强媒体宣传，营造有利于未成年人刑事检察工作的社会环境。区检察院提出了把预防和减少未成年人犯罪摆在更加突出的位置来抓，加强与法院、公安机关和司法行政机关的沟通协调，健全和完善工作机制等措施。

深入开展法制宣传教育是提高公民法律素质、推进依法治国的基础性工作。常委会加强对《关于开展“六五”法制宣传教育决议》落实情况的监督，组织代表视察玉桥街道东里南社区、于家务回族乡仇庄村创建法治文化精品社区（村）的情况，听取政府普法工作报告，明确提出：要将法制宣传教育与培育社会主义核心价值观结合起来，使二者相互融合、相互促进；要发挥典型示范引导作用，加大推广力度，为城市副中心建设营造良好法制环境；要加大财政投入，保障普法各项工作顺利开展。区政府及有关部门根据常委会意见，制定了深入推进“法治文化精品社区（村）”创建、着力打造“法制宣传教育全媒体”格局、大力开展法治文化建设等工作措施。

二、依法决定重大事项，行使人事任免权

常委会依法听取和审议了区政府2013年财政决算报告，审查批准了2013年财政决算，批准调整了2014年财政预算。提前介入，对年度财政预算和部门预算草案进行初审，并加大对预算执行的日常监督，促进预算目标的实现。听取和审议审计工作报告，支持和推动审计部门发挥职能作用。针对预算编制和执行工作提出：要抓好新预算法的贯彻落实，进一步依法规范预算管理；要细化预算编制，提高预算执行力和约束力；要优化支出结构，优先保障民生领域的重点支出；要加强财政监管，完善预算绩效管理制度，强化审计监督职能，确保财政资金管理使用安全高效。

通州区国际种业科技园区是科技部、农业部确定的国家级种业科技园区，种业科技园区的建设是支持国家粮食安全战略、支撑北京市“种业之都”的重要抓手，对于我区集聚国际、国内优势资源，加快推动区域经济发展具有重大意义。常委会高度重视，开展专题调研，对园区规划建设提出明确的意见。审查批准了《北京市通州区国际种业科技园区建设规划（2014—2020）》。要求种业园区要切实抓好园区建设规划的实施，把园区建设与旧村改造、新型城镇化建设有机结合，确保园区建设发展的成果更多惠及广大人民群众；要坚持创新驱动战略，建立创新激励机制，不断增强园区发展动力，推动园区健康快速发展。

常委会依法行使人事任免权，严格任免程序，增强任命人员的国家意识、法律意识和责任意识。全年共任免国家机关工作人员79人次，其中任免区人大常委会工作机构人员23人次，任免区政府工作部门负责人4人次，法检“两院”工作人员52人次，从组织上保证了国家机关的正常运转。

三、加强代表工作，发挥代表作用

人大代表是人民代表大会的主体。支持和保障代表依法行使职权，是推进依法治国、推动人民代表大会制度与时俱进的重要组成部分。常委会努力提高为代表履职服务的水平，代表素质不断提高，代表作用得到较好发挥。

（一）创新代表工作方式

人大代表作为国家权力机关的组成人员，其联系人民群众的程度如何，直接影响国家权力的有效行使和人民群众切身利益的保障。常委会把加强代表与人民群众的联系，作为践行党的群众路线，保证人民当家做主的重要抓手和着力点。在党的群众路线教育实践活动中，常委会广泛征求各方面意见，针对加强代表工作，充分发挥代表作用的意见，不断创新代表工作方式，认真研究制定《关于建立代表联系网络机制，进一步加强人大代表联系选民工作的意见（试行）》，从制度上进一步规范了代表活动，丰富了代表活动内容。主要有：（1）开展三级代表联动月活动。每年10月份，市、区、乡镇人大代表要深入各自所联系的选区、选举单位，集中听取原选区选民和原选举单位的意见。（2）代表固定联系选民和单位。每名区人大代表固定联系选区内1个单位和10名选民代表。（3）开展代表接待选民日活动。每季度确定1天为代表接待选民日，安排组织代表接待选民。（4）代表向选民报告履职情况。每年安排20%代表向选民口头或书面报告履职情况。工作意见的制定，为推进代表联系选民制度化、规范化建设，推动代表密切联系群众提供了有力保证。

组织代表开展视察，是保障代表履行职责的重要方式。常委会把改进代表视察作为贯彻党的群众路线、发挥代表作用的重要内容。2014年在组织代表视察工作中，常委会先行征求代表对视察内容的意见，并根据多数代表意见研究确定视察活动内容；在视察内容确定后，由代表自主选择参加；最后，通过精心组织代表视察，保证代表更加全面深入了解全区经济社会发展情况，更加充分有效履行代表职责。区五届人大五次会议召开前，常委会精心组织新城重点工程建设、工业、教育、卫生、养老服务、新农村建设等9个专题视察活动，参加视察的代表达到288人次。代表们既视察了天海工业公司汽车与低温设备生产基地项目、四环医药控股集团总部基地项目、蒙牛乳业（北京）有限责任公司等园区重点企业，又视察了万达广场、富华水乡、地铁M6号线等重点工程，也视察了台湖镇“两站一街”农民居住区、永乐店中学新校区、新通国际社区养老服务中心等民生项目，代表们对城市副中心建设发展成果尤为感到振奋和喜悦，更加增强了为民履职，服务和推动城市副中心建设的信心和责任感。

（二）为代表履职提供服务

一是坚持向区人大代表通报“一府两院”半年工作，听取代表意见。为代表提供人大常委会及“一府两院”工作信息资料，保障代表知情知政。二是坚持常委会主任、副主任联系代表小组、接待代表，常委会组成人员联系代表制度。邀请代表参与常委会的议题审议和专题调研，密切常委会与代表、代表与群众的联系，畅通民意诉求表达渠道。三是向全体代表征集常委会2014年监督议题建议，共收到代表建议55条，使监督工作更有民意基础和针对性。四是加强区人大代表小组和常委会街工委工作，推进代表工作制度化建设、代表联系选民活动的深入开展。五是积极协助市人大常委会做好市人大代表学习培训、视察调研等活动，为市人大代表依法履职提供良好服务和保障。

（三）加强代表建议的督办

认真做好代表建议的督办工作，是人民代表大会行使国家权力的重要形式。区五届人大四次会议期间代表提出建议120件，闭会期间代表提出建议4件，全部依法办复。常委会坚持主任、副主任督办重点建议制度，认真听取和审议代表建议办理情况报告，组织代表视察重点建议落实情况，加强办中督查和办后复查，推动办理工作取得了良好实效。常委会主任牵头督办的“加快漷小路工程建设”的建议，被区政府列入2014年重点工程项目。区政府及有关部门全力推进项目建设进度，预计2015年上半年完成漷小路一期工程并启动二期工程。代表提出的“建设通州科学中心”的建议，目前通州科学中心规划方案已基本明确，预计2015年底建成。对于“增加新农合门诊报销额度及提高特病人群报销比例”的建议，2014年我区对2013年患大病参合人员给予二次补偿共计2588人，基金支出1698万元。“建立评选奖励优秀校长”“玉带河大街东延路段通公交车”“将跨界建设的新城乐居小区（即化六安置房）行政区域归属梨园镇管辖”“整治三元村菜市场及周边环境”等一批建议也都得到有效落实。

四、加强自身建设，提高履职水平

常委会认真学习贯彻党的十八大、十八届三

中、四中全会精神，学习贯彻习近平总书记系列重要讲话、郭金龙书记通州调研讲话精神，学习宪法和法律，不断提高政治理论和履职水平。深入开展党的群众路线教育实践活动，强化对作风建设的认识，广泛听取各方面的意见建议，认真查摆“四风”问题，不断整改落实，自身建设水平有了新的提高。

一是坚定对中国特色社会主义的道路自信、理论自信和制度自信，坚定不移走中国特色社会主义政治发展道路。通过党组书记讲党课、举办专题讲座、观看纪录片、集体研讨等多种方式的强化学习，深刻认识依法治国是坚持和发展中国特色社会主义的本质要求和重要保障，是实现国家治理体系和治理能力现代化的必然要求，事关我们党执政兴国，事关人民幸福安康，事关党和国家长治久安。深刻认识人民代表大会制度的本质特征和内在优势，始终坚持党的领导、人民当家作主、依法治国有机统一的正确方向。

二是贯彻党的群众路线，树立正确的权力观。充分认识人民代表大会制度是我国的根本政治制度，是保证人民当家作主的最高实现形式，也是党在国家政权中充分发扬民主、贯彻群众路线的最好实现形式。人民代表大会制度是党的群众路线的根本制度体现和根本制度保障，要切实增强贯彻党的群众路线的自觉性，增强坚持和完善人民代表大会制度的坚定性，增强保证人民通过人民代表大会行使国家权力的责任感。

三是端正作风，推进创新。加强监督工作，增强监督工作的力度和实效。把调查研究作为履行职能、开展工作的重要环节，注重发挥调查研究的基础性作用。改进会风、文风，提高会议和文稿的质量。增加基层代表参与视察、执法检查和专题调研，增强履职实效。

四是加强机关建设，提高服务保障工作水平。进一步明确常委会机关的职能定位，增强服务意识，完善工作制度，提高保障能力，努力建设高素质的干部队伍和为民、务实、清廉的机关。

常委会认真做好人民群众来信来访工作，加强对群众诉求的综合分析，加大协调督办力度，促进了有关问题的解决。加强新闻宣传工作，提高《通州人大》刊物和《通州人大信息》质量，增强人大网站宣传效果。积极协助市人大常委会做好立法意见征求、开展调研、视察、检查等工作。

常委会通过召开乡镇人大工作会议、组织学习培训、经验交流等多种方式，加强对乡镇人大的指导与联系，促进乡镇人大深化代表工作、加强制度建设，乡镇人大工作取得新进展。

各位代表：一年来，常委会工作取得了新的进展和成效。这是区委正确领导，区人大常委会组成人员和全体区人大代表共同努力，“一府两院”工作配合，广大人民群众和社会各界帮助支持的结果。在此，我代表区人大常委会，向全体区人大代表，向所有关心、支持、帮助人大工作的同志们、朋友们，表示崇高的敬意和衷心的感谢！

面对新形势、新任务，我们也清醒地认识到，常委会的监督工作需要进一步增强，执法检查、预算监督和司法监督需要深化；代表工作需要进一步落实，代表履职服务和建议办理实效需要增强；常委会组成人员的素质和履职水平需要进一步提升。对于这些问题，我们将在新一年的工作中认真研究、积极改进，不断提高常委会的工作水平。

2015年的主要任务

2015年是推进依法治区，加快城市副中心建设的重要一年，也是全面完成“十二五”规划任务目标的收官之年。区人大常委会要在区委的领导下，坚持党的领导、人民当家作主、依法治国有机统一，紧紧围绕全区发展大局依法有效履行职能，加强对依法行政和公正司法的监督，加强对城市副中心建设重点工作和民生事项的监督，加强对代表履职的服务保障，保持人大常委会和人大代表与人民群众的密切联系，抓好自身建设，积极推动人民代表大会制度与时俱进，为建设法治通州，以更高标准推进城市副中心建设做出新的更大贡献。

一、有效履行监督职能

把监督工作放在更加突出的位置，围绕中心，抓住重点，改进方式，增强监督工作的针对性、连续性和实效性。

安排听取和审议7个专项工作报告。即关于国民经济和社会发展计划第十二个五年规划执行情况及第十三个五年规划纲要（草案）的报告、关于加快建设法治政府的报告、创建全国文明城区的报告、2015年上半年工作报告、实施《中华人民共和国大气污染防治法》和《北京市大气污染防治条例》情况的报告、群众体育工作的报告、农村土地流转情况的报告。

听取和审议2014年财政决算草案的报告，2014年财政预算执行和其他财政收支的审计工作报告，审查批准2014年财政决算。听取和审议2015年国民经济和社会发展计划上半年执行情况、财政预算上半年执行情况的报告，适时开展对大额专项资金使用绩效的监督。

安排专题主任会议和代表视察，对重大项目引进建设、商务产业发展、城乡重点工程建设、网格化社会服务管理、文化教育卫生事业发展、城市管理综合行政执法、基层司法行政建设、健康绿道建设及养护等工作进行监督。开展对法院审理行政案件、检察院查办和预防贪污贿赂案件工作的监督。

抓好2014年常委会审议意见的督办落实。跟踪检查道路交通设施建设、水污染治理、科技创新、养老服务等工作。抓好对规范性文件的备案审查。

二、依法决定重大事项和行使人事任免权

建立健全人大常委会讨论决定重大事项制度，对关系全区改革发展稳定的重大问题，适时作出决议、决定。依法做好人事任免工作，从组织上保证国家机关的正常运行。

三、不断深化代表工作

全面落实区人大常委会《关于建立代表联系网络机制，进一步加强人大代表联系选民工作的意见（试行）》，通过制作《人大代表履职手册》、设立代表联系网络工作站点、开展代表接待选民日、三级代表联动月、代表向选民报告履职情况等活动，进一步密切代表与选民的联系。完善代表建议督办方式，构建建议督办工作新格局，即形成常委会主任、副主任牵头重点督办，常委会各工作委员会分工对口督办，代表联络部门统筹协调督办，乡镇人大、常委会街工委和代表参与督办的建议督办工作体系，提高督办工作的针对性和实效性。加强代表培训，不断提高代表综合素质和履职能力。坚持向代表通报“一府两院”半年工作，扩大代表对常委会活动的参与面，加强代表会前活动、年中分组视察等工作，保障代表知情知政，提高代表活动的质量和实效。加强代表小组和常委会街工委工作，使代表工作更具活力、更有实效。继续组织好市人大通州代表组活动。进一步加强对乡镇人大工作的指导。

四、切实抓好自身建设

巩固和拓展党的群众路线教育实践活动成果，严格落实整改措施，推进作风建设和工作成效再上新台阶。总结和分析区委第三次人大工作会议精神落实情况，协助区委召开第四次人大工作会议，抓好市、区人大工作会议精神的贯彻落实，推进依法治区进程，推动人民代表大会制度与时俱进，推动人大工作创新发展。继续抓好学习调研、宣传信息等工作，加强干部队伍建设，提高服务保障工作的质量和水平。

各位代表，新的一年，我们肩负着更加重要的责任，面临着更加繁重的任务。让我们在区委的领导下，认真履行宪法和法律赋予的职责，为推动通州全面深化改革和科学发展、全面推进依法治区、加快城市副中心建设而努力奋斗！

通州区人民政府工作报告

——2015年1月13日在通州区第五届人民代表大会第五次会议上

通州区区长 岳 鹏

各位代表：

现在，我代表通州区人民政府向大会报告工作，请予审议，并请区政协各位委员提出意见。

2014年工作回顾

2014年是推进北京城市副中心建设进入新阶段的重要一年。一年来，区政府系统认真学习贯彻党的十八大、十八届三中、四中全会和习近平总书记视察北京重要讲话及郭金龙书记通州调研讲话精神，在市委、市政府和区委的正确领导下，在区人大、区政协的监督和支持下，坚持以党的群众路线教育实践活动为统领，在各条战线上努力拼搏、锐意进取，实现了北京城市副中心建设的持续推进和经济社会的平稳较快发展，圆满完成了区五届人大四次会议确定的各项任务。预计全年地区生产总值实现550亿元，增长10%左右；一般公共预算收入实现60.9亿元，增长15%；全社会固定资产投资额实现687.7亿元，增长16.4%；社会消费品零售额实现302.9亿元，增长12.6%；城镇居民人均可支配收入实现37095元，农村居民人均纯收入实现20076元，分别增长10.2%和12%。

一、“一核五区”建设取得阶段性成果

主要功能区项目进入全面建设期。核心区万达广场开业运营，带动区域商业服务水平显著提升；富华水乡南区基本竣工，新北京中心等项目进入主体建设阶段；富力等项目实现全面开工；彩虹之门、台湾新光等项目启动前期工作。文化旅游区环球影城项目正式获得国家发改委核准。环渤海高端总部基地国家车联网产业基地项目地块具备上市条件，上海合作组织中心、北京SAP智慧城市创新中心加快推进，闽商企业北方总部基地、台湾企业总部中心实现签约。宋庄文化创意产业集聚区中国艺术品交易中心、国家时尚创意中心等项目完成相关设计方案编制，长江商学院、天安数码城等项目前期工作进展顺利。国际医疗服务区北京信诺佰世医学检验中心正式对外营业，北京国际医学中心组团项目进展顺利。

土地一级开发取得突破性进展。核心区河西重点地块全部实现上市，杨坨地块一级开发基本完成，司空小区和永顺镇政府周边区域搬迁工作有序推进。文化旅游区环球影城项目核心区实现供地，首批安置房竣工。环渤海高端总部基地一级开发已近尾声，安置房建设及土地上市稳步展开。宋庄文化创意产业集聚区一期A地块具备上市交易条件，二期地块完成土地一级开发实施方案编制。国际医疗服务区首个重点项目地块完成征地手续办理，6个地块完成土地预审并获立项、环评等批复。

基础设施陆续投入使用。核心区基础设施和公共服务设施累计开工44项，主要市政管线全面贯通。东关大道、北环环隧正在进行设备后期安装；地铁M6号线二期实现通车运行；市政综合配套服务中心主体完工；新华大街等道路综合改造工程主干路贯通；北关大道跨通惠河桥完成建设，跨北运河桥完成桥梁基础结构施工；核心区燃气调压站竣工，220千伏变电站完成开工准备。文化旅游区完成110千伏高压线迁改，园区内道路和变电站建设启动前期工作。环渤海高端总部基地北部城市湿地公园主体完工，站前街（通马路与次渠大街路段）竣工通车，园区其他道路及市政基础设施建设加快推进。宋庄文化创意产业集聚区徐宋路、规划三路等道路建设稳步实施。国际医疗服务区春宜路、观颐

大街两条主干路获得市规划委批复，500千伏高压线迁改方案上报国家电网审核。

政策及规划体系保障更加有力。《北京城市副中心行动计划》完成初稿编制，市政府出台《关于推进北京国际医疗服务区试点工作的若干意见》等支持“一核五区”建设的政策文件，北京城市副中心在京津冀协同发展战略中的地位更加突出。“一核五区”规划体系进一步稳定，为建设的顺利实施奠定了坚实的基础。启动区级“十三五”规划编制工作。

二、经济发展在稳增长、调结构中加快优化升级

大项目聚集发展态势良好。积极以大项目带动战略应对经济下行压力、推进区域经济结构调整。新增注册资本千万元以上企业874户，新批外商投资企业27家，实际利用外资同比增长2倍。新注册企业单体投资强度显著提高，更加符合北京城市副中心功能定位和产业发展方向。项目梯次推进态势良好，中际联合科技股份有限公司实现“新三板”挂牌，动力总成发动机和变速器实现量产，百丽集团等一批项目竣工投产，苏宁易购等一批项目开工建设，中石化中威联合等一批总部型项目落户，北京国际矿业权交易所实现入驻，河北钢铁集团总部等一批项目实现签约。京通罗斯福广场等一批重点商业项目开业。

发展方式更加全面协调可持续。以高于北京市的标准制定实施《通州区新增产业的禁止和限制目录》，提高产业准入门槛。集中整治无证照经营行为，取缔关停无证照经营主体4090户。加快产业结构调整，淘汰落后产能企业128家，万元GDP能耗圆满完成市下达的任务指标。开展低端产业及低端市场清理整治，集中清退藕塘地和废品回收场所，累计腾退土地4万余亩。加强国有资产运营管理，整合新城基业等5家区属国有企业，组建通州区国有资本运营公司，为城市副中心建设提供更加有力的支撑。积极开展银政合作，解决文化旅游区、新华医院等重点项目资金问题，引导社会资本参与碧水污水处理厂等公共服务设施建设。科技支撑作用凸显，制定出台《关于实施创新驱动发展战略 加快建设北京城市副中心的意见》和《通州区支持科技创新暂行办法》，与市科委合作建设国际科技交流平台和2家市级国际科技合作基地，30家企业获得市级以上技术研发中心认证。

园区建设稳步推进。编制了《通州产业园区发展定位》。深入推进中关村示范区先行先试政策在产业园区全覆盖，园区内高新技术企业总数突破200家。以京津冀协同发展为契机，加快通州口岸项目建设，推动海关检疫通关通检一体化。枢密院、联东U谷、经开产业园等建设加快推进。光机电基地经海六路、开发区东区望君疃110千伏变电站等11项配套设施加快建设。

三、城乡一体化迈出新步伐

城镇化和新农村建设有序推进。以“一核五区”和产业园区为带动，实施11个村的旧村改造，实现3888人搬迁上楼，同步开展转居安置、社保对接、就业促进等工作，实现转非9220人，为4099名已转非人员补齐养老、失业和医疗保险4.4亿元。加快特色小城镇建设，启动西集、于家务、漷县等乡镇中心区地块的规划建设。加快新型农村社区建设，提升农村基本公共服务水平，打造5个“北京市农村典型示范社区”，创建30个五星级“七型农村社区”。围绕“新三起来”，开展农村土地承包经营权登记颁证试点，在宋庄、台湖开展农村集体建设用地流转试点，建成农村集体“三资”监管信息系统并正式运行。开展村级经济事项监管及经济活动突出问题专项治理。全面推进农民专业合作社规范化建设。

农业结构调整持续深入。在全市率先完成农业生态空间布局调整方案，确立了全区现代农业发展的“调粮、稳菜、强种、增绿、精畜、节水”工作思路，着力构建城市副中心绿色屏障。继续重点发展以国际种业科技园为引领的园区农业、科技农业和数字农业等新型农业业态。成功举办第二十二届世界种子大会蔬菜新品种展示观摩周、番茄文化艺术节等活动。在全市率先开展家庭农场创建工作，第一批8个家庭粮田农场投入经营。发展林下经济2.9万亩，新建高效果园1935亩。制定实施《通州区2014年促进农民增收工作的意见》，重点支持农民

就业基地52个，开展农村劳动力技能培训1974人，实现向二三产业转移就业3500人，农村居民人均纯收入增幅连续两年居全市首位。

城乡基础设施进一步完善。徐尹路等7条道路实现竣工，朝阳北路东延二期等6条道路加快推进，漷永路一期等3条道路开工建设，京塘路等5条道路完成大修。潞苑五街二期等6条道路微循环改造加快推进，完成玉带河大街慢行系统建设，新增及调整公交线路13条。完成小甸屯、白庙北综合检查站改扩建。大力推进燃气管网建设，完成通香路燃气管网等一批项目建设。实施283万平方米建筑热计量改造和304万平方米老旧小区供热管网改造。加快编制全区供水专项规划，完成老旧供水管道改造14公里，南水北调通州水厂具备开工条件。深入实施光纤入户工程，无线局域网基本覆盖中心城区。在全市率先建成地下管线及城市部件数字化管理信息系统。

四、生态文明建设取得扎实成果

严厉打击违法用地和违法建设。坚决落实全市打击违法用地、违法建设工作部署，持续深入开展专项打击行动。建立违法用地和违法建设管控机制，启动国土远程视频监控系统建设，严格落实“一把手”负责制和“一岗双责”责任追究，加强拆违督办调度，形成拆违控违的联动机制和强大声势。累计拆除违法建设842处、228万平方米，完成市下达的任务。积极配合国土督察和土地审计工作，对存在问题认真整改，拆除违法用地项目232宗。采取有力措施进一步规范土地市场和房地产市场秩序，违法建设、销售“小产权”房问题得到有效遏制。持续加大对新增违法建设的巡查处置力度，始终保持对违法建设的“零容忍”。

深入落实大气治理各项工作任务。建立大气颗粒物自动监测系统，实现全区重点区域大气环境质量监测全覆盖。严控全区燃煤总量，替代供热面积70.4万平方米。积极推进农村地区“减煤换煤”21万余吨，发放惠民液化气53万余瓶，实现农村地区送气下乡全覆盖。严控机动车污染，淘汰老旧机动车2.1万辆，新增300辆电动出租车、48辆清洁能源公交车和6000辆公共租赁自行车。加大工业污染防治，6个市级以上工业园区完成546.5蒸吨燃煤锅炉拆除工作，市级园区以外工业企业累计压减燃煤23.3万吨。全面开展扬尘防治，规模以上建筑工地全部安装视频监控系统，改造升级建筑垃圾运输车辆933辆。加大对大气环境违法行为打击力度，处罚违法企业281家次。严格按照市里部署，集中开展禁止垃圾和秸秆焚烧以及污染企业停工限产等专项行动，圆满完成APEC期间服务保障任务。

加快实施水污染治理和水利工程建设。深入落实《通州区治污三年行动方案》，编制全区水系连通及水资源循环利用、雨水排除等8个专项规划。结合第二阶段中小河道治理，启动城北水网建设。基本完成通惠河水环境综合整治一期景观工程，加快推进河东再生水厂支线污水截流工程，新建及改造污水管线32公里、再生水管线24公里，城区污水处理率达到85%以上。碧水污水处理厂升级改造、张家湾再生水厂等工程实现开工，污泥消纳厂进展顺利。继续推动马驹桥、台湖、潞城等乡镇污水处理设施建设，加强农村污水排放治理，完成17项规模化养殖场粪污治理工程。全年削减水污染物化学需氧量2743吨。健全防汛指挥系统，实现安全度汛。强化村级供水设施安全运行管理，保障农村用水安全。

全面开展城乡环境建设。加大重点区域综合整治，实施京哈高速周边环境达标提升工程。完成八通轻轨沿线、芙蓉路市级达标大街和北苑、中仓区域2平方公里环境提升整治，完成36批脏乱点治理，对12个居住小区、街巷胡同进行硬化、绿化、美化，创建2个市级优美小区和2个市级优美街巷胡同。加快区有机质资源生态处理站、通州循环经济产业园前期工作。深入推进207个小区、7所学校垃圾分类达标。提高农村地区生活垃圾收集水平，完善清运体系建设。加强户外广告管理，启动编制全区户外广告和牌匾标识规划，拆除大型违规广告158块，整治改造牌匾标识299块。高标准完成平原造林工程6.2万亩，三年累计造林面积达到17.9万亩。启动45.6公里温榆河—北运河绿道建设，完成公路绿化30公里，屋顶绿化1.3万平方米。

全面加强人口规模管控。建立健全人口管理机制，强化属地作用分解落实市下达的人口管控目标任务。开展人口情况摸底清查，规划建设425个基层流管站，全区流动人口和出租房屋登记率达95%以上。落实“以业控人、以房管人、以证管人”工作思路，通过淘汰落后产能企业、取缔无照经营、清退藕塘地和再生资源回收市场等，疏解外来人口3万余人。对违法建设出租房、群租房和地下空间开展全面排查治理，清退违规租住人员3000余人。

五、社会民生建设达到更高水平

全国文明城区创建取得阶段性成果。坚持以创建全国文明城区为载体，举全区之力，集群众之智，持续深化政务、市场、文化等“八大环境”建设，大幅提高各项指标达标率，顺利通过了北京市创建全国文明城区提名资格的综合测评。紧密结合区域经济社会建设，持续发挥创城工作的示范、引导和带动作用，深入实施一批惠民利民工程，打造一批文明诚信示范窗口、文明示范工地和文明示范小区，大力推进道德讲堂、“通州榜样”等精神文明创建活动，社会文明程度和城市管理水平得到有效提升。

公共服务事业健康发展。制定《第二期学前教育三年行动计划》，完成一批公立幼儿园建设，3所幼儿园升级为市一级一类园。潞河中学附属学校、永乐店中学、贡院小学等建成投入使用，梨园中学等新建改扩建工程进展顺利，运河中学南校区开工建设，北京五中通州校区完成前期工作，人大附中附小、杨庄小学等前期手续加快办理。北京电影学院通州校区地块完成搬迁，人民大学通州校区地块搬迁工作加速推进。顺利完成义务教育规范入学，高考上线率再创新高，4所学校列入北京市城乡一体化学校建设工程。与北京师范大学签署教育文化发展合作框架协议，与北京教科院合作启动“通州区教育高端引领培养工程”，教育教学质量进一步提升。潞河医院综合门诊楼基本竣工，新华医院工程主体封顶，东直门医院东区、中西医结合医院加快建设。大力引入各类优质医疗资源，与首都医科大学、北京中医药大学开展“医教研”全面合作，潞河医院成为首都医科大学附属医院，新华医院与友谊医院合作建设东院区，东直门医院东区成立全市第一个中医医联体。加大卫生系统信息化、社区卫生及公共卫生服务体系建设力度，充实社区卫生服务中心全科医师配备，方便群众就医。区文化中心二期启动前期规划工作，国家大剧院舞美基地开工建设，区文化馆被确定为北京儿童艺术剧院排演基地。一批乡镇街道文化活动中心投入使用。群众文化生活丰富活跃，顺利举办2014中国艺术品产业博览交易会、运河艺术节、“繁荣杯”演艺大汇等活动，在第九届“舞动北京”大赛上获得3项原创作品金奖。京杭大运河申遗成功，开启深度保护挖掘运河文化新篇章。竞技体育取得新成果，在第十四届市运会上获得17枚金牌，与上届相比实现翻番。档案馆新馆确定规划方案，科技馆和青少年活动中心完成选址。建成气象新站，开展精细化预测预警服务。旅游、广播电视、新闻、史志、档案、保密、民防、地震、红十字、慈善等各项事业稳步发展。

民生状况持续改善。就业形势稳定，出台《促进就业再就业工作实施办法（试行）》，新增就业1.6万人，城镇登记失业率控制在1.97%的较低水平。社会保险覆盖范围不断扩大，城乡参保人数达到84.7万人，工伤就医实现持卡结算，大龄低保人员参加养老保险补贴工作全面完成。社会救助水平不断提高，城乡低保标准上调至每人每月650元，城乡低保对象实现动态管理。率先建成2家慈善超市，规模处于全市领先水平。区养老院即将开工建设，3家养老照料中心投入使用，残疾人职业康复中心主体完工。住房保障工作扎实推进，新开工建设保障性住房5650套，竣工5323套，完成老旧小区整治面积41.9万平方米。深入实施33项为民办实事工程，切实解决群众的实际困难。

社会治理深入推进。网格化系统平台实现试运行，解决问题12万件。“枢纽型”社会组织建设取得新突破，成立通州区社会组织联合会，推进3个社会组织孵化基地建设，17个项目被确定为政府购买公益服务项目。社区服务管理体系不断完善，打造15个“一刻钟社区服务圈”。实施第三批社区用房达标建设，城乡社区楼门基本达到文化楼门标准，创建15个市级“六型社区”。安全生产形势总体平稳，继续推动安全生产标准化达标工作，成为北京市安全生产体制机制综合改革试点区。加强食品药品市场监督管理，维护食品药品市场秩序。电梯物联网远程监测信息系统实现运行。持续加强社会治安综合治理，大图像管理信息系统建设顺利推进。加大矛盾纠纷排查调处力度，社会保持和谐稳定。深入落实《关于进一步加快少数民族经济发展的意见》等措施。应急管理、人民武装、双拥共建、宗教、侨务及对台工作健康发展。

六、政府自身建设持续加强

扎实开展党的群众路线教育实践活动。按照第二批党的群众路线教育实践活动部署，深入贯彻中央八项规定、市委十五条意见和区委意见，以“三严三实”的要求认真开展教育实践活动，坚决纠正政府系统“四风”方面存在的突出问题，集中解决了一批群众关心关注的现实问题，努力把“为民、务实、清廉”贯彻到政府工作的方方面面。针对征集到的39大项意见建议，14项已完成了整改，25项纳入政府今后的工作计划。一年来，以区政府及其办公室名义下发的文件减少35.3%，简报刊物减少70%，区政府召开会议减少16.1%，“三公”经费预算支出压缩10%，楼堂馆所新建和一般公务车辆购置一律停止，行政效能监察和公务员队伍建设持续加强，作风建设取得初步成果。

服务发展能力不断提升。认真落实区委关于全面深化改革的总体部署，有序推进政府系统重点领域改革任务，努力营造改革创新、利于发展的社会环境。强化对全区经济发展的政策引导，创新完善服务企业的体制机制，进一步加强对企业的全程主动服务。稳步推进政府职能转变和机构改革，制定实施《关于进一步优化投资项目审批流程的办法（试行）》，在全市率先推行“三证合一”市场主体准入登记制度，审批时限由15天缩短到4天。3个乡镇设立了行政服务中心分中心，进一步方便服务对象。建设中小企业公共服务平台，拓宽企业融资渠道。政务协同办公系统一期实现正式运行，二期规划设计完成方案制定。

民主法治建设持续深化。不断完善政府决策机制，将重大决策风险评估纳入区政府决策程序，修订完善《通州区行政规范性文件管理规定》，制定实施《通州区政府合同管理办法》，认真落实领导干部学法、行政诉讼和复议败诉案件责任追究等制度，对全区64个执法部门、192个行政执法主体、90项便民服务事项进行行政职权清理评估，不断提高依法治区和依法行政水平。制定实施政府投资建设项目审计监督办法和管理细则，对78个政府投资项目进行审计。主动向人大报告、向政协通报重大事项，自觉接受人大法律监督、工作监督和政协民主监督，认真办理市区两级代表议案、建议和委员提案327件，办复率100%。

各位代表，2014年是我们全面加速北京城市副中心建设，在经济社会各条战线上取得重要成绩的一年。这些成绩的取得，是市委、市政府和区委正确领导的结果，是区人大、区政协积极支持和有效监督的结果，是各民主党派、人民团体、驻通部队、武警官兵、公安干警、驻通中、市属单位鼎力支持的结果，是全区人民共同努力奋斗的结果。在此，我代表区政府向奋战在各条战线上的广大干部职工和所有关心支持通州发展的各界人士以及全区人民表示崇高的敬意和衷心的感谢！

回顾一年来的工作，我们清醒地认识到，目前通州经济社会发展中仍存在一些困难和问题，主要表现在：一是北京城市副中心建设虽然取得了很大进展，但距市委、市政府的要求和全区人民的期盼，在整体推进上还存在很大差距，特别是在实现“功能完备”和打造“高精尖”经济结构上还需付出艰苦的努力；二是对照郭金龙书记提出的“发展搞上去、人口降下来、生态好起来”的工作目标，我们面临着很大的挑战，特别是在城市管理、城乡一体化、生态建设、社会治理等方面还存在许多薄弱环节，还需在顶层设计和措施方法上进一步加强统筹，真正实现全面协调可持续发展；三是面对京津冀协同发展的战略机遇，在充分发挥地缘优势、开展“先行先试”、发挥桥头堡作用上还缺乏深入研究，还需不断拓展工作思路、探索实现路径。四是按照十八届三中、四中全会精神，在改革创新和依法治区上还存在很大差距，还需努力破解体制机制等瓶颈问题和在多层次多领域推进依法治理。这些都必须引起我们的高度重视，在今后的工作中努力加以解决。

2015年工作的总体思路、主要目标和主要任务

2015年是实施“十二五”规划的最后一年，也是全面推动北京城市副中心建设取得阶段性成果的重要一年。做好2015年的各项工作，对顺利完成“十二五”规划任务和实现北京城市副中心建设总体目标至关重要。当前，中央作出了我国处于新常态下战略机遇期的重要判断，新一轮的体制机制改革将带来持续推动新发展的强大动力；首都“四个中心”的战略定位和京津冀协同发展的全面实施正大幅加快北京转方式调结构和功能疏解的步伐，对北京城市副中心的政策支持和资源倾斜将进一步扩大；通州经过近年来的高质量开发建设，已经在经济社会各领域实现了初步跨越，推动更好更快发展的基础更加坚实，人民群众对建设北京城市副中心的信心和支持空前增强。我们要按照区委五届七次全会要求，进一步增强使命感、责任感和紧迫感，振奋精神，紧抓机遇，锐意进取，努力开创北京城市副中心科学发展的新局面。

2015年政府工作的总体思路是：深入学习贯彻党的十八大、十八届三中、四中全会和市委十一届六次全会精神，全面落实习近平总书记北京视察及郭金龙书记通州调研重要讲话精神，以“发展搞上去、人口降下来、生态好起来”为总纲，以深化全国文明城区创建为载体，以改革创新为动力，倍加珍惜来之不易的发展局面不动摇，倍加珍惜千载难逢的历史机遇不懈怠，倍加珍惜广大人民群众的信任不折腾，狠抓经济提质、建设提速、管理提效、环境提升，全面完成“十二五”各项目标任务，精心谋划好“十三五”经济社会发展，一张蓝图绘到底，继往开来，奋力拼搏，以更高的标准推进城市副中心建设。

2015年全区经济社会发展的主要目标是：按照中央稳中求进的工作总基调和北京市“主动把握和积极适应经济发展新常态”的要求，计划安排主要经济指标是：地区生产总值增长8%，一般公共预算收入增长10%，全社会固定资产投资额增长10%，社会消费品零售额增长10%，城镇居民人均可支配收入增长9%，农村居民人均纯收入增长10%，万元地区生产总值能耗、大气污染物和水污染物排放完成市下达节能减排任务。

2015年全区经济社会发展的主要任务是：

一、坚持推进“一核五区”建设，加快形成北京城市副中心的城市主框架

推进核心区建设取得重大进展。河西地区项目必须全面开工，其中富华水乡南区、京杭广场等一批项目实现竣工并投入使用；持续加快新北京中心、运河一号等项目建设。实现河东地区0504和杨坨地块上市，开工建设彩虹之门、杨坨地块项目。完成永顺政府周边区域土地一级开发，适时启动八里桥市场搬迁。在完善方案的基础上启动南大街地区保护性修缮。全面建成核心区基础设施和主干路网，实现北环环隧、东关大道、市政综合配套服务中心正式运营，随项目同步实施街区内部支路建设。开展低碳生态智慧城市研究，着手建立核心区城市运营管理体制。

确保文化旅游区重点项目开工。上半年全面完成土地一级开发，地块达到上市标准。确保环球影城核心区按时开工。完成安置房建设并交付使用。全面启动市政基础设施建设，同步开展萧太后河水环境建设和园区周边配套用地管控工作。

力促环渤海高端总部基地项目建设。上半年全面完成土地一级开发，推进北京SAP智慧城市创新中心建设，实现国家车联网产业基地开工，力促闽商企业北方总部基地、台湾企业总部中心、上海合作组织中心等重点项目落地，推动物联网产业基金等项目签约。加快总部基地企业孵化器建设，吸引、培育符合总部基地城市功能和产业定位的科技型中小企业和创新型企业。继续推进市政基础设施和城市湿地公园建设。

推动国际医疗服务区实现新发展。完成一期授权地块非住宅搬迁和4个地块征地工作，启动住宅搬迁和安置房建设，加快500千伏高压线迁改和道路、市政等基础设施建设。实现首批医教研组团项目开工。与首都医科大学开展全面合作，以公立医院为基础支撑，实现优势学科的聚集。建立联席会议制

度，争取国家和市级政策支持，依托国家智库资源优势，申报国家级健康产业试点园区。

加快宋庄文化创意产业集聚区建设。确保完成六合村旧村改造，实现一期地块全部入市交易。确保中国艺术品交易中心开工，力争国家时尚创意中心、世贸艺术中心落地。加快编制原创艺术和艺术品产业发展规划方案。与各类社会中介机构开展深度合作，不断增强产业发展活力。

促进国际组织聚集区取得进展。在深化完善区域战略规划和概念性规划的基础上，启动街区控规研究。

二、坚持打造“高精尖”经济结构，着力做优做强区域经济

进一步明确产业发展思路和定位。立足京津冀协同发展，结合市区两级产业发展目录和“十三五”规划编制，进一步明确以现代服务、文化创意、健康服务和时尚旅游为主导的产业发展方向，把“一核五区”作为通州未来主导产业承载地。依托核心区，重点发展现代服务业，打造高端商务服务业集聚区。深度整合宋庄原创艺术家集聚的资源优势，构建以原创艺术和艺术品为主的文化创意全产业链条。借助国际医疗服务区政策优势，着力发展“医、教、研、养、康”融合发展的高端医疗服务和健康产业。紧密围绕环球影城建设，重点发展集旅游、娱乐、演出、体验于一体的现代时尚旅游产业。充分发挥环渤海高端总部基地区位优势，打造中小企业总部、非银行金融机构集聚区。大力发展永乐店地区服务外包产业。加大对现有产业园区资源整合，分期分批调整退出不符合功能定位和产业发展方向的企业，突出园区产业特色，促进园区的升级和产业的转型。做大做强以籽种为代表的高端农业产业，构建融合生产、生活、生态、示范等多功能的现代农业体系，为城市副中心提供生态屏障和环境支撑。进一步突出科技推动产业结构优化的核心作用，深化科技体制改革，完善科技政策环境，构建科技支撑产业转型升级、企业技术更新、高新技术成果转化的全方位产业服务体系。

加快重大项目引进建设速度。坚持大项目带动战略，确保嘉林药业等一批项目竣工投产，加快苏宁易购等项目建设，实现新地电子商务中心等一批项目开工，力促联想科技城等一批项目取得实质进展。支持北汽动力总成、四环制药等重点企业进一步做大做强，积极推进神州长城国际等高新企业上市。以联东U谷、枢密院等园中园为依托，积极吸引国内外企业总部、科技创新平台和服务外包以及各类中介机构入驻。力促华业东方玫瑰、华远好天地、迪卡侬等商业项目实现开业。

持续增强园区服务能力。完成园区产业发展定位研究，建立项目综合评价体系。制定并实施通州区《贯彻中关村空间规模和布局调整精神 促进园区高新技术产业发展的意见》，加大培育高新企业力度，新增中关村高新技术企业20家，培育或引进年收入50亿元以上企业3家。进一步提升园区承载能力，推进园区土地一级开发，启动17个地块上市，开展17项基础设施建设，促进园区持续发展、低碳发展，打造产城融合、宜居宜业的现代生态园区。

三、坚持以功能区和园区为带动，加快城乡一体化进程

持续推动城镇化和新农村建设。启动并继续推进于家务核心区、西集中心区、张家湾古镇、漷县古镇、永乐店德仁务片区建设。加快推进“一核五区”及乡镇中心区、园区周边地区旧村改造，新启动和完成12个村庄的改造，同步实施转非就业、对接社保工作。研究制定具体工作方案，分期分批解决历史遗留的转非问题，推动梨园镇率先实现整体城市化。进一步提升新型农村社区规范化建设水平，促进城乡服务均等化发展。继续开展农村集体土地承包经营权确权登记工作，完成全区1/3确权土地的登记颁证，引导农村土地经营权有序流转，重点培育家庭农场等新型经营主体。落实全国农村集体产权流转交易市场试验区工作，创新农村资产、资源经营管理模式。增强农民专业合作社带动力，培育20家区级示范社，引导和支持农民发展庭院经济、林下经济，推进农民绿色岗位、公益岗位就业，促进农民特别是低收入农户增收。继续加大对南部乡镇的支持力度，努力促进南部地区经济社会协调发展。

分层次开展新一轮农业结构调整。按照全区现代农业发展思路，实施农业生态空间布局调整，实现农业产业升级和农业生态改善同步推进。积极申报国家现代种业创新示范区和国家种业综合改革创新试验示范区。继续扶持以国际种业科技园为带动的园区农业、科技农业、数字农业发展，开工建设国际种业科技园企业会展中心和种业交易中心，支持入园科研院所和重点企业快速发展。大力推进漷县镇市级农业高效节水示范镇建设。

扎实开展城乡基础设施建设。实现漷永路一期、徐尹路二期等一批城乡道路竣工通车，加快推进朝阳北路东延二期等一批道路建设，确保张采路北延等一批道路实现开工，加快张凤路等一批道路前期手续办理。实施一批道路微循环工程，提升道路通行能力。启动全区公共停车场规划研究，进一步调整优化公交线路，发展一批微公交线路，满足短途乘客出行和换乘需求。加快推进集中供热配套工程建设，实施123万平方米老旧小区供热管网改造。加快采通线（漷永路段）工程建设，实现燃气管网通达全部乡镇。力争南水北调通州水厂实现供水，编制方案并逐步实施城区范围内自备井置换工作，推进于家务等乡镇水厂建设，提高乡镇供水集约化水平。加快推进一批输变电站建设，大幅提升区域供电能力。完成地下管线及城市部件数字化管理信息系统二期建设。加强对新农村基础设施建设和管护，基本完成全区农宅抗震节能保温改造。

四、坚持以生态宜居为目标，大力推进生态文明建设

坚决打击违法用地和违法建设。保持对违法用地和违法建设的高压态势，运行国土远程视频监控系统，全面加强土地监管。彻底消除上账项目，对新增违法用地和违法建设坚决做到动态清零，确保“零增长”。坚决杜绝“小产权”房的建设、销售、转卖等违法行为。加大源头治理，健全管理和监督机制，疏堵结合推动城乡建设和用地管理科学有序。

严把大气治理各项关口。狠抓清洁空气行动计划落实，深入开展空气质量考核体系建设。继续围绕压减燃煤、控车减油、治污减排、清洁降尘四大关键领域，加大主要污染物总量减排力度，强化各类污染源治理。完成农村地区12万吨“减煤换煤”任务，推进5号燃煤锅炉房煤改气工作，完成390蒸吨工业企业和供暖燃煤锅炉清洁能源改造。淘汰老旧机动车1.33万辆。推进汽车修理、包装印刷、家具制造等企业加强技改，确保有机废气收集率达到90%以上。强化工地管理，持续加强扬尘污染防治。

加大水系治理力度。科学编制水务规划，完善区域水生态环境联动治理机制。编制北运河通州段水系治理方案，积极推进榆林庄水质净化厂建设，启动延芳淀湿地建设前期工作。基本完成城北水网建设工程，启动城南水网工程。完成凉水河等第三、四阶段72.5公里中小河道治理和通惠河（通州段）水环境综合整治二期工程，加快港沟河小流域生态治理、甘棠橡胶坝改造等重点工程建设。实施河流水质在线监测系统建设。新建污水管线、再生水管线112公里，确保张家湾污水处理厂建成投入使用，推进乡镇污水处理厂建设，集中新建、改造一批村级污水处理厂，完成治污三年行动任务。

推进城乡环境水平迈上新台阶。持续加大市容环境建设力度，做好国家卫生区复审工作。完成北苑、玉桥、永顺等区域的环境整治提升工程，启动京哈铁路沿线环境综合整治，对新华大街等一批道路的户外广告和牌匾标识进行规范。加大环卫设施改造力度，全力推进通州区循环经济产业园、有机质资源生态处理站等项目建设，启动西田阳垃圾填埋场二期提升工程，继续开展垃圾分类达标小区创建，加快推进城区范围内地埋式垃圾收集设施清退工作。继续加强镇村环境建设，完成全部村庄的环境整治任务，创建50个美丽乡村。实施平原造林1.4万亩，加快建设东郊森林公园和梨园城市公园。完成23公里运潮减河绿道、60公里北运河绿道工程，完成30公里公路绿化建设和1万平方米屋顶绿化工程。

确保完成人口控制目标。深入落实北京市关于“控制总量、优化布局、改善结构”的要求，健全完善人口管理服务机制，研究制定人口规模调控意见和调控方案，强化人口数据信息动态监测，落实属地调控责任。综合运用法律、经济、行政等多种手段，加大对非法劳动用工、违法使用地下空间、经营群租房等问题的治理力度；通过提升产业层级、完善服务功能和优化房地产业结构，大力促进职住平衡和服务本地化，科学疏解中心城人口，确保完成北京市下达的人口调控目标。

五、坚持健全完善公共服务和社会治理的体制机制，持续推进民生改善

举全区之力推进全国文明城区创建。巩固和扩大全国文明城区创建成果，围绕新版测评指标，全面提升政府各项工作标准，扎实完成年度任务。不断健全创城工作长效管理机制，完善监督考核体系，强化重点、难点指标攻坚。全面提升创城工作的科学化、制度化水平。坚持问题导向，继续调动全区上下全面参与创城工作的积极性，持续开展生态环境、网络秩序、社区管理等专项整治行动，在城市管理、社会治理、市场环境等重点领域和关键环节取得突破。围绕社会主义核心价值观，抓实学雷锋志愿服务、诚信体系建设等重点工作，推进市民行为习惯养成教育，深入开展文明乡镇、文明单位、文明社区等群众性精神文明创建活动，构建学校、家庭、社会、互联网“四位一体”的未成年人思想道德建设教育网络，推动市民文明素质和城市文明程度全面提升。

大力发展公共服务事业。完成运河中学南校区主体工程建设和梨园中学等改扩建工程，实现景山学校、首师大附中、北京五中通州校区开工建设。加快人大附中附小、杨庄小学、青少年活动中心手续办理，力争年内开工。北京电影学院通州校区、人民大学通州校区实现供地并启动建设。实施第二期学前教育三年行动计划，在大力发展普惠园的同时，引进优质社会资源，完善多元化办园体制。探索学区化管理，加强干部教师轮岗交流，扩充优质师资队伍，做好全国义务教育基本均衡区县迎检工作。确保潞河医院综合门诊楼和新华医院投入使用，确保东直门医院东区二期、中西医结合医院、妇幼保健院主体完工。加快公共卫生服务中心建设，启动潞河医院后续工程。全力推进卫生系统信息化建设，依托信息化平台探索区域医联体运行机制。继续探索公立医院改革和社会资本办医途径，积极引进市及市级以上优质医疗资源，努力实现区属二级以上医院与市级优质医疗资源的全面合作。落实人才引进和培养计划，不断提高医护人员的业务水平。加强区级医院对乡镇社区卫生服务机构的支持指导，提高社区卫生服务中心服务质量。支持国家大剧院舞美基地建设，加快推进区文化中心二期进度，启动程家大院、通州瓮城遗址博物馆等文物保护工程，积极探索以西海子公园周边文物古迹集中区域为中心、体现“通州味儿”的传统文化圈建设。继续举办好运河艺术节等品牌文化活动。加快推进区体育场改造工作，启动梨园体育中心建设。继续开展北京通州运河绿道骑游周等群众体育活动，完成骑行线路的改造。扎实推进科技馆建设，确保档案馆新馆开工。继续做好民族、宗教、侨务和对台工作，促进广播电视、新闻、气象、史志、保密、民防、地震、计生、红十字等各项事业健康发展。

进一步健全社会保障体系。全面落实就业政策，城镇登记失业率控制在2.5%以内。进一步扩大社会保险覆盖范围，落实各项便民惠民政策，加强社区为老服务体系建设，大力推进“医养结合”，打造具有通州特色的养老服务品牌。完成区养老院主体工程。构建更为完善的社会救助体系，切实保障困难群众的基本生活，确保残疾人职业康复中心竣工。引导社会力量参与急难救助，成立通州区慈善基金会。完成市下达的保障性住房建设任务，确保公租房实现“当月申请、下月配租”的目标。继续推进老旧小区综合整治，完成3.2万平方米的抗震加固、68个小区的公共区域改造和4个简易楼的拆除工作。分批分期推进20万平方米1990年后既有非节能及节能不达标住宅的节能改造工作。

着力加强社会治理和社会服务。进一步完善网格化体系建设，完善区级层面接收处置事件闭环流程，实现“三级平台、四级服务管理”的运行模式，积极推进城市管理网格、社会管理网格、社会治安网格实现有效融合。对全区社区用房情况进行摸底调查，着力解决不达标社区办公和服务用房问题。扩大“一刻钟社区服务圈”覆盖范围，建设社区连锁菜店和便民店30家，建设30个精品楼门文化社区。全面推进社会组织规范化建设，大力培育公益慈善类、社区服务类等社会组织，充分发挥社会组织在维护公共利益、救助困难群众、化解社会矛盾等方面的积极作用。确保顺利完成第九届社区居委会选举。深入推进安全生产体制机制改革，着力健全安全生产责任体系、隐患排查治理体系、安全生产预防控制体系，确保安全生产形势平稳。启动运河东大街消防站和漷县消防站建设。完成区食品药品安全监控中心建设，降低食品药品安全的输入性风险。继续强化社会治安综合治理，做好信访维稳和应急管理工作，确保社会和谐稳定。

六、坚持以深化改革为动力，全面提升政府自身建设水平和服务发展能力

深入推进各项改革措施。认真落实区委关于全面深化改革工作的决策部署，努力推动重要领域改革取得突破。加快北京城市副中心体制机制专项研究，高标准完成《北京城市副中心行动计划》的编制并启动实施，科学编制“十三五”规划纲要和各专项规划。积极稳妥推进政府机构改革和审批制度改革，转变政府职能，提高行政效能。大力推进经济体制改革，积极引导社会资本参与基础设施和公共服务领域的建设。继续推进国有企业改革，制定并实施区属国有企业改革方案，完善国有资产监督管理体系，确保国有资产保值增值。完成区国有资本运营公司的战略重组，发挥其在城市副中心建设中的战略功能平台和融资保障平台作用。深入贯彻新《预算法》，进一步强化预算刚性约束，着力推进财税体制改革。根据乡镇功能定位，完善乡镇财政体制，探索建立街道财政体制，改革现有绩效考核办法。继续做好营业税改征增值税扩围工作。健全完善“三证合一”市场主体准入登记制度。积极开展京津冀协同发展先行先试探索，力争在水系治理、大气治理和生态绿化等方面率先实现突破。深入落实民生建设、社会治理、城镇化发展等各领域的改革措施，进一步形成全社会共同建设北京城市副中心的良好局面。

全面推进依法治区和法治政府建设。深入贯彻落实党的十八届四中全会精神，制定出台全面推进依法治区实施意见和法治政府建设规划（2015-2020），坚持依法履行政府职责，健全完善重大事项依法科学民主决策机制。继续实施《通州区规范行政执法办法》，坚持严格、规范、公正、文明执法。全面推进政务公开，继续坚持领导干部学法、行政诉讼和复议败诉案件责任追究等制度措施，努力提高政府干部队伍的法治思维和依法行政的能力。深入开展法治宣传教育，引导市民自觉守法、遇事找法、解决问题靠法，不断营造良好的法治社会环境。

持续优化区域发展环境。进一步完善行政审批和便民服务体系，拓展“企业绿卡服务”、“绿色通道”等服务模式，主动提供订制服务、打包服务等个性化服务模式。积极推进行政服务中心分中心的建设工作。充分发挥中小企业服务平台作用，有针对性地帮助企业解决资金、法律、政策等方面的发展难题。全面推进信息基础工程和数据资源共享，启动网上行政审批服务大厅建设。贯彻人才强区战略，健全完善促进区域人才发展的政策措施，深层次优化调整人才结构，为城市副中心建设提供强大的人才支撑和智力支持。

全面加强政府自身建设。始终坚持全心全意为人民服务的根本宗旨，巩固和拓展党的群众路线教育实践活动成果，严格执行中央八项规定、市委十五条意见和区委意见，始终不渝地抓好作风建设，狠抓各项整改措施的落实，确保取得让群众满意的实效。自觉接受人大法律监督、工作监督和政协民主监督，认真办理人大代表议案、建议和政协委员提案。不断提高政府运行效率，实现政务协同办公系统正式运营。大力推进惩防体系建设，继续压缩“三公经费”，强化行政监察和审计监督的职能作用，坚决把权力关进制度的笼子里。

各位代表，北京城市副中心的宏伟蓝图正逐步由愿景变为现实，京津冀协同发展国家战略的实施，赋予通州新的发展机遇，让我们在市委、市政府和区委的坚强领导下，深入贯彻落实党的十八大、十八届三中、四中全会精神，以更加昂扬的斗志和更加扎实的作风，坚定信心、顽强拼搏，为开启北京城市副中心建设的崭新篇章而努力奋斗！

政协北京市通州区第五届委员会常务委员会工作报告

——2015年1月12日在政协通州区第五届委员会第四次会议上

政协通州区委员会主席　王春元

各位委员：

我代表政协北京市通州区第五届委员会常务委员会，向大会报告工作，请予审议。

2014年工作回顾

2014年是全区人民在中共通州区委的领导下，攻坚克难，拼搏进取，加快推进城市副中心建设的重要一年。一年来，区政协常委会认真贯彻中共十八大、十八届三中、四中全会和习近平总书记系列重要讲话精神，牢牢把握团结和民主两大主题，围绕中心，服务大局，突出特色，发挥优势，主动作为，认真履行政治协商、民主监督、参政议政职能，为全区经济社会发展和城市副中心建设作出了积极贡献。

一、认真履行政协职能，促进全区经济社会发展

政治协商制度化迈出新步伐。积极拓展协商民主形式，推进协商民主广泛多层制度化发展。政协全会就区政府工作报告等五个报告及全区重大决策、事关民生的重大问题开展整体协商，在分组讨论的基础上，同区政府领导和职能部门负责人面对面交流，围绕“一核五区”建设、产业发展、社会民生等方面建言献策。常委会议和主席会议就“一核五区”及轨道交通规划建设、创建全国文明城区等全区重点工作和重要决策开展重点协商。六个专委会加强与有关部门的联系，就城市建设管理、产业结构调整、医疗卫生事业发展等开展对口协商。建立月协商制度，增加了协商密度，加强了协商的计划性，提高了协商成效。针对全区中小企业服务平台建设、停车设施规划与管理、科学中心建设方案、新型农村社区化建设、宋庄文化创意产业集聚区发展等问题，组织相关委员在深入调研的基础上，与区政府主管领导和有关部门负责同志进行协商讨论、献计献策，推进了科学决策、民主决策、依法决策。

民主监督力度进一步加大。突出监督重点，畅通监督渠道，丰富监督形式，努力提高民主监督实效。常委会议、主席会议就党风廉政建设、大气污染防治、社会救助工作等进行了重点监督。有关专委会就推广绿色出行、台湖镇公园项目建设、污水处理设施建设等开展了视察监督。加强对政协意见建议落实情况的监督，常委会议专题听取了关于加快推进智慧通州建设、推进城镇化建设、加快通州区国际教育发展、加强城区便民蔬菜市场建设管理四份常委会建议案办理情况的通报，并进行视察。强化民主监督组作用，在原有财政、法制民主监督组的基础上，新组建了经济运行、城建环保、教育卫生民主监督组。五个民主监督组通过听取情况通报、专题座谈、实地视察等形式，对财政预算执行情况、保障性住房建设等加大监督力度，促进了相关工作。

参政议政实效性进一步增强。坚持把调研作为政协履职的基础性工作，发挥专委会和界别优势，紧紧围绕区委、区政府中心工作，完成了加快社区居家

养老服务体系建设、加强基层社区卫生服务工作、广泛开展国学教育和宗教场所合理布局四项专题调研，为区委、区政府科学决策提供了参考。注重统筹民主党派、人民团体等各方面力量，按照“发展搞上去、人口降下来、生态好起来”的要求，针对城市副中心建设中的人口、环境、产业等课题深入调研，通过提案、信息等形式提出了一批针对性强的意见建议。以恳谈会方式组织各民主党派、各界别的代表与区委、区政府领导沟通情况、交换意见、共同议政，提出了加强环境治理、构建和谐劳动关系和关注拆迁农民生活状况等建议，得到了区委、区政府领导的高度重视，体现了政协委员强烈的责任意识。

二、发挥大团结大联合组织作用，推动城市副中心建设

积极促进各党派团体、各族各界人士的团结合作。坚持区委、区政府、区政协主要领导阅批民主党派、人民团体提案和建议制度，并进行重点督办。坚持政协领导走访和联系委员制度，认真听取并及时向有关部门反映委员的意见建议。坚持联系民主党派制度，与民主党派、人民团体联合开展专题调研。密切与民族宗教界代表人士的联系，组织民族宗教界委员开展视察参观活动，积极协调有关部门解决民族宗教工作中的困难和问题，充分发挥民族宗教界人士在促进经济社会发展、维护社会稳定中的积极作用。搭建各界委员交流合作的平台，组织金融行业的委员与中小企业负责人共商企业发展对策，帮助中小企业解决融资难问题，多次组织跨界别委员活动，促进了各界委员的交流合作。

助推活动广泛深入。广大委员紧紧围绕建设城市副中心的目标，积极在招商引资、促进项目落地上想实招、出实力，推动我区经济发展。工商联界开展通州区金融服务周和金融产品进乡镇、进园区、进社区、进楼宇活动，主动帮助中小企业发展，积极履行社会责任。工会界委员就加强和谐劳动关系深入基层开展调研，积极维护职工合法权益。妇联界委员视察宋庄文化创意产业集聚区，助推文化产业发展。科技界、农业界委员到通州国际种业科技园进行调研，深入了解科技与农业的融合发展情况，提出了重视种业企业发展、加强知识产权保护、注重产业链延伸等建议，助推现代农业发展。各界委员深入基层和群众，围绕征地拆迁、旧城改造、基础设施建设等问题，做了大量解疑释惑、理顺情绪、化解矛盾的工作，增强了各族各界群众共建城市副中心的合力。

三、强化经常性工作，努力提高履职水平

提案工作更富成效。制定《关于提高提案工作质量的若干措施》，进一步规范提案工作。坚持提案线索征集制度，通过通州电视台、通州时讯、八通网和大运通州网广泛征集提案线索，使提案更加贴近民意。积极开展提案交流活动，促进提案质量不断提高。加强与区委、区政府和承办单位、委员的沟通联系，规范了提案“二次办理”，推动了提案落实。全年立案的211件提案已经全部办复，取得了良好的社会效果。

信息直通车更加快捷。广大委员关心通州、关注发展，积极反映社情民意，全年共提交社情民意信息120篇。及时整理编报《委员之声》35期，区委、区政府领导先后多次对《委员之声》作出批示。关于改造我区城市照明设施、增设交通信号灯和加强对餐饮业污水治理等一批建议，得到了区委、区政府领导和有关部门的高度重视，直接促进了相关问题的解决。

文史工作取得新进展。创新征集形式，加强联系协作，面向广大政协委员、文史特邀委员和社会各界人士，共征集各类文史资料195篇，110万字，图片450张。编辑完成了《文化通州》系列丛书之七——《漕运古镇张家湾》，收录文史资料80篇，28万字，图片280张。编辑完成了《北京文史集萃·通州卷》，收录文史资料33篇，30万字。为迎接抗日战争胜利和世界反法西斯战争胜利70周年，搜集整理通州地区有关抗日战争的史料22篇，8万字。开展了反映通州历史文化的影像资料录制、收集工作，形成了六个专题20小时的影像资料。为全区中小学及村、居委会益民书屋等提供文史资料3000册。文史特邀委员努力克服困难，认真撰写“三亲”史料，在提供文史资料线

索、撰写稿件、协助编审等方面发挥了重要作用。

宣传工作开创新局面。充分发挥互联网优势，及时更新区政协网站内容，开通“通州区政协手机报”，大力宣传党和国家的方针政策、人民政协理论知识、全区重点工作和区政协工作动态，积极为委员搭建知情议政平台。与通州电视台、《通州时讯》、八通网等区内媒体密切合作，加强对常委会和主席会议建议案、优秀提案办理工作的宣传报道，加大对委员履职事迹和成果的宣传；通过《人民政协报》和《人民政协》《北京观察》等杂志宣传通州建设、产业发展、创建全国文明城区工作，为促进通州发展、提升通州形象起到了积极作用。

四、重视自身建设，不断开创政协工作新局面

党的群众路线教育实践活动取得显著成效。根据中共中央、北京市委和区委统一部署，区政协党组和机关党支部扎实有序地开展了以为民务实清廉为主要内容的党的群众路线教育实践活动。坚持问题导向，对照中央八项规定和“三严三实”要求，采取群众提、自己找、上级点、互相帮、集体议等方式，全方位、多层面查找“四风”突出问题。坚持整风精神，辣味十足地开好专题民主生活会和组织生活会，严肃开展批评和自我批评，针对问题制定整改措施，下大力气推动整改落实，取得了重要成果。党员干部加强了理论武装，政治意识、大局意识、服务意识和责任意识明显增强，与委员和群众的关系进一步密切，文风、会风进一步好转。履行职能制度化建设得到加强，建立健全各类制度18项，制定了委员履职管理办法、委员学习培训工作实施意见、加强和改进调查研究工作的意见，修订了区政协常委会议事规则、主席会议事规则等文件，完善了机关的学习、会议、公务接待等制度，提高了履行政协职能和机关工作的制度化、规范化和程序化水平。机关全体党员干部工作作风明显好转，精神状态进一步提升，工作效率和质量不断提高，为人民政协有效履行职能提供了有力保障。

委员队伍建设全面加强。拓宽委员知情明政的渠道，通过组织学习培训、座谈交流等多种方式，对委员进行理想信念、经济社会发展形势及政协知识培训。举办了国家安全与军事问题报告会、全区经济社会发展情况通报会，组织委员参加市政协举办的“学习领会习近平总书记系列讲话精神”“全面推进依法治国新任务”等报告会。围绕我区城市建设、产业发展、社会民生等开展视察活动，听取区政府有关职能部门工作情况通报，为委员献计出力创造条件。举办常委读书班，围绕树立群众观点、践行群众路线开展学习交流活动，各位常委进一步强化了群众观点和履职为民的意识。各界别组分别开展委员履职经验交流活动，在相互学习借鉴中激发履职热情，提高履职能力。广大委员围绕城市副中心建设和群众关心的热点难点问题，充分发挥优势，深入开展调研，积极建言出力，履职能力不断增强。

各位委员，一年的成绩来之不易。这些成绩的取得，是中共通州区委正确领导、市政协有力指导的结果，是区人大、区政府大力支持、有关部门密切配合的结果，是各民主党派、无党派人士、各人民团体和各族各界人士积极参与、团结合作的结果，是全体委员认真履职的结果，也是历届老领导、老同志关心、支持的结果。在此，我代表区政协常委会向忠实履职的政协委员，向所有关心、支持政协工作的各级领导、各界人士，表示崇高的敬意和衷心的感谢！

回顾一年的工作，我们深深地体会到，做好人民政协工作，必须牢牢把握中国共产党的领导这个根本保证，坚定不移走中国特色社会主义政治发展道路；必须牢牢把握团结民主这两大主题，最大限度汇聚一切积极因素；必须牢牢把握围绕中心、服务大局这个重要原则，尽心尽力推动改革发展；必须牢牢把握以人为本、履职为民这个重大使命，更好促进民生改善、社会和谐；必须牢牢把握加强政协自身建设这个内在要求，进一步提高工作能力和水平，使人民政协事业保持生机和活力。

在肯定成绩的同时，我们清醒地认识到，按照中共十八大和十八届三中、四中全会对政协工作的新要求，按照建设城市副中心的新定位，政协工作还存在一些亟需加强和改进的方面：紧扣城市副中心建设献计出力还需进一步加强；履行职能的制度化、规范化、程序化建设有待进一步强化；服务委员、发挥委员作用的方式方法仍需进一步完善等。这些都需要我们认真研究，积极探索，在今后工作中不断改进。

2015年工作意见

2015年是决胜“十二五”、谋划“十三五”的关键之年，也是城市副中心“五年展雏形”的攻坚之年。目前通州发展正处于乘胜前进、实现腾飞的起跑期，面临前所未有的历史机遇和独特的发展优势。市委、市政府对城市副中心建设的高度重视、全区上下奋力推进经济社会发展所形成的强劲动力、通州这些年所积聚的良好基础和发展潜力以及参与京津冀协同发展的桥头堡和重要战略节点作用，为通州在更高的层次上谋划发展，以更高的标准推进城市副中心建设，提供了良好的条件和难得的发展环境。在新形势下，我们必须进一步振奋精神，以更加强烈的事业心和责任感，肩负起城市副中心建设的重任；必须进一步增强紧迫感，加快推进城市副中心建设；必须敢于担当，主动作为，以改革创新的精神破解发展难题；必须真抓实干，以求真务实的工作作风推进城市副中心建设实现新的跨越。这是区委对全区今年工作提出的新要求，也是政协工作必须紧紧把握的大局。

2015年区政协工作的指导思想是：高举中国特色社会主义伟大旗帜，深入学习贯彻中共十八大、十八届三中、四中全会和习近平总书记系列重要讲话精神，认真贯彻落实市委、区委全会精神，牢牢把握团结和民主两大主题，充分发挥人民政协作为协商民主重要渠道作用，紧紧围绕全区中心工作，积极履行政治协商、民主监督、参政议政职能，努力开创政协工作新局面，为通州全面深化改革，加快建设城市副中心，全面完成我区“十二五”规划，作出新的更大贡献。

2015年要重点做好以下几个方面工作：

一、进一步加强学习，筑牢团结奋斗的共同思想政治基础

继续深入学习贯彻中共十八大和十八届三中、四中全会精神，深入学习贯彻习近平总书记系列重要讲话精神，加强中国特色社会主义理论体系教育，不断增强道路自信、理论自信、制度自信，巩固人民政协团结奋斗的共同思想政治基础。深化人民政协是社会主义协商民主重要渠道的认识，把协商民主贯穿履行职能全过程，不断提高人民政协协商民主制度化、规范化、程序化水平，把人民政协事业不断推向前进。加强对政协工作理论和实践的研究，切实把握政协工作特点，不断强化政治意识、大局意识、责任意识、创新意识，提高政治把握能力、调查研究能力、联系群众能力、合作共事能力，在推进改革与发展中发挥好协调关系、汇聚力量、建言献策、服务大局的作用。深入理解依法治国战略，努力学法知法懂法，自觉守法用法护法，围绕我区法治建设中的重要问题开展调研视察和协商议政，积极推进依法行政，提升依法治区水平。坚持中国共产党的领导，始终不渝地与区委在思想上同心同德、目标上同心同向、行动上同心同行，全力助推城市副中心建设。

二、充分发挥政协组织独特优势，为建设城市副中心献计出力

多层次开展政治协商。坚持月协商制度，有计划、多层次地组织协商活动，努力提高协商水平。政协全会围绕政府工作报告、国民经济、社会发展计划报告、财政预算报告、法院工作报告、检察院工作报告等进行广泛协商。常委会议、主席会议围绕全区经济社会发展的重要问题和重要事项进行重点协商。以专委会和界别为依托，围绕深化各领域改革、城乡一体化发展、重点民生工程和惠民举措等开展对口协商。精心组织好民主党派、人民团体负责人、各界委员代表和专家学者参加的年度协商议政会，为区委、区政府决策提供参考。

努力提高民主监督成效。加强民主监督力度，完善民主监督的组织领导、知情反馈、沟通协调机制。常委会议、主席会议围绕全区重大决策执行、重点工程推进、民生工程落实、依法治区和党风廉政建设等方面进行民主监督，提出意见建议。各专委会要高度关注各项改革推进、争创全国文明城区、优化发展环境、完善职能部门和窗口单位服务体系建设、提高行政效能等开展监督，推进相关工作。经济运行、城建环保、教育卫生、法制、财政五个民主监督组，就我区经济发展、城市建设管理、依法行政等相关领域工作情况开展专项监督活动，以有效的组织形式和规范的工作机制，增强民主监督实效。积极探索特约监督员履职机制，充分发挥特约监督员作用，推动各项改革发展举措落到实处。

紧扣改革发展参政议政。全面认识和把握当前中国经济发展新常态，聚焦推动科学发展、深化改革中的重大问题和群众最为关切的问题，深入开展调查研究，努力为改革发展出实招、谋良策。坚持主席牵头重点调研制度，依托专委会和界别优势，认真贯彻“发展搞上去、人口降下来、生态好起来”的要求，重点围绕产业转型升级、“一核五区”建设、公共服务发展、社会服务管理创新、生态环境保护等深入调研，通过调研报告、建议案、提案、信息等形式，向区委、区政府提出意见和建议，推动科学发展，促进社会和谐。坚持和完善专题议政会制度，组织党派团体和各界委员在深入调研的基础上，与政府领导和相关委办局负责人面对面议政交流，为深化全区各项改革和经济社会持续健康发展献计出力。创新议政建言形式，实行“开门议政”，扩大议政覆盖面，探索邀请历届政协委员和群众代表参与议政活动，多渠道、多层次听取意见建议，推进参政议政更加深入务实开展。

三、牢牢把握团结民主两大主题，为维护通州和谐稳定凝心聚力

发挥大团结大联合组织作用。加强同各党派团体、无党派人士和各族各界人士代表的联系，完善工作机制，搭建更多平台，全力支持各党派团体积极开展工作，同心协力促进改革发展。全面贯彻党的民族政策和宗教政策，充分发挥民族宗教界委员的作用，促进民族团结、宗教和睦、社会和谐。发扬求同存异、体谅包容的优良传统，贯彻民主协商、平等议事的工作原则，不断增进思想共识、加强合作共事，广泛调动一切积极力量为通州发展献计出力。坚持政协领导走访委员制度，充分吸纳社会各界的真知灼见，促进全区各党派、团体和各族各界群众的大团结。

发挥好桥梁纽带作用。发挥界别优势，创新群众工作方法，畅通和拓宽各界群众的利益诉求表达渠道，提高联系群众能力。组织各界委员深入社区、深入群众，听取和反映各界利益和诉求，提出更多高质量的界别提案、信息、调研报告等。定期召开界别工作交流会，完善和落实界别活动组、界别召集人等制度，推动界别活动制度化、规范化、常态化发展。积极开展界别联合履职活动，促进各界委员的团结与合作。发挥地区组优势，关注地区建设和民生工程落实，积极宣传改革发展的大政方针，引导群众支持和参与改革发展，为通州发展添动力、增合力。

不断推进经常性工作创新。加大提案工作创新力度，紧紧围绕城市副中心建设和人民群众普遍关注的问题，加强调查研究，努力提高提案撰写质量。有序扩大提案协商范围，推进提案办理民主协商，以商促督、以督促办。完善主席会集体督办、主席、副主席重点督办、专委会专题督办机制，推动提案落实。加大社情民意信息工作创新力度，加强信息培训，健全信息网络，拓展信息渠道，及时反映人民群众的建议和诉求。加强对社情民意信息办理情况的跟踪反馈，切实发挥信息在促进科学民主决策、改善民生、构建和谐社会中的作用。加大文史队伍建设力度，努力提高广大委员参与文史工作的职责意识，推动文史工作创新发展。拓展文史工作领域，广泛联系政协委员和专家学者，深入挖掘历史文化资源，弘扬运河文化，编辑出版《文化通州》系列丛书之八，发挥好文史资料“存史、资政、团结、育人”的作用。加大政协宣传工作力

度，加强政协网站建设，密切同新闻媒体的协作，广泛宣传中国共产党领导的多党合作和政治协商制度，宣传人民政协履行职能的成果，宣传广大委员认真履职的先进事迹，营造政协事业发展的良好环境。

四、切实加强自身建设，为发挥协商民主重要渠道作用提供保障

发挥委员主体作用。尊重和保障委员民主权利，完善委员联络制度，为委员履职尽责创造良好条件。探索委员培训新形式，举办多种形式的培训班、研讨班、专题报告会，不断提高委员的政治理论水平和履职能力。丰富活动内容，创新活动载体，为委员发挥特长、服务群众、服务社会搭建平台。坚持委员年末述职制度，完善委员履职评价考核机制。广大政协委员要珍惜自身荣誉，恪守宪法法律，自觉践行社会主义核心价值观，锤炼道德品行，改进工作作风，切实发挥在本职工作中的带头作用、界别群众中的代表作用，不负重托，不辱使命。

发挥专委会基础性作用。加强专委会自身建设，创新履职方式，拓宽履职渠道，努力提高履职能力和水平。加强与各民主党派的联系，通过联合开展视察调研、座谈联谊等方式，广泛听取各方面意见，使专委会成为政协联系各民主党派的桥梁和纽带。加强与政府对口部门的联系，通过沟通情况、走访座谈、联合调研等形式，不断增进共识，促进相关工作。加强同委员和界别的联系，发挥专业人才集聚的优势，围绕全区经济社会发展的重要问题切实加强调查研究，提出高质量的意见建议，为区委、区政府科学民主决策提供有益参考。加强与市政协各专委会的联系，汇聚首都相关领域专家学者的智慧，推动城市副中心的建设和发展。

深化服务型机关建设。坚持和完善机关各项规章制度，推进机关管理制度化、规范化建设，巩固和拓展党的群众路线教育实践活动成果。增强机关干部服务和协调能力，不断提升工作标准，提高办事效率。努力造就一支政治坚定、作风优良、学识丰富、业务熟练的高素质机关干部队伍，为政协工作高效运行和委员履行职能提供有力保障，切实使政协成为团结和谐的大家庭、互相学习的大学校、参政议政的大舞台。

各位委员，建设城市副中心目标宏伟，任务艰巨。我们正处在一个大有作为的历史新时期，面对新的形势和任务，人民政协责任重大、使命光荣。让我们在中共通州区委的坚强领导下，同心同德、团结奋进，努力开创政协工作新局面，为城市副中心建设作出新的更大的贡献！

关于通州区2014年国民经济和社会发展计划执行情况与2015年国民经济和社会发展计划草案的报告

——2015年1月13日在通州区第五届人民代表大会第五次会议上

通州区发展和改革委员会主任 刘贵明

各位代表：

受区人民政府委托，现将2014年国民经济和社会发展计划执行情况与2015年国民经济和社会发展计划草案提请区五届人大五次会议审议，并请政协各位委员提出意见。

2014年国民经济和社会发展计划执行情况

一年来，在市委、市政府和区委的正确领导下，在区人大、区政协的监督和支持下，全区上下认真贯彻落实习近平总书记视察北京重要讲话和郭金龙书记通州调研讲话精神，紧紧围绕城市副中心建设，统筹推进区五届人大四次会议审议批准的国民经济和社会发展计划，积极应对房地产市场波动和宏观经济放缓的不利影响，稳增长、调结构、惠民生，经济社会保持了良好的发展势头，年度计划目标总体实现。

一、经济保持平稳增长

经济运行总体平稳。预计地区生产总值实现550亿元，同比增长10%左右；全社会固定资产投资670亿元，同比增长13.4%；社会消费品零售额突破300亿元，同比增长11.6%。实际利用外资达3.6亿美元，同比增长197.7%；外贸出口实现“十二五”以来首次正增长，进出口总额达到22.9亿美元，同比增长11.2%。

经济结构持续优化。前三季度，三次产业结构比例为4.6：48.2：47.2。投资结构持续优化，办公楼及商业经营性用房投资持续增长，1—11月增速达46.4%，占房地产开发投资的比例比上年同期提高了4.8个百分点。消费结构持续改善，日用家电设备零售、汽车零售成为拉动区域消费增长的重要力量，1—11月，同比分别增长57.8%和19.4%，分别高于全区平均增速45和6.6百分点。

发展质量同步提升。预计税收总额187.8亿元，同比增长9.9%，其中7个乡镇税收超过10亿元，台湖、马驹桥税收总额突破20亿元。一般公共预算收入60亿元，完成全年任务的101.5%，同比增长13.4%；城镇居民人均可支配收入、农村居民人均纯收入分别达到37028元和20076元，同比分别增长10%和12%；城镇登记失业率控制在1.97%的较低水平；万元地区生产总值能耗超额完成市级下达任务。

二、发展转型持续加快

服务业高端化发展趋势不断增强。进一步强化政策引导，研究起草了促进产业园区高新技术产业发展的实施意见，商务发展规划编制取得初步成果。楼宇经济势头良好，运河一号、新北京中心、侨商总部基地等一批商务楼宇加快推进；办公楼及商业经营性用房在施面积达391.2万平方米，同比增长14%。万达广场、京通罗斯福广场、星悦百货等3个大型城市综合体和购物中心实现开业，新增商业面积35万平方米；新光天地、凤凰网区域性总部、迪卡侬等项目落户；品牌商业引进步伐加快，奔驰4S店、苏宁超级店、星巴克等品牌的进入，提升了我区的商业品质和辐射能力。金融业态进一步丰富，北京国际矿业交易所项目的引进填补了我区要素市场的空白，光大银行、平安保险等开业运营，全区各类金融机构达到47家。积极开展通州旅游推介，前三季度旅游综合收入21.1亿元，同比增长12%。

工业调整步伐加快。现有企业持续发展壮大，中际联合科技股份有限公司等实现“新三板”挂牌，全区上市公司达到7家，预计高新技术企业比上年增加70家，达到340余家。引进增量，产业项目建设进一步加快，四环医药、华润二期、天海集团低温气罐等项目竣工投产，珅诺基、甘李药业等一批项目加快建设，经开张家湾产业园、联东U谷永乐产业园三期、中安欧尚博士后科研创新孵化基地等一批项目开工建设。调整存量，美航印刷等128家落后产能企业停产退出，其中西集镇退出39家，铜牛公司从传统的制衣生产基地向高科技产业园转型；制定了《镇村产业集聚区工业污染整治工作方案》，确定对19个镇村产业集聚区进行重点整治，完成台湖碱厂村、张家湾大高力村产业集聚区的整治。

都市型现代农业加快发展。园区农业发展加快，国际种业科技园高通量分子育种实验室和交易中心建成，潞城国际都市农业科技园水科技园工程完工。在全市率先开展家庭农场创建工作，第一批8个家庭粮田农场投入经营。会展农业蓬勃发展，成功举办樱桃文化节、第二十二届世界种子大会蔬菜新品种展示观摩周等系列农业会展活动。品牌农业培育取得新进展，“张家湾葡萄”正式入选《中国地理标志产品大典》，成为全市唯一的国家地理标志产品。农业结构加快调整，我区在全市率先完成农业生态空间布局调整方案，并被确定为全市唯一的农业结构调整示范区。

三、城乡建设步伐加速

重点功能区建设全面加速。核心区启动区全面进入二级开发阶段，重点地块全部实现上市，富华水乡区、富力等项目建设加快；累计竣工市政基础设施及公共服务设施项目28项，以东关大道、北环环隧为代表的重大基础设施项目全面扫尾，地铁6号线二期通车，新华北路、新华大街等市政管线改造工程主体完工。文化旅游区环球影城项目正式获得国家发改委核准，项目核心区实现供地；村民安置房建设全面加快，项目外安置房部分竣工；发展规划深化调整，产业、空间发展规划研究取得初步成果。国际医疗服务区被确定为社会办医（国家）联系点，信诺佰世医学检验所正式营业，国际医学中心项目进展顺利，北大国际肿瘤医院等3个项目完成园区注册。环渤海高端总部基地站前街、通马路等道路加快建设，泰禾一号街区、银河湾等项目开工，国家车联网产业基地项目地块拟于近期入市交易，安置房一期南区竣工验收。宋庄文化创意产业集聚区一期A1地块具备入市条件，潞苑南大街、规划三路等工程加快实施。国际组织聚集区战略规划进一步深化。

基础设施加快建设。道路工程有序推进，交通承载能力进一步提升，玉带河大街东延二期、徐尹路一期等工程竣工，东六环西侧路、朝阳北路东延二期等工程加快建设，漷永路一期、张采路潞城段等工程开工；大京路、竹木厂路等6条道路微循环改造工程完工。市政设施不断完善，加强供热体系建设，完成河东7座燃煤锅炉房整合工程，替代供热面积70.4万平方米，完成既有建筑热计量改造283万平方米，核心区分布式能源中心建设进展顺利；加强燃气供应保障体系建设，核心区高压调压站、天然气西集门站及进出线等工程完工，台湖镇燃气集团气源线工程加快建设；环卫设施不断完善，核心区垃圾真空收集系统建设加快推进，西田阳渗沥液处理及密闭化工程完工。

镇村建设持续推进。农业部、北京市政府已确定在我区共建“四化同步”综合改革试验区，实施方案编制正式启动。乡镇中心区建设加快，漷县中心区西区D5地块、西集配套区C地块等实现上市；永德路工程完工，台湖政府大街、漷县消防站、西集110千伏变电站等工程开工建设。新农村建设稳步推进，4个重点村基本完成拆迁扫尾，回迁安置、转非社保、社会管理等各项工作持续推进，农村基础设施管护进一步增强，农村人居环境不断改善。出台了《通州区2014年促进农民增收工作的意见》，配套2000万元专项资金支持低收入农户增收。

四、生态环境加快改善

绿化美化和水系治理协同推进。绿化美化深入推进，全年平原造林6.2万亩，三年累计造林面积达17.9万亩，温榆河—北运河（城市段）绿道工程完工，东郊森林公园建设稳步推进，台湖公园、潞城公园开园，全区人均公园绿地面积达到15.5平方米。水环境治理力度加大，通惠河水环境综合整治一期景观工程基本完工；实施第二阶段中小河道治理，小中河、运潮减河治理工程主体完工，玉带河、萧太后河工程加快推进，城北水网建设同步启动。污水处理能力进一步提高，碧水污水处理厂升级改造、河东再生水厂支线污水截流工程开工建设，城市污水处理率达到85%以上。

严格落实清洁空气行动计划。统筹推进压煤、治污、控车、降尘等各项任务及措施的落实，取得良好成效，空气质量逐步改善。严格执行污染物“减二增一”替代削减制度，全年拒批项目251个；实施三河热力整合及煤改清洁能源替代工程，压减燃煤38万吨，超额完成化学需氧量、氮氧化物等污染物减排年度目标任务。严控机动车污染，淘汰老旧机动车2.1万辆，更新电动环卫车34辆，新增电动出租车300辆、公共租赁自行车6000辆；启动慢行系统建设，完成玉带河大街3.3公里试点建设。严控扬尘污染，制定了《通州区控制扬尘污染工作方案》，道路清扫保洁新工艺覆盖率达到73%。

城市综合治理取得新成效。加强人口调控和服务管理，综合运用法律、经济等多种调控手段，疏解外来人口3万余人，常住人口增速同比进一步回落。以创城为契机，强化城市精细化管理和综合监管，非法运营黑摩的、无证照经营、露天烧烤、渣土运输遗撒等行为得到有效遏制。进一步加大违法建设拆除力度，累积拆除违法建设747处、205万平方米。全面开展群租房治理，12个市区两级挂账群租房小区得到有效整治。大力开展再生资源回收场所清理整治，共清理整治站点300余个。集中开展对小周易、董村、小堡三个村的专项整治，有效解决大量安全隐患。全国文明城区创建取得阶段性成效，顺利通过北京市创建全国文明城区提名资格的综合测评。

五、改革创新大力推进

行政领域改革深入推进。成立区改革工作领导小组和区改革办，统筹推进全区各领域改革工作。推进行政审批制度改革，制定了《关于进一步优化投资项目审批流程的办法（试行）》，承接精简下放的18项审批事项，梳理区级各部门行政审批事项，简化审批流程，大大短缩了审批时限。在全市首推“三证合一”市场主体准入登记制度改革，全面实行工商营业执照、税务登记证、机构代码证“三证合一”，审批时限由15天缩短到4天，大大简化了申请人办事程序。

经济领域改革取得新突破。制定了《通州区新增产业的禁止和限制目录》，在市级目录基础上，提出了更严的标准和要求。推进融资模式创新，引进社会资本参与基础设施建设，采用BOT方式引入社会资本参与张家湾再生水厂等3个污水处理项目建设。优化财政支出结构，强化财政预算管理。完成国有企业战略重组，成立了国有资本运营公司；加强国有资本监管，研究制定国有资本经营预算管理相关制度办法。加快农村经济体制改革，我区被正式确定为全国第二批农村产权流转交易市场改革试验区，宋庄镇、台湖镇统筹利用农村集体经营性建设用地试点工作加快推进。金融服务向城乡结合部和农村地区延伸，推广“乡村金融便利店”服务模式，全年建立农村金融便利店50个。

社会领域改革稳步推进。加强人口综合服务

管理，强化流管办流动人口服务管理职能，增加流管办人员编制；开展全区流动人口大摸排，强化人口动态监测。深化科技体制改革，研究制定了“创新驱动发展1+6”政策，充分发挥科技创新的引领作用。推进卫生信息化系统建设，建立了全区卫生数据中心，完成了社区医院管理系统、区域卫生协同平台等业务系统建设。加强社会组织建设，成立通州区社会组织联合会，备案社会组织达225个，引进全区首家专业社工机构——通州区众合社工事务所。城市管理点状突破，梨园镇采用政府购买服务参与城市管理成效显著；社会组织服务取得新进展，17个项目被确定为市级购买项目。

六、民生事业加速发展

“内升外引”推动公共服务水平持续提升。教育教学水平不断提升，继续落实中小学建设三年行动计划，贡院小学成为北京师范大学基础教育改革实验基地，永乐店中学、马驹桥金桥小学、潞河中学附属学校等建成投入使用，与北京教科院合作启动“通州区教育高端引领培养工程”，引入各学科优秀教师59人，北京电影学院通州校区、人民大学通州校区等项目积极推进。医疗卫生设施不断完善，潞河医院门诊综合楼基本完工，新华医院主体封顶，东直门医院东区、中西医结合医院等工程加快建设；引入各类优质医疗资源，潞河医院成为首都医科大学附属医院，东直门医院东区与北京中医药大学达成合作共识，建立了全市首个中医医联体。文化体育事业稳步推进，区文化馆被确定为北京儿艺排演基地，国家大剧院舞美基地开工建设，区体育场改造等项目加快推进，成功举办了世界台球团体锦标赛、运河绿道骑游周、全民健身徒步行走等活动。科技事业加快发展，1—10月专利申请量、授权量分别达到1773件和1246件，其中发明专利授权同比增长29.2%。

劳动就业和社会保障持续加强。着力拓宽就业渠道，落实《促进就业再就业工作实施办法（试行）》，组织召开各类招聘会89场，提供岗位2.1万个；加强就业培训，提升劳动者就业技能，全年实现新增城乡劳动力就业1.6万人。社会保障水平不断提高，城镇五险参保单位1.7万家，同比增长18.3%；稳步推进农转非社会保险费补缴，为4099名转非人员补缴养老、失业和医疗保险4.4亿元；社会救助水平不断提高，城乡低保标准上调至每人每月650元；残疾人职业康复中心主体完工，区养老院、永乐店镇养老院等项目加快推进。住房保障工作稳步推进，全年竣工5323套，开工5650套，累计选房户数10164户，解决了2.5万中低收入人群的住房困难；对30余个老旧小区的112栋单体建筑进行综合整治，涉及面积41.9万平方米。

社会建设深入推进。构建起城乡全覆盖的网格化社会服务管理系统，累计划分网格1809个，初步搭建起由1个区级中心、15个街镇指挥分中心、587个社区（村）平台及1899部网格手机终端组成的网络框架。加强社区建设，创建5个“北京市农村典型示范社区”，打造30个五星级“七型农村社区”，打造15个“一刻钟社区服务圈”，开展了4个花园式社区、15个花园式单位、10个首都绿色村庄创建工作。推进楼门文化建设，累计完成精品文化楼门4000多个。安全生产和社会治安形势总体平稳，治安防控体系日趋成熟，食品、药品抽检合格率分别达到98%和100%。同时，人口计生、妇女儿童、广播电视、双拥、档案、史志、地震、气象、民族、宗教等各项事业健康发展。

各位代表，回顾过去的一年，面对复杂的宏观经济形势和总体经济下行的巨大压力，在区委的坚强领导和区人大、区政协的监督、支持下，各项工作取得了令人振奋的成绩。在肯定成绩的同时，与发展的要求相比，与副中心的定位和老百姓对我们的期待相比，还有不少困难和问题：一是转型发展的任务还很艰巨。现有产业支撑不强，传统产业仍占主导地位；增量发展受市场、土地等相关因素制约，投资规模大、技术含量高、带动能力强的重大项目不多，一批城市综合体项目培育还需要一定时间，新增长点不足。二是区域发展环境有待进一步提升。一站式服务的格局还需要加快完善，相关审批环节有待进一步优化。三是统筹各乡镇发展的任务还很艰巨。各乡镇之间发展还很不平衡，园区之间同质化发展，主导产业不突出，聚集效应不明显；还需要加大对落后地区的投入和财政转移支付的力度。四是城市管理现代化还有待加强。交通拥堵、违法建设、“黑车”“黑摩的”还不同程度的存在，城乡结合部环境脏乱、人口调控、安全隐患整治还需要下大力气，管理精细化、智能化水平还有待大幅提升，常态化机制亟需建立。此外，副中心建设中资金平衡压力也仍然较大。这些都需要在今后的工作中认真研究，并采取有效措施加以解决。

2015年经济社会发展的总体要求和主要目标

2015年是在世界经济进入调整低速增长期、全国经济进入转型换挡的新常态、改革进入加快实施、京津冀协同发展加快推进的宏观背景下，全面完成我区“十二五”规划、奋力推进副中心建设出形象的重要之年，保持经济社会持续健康发展的任务十分艰巨。

2015年经济社会发展的总体要求是：深入学习贯彻党的十八大、十八届三中、四中全会、中央经济工作会议和市委十一届六次全会精神，全面落实习近平总书记北京视察和郭金龙书记通州调研重要讲话精神，以科学发展观统领经济社会发展全局，以“发展搞上去、人口降下来、生态好起来”为总纲，以深化全国文明城区创建为载体，以改革创新为动力，紧抓副中心建设和京津冀协同发展的重大历史机遇，继续坚持“稳中求进”的总基调，狠抓经济提质、建设提速、管理提效、环境提升，全面完成“十二五”各项任务，精心谋划好“十三五”经济社会发展，一张蓝图绘到底，继往开来，奋力拼搏，以更高的标准推进城市副中心建设。

按照上述要求，综合分析国际国内发展环境和我区经济社会发展的实际，提出2015年经济社会发展的主要目标建议是：

——地区生产总值增长8%；

——一般公共预算收入增长10%；

——全社会固定资产投资额增长10%；

——社会消费品零售额增长10%；

——城镇居民人均可支配收入增长9%；

——农村居民人均纯收入增长10%；

——万元地区生产总值能耗、大气污染物和水污染物排放完成市下达的节能减排任务。

2015年经济社会发展的主要任务：

2015年是“十二五”的收官之年，要把握好副中心建设、京津冀协同发展等一系列重大机遇，突出稳增长，促进经济总量扩大；突出优化布局、转型发展，促进发展质量提升；突出公共服务改善，让发展惠及人民；突出改革动力，将改革融入各项工作之中。重点做好以下七个方面工作：

一、以促投资提消费为重点，持续扩大经济规模

投资和消费是拉动全区经济发展的主要力量，是经济建设的关键领域。要抓住国家扩大内需提振消费的机遇，统筹做好投资和消费工作，着力保持投资稳定增长，努力扩大消费，力保经济平稳较快发展。

着力保持投资稳定增长。一是加强投资调度，强化任务分解。将年度投资任务分解至各乡镇，严格落实属地管理责任。强化项目开工服务，各乡镇要创新机制，加快拆迁进度，各项目责任单位要加快手续办理，分类推进基础设施、生态环境、民生、新农村等领域重点工程建设，争取尽可能多、尽可能快的形成实物工作量。二是加快土地上市，确保项目用地供给。以重点功能区开发建设为抓手，全力推进一级开发，做好项目对接，力促土地入市。三是促进社会投资平稳增长。重点做好房地产市场的调控和风险防范，针对不同情况的房地产项目，分类督导，促开工、督进度，稳定房地产开发投资。四是创新融资机制，推动融资方式多元化。要积极争取市级支持，设立副中心建设基金；要加快推出一批

城市建设、教育、卫生、文化、旅游等经营性基础设施和社会事业领域的项目，吸引社会资本进入，缓解资金平衡压力；要促进企业通过上市融资、发行公司债券等方式拓宽融资渠道。

有效扩大城乡消费。一是加速品牌商业打造，要以万达广场、京通罗斯福等新兴城市综合体为依托，培育中高端消费市场，吸引周边消费群体，扩大消费辐射范围。二是要以商务园电子商务基地为依托，加快发展电子商务服务业，加大对电子商务企业的引进和服务力度，促进电子商务集聚发展。三是要努力增加居民消费能力，积极落实国家和市级各项分配制度改革，加快各项惠民惠农补贴政策的落实，加强退休人员养老、城乡居民最低生活保障，改善消费预期。四是要营造良好的消费环境，下大力气清理无照经营、流摊散贩，打击假冒伪劣，严格质量监管和价格监管，净化消费市场；举办好丰富多彩的各类节庆促销活动，保持消费活力。

二、以重大项目建设为带动，促进发展转型升级

产业项目是发展的引擎、转型的支撑，要统筹推进增量引进和存量调整，全力谋求项目引进建设取得新突破，加快不符合副中心功能定位企业的淘汰退出。

加大项目引进建设力度。立足副中心定位，集中人力物力和财力，重点谋划引进若干辐射力和带动力强的大项目。一是要加快大项目建设，力促环球影城、彩虹之门、国家车联网产业基地、中国艺术品交易中心、国际医学中心等项目开工建设，力促嘉林药业、诺思兰德等一批项目竣工投产。二是要优化供地结构，加快工商业用地和研发用地开发，为实体项目落地提供充足空间。三是要加强土地上市政策研究，促进土地与重点在谈项目和目标企业顺利对接。四是要实施定向招商，全面梳理世界500强、中国500强、民营100强企业投资意向，主动走访，紧密跟踪，吸引“高精尖”类目标项目落户。五是统筹推进核心区重点项目的二次招商，探索推广“万达广场项目服务站”模式，加快推进项目落地。

优化调整，促进存量企业发展，狠抓不符合副中心功能定位企业的淘汰退出。一是用足用好中关村政策优势，促进园区企业发展壮大，加快构建高精尖经济结构。二是要加快国有企业改革和战略重组步伐，制定并实施国有企业改革方案，推进国资布局优化调整，提升发展效益。三是要严格执行《北京市新增产业的禁止和限制目录》和《通州区新增产业的禁止和限制目录》，严把准入关。四是要全面完成“十二五”时期淘汰落后产能工作任务，加快淘汰散乱差企业和落后产能企业。五是要加快推进17个镇村产业集聚区整治，规范镇村产业集聚区发展。

三、加快重点功能区及园区建设，为产业项目落地创造条件

重点功能区和园区是产业发展的重要空间载体，要加大统筹建设力度，提升其对区域发展的承载力，在改革创新的基础上优化发展环境。

加快推进“一核五区”建设。一是核心区启动区主要基础设施要全部建成，市政管线、路网全部贯通，为区域内重点产业项目做好服务配套；实现落地产业项目全面开工建设，加快新北京中心、侨商总部等一批项目建设进度，完成富华水乡区、京杭广场等项目建设。二是文化旅游区要全面完成一级开发，推进高压线路整体迁改、电站建设、萧太后河清淤整治等配套设施建设，开展智慧园区规划研究，全力做好环球影城项目开工建设。三是环渤海高端总部基地要加快土地上市，继续推进北部城市湿地公园、通马路等工程，加快推进北京SAP智慧城市创新中心等项目建设，推进上海合作组织中心等项目落地。四是宋庄文化创意产业集聚区要倒排工期，一期3个地块要全部实现上市，力争时尚创意中心、世贸艺术中心等项目落地，完成六合新村改造。五是国际医疗服务区要完成一期7个地块的开发，推进重点项目落地，加快实现春宜路、观颐大街、高压线迁改等工程开工，加强社会办医相关政策的落实对接，申报国家级健康产业试点园区。六是国际组织聚集区要完成区域战略规划研究，并启

动街区控规研究。

统筹加快园区发展步伐。一是要加快研究出台园区发展定位，打造各具特色、错位发展的不同经济板块，增强园区整体发展能力和科技创新能力。二是要加快建立园区投资发展公司，提升园区开发建设水平。三是要加强土地资源集约利用，加快闲置资源、低效资源的整合利用。四是要加快提升园区基础设施建设水平，解决制约园区发展的水、电、气、热等问题。

持续优化发展环境。一是加快推进行政审批制度改革试点，进一步精简行政审批事项和环节，启动网上行政审批服务大厅建设；进一步推进和完善“三证合一”改革试点。二是进一步强化对企业的全程主动服务，针对“绿卡”企业、重点企业，制定个性化、精细化服务套餐，加快打造一站式服务新格局，搭建好银企沟通平台。三是加强行业组织建设，成立各类行业协会、商会。四是要针对副中心建设中手续、土地、拆迁等重点难点问题，分别研究制定具体解决办法和措施，积极对上争取更多支持，为副中心建设加力。

四、以文明城区创建为契机，加快改善环境品质

要围绕文明城区创建和水绿环境的打造，建管并重，大力改善区域环境品质，提升区域可持续发展能力。

推进生态环境建设。一是要推进大运河开发建设。深入挖掘大运河生态景观价值和历史文化价值，规划建设沿大运河两岸的生态景观和文化景观。二是要大尺度推进绿化美化，构建多层次绿化体系。以东郊森林公园为重点，完成1.4万亩平原造林任务。启动实施23公里运潮减河绿道、60公里北运河绿道工程，构建水绿交融景观。加强城市公园建设，积极推进西海子公园改扩建工程前期手续办理，启动延芳淀湿地公园建设。拓展绿色空间，完成1万平方米屋顶绿化。三是要加快推进水系贯通和水质还清。完成城北水网骨干工程建设，启动城南水网工程，加大北运河、潮白河综合治理力度，推进水资源循环利用工程，完成第三、四阶段中小河道治理、通惠河水环境综合整治二期等工程，开工建设甘棠橡胶坝改造工程，推进榆林庄水质净化厂建设。

扎实推进各类污染物防治。一是要积极落实清洁空气行动计划。扎实做好压煤、控车、降尘等各项工作，完成农村地区12吨“减煤换煤”任务、390蒸吨工业企业和供暖燃煤锅炉清洁能源改造，淘汰老旧机动车1.33万辆，强化工地管理，确保2015年底前，车用燃油总量比2012年降低3%以上，燃煤总量比2012年净削减30万吨，降尘量比2012年下降20%左右，优质能源使用比重提高到85%以上。二是要推进治污三年行动计划实施。完成河东再生水厂支线污水截流工程，加快张家湾再生水厂、碧水污水处理厂升级改造、污泥无害化处理及乡镇再生水厂等工程建设，新建、改造一批村级污水处理站。三是要全面完成“十二五”规划节能减排任务。加强节能任务分解，推广节能新技术，严格固定资产投资节能评估，加强重点用能单位能源审计，推进碳排放交易，分批推进既有非节能居住建筑的节能改造。实施污染物排放总量前置审批，从严控制污染增量，对未完成年度空气质量改善目标、主要污染物总量减排任务的单位和乡镇，实行阶段性和针对性环评限批。

强化城乡环境综合整治。一是要深入推进全国文明城区创建。加大部门联动和综合执法，确保对非法运营、无照经营、露天烧烤、小广告等专项整治取得实效；推进城市管理精细化和常态化，加强环境秩序的日常监管和快速处理。二是加大区域环境建设力度。完成北苑、玉桥、永顺等区域的环境整治提升，启动京哈铁路沿线环境综合整治，规范新华大街等道路户外广告和牌匾标示；继续加强镇村环境整治，创建50个美丽乡村。三是要继续保持对违法用地、违法建设的高压态势。加大源头治理，健全管理和监督机制，落实责任制，彻底消除上账项目，坚决杜绝小产权房建设、销售，确保违法建设、违法用地零增长。四是要强化垃圾处理体系建设。加快推进有机质资源生态处理站和循环经

济产业园等项目建设，启动西田阳垃圾填埋场二期提升工程，加强垃圾分类与餐厨垃圾处理。

五、加快国家新型城镇化综合试点建设，扎实推进城乡统筹发展

城乡统筹发展是副中心建设的应有之义，要加快推进已经争取到的各项改革试点，加快体制机制创新，尽快取得实效。

加快统筹城乡的机制创新。一是要加强区域统筹，进一步明确乡镇功能定位，加快出台乡镇功能定位的指导意见和相关的配套措施。二是要根据国家新型城镇化综合试点方案的批复进度，提前做好各项预案准备，加快相关实施方案的编制，争取尽可能多的政策支持。三是要尽快编制完成“四化同步”综合改革试验区实施方案，推进城乡建设迈上新台阶。四是要扎实推进宋庄镇、台湖镇统筹利用农村集体经营性建设用地试点工作，尽快探索出一条适合我区集体经营性建设用地发展的新路子，盘活现有存量资源，释放农村发展活力。

加强城乡基础设施建设。一是要进一步完善交通路网。完成综合交通规划编制，谋划一批对城市发展布局和交通疏解有重大影响的城市主干道。推进东六环西侧路和芙蓉路等断头路贯通，加快实施京哈高速台湖出入口、通燕高速耿庄立交等交通节点改造，完成东滨河路、潞苑北大街二期、漷永路一期等工程，加快朝阳北路东延二期等工程建设，推进张采路宋庄段、外环路西段等工程开工，增强路网交通集散能力。二是要加强能源保障体系建设。继续推进供热整合替代、5号锅炉房清洁能源改造等工程，加快采通线漷永路段工程建设，实现全区燃气管网全覆盖。推进南水北调通州配套水厂、于家务等乡镇水厂建设，满足水资源供给。做好地震、消防等防灾减灾设施建设，提高城市安全保障能力。

扎实推进镇村建设。一是要加大乡镇中心区建设。启动西集中心区、张家湾古镇、漷县古镇、永乐店德仁务片区等建设，完成永顺政府周边区域土地一级开发，推动梨园镇率先实现整体城市化，确保台湖镇政府大街、西集110千伏变电等一批路网和市政工程完工。二是要深入推进新农村建设。做好村庄绿化美化和基础设施提升，全面提升农民生产生活环境。三是要加快都市型现代农业转型升级。大力推动农业结构调整示范区建设，引导农村土地经营权有序流转，积极培育家庭农场等新型经营主体，启动于家务“四化同步”核心示范区建设，大力推进园区农业发展，做强做大国际种业园等农业园区，以老旧设施改造为重点，推进菜篮子工程建设。

六、提升公共服务品质，让发展惠及人民

优质公共服务资源不足是我区的短板。我们要高水平、高质量、超前推进公共服务设施建设，不断满足居民日益增长的需求。

加快社会事业发展。一是要进一步提升各个层次教育水平。加强教育基础设施建设，推进北京五中通州校区、首师大附中通州校区、运河中学南校区、运河小学改扩建、马驹桥西马各庄小学等工程建设，实施学前教育第二期三年行动计划。加强与市级优质教育资源的进一步合作，落实与北京师范大学的教育合作框架协议，推动与北京教科院合作的“通州区教育高端引领培养工程”项目实施。完善多元化办学体制，探索学区化管理，加强师资队伍培养，扎实推进名教师名校长工作室建设。启动北京电影学院通州校区、人民大学通州校区建设。二是要进一步推动卫生事业发展。全面推进四个区域医疗中心建设，确保潞河医院门诊综合楼、新华医院投入使用，完成东直门医院东区二期、中西医结合医院、妇幼保健院主体工程，加快公共卫生服务中心建设。深化医药卫生体制改革，推进与北京中医药大学、首都医科大学、中日友好医院等的合作，鼓励社会资本举办各类医疗机构，更好地满足居民基本医疗和公共卫生服务需求。三是要继续加大文体设施建设。加快筹备文化中心二期、通州科技馆建设，开工建设档案馆新馆，加快推进区体育场改造、梨园体育中心建设，加快推进区域科技创新体系建设。

加强劳动就业和社会保障。一是要千方百计

扩大就业。用足用好各类就业政策，加大就业扶持力度，结合平原造林管护、万达广场等大型商贸企业、环球影城主题公园建设等的就业需求，加大岗位开发，促进本地劳动力实现充分就业。二是要进一步增强社会保障能力。加强社会保险基金的征缴力度，扩大社会保障制度覆盖范围，全面落实“救急难”工作机制，构建更为完善的社会救助体系。加强城乡养老服务设施建设，推进区养老院、永乐店镇养老院建设。三是要继续做好住房保障工作。完成市政府下达的保障房建设任务，完成3.2万平方米的老旧小区抗震加固、68个小区的公共区域改造。

确保社会和谐稳定。一是要进一步加强人口服务管理。研究出台人口规模调控意见和调控方案，落实属地调控责任，强化以业控人、以房管人、以证管人，确保完成人口调控目标。二是要进一步完善网格化社会服务管理体系。全面实现网格平台“三级平台、四级服务管理”的运行模式，积极推进城市管理网格、社会管理网格、社会治安网格的“三网融合”，做实、做大、做强多网融合的网格化服务管理平台。三是要进一步加强社区服务管理，再建30个精品楼门文化社区。打造30个五星级“七型农村社区”，进一步扩大“一刻钟社区服务圈”覆盖范围。四是要引导更多社会组织参与民生服务。加强对社会组织的培育，全年孵化培育15-20家社会组织。五是要进一步加强公共安全和社会治安管理。建立安全生产隐患群防群治工作机制，认真开展安全生产大检查、隐患排查治理等各项安全保障工作，加强燃气、供热企业行业管理，加强食品药品安全监管，加强社会治安管理，确保社会和谐稳定。

七、谋划好未来五年发展，进一步明确通州发展定位和路径

“十三五”时期是确保小康社会全面建成、重要领域改革取得决定性成果、转变经济发展方式取得实质性进展的重要时期，更是确保副中心建设迈上新台阶、出形象的关键阶段，谋划好未来五年发展意义重大而深远。一是要加快修改完善副中心行动计划，描绘好未来副中心建设的时间表、路线图，列出项目清单；通过行动计划争取市级更多的政策、资金和项目支持，实现全市政策、资金的集中和突破。二是要科学确定规划体系，高标准编制好“十三五”规划。各单位各部门要高度重视，按照“十三五”规划编制工作方案要求，开展好前期课题研究、做好“十二五”规划纲要和专项规划执行情况的总结评估，组织好专项规划、乡镇规划和总体规划纲要的编制。三是要超前谋划一批重大建设项目。各部门、各乡镇及园区要结合副中心行动计划和“十三五”规划的编制，高标准、高起点、大规模超前谋划一批对未来产业结构调整、城市区位优化提升、生态环境改善具有决定性影响的重大项目，为“十三五”时期发展打下坚实基础。四是处理好发展规划与行动计划的关系，做好“十三五”规划与副中心行动计划的有效衔接。

各位代表，做好2015年经济社会发展各项工作，任务艰巨。我们要在区委的坚强领导下，自觉接受区人大监督，虚心听取区政协的意见和建议，真抓实干，奋力攻坚，为促进经济社会持续健康发展、副中心建设迈上新台阶作出更大贡献！

关于通州区2014年财政预算执行情况和2015年财政预算草案的报告

——2015年1月13日在通州区第五届人民代表大会第五次会议上

通州区财政局局长　张春良

各位代表：

受区人民政府委托，现将通州区2014年财政预算执行情况和2015年财政预算草案的报告提请区五届人大五次会议审议，并请区政协各位委员提出意见。

2014年财政预算执行情况

2014年，面对较为复杂的经济形势，在区委的正确领导下，在区人大和区政协的监督指导下，财税部门坚决执行区委五届五次全会精神和区五届人大四次会议各项决议，紧紧围绕“稳增长、调结构、促改革、惠民生”等重点工作，进一步加强财政收支管理，不断创新财政管理改革，为全区经济社会发展和重点事业推进提供了坚实保障。财政收支预算执行情况良好，各项工作任务圆满完成。

一、一般公共预算收支执行情况

（一）一般公共预算总收入：区五届人民代表大会第四次会议批准的2014年一般公共预算总收入1,282,665万元，后经区五届人大常委会第二十二次会议批准调整为1,487,457万元，完成1,577,221万元。其中：一般公共预算收入完成600,000万元，同比增长13.4%，完成人代会批准的收入任务591,000万元的101.5%；市对区县财力性转移支付补助收入371,793万元；市级专项补助收入407,846万元；上年结转197,582万元。

（二）一般公共预算总支出：区五届人民代表大会第四次会议批准的2014年一般公共预算总支出1,282,665万元。后经区五届人大常委会第二十二次会议批准调整为1,334,985万元，实际支出1,318,393万元，同比增长4.8%。主要支出科目如下：

一般公共服务支出90,712万元，完成预算101,000万元的89.8%。主要用于保障党政机关正常运转，提升政府公共服务水平。

国防支出2,755万元，完成预算3,100万元的88.9%（未完成预算的主要原因是项目采购尚未完成，资金未支出）。主要用于民防设施改造、应急指挥平台运行维护、民兵水上救援演练、兵役征集等支出。

公共安全支出68,408万元，完成预算68,000万元的100.6%。主要用于公检法司防护设备、技术装备、办案费、普法经费、看守所经费、司法救助金、社区保安、辅警经费、APEC会议安全保卫、宋庄派出所改造、推进社区民警驻区制等支出。

教育支出173,782万元，完成预算164,500万元的105.7%。主要用于落实“两免一补”政策、教育公用定额经费、学前教育和中小学三年行动计划、名师培养工程、校园安全技防、校园文化建设、教学设备购置、社区大讲堂、职业教育经费补助等支出。

科学技术支出17,331万元，完成预算17,000万元的102.0%。主要用于鼓励高新技术发展、专利项目资助奖励、科技种业园区高端服务平台建设、青少年科技后备人才平台建设、重大科普活动宣传、科普惠农、土地科技治理、卫生重点学科研究、科技创安工程、安全生产网络科技监控、信息化专网运行维护等支出。

文化体育与传媒支出23,168万元，完成预算23,160万元的100.0%。主要用于文化创新发展、全区系列文化活动、发展区县特色文化、区文化中心建设运维、高清交互机顶盒推广、培养基层文化队伍、文物普查与征集、基层文体设施改造等支出。

社会保障和就业支出167,547万元，完成预算181,900万元的92.1%（未完成预算的主要原因是受清算影响，今年市区两级供热燃料补贴18,064万元，需在下年支出）。主要用于城乡无保障老年人福利金、新型农村社会养老保险补助、城乡居民基础养老金、城乡低保补助、落实农村优抚对象生活补助、九养政策、离退休人员及军休人员生活补助、就业再就业、社区用房规范化建设等支出。

医疗卫生与计划生育支出149,117万元，完成预算143,000万元的104.3%。主要用于新型农村合作医疗、医疗保险经费、“一老一小”医疗保障、落实国家免疫规划、为全区老幼妇免费体检、保障乡村医生基本待遇、防治重大传染病、医疗机构信息化改造、医疗设备购置、卫生系统绩效工资等支出。

节能环保支出32,524万元，完成预算21,000万元的154.9%(超预算较多的主要原因是市级专项既有热计量改造、燃煤锅炉改造、污染减排奖励增加支出9,789万元)。主要用于老旧小区改造和供热资源整合、燃煤锅炉改造、淘汰落后产能、大气治理及污染源监测等支出。

城乡社区支出129,339万元，完成预算129,100万元的100.2%。主要用于城市维护养护、城乡市政设施改造、节日景观布置、城镇地区垃圾分类管理、湿地公园建设、平原造林土地流转及维护养护、环境综合整治等支出。

农林水支出298,788万元，完成预算295,000万元的101.3%。主要用于都市型现代农业发展、农业政策补贴、农村公益事业“一事一议”、农民增收、重大动物疫病防控、农业保险及农业技术推广、农业综合开发、平原造林工程建设和水环境综合治理等支出。

交通运输支出25,963万元，完成预算25,100万元的103.4%。主要用于郊区客运车辆补贴、农村道路客运石油价格补贴、区域电动出租车运营补助、综合检查站建设运维等支出。

资源勘探电力信息等支出101,497万元，完成预算92,500万元的109.7%。主要用于乡镇及园区扶持企业发展、中小企业发展专项资金等支出。

商业服务业等支出4,402万元,完成预算4,200万元的104.8%。主要用于商业流通、旅游产业发展、安全生产宣传等支出。

金融支出63万元，完成预算60万元的105.0%。主要用于金融服务管理支出。

援助其他地区支出2,625万元，用于援疆援藏及对口帮扶贫困地区支出。

国土海洋等支出767万元，完成预算760万元的100.9%。主要用于气象站迁建，打击违法用地、土地复垦、地震监测点补助、应急物资购置、防震减灾宣传等支出。

住房保障支出24,126万元，完成预算24,100万元的100.1%。主要用于住房公积金支出。

粮油物资储备支出430万元，每年固定性支出。

其他支出5,049万元，完成预算38,450万元的13.1%。

（三）一般公共预算平衡情况：一般公共预算总收入为1,577,221万元，总支出为1,318,393万元，年终结余258,828万元。其中：市级专项结转166,801万元，乡镇结转15,000万元，区级结余77,027万元。

二、基金预算执行情况

（一）基金预算总收入：区五届人大常委会第二十二次会议批准调整2014年基金预算总收入为501.95亿元，实际完成537.78亿元，包括：本年收入363.27亿元；市级专项补助收入18.13亿元；上年结转156.38亿元。

（二）基金预算总支出：区五届人大常委会第二十二次会议批准调整2014年基金预算总支出为308.8亿元，实际支出为242.19亿元。主要支出科目如下：

教育支出58,447万元。主要用于中小学建设工程及学前教育建设项目支出。

文化体育与传媒支出1,884万元。主要用于体育后备人才培养及文化基础设施建设。

社会保障和就业支出9,113万元。主要是残疾人就业保障金支出。

城乡社区支出2,345,965万元。主要用于土地开发成本返还、城乡基础设施、全区重点工程、征地拆迁补偿、平原造林工程以及教育、卫生、民政等社会事业基础设施建设支出。

农林水支出1,922万元。主要用于森林植被恢复支出。

资源勘探信息等支出599万元。主要用于新型墙体材料基金返还。

其他支出3,987万元。主要是彩票公益金支出。

（三）基金预算平衡情况：2014年基金预算总收入为537.78亿元，基金总支出为242.19亿元，年终结余295.59亿元（其中：基金对外借款239.9亿元，主要用于土地一级开发对外借款支出）。

三、国有资本经营预算收支执行情况

2014年区级国有资本经营年初预算收入557万元，实际完成1,027万元，为企业上缴的经营利润。国有资本经营预算今年未发生资本性支出。

需要说明的是，上述数字是根据预算执行情况进行的初步汇总，在地方财政决算编制完成后，还会有所变化，届时将通过财政决算向区人大常委会报告。

2014年财政预算执行效果

2014年，财政及有关部门认真落实市区工作部署，积极应对房地产市场波动和宏观经济放缓的不利影响，不断创新财政工作机制，完善财政政策措施，在促进经济平稳增长、保障副中心重点建设、推进环境综合整治、增强民生保障以及深化财政管理改革方面取得了新成效。

一、强化组收征管，财政收入保持平稳增长

经区五届人大四次会议批准，我区2014年一般公共预算收入任务为59.1亿元，完成60亿元，同比增长13.4%，超额完成年度收入任务。一是面对复杂的组收形势，进一步强化组收格局。加大税收征管力度，实现征管、评估、稽查联动，全面做好税务检查和清缴欠税工作，确保应收尽收。二是完善国地财入库预测会商制度，加强沟通协调，步调一致，控制好组收节奏、进度，全年收入总体保持了平稳均衡增长态势。三是加强对乡镇组收进度的考核，认真分析乡镇经济运行特点，积极引导乡镇科学涵养财源，为全年增收任务的顺利完成奠定基础。四是支持加快经济发展方式转变，促进区域产业结构优化升级。落实“营改增”财政补贴政策，推进试点改革平稳过渡。发挥财政资金引导作用，逐步淘汰落后产能，吸纳、发展“高精尖”产业，促进高端现代服务、文化创意、健康服务等与北京城市副中心功能定位相符的产业发展，积极促进产业调整的“吐故纳新”和优化升级。

二、加强资金统筹，新城重点建设项目顺利推进

按照推进北京城市副中心的建设部署，多方筹措资金，分阶段，有重点，全力保障各项重点工程顺利推进。一是积极协调市财政，通过申请资金调度支持方式，筹措可调度资金10亿元，促进文化旅游区和医疗康体区建设加快启动。二是统筹市区资金，拨付资金5.74亿元，保障核心区等重大项目的有序推进。三是投入资金5.63亿元，保障了朝阳北路东延、徐尹路、东六环西侧路、漷永路等一批重点工程建设加快推进。四是及时拨付资金，保证折子工程、为民办实事项目资金需要。五是根据重大项目资金需求量大、信贷资金到位相对滞后，尤其是土地一级开发前期投入等问题，多方协调、灵活调度，安排周转资金69.83亿元，保障了一核五区开发建设、基础设施建设等重点工作的资金周转需要，为加快推进首都城市副中心建设提供了有力的财政支撑。

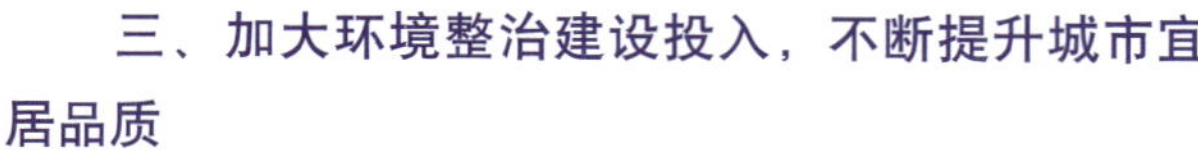

三、加大环境整治建设投入，不断提升城市宜居品质

集中财力资源，推动“减煤换煤、清洁空气行动”，拨付液化石油气送气下乡补贴2,952万元，受益农户1.42万户。投入资金7,693万元，完成减煤换煤21余万吨。安排节能减排及大气污染治理资金1.6亿元，淘汰落后产能企业128家，支持23座燃煤锅炉改造，加大生态环境治理。支持区域公交线路优化，继续实施低票价政策，拨付公交票价补贴及燃油补贴资金1.36亿元，切实方便百姓出行。投入资金7,308万元，保障区域电动出租车运行，积极推广清洁能源。拨付资金3,700万元，支持现有10000辆公共自行车租赁系统运行，鼓励绿色环保出行。统筹安排环境综合整治资金1.73亿元，以创建文明城区为契机，进一步加大环境综合整治投入力度，支持铁路、公路沿线及城乡环境整治，提升综合环境质量。安排城市维护养护、垃圾处理、垃圾分类达标建设等资金1.95亿元，城市环境和面貌不断改善。投入资金9,959万元，提高滨河森林公园和城区绿地养护管护水平，打造新城良好生态环境。投入资金22.6亿元，继续做好平原地区造林绿化工程资金保障工作，支持6.2万亩平原造林新建和养护，造林成果得到巩固。投入资金2.47亿元，加强中小河道整治、通惠河水环境综合整治、南水北调、河东再生水厂建设，水资源承载能力得到进一步提高等。

四、保障民生政策有效落实，更多改革发展成果惠及百姓

落实年初批复部门公用经费压缩10%，因公出国（境）费和公车购置经费压缩30%的预算安排，节省4,316万元，全部用于改善民生和为民办实事。投入资金5亿元，用于落实城乡居民养老、城乡低保、九养政策、残疾人政策性补贴及社会优抚救助等各项社会保障待遇标准。安排供暖补贴、供暖应急处理资金2.27亿元，进一步加大供热、燃气等各项惠民补贴，确保能源正常供应。落实粮食直补、农机购置补贴资金2,103万元，受益农民达14.5万户次，确保粮农利益。投入资金9,144万元，加大对村级公益事业的补助力度，专项补助标准提高50%。投入资金10.4亿元，落实各项基本医疗保障制度，继续深化医疗卫生体制综合改革，完善公立医院补助政策，保证基本公共卫生、大型设备、人才培养等投入，保障城乡居民享受基本医疗服务。投入资金3.61亿元，保障潞河医院门诊综合楼、东直门医院东区、新华医院等重点项目建设。投入资金7.04亿元，促进教育均衡发展，优化教育资源分配，支持各类教育改善办学条件，增加公办幼儿园学位1985个，启动北京五中通州分校、运河中学南校区建设，建成潞河中学附属学校、贡院小学、永乐店中学等一批新校区，进一步提升教育水平。投入资金9,679万元，用于第二届艺博会、高清交换数字电视应用工程、运河骑游节、七夕文化节等一系列文体益民活动。投入资金7,043万元，加强食品、农产品安全监管，支持药品安全检查、重大动物疫情防控、粮食安全物资储备等。安排资金4,868万元，继续开展农宅抗震节能改造。统筹安排资金2.85亿元，继续实施老旧小区综合整治。投入资金2亿元，促进保障性住房建设，2014年建设保障性住房10973套，解决2.5万中低收入人群住房困难问题。落实公租房房租补贴政策，适当扩大租金补贴范围。

五、深化财政管理改革创新，体制机制活力进一步释放

积极推进预算绩效管理，继续扩点增面，6个部门纳入全过程绩效管理试点，选取了42个区级重点民生项目开展财政绩效评价。完善事前绩效评估机制，对10个项目开展事前绩效评估，加强评价结果应用，提高了资金分配的科学性。推进全口径政府预算管理，2014年首次将我区国有资本经营预算提交区人代会进行审议。启动权责发生制政府综合财务报告试编工作，区属所有预算单位、乡镇和国有企业纳入权责发生制政府财务报告编报范围。扩大公务卡制度改革范围，实现公务卡改革的全推开、全覆盖。进一步规范乡镇部门预算编制，为乡镇实行国库集中支付改革奠定基础。加强政府性债务监

管，按照“统筹规划，归口管理”、“程序规范，注重实效”的原则，加强政府性债务全过程监管。

2014年，面对复杂的经济形势和经济下行的巨大压力，财政收入保持了平稳的增长态势，全区经济、民生等重点领域支出得到有力保障，财政改革成效进一步显现，圆满完成了年初制定的各项任务。同时，财政运行中仍存在一些需要研究和解决的问题：一是由于实施宏观调控、结构调整等多重因素影响，财政收入增速趋缓，财政组收任务更加艰巨；二是财政收入中低速增长与支出刚性增长矛盾突出。财政支出既要保证重点项目建设资金需求，又要确保教育、卫生、“三农”以及民生领域政策性增支的刚性需求，这就使得有限的财力与不断增加的资金需求矛盾更加凸显；三是预算监督管理亟待强化。目前实行的全过程预算监督管理体系，各监督环节衔接程度还需提高，监督结果运用还需加大力度。绩效评价的覆盖面、资金量还比较小，与全面实施事前绩效评价的目标差距较大。这些问题，我们将高度重视，并下大力气重点研究，通过转变政府职能、深化财政改革、创新工作机制、严格预算管理等措施逐步加以解决。

2015年财政预算草案

一、财政收支面临的主要形势

综合分析影响全区经济社会发展和财政收支运行的各种因素，2015年财政收入增长仍存在较多不确定性、不稳定性因素，财政支出压力加大，收支矛盾呈加剧趋势。

（一）财政收入转入中低速增长的新常态。按照稳中求进，提质增效的经济发展要求，我区经济发展长期向好的基本面没有改变，全面深化改革将进一步释放发展的内生动力和活力。但当前收入增长受经济增长速度换档期、结构调整的阵痛期的叠加影响逐步放缓，新的经济增长点尚在培育中，对财政收入增长还未形成有力支撑。2015年及今后一段时期，区域经济进入转型换档的新常态。

（二）财政支出保障压力大。当前北京城市副中心建设加速，实施精细化建设管理城市、支持全面深化改革和促进各项事业发展都需要增加投入。同时，重点支出累积的较高基数、民生保障标准不断提高、必保的事务性支出增长等刚性需求逐年加大。特别是，落实好住房补贴发放、开展清洁空气行动计划、偿还平原造林贷款等需要当年安排解决的重点工作，进一步加剧了预算平衡难度。

（三）财政工作要求更高。一是贯彻落实新《预算法》，财政依法理财的水平需要进一步提升；二是进一步深化财政体制改革，对改革出现的新情况、新问题，需要科学研判、着力化解；三是推进预算公开，打造“透明财政”，给财政和部门工作提出了更高要求，需要高度重视、提前研究、做好准备；四是财政管理由较为粗放向科学高效转变，要求财政部门改进资金管理方式，提升财政财务管理效能。

二、预算编制及财政工作的指导思想及总体安排

2015年我区预算编制和财政工作的指导思想是：认真贯彻新《预算法》，全面落实十八大、十八届三中、四中全会精神和区委五届七次全会部署，按照北京市财政局关于2015年财政预算编制工作的总体要求和“保基本、保运转、保重点、惠民生”的预算安排原则，坚持依法理财、统筹兼顾、量力而行、讲求绩效，确保市区确定的重大政策支出；坚持民生优先，优化财政支出结构，保障社会事业和民生领域的重点支出；坚持厉行节约，更加严格地控制“三公经费”等一般性支出，切实降低行政运行成本；坚持改革创新，突出推进预算绩效管理，完善预算分配机制，强化预算执行监督，硬化预算约束，提高预算透明度。

（一）顺应经济发展的新常态，稳妥安排2015年收入预算

综合分析我区2015年经济发展形势，一方面，经济形势发展总体向好。大环境下，我国进入经济发展新常态，经济韧性好、潜力足、回旋空间大，为今后经济持续健康发展提供了有利空间。同时，

市委、市政府对北京城市副中心建设的高度重视，为我们创造了独特的发展优势，将会获得更多的关注和支持。区域内，全区产业结构进一步优化、项目呈现梯次推进，重大项目布局步伐加快，后发优势明显，为财政收入增长进一步积蓄力量。另一方面，我们也清醒的认识到，当前区域经济对传统行业的依赖依然存在，产业结构调整的任务还很艰巨，区域经济总量缺少大项目的带动和支撑，短期内难以实现快速增长。同时，受“营改增”等政策性因素影响，房地产业、建筑业等全部实施改征增值税后，对区内减收影响明显。按照国务院关于清理规范税收等优惠政策的要求，进一步整顿税收秩序对区内经济的影响也需要加强研判。对新常态下出现的一些趋势性变化使经济社会发展面临不少困难和挑战，要高度注重、妥善应对。

综合考虑上述因素，安排2015年一般公共预算收入任务为66亿元，同比增长10%。

（二）集中财力、保障重点，科学合理安排财政支出

一是加大对经济结构调整的投入，促进区域经济协调发展

积极发挥财政政策和资金的引导、带动作用，促进“转方式、调结构”，不断壮大区域经济综合实力。根据乡镇、办事处经济发展和收入预测，安排乡镇体制收入返还25.8亿元。安排4,000万元街道办事处税源建设补助资金，充分调动街道办事处的协税护税积极性。安排产业发展资金1亿元，促进产业结构调整和优化升级。安排文化创意产业发展资金1,000万元，支持文化创新发展。安排1,500万元“营改增”财政过渡性扶持资金，帮助试点企业在新老税制转换过程中实现平稳过渡。

二是完善基本公共服务体系，推进基本公共服务均等化

教育安排经费20亿元，用于落实教育公用经费综合定额补助、教师绩效工资、各项教育减免救助政策、公办幼儿园补助和教育事业发展等。卫生安排经费15.5亿元，主要用于医疗保险经费、新农合基金、完善公立医院补助政策、落实各项免费体检政策、加强妇儿保健、疾病防控和卫生事业发展等。科技安排经费1.7亿元，用于支持科技创新推广、科学技术奖励、科学技术普及和知识产权专利资助及全区科技信息化建设等。农业安排经费18亿元，用于推进都市型农业产业发展、实施清洁空气行动计划、落实各项涉农补贴政策、促进农民增收、加强村级公益事业发展、推进农业综合开发、加强农产品安全检测，落实平原造林任务、支持森林生态建设和林业建设发展，加强水资源保护利用，建设良好生态环境。文化体育安排支出2.4亿元，优先保障文化惠民工程，将文化惠民项目与群众文化需求有效对接。支持繁荣公共体育事业，促进三大球项目发展。

三是加大对保障和改善民生的投入力度，落实各项民生政策支出

将财政资金的投入方向和财政政策的制定实施，与增进民生福祉紧密结合。社会保障和就业支出安排19.5亿元，主要用于安排城乡养老保险和无保障老年居民待遇补贴、落实城乡低保和社会优抚救助政策、落实九养政策及高龄老年人津贴，安排就业再就业资金等。加大保障性住房建设支持力度，安排廉租住房保障支出3.63亿元，落实台湖、商务园地块、于家务中心区公租房项目，稳步推进保障性住房安居工程建设。安排基层公益事业补助1.26亿元，支持农村和社区公益事业发展。

四是加强城市精细化建设管理，提升城乡环境建设水平

安排全区办实事资金1亿元，保障为民办实事工程有效落实。统筹安排城乡环境综合整治经费4亿元、创建文明城区资金3,000万元等，进一步加强环境治理和区域环境达标提升，积极争创国家级文明城区。安排资金1.6亿元，落实电动出租车、小公共运营补贴，保障公共自行车租赁系统运维，进一步方便百姓出行。安排城市维护管护经费1.54亿元，继续做好垃圾清运处理、市政设施维护、绿化美化、夜景照明等工作，不断提高城市宜居水平。安排资金3.32亿元，继续实施老旧小区综合整治，

对老旧房屋进行抗震加固、节能、热计量改造，提高居住品质。加大对安全维稳和应急防灾的经费投入，维护经济正常运行与社会和谐稳定。

五是严格控制和压缩一般性支出，建立厉行节约长效机制

在确保各部门履行职能需求的同时，认真贯彻关于厉行节约的要求，完善相关制度，建立健全厉行节约长效机制。在上年压缩的基础上，进一步压缩控制“三公经费”、培训费、差旅费、考察费等支出。认真落实会议、培训审批制度。继续严控办公场所的修缮改造，严格执行维修改造标准，未经审批的项目，不得安排预算。严格禁止超标准配置办公设备，切实防止铺张浪费。通过完善制度，加强预算支出管理，更加严格控制行政运行成本，集中财力加大对公共事业的保障水平和进一步改善民生。

三、2015年一般公共预算收支安排

一般公共预算总收入1,390,620万元。包括：一般公共预算收入660,000万元；市对区县一般性转移支付资金350,694万元；市对区县提前告知市专补助及结转市专302,899万元；上年区级结余77,027万元。

一般公共预算支出1,390,620万元。具体安排如下：一般公共服务支出100,000万元；国防支出2,755万元；公共安全支出72,000万元；教育支出200,000万元；科学技术支出17,000万元；文化体育与传媒支出24,000万元；社会保障和就业支出195,000万元；医疗卫生与计划生育支出155,000万元；节能环保支出36,200万元；城乡社区支出145,000万元；农林水支出180,000万元；交通运输支出21,000万元；资源勘探电力信息等支出115,500万元；商业服务业等支出3,800万元；金融支出90万元；援助其他地区支出2,835万元；国土海洋气象等支出730万元；住房保障支出32,000万元；粮油物资储备支出430万元；其他支出87,280万元。

四、基金预算编制情况

（一）基金收入154.26亿元：其中，土地出让收入110.19亿元(含前期土地开发成本78.45亿元)、城市基础设施配套费收入8.5亿元、城市公用事业附加收入1.5亿元、国有土地出让收益基金23.36亿元、残疾人保障金收入1.23亿元、新型墙体材料基金1.51亿元、农业开发资金4.49亿元、市级提前告知专项3.48亿元。（需要说明的是：基金收入按照稳妥性原则进行安排，考虑到基金借款归还的不确定，土地出让收入、城市基础设施配套费收入安排的为当年收入）。

（二）基金支出154.26亿元：结合基金收入情况，按照基金适用范围预算安排如下：安排土地前期开发成本支出78.45亿元，廉租住房保障支出3.63亿元，按照支出管理要求安排农业综合开发资金、国有土地出让收益基金、新型墙体材料基金定向支出29.36亿元、市级提前告知专项3.48亿元及需要列入一般公共预算支出的残疾人保障金支出1.23亿元后，剩余38.11亿元，统筹安排市级和区委、区政府研究确定的重点事项。对于超财力无法安排的申报项目，视当年土地出让收入形势和借款归还情况，根据项目轻重缓急，按规定程序和基金适用范围进行报批。

五、国有资本经营预算编制情况

（一）国有资本经营预算收入安排情况

2015年国有资本经营预算收入1781.74万元，其中：本年收入755万元，为企业上缴的经营利润收入；上年结转1026.74万元。

（二）国有资本经营预算支出安排情况

2015年区级国有资本经营预算支出710万元，用于企业设备更新、升级改造支出。

2015年财政工作重点

一、注重平稳抓收入，促进区域经济提质增效

一是充分发挥财政资金“四两拨千斤”的引导作用，安排落实好产业发展资金，发挥好财政扶持政策，支持加快地区经济发展方式转变，促进区域产业结构优化升级。二是加强综合经济部门数据平台信息共享，密切关注房地产调控、“营改增”试

点改革、行业调控等政策性因素，加强对全年组收形势的分析研判。三是科学制定组收任务目标，加强组收进度动态监控，确保组收责任落实。四是继续落实组收联席工作机制，深入乡镇（园区）做好税源调研和帮扶工作。

二、注重效益抓支出，增强财政预算硬约束

落实新《预算法》要求，进一步加强财政支出管理，完善支出程序，保证财政资金安全、规范运行。更加严格地控制“三公经费”等一般性支出，降低行政运行成本。逐步扩大事前绩效评价覆盖范围，加强与预算编制的衔接，使预算编制更加有据可依。探索对事后绩效评价结果应用的新方法，增强各部门使用财政资金的绩效意识，确保财政资金发挥最大效益。进一步强化预算刚性约束，严格控制预算追加，减少预算调整，不断规范支出管理，提升财政管理水平。

三、注重整合抓统筹，发挥财政资金政策合力

加强资金统筹，加大对结余、结转资金的清理，进一步盘活财政存量，提高财政资金使用效益。统筹市级补助、区级资金、财政专户等财政资金，筹集更多财力确保重点支出。统筹整合财政支农惠民、环境综合整治、文明城区创建等项目资金，实行统筹管理，使分散管理的财政资金由“五指张开”变为“握指成拳”，进一步增强财政投入的针对性和实效性。

四、注重执行抓监督，构建财政“大监督”格局

统筹财政监督、审计监督、行政监察、人大监督等专业监督力量，形成工作联动、信息共享的监督工作机制。内部围绕加强预算监督管理，对预算编制和执行、投资评审、绩效评价、财政监督等环节进行梳理，增强各环节之间的衔接度，加强信息沟通，减少业务交叉重复，构建多方协调联动的“大监督”格局。

五、注重管理抓改革，提高财政依法理财水平

按照财政部《关于完善政府预算体系有关问题的通知》要求，研究完善我区预算管理办法，加强一般公共预算与基金预算的衔接，不断完善政府预算体系。推进财税体制改革，结合中央及市级体制调整，建立完善乡镇街道财政体制。按照事权与财权相统一原则，根据各乡镇功能定位、经济发展水平、人口规模、地域面积等因素，区别对待，加大对乡镇转移支付力度，增强乡镇自身发展动力和能力。完善街道办事处事权补助机制，探索建立街道财政体制，进一步调动街道涵养税源抓收入的积极性，提高统筹协调促发展的能力。积极推行乡镇国库集中支付改革，增强对乡镇财政资金的监管，使资金使用和管理更加规范。按照《预算法》要求，继续推进政府预决算、部门预决算及“三公”经费信息公开，打造阳光、透明财政。

各位代表，2015年财政工作任务十分艰巨，我们将认真贯彻落实中央和市委、区委的各项决策，在区人大、区政协的监督、指导下，坚定信心、深化改革、狠抓落实，为在新的起点上推动北京城市副中心建设，作出应有的贡献！

● 党的群众路线教育实践活动情况/54

专文

梨园镇立体绿化（梨园镇提供）

党的群众路线教育实践活动情况

按照中央、北京市委的统一部署，在市委第九督导组的精心指导下，通州区委坚持“照镜子、正衣冠、洗洗澡、治治病”的总要求，以“为民务实清廉”为主题，以落实中央八项规定和市委十五条意见为切入点，聚焦解决“四风”方面存在的突出问题，落实郭金龙书记对通州提出的“发展搞上去、人口降下来、生态好起来”的要求，着力解决群众反映强烈的、制约城市副中心建设发展的突出问题，得到群众充分肯定，取得重要成果。

一、主要做法

通州区群众路线教育实践活动从2月12日正式启动，全区94家处级单位、1870个基层党组织（其中，村级党组织474个、社区党组织98个），52336名党员全部参与，以“转作风、强组织、惠民生”为目标，规定动作有板有眼，自选动作有声有色，完成教育实践活动三个环节的工作，实现预期目标。主要做法如下：

（一）坚持领导带头，充分发挥示范效应，统筹推动教育实践活动有效开展

区委把深入开展教育实践活动作为首要政治任务，及时成立以区委书记王云峰为组长的教育实践活动领导小组，全区94家单位成立“一把手”为组长的教育实践活动领导机构，从组织安排上有力推动了全区教育实践活动的开展。一是区领导率先垂范，以上带下树标杆。区委书记王云峰牢牢把活动抓在手上，把责任扛在肩上，带头学习交流，带头查摆问题，带头开展批评和自我批评，带头抓好整改落实，在完成规定学习动作的基础上，分别为处级干部和村、社区支部书记讲了两次大型专题党课；主动与15个乡镇（街道）主要负责人进行3轮谈心谈话，并针对存在的共性问题，及时召开会议进行谈话提醒；专门挤出时间对马驹桥等乡镇领导班子及成员的对照检查材料、相互批评意见进行集中点评，提出客观中肯的修改意见，为全区领导干部抓好教育实践活动树立了典范。区长岳鹏、区人大常委会主任张文山、区政协主席王春元等领导亲力亲为，主动以更高的标准、更严的要求抓好教育实践活动。其他区委常委和区级领导也多次深入各自联系点，指导教育实践活动。二是“一把手”以身作则，传导压力做表率。各单位“一把手”强化担当意识，亲自抓、示范做、带头改，切实发挥引领示范作用。特别在第二环节，各单位“一把手”主动开展谈心谈话，组织集体“会诊”，认真审阅班子成员对照检查材料，精心部署专题民主生活会和组织生活会，以“向我看齐、向我开炮”的态度，带头开展批评和自我批评，为各单位教育实践活动的有效开展提供了坚实保障。三是活动办精心组织，严密实施保实效。充分发挥牵头抓总的作用，在关键环节、重点工作上，认真总结先行先试单位经验，通过以会代训、经验交流等方式，统一标准，明确要求。在对照检查材料审核这一关键节点，严格把关，把“标尺一”抬高到“标尺三”，一把尺子量到底，确保对照检查材料写得准、像、深、实。区委15个督导组对每一个环节都真督实导，抓住关键不撒手、突出重点不放松，坚决抵制“差不多”“过得去”“应付应付”等错误心态，确保时间服从质量、进度服从效果。充分发挥媒体舆论引领作用，精心策划选题，组织协调《通州时讯》、通州电视台在重要版面和重要时段对教育实践活动的好经验、好做法进行重点报道。累计在市级以上媒体刊发新闻消息241条，在区级媒体刊发新闻347条，刊发简报202期，为活动开展营造了良好氛围。

（二）坚持学习先行，着力提高思想认识，有效激发各级领导干部的内生动力

区委着重以提高认识水平，筑牢思想基础，学以致用为首要目标，把学习贯彻习近平总书记视

察北京重要讲话以及郭金龙书记到通州调研的讲话精神作为重要内容，结合城市副中心建设开展学习教育活动。一是规范制度，学习研讨注重实效。从2013年底开始布置全区各单位学习教育实践活动有关文件，建立严格的区级领导班子集中学习制度，原原本本研读中央规定的必读书目和习近平总书记系列重要讲话，增强宗旨意识和群众观念。区委常委、区政府、区人大、区政协领导班子集中学习都在15天以上，其他各单位学习时间累计超过7天。二是创新形式，学习方式多种多样。积极开展“三学三比”活动，即“学党章、比履行义务好不好；学理论、比思想武装牢不牢；学党史、比立场信仰强不强”，通过讲党课、观看专题教育片、参观教育基地，创新学习方式，确保学习效果。如潞城镇开展集中研学、轮流讲学、专家教学、上门送学、结对帮学、在线观学、对照悟学、考试比学等八种学习方式，激发了广大干部学习的热情。三是丰富载体，学习培训因人而异。区委以“百千万”工程为重要载体，即“百讲党课进基层、千名书记讲党课、万名党员上讲台”，广泛组织学习培训。在普遍培训的基础上，利用4天时间分两期举办1300名基层党组织书记参加的专题培训班，全区各单位累计组织专题培训328次，94家处级单位、1112家基层单位和572个村、社区基层党组织负责人全部讲授了党课。四是联系实际，学习内容讲求实用。区委结合郭金龙书记对通州工作的新要求，结合通州建设城市副中心的实际开展学习研讨活动，坚决做到“知行合一”。各单位结合自己工作实际，开展形式多样的学习教育活动。如，漷县镇开展弘扬正能量“五个一”活动，即：日行一善、日献一爱、年习一技、人助一困、年忌一弊，通过学习与实践相结合，做到学以致用。

（三）坚持开门纳谏，主动邀请群众参与，深挖细找群众反映强烈的突出问题

区委把征求意见、查摆问题作为改进作风的突破口，广泛开辟渠道、多方征求意见，努力把“四风”等方面的问题、制约城市副中心建设发展等方面的问题，找准、找实、找深，为开展批评和整改落实工作打好基础。一是多渠道征求意见力求广。各单位通过一次入户走访、一次座谈会、一次个别访谈、一次问卷调查、组织一次群众评议等活动，“问清群众最困难的是什么，问清群众最不满意的是什么，问清群众最希望解决的是什么”，广泛听取广大群众的意见建议。为避免处级单位之间征求意见函来函往，统一制定表格，在94家处级单位中开展“一站式”相互征求意见。同时，还采用“回头看”的办法随时随地征求意见。督导组征求意见并原汁原味反馈给所督导单位，不过滤刺耳声音、不回避深层矛盾，确保意见建议不失真。区级领导班子召开座谈会35个，向824人征求意见建议，累计征求到意见和建议266条。二是全方位查摆问题力求准。坚持“三严三实”标准，认真做到“两对照一突出”，全面开展“四查摆”活动，即处级以上领导着力查摆“四风”问题，乡镇街道着力查摆群众生产生活遇到的问题，村、社区着力查摆为民办实事问题，党员干部着力查摆党员意识差、群众观念淡薄等问题，确保活动的高标准、严要求、不走样。通过设立意见箱、委托调查，运用纪检监察部门、组织部门提供的干部考察、民主测评、巡视工作情况，运用信访、审计等工作情况，运用督导组掌握的情况，多种渠道发现问题。94家单位领导班子查找“四风”方面的突出问题1305条，班子成员查找出7853条。三是深层次剖析检查力求像。每位领导班子成员都结合自身思想和工作实际，深挖细找“四风”问题，分别从理想信念、宗旨意识、党性修养、遵守纪律、“三严三实”、政绩观、群众观、权力观等方面，深挖病因病根，明确整改方向，制定整改措施。区级四套班子和党员领导干部的对照检查材料普遍修改18次以上，一次比一次标准更高，要求更严。很多干部反映，越查越明白、越剖越深入、越改越豁然开朗，经历了一个由被动到主动、由模糊到清晰、由浅表到深刻的艰辛历程，为专题民主生活会成功召开打下坚实基础。

（四）坚持整风精神，认真开展批评和自我批评，“辣味十足”开好专题民主生活会和组织生活会

区委坚持以整风精神召开专题民主（组织）生活会，学习借鉴中央政治局常委联系点的经验做法，以市委常委傅政华同志联系点为标杆，先行试点，总结经验，逐步推开，确保专题民主（组织）生活会的高质量。一是多层次、多回合，谈心谈话

深刻透彻。在市委规定的“四必谈”基础上提出“五必谈”，广泛开展开诚布公的、“同志式”的谈心交心。区级领导班子专门安排出一个月时间开展谈心谈话，相互把问题找准，把思想谈通。各级领导班子成员之间、领导干部与党员之间敞开心扉、思想见面，突出“四风问题、深层次矛盾、思想障碍、差距不足”四项重点内容，反复谈、重点谈，力求把问题谈深谈透。二是不回避，不推诿，集体会诊准确到位。各单位领导班子白天忙工作，晚上组织集体会诊，对每名班子成员和党员提出的批评意见在班子会上亮出来，逐人逐条地审议，不合适、有偏差的当时就调整，确保相互批评意见问题点得准、事例列举实、根源剖析深。各单位处级领导班子成员相互之间提出批评意见8356条，每条意见都充分体现了“见人见事见思想”的要求。三是动真格，触灵魂，开展批评“辣味十足”。94家处级单位高质量召开专题民主生活会，领导班子主要负责同志带头自我批评，其他班子成员依次开展批评，揭短亮丑，动真碰硬，自我批评不藏不掖，相互批评真刀真枪，真正红了脸、出了汗，加了油、鼓了劲，切实做到“辣味十足”，触动思想、触及灵魂。个人发言均在30分钟以上，批评大都在10分钟以上。各基层党组织按照标准不降、“辣味不减”的要求，召开专题组织生活会，各级领导干部以普通党员身份参加专题组织生活会，大家开门见山，直接点出问题，让普通党员接受一次触及灵魂的党性教育。全区1810个基层党组织召开了专题组织生活会，到会党员42841名，参加民主测评党员42206名，综合评定为好的党员占总数89.4%。

（五）坚持问题导向，下大力气推动整改落实，努力取得让群众满意的良好效果

区委以高度的紧迫感与责任感，针对群众意见反馈和查摆发现的问题，制定整改方案，明确时间表、路线图和责任书，下猛药、出重拳，以钉钉子精神抓好整改落实，确保教育实践活动取得抓铁有痕、踏石留印的实效。一是立行立改解民忧。各单位从身边的事抓起，从群众反映强烈的问题改起，对于文山会海、“三公”经费、超标超配公车和办公用房等可以随即改正的问题，及时回应群众关切。用迅速的实际行动，严刹中秋节、国庆节等节点公款送月饼、送节礼等不正之风，赢得人民群众的信任和支持。二是专项整治纠“四风”。把开展专项整治作为抓整改、纠“四风”的重要抓手，确定30项专项整治任务，班子成员牵头负责、责任部门协同推进、行业系统上下联动。着力整治“形象工程”“政绩工程”，执法监管部门执法不公、“门难进、脸难看、事难办”“吃拿卡要”等专项问题，以重点突破带动作风全面好转。三是正风肃纪零容忍。把严格执行纪律作为开展教育实践活动的基本要求，坚决整治“四风”问题，加大对违规违纪问题的查处力度，对于顶风违纪者，及时依法依纪从严惩处，发现一起、查处一起。继续抓好不打招呼的明查暗访、不留情面的电视曝光、不讲例外的惩贪治腐，始终保持正风肃纪的高压态势。截至9月底，查处违反中央八项规定精神问题2起，处理5人，给予党纪政纪处分1人。

二、重要成效

教育实践活动开展以来，区委严格按照中央和市委要求，紧密结合实际，扎实做好三个环节工作，立行立改，善作善成，取得重要的阶段性成果，广大群众充分认同，社会各界积极评价。主要成效体现在以下几个方面。

（一）加强思想理论武装，广大党员干部的理想信念和宗旨意识进一步增强

一是理想信念进一步坚定。把坚定理想信念作为学习教育的重要内容，通过持续的深入学习，全区党员干部进一步深化了对习近平总书记系列重要讲话精神的认识，进一步增强了对中国特色社会主义的道路自信、理论自信、制度自信，政治上更加清醒，在思想上、政治上、行动上更加自觉地与中央、市委保持高度一致。贯彻落实中央、市委的决策部署更加坚定，加快构建“功能清晰、分工合理、主副结合”的城市副中心成为全区上下的普遍共识和主旋律。

二是宗旨意识和群众观念进一步增强。通过理论学习和实践锻炼，广大党员干部普遍受到一次深刻的群众观点和党的群众路线教育，对群众路线有了更深刻的认识，对当前党群关系、干群关系存在的问题更加警醒，进一步看到自身问题，摆正了错误思想，真正把目光投向群众、把工作重点投向基层，自觉履行群众路线的意识更强烈。各单位把联

系服务基层作为工作职责进一步延伸到所有机关干部，全面开展“在职党员进社区”活动，广大机关干部和在职党员进了基层、接了地气、去了官气。截至9月底，全区有14007名在职党员回社区报到，开展服务12300人次，服务群众53295人次。全区上下主动联系群众，问需于民、问计于民，送服务于民的良好氛围已经形成。

三是做群众工作的能力进一步提升。通过深入群众征求意见，与群众面对面的接触，进一步密切了与群众的关系、增进了与群众的感情。党员干部对待群众的态度发生了变化，从不情愿到自愿，从躲避到主动，与群众越来越贴近。现在下基层的多了，主动听取群众意见的多了。很多单位都组织机关干部进村入户，直接访谈群众，以实际行动拉近与群众的距离。党员干部与群众沟通交流的能力得到提升，很多涉及群众的一些过去不敢管、不愿管的事，现在都能主动承担，想方设法解决了。拆迁问题一向都是制约城市副中心建设的瓶颈，过去让许多干部挠头。但在2014年新城核心区重点地段司空小区的拆迁过程中，党员干部转变作风，创新方式，在征补方案制定、评估公司选择等事情上都主动征求群众意见，让老百姓做主，在较短的时间内得到群众的积极配合。

（二）有效整治“四风”突出问题，广大党员干部的工作作风和精神面貌进一步好转

一是“四风”问题得到有效遏制。教育实践活动启动以来，在反对形式主义方面，区委、区政府下发的文件较去上年同期下降44%，各类会议下降23%。全区清理评比达标表彰项目73个，清减比例达86%，会风文风明显改进，部门简报、内部刊物过多的问题得到有效解决。在反对官僚主义方面，针对企业和社会反映强烈的行政审批流程繁杂的问题，对全区6881项法定职权、90项便民服务事项进行全面清理评估，提出900余条修改意见，精简行政审批事项100多项,在全市率先推出企业注册登记“三证合一”制度，门难进、脸难看、事难办的问题得到较好解决，发展环境进一步优化。在反对享乐主义方面，全区党员领导干部因公出国较上年同期下降95%。纠正处理超编超标配车、违规借车、违规装饰用车106辆次。区纪检监察部门在“五一”劳动节、中秋节等重要节假日期间，集中抽查部分处级单位，没有发现公车私用问题。在反对奢靡之风方面，有80家单位完成办公用房整改工作，调整清理腾退办公用房面积17452平方米。区属单位公务接待费预算支出同比压缩10%，全区公款旅游、吃请、送礼现象得到有效整治，“三公”经费支出大幅下降。

二是为民务实清廉的长效机制初步形成。针对作风问题的顽固性和反复性，抓好现有制度的废、改、立工作，注意总结活动中的成熟经验和做法，及时上升为制度规范。截至9月底，全区各单位聚焦“四风”问题，建立完善各类制度259个，如《通州区关于进一步规范国家工作人员临时出国的办法》《区级领导接待日制度》等。这些制度既立足当前又着眼长远，既抓大又不放小，把为民务实清廉的要求具体化、规范化，为转变作风划出“红线”、标出“雷区”、架起“高压线”，堵塞了滋生“四风”的漏洞，使作风建设的成果更加巩固，服务群众的制度体系更加健全。

三是党员干部的精神状态和工作作风明显改观。“四风”问题的有效整改，清除了作风之弊、行为之垢，进一步纯洁了党的肌体，广大党员干部思想认识明显提高，精神状态更加振奋，工作作风明显转变。全区各级党组织对于群众普遍关注、期盼的问题，不等不靠不拖延，做到积极响应、迅速整改，努力给群众一个“舒心”的答案。区委书记王云峰在调研中了解到团瓢庄村小学生上学乘公交车难，立即协调区交通局解决，仅用6天时间就开通了公交车。区交通局在此基础上对全区公交线路进行细致排查，新增公交线路7条，调整延长公交线路2条，并开通定向短程公交线路，实现全区范围内公交线路全覆盖。于家务乡“一把手”逐村现场办公，面对面了解基层党员群众的所需所求，针对群众反映的喝不到干净水的问题，立即行动，为8个村新打机井，8个村安装净水设备，5个村改造排水沟，解决村民用水紧、吃水脏、排水难的问题。雷厉风行的工作作风，赢得群众的高度评价。

(三)真正拿起批评和自我批评的思想武器，党内政治生活进一步规范

一是党内民主氛围更加浓厚。在开展专题民主生活会和专题组织生活会的过程中，广大党员干部

都经历了一次严格党内生活的锤炼，不仅找准了问题，明确了方向，更收获了一种敞开心扉、并肩作战的工作方式，民主氛围更加浓厚。一名村支部委员表示，“原来班子3个人在一起工作，谁对谁有点意见也不敢明说，怕被人说破坏团结，也怕被穿小鞋。这次组织生活会后，书记带头，在工作中发现问题，就一是一二是二地直接给我们指出来，我们也都放下了思想包袱，有话不再藏着掖着了，遇事都主动提醒，现在我们3个人之间没有隔阂了，反而更团结、更有凝聚力了”。

二是党内政治生活更加严肃。这次民主生活会和组织生活会，每名党员都开展了批评和自我批评，不怕揭短亮丑、敢于动真碰硬，促进了民主集中制的贯彻执行，促进了党内生活的严格规范，促进了党性原则基础上的团结，切实改变了以往民主生活会评功摆好庸俗化倾向。一位82岁的老党员参会后感叹：“久已失传的延安整风精神又回来了”。有的党委书记反映，“这是几十年来‘最长记性’的一次民主生活会，既为用好批评和自我批评武器、提高领导班子解决自身问题能力提供了有益借鉴，又为今后召开民主生活会、开展积极健康的思想斗争作出了示范”。很多单位都表示，以后要把专题民主生活和组织生活会作为一项长效机制坚持下去，形成党员干部党性锻炼的经常性制度。

三是党性观念普遍增强。通过民主生活会和组织生活会，广大党员干部都在班子成员、支部和其他党员帮助下，真学真查真找，客观地找到自身存在的问题，灵魂上、思想上受到极大的触动，党员意识和党性观念得到普遍增强，积极进取的多了、争相发挥先锋模范作用的多了，主动赢得群众满意的多了。大家都觉得，民主生活会就像一场及时雨，让人洗了尘，洗了脑，看清了缺点，明确了前进的方向，以后一定要严格按照共产党员的标准要求自己，真正在工作中发挥党员的先锋模范作用。

（四）一大批群众反映强烈的突出问题得到解决，党群干群关系进一步改善

一是一批能够及时解决的问题得到立行立改。通过边学边查边改、立行立改，区级领导班子、领导干部征求到意见303条，解决的有85条，正在整改的218条；处级领导班子及班子成员征求到意见8900条，整改的1900条，正在整改的7000条；执法监管部门和窗口单位征求到意见501条，整改的71条，正在整改的430条；村、社区征求到意见989条，整改323条，正在整改的666条。在区委21项整改任务中，完成14项，一批“四风”方面存在的突出问题和群众反映强烈的实际问题都得到解决。在最短的时间内，让群众真正感受到了开展教育实践活动带来的新成效、新气象。

二是一些久拖不决的疑难问题得到有效解决。群众反映的历史遗留问题，解决难度非常大，需要多个单位的协调配合。区委、区政府主动作为，开展“上下联动、共破难题”活动，积极加强协调沟通，充分调动各部门的积极性，形成破解合力。活动开展以来，各乡镇、街道上报需要区级各部门解决的疑难问题20项，其中，9项完成整改，11项正在整改，确保了群众反映强烈的疑难问题事事有回音、件件有落实，很好地化解了一批积压多年的基层矛盾。

三是一批关系民生的问题得到妥善解决。教育实践活动中，全区各单位、各部门立足本职，为群众办实事、好事2000余件，下大力气解决群众关心的教育、医疗、养老、住房、交通等民生问题，让群众充分享受到城市副中心建设的发展成果。针对上学难、看病难的问题，建成贡院小学、潞河中学附属学校等6所新校区，加快潞河医院综合门诊楼等医院建设，与友谊医院等优质医疗资源实现合作与对接。针对群众关注的住房保障问题，加快保障房建设，在建保障房达到41980套；实施老旧小区改造，改造完工2.9万平方米。针对偏远农村群众存取款难的问题，为近50个村建立“金融便利店”。针对群众关注的社会保障问题，进一步上调城乡低保标准，发放养老（助残）服务券和高龄津贴1100余万元。针对农民群众出行难问题，投入12724万元，大修68项乡村道路，18座桥梁。在全市率先实现“送气下乡”惠民工程全覆盖。这些关系群众生产生活民生问题的妥善解决，进一步拉近了与老百姓的距离，赢得老百姓的信任和尊重，党群干群关系有了明显的改善。

（五）坚持“两不误、两促进”，城市副中心建设取得积极进展

围绕习近平总书记对北京工作新要求和郭金龙

同志通州调研精神，把开展教育实践活动与加快城市副中心建设紧密结合起来，把活动中激发出来的热情转化为抓改革促发展惠民生的强大动力，城市副中心建设取得积极进展。

一是立足于发展搞上去，经济发展取得新成绩。把转作风与促发展结合起来，以良好的工作作风推动经济社会发展。今年1—9月份，地方财政收入、固定资产投资额、消费等主要发展指标保持两位数的增长，高于全市平均水平，经济发展势头良好。“一核五区”建设加快推进，重点产业项目建设取得实质性进展，富华水乡区南区、京杭广场项目主体结构完工，城市副中心形象初步显现。

二是立足于生态好起来，环境综合治理取得新成效。“生态好起来”是市委赋予城市副中心的一项重要任务，也是全区人民的强烈要求。区委把环境综合治理作为转作风、惠民生的重要抓手，严格落实清洁空气行动计划，淘汰老旧机动车6781辆，完成全年淘汰任务的65.2%，严厉打击违法用地违法建设，销账265处、面积77万平方米，完成平原造林5.3万亩，非法运营“黑摩的”、无照摊贩聚集、露天烧烤、乱堆乱倒垃圾渣土行为得到有效遏制，人民群众的生活环境更加整洁干净。

三是立足于人口降下来，人口调控工作取得新进展。针对群众反映强烈的人口增长过快问题，把流动人口管理服务工作作为教育实践活动整改落实的重要内容，进一步明确城市副中心的人口调控思路：积极疏解中心城区人口，调控好本区人口，防止人口过快无序增长，使流动人口在总量上保持基本平衡并逐年略有下降，在结构上有质的改变。落实“以业控人”，全年计划调整退出的128家落后产能企业中，88家实现停产。落实“以房控人”，旧村改造、地下空间治理和对“群租房”等违法出租房屋行为的整治力度进一步加大，流动人口向外部转移的步伐加快。本年全区挤压疏解流动人口10%。

全区教育实践活动取得了较大的成效，但与中央要求和群众期待相比，还存在差距和不足，主要是：部分领导干部参与活动的内生动力不强，整改落实的力度需继续加大，个别干部“四风”问题没有根本解决，基层党组织的建设有待加强，等等。对此，要切实采取有效的措施加以解决，确保教育实践活动善始善终、善作善成。

三、几点启示

这次教育实践活动，是在新的历史条件下坚持党要管党、从严治党的有益探索，是加强党的作风建设的生动实践，为进一步贯彻群众路线、加强和改进党的建设提供了有益启示。主要有以下几点：

一是必须加强思想理论武装，使马克思主义群众观点内化于心、外化于行。思想是行动的先导。开展群众路线教育实践活动，本身是一个思想认识不断深化的过程，思想认识到位，才能行动自觉。凡是认识模糊、思想障碍的党员干部，都不会真心参与活动、接受教育。因此，必须先从破除思想障碍入手，重点围绕习近平总书记系列讲话和中央、市委的文件精神，采取灵活多样、务实管用的形式抓好党员干部的学习教育，以“三学三比”“百千万”等活动为载体，在全体党员干部中进行一次马克思主义群众观点的再学习、再教育，在学习教育的基础上不断丰富和深化对党的群众路线的思想认识，更加自觉地从根本立场、世界观和党性高度上牢固确立群众观点，以思想自觉启发行动自觉，真正激发内在动力，实现“内化于心”与“外化于行”的有机统一，才能保证教育实践活动开展的正确方向。

二是必须强化外在压力，把从严要求贯穿教育实践活动的全过程。教育实践活动不走过场，既要靠内因，也要靠外因。内因是内生动力，主要依靠党员干部的思想自觉和行动自觉。但仅靠内因并不能保证每一名党员干部都能自觉行动起来，敢于对自身“四风”方面的问题下狠手、动真格。这就需要通过从严要求和严格督导，形成解决问题、改进作风的外在压力，推动教育实践活动扎实深入开展。因此，必须自始至终坚持严的标准、严的措施、严的纪律，自觉将标准由“标尺一”上升至“标尺三”，对每一环节都严把质量关，思想认识上不去的不放过，查摆问题不聚焦的不放过，自我剖析不深刻的不放过，整改措施不到位的不放过，坚决把各项要求落到实处，并对顶风违纪者及时依法依纪从严惩处，才能充分体现教育实践活动的严肃性，才能保障教育实践活动不虚不空不偏。

三是必须严格党内政治生活，形成作风建设的长效机制。这次教育实践活动让广大党员干部重新过上了有质量的党内政治生活，大家普遍感受到一次触及灵魂的思想洗礼，希望结合教育实践活动，把党内政治生活严格起来，把党内政治生活准则坚守下去。因此，必须健全完善“三会一课”、组织生活会、民主评议党员、党员党性定期分析和党员领导干部民主生活会、党员领导干部双重组织生活、领导干部联系基层服务群众等制度，强化党内政治生活制度的约束力和执行力，提高党内政治生活质量，让每位党员干部在严格的党内政治生活中增强党员意识、锤炼党性观念，促进党员干部作风建设的常态化。

四是必须夯实基层党建基础，进一步巩固和扩大教育实践活动的成果。党的基层组织是党的基础，与最广大的人民群众有着最密切和最直接的联系，直接面向群众、服务群众，党的群众路线要靠基层来体现。基层党组织建设搞得好不好，直接关系到党能否联系和发动群众，关系到教育实践活动能否取得成效。因此，必须以基层服务型党组织建设为抓手，以整顿软弱涣散基层党组织为重要突破口，大力推进基层党建实践创新和制度创新，打造“四评机制”“1+X”模式、“双向积分”等党建品牌。在先行试点取得经验的基础上，开好专题组织生活会，把领导干部联系服务群众制度化、常态化，着力增强基层干部的服务意识、提升服务能力、转变服务作风，让基层干部真心实意为民服务，真正解决一些群众关心的实际问题，不断巩固和扩大教育实践活动成果。

这次教育实践活动，中央第二巡回督导组专门到通州区听取活动情况汇报，及时进行指导。李耀建同志全程参加了玉桥街道领导班子专题民主生活会，并进行指导点评。市委第九督导组组长傅政华同志联系通州区和台湖镇，深入台湖镇联系点调研指导，全程督导本区教育实践活动的开展。市委第九督导组主动沟通、提前介入，对区级班子以及班子成员的活动逐一进行审核把关，提出搞好活动的意见，站得高、点得准、挖得深，修改后的活动材料有高度、有深度，质量上有了质的飞跃，对活动的顺利推进发挥了至关重要的作用。市委教育实践活动领导小组及办公室对通州区工作给予有力指导和帮助，及时传达市委要求，沟通交流活动进展情况，通过教方法、教思路，进一步带动区委活动办、区委督导组以及各单位的工作热情，使得全区各个单位的活动质量有了充分保障，因此也得到中央第二巡回督导组以及市委活动办的充分肯定。

作风建设永远在路上。下一步通州区将按照中央和市委要求，深入学习贯彻习近平总书记在中央群众路线教育实践活动总结大会上的讲话精神，以从严治党的八项要求为指针，总结经验，乘势而上，以思想觉悟的升华和制度措施的落实，进一步巩固扩大教育实践活动成果，把作风建设不断引向深入。

（一）持续抓好整改落实工作。按照活动要求，领导班子和领导干部制定并向社会公布详细的整改方案。区委将针对整改方案，加强督促检查，督促各单位和领导干部落实整改方案，形成前后接续、上下联动解决问题的良好局面。

（二）扎实推进党内生活规范化、制度化、常态化。认真总结这次活动专题民主（组织）生活会的成功做法，抓紧研究制定完善专题民主（组织）生活会相关制度，构建理想信念、宗旨意识教育的长效机制，增强开展批评和自我批评的思想自觉和行动自觉，营造良好的党内环境和民主氛围。

（三）加强对作风建设制度执行情况的督促检查。区委将贯彻执行作风建设制度情况纳入各级领导班子和领导干部年度考核、民主评议党员的内容，加大作风建设日常监督力度，对违反制度者严惩不贷，坚决维护制度的严肃性和权威性。

大事记

新华南北路跨通惠河桥通车　　　　(新奥通城房地产开发有限公司提供)

2014年通州区大事记

1 月

3日 区政务协同办公系统主体上线运行。包括区政务协同办公门户、区政务协同主体大框架、全区大OA系统、全区电子监察系统、通州区网上审批网上许可统一管理平台(网上政务服务中心)、两办信息报送系统主即时通讯系统。

4日 通州区教育高端引领培养工程启动会在教师研修中心举行。

7日—9日 政协北京市通州区第五届委员会第三次会议举行。

8日—10日 北京市通州区第五届人民代表大会第四次会议举行。

14日 北京中丽制机工程技术有限公司“彭尔康首席技师工作室”正式获批成立。

23日 玉桥街道社会组织孵化基地揭牌仪式在新通国际社区举行。

24日 通州区首家（全市第三家）农民专业合作社联合社——北京聚隆农业农民专业合作社联合社成立。

28日 地税局9个税务所办税服务厅配备的纳税人个人所得税完税证明自助打印服务终端正式全面运行。

2 月

7日 通州区委党的群众路线教育实践活动领导小组召开第一次会议。

12日 通州区委党的群众路线教育实践活动动员部署大会召开。

13日 区委召开党的群众路线教育实践活动工作培训会。

17日 区委召开党的群众路线教育实践活动督导组培训会。

18日 首部以党的群众路线教育实践活动为主题的舞台情景剧《赶考路上》在通州区文化中心举行首场演出。中共中央宣传部文艺局副局长孟祥林、市委宣传部常务副部长王海平，市委党的群众路线教育实践活动领导小组办公室副主任、市委组织部副部长刘宇辉及区委、区人大、区政府、区政协领导与全区500余名党员干部一同观看了演出。

19日 国家发改委经贸司司长王宝伟、北京市发改委委员、医改办主任韩晓芳等人到北京通州国际医疗服务区调研，就园区社会资本办医的政策需求及制定进行深入交流。

20日 中国国民党副主席蒋孝严就两岸文化交流合作与文化创意产业发展情况到通州区考察。

26日 通州联通完成首批129个FDD-LTE 4G基站建设，大幅提升无线通信网络速度，网络下行速率最高可达150兆比特每秒，标志着通州区进入移动4G时代。

3 月

1日 通州区气象局会同区民防局、区地震局、消防支队、区红十字会、北苑街道办事处6家单位在国泰广场举行了以“民防与社会的安全文化”为主题的社会宣传活动。

3日 2014年学雷锋“三关爱”志愿服务暨“保护京杭大运河”植绿护绿活动启动。

4日 北京市首辆按新标准改造后的渣土车在北京中医药大学东直门医院东区二期工程施工现场装土试运行。

6日 通州区“文明和谐家庭”创建工作推进大会召开。

▲ 通州区2014年民政工作会议暨“一区一品”签约仪式举行。

▲ 通州区高端人才引领培养工程签约仪式、特级教师杨广馨工作站基地学校揭牌仪式在史家分校举行。

7日 区委党的群众路线教育实践活动督导组工作汇报会召开。

12日 通州区消费教育基地在通州区消费者协会正式挂牌成立。

13日 市政府党组成员夏占义到通州区调研平原造林工作。

18日 “首届北京城市副中心十大名人”命名仪式在通州文化馆举行。

▲ 于家务中心小学举办第十七届中小学生艺术节。

21日 中共中央政治局委员、中央军委副主席范长龙，中共中央政治局委员、中央军委副主席许其亮，中央军委委员常万全、房峰辉、赵克石、马晓天，中共中央政治局委员及中央军委、四总部和驻京部队百名将军，北京市委书记郭金龙，市委副书记、市长王安顺等，区领导王云峰、岳鹏、于世疆到位于宋庄镇的东郊森林公园参加首都义务植树活动。

▲ 通州区法院召开“穷尽手段保民生，公正高效传温暖”涉民生案件执行情况新闻发布会暨案款发放仪式，集中为174名农民工发放工资款56万元。

25日 北京博士后（青年英才）创新实践基地授牌仪式在种业园区举行。

27日 北京市通州区人民政府批复同意设立北京市通州区潞河中学附属学校；批复同意调整北京市通州区梨园中学办学层次（为九年一贯制学校）并更名为北京市通州区梨园学校。

4 月

2日 区委书记王云峰为全区党员领导干部上专题党课“真正把群众放在心上”。

5日 通州区以“弘扬生态文明，建设美丽通州”为主题，在全区11个乡镇、4个街道办事处开展义务植树活动，8.5万人次参加义务植树活动，植树8.2万株，养护树木27万株，清理绿地55万平方米，发放宣传材料10万份。

10日 区委召开党的群众路线教育实践活动领导小组第二次会议。

11日 国网北京市电力公司总经理尹昌新到通州区调研。观看了首都城市副中心规划宣传片，并听取通州城市副中心建设和通州区电网发展建设有关情况的介绍。

12日 中共中央政治局委员、市委书记郭金龙，市委副书记、市长王安顺，市人大常委会主任杜德印，市政协主席吉林等市领导与社会各界群众代表800余人，到位于宋庄镇的东郊森林公园参加义务植树活动。

14日 市政府党组成员、平原造林工程总指挥夏占义到马驹桥镇、宋庄镇，视察通州区平原造林工程情况。

15日 区委举办党的群众路线教育实践活动基层党组织书记专题培训班。

▲ 2014中国（北京）国际技术转移大会开幕式举行。区长岳鹏与市科委主任闫傲霜签署国际科技创新合作框架协议。

16日 区委举办第二期党的群众路线教育实践活动基层党组织书记专题培训班。

19日 “美在西集”2014百姓系列文化体育活动启动仪式举行。

▲ 通州区举办首届青少年击剑锦标赛。

20日 区政务专网核心和汇聚层设备完成升级改造工作。政务专网骨干网从百兆升级成千兆，由单核心升级成双核心。

21日 通州区与北京师范大学共同签署教育文化发展合作框架协议。区长岳鹏与北师大校长董奇签署《通州区人民政府—北京师范大学关于教育文化发展合作框架协议》，副区长李亚兰与北师大副校长曹卫东签署《通州区人民政府—北京师范大学教育领域合作协议》。

▲　区委常委、副区长于世疆与中国医学科学院阜外心血管医院签署《共建阜外医院东区（国际医疗部）合作框架协议》。

22日　通州区教育高端引领培养工程教研员贾美华工作站（小学品生、品社）基地学校揭牌仪式在通州区第一实验小学举行。

28日　通州区召开党的群众路线教育实践活动区委区政府党员领导干部学习交流研讨会。市委督导组组长、公安部副部长、市委常委、市公安局局长傅政华参加交流研讨会并讲话。

▲　北京国际种业品种权交易创新基地启动仪式在通州国际种业科技园区举行。

29日　市委常委、宣传部长李伟一行到通州区调研文化创意产业发展工作，先后考察上上国际美术馆和宋庄奇石馆，并进行座谈交流。

▲　台湖镇第四届文化艺术节开幕式举行。

5　月

4日　市委第九督导组第一副组长王英杰就区级班子及局级党员领导干部的作风建设总体情况及“四风”方面的突出问题进行通报反馈并对下一阶段党的群众路线教育实践活动提出要求。

5日　区食药局联合公安机关成功破获一起利用电视购物违法销售保健食品案。货值金额400余万元。

6日　万达广场和潞河医院门诊综合楼荣获通州区首批“文明示范工地”，并举行授牌仪式。

13日　全国政协教科文卫体委员会副主任邓楠等到通州国际种业科技园考察。

▲　于家务中心小学举办第五届体育文化节。

14日　永顺镇群众之声艺术团成立。

▲　引进220万尾邗江仔一代优质草鱼鱼苗在永乐店镇小务村淡水鱼养殖专业合作社进行试验示范养殖。

15日　区委召开党的群众路线教育实践活动领导小组第三次会议。会议总结梳理第一环节“学习教育、听取意见”的工作，对“查摆问题、开展批评”环节工作进行部署。

▲　通州区教育高端引领培养工程李卫东特级工作站（中学语文）基地学校挂牌仪式在运河中学举行。

16日—8月15日　2014年通州社区节举行。

17日　2014年全民健身运河绿道骑游周活动在大运河森林公园启动。

19日　2014年通州区科技周启动仪式举行。

▲　由通州区国税局自主研发的“免填单系统”上线运行。

20日　“品通州大樱桃，游西集古镇，享运河风情”通州区第九届樱桃采摘季在西集镇开幕。

22日　通州区女职工特殊疾病互助保障计划全覆盖启动仪式举行。

23日　通州区首家专业社工机构众合社会工作事务所正式成立。

25日　2014年世界种子大会北京种业专题报告会在通州区国际种业科技园举行。

▲　运河抒怀话端午活动在永乐店镇举行。

25日—6月1日　北京市2014年蔬菜新品种展示观摩周活动举办，100余家企业3100多个蔬菜新品种进行展示。

27日　引进80万尾长丰鲢鱼苗在永乐店镇小务村淡水鱼养殖专业合作社进行试验示范养殖。

28日　丹麦亚默湾市市长摩根斯·盖德一行到通州区访问。

▲　2014书香中国·北京阅读季·亲子阅读月活动在通州区图书馆启动。

29日　区园林绿化局、区妇联、区教委在大运河森林公园漕运码头联合举办创建文明城区“种绿护绿，我在行动”主题活动启动仪式。

▲　通州区教育高端引领培养工程陶昌宏特级工作站（中学物理）基地学校挂牌仪式在运河中学举行。

5月　北京国际种业品种权交易创新基地落户种业园区。

6　月

5日　通州区“六五”世界环境日主题活动在通州经济开发区东区启动。

▲　通州区国有资产监督管理委员会与通州区水务局联合成立大运河（北京）水务建设投资管理有限公司。公司注册时间2014年6月5日，注册资金5000万元。由通州区财政局拨付5000万元至国资委，由国资委进行注资。

6日　“我的中国梦——做文明有礼的北京人”通州区优秀童谣传唱汇报演出在芙蓉小学举行。

7日　国家大宗淡水鱼体系北京综合试验站在通州区永乐店镇小务村开展草鱼出血病灭活疫苗防控草鱼出血病技术示范推广活动，活动采用浸泡方式免疫草鱼夏花15万尾。

9日　“繁荣杯”诵读大赛决赛在通州区电影院举行。

13日　潞城镇举办“古运新篇”文化汇演活动。

▲　三维规划辅助决策系统正式在通州规划分局上线运行。

16日—17日　区园林绿化局、区妇联、区教委联合在通州区潞河中学、通州二中等36所中小学校，以不同形式开展创建文明城区“种绿护绿　我在行动——小手拉大手”宣传活动，发放倡议书等宣传材料5万余份，宣传笔1.6万余支。

22日　中国大运河获准列入世界文化遗产名录。

23日至24日　区委常委会召开党的群众路线教育实践活动专题民主生活会。公安部副部长、市委常委、市公安局局长傅政华参加并指导了民主生活会。

27日　区委召开区委常委会专题民主生活会情况通报会，就民主生活会基本情况、梳理出的主要问题以及整改的思路措施向区“四套”班子、区委区政府各部门各单位、各人民团体、各乡镇街道、离退休老干部代表、基层群众代表进行通报。

▲　永乐店镇遭遇暴雨冰雹袭击。区领导实地察看受灾情况，要求全力做好灾后的补救工作，最大限度减少百姓损失。

28日　举办宋庄艺术家党支部成立仪式暨庆祝建党93周年艺术家邀请展。

30日　通州区中小企业窗口服务平台上线试运行。

7　月

1日　由通州区国税局自主研发的“处罚一键通”系统上线运行。

▲　普通发票领购全市通办工作在通州区国税局实行。

2日　中石化石油工程技术服务公司与通州区政府签署战略合作协议，该公司两个高科技研发项目（威德福项目、美国FTS项目）落户通州经济开发区东区。

4日　区长岳鹏、副区长肖志刚带领区政府办、住建委、环保局等相关单位负责人值守市政府12345热线，听取群众意见、解答群众咨询。

9日　北京师范大学通州教育培训基地启动、“玛米玛卡未来之星爱心工程暨北京师范大学2014年首届校长公益培训班”开班典礼在通州区教师研修中心举行。

10日　区委召开党的群众路线教育实践活动领导小组第四次会议。会议通报了区委党的群众路线教育实践活动领导小组第三次会议以来全区教育实践活动的进展情况以及区级四套班子召开民主生活会情况；审议通过了《关于在党的群众路线教育实践活动中基层党组织召开专题组织生活会并开展民主评议党员工作的通知》。

▲　通州区气象站建设正式启动。气象站建设包括观测场和观测用房两部分，占地面积约3300平方米，其中，业务观测用房建筑面积约300平方米。

16日—17日　市委第九督导组第一副组长王英杰，区领导王云峰、李玉君、杨静慧参加台湖镇领导班子专题民主生活会。

16日　通州区法院杜鹏法官做客人民网畅谈如何审“村里的官司”，此次访谈是市高级法院与人民网合办的“创建党建工作树立先进典型”系列访谈之一。

17—18日 市委第九督导组第一副组长王英杰，区领导王云峰、杨静慧参加马驹桥镇领导班子专题民主生活会。

18日 2014“我的舞台”群众文艺演出开幕区举行。

19日 副市长林克庆到漷县镇丁庄村、草厂村、黄厂铺村和柏庄村，调研平原造林灌溉示范项目、农业设施改造及节水示范项目、农业（大田）节水及老旧温室改造项目情况。

21日 通州区召开台湖镇、马驹桥镇专题民主生活会情况通报会。

▲ 种业园区正式授牌成为新增院士专家服务中心。园区企业北京市农林科学院玉米研究中心、北京神州绿鹏农业科技有限公司成为新增院士专家工作站。

24日 通州区“最美通州人”魅力运河百姓宣讲团巡回宣讲启动仪式暨区委理论中心组专场报告会举行。9名来自不同岗位，从事不同工作的普通百姓用自己的视角、语言和感悟，讲述通州最美社工、最美“的哥”、最美法官、最美公共文明引导员的动人故事，展现通州人民热情开朗、积极向上、乐于助人的良好风貌，展现通州人民将个人理想融入到建设北京城市副中心坚定信念，传播“通州好声音”。

25日 中央第二巡回督导组成员李耀建，市委第九督导组第一副组长王英杰、副组长周志军，区领导王云峰、杨静慧、芦峰参加玉桥街道领导班子专题民主生活会。

28日 联东U谷2014世界台球团体锦标赛在通州潞河中心潞友体育馆开幕。

28日—8月2日 举办第二届北京七夕文化节。

8 月

1日 通州区市场主体工商营业执照、组织机构代码证和税务登记证“三证合一”登记制度正式上线运行。

2日 2014世界台球团体锦标赛在潞河中学落幕。

▲ 以“缘聚七夕，真情相约”为主题的北京市第二届七夕文化节之张家湾葡萄采摘狂欢季开幕。

5日 通州区首个大型户外科普体验园——“科技引领 文明生活”主题益民科普园落户运河文化广场并正式投入使用。

6日 通州区初步建立闲置土地处置工作机制。

7日 通州区社会组织联合会成立大会召开。

8日 北京奥林匹克音乐周启动仪式暨申办冬奥会音乐作品征集发布活动在通州区举行，标志着第五届“北京奥运城市体育文化节”开幕。北京奥林匹克音乐周组委会副主席蒋效愚向区委副书记、区长岳鹏授牌，明确通州为“北京奥林匹克音乐周”永久会址，每两年举办一届。副市长杨晓超宣布活动开幕，并与刘敬民、蒋效愚、王云峰、艺术家韩美林及奥运冠军代表共同启动活动装置。

13日 区委召开党的群众路线教育实践活动领导小组第五次会议，会议通报了通州区处级专题民主生活会情况以及开展“四风”突出问题专项整治工作进展情况。

28日 区红十字会举行捐低保家庭大学生助学款发放仪式。

31日 通州区贡院小学建成投入使用，举行2014—2015年度开学典礼。

▲ 潞河中学附属学校落成并举行揭牌仪式。市委教育工委常务副书记刘建与区委副书记、区长岳鹏为潞河中学附属学校揭牌。

9 月

1日 实现自助办税终端涉税事项全市通办，提高了办税效率，实现了业务分流，缓解了排队拥堵现象。

▲ 通州区人民政府批复同意设立北京市通州区西集镇郎府幼儿园；批复同意设立北京市通州区潞城镇甘棠中心幼儿园。

▲ 通州区金桥小学建成投入使用。新学校位

于通州区马驹桥镇景盛北一街29号，占地1.3万平方米，建筑面积1.1万平方米，为四层教学楼，设计为18个教学班规模。

▲ 通州区张家湾成人文化技术学校建成投入使用，新校址坐落在该镇三间房村内，投资2000余万元建设。学校用地面积4533平米，总建筑面积3944.79平方米，设普通教室4个，组织培养实验室、3D制衣、书法、计算机等专业教室11个。

2日 中威联合国际能源服务有限公司及华美孚泰油气增产技术服务有限公司签约入驻开发区东区。两家公司是中石化石油工程技术服务有限公司与威德福英国控股有限公司、荷兰福特斯国际有限公司合作成立的中外合资企业，总投资6.45亿元人民币。

3日 2014中国艺术品产业博览交易会在宋庄大地原创艺术中心召开新闻发布会。

5日 北京节水农业科技创新服务联盟成立大会暨第一次理事会在中国农业大学召开，国际种业园区成为联盟理事单位，园区主任张洪亮为联盟副理事长。联盟成员由中国农业大学（水利与土木工程学院）、北京市水科学技术研究院、北京市农业技术推广站、中农先飞（北京）农业工程技术有限公司、北京市通州区国际种业科技园区等23家企事业单位组成。

11日 通州区北京金诚众和生猪养殖、手牵手养殖、果村蔬菜、草厂利民食用菌、金玉满塘观赏鱼、裕群养殖、七彩缘编织、苍上欣通绿原种植、宋庄北刘果树、聚牧源养殖、张家湾毅能达种植、贻香花卉、前堰果品13家专业合作社被北京市农村工作委员会列入2014年北京市农民专业合作社市级示范社名录。

12日 “博雅女性、美丽绽放”通州区第三届巾帼建身舞蹈大赛举行。

▲ 通州区收藏协会筹备成立大会举行。

15日 北京第二实验小学通州分校与北京师范大学教育培训中心合作的“北京师范大学基础教育实验学校”项目正式启动。

17日 “水墨运河 梦幻通州”——优秀书画、摄影作品展在大运河美术馆开幕。

▲ 在市高级法院的指挥下，通州区法院联合东城、朝阳、大兴、二中院等四家法院200余名执行法官、法警统一行动，强制腾退位于北京市通州区西集工业园区一处13.1万平方米的场地及附属建筑物，并将清空后的场地交付买受人。

▲ 通州工商分局消费知识精品课堂正式开班，在通州区如意社区和葛布店北里社区开展首期消费知识精品课堂讲座。

▲ 两站一街定向安置房二期全部封顶完毕。作为北京市特大型民生保障房项目和通州区在建最大面积保障房项目，两站一街定向安置房二期项目由39栋住宅、23栋配套设施、2所幼儿园、7个独立车库组成，施工面积达53万平方米。

19日 第四届“金秋里的笑声”——金秋话金婚活动在于家务广场举办，50对金婚代表参加活动。于家务回族乡有372对金婚夫妇，年龄最大的87岁，婚龄最长的有71年。

20日 首届亚太临床医疗高峰论坛举行。

25日 国家发改委批复北京市发改委，同意建设北京环球影城主题公园项目，项目选址位于北京通州文化旅游区内。

28日 永乐店镇政府与北京宇田置业有限公司签署“乐犀撷珍传统文化艺术（国际）交流交易产业园”项目合作框架协议。

▲ 通州区举办宋庄文化产业项目推介交流活动。宋庄文化集聚区建设管委会与中腾时代集团签署“红木文化博览园”项目合作框架协议，与盛唐时代集团签署“盛唐时代数码影视制作基地”项目合作框架协议，与中陶公司签署“中国陶瓷博览园”项目合作框架协议。

▲ 由文化部、北京市政府和中国观赏石协会联合主办，通州区人民政府、北京观赏石协会和兰德纵贯文化发展（北京）有限公司承办的2014年中国艺术品产业博览交易会国际观赏石宝玉石精品展在宋庄国际奇石展示中心开幕。

29日 2014中国艺术品产业博览交易会启动仪式在通州区宋庄镇大地原创艺术中心举行。

▲ 2014北京蘑菇文化节暨朵朵鲜美食嘉年华开幕式举行。

30日 通州区烈士公祭活动在烈士周波生前所在部队举行。

▲ 北苑街道完成后南仓小区、帅府小区、通惠南路小区、中山街211号院、北苑南路34号院、新华西街15号院在内的6个老旧小区改造工作。完成中山街、新城南街、帅府中街、北光厂家属院、家园北区东路、北苑居民区路等6条老旧街巷胡同的改造工作。

10 月

1日 通州区在运河文化广场启动“新城庆国庆 共圆中国梦”系列活动。

9日 通州区委召开党的群众路线教育实践活动领导小组第六次会议，会议传达了中央和市委群众路线教育实践活动有关会议精神，通报了全区教育实践活动进展情况。

13日 通州区召开党的群众路线教育实践活动总结大会。

16日 通州区第二中学第三届体育节暨建校110周年庆祝大会举行。

20日 将澳大利亚籍外国人员在2012年8月—2013年5月期间的养老和医疗保险关系由天津市转入北京市通州区。这是自2011年10月15日《在中国境内就业的外国人参加社会保险暂行办法》实施以来，通州区首例办理完结的外国人跨省转入业务。

24日 北京市通州区研究中心及实验学校与英国教育教学质量监控协会三年战略合作协议签署仪式在区教师研修中心举行。

26日 新华社“重访大运河”大型全媒体融合报道活动在通州大运河森林公园启动。

28日 通州区与翁牛特旗合作办学座谈会在通州区教师研修中心召开，双方就两地合作办学签订框架性协议。

30日 民政部副部长姜力到于家务乡仇庄村调研社区建设和基层民族建设情况。

31日 通州区永乐店中学举行新校落成暨发展座谈会。

▲ 中加合作新能源汽车电驱动技术项目成果发布会暨投产仪式举行。加拿大魁北克省省长菲利普·库亚尔，通州区领导参加发布会。

▲ 全面启动通州区“智慧通州 光进铜退”通信网络升级改造工作。

11 月

2日 通州区第十届全民终身学习活动周开幕。

3日 2014年APEC会议通州区安全保卫社会面防控工作启动仪式举行。

5日 通州区小学名校长工作室——陈金香校长工作室在通州区第一实验小学正式启动。

6日 区委召开党的群众路线教育实践活动领导小组第七次会议。会议审议通过了《通州区关于深化“四风”整治、巩固和拓展党的群众路线教育实践活动成果的方案》。

▲ “2014我的舞台”闭幕式颁奖暨文艺演出在通州区文化中心举行。

▲ 通州区教师研修中心实验学校举行运河书院揭牌仪式。“运河书院”藏书近20万册。

13日 台湖高端总部基地正式启动创建国家智慧城市试点申报工作，此次申报是国家第三批智慧城市试点，已通过市级评审。

15日 2014北京阅读季·亲子阅读月暨书香通州·亲子阅读颁奖典礼举行。

16日 第二期通州区名师培养工程启动大会在教师研修中心召开。

▲ 通州区第一实验小学改扩建工程正式破土动工。

17日 通州工商分局指导成立通州永乐特色农业绿色通道联盟，联盟成员有专业合作社3家。

19日 通州区法治文化主题公园——潞城镇中心公园落成仪式举行。

25日 通州区政府与首都医科大学签署合作协议。签约仪式由区委常委、副区长于世疆主持，首都医科大学校长吕兆丰与区委副书记、区长岳鹏代表双方签署《建设首都医科大学附属北京潞河医院合作协议》。

▲　北京市民间组织国际交流协会、通州区政府联合主办“2014北京国际民间组织沙龙汇”。

28日　通州区召开领导干部大会。市委常委、组织部长姜志刚宣布市委通知，决定杨斌任中共北京市通州区委员会委员、常委、书记，免去王云峰中共北京市通州区委员会书记、常委、委员职务。

29日　“走进通州，相聚运河”2014北京徒友嘉年华活动举行。

12　月

2日　市政府党组成员、市平原造林指挥部总指挥夏占义到台湖镇森林公园二期、东郊森林公园湿地公园检查秋季造林工作情况。

9日　“追录家训家规，树立良好家风”主题活动推进会在于家务回族乡仇庄村举办。

10日　中共北京市通州区第五届委员会召开第七次全体（扩大）会议，全面总结2014年工作，深入分析新形势、新要求，明确提出2015年工作总体思路、主要目标和任务。区委书记杨斌代表区委常委会作题为《继往开来，奋力拼搏，以更高的标准推进城市副中心建设》的工作报告。区委副书记、区长岳鹏作《关于全区经济社会发展工作》的报告。全会审议通过区委常委会工作报告，讨论关于全区经济社会发展工作报告，表决通过《中共北京市通州区第五届委员会第七次全体（扩大）会议决议》。

12日　通州区“中华美德故事汇——我身边的美德少年”主题教育活动成果展示会举行。

22日　通州区国税局官方微信服务平台开通。

23日　“文化玉桥　激情放歌”玉桥街道文化工作室成果展暨陶水明个人作品音乐会在通州区文化中心举办。

24日　通州区与法国圣康坦市签署国际友好城市关系谅解备忘录，两地正式缔结为国际友好城市。区长岳鹏与格扎维埃·贝特朗签署国际友好城市关系谅解备忘录。

▲　北京市通州区潞河中学与内蒙古通辽市翁牛特旗乌丹一中协作学校揭牌仪式在该校东门正式举行。

26日　新增300辆区域电动出租车正式运营，投资5700万元。全区电动出租车总数达到500辆。

27日　由北京青少年艺术服务中心、宋庄镇人民政府共同主办，中央美术学院副教授、国家主题性美术创作研究中心副主任于洋担任策展人的“汇点：京津冀青年艺术家联展”在宋庄上上国际美术馆拉开帷幕。

28日　M6号线二期正式运营，区内站点8个，运营线路长度12.4公里。

29日　通州区环境保护局综合服务大厅正式运行。

30日　通州区召开国有企业改革工作会暨通州区国有资本运营有限公司成立大会。

注：“▲”表示“同日”

综　述

台湖公园一景　　　　（台湖镇提供）

地情概况

通州区位于北京市东南部，京杭大运河北端。区域地理坐标北纬39°36′～40°02′,东经116°32′～116°56′。东西宽36.5公里，南北长48公里，面积906.28平方公里。西邻朝阳区、大兴区，北与顺义区接壤，东隔潮白河与河北省三河市、大厂回族自治县、香河县相连，南和天津市武清区、河北省廊坊市安次区交界。全区地处永定河、潮白河洪冲积平原，地势平坦，平均海拔高程20米。分布13条河流，总长245.3公里，主要河流有北运河、潮白河、凉水河、凤港减河。气候属暖温带大陆性半湿润季风气候区，2014年，日照2349.3小时，年平均气温14.6℃，降水536.7毫米。

通州区历史悠久，早在新石器时期，境域内即有人类活动。西汉初(公元前195年)始建路县，后先后改称通路亭、潞县、通州、通县。1948年12月通县解放，分置通县、通州市。1958年3月县市由河北省划归北京市后，合并为北京市通州区。1960年复称通县。1997年4月撤销通县设立通州区。通州区辖10个镇、1个乡、4个街道。2014年，户籍人口70.51万人，其中，非农业人口39.54万人、农业人口30.97万人。年内人口出生率12.33‰，死亡率7.69‰，自然增长率4.64‰。

2014年国民经济和社会发展

2014年，地区生产总值548.9亿元，同比增长8.7%。其中，一、二、三产业增加值分别为22.0亿元、276.6亿元和250.3亿元，同比分别增长4.8%、11.1%和6.4%。三次产业构成为4.0：50.4：45.6。税收总额187.2亿元，同比增长9.3%；地方公共财政预算收入实现60.9亿元，同比增长15.0%；全社会固定资产投资687.7亿元，同比增长16.4%；社会消费品零售额突破323.2亿元，同比增长12.6%；城镇居民人均可支配收入实现37095元，农村居民人均纯收入实现20076元，同比分别增长10.2%和12.5%。城乡居民储蓄余额973.8亿元,同比增长10.9%。

农业

现价农业总产值57.8亿元，同比增长4.3%。其中，农业产值23.5亿元、林业产值14.2亿元、牧业产值16.5亿元、渔业产值2.7亿元、服务业产值0.9亿元。园区农业发展加快，国际种业科技园高通量分子育种实验室和交易中心建成，潞城国际都市农业科技园水科技园工程完工。在全市率先开展家庭农场创建工作，第一批8个家庭粮田农场投入经营。会展农业蓬勃发展，成功举办樱桃文化节、第二十二届世界种子大会蔬菜新品种展示观摩周等系列农业会展活动。品牌农业培育取得新进展，“张家湾葡萄”正式入选《中国地理标志产品大典》，成为全市唯一的国家地理标志产品。农业结构加快调整，本区在全市率先完成农业生态空间布局调整方案，并被确定为全市唯一的农业结构调整示范区。

全年粮食播种面积1.29万公顷，总产量8.0万吨。蔬菜面积8.1万亩，其中设施面积5万亩。

全年平原造林6.2万亩，三年累计造林面积达17.9万亩，温榆河—北运河（城市段）绿道工程完工，东郊森林公园建设稳步推进，台湖公园、潞城公园开园，全区人均公园绿地面积达到15.5平方米。

工　业

全年实现现价工业总产值832.1亿元，同比增长5.5%。其中，规模以上工业总产值691.1亿元，同比增长3.5%。现有企业持续发展壮大，中际联合科技股份有限公司等实现“新三板”挂牌，全区上市公司达到7家。引进增量，产业项目建设进一步加快，四环医药、华润二期、天海集团低温气罐等项目竣工投产，珅诺基、甘李药业等一批项目加快建设，经开张家湾产业园、联东U谷永乐产业园三期、中安欧尚博士后科研创新孵化基地等一批项目开工建设。调整存量，美航印刷等128家落后产能企业停产退出，其中西集镇退出39家，铜牛公司从传统的制衣生产基地向高科技产业园转型；制定《镇村产业集聚区工业污染整治工作方案》，确定对19个镇村产业集聚区进行重点整治，完成台湖碱厂村、张家湾大高力村产业集聚区的整治。

建筑业

建筑业总产值923.7亿元，增长22.0%。房屋建筑施工面积9264万平方米、竣工面积930万平方米，同比分别增长32.7%和−25.0%。

商业 对外经贸

全年实现社会消费品零售额323.2亿元，同比增长12.6%。楼宇经济势头良好，运河一号、新北京中心、侨商总部基地等一批商务楼宇加快推进；办公楼及商业经营性用房在施面积达391.2万平方米，同比增长14%。万达广场、京通罗斯福广场、星悦百货等3个大型城市综合体和购物中心实现开业，新增商业面积35万平方米；新光天地、凤凰网区域性总部、迪卡侬等项目落户；品牌商业引进步伐加快，奔驰4S店、苏宁超级店、星巴克等品牌的进入，提升了本区的商业品质和辐射能力。

2014年，全区新批企业29家，其中外商独资企业15家，合资企业14家；增减资企业35家，投资总额合计15.5亿美元，注册资金合计10.9亿美元，合同利用外资6.6亿美元。

实际利用外资合计3.6亿美元，同比增长197.75%。全区实际利用外资的单体入资规模较大，利星行、博格华纳等11笔入资均在1000万美元以上，最大一笔即鹏瑞利美融加一（北京）置业有限公司，入资9927.36万美元。

旅游业

2014年，旅游接待人数526.0万人次，同比增长135.9%，旅游综合收入28.6亿元，同比增长10.1%，增长率位居各区县第一名。通州区旅游企业有540家，其中，星级饭店7家，A级旅游景区4家，非A级旅游景区2家，社会旅馆309家，旅行社法人社及门市、分社71家，全国休闲农业与乡村旅游示范点1个，市级民俗旅游村3个，区级民俗旅游村5个，市级民俗户100户，市级乡村旅游特色业态22个，区级休闲旅游业态21个。

城乡建设与管理

核心区启动区全面进入二级开发阶段，重点地块全部实现上市，富华水乡区、富力等项目建设加快；累计竣工市政基础设施及公共服务设施项目28项，以东关大道、北环环隧为代表的重大基础设施项目全面扫尾，地铁6号线二期通车，新华北路、新华大街等市政管线改造工程主体完工。文化旅游区环球影城项目正式获得国家发改委核准，项目核心区实现供地；村民安置房建设全面加快，项目外安置房部分竣工；发展规划深化调整，产业、空间发展规划研究取得初步成果。国际医疗服务区被确定为社会办医（国家）联系点，信诺佰世医学检验所正式营业，国际医学中心项目进展顺利，北大国际肿瘤医院等3个项目完成园区注册。环渤海高端总部基地站前街、通马路等道路加快建设，泰禾一号街区、银河湾等项目开工，国家车联网产业基地项目地块入市交易，安置房一期南区竣工验收。宋庄文化创意产业集聚区一期A1地块具备入市条件，潞苑南大街、规划三路等工程加快实施。国际组织聚集区战略规划进一步深化。

道路工程有序推进，交通承载能力进一步提升，玉带河大街东延二期、徐尹路一期等工程竣工，东六环西侧路、朝阳北路东延二期等工程加快建设，漷永路一期、张采路潞城段等工程开工；大京路、竹木厂路等6条道路微循环改造工程完工。市政设施不断完善，加强供热体系建设，完成河东7座燃煤锅炉房整合工程，替代供热面积70.4万平方米，完成既有建筑热计量改造283万平方米，核心区分布式能源中心建设进展顺利；加强燃气供应保障体系建设，核心区高压调压站、天然气西集门站及进出线等工程完工，台湖镇燃气集团气源线工程加快建设；环卫设施不断完善，核心区垃圾真空收集系统建设加快推进，西田阳渗沥液处理及密闭化工程完工。

农业部、北京市政府已确定在通州区共建“四化同步”综合改革试验区，实施方案编制正式启动。乡镇中心区建设加快，漷县中心区西区D5地块、西集配套区C地块等实现上市；永德路工程完工，台湖政府大街、漷县消防站、西集110千伏变电站等工程开工建设。新农村建设稳步推进，4个重点村基本完成拆迁扫尾，回迁安置、转非社保、社会管理等各项工作持续推进，农村基础设施管护进一步增强，农村人居环境不断改善。出台《通州区2014年促进农民增收工作的意见》，配套2000万元专项资金支持低收入农户增收。

科技 教育 文化 卫生 体育

截至年底，组织新申报高新技术企业82家，认定登记技术合同成交总额37亿元；拓展“一核五区”专家顾问团服务范围，新增11个产业园区作为服务对象；新吸纳各方面专家42人，顾问团专家达100人；资助与奖励2013年度科技创新人才50项；市科委重大专项“通州区青少年科技后备人才创新教育平台建设”课题通过验收；“科技引领 文明生活”主题益民科普园在运河文化广场正式投入使用。

全区幼儿园136所，在园幼儿25203人；小学83所，在校生60717人；初、高中学校40所，其中，初中在校生18219人、普通高中在校生8947人；特殊教育学校1所，在校生119人。教育教学水平不断提升，继续落实中小学建设三年行动计划，贡院小学成为北京师范大学基础教育改革实验基地，永乐店中学、马驹桥金桥小学、潞河中学附属学校等建成投入使用，与北京教科院合作启动“通州区教育高端引领培养工程”，引入各学科优秀教师59人，北京电影学院通州校区、人民大学通州校区等项目积极推进。

全区卫生机构615个，实有床位数3216张。卫生技术人员8081人，卫生防疫人员数276人。医疗卫生设施不断完善，潞河医院门诊综合楼基本完工，新华医院主体封顶，东直门医院东区、中西医结合医院等工程加快建设；引入各类优质医疗资源，潞河医院成为首都医科大学附属医院，东直门医院东区与北京中医药大学达成合作共识，建立了全市首个中医医联体。

全区有区级公共图书馆1个，公共图书馆藏书49.9万册。区级以上非物质文化遗产项目33项。区文化馆被确定为北京儿艺排演基地，国家大剧院舞美基地开工建设。

全区有体育场馆19个。区体育场改造等项目加快推进，成功举办了世界台球团体锦标赛、运河绿道骑游周、全民健身徒步行走等活动。竞技体育取得新成果，在第十四届市运会上获得17枚金牌，与上届相比实现翻番。

社会服务管理和社会保障

构建起城乡全覆盖的网格化社会服务管理系统，累计划分网格1809个，初步搭建起由1个区级中心、15个街镇指挥分中心、587个社区（村）平台及1899部网格手机终端组成的网络框架。加强社区建设，创建5个“北京市农村典型示范社区”，打造30个五星级“七型农村社区”，打造15个“一刻钟社区服务圈”，开展了4个花园式社区、15个花园式单位、10个首都绿色村庄创建工作。推进楼门文化建设，累计完成精品文化楼门4000多个。安全生产和社会治安形势总体平稳，治安防控体系日趋成熟，食品、药品抽检合格率分别达到98%和100%。

着力拓宽就业渠道，落实《促进就业再就业工作实施办法（试行）》，组织召开各类招聘会89场，提供岗位2.1万个；加强就业培训，提升劳动者就业技能，全年实现新增城乡劳动力就业1.6万人。社会保障水平不断提高，城镇五险参保单位1.7万家，同比增长18.3%；稳步推进农转非社会保险费补缴，为4099名转非人员补缴养老、失业和医疗保险4.4亿元；社会救助水平不断提高，城乡低保标准上调至每人每月650元；残疾人职业康复中心主体完工，区养老院、永乐店镇养老院等项目加快推进。住房保障工作稳步推进，全年竣工5323套，开工5650套，累计选房户数10164户，解决了2.5万中低收入人群的住房困难；对30余个老旧小区的112栋单体建筑进行综合整治，涉及面积41.9万平方米。

精神文明建设　综合治理

坚持以创建全国文明城区为载体，举全区之力，集群众之智，持续深化政务、市场、文化等“八大环境”建设，大幅提高各项指标达标率，顺利通过了北京市创建全国文明城区提名资格的综合测评。紧密结合区域经济社会建设，持续发挥创城工作的示范、引导和带动作用，深入实施一批惠民利民工程，打造一批文明诚信示范窗口、文明示范工地和文明示范小区，大力推进道德讲堂、“通州榜样”等精神文明创建活动，社会文明程度和城市管理水平得到有效提升。

加强人口调控和服务管理，综合运用法律、经济等多种调控手段，疏解外来人口3万余人，常住人口增速同比进一步回落。以创城为契机，强化城市精细化管理和综合监管，非法运营“黑摩的”、无证照经营、露天烧烤、渣土运输遗撒等行为得到有效遏制。进一步加大违法建设拆除力度，累计拆除违法建设747处、205万平方米。全面开展群租房治理，12个市区两级挂账群租房小区得到有效整治。大力开展再生资源回收场所清理整治，共清理整治站点300余个。集中开展对小周易、董村、小堡三个村的专项整治，有效解决了大量安全隐患。

党 派

2月15日，通州区组织工作会议召开　　（区委组织部提供）

中国共产党北京市通州区委员会

概　述

2014年，在市委、市政府的坚强领导下，区委常委会深入贯彻中共十八大、十八届三中、四中全会和市委有关会议精神，牢牢把握稳中求进的工作总基调，认真落实“发展搞上去、人口降下来、生态好起来”的新要求，扎实推进各项工作，城市副中心建设开创新局面。

群众路线教育实践活动成效显著。坚持高标准、严要求，扎实推进各环节工作。认真开好专题民主生活会和组织生活会，党内政治生活进一步规范。大力推动整改落实，建立完善各类制度259项，有效整治了“四风”突出问题。为群众办实事、好事2000多项，党群、干群关系进一步密切。

经济转型升级步伐加快。坚持以提高发展质量和效益为核心，着力调结构、转方式，经济运行呈现稳中有进、稳中向好的积极态势。经济结构进一步优化，非住宅类房地产开发比重不断上升，打造了万达广场等一批新商圈，楼宇经济不断壮大。园区转型升级不断加快，“园中园”项目逐渐成为园区经济的新增长点。招商引资呈现出由土地招商为主向楼宇招商、园中园招商为主的新变化。淘汰落后产能工作走在全市前列。完成万元GDP能耗下降的指标任务。积极推动“新三起来”工程，国际种业园区等园区农业形成区域特色品牌。全区经济在调整优化中保持平稳较快发展，全年实现地区生产总值549亿元，增长8.7%；地方公共财政预算收入60.9亿元，增长15%；全社会固定资产投资额687.7亿元，增长16.4%；社会消费品零售额302.9亿元，增长12.6%。

区委理论中心组学习扩大会暨党的群众路线教育实践活动专题报告会　（区委宣传部提供）

城乡发展协调并进。“一核五区”建设迈上新台阶，建立完善关于土地一级开发、项目管理等制度，新城核心区重点地块全部实现上市，重大基础设施建设基本完工，产业项目进入全面建设期。文化旅游区环球影城主题公园项目正式获得国家发改委核准，配套市政基础设施启动建设。国际医疗服务区被确定为社会办医国家联系点。环渤海高端总部基地土地一级开发和重点工程进展顺利。宋庄文化创意产业集聚区基础设施和产业项目建设加快推进，成功举办2014中国艺术品产业博览交易会。国际组织聚集区战略规划取得阶段性成果。城市副中心的发展主框架渐次拉开。地铁M6线二期通车运行，城市供热系统整合和供气保障体系建设全面推进。乡镇中心区建设加快，城镇化步伐不断加快。新农村建设各项工程成效明显，在全市率先实现“送气下乡”惠民工程全覆盖，完成11项农村基础设施管护工作，农村地区公共服务和产业承接能力不断增强。

城市形象明显改善。创城工作取得重大突破，通过北京市全国文明城区提名资格综合测评。环境秩序发生明显改善，进一步优化公共交通，倡导绿色出行，完成平原造林任务，有效落实清洁空气行动计划，严厉打击违法用地违法建设，违法建售“小产权房”势头得到有效遏制。群众文化生活更加丰富多彩，在全市率先推出移动图书馆和电子图书借阅服务，成功举办2014北京通州运河艺术节、第二届北京七夕文化节、“繁荣杯”演艺大汇等文化活动。配合市有关部门完成大运河申遗工作。市民文明素质进一步提升，“道德讲堂”等精神文明创建活动异彩纷呈，“六小”道德实践活动被评为首都未成年人思想道德建设十大品牌。政务环境明显改善，精简行政审批事项100多项，优化投资项目审批流程，在全市率先推出企业注册登记“三证合一”制度并向乡镇延伸，进一步改善发展环境。

公共服务水平持续提升。民生投入力度不断加大。城乡公共就业创业服务体系进一步健全，失业率控制在1.97%的较低水平。学前教育快速发展，贡院小学等一批中小学校建成投入使用，规范义务教育入学招生工作，教育资源布局进一步优化。潞河医院等重点工程建设取得明显进展，建立起全市首家中医医联体。切实推进各项保险政策从制度全覆盖向人群全覆盖转变，养老金、低保标准等保障待遇持续提高。保障性住房建设和老旧小区综合整治任务进展顺利。城市居民人均可支配收入、农村居民人均纯收入同比分别增长10%、12%。网格化社会服务管理体系和平台建设实现城乡全覆盖，楼门文化建设进一步拓展提升。

社会更加安全稳定。切实加强对人大、政协工作的领导，支持人大积极履行监督职能，依法决定重大事项，支持政协围绕城市副中心建设广泛调研、献计献策。扎实开展“六五”普法工作。充分发挥各民主党派、工商联和无党派人士的作用，认真做好民族、宗教、对台、双拥共建和老干部工作，完成工会、共青团、妇联和科协的换届工作。调整理顺流动人口服务管理体制机制，全面开展流动人口和出租房屋摸排调查工作，12个市区两级挂账群租房小区得到有效整治。加强社会矛盾排查化解，解决了一批重点疑难案件。强化社会治安综合治理，“两网三格局”的立体化社会治安防控体系全面建成，荣获全国先进典型。严格落实反恐防暴工作措施，有效预防和处置突发事件，圆满完成新中国成立65周年、APEC会议等安保任务。健全完善安全生产隐患排查治理体系。全区社会保持安全稳定。

党的建设科学化水平全面提升。加强处级领导班子建设，积极稳妥做好班子配备调整。认真贯彻执行《党政领导干部选拔任用工作条例》，打造与城市副中心建设相适应的骨干队伍，全年调整任免处级干部186人次，先后选派72名年轻干部、后备干部赴发达地区、艰苦地区和信访部门挂职锻炼。狠抓选人用人监督，认真开展超职数配备干部专项治理等重点工作。深入推进基层服务型党组织建设。扎实推进党代表任期制，全面试行乡镇党代会年会制，健全完善基层民主制度。“四评机制”等典型模式深入推广。深入实施人才强区战略，启动高层次人才团队扶持计划和创新创业平台建设，干事创业活力不断激发。

党风廉政建设取进一步加强。认真推进党风廉政建设责任书签订，严格落实党风廉政建设责任制检查，探索开展处级单位党委主要负责人向区纪委述责述廉，开辟书记谈落实“两个责任”媒体专栏。狠抓中央八项规定精神落实，推动30项“四风”方面突出问题专项整治。大力推进农村“三资”监管信息化系统建设，认真开展“严肃查处农村基层党员干部不正之风和违法违纪行为”专项行动，组织开展第二届“勤廉之星”评选活动并广泛宣传其先进事迹。加强对职能部门及其工作人员履职情况日常监督检查。积极推动涉权事项网上办理和电子监察系统建设，不断加强对权力运行的制约和监督。加大违法违纪案件查办力度，2014年，新立案37件，结案30件，给予党纪政纪处分34人。

此外，区委按照中央精神和市委、市政府部署，成立区委全面深化改革领导小组、15个专项改革组和办公机构，研究确定改革重点，国企改革、农村改革等改革任务取得重要进展。

（刘人华）

重要会议和活动

【领导调研与视察】 3月6日，公安部副部长、北京市委常委、市公安局局长傅政华带队市委督导组，到台湖镇督导检查党的群众路线教育实践活动开展情况并听取相关情况汇报。

4月3日，中共中央政治局委员、市委书记郭金龙就贯彻落实总书记习近平视察北京工作重要讲话精神，疏解核心城区功能，推动京津冀协同发展，建设好城市副中心到通州进行专题调研，先后到北京国际医疗服务区管委会、新城核心区基础设施建设现场、潞河医院、史家小学通州分校、文化旅游区拆迁现场实地察看，并通过规划沙盘了解城市副中心核心区规划。在随后座谈中，郭金龙要求通州以习总书记视察北京时的重要讲话精神为统领，进一步明确方向、坚定信心，深入研究思考存在的突出问题，选准破解难题的突破口，找出推动工作的抓手，重点做好几个方面工作：深入研究通州在首都城市战略定位中的地位和作用；加快转变经济发展方式；提高新城的建设和管理水平；加强生态环境建设；积极主动融入京津冀协同发展。4月19日，市委常委、常务副市长李士祥，市委常委、统战部长牛有成，副市长林克庆就农业综合布局和水环境治理情况到通州调研，视察北运河榆林庄闸、西集镇平原造林环保林建设项目，并听取相关情况的汇报。

5月6日，全国政协常委、人口资源环境委员会主任贾治邦，全国政协常委、副秘书长刘家强及中国人口与发展研究中心相关领导到通州调研人口发展情况，视察永顺镇社会服务管理中心，听取通州区人口发展及完善生育政策情况的汇报，并针对人口发展情况进行座谈。5月9日，北京市委常委、常务副市长李士祥对宋庄“中国艺术品交易中心”项目地块及“国家时尚创意中心”项目地块进行实地调研。5月12日，市政协主席吉林到通州调研政协工作情况并听取相关情况汇报。

中共中央政治局委员、北京市委书记郭金龙（左三）到北京国际医疗服务区调研 （国际医疗服务区提供）

10月12日，市委书记郭金龙，市委副书记、市长王安顺调研通州文化旅游区。实地视察了北京环球影城主题公园项目现场，并与美国环球主题公园及度假区集团董事长汤姆·威廉姆斯就项目建设进行交流。

11月7日，市委常委、政法委书记杨晓超到通州区调研APEC会议期间安保维稳工作。视察台湖镇次渠地区综合指挥中心和宋庄镇白庙检查站，并听取相关情况汇报。

12月26日，市委常委苟仲文带队检查考核通州区落实党风廉政建设责任制工作并听取相关情况汇报。

【通州区领导干部会议】 1月26日，通州区领导干部会议召开。区委书记王云峰，区委副书记、区长岳鹏分别作个人述职述德述廉报告；区委书记王云峰代表区委常委会作2013年度干部选拔任用工作报告；与会人员对区级领导班子和领导干部进行民主测评。区委书记王云峰对“一节两会”期间有关工作提出要求：确保“一节两会”期间的社会稳定；狠抓安全生产和公共安全工作，有效防范和坚决遏制重特大事故；着力搞好各项服务保障，安排好群众的物质文化生活；认真搞好“送温暖”活动；过一个务实节俭、“绿色”健康的节日；认真做好节日期间值班工作。

9月29日，通州区领导干部会议召开。区委书记王云峰对国庆节及APEC会议期间相关工作进行部署，要求各地区、各部门、各单位全力维护国庆、四中全会和APEC会议期间的安全稳定，做好环境布置，认真组织好国庆庆祝活动，加强应急值守，确保城市运行安全。

11月28日，通州区召开领导干部大会。市委常委、组织部长姜志刚宣布市委通知，决定杨斌任中共北京市通州区委员会委员、常委、书记，免去王云峰中共北京市通州区委员会书记、常委、委员职务，并代表市委对通州工作提出希望和要求。王云峰在讲话中表示，坚决拥护市委决定，衷心希望全区广大干部群众全力支持杨斌工作。杨斌表示在今后工作中，一要尽职尽责、精诚团结，继续保持和谐的好局面；二要加强学习，深入基层，扎扎实实干实事；三要抓住机遇，真抓实干，推动科学高效发展；四要克己奉公、廉洁自律，营造清正清廉之风，与四套班子的同志们一起，同百万通州人民一道，把通州建设得更加美好，向党和人民交上一份满意答卷。区委副书记、区长岳鹏主持并代表区四套班子和全区党员干部作表态发言。

【全区务虚工作会议】 12月5日，通州区2014年务虚工作会召开。11个乡镇、4个街道以及相关委办局负责人分别发言，结合本地区、本部门工作实际，汇报2014年工作，分析存在的问题，提出2015年的工作计划、目标和措施，以及“十三五”时期的工作思路。区委副书记、区长岳鹏主持。区委书记杨斌指出，要坚定不移地狠抓符合首都功能定位的投资项目建设，带动经济长远发展；要高标准建设好教育、医疗、卫生等功能配套项目，充分发挥城市副中心应有的作用；要以创建全国文明城区为重要抓手，把生态文明建设好，提升通州的人文环境；要下功夫做好“十三五”规划，谋划和描绘好北京城市副中心建设的新蓝图，实实在在地推动各项工作。

【区委五届六次全会】 4月14日，中共北京市通州区委五届六次全体（扩大）会议召开。区委副书记、区长岳鹏传达中共中央政治局委员、市委书记郭金龙调研通州时的重要讲话精神。区委书记王云峰代表区委常委会，就深入学习领会、贯彻落实好郭书记重要讲话精神作出部署。全会审议通过《中共北京市通州区第五届委员会第六次全体（扩大）会议决议》。王云峰在总结讲话中要求，以郭金龙重要讲话精神为指引思考谋划未来工作，以改革创新为动力全力以赴攻坚克难，以优良作风为保障狠抓各项工作落实。

【上半年经济形势分析会】 7月28日，通州区2014年上半年经济形势分析会召开。区委副书记李玉君传达北京市经济分析会精神。区委副书记、区长岳鹏指出，当前和今后一个时期，宏观经济形势中仍有很多不确定的因素，各部门各单位要认清形势，切实增强工作的积极性和主动性，要进一步统一思想，提高效率，攻坚克难，确保全年任务圆满完成，同时在“一核五区”（一核为运河核心区，五区为文化创意产业集聚区、文化旅游区、环渤海高端总部基地集聚区、国际医疗服务区、国际组织集聚区）建设上抓出更大成效。区委书记王云峰在讲话中指出，要深刻认识城市副中心定位、京津冀协同发展、改革创新、新型城镇化、转方式调结构对全区经济发展带来的五大动力，深刻认识消费快速增长、房地产结构持续优化、进出口快速增长三大变化，鼓足干劲，以习近平总书记重要讲话精神和郭金龙书记调研通州讲话精神为统领，围绕“发展搞上去、人口降下来、生态好起来”目标要求，充分运用群众路线教育实践活动成果，超额完成全年各项指标任务，以更高的效率推进“一核五区”建设，以更大的力度构建“高精尖”结构，以更快的速度推进城乡一体化进程，努力开创城市副中心建设新局面。

【区委五届七次全会】 12月10日，中共北京市通州区第五届委员会第七次全体（扩大）会议召开。全会审议通过了区委书记杨斌所作《继往开来，奋力拼搏，以更高的标准推进城市副中心建设》的工作报告，讨论了区委副书记、区长岳鹏所作《关于全区经济社会发展工作的报告》，表决通过《中共北京市通州区第五届委员会第七次全体（扩大）会议决议》，递补区委委员。区委书记杨斌就贯彻落实全会精神，提出明确要求：一是一任接着一任干，继续做好打基础利长远的事；二是保持高昂的精神状态，坚定必胜的信心决心；三是全力以赴抓落实，提升工作执行力。杨斌还就扎实做好区“两会”服务保障、“两节”期间有关工作、安全维稳工作及做好岁末年初工作衔接等工作提出要求。

（蔺　艳）

组 织 工 作

【概　况】 2014年，全区组织系统在区委的坚强领导下，深入贯彻习近平总书记系列重要讲话精神和对北京工作的重要指示，紧紧围绕城市副中心建设大局，履职尽责、真抓实干，扎实推进党的群众路线教育实践活动，不断加强领导班子和干部队伍、基层党组织和党员队伍以及人才队伍建设，全区组织工作取得重大进展和显著成效。

第一，思想理论武装工作扎实深入。认真组织党的十八届三中、四中全会精神和习近平总书记系列重要讲话精神学习培训。连续举办6期处级领导干部轮训班，实现对全区处级领导干部全员培训，指导各单位开展不少于2天的集中培训，实现学习培训全覆盖。认真落实《2013—2017年通州区干部教育培训规划》，积极推进干部教育培训方式方法创新，不断提升针对性和实效性。突出理想信念和道德品行教育，在井冈山、临沂和兰考等教育基地现场教学，进一步坚定党员干部“三个自信”。服务京津冀协同发展，加强三地干部教育培训交流，拓宽干部视野。强化过程考核、日常管理和组织鉴定，有效发挥干部教育服务干部成长的作用。

第二，党的群众路线教育实践活动达到预期成效。紧扣为民务实清廉主题，以“转作风、强组织、惠民生”为目标，聚焦整治“四风”，深入开展党的群众路线教育实践活动。坚持高标准、严要求，自觉将“标尺一”抬高到“标尺三”，扎实推进各环节工作。贯彻整风精神，辣味十足开好专题民主生活会和组织生活会。坚持问题导向，下大力气推动整改落实，取得重要成果。通过这次活动，广大党员干部经受了触及灵魂的思想洗礼，使党内政治生活进一步规范，党员干部理想信念和宗旨意识进一步增强。“四风”问题得到有效整治，文风会风明显好转，公款吃喝、公车私用等问题得到全面遏制，“三公经费”支出大幅下降。建立完善各类制度259项，制度体系更加健全。广大党员干部工作作风明显好转，为群众办实事、好事2000多项，赢得社会各方面的充分认同，形成推动城市副中心建设的强大正能量。

第三，干部选拔任用科学化水平进一步提升。认真抓好《干部任用条例》的学习培训，严格执行各项规定，大力培养选拔信念坚定、为民服务、勤政务实、敢于担当、清正廉洁的好干部，全年调整任免处级干部204人次。牢固树立“近距离、重平时、看一贯”的理念，加强干部考核与管理。建立干部工作联动机制，及时掌握领导班子运行、领导干部履职情况。建立干部工作联系基层制度，及时掌握乡镇街道干部队伍情况。探索建立干部专项考核机制，加大对干部在重点工作和重要任务中表现的考核力度。通过以上措施，为干部选拔任用、调整交流和监督管理提供了重要依据。

第四，领导班子和干部队伍建设进一步加强。结合教育实践活动，全面了解各单位领导班子和领导干部履职情况。制定实施年度行动计划，进一步加强领导班子思想政治建设。积极稳妥做好处级领导班子配备工作，使领导班子结构持续优化，整体功能不断提升。突出履职重点，强化一把手队伍建设。通过召开座谈会、安排到发达地区学习培训等途径，全面提高领导发展能力。突出能力提升，加大党政正职后备干部和优秀中青年干部培养力度，先后选派42名干部赴江苏、浙江等发达地区或河北阜平、内蒙古翁牛特旗等艰苦地区挂职锻炼。有计划地选派干部到乡镇街道、园区、信访和创城部门等一线锻炼，提高干部综合素质。从北大、清华等6所高校选拔20名选调生到通州区工作，为基层输送一批人才。认真做好老干部工作，离退休干部各项待遇得到全面落实，作用得到较好发挥。

第五，干部管理监督力度进一步加大。狠抓选人用人监督，以监督检查《干部任用条例》执行为重点，逐步健全完善监督工作模式。认真开展“一报告两评议”工作，立项查办违规用人举报，有效发挥预防作用。切实强化对领导干部的监督，发挥干部监督联席会议的作用，建立信息月通报机制。制定《组织工作重要事项请示报告制度》，研究建立“信息管理系统”，及时分析研判苗头性、倾向性问题。对12名党政正职开展离任检查和经济责任审计，有效强化对一把手的监督。加强信访举报查核。加大出国（境）监管力度。加强对组织制度执行的监督，不断优化从政环境。

第六，抓基层打基础工作稳步推进。深入开展基层服务型党组织创建活动，打造市级示范点2个，区级示范点55个，通过试点先行，以点带面、统筹推进。着眼于强化服务功能，研究制定《通州区农村基层党组织引领发展的指导意见》，在33个试点经验的基础上，不断探索党组织引领发展新机制。着眼于培育服务骨干，分领域开展专题培训，打造服务农村发展的“领头雁”，实施村级后备干部“苗圃工程”，实现村级主要干部“一职一备”。建设专业化、职业化的社区干部队伍。全面开展在职党员到社区（村）报到为群众服务工作，稳妥慎重开展不合格党员处置工作，探索畅通党员队伍“出口”。坚持监督制约与加强保障相结合，全方位优化服务环境。扎实推进党代表任期制，全面试行乡镇党代会年会制，修订《通州区村级组织规范化管理工作实施细则》。大力推行村级大额资金专储账户、“村章托管”等制度。加大经费保障投入，设立党建创新项目资金、基层党组织活动经费等1250万元。坚持培育典型与整顿后进相结合，分层次提升服务水平。在深化“四评机制”“小支部、大党建”的基础上，打造了“第一书记”“双向积分”“六进家门”等一批新的优秀项目。加大对53个软弱涣散党组织整顿力度，全部实现按期转化，有效提升了基层党建整体水平。

第七，人才队伍建设取得积极进展。充分发挥组织部门牵头抓总作用，不断强化党管人才工作格局。稳步推进人才政策创新，研究制定人才团队扶持政策和专项人才政策，推动人才工作与产业发展良性互动。启动人才发展规划中期评估，增强人才工作的科学性。注重外引内育，加强战略人才开发，努力汇聚入选“千人计划”“海聚工程”等项目的高层次人才。加强对各类人才培训，提升人才队伍整体素质。发挥“一核五区”专家顾问团、博士联谊会等人才组织作用，为城市副中心建设汇聚力量。加强服务保障，落实区委常委联系专家等制度，将人才凝聚在党的周围。科学推进人才公寓配租工作，确定87名高层次人才入住。确定享受政府特殊津贴和住房补贴人才29名，为50个科技创新人才项目给予资助和奖励289万元，向高端产学研基地发放扶持资金140万元。开展“通州青年英才奖”评选等活动，不断激发人才创业热情，增强区域吸引力。

【学习贯彻总书记习近平系列讲话精神】 2013年12月底至2014年6月，组织全区各单位自主开展学习贯彻总书记习近平系列讲话精神相关培训，并集中举办了6期处级领导干部轮训班和6期科级干部示范培训班。

学习贯彻习近平总书记系列讲话精神处级领导干部轮训班 (区委组织部提供)

【春节走访慰问活动】 1月26日至30日，开展2014年春节走访慰问活动。区委、区人大、区政府、区政协有关领导走访慰问优秀党员、生活困难党员、建国前入党的农村老党员和未享受离退休待遇的城镇老党员共200人。

【区党代表补选】 1月26日至2月18日，于家务回族乡、北苑街道、新华街道、张家湾镇分别补选杨静慧、洪波、董建忠、程卫民为区五次党代会代表。

【组织工作会议】 2月15日，在区会议中心召开通州区组织工作会议。全面总结过去五年组织工作经验成效，部署当前和今后一段时期组织工作任务。全区各单位党委书记、主管党群工作的副书记、组织委员（组织部长）或政工科长（党办主任）等300余人参加会议。区委书记王云峰、副书记李玉君、组织部长杨静慧出席会议。

【优秀中青年干部培训班】 3月17日，举办2014年优秀中青年干部培训班。组织全区33名优秀中青年干部进行为期3个月的脱产培训，并从中选取25名干部分别赴江苏省徐州市、河北省阜平县等地开展为期3个月的实践锻炼。

【人才工作领导小组（扩大）会议】 3月19日，召开2014年第一次人才工作领导小组（扩大）会议。会议总结2013年人才工作折子工程完成情况，审议相关文件并听取重点工作情况汇报。会后，组织各成员单位主要领导签订2014年度《人才工作目标责任书》。

第一次人才工作领导小组（扩大）会议
（区委组织部提供）

【在职党员到社区（村）报到为群众服务工作】 3月20日，在全区启动在职党员到社区（村）报到为群众服务工作。截至年底，全区有14007名在职党员进行报到，开展服务31095人次，服务群众87893人次。

4月4日，通州区委常委、组织部部长杨静慧（左一）到新华西街社区报到 （区委组织部提供）

【创新实践基地】 3月25日，举办创新实践基地授牌仪式暨政策培训会。北京通州国际种业科技园区获批设立北京市博士后（青年英才）创新实践基地，神州绿鹏等4家企业获批设立北京市博士后（青年英才）创新实践基地工作站。

3月25日，举行创新实践基地授牌仪式暨政策培训会
（区委组织部提供）

【第二届“通州青年英才奖”】 4月2日，启动第二届“通州青年英才奖”评选活动。经过报名、审核、专家评议等环节，12月8日，由区委、区政府授予耿晓坤等10名同志第二届“通州青年英才奖”。

【“百讲党课进基层”活动】 4月8日至9月底，区委组织部、区委党校联合举办2014年“百讲党课进基层”活动，组织精干师资力量深入基层单位进行免费授课。全年推出专题党课46个，授课120余次，教育培训党员1.2万余名。

【现代远程教育终端站点管理员培训班】 4月21日至23日、8月5日至7日，分别举办2014年第一期和第二期党员干部现代远程教育终端站点管理员培训班。采取课堂教学、上机实操、现场答疑、互动交流相结合等方式，对终端站点管理员进行全面培训。

【选调生工作】 4月至7月，区委组织部、区人力社保局联合开展通州区2014年选调生工作。经过报名、资格审核、笔试、面试、体检等环节，从首都重点高校选调优秀应届毕业生20人。

【农村基层党组织引领发展成果出台】 4月至10月，成立农村基层党组织引领发展问题专题调研组，采取问卷调查、座谈研讨、实地走访等形式，深入部分乡镇和农村进行广泛调研，形成调研报告《通州区农村基层党组织引领发展问题研究》。根据调研成果，于12月出台《关于发挥农村基层党组织引领发展作用推进城乡一体化发展的指导意见》。

【中长期人才发展规划中期评估启动】 5月14日，召开《通州区中长期人才发展规划（2010—2020年）》中期评估工作部署会，正式启动全区中长期人才发展规划中期评估工作。11月2日，与中国人事科学研究院签订协议，引入第三方专业权威机构开展评估工作。

【“共产党员献爱心”捐献活动】 6月20日至7月11日，区委组织部、区委宣传部、区慈善协会联合开展“共产党员献爱心”捐献活动。全区5万余名党员、群众踊跃捐款，筹集善款269万余元。

【“七一”走访慰问活动】 6月23日至30日，开展2014年“七一”走访慰问活动。区委、区人大、区政府、区政协有关领导走访慰问生活困难党员、建国前入党的农村老党员和未享受离退休待遇的城镇老党员161人。

【修订《村级组织规范化管理工作实施细则》】 6月24日，召开修订《村级组织规范化管理工作实施细则》工作部署会。围绕规范村级“两委”班子和干部行为，保证村级各项工作有序健康等内容，组织区民政局等单位进行修订，并于12月完成相关工作。

【人才公寓配租工作】 6月24日，启动2014年度人才公寓配租工作。经过申报、资格核查、公开摇号、领导小组会议审议、公示等程序环节，有87户人才公寓申请家庭成功办理入住。

【专家理论读书班】 6月26日至27日，在河北西柏坡举办第七期专家理论读书班。全区教育、卫生、农业、统战等系统的专家，以及近年来获得区级表彰的各类人才37人参加读书班。

【党员干部现代远程教育中期巡检工作】 7月1日至11日，协调区信息中心、歌华有线等单位相关工作和技术人员，组成2个巡检工作组，在全区开展中期巡检工作，并对82个存在问题的远程教育终端站点进行故障排除。

【村党组织书记、村委会主任培训班】 7月3日至16日，举办4期2014年村党组织书记、村委会主任培训班，对全区632名村党组织书记和村委会主任进行专题培训。

【第十九期处级领导干部进修班】 8月25日至9月19日，举办第十九期处级领导干部进修班。组织干部到河北省廊坊市等地开展京津冀一体化研学，并前往河南兰考焦裕禄干部学院开展理想信念和道德品行教育。全区54名处级领导干部参加培训。

【农村党员种植技术培训示范班】 8月26日至27日，区委组织部、区农业局联合举办2014年农村党员种植技术培训示范班。对8个乡镇的种植类创业型党员、入党积极分子和区农业局党员代表100人进行培训。

【百名专家基层服务团义诊活动】 8月至12月，区委组织部、区卫生局联合开展“百名专家基层服务团”活动。每月组织专家深入农村、社区开展健康讲座和义诊等活动2次，惠及群众1000余人次。

【学习贯彻《中国共产党发展党员工作细则》培训班】 9月4日，举办学习贯彻《中国共产党发展党员工作细则》培训班，全区41家区属党委（党工委）、60个基层党组织的200余名党务工作者参加培训。

【“微型党课”集中展示活动】 9月至12月，开展2014年“微型党课”集中展示活动，并选出《坚持党的群众路线 构建和谐医患关系》等10个2014年十佳“微型党课”。

【优秀村党组织书记引领发展示范培训班】 10月13日至16日，举办优秀村党组织书记引领发展示范培训班。对全区涉农乡镇的18名优秀村党组织书记进行为期4天的专题培训，并组织前往小岗村开展异地现场教学。

优秀村党组织书记引领发展示范培训班学员异地教学 （区委组织部提供）

【新党员党性教育示范班】 10月28日至31日，区委组织部、区直机关工委联合举办2014年新党员党性教育示范班，全区37名新党员代表参加培训。

【第三期党代表履职培训示范班】 11月4日至5日，举办全区第三期党代表履职培训示范班。以“凝聚力量，服务发展”为主题，采取课堂教学、实地观摩、经验交流等方式，对全区100名十八大、市第十一次党代会、区第五次党代会、各街乡四级基层一线党代表，进行为期2天的集中培训。

【村党支部书记讲坛】 12月3日，召开2014年村党支部书记讲坛。梨园镇魏家坟村党支部书记、村委会主任郎浩俊围绕“村务公开聚民心、民主管理促廉政”主题，从“不贪、不懒、不偏”三个方面进行交流发言。

（励 乐）

宣传工作

【概　况】 2014年，在区委、区政府的坚强领导下，通州区宣传思想文化工作，围绕学习宣传贯彻总书记习近平系列重要讲话精神，认真落实总书记习近平视察北京和市委书记郭金龙通州调研的重要指示，全力服务北京城市副中心建设和全国文明城区创建，完成各项任务。主要包括以下几个方面。一是牢牢把握理论武装这个根本，为建设北京城市副中心提供坚强的思想保障。广泛开展总书记习近平系列重要讲话精神的宣传，举办12场区委理论中心组学习。“最美通州人”魅力运河百姓宣讲团荣获“北京市优秀宣讲团”称号，4人入选“中国梦365个故事”，全年开展各类宣讲活动400余场，受众达5万余人。编辑出版《2014年通州区“最美通州人”百姓宣讲优秀作品集》。成功举办“2014通州学习季”。开展周末社区大讲堂25场。二是牢牢把握正面宣传这个导向，为建设北京城市副中心营造有利的舆论环境。制作推出《唯美通州》宣传片和画册，强化城市副中心概念传播。在《人民日报》《北京日报》和北京电视台等主流媒体刊发播出新闻310篇。建立运河文学网，大力弘扬运河文化。开展网评员培训，全天候开展舆情信息的实时监测和联合监控。充分发挥微博平台的作用，政务微博粉丝量持续增加。三是牢牢把握文化事业这个纽带，为建设北京城市副中心提供了优良的文化条件。运用多种形式，积极培育社会主义核心价值观。高标准举办第二十五届农民艺术节。在全市率先推出移动图书馆和电子图书借阅服务，为益民书屋配送图书3万余册。举办第二届北京七夕文化节和“首届北京城市副中心十大文化名人”命名活动。创作话剧《运河赤子》，举行党的群众路线教育实践活动舞台情景剧《赶考在路上》首场演出。评选命名“2014年度通州区十佳基层宣传文化示范点”。四是牢牢把握文化创意这个重点，为建设北京城市副中心提供有力的产业支撑。成功举办2014中国艺术品产业博览交易会。14个文创项目通过市级资金联合评审。成功搭建第九届北京国际文博会通州展区。五是牢牢把握创建全国文明城区这个载体，为建设北京城市副中心塑造文明新风尚。开展“争做文明达人”主题实践活动等四大宣传工程，有力提高了群众对创城工作的知晓率、支持率和参与率。收集整理创城材料4000余件。领导干部爱心助学行动与“读美德故事 做一个有道德的人”两项工作获评“首都未成年人思想道德建设创新案例奖”。“六小”道德实践活动被评为首都未成年人思想道德建设十大品牌之一。50人获评“通州榜样”月度人物，4人荣登“北京榜样”周人物榜，3人荣登月度人物榜，4人当选“中国好人”。六是牢牢把握党的群众路线教育这个契机，提升北京城市副中心建设宣传工作科学化水平。

【首届北京城市副中心十大文化名人命名】 3月18日，通州区举办首届北京城市副中心十大文化名人命名活动，经过推荐、网络投票、专家评审等环节，王梓夫、陈振清、刘祥等10人被命名为首届北京城市副中心十大文化名人。市文联党组书记陈启刚、市委宣传部副巡视员王珏、区委书记王云峰、区人大常委会主任张文山、区政协主席王春元等领导出席活动并为获奖者颁发荣誉证书。此次活动旨在发现、培养、选拔杰出文化人才，充分展现通州悠久文化魅力，活动还评选出10名首届北京城市副中心十大文化名人提名奖。

【科教文体法律卫生进社区】 3月26日，通州区举办以“关注女性发展 共促家庭和谐”为主题的科教文体法律卫生进社区活动，20家“三下乡”成员结合部门职责，向广大群众普及妇女维权、婚育、科普、常见病预防等方面的知识，发放宣传材料2000余份。6月12

日，通州区举办以“节能我行动 低碳新生活”为主题的科教文体法律卫生进社区活动，17家“三下乡”成员单位结合部门职责，为广大群众提供低碳环保、科普知识、医疗义诊、安全用电等方面的服务，发放宣传材料2000余份。

【清明节主题活动】 4月3日，通州区2014年清明节主题活动在马驹桥中心小学举行，活动以朗诵、歌唱、舞剧等形式，纪念先辈、缅怀英烈，进一步激发爱国热情、凝聚人民力量、培育民族精神，引导学生继承革命先烈意志，树立报效祖国远大志向。市委宣传部、区政协等领导以及社会各界人士500余人参加活动。

4月3日，“清明节”主题活动在马驹桥镇举行
（区委宣传部提供）

【端午节主题活动】 5月29日，“通州区2014年‘我们的节日——端午节’暨非物质文化遗产进校园主题活动”在西集镇中心小学举行。活动安排了童声合唱、空竹表演、舞蹈朗诵、包粽子比赛等节目，营造了浓厚的端午氛围。

5月29日，“端午节”暨非物质文化遗产进校园活动在西集镇举行
（区委宣传部提供）

【命名12家区级爱国主义教育基地】 6月17日，通州区举办爱国主义教育基地命名活动，活动总结了全区近年来，开展爱国主义教育基地活动情况。本次活动经过申报、考察等环节，韩美林艺术馆、大运河翰林民俗博物馆、漷县镇青少年爱国主义教育基地等12家单位，被命名为通州区爱国主义教育基地。区委常委、宣传部长王杰群为荣获爱国主义教育基地称号单位代表颁发铜牌。

【第二届北京七夕文化节】 7月28日晚，由市委宣传部、首都文明办、市文联、通州区委区政府共同主办的“浓情七夕 相约运河”——第二届北京七夕文化节正式拉开帷幕。第二届北京七夕文化节秉承弘扬传统文化、立足地区特色、传承正确的婚姻价值观为宗旨，确定“浓情七夕 相约运河”这一活动主题，以传统文化为内涵，紧扣“中国梦”宣传教育主线，策划推出2014北京大运河《为爱情点赞！》七夕情歌会、“相约七夕”婚庆博览会、“我们在这里牵手”七夕相亲会、经典评剧《牛郎织女》展演、“爱在运河，情定七夕”集体婚礼、“爱在七夕 幸福通州”图片展、“寻梦运河”七夕民俗游七大主题文化活动，歌颂人间忠贞的爱情，倡导文明和谐新风尚。为让更多的群众参与到文化节活动中来，设立2个主会场和2个分会场，主会场活动时间从7月28日至8月2日，分会场活动时间从8月2日至8月16日，让广大市民有充足的时间感受七夕文化节的魅力。

7月28日，“浓情七夕 相约运河”——第二届北京七夕文化节在通州区拉开帷幕 （区委宣传部提供）

7月28日晚，2014北京大运河《为爱情点赞！》七夕情歌会拉开七夕文化节的序幕，歌会以为爱情点

赞为整场的串联概念，打造甜蜜浪漫、互动感的创意情歌，在“大运河边”见证美好的爱情！参与演出的艺术家和演员均以文艺志愿者下乡演出的形式参与其中，包括孙茜蔡远航夫妇、杨钰莹、毛宁、蒋大为等一批文化志愿者倾情演绎经典情歌。歌会穿插上演了通州地域特色节目《运河谣》和《我的大运河》，深入宣传了北京城市副中心成就和大运河的申遗成功。来自通州区结婚75周年的杜魁、于桂荣一家的爱情故事向在场观众诠释了爱情的真谛，让歌会别开生面，让真爱撼动全场。市委宣传部副部长崔耀中、首都文明办主任滕盛萍、副主任韩龙彬及市属相关部门和通州区有关领导出席开幕式并观看歌会。8月2日（七夕节）晚7：35，BTV文艺频道播出了歌会实况录像，当晚北京电视台收视率创下了新高。

7月31日至8月2日，“相约七夕”婚庆博览会在大运河畔全面铺开，文化展以展示婚庆礼仪的传统文化理念，弘扬正确的婚姻观和价值观为主旨，先后举办“亲近国粹 昆曲《牡丹亭》”展演、《魅力新妆》时尚婚礼督导秀、《情书》现代时尚婚礼秀、《草原情》蒙古族婚礼服饰展示、《东方鸿运》新派中式婚礼秀、“七夕对话”婚礼产品、服务交流会等活动，让来往游客、观众感受传统婚礼文化的精髓，传承传统文化。8月1日至2日，举办了以“我们在这里牵手”为主题的七夕节大型相亲活动，亲临现场的2000余名单身男女扎堆大运河畔，一些单身男女家长也参与到相亲活动中，为自己的子女寻觅伴侣，据不完全统计，两天的相亲活动有62对单身男女相亲成功。8月2日上午，“爱在运河，情定七夕”中华传统集体婚礼在通州运河文化广场上演，来自全国各地的77对新人穿汉服、行汉礼、奏汉乐，举办“穿越时空的爱恋”集体婚礼。8月2日至4日，经典评剧《牛郎织女》展演在通州区文化活动中心上演，由中国评剧院专业团体出演，通过评剧的形式向广大观众讲述年郎织女的美丽神话。为让更多的人了解七夕文化内涵和通州未来发展，本次七夕文化节还举办了“爱在七夕 幸福通州”图片展，分别在通州运河文化广场和通州文化活动中心设置展板，向广大群众深度展示社会主义核心价值观、北京城市副中心建设、运河文化、七夕文化和创建全国文明城区等内容，让市民在热爱传统节日之余，更加深切地感受七夕佳节的民族文化内涵。此外，在通州区张家湾镇瑞正园和于家务回族乡花仙子万花园设立两个分会场，分别以“葡萄架下话姻缘”和“花为媒”为主题开展活动，并持续到8月底。结合通州实际，设立4条七夕文化节民俗游旅游精品线路，供七夕节期间游览，受到众多市民的欢迎。

七夕节期间，600余人现场观看2014七夕情歌会，15万余人次驻足大运河畔运河文化广场主会场感受七夕文化，通州区张家湾镇瑞正园和于家务回族乡花仙子万花园两个分会场接待4.8万余人次民俗旅游，4条七夕民俗游精品线路接待游客12.8万人次，实现民俗旅游收入880余万元，带动了民俗旅游业的发展。

【中秋节主题系列活动】 9月5日，通州区举办“五彩通州 情寄中秋”中秋节主题系列活动。开展“记忆中的文明”——通州非物质文化遗产展示，体现非物质文化遗产的魅力。以庆祝中秋佳节、弘扬民俗传统文化为主线，组织开展“我的舞台”中秋专场演出，为群众提供展现魅力、发扬民俗的文化舞台。以反映通州历史文化为脉络，举办“文化通州 魅力之城”图片展，展示通州文化事业的伟大成就。

【文化周活动】 9月17日，通州区举办“美丽通州 文化新城”文化周启动式暨“水墨运河 梦幻通州”优秀书画、摄影作品展。启动式上展出的作品，涉及古韵新城、曹运码头、美丽乡村、时尚艺术、党建风采等不同主题，用艺术的视角记录北京城市副中心建设的点滴和瞬间，感受通州的城市文明和变迁。原北京市政协副主席卢松华、市委宣传部副部长张淼、市文联党组书记陈启刚、著名表演艺术家杨立新等领导及嘉宾参加启动式。文化周期间，还将开展《运河赤子》展映、“文化通州 魅力之城”图片展、“让艺术走进生活”文化讲座等活动，文化周持续至9月24日。

【文艺汇演】 9月23日，“中国梦 通州梦”——通州区庆祝中华人民共和国成立65周年文艺演出在北京现代音乐学院举行。文艺演出包括歌舞、演奏、朗诵等15个内容丰富、形式多样的节目，充分表达全区人民对祖国的美好祝福。党员干部群众及社会各界人士500余人观看演出。

【重阳节主题活动】 9月30日，由通州区委宣传部主办，梨园镇党委承办的我们的节日——“九九重阳节 浓浓敬老情”慰问演出在梨园镇敬老院举行。活动中，歌曲联唱《白发亲娘》《父亲的草原母亲的河》《儿行千里》《父亲》、京剧《状元媒》、大合唱《祖国颂》等节目精彩演绎。全区100余名党员干部群众观看演出。

【2014通州学习季】 10月10日，以“悦学习 越精彩”为主题的“2014通州学习季”活动拉开帷幕。本届学习季本着“简约务实”的原则，在大运通州网上创设专题网页，以网上启动的形式开幕。此次学习季将持续至12月份，活动期间，将举办“理论热点面对面”系列报告会、亲子阅读季、“真人图书馆”公益活动、旧书交换会等十项主题活动，为全区干部群众献上一份美味而丰盛的学习大餐。

10月10日，以“悦学习 越精彩”为主题的2014通州学习季在运河文化广场拉开帷幕 （区委宣传部提供）

【出台培育社会主义核心价值观宣传方案】 10月30日，由区委宣传部起草、区委常委会审议通过的《关于培育和践行社会主义核心价值观的实施意见》正式下发，文件明确了培育和践行社会主义核心价值观的重要意义、指导思想和原则要求。按照意见精神，区委宣传部制定下发《通州区培育和践行社会主义核心价值观社会宣传环境布置实施方案》《关于培育和践行社会主义核心价值观的任务分工》，对全区公共场所、过节天桥、工地围挡等利用公益广告宣传社会主义核心价值观进行详细部署，推动社会主义核心价值观内化于心、外化于行，为城市副中心建设和创建全国文明城区提供有力支持。

【纪念活动】 12月13日是首个国家公祭日，区委宣传部在中国民兵武器陈列馆举办“勿忘国耻 圆梦中华”群众性纪念活动，全区党员干部群众200余人参加活动。活动中，广大干部群众先后参观了发展史厅、抗战时期的民兵展示区、地道战展示沙盘、轻兵器展示区以及室外炮场，再一次了解了中华民族解放事业的奋斗历程，大家感受很深、触动很大，纷纷表示一定要牢记历史，传承记忆，共筑中华民族伟大复兴的“中国梦”。国家公祭日期间，区委宣传部还组织开展了“勿忘国耻 圆梦中华”楹联诗词网上征集和网上公祭活动，引导群众开展网上纪念。

【出台全区文化安全管理意见】 年内，加大对文化安全工作的管理，制定出台《关于加强宋庄文化安全工作的意见》，对宋庄地区文化安全工作做出总体部署。成立宋庄文化安全工作领导小组，建立文化安全区级会商制度和区、乡镇、村三级联动制度以及文化安全重点地区和敏感事件处置机制，努力营造昂扬向上的文化氛围与健康发展环境。

【推出《唯美通州》宣传片】 12月30日，拍摄制作了《唯美通州》的宣传片，从城市建设创新、民生建设成效、公共服务亮点、产业发展推进等角度，对北京城市副中心功能定位进行深入科学解读，充分展示城市副中心的良好形象和发展前景，有效引导民众增强对副中心建设过程的了解与关注，提高了通州在海内外的影响力。

【推进文化体制机制改革】 年内，建立文化活动公告制度和文化工作监督体系，实施“三问、三告、三监督”机制。制定《宋庄建设国家文化创新示范区调研报告》，明确将宋庄的发展定位为建设成国家文化创新示范区。与区统计局联合开展全区原创艺术人才调查，形成全区文化创意产业发展战略规划初稿。文创产业地图系统框架建设初步完成。

（马学武）

精神文明创建工作

【概　况】 2014年，全区精神文明建设工作以党的十八大和十八届三中、四中全会以及区委五届五次全会精神为指引，重点落实创建全国文明城区工作任务，进一步改进和提升未成年人思想道德建设工作，大力加强公民思想道德建设、群众性精神文明创建和公共文明引导行动，居民文明素质和社会文明程度得到显著提升，为北京城市副中心建设奠定了坚实的道德基础。

【开展“德耀北京”2014年春联征集活动】 1月，以“德耀北京”为主题，向全区居民广泛征集独立创作的春联作品，弘扬真善美、传播正能量，营造喜庆、文明、祥和的春节氛围。活动收到来稿1200余幅，最终精选优秀作品820幅参与全市评比，报送作品数量位居全市第三位，同时向全区人民发放1535幅春联大礼包，此项活动，本区以社会发动范围广、征集作品质量优荣获全市“优秀组织奖”。

（牛　兴）

【开展“百城万店无假货”拉练检查】 1月3日，区创城办联合区商务委、工商分局、食药监局等部门对本区正在开展建设的梨园政府路“百城万店无假货”示范街进行拉练检查，检查人员以抽查的方式，对沿街部分商户在营造诚信经营氛围、畅通投诉渠道、优化商业经营环境、规范经营行为等方面进行综合检查，并召开现场总结会。

【区领导带队开展创城实地考察工作】 为推动《全国文明城区测评体系》实地考察指标落实，从1月份开始，区委常委、宣传部长王杰群，副区长李亚兰带领区创城办工作人员和各相关单位领导，对全区创城实地考察重点点位及区域进行实地督查，并对发现的问题提出具体整改要求。

（林　森）

【推进全区乡情村史陈列室和精神文明宣传视屏建设】 1月8日，本区召开通州区乡情村史陈列室建设工作推进会，部署全区乡情村史陈列室建设工作。全年全面推进乡情村史陈列室建设，建成以“德、法、礼、孝、情”诠释“幸福仇庄”的于家务回族乡仇庄村史馆、以“难忘的记忆”为主题展示历史变迁的潞城镇胡各庄村史馆、以“四维”“五伦”为主线记录美德故事的马驹桥镇小杜社村史馆等13所乡情村史陈列室。同时，为及时反映全区精神文明建设和创建全国文明城区工作成效，本区在乡镇街道、村和社区全面建设宣传视屏，截至年底，建设完成43个。11月4日，区文明办对10所建设完善、功能齐全、特色鲜明、使用有效的陈列室发放示范点荣誉标牌，实施规范化管理。

（肖海玲）

区委常委、宣传部长王杰群（右一）为漷县村村史陈列室揭牌（文明办提供）

【召开创城办第一次办务会】 1月8日，召开第一次办务会，会上，区文明办创建科简要总结了2013年全区精神文明建设工作，通报了2014年工作意见；区创城办简要总结了2013年全区创城工作，部署了2014年主要工作任务；会议对召开2014年全区创建全国文明城区推进会的相关会议材料进行审议；区创城办各工作组组长简要总结了各组工作进展情况，重点汇报了迎检前工作内容安排。张卫东结合各组工作情况对每组的工作提出具体要求。

（林　森）

【举办“公共文明引导员总结表彰会暨2014年新春联谊会”】 1月24日，本区举办“公共文明引导员总结表彰会暨2014年新春联谊会”，区文明办、区公共文明协调办负责人以及全体公共文明引导员参加活动。会上，表彰4个公共文明引导优秀站台小组和16个星级优秀公共文明引导员。联谊过程中，引导员们通过自编自演舞蹈、相声、快板等文艺节目，展示了积极向上的精神面貌和强大的团队凝聚力，营造了欢乐、温馨、祥和的节日氛围。

【发放“文明过大年倡议书”】 1月27日，为进一步营造欢乐祥和、文明和谐的喜庆气氛，弘扬社会新风，区文明办在全区广泛发放“文明过大年倡议书”，倡导干净整洁、勤俭节约、绿色环保、文明上网、平安守序、和睦和谐过大年，构筑“文明迎新春，欢乐过大年”的节庆环境。

【开展“通州道德模范”、公共文明引导员走访慰问活动】 新春佳节来临之际，区文明办领导与区四大家领导一起集中走访慰问了本区道德模范高振平、白启芳、史晓慧、康建平，为他们送去党和政府的关怀与节日祝福，勉励他们再接再厉，发挥榜样人物的示范作用，为北京城市副中心建设做出更大贡献。1月30日，区领导王杰群、李亚兰带队走访慰问了通州区公共文明引导员，为大家送去了慰问品和新春祝福，并鼓励他们继续为通州公共文明事业增光添彩。

（牛　兴）

【区创城办“文明过大年——微作品征集”活动落幕】 1月29日至2月15日区创城办利用“文明通州”微信公众平台，向广大市民征集以“文明过大年”为主题的图片、视频、街拍、语音、文字等微作品，作品主要是以“我家的年夜饭”“我的新年愿望”“通州过大年”“微笑送福·喜迎新年”等与传统节日、文化及文明生活相关的主题进行创作。“文明通州”微信平台在春节期间对优秀作品进行展示的同时，发布了倡导文明过年、弘扬传统文化的微信息，得到广大微信好友的好评。此次活动征集作品约50件，并评选了十佳优秀作品。

【召开创城材料收集整理工作调度暨现场观摩会】 2月19日，召开创城材料收集整理工作调度暨现场观摩会，会议由区文明办主任、创城办副主任张卫东主持，区委常委、宣传部长王杰群出席会议并讲话。会上，区民政局、区教委、玉桥街道、区环保局、区纪委、区文化委6个单位介绍了收集整理创城档案材料的经验和做法，区创城办材料审核组负责人对创城档案材料工作进行总结和部署。会后，与会人员现场观摩了区民政局、区科委、玉桥街道、潞县镇、马驹桥镇等单位收集整理的部分创城档案材料，区创城办材料审核组人员解答了各单位提出的问题。

【召开创建全国文明城区满意度测评工作调度会】 2月25日下午，本区召开创建全国文明城区工作调度会。会议由区委常委、宣传部长王杰群主持，区领导李玉君、李亚兰出席会议并讲话。区创城办副主任、部分乡镇街道主要领导及部分单位分管领导参加会议。会议对2013年底进行的创建全国文明城区满意度测评情况进行了通报，听取了各乡镇、街道及问卷调查指标涉及单位对测评结果的分析和下一步的改进措施。

【召开争创全国文明城区提名资格工作动员部署会】 2月27日，召开通州区争创全国文明城区提名资格工作动员部署会。会议由区委副书记、区长岳鹏主持，首都文明办主任滕盛萍，区领导王云峰、张文山、王春元、李玉君、王杰群、洪波、李亚兰、张振泉出席会议。全区各单位党政正职、创城办主任、区委督查组成员及部分基层单位主要负责人等350余人参加会议。会上，区委副书记、区创城办主任李玉君认真分析了当前创城工作存在的问题，对通州区争创全国文明城区提名资格工作进行了部署，要求全区严格按照测评指标及要求，锁定A级标准不放松，分四个阶段，集中精力打赢创城八大“攻坚战”。首都文明办滕盛萍主任充分肯定本区创建全国文明城区工作取得的成绩，提出四点要求。

【对公共场所控烟工作进行暗访检查】 2月，区创城办联合区爱卫办组成检查组，按照《国家文明城区测评标准》要求，对区委、区政府、区会议中心、区行政服务中心、中仓街道等15家机关单位和2家医院、5家宾馆、5家美容美发店、18家餐饮单位、1家药店开展控烟工作暗访检查，发现吸烟现象、标识不到位等问题56处并反馈至各单位挂账督办，同时对行业监管不到位的相关部门提出整改要求，限期督促整改。

【启动"争做文明达人 共建文明城区"主题实践活动】 区创城办联合通州电视台、《通州时讯》、大运通州网、八通网等媒体于3月1日启动通州区2014年创建全国文明城区"争做文明达人 共建文明城区"主题实践活动，深入宣传《首都市民文明公约》，动员广大居民弃不文明陋习，做文明达人、创文明城区。

（林 森）

【推进"学雷锋志愿服务"工作】 为强化学雷锋阵地建设，提升本区志愿服务水平，推动学雷锋活动常态化，春节前，区文明办牵头集中开展学雷锋志愿服务站（岗）申报和志愿服务项目征集工作，全区申报志愿服务站（岗）140个，其中，示范站6个、示范岗7个，征集各类志愿服务项目600余项。3月3日，区文明办联合团区委、区园林绿化局等单位，在大运河森林公园漕运码头共同举行了"通州区2014年学雷锋'三关爱'志愿服务暨'保护京杭大运河'植绿护绿活动启动式"，会上简要总结了2013年全区志愿服务工作，并对2014年志愿服务任务作出部署，市区领导为荣获通州区志愿服务示范站、示范岗的单位颁发了荣誉证书。仪式后，全区各界人士广泛参与植绿护绿活动。3月27日，中建三局通州文化旅游区08片区农民安置房项目举办"雷锋精神进工地"志愿服务活动启动仪式，仪式上成立4支青年突击队，与会领导为志愿者服务队授旗并赠送了急救药包，仪式后，全国雷锋精神研究专家、《永恒的丰碑》作者宋怀金老师受邀为志愿者现场解读雷锋精神。

（牛 兴）

【区领导带队督查创城实地考察项目对标达标情况】 3月12日上午，副区长李亚兰带领区创城办和有关部门负责同志对通惠南北路、轻轨沿线等城区内主要道路进行实地督查。本次督查主要针对属地落实监管职责，内容涉及环境卫生、交通秩序、城市盲道、餐饮行业、绿化美化等多个方面。

【区创城办召开第二次办务会】 3月13日下午，区创城办召开第二次办务会。会议由区文明办主任张卫东主持，区委常委、宣传部长王杰群出席会议。区创城办副主任、各督查组组长，区创城办各工作组组长、副组长等30余人参加会议。会上，区创城办各工作组汇报了前一时期工作开展情况和主要成效、存在的难点问题，以及迎检前的工作总体计划安排和措施；会议分析了创城工作整体形势，并对下一步的工作作出安排。

【《文明通州》专题栏目开播】 3月15日，由区创城办与通州电视台联合制作的电视专题栏目《文明通州》正式开播。《文明通州》栏目围绕全国文明城区创建，以"同建文明通州、共享通州文明"为主题，全方位、多角度聚焦文明示范小区、文明工地、诚信教育、文明餐桌、文明交通、志愿服务、我们的节日等一系列文明创建工作；广泛宣传通州区道德模范、身边好人、文明达人、好村民等先进榜样的事迹；进一步加大对未成年人思想道德建设工作的宣传力度，为推进全国文明城区创建工作营造良好的舆论氛围。该栏目于每周六在《通州新闻》节目之后播出。

【召开创建全国文明城区人文环境建设和宣传工作领导小组工作调度会】 3月18日，召开创建全国文明城区人文环境建设和宣传工作领导小组工作调度会。会议由区文明办主任张卫东主持，区委常委、宣传部长王杰群，副区长李亚兰出席会议。区创城办副主任、创城督察组各组组长、24家精神文明建设指标牵头单位主管领导、人文环境建设领导小组成员单位主管领导90余人参加会议。会议通报了全区100项创城精神文明建设指标对标达标进展情况，听取15家重点牵头单位工作情况汇报。副区长李亚兰在讲话中提出两点要求。王杰群在讲话中强调，精神文明建设指标是创建全国文明城区339项指标中的一个重要方面，要进一步明确工作任务。

3月18日，召开创建全国文明城区人文环境建设和宣传工作领导小组工作调度会　　（区委宣传部提供）

【对首批试点建设的“文明示范小区”进行检查验收】 3月21日，区委社会工委、区创城办联合区文明办、区住建委、区民政局及相关街道乡镇，对本区首批7个试点建设的“文明示范小区”进行检查验收。检查中发现，这些小区按照创建氛围浓厚、环境整洁优美、文明和谐稳定的标准，积极开展创建工作，取得明显成效。

【区领导实地督查重点区域难点问题】 3月24日上午，副区长、区创城办常务副主任李亚兰带领区创城办和有关部门负责同志对通胡大街、怡乐北街、三元村市场等重点区域进行实地督查。本次督查重点为道路与市场周边绿化带缺失、小餐馆未亮证经营、早点摊占道经营、路面油污、非法营运、占道停车等突出问题。

【召开市场环境建设工作领导小组调度会】 区创城市场环境建设工作领导小组于3月25日召开工作调度会，副区长洪波出席会议，市场环境建设领导小组全体成员单位负责人参加会议。会上，部分牵头及重点单位汇报了对标达标进展情况、存在问题及下一步工作计划；小组牵头单位区商务委对争创全国文明城区提名资格攻坚阶段工作进行部署。洪波肯定了小组各成员单位一年多来开展的各项工作，并对新阶段创城工作提出六点要求。

【“文明随手拍”成为创城工作群众监督新渠道】 自3月起，区创城办联合《通州时讯》、通州电视台、大运通州网、八通网、《北青社区报》通州版等媒体和部分乡镇街道报，共同发起“文明随手拍”活动，曝光不文明现象，监督创城工作中的各种问题，该活动受到广泛关注并取得良好的社会反响。截至年底，“文明通州”微信平台吸引3000多名微友关注，收到微友发来照片600余张，反映的不文明现象主要集中在机动车乱停放、行人过马路闯红灯、环境脏乱、乱贴小广告等方面，创城办根据反映的问题及时下发了督办单，责成相关单位整改。同时，也征集到很多反映居民热心参与创城、践行文明风尚的“正能量”言行。

【召开社区创城材料收集整理工作业务培训会】 4月1日上午，本区召开社区创城材料收集整理工作业务培训会，新华、北苑、玉桥、中仓4个街道，梨园、永顺、潞城3个镇，以及区档案局相关人员50余人参加培训。会议邀请朝阳区档案局创城材料工作方面的专家进行集中授课，从创城工作的感受与体会、档案材料在创建验收中的重要作用、材料收集整理的有关要求、社区测评体系指标任务分解台账条款等四个方面进行培训。会后，与会人员与授课专家进行了面对面的交流，并组织观摩了社区创城材料工作试点单位——新华街道天桥湾社区整理的创城档案材料。

【召开校园及周边治安综合治理工作部署会】 4月15日，本区召开会议部署校园及周边治安综合治理工作。副区长李亚兰出席会议，区创城办、区校园及周边治安综合治理专项组成员单位负责人、各街乡镇综治办、教委办有关人员参加会议。会上，区委政法委对本区校园及周边治安综合治理专项组2014年工作要点进行了解读，区教委从推进“平安校园”建设等7个方面对校园及周边治安综合治理工作提出了意见，区创城办反馈了前期校园周边实地考察的情况并提出了下一步工作重点。

【区领导带队督查窗口行业与二次供水单位】 4月，副区长李亚兰带领区创城办和有关部门负责同志对部分窗口单位进行实地督查。经督查，各窗口行业单位制度比较完善，服务比较规范，投诉处理机制较为健全，二次供水单位资质齐全，从业人员能够做到持证上岗，管理较为规范。

【创城办实地组召开路面破损问题专题会】 4月，区创城办召开路面破损问题专题会议，区公路分局、区市政市容委以及7个乡镇、街道的相关负责人员参加会议。会上，7个乡镇、街道各自汇报了属地内重点路面破损的情况，涉及33条街巷124个破损点位，并与相关单位就破损路面修理与维护的职责权限问题进行探讨。在创城办的协调下，各单位积极认领了破损点位，并表示要加强与其他单位的协调与合作，五月底前完成破损路面的修复工程。

【部署未成年人思想道德建设迎检工作】 4月，本区召开争创全国未成年人思想道德建设工作先进城区工作部署会，区委常委、宣传部长王杰群，副区长李亚兰出席会议，区创城办有关负责人及36家未成年人测评指标牵头单位、部分乡镇街道相关负责人参加会议。会上，区创城办对下一阶段全区未成年人工作进行了部署，区教委和通州公安分局有关负责人就本单位未成年人工作测评指标牵头项目工作情况进行了汇报。

【区领导对重点区域进行实地督查】 4月，副区长李亚兰带领区创城办和有关部门负责同志对区政务大厅及周边环境进行实地督查，重点督查了政务大厅无障碍设施及投诉机制的设置、周边河道两侧的破损路面、违规停车等情况。李亚兰副区长强调，对于发现的问题，属地及相关单位要明确职责、层级管理、落实到位，特别是对于违规停车及破损路面问题，属地政府要协调相关部门，采取有效措施尽快解决，确保创建全国文明城区工作有序开展。

【召开未成年人思想道德建设工作网站建设协调会】 4月，本区召开未成年人思想道德建设工作网站建设协调会。区文明办、区教委等8家单位有关人员参加会议。会上，区教委对《未成年人思想道德建设工作测评指标》中网络阵地建设工作进展情况进行了说明，详细解读了相关指标，并结合下发的《未成年人思想道德建设工作网站建设实施方案》对网站建设及开展的相关活动进行了布置。各单位就网站建设与管理工作进行了交流。

【区领导深入街道、社区实地督查创城工作】 4月，副区长、区创城办常务副主任李亚兰带队深入街道、社区进行实地督查。重点督查了人民调解委员会、综合性文化活动场所、科普活动场所、公益性电子阅览室及社区警务室等。督查中，李亚兰对玉桥街道大力建设2000平方米的地下科普活动场所及街道人民调解委员会规范化工作给予了充分肯定；同时强调，百姓最关心的是身边的事是否能解决，我们的工作触角应向下延伸，把工作做到位，切实转变工作作风，实现创城利民、惠民的目标。

【开通创建全国文明城区“网络听证会”】 为充分保障广大居民对“创城”工作进展的知情权、参与权、建议权和监督权，更好地体现“创城”工作利民惠民的宗旨，本区于4月23日在通州文明网正式开通“网络听证会”专栏。

【对首批创建的“文明示范工地”进行检查验收】 4月24日下午，区创城办联合区住建委、新城中心建管委、区城管执法监察局、区安监局、区环保局、北苑街道办事处、中仓街道办事处，对本区首批创建的“文明示范工地”——潞河医院和万达广场工地进行检查验收。检查验收小组按照围挡美观化、环境优美化、施工文明化、场地标准化、工地平安化和管理人文化的“六化”标准，对两个工地现场进行检查，并听取了工地负责人关于创建“文明示范工地”工作情况的汇报。

（林　森）

通州区首批文明示范工地授牌暨观摩仪式

（文明办提供）

【举办“公共文明引导员站台服务技能”竞赛】 5月4日，本区举办“公共文明引导员站台服务技能”竞赛，全体公共文明引导员以站台服务小组为单位，参与礼仪形象、宣传用语、引导排队、咨询指路等服务项目技能竞赛。竞赛中，诸多优秀班组及公共文明引导员脱颖而出，展现了过硬的服务技能和优良的个人素质。此次技能竞赛不仅有效促进了个人与团队之间的学习和交流，更大幅度提高了公共文明引导员队伍的整体服务水平。

【开展“2014通州榜样”主题活动】 5月6日，区文明办下发《关于组织开展“2014通州榜样”主题活动的通知》，结合全市“2014北京榜样”大型主题活动相关工作部署，正式启动“2014通州榜样”主题活动。5月至9月，区文明办组织各地区、各单位，严格把关、层层选拔、积极推荐，并利用网络、电视等媒体广泛宣传、营造氛围，全区各界共推荐候选人226人，包括机关干部、部队官兵、学校教师、企事业单位职工以及普通市民等各类人员。区活动组委会严格按照推荐标准，对候选人进行分类评审，评选出“通州榜样”月度人物榜50名，并择优向“2014北京榜样”活动组委会推荐148人，其中，5人入选周榜样，4人荣登“2014北京榜样”月度人物榜。6月27日，首都文明办副主任卜秀均、宣教处调研员杨秀卿到玉桥街道玉桥南里南社区、新通国际社区和梨园镇刘老公庄村实地考察“通州榜样”举荐工作，卜秀均对本区结合全市“2014北京榜样”大型主题活动部署和争创全国文明城区工作开展“2014通州榜样”主题活动所取得的成效给予充分肯定。11月7日至21日，区活动组委会启动“2014通州榜样”年度十大榜样民主评议投票活动，受到网民广泛关注和响应，吸引一万余人参与投票。最终，经区委常委会审核通过，授予周腾飞、张金华、刘志洪、孙国江、冯振平、任崇红、聂兰英、郝秋晨、张秀云、刘宝平等10人为2014年度“通州榜样”荣誉称号，授予漷县镇、梨园镇、永乐店镇、于家务回族乡、玉桥街道、北苑街道、区教委、区卫生局等8个单位“2014通州榜样”主题活动优秀组织奖。

（牛　兴）

【举行首批文明示范小区授牌暨观摩仪式】 5月6日上午，本区举行首批“文明示范小区”授牌暨观摩仪式，对首批7个“文明示范小区”进行授牌表彰，并组织申报第二批“文明示范小区”的社区居委会主任现场观摩了天时名苑示范小区。区委常委、统战部长赵玉影，区委常委、宣传部长王杰群出席仪式，区创城办、区文明办、区委社会工委、区住建委、区民政局、各街道办事处及永顺镇、梨园镇、潞城镇主管领导，以及申报第二批“文明示范小区”的社区居委会主任60余人参加活动。

【举行首批文明示范工地授牌暨观摩仪式】 5月6日上午，本区举行首批“文明示范工地”授牌暨观摩仪式，对通州区首批“文明示范工地”进行授牌表彰，并组织申报第二批创建“文明示范工地”项目负责人现场观摩了万达广场示范工地。区委常委、宣传部长王杰群，副区长崔松光出席仪式，区创城办、区文明办、区住建委、区新城中心区建管委、区环保局、区城管执法局、区安监局、中仓街道、北苑街道主管领导，以及申报第二批创建“文明示范工地”项目负责人70余人参加活动。

（林　森）

【推进“道德讲堂”建设工作】 2014年，本区按照《关于进一步加强道德讲堂建设的实施方案》具体要求，将道德讲堂建设作为强化公民思想道德建设与文明城区创建的着力点，不断深化推进，全年建成通州区道德讲堂总堂，建成机关、学校、行业、企业、社区、村镇、军民共建及新市民等8类道德讲堂200余所，初步形成“以总堂为示范，分堂参照落实，制度完善，程序规范，人员齐备，管理长效”的道德讲堂宣传教育体系。11月，本区开展“2014年度通州区示范道德讲堂评比活动”，经基层报送、材料审核、实地考察等环节，最终确定通州区住建委等16个基层道德讲堂达到通州区示范道德讲堂标准。

（牛　兴）

【召开2014年社区节工作部署会】 5月8日，本区召开2014年社区节工作部署会，区委常委、统战部长赵玉影出席会议，区委社会工委（区社会办）、区文明办、区文化委、区民政局、各街道乡镇等相关单位以及13家社会组织负责人参加会议。会议对2014年社区节工作进行了部署，本届社区节时间为5月至7月，由区委社会工委（区社会办）、区文明办、区文化委、区民政局联合主办，围绕创城提名资格迎检工作，以“文明、和谐、共享”为主题，开展“创城有我”“进社区、进家庭、送服务、送真情”“公益服务进社区”等系列活动，活动覆盖15个街道乡镇的564个社区。

【2014年社区节正式开幕】 5月16日，通州区2014年社区节开幕式暨“聚爱通州 城乡居民公益服务汇”活动在运河文化广场举行。开幕式上区委常委、统战部长赵玉影致词，市委社会工委委员、市社会办副主任陈建领和副区长肖志刚分别为本区首批4A社会组织和首批5A社会组织授牌。区文明办、区民政局、区文化委等有关部门主要领导、各街道、乡镇有关领导和17家枢纽型社会组织及社区居民群众500余人参加活动。活动现场，全区13家区级枢纽型社会组织和街道社会组织联合会，进行了公益产品展示、服务项目交流以及现场公益服务。

【召开创建全国文明城区工作调度会】 5月20日，本区召开创建全国文明城区工作调度会。会议由区委常委、宣传部长、区创城办常务副主任王杰群主持，区委副书记李玉君、区政府副区长肖志刚出席会议，区城管执法局、区市政市容委、区园林绿化局、通州交通支队等创城工作重点单位和北苑、玉桥、中仓、新华4个街道以及梨园镇、永顺镇、潞城镇的主要领导参加会议。会上，12个与会单位针对牵头的重难点指标分别汇报了进展情况和拟采取措施，区创城办对部分重点指标迎检工作作了解释和说明。

（林　森）

【命名表彰“通州公德之星”】 5月21日，为表彰先进人物，宣传典型事迹，引导人们自觉履行法定义务、社会责任和家庭责任，经台湖镇党委推荐，区委宣传部、区文明办批准决定，授予台湖镇蒋玉新、马文彦、汤德生、吴永红等4人“通州公德之星”荣誉称号。

（牛　兴）

【区领导带队实地督查创城工作】 5月24日上午，区领导王云峰、岳鹏、李玉君、王杰群、肖志刚、李亚兰、崔松光等带队对创城工作情况进行实地督查。针对发现的问题，王云峰指出：一要坚决落实责任；二要采取有力措施；三要加大宣传；四要注重发动群众。17家创城责任单位和地区的主要领导参加了实地考察。

【召开创建全国文明城区工作调度会】 争创全国文明城区提名资格进入最关键阶段，为使全区上下迅速行动，形成合力，全力以赴迎接提名资格测评，本区于5月27日召开创建全国文明城区工作调度会。会议由区委常委、宣传部长王杰群主持，区领导岳鹏、李玉君、崔志成、肖志刚、李亚兰出席会议。全区60多家重点指标牵头单位和玉桥、新华、北苑、中仓4个街道以及永顺、梨园、潞城3个镇的主要领导参加会议。会上，区创城办对全区迎检工作进行部署，4个街道和3个乡镇的主要领导汇报了创城迎检工作。岳鹏在讲话中强调，此次会议是临战前的动员会，要求各单位、各地区一是要落实责任；二是要落实人员；三是要加强信息沟通；四是要坚定信心。

【“六小”道德实践活动获评首都未成年人思想道德建设工作“十大”品牌称号】 5月27日，北京市举办未成年人思想道德建设工作座谈会。会上命名了首都未成年人思想道德建设工作“十大”品牌活动，通州区“六小”道德实践活动位列其中。市委常委、宣传部长、首都文明委副主任李伟出席座谈会并讲话。区委常委、宣传部长王杰群，区文明办、区教委、区妇联、团区委负责人参加了此次座谈会。

（林　森）

【举办道德讲堂总堂系列活动】 5月30日，本区依托成教中心运河讲堂，建成通州区道德讲堂总堂，并举办首场活动，首都文明办创建处副处长谈方，区委常委、宣传部长王杰群，区政协副主席季志会，区文明办、区教委、区成教中心领导，各乡镇、街道宣传部长，首都文明村、首都文明社区党支部书记，以及成教中心教师、公共文明引导员、社区居民代表等260余人参加活动。在道德讲堂活动环节，通过共唱道德歌、学模范、诵经典、发善心、送吉祥等五个环节，向大家展示了道德讲堂规范活动流程，让参与的干部群众接受了一次道德的洗礼；此后，于9月5日和9月25日，先后举办“通州区道德讲堂总堂——教师节专场活动”和“通州区道德讲堂总堂——重阳节专场活动”，主题鲜明、形式生动、感人至深，为全区道德讲堂建设树立了示范和标杆。

（牛 兴）

【“文明餐桌”行动公示牌亮相餐饮企业、单位食堂】 为提高全区市民群众文明素质和城市整体文明程度，大力普及餐桌文明知识，倡导节约用餐行为，在全区各类餐饮企业、宾馆、酒店及机关、学校、企事业单位食堂中开展了“文明餐桌”行动。2014年，全区有400余家企业及食堂加入“文明餐桌”行动，并签订“文明餐桌”行动承诺书。区创城办统一制作450个“文明餐桌”行动公示牌发放至承诺企业和食堂，由各单位将其粘贴于显著位置，向社会公开承诺，自觉接受社会的监督，倡导社会共同参与。

“文明餐桌”行动公示牌在区餐饮企业、单位食堂亮相　　（文明办提供）

【区领导带队督查创城提名资格迎检实地点位】 6月2日和6月4日，区委常委、宣传部长王杰群带领区委宣传部、区创城办和相关单位负责同志，对区行政服务中心大厅、人力社保局办事大厅、区文化馆、区图书馆、韩美林艺术馆、北京国际图书城、新华书店、运河文化广场等创建全国文明城区提名资格迎检的重点点位进行实地督查，结合创城指标、逐条检查落实情况。针对发现的问题，王杰群逐一提出具体整改意见，并严格限定整改时间和复查时间。

【召开交通系统创城提名资格迎检攻坚大会】 6月4日，本区召开交通系统创城提名资格迎检攻坚大会，副区长肖志刚出席会议。市公交集团及所属分公司、区交通局、区市政市容委等相关单位，以及各相关乡镇、街道负责人参加会议。会上，区交通局对交通系统创城提名资格迎检工作任务分工进行了部署，公交企业和出租汽车行业代表分别作了表态发言。

【召开创建全国文明城区第十次工作调度会】 6月5日，本区召开创建全国文明城区第十次工作调度会，会议由区委常委、宣传部长王杰群主持，区委副书记李玉君、副区长李亚兰出席会议。区委办、区政府办、区委宣传部等有关部门的分管领导，玉桥、新华、中仓3个街道和梨园、宋庄、台湖3个乡镇，以及区文化馆、科技馆等实地督查重点点位的所在单位主要领导参加会议。会上，区创城办对近期重点工作任务进行了部署，区文化委、区商务委、区教委、中仓街道进行了重点工作汇报。

【区领导实地督查重点区域难点问题】 6月7日上午，区领导王云峰、岳鹏、李玉君、崔志成、王杰群、肖志刚带领区市政市容委、区食药监局、区园林绿化局等15家单位的负责同志对创城重点区域进行实地督查，重点对小区物业管理缺失、集贸市场环境秩序脏乱，以及消防设施不完善、人行道破损、工地围挡破旧等问题进行现场督办。6月14日上午，区领导王云峰、李玉君、赵玉影、崔志成、王杰群、洪波、肖志刚、李亚兰带领区市政市容委、区城管执法监察局、区园林绿化局等12家单位的主要领导，对创城实地考察重点点位周边的卫生环境和占道停车、路面破损、工地无围挡等问题进行实地督查督办。

【召开创建全国文明城区总指挥部扩大会】 6月13日，区创建全国文明城区总指挥部召开扩大会。会议由区委副书记、区政法委书记李玉君主持，区领导王云峰、岳鹏、张文山、赵玉影、于世疆、崔志成、芦峰、王杰群、张秀余、洪波、肖志刚、李亚兰、张振泉及区法院院长、区检察院检察长出席会议。全区各单位党政正职、创城办主任、区创城督查组成员350余人参加会议。会上，区创城办对迎检工作作了具体说明，区委副书记、区长岳鹏针对创城迎检工作的总体要求、指导原则、运行体系和工作要求进行详细部署。区委书记王云峰在讲话中强调，全区各级领导和党员干部要切实担负起责任，抓好各项工作的落实。

【向广大市民发出创建全国文明城区志愿服务倡议】 6月，围绕全国文明城区创建，本区向广大干部群众以及社会各界发出倡议，以“创建文明城 精彩通州人”为主题，深入开展一系列的创建全国文明城区志愿服务活动。

【创建全国文明城区市场环境建设领导小组召开工作调度会】 6月，创建全国文明城区市场环境建设领导小组召开“百城万店无假货”示范街重点问题工作调度会，副区长洪波出席会议。会上，各成员单位逐一汇报了在“百城万店无假货”示范街创建工作中各自承担任务的完成情况及迎检阶段具体工作措施。洪波对各单位迎检冲刺工作提出了六点要求。

【召开通州区争创全国文明城区提名资格测评工作汇报会】 6月25日下午，召开通州区争创全国文明城区提名资格测评工作汇报会。首都文明办主任滕盛萍、副主任卜秀均、市测评组专家和首都文明办相关处室主要领导听取了通州区创建全国文明城区工作汇报。汇报会上，区委书记王云峰致欢迎辞，全体与会领导一起观看了创城工作宣传片《与文明同行》，区委副书记、区长岳鹏代表通州区作题为《积极争创全国文明城区 全面推进北京城市副中心建设》的工作报告，滕盛萍在讲话中高度肯定了通州区创城工作主要做法及取得的显著成效，并对通州区下一步创城工作提出三点要求。

（林　森）

【开展“迎接APEC精彩北京人”市民群众文明实践活动】 7月17日，通州区文明办部署“迎接APEC精彩北京人”市民群众文明实践活动宣传海报张贴工作，要求各单位确保辖区内精神文明宣传栏、公共活动场所和企事业单位全覆盖。8月20日，区文明办对“通州榜样’及“迎接APEC 精彩北京人”张榜工作进行实地检查，确保工作落实。10月24日，通州区公共文明协调办开展“迎接APEC精彩北京人——文明有礼好乘客”集中推举宣传活动，区文明办主任、28名公共文明引导员代表以及20名文明有礼好乘客参加活动，区文明办领导充分肯定了活动意义，并对积极参与活动的好乘客表示感谢，希望大家在今后继续发扬文明礼让、崇德向善美德，用文明行为来影响和带动更多市民。

（牛　兴）

【开展2012—2014年度首都精神文明创建工作先进单位推荐工作】 7月29日，召开工作部署会，全面启动本区2012—2014年度首都精神文明创建工作先进单位推荐工作。8月28日，召开通州区2012—2014年度首都精神文明创建工作先进单位申报推荐工作培训会，邀请首都文明办创建处领导针对推荐评选工作需把握的问题和首都精神文明创建在线管理平台的操作使用方法进行专题培训。最终，区文明办结合全市新修订的各类创建先进单位管理办法、测评体系和操作手册，依托首都精神文明在线创建管理平台，通过基层单位申报、主管部门推荐、有关部门审核、网上材料审核、实地抽查、媒体公示、区委常委会审议等程序，推荐上报150个首都文明乡镇、首都文明村、首都文明社区、首都文明单位（标兵）、首都文明风景旅游区，创建申报推荐工作实现了科学化、规范化、制度化、信息化。

（肖海玲）

【区创城办召开为民办实事工程创城项目工作部署会】 8月15日上午，区创城办召开了为民办实事工程创城项目工作部署会，区住建委、区市政市容委、通州公安分局、通州公路分局、通州交通支队、永顺镇、梨园镇、北苑街道等24家单位的创城办主任参加了本次会议。会上，区创城办部署了2015年拟列入为民办实事工程相关工作，并强调各单位要早计划、早行动，尽快对下阶段创城工作进行梳理，涉及为民办实事工程的项目要尽快上报，所需资金统一列入区财政预算，不涉及为民办实事工程的相关工作所需资金要列入各单位的预算，纳入日常工作中。

【召开创建全国文明城区总指挥部第二次全体（扩大）会议】 8月22日上午，本区召开创建全国文明城区总指挥部第二次全体（扩大）会。会议由区委副书记、区长岳鹏主持，区领导王云峰、张文山、王春元、李玉君、赵玉影、崔志成、王杰群、张秀余、洪波、张振泉出席会议。全区各单位、各地区党政正职、创城办主任，创城督查组成员等320余人参加会议。

【召开“中华美德故事汇——我身边的美德少年”评选工作会】 9月4日，通州区“中华美德故事汇——我身边的美德少年”评选工作会在北京青年报社举行。会上，区文明办有关负责人介绍了“中华美德故事汇——我身边的美德少年”通州区青少年美德教育系列活动开展情况。

【印发《通州区创建全国文明城区测评体系指标任务分解台账（2014年版）》】 9月初，中央文明委向全国正式颁布《全国文明城区测评体系（2014年版）》，该版体系将作为2014年全国文明城区（第四届）评选的依据。区创城办结合该版体系和2011版体系中的指标任务分工，经过认真研究、集中讨论、征求意见、协调沟通、修改完善等几个阶段，最终制定形成了《通州区创建全国文明城区测评体系指标任务分解台账（2014年版）》并分类印发全区各单位执行。

【举办“青少年思想道德建设大讲堂——弘扬民族文化、传承京剧国粹”专题讲座】 9月，通州区青少年思想道德建设大讲堂“弘扬民族文化、传承京剧国粹”专题讲座在区文化中心剧场举办。讲座邀请了著名京剧表演艺术家孙毓敏老师，以“京剧欣赏入门——我对京剧艺术的审美理解和粗浅认识”为主题，为北京二中通州分校、芙蓉小学、临河里小学等学生讲解了京剧基础知识并进行了互动交流。此外，北京戏曲艺术职业学院的同学们表演了折子戏《草原英雄小姐妹》，用传统的京剧艺术诠释了草原英雄小姐妹的集体主义精神，生动的展现了国粹艺术的魅力，进一步加深了青少年对我国文化艺术瑰宝的理解。首都文明办，区关工委、区文明办、区社会办、区文化委、区妇联等相关负责人参加活动。

（林　森）

建成通州区道德讲堂总堂　　（文明办提供）

【开展国庆65周年走访慰问道德模范活动】 9月29日，为体现区委、区政府和社会各界对道德模范等精神文明建设先进人物的关心关爱，在第65个国庆节前夕，区文明办走访慰问了张品正、孟宪峰、杨得永、杨广金、于文静等历届全国和首都道德模范及提名奖获得者，送上节日的问候，详细了解了道德模范的生活和工作情况，让道德模范切实感受到了党和政府的温暖，感受到了全社会的尊重。

（牛　兴）

【举行烈士公祭活动】 9月30日是我国首个烈士纪念日，本区在烈士周波生前所在部队举行烈士公祭活动。区委、区人大、区政府、区政协领导，老战士和烈属代表，部分人大代表和政协委员，驻通州部队官兵代表，区属各部委办局及乡镇街道党政主要领导，师生代表和共青团员等参加活动。公祭活动由区长岳鹏主持，活动中，奏唱了《中华人民共和国国歌》，全体人员向为中国人民解放事业和共和国建设事业英勇献身的烈士默哀三分钟，少先队员献唱歌曲《我们是共产主义接班人》，礼兵战士向烈士纪念塑像敬献花篮，全体参加活动人员列队瞻仰了烈士纪念塑像并向烈士献花。活动结束后，区领导慰问了军烈属。当日，区文明办还组织道德模范代表到天安门广场参加了党和国家领导人向人民英雄纪念碑敬献花篮仪式，与首都各界代表一起，表达了对英雄烈士的缅怀追思。

（于泳哲）

【举办“中国道德文化宣传（北京）社区行”系列活动】 2014年，区文明办重点围绕“营造环境氛围、建立和谐社区、提升市民素质”三项任务组织开展讲“北京榜样”故事、演“身边好人”事迹、传播APEC相关知识的精彩北京人文艺节目选拔赛和征集“最美北京、最美市民”摄影作品等道德文化宣传活动。10月16—17日，本区举办“中国道德文化宣传（北京）社区行——精彩北京人文艺节目选拔”全市首场选拔赛及“最美北京、最美市民”摄影作品征集活动，传播了道德文化，提升了全区居民参与道德文化传播的热情。

【开展“首都精神文明建设奖”推荐评选活动】 10月22日，区文明办下发通知，组织开展2013—2014年度“首都精神文明建设奖”推荐评选活动。各单位结合精神文明建设和创建全国文明城区工作情况，精心组织、严格评选、严密把关，及时将推荐人选和先进事迹上报，41个单位报送候选人51人。经过征求意见、媒体公示、区委常委会审议等环节，确定区市政市容管理委员会党委副书记、主任薄立军等6人作为推荐人选，并上报市评选办。

（牛　兴）

【开展“文明餐桌”示范店（食堂）抽查工作】 自本区开展“文明餐桌”行动以来，全区有400余家餐饮企业、宾馆酒店及机关、学校、企业、事业单位食堂加入“文明餐桌”行动（含餐饮企业270余家，食堂140余家），其中，118家餐饮企业，50家食堂参加了示范店（食堂）的评选。区创城办最终评选出“文明餐桌示范店”67家，“文明餐桌示范食堂”30家，并对获得“文明餐桌示范店（食堂）”的单位进行挂牌管理。为进一步巩固“文明餐桌”创建成果，区创城办、各属地创城办联合区食药局利用一周的时间，对挂牌的“文明示范店(食堂)”进行抽查，涉及4个街道、3个乡镇的30余家餐饮企业、宾馆酒店及食堂。区食药局对卫生不合格的单位依法进行了处理。

【区领导对重点区域进行实地督查】 11月15日上午，区领导崔志成、王杰群、李亚兰带领区城管执法局、区市政市容委、通州交通支队等5家单位及各属地相关负责同志，对本区红旗厂沿街、潞河医院和妇幼保健院周边、漫春园早市、玉带河东街387号楼锅炉房以及梨园地铁站附近等区域中存在的车辆乱停乱放、占道和店外经营等问题进行实地督查。

【重点区域实地督查见成效】 11月中旬，区领导带队对本区重点区域进行了创城实地督查，针对新华大街东关菜市场周边等地存在违规违章占道经营、散发小广告等现象，区创城办向相关单位及属地下发了“督办单”，要求限期整改。年内，区城管执法局和中仓街道采取劝离、取缔、处罚等方式对东关菜市场周边违规现象进行整改，环境得到明显改善。各相关责任单位为防止此类问题反弹，建立了长效管理机制。

（林　森）

【开展“扮靓我家”市民文明实践活动】 为服务、保障APEC会议召开，营造首都整洁优美、文明祥和的环境氛围，按照首都文明办工作部署，区文明办联合区市政市容委、区园林绿化局、区妇联在全区范围内开展通州区“扮靓我家”市民实践活动，活动中涌现出大批特色鲜明，环境美化与文明建设相得益彰，人与环境和谐统一的街巷、社区和家庭。根据乡镇街道推荐、区文明办审核、首都文明办综合评定，最终评选出中仓街道四员厅社区新街、梨园镇怡乐北街2条街巷为“美丽街巷”，玉桥街道远洋东方小区、张家湾镇马营村祥和乐园小区2个小区为“美丽社区（院落）”，新华街道张桂芝、北苑街道宋学礼等40个家庭为“美丽家庭”。

【开展现有全国文明村镇、文明单位复查和第四届全国文明村镇、文明单位推荐工作】 12月5日，召开第四届全国文明村镇、文明单位复查及推荐工作部署会，通过相关单位自检自查、区文明办复查、区文明委领导审定后，推荐保留梨园镇大稿村、于家务回族乡仇庄村全国文明村镇称号，区市政市容委保留全国文明单位称号；推荐永乐店镇为第四届全国文明村镇，区住建委、通州供电公司西集供电所为第四届全国文明单位。

（肖海玲）

【召开“追寻家规家训 树立良好家风”主题活动现场推进会】 12月9日，本区“追寻家训家规 树立良好家风”主题活动现场推进会在于家务回族乡仇庄村召开。首都文明办主管领导，区委常委、宣传部长王杰群，副区长李亚兰出席活动，区文明办、区妇联、区教委相关领导，各乡镇街道宣传部长、妇联主席，各首都文明社区、首都文明村党支部书记130余人参加活动。活动中，区文明办部署了主题活动实施意见，仇庄村介绍了开展“追寻家训家规 树立良好家风”的经验做法，区妇联介绍了“最美家庭传家风”活动开展情况，并进行了座谈发言。会后参会人员参观了仇庄村村民活动室和乡情村史陈列室。王杰群就抓好主题活动提出三点要求，一是要充分认识宣传好家风好家训的现实意义，二是要切实把主题宣传教育工作落到实处，三是要坚持不懈、打造活动品牌。

（于泳哲）

8月26日，于家务乡仇庄村开展追寻家训家规《家道》三字经发布会活动　（于家务回族乡提供）

【区领导对重点区域进行实地督查】 12月9日下午，区领导崔志成、王杰群、李亚兰带领区文明办、区创城办、区城管执法局、区食药监局、通州交通支队、通州工商分局及相关属地主要领导，对我区老旧街巷（复兴里西路）、集贸市场（北机市场、杨庄商业街）存在的店外经营、无证照经营、车辆乱停乱放、市场外溢、卫生脏乱等现象，以及新华南路（红旗厂）沿街、乔庄北街等区域存在“门前三包”落实不到位等问题进行实地督查，区领导在检查中强调，今后的创城测评工作要求高、标准严、范围广，各单位必须齐抓共管，建立健全常态化工作机制；区创城办要将实地督查工作持续开展下去，突出问题导向，加大问责力度，狠抓整改落实。

【举办“中华美德故事汇——我身边的美德少年”主题教育活动成果展示会】 12月12日，通州区“中华美德故事汇——我身边的美德少年”主题教育活动成果展示会在区文化馆举行。区领导李玉君、王杰群、罗明光、李亚兰、张振泉，首都文明办未成年人工作处处长常建军出席会议；区文明办、区关工委、区教委、区妇联、团区委、各街道乡镇相关负责人，以及五老人员、青少年校外教育基地负责人和学生代表参加会议。

【大运通州网正式开通“文明达人”网络推荐平台】 年内，区创城办联合本区各单位及“大运通州网”、《通州时讯》《北青社区报》等多家媒体共同举办的“争做文明达人 共建文明城区”主题实践活动全面启动，各单位积极登陆“大运通州网”按照活动方案要求进行达人推荐及推选结果查询。“大运通州网”专题页面全方位报道“争做文明达人 共建文明城区”主题实践活动的开展情况，并配合主题举办系列网络活动。

（林　森）

【开展“做文明有礼的北京人——清洁空气蓝天行动”主题宣传实践活动】 年内，区文明办联合区环保局、区市政市容委、区交通局、区商务委、区园林绿化局、团区委、通州交通支队广泛开展“做文明有礼的北京人——清洁空气 蓝天行动”主题宣传实践活动，大力倡导绿色出行、绿色消费、绿色公益，建设绿色环保志愿者队伍。同时，在全区范围内开展“清洁空气 蓝天行动”大家谈活动，并依托通州文明网，开辟活动专栏，动员广大市民群众积极参加网络投稿，征集到评论文章1400余篇。经市民自发投稿或基层单位推荐、区文明办初评、区文联专家复评，最终有110篇征文分别获得一、二、三等奖和优秀奖。为进一步巩固活动成果，扩大社会影响，引导市民自觉投身“清洁空气 蓝天行动”中，区文明办将这些优秀征文精编成书，编印《做文明有礼的北京人——清洁空气蓝天行动》大家谈活动优秀征文汇编3000册，下发到全区各相关单位和公共文明引导员手中，供大家学习和宣传。

（肖海玲）

【组织开展“身边好人”推荐投票活动】 2014年，动员全区群众积极参与“我评议，我推荐身边好人”活动，向中国文明网推荐46名事迹突出的典型个人，白启芳、高盼、赵翠香、杨广金、周腾飞入选中国好人榜。

（牛　兴）

【检查“文明之窗　诚信通州”和“文明餐桌”活动开展情况】 年内，联合各行业主管及属地单位对包括窗口行业、餐饮企业、机关食堂在内的12个行业、20家单位的创建工作进行检查。针对窗口行业普遍存在的营业厅各类标识摆放不统一、投诉处理机制不健全、着装和胸牌佩戴不规范等问题，下发督办单15期。对属地餐饮企业“文明餐桌”创建工作进行检查。玉桥街道在玉桥东路幸福艺居小区路段底商建立诚信经营示范一条街，36家商户做出诚信经营承诺，并摆放由街道统一制作的承诺牌；新华街道以机关和流动工地食堂为重点，通过摆放提示牌，张贴倡议书，公布卫生制度、培训及消毒记录等方式方法，积极倡导“勤盛少取，杜绝浪费；文明用餐，健康饮食”的消费理念。

【召开创城法制和安全环境建设工作领导小组工作调度会】 年内，本区召开“创城法制和安全环境建设工作领导小组工作调度会”，会议由区委常委、通州公安分局局长李耀光主持，区委副书记、政法委书记李玉君出席会议。区公安分局、区综治办、区食药局等55家单位的主要领导及主管领导参加会议。会上，10家指标牵头单位和北苑街道、梨园镇的主要领导对本单位创城指标完成情况进行了汇报。区委政法委汇报了全区法制和安全环境建设创城指标对标达标工作进展情况。

【揭晓第二季度“文明达人”】 年内，本区开展“争做文明达人　共建文明城区”主题实践活动，得到全区各行各业的热烈响应和积极参与，通过单位推荐及个人网络自荐等方式，有近两千人报名。大运通州网依托“文明达人”网络推荐平台，以季度为单位，通过网络点击量、活跃度、关注度等指标进行综合评定，最终评选出爱心达人、微笑达人、节约达人、绿色达人、健康达人、网络达人、自驾达人和出游达人，8位“文明达人”为第二季度获奖者，并予以表彰。

【“通州区创建全国文明城区”暨“雷锋——我们与你同在”图片巡回展开展】 年内，“通州区创建全国文明城区”暨“雷锋——我们与你同在”图片巡回展在通州区图书馆拉开帷幕。本次巡展主要以“图说我们的社会主义核心价值观”为主题，分为“雷锋——我们与你同在”和“通州区创建全国文明城区”两大版块，通过1000余幅图片生动具体的阐释了社会主义核心价值观的深刻内涵，增强了人们对主流价值观念的认同感，为创建全国文明城区工作集聚正能量。

（林　森）

【编印简报】 为全面及时反映全区精神文明创建工作，挖掘特色经验，推广先进典型，交流创建成果，全年编写《精神文明建设简报》44期。为反映全区创建全国文明城区的工作进程，集中展示各单位在创建全国文明城区中的好做法、好经验和突出成果，全年编写《通州区创建全国文明城区简报》37期。

（牛　兴）

纪检　监察

【概　况】 2014年，全区各级党委、政府和纪检监察组织认真落实党风廉政建设主体责任和监督责任，严明党的纪律，狠抓作风建设，严肃惩治腐败，全区党风廉政建设和反腐败工作取得新成效，有力保障了城市副中心建设的顺利进行。年内，认真落实中央纪委、市纪委推动“三转”有关精神和要求，积极做好议事协调机构清理、内设机构调整等工作，推动纪检监察工作更加聚焦监督执纪问责主责主业。清理议事协调机构。将区纪委监察局牵头或参与的议事协调机构由之前的73个减少到11个，进一步理清纪检监察机关的监督责任。调整内设机构。本着将更多力量向监督办案倾斜的思路，2014年，整合5个内设机构，党风政风监督室、预防腐败室、执法和交通监督室整合为党风政风监督室，挂预防腐败室、区纠正行业不正之风办公室牌子；信访室和区行政投诉中心合署办公，信访室不再加挂政府举报站牌子。将案件检查室更名为第一纪检监察室，增设第二纪检监察室、第三纪检监察室和案件监督管理室。撤销干部室和宣传教育室，在此基础上重新组建组织部和宣传部。保留办公室、研究室和案件审理室。调整后，直接从事纪检监察主业的部门达7个，占内设机构总数的64%，一线监督办案人员占总编制的68%，进一步突出主责主业。加强基层纪检监察组织建设。制定《关于进一步加强基层纪检监察组织建设的意见》，从机构设置、职责定位、重点业务工作、领导班子及干部队伍建设等方面，对基层纪检监察组织建设及工作提出了明确要求，有效解决了职责定位不清、兼职、干部准入不严等问题。

【惩治和预防腐败工作】 年内，研究制定《通州区贯彻落实〈建立健全惩治和预防腐败体系2013—2017年工作规划〉的实施细则》。区委常委会专题研究党风廉政建设工作13次，及时对全区党风廉政建设作出部署要求。区委主要负责人坚持亲自批阅重要信访件、听取重大案件查办情况汇报、主持召开有关会议、协调解决重大问题。区委、区政府领导班子成员认真落实“一岗双责”，定期听取分管部门牵头任务及责任制落实情况汇报，全年完成53项重点任务。

【“两个责任”落实工作】 年初，区委与处级单位党委、处级单位与所属基层党组织层层签订党风廉政建设责任书，对党风廉政建设实行签字背书，明确责任、压实任务。为督促任务落实，区委连续三次组织召开乡镇、街道和18个重点委办局党委主要负责人座谈会，明要求、谈认识、讲做法，并在通州电视台等媒体开设专栏，先后访谈党委书记、纪委书记40余人次，广泛宣传“两个责任”。各处级单位对照责任书10个方面重点内容、37项具体考核评估指标，既加强领导，又直接抓工作落实，较好的履行了主体责任。严格按照责任书规定的内容，综合采取体制内干部民主测评与服务对象满意度调查结合、听取汇报与实地走访基层结合、查阅资料与检查“三公”经费账目结合、年底专项检查与平时工作评估结合等多种方式，全面了解掌握各单位党风廉政建设工作实际。区委、区政府领导班子成员亲自带队，完成对30家单位的重点检查和考核。根据检查考核结果，约谈排名靠后3家单位的党委、纪委主要负责人。

【治理“四风”方面突出问题】 以全区开展党的群众路线教育实践活动为契机，狠抓中央八项规定精神落实，着力解决党员干部“四风”方面存在的突出问题。年内，全区精简区级各类文件、会议44%和23%，同比压缩公务接待费、因公出国（境）团组10%和95%，纠正处理违规配备使用公车106辆次，清理腾退办公用房17452平方米，一批“四风”方面突出问题得到有效解决。对顶风违纪案件，坚持发现一起、查处一起，年内，全区纪检监察组织核查顶风违纪线索27起，其中，立案6起，结案2起，给予党纪处分2人；给予组织处理22人，其中，处级干部5人，科级干部5人，农村基层干部12人，通报曝光6起，有力地震慑了顶风违纪行为。

【案件查办工作】 年内，全区纪检监察组织受理纪内信访举报998件次，同比增长82%；初核违纪线索267件，立案52件，其中，大要案17件，给予党纪政纪处分44人，同比分别增长56%、79%、6%和22%；移送司法机关8件，为国家和集体挽回经济损失341万余元。区检察机关立案侦查贪污贿赂、渎职侵权等职务犯罪8件10人，有力打击了各种腐败行为。

年内，区纪委严肃查处了区农委原副主任贪污涉农专项补贴资金及收受贿赂案件，给予其开除党籍、开除公职处分，并将其犯罪问题移送司法机关依法处理。严肃查处了区体育局原副局长贪污案件，有力警醒了全区党员干部。

年内，区纪委深入开展严肃查处农村基层党员干部违纪违法行为专项行动，对11个乡镇涉及副科级以上干部和村“两委”班子成员的信访举报进行大起底、大排查，确定8个重点案件线索，查处违纪违法案件12件，涉案金额558万余元。严肃查处了漷县镇小屯村党支部原书记和永顺镇小圣庙村村委会原主任职务侵占、马驹桥镇西田阳村村委会原委员贪污等案件，切实解决发生在群众身边的腐败问题。

【行政监察工作】 创新监督方式方法。建立约谈制度，针对违法用地违法建设、机关效能、干部作风等问题，年内，先后约谈相关责任人和责任领导

60余人次，对党员干部身上存在的问题，做到早提醒、早教育、早解决；建立并实施处级单位党委主要负责人向区纪委述责述廉制度，推动主体责任有效落实；开展《纪检监察监督工作规则》研究制定工作，依据主责部门职权事项，明确监督方式及要求，促进纪检监察组织规范履行监督责任，实现对部门履职情况的再监督、全覆盖、常态化；开展聘请村务监督委员会主任担任特约纪检监督员工作，切实发挥村务监督委员会主任的监督作用，有效延伸了乡镇纪委的监督工作手臂；坚持快查快结，实行案件审理提前介入，及时对当事人作出党纪政纪处分，提高查办案件工作效率。

【党风廉政建设工作】 年内，推动主责部门开发建设农村集体“三资”监管信息系统，全面摸清农村“三资”底数，实现对农村“三资”交易及变动情况的实时监督。推动实施《村级集体资金、资产、资源监管暂行办法》，对农村“三资”管理程序作出全面规定，并建立实行村章托管制度，切实规范农村基层权力运行。针对在查处小官贪腐专项行动中发现的经济合同管理不规范、虚假发票、私设“小金库”以及支农惠农资金落实不到位等四个方面突出问题，深入开展专项治理，抓好自查核查、整改督办，有效促进了农村基层一批突出问题的解决。

【廉政风险防控工作】 认真组织开展涉权事项再确认、再评估。年内，对全区192个行政执法主体的6881项职权类事项、90项服务类事项进行再确认、再评估，规范行政职权460余项，精简行政审批事项100余项，编制政府部门权力清单及岗位操作规程并进行公开，有力推动了权力结构的科学化配置。大力推进电子监察系统建设，推动涉权事项网上办理和权力运行痕迹管理，开发建设了包括行政职权、重大资金、重大项目3大类18个子系统及2个基础数据库，建立了一套对权力运行过程自动记录、实时监督、自动预警、问题处置、统计分析等功能为一体的，覆盖全区重点部门和重点领域的电子监察系统，实现10个子系统的有效对接。

【反腐倡廉宣传教育工作】 开展第二届“勤廉之星”评选活动并广泛宣传勤廉典型先进事迹，层层组织党员干部参观北京市反腐倡廉警示教育基地、观看警示教育片，深入开展廉政文化创建活动，邀请中纪委领导为全区400余名处级以上领导干部进行反腐倡廉专题授课，对新任51名处级领导干部进行集体廉政谈话，着力从思想上进一步增强党员干部廉洁自律意识。

（褚　锋　潘丽丽）

统战　对台工作

【概　况】 2014年，区委统战部以全国、全市统战工作会议精神为指导，认真贯彻落实全市统战工作会议精神，围绕区委的工作部署，抓住统一战线在推进北京城市副中心建设中发挥优势作用这条主线，以开展党的群众路线教育实践活动为契机，努力提高统战工作水平和凝聚力、影响力，为城市副中心建设凝聚正能量。

【参观考察】 4月15日，区委统战部组织54名民主党派、无党派、宗教代表人士参观考察国际医疗服务区和核心区建设进展情况（北环隧道工程建设）。在建设工地现场，面对新城建设取得的成绩，统战人士备受鼓舞，表示要进一步强化责任意识和参与意识，发挥自身优势，为城市副中心建设做更大贡献。区委统战部部长赵玉影、常务副部长王振成等领导参加活动。

（李　晶）

【工作调研】 4月16日，国家中医药管理局副局长、农工党北京市委主委于文明，农工党北京市委常委副主委张新建等一行13人对北京市国际医疗服务区管委会进行考察调研。7月10日，市台办副主任于凤英、联络处处长吴瑞根一行到通州区台资企业——北京良冠花卉的兰花生产培育基地和摩登家庭有限公司调研。8月21日，台湾新光国际集团秘书长曾庆成一行考察北京城市副中心和核心区项目建设，先后考察了核心区远洋—新光项目地块、北关环遂、五河交汇处和国际会展区。10月31日，北京市台联理事十余人到通州区调研种业科技和文化产业发展情况，并参观考察了通州国际种业科技园。

（曾　琪）

【民族宗教工作】　7月29日是信仰伊斯兰教的我国10个少数民族的传统节日“开斋节”。区委常委、统战部长赵玉影、区委统战部副部长王瑞丰等领导到通州清真寺，与穆斯林群众共度开斋节，并送去慰问金，带去了节日的问候和良好的祝愿。12月24日晚，区委书记杨斌，区委常委、区长岳鹏，区委常委、副书记李玉君，区委常委、统战部部长赵玉影，区委常委、公安局长李耀光，副区长肖志刚，政协副主席季志会等领导先后到位于永顺镇杨庄村的通州基督教堂、潞城镇贾后疃村天主教堂、西集镇牛牧屯村天主教堂和漷县镇龙庄村天主教堂进行了慰问，为广大信教群众送去了节日的祝福和慰问金，并希望他们一如既往支持区委、区政府工作，为北京城市副中心建设和构建和谐社会作出贡献。

【走访慰问黄埔老人】　9月13日，区委统战部副部长王瑞丰、调研员殷世河带着水果、慰问品和1000元慰问金，专程看望慰问居住在通州区的黄埔老人何铁伦，转达区委、区政府对老人的关心和敬意，并祝老人生日快乐。

【为民族宗教人士办实事】　5月7日，区委统战部组织区内民族宗教代表人士40余人进行健康体检。区委统战部积极筹措资金15万元，在佑胜教寺、佑民观两大宗教场所安装监控设备；筹备10万元，整合基督教家庭聚会点，在梨园镇贵友大厦建立宗教活动场所，抵御不合法宗教组织的渗透，便于管理；筹备20万元，帮扶于家务乡于家务村用于村民服务中心硬件建设；协调区教委解决4名宗教代表人士子女入学转学问题；开展好民族宗教传统节日走访慰问活动，共送去慰问金10.3万元。

【通州区民主党派干部专题培训班】　5月21日，为期两天的通州区民主党派干部专题培训班在区社会主义学院开班，全区7个党派代表及无党派代表人士50余人参加培训。区委常委、统战部长在开班式上鼓励各位民主党派成员认真学习、珍惜此次机会，用心听讲、集思广益，为今后更好参政议政提供帮助。培训期间，组织参训人员到于家务乡种业园区进行实地参观考察。

（李　晶）

【通州区台办举办台资企业安全培训】　为进一步加强台资企业的安全工作，全面提高台资企业安全生产管理水平，8月26日，通州区台办邀请区安监局为全区十余家生产型台资企业负责人及安全工作主管开办安全生产专题培训。培训内容涵盖职业病的防治、安全生产中易发生的事件、企业安全管理注意事项、人为的不安全行为等方面。

【京台论坛通州专场在台北成功举办】　由台湾三三企业交流会和京城企业协会共同举办的京台企业家合作论坛通州专场于12月18日在台北寒舍艾美酒店成功举办。此次举办的“京台企业家合作论坛·通州”专场活动，主要是借助第十七届京台产业合作大会暨京台科技论坛的平台和优势，创新宣传方式，提高宣传的针对性，全方位、多角度的宣传通州北京城市副中心，促进首都发展，重点推介北京城市副中心通州。论坛由通州区政府副区长李亚兰主持，区长岳鹏致答谢词，并邀请台湾的文化创意行业、医疗康体行业、文化旅游行业及高端商务行业的高精尖企业代表40余人出席，通州区相关单位和通州区台资企业、内资企业代表30人参加论坛。

（曾　琪）

【选举产生新一届侨联领导班子】　12月4日，通州区第二次归侨侨眷代表大会召开，选举产生新一届区侨联委员和领导班子。市侨联、市侨办相关领导出席会议，市侨联主席荣洋在讲话中希望通州区侨联在区委、区政府的领导下切实履行职能，在为侨服务的同时，为通州经济社会发展贡献侨界力量。

【筹备成立区党外知识分子联谊会】　12月12日，通州区党外知识分子联谊会筹备大会召开，选举产生第一届理事会和班子成员。区委常委、统战部长赵玉影代表区委对大会的成功召开表示祝贺。他指出，区党外知识分子联谊会的成立，标志着通州区广大党外知识分子从此有了自己的组织，为全区广大党外知识分子搭建了一个感情联络、信息交流、发挥作用、展示自我的平台。它是党委联系无党派人士的桥梁和纽带，是开展无党派人士工作的重要载体。

（李　晶）

调 查 研 究

【概　况】 2014年，区委研究室围绕城市功能完善、产业提升、城镇化和城乡一体化发展、生态文明建设等方面，突出调研重点，提高调研质量和效率，努力通过调查研究促进科学决策。全年由区委研究室牵头或独立承担起草包括五届六次全会报告、五届七次全会报告等20余篇重要文稿。此外，作为区委教育实践活动办公室秘书组牵头部门，负责起草区委党的群众路线教育实践活动相关文字材料等30余篇，在全面推进北京城市副中心建设进程中，较好地发挥了参谋助手作用。10月31日，设立北京市通州区全面深化改革领导小组办公室，设在中共北京市通州区委员会研究室，为一个机构，两块牌子。负责协调有关方面提供改革方案和措施，落实区委全面深化改革领导下组的决定事项、工作部署和要求等工作。

【调研课题完成情况】 2014年，报市重点调研课题2个，完成2个，完成率100%。全年编发《通州调研》32期，有15篇调研文章在市级以上刊物刊发，其中，有4篇在市委的《北京调研》上刊发，有3篇在市政府的《工作研究》上刊发，有6篇在《北京农村经济》上刊发，有2篇在《北京农业职业学院学报》上刊发。

【形成《通州区工作情况汇报》】 4月，为全面做好北京市委书记郭金龙到通州调研时的各项工作，区委研究室对通州区经济社会发展情况开展调研，结合王云峰同志的要求，形成《通州区工作情况汇报》。此汇报全面总结了通州的基本区情和2014年主要工作情况，明确通州的战略定位和发展目标，并进一步阐明为实现目标在“一核五区”建设、人口调控工作、产业发展、参与京津冀协同发展、推进城乡一体化等方面所做的工作，客观公正地反映了通州区经济社会各方面的工作，为市领导调研通州提供了重要的参考。

【起草在区委五届六次全会上的讲话】 4月，按照区委常委会的要求，区委研究室对通州区经济社会发展情况开展调研，并在此基础上形成《在区委五届六次全体（扩大）会议上的讲话》。此讲话全面传达学习、贯彻落实北京市委书记郭金龙重要讲话精神，从坚定城市副中心建设的信心、理清城市副中心建设的脉络以及如何投身到城市副中心建设中等方面深入阐述如何贯彻落实郭金龙重要讲话精神建设好城市副中心，并提出要弘扬“四种精神”，即：要以奋发有为的精神干事创业、要以负责任的精神狠抓落实、要以敢闯敢试的精神攻坚克难、要以敢抓敢管的精神推动工作，全区人民建设城市副中心的热情为之一振。

【开展北京城市副中心人口问题调研】 7月初，区委研究室结合通州区实际，对北京城市副中心人口问题开展调研，并在此基础上形成《关于在城市副中心建设背景下加强流动人口调控与管理的调查与思考》调研报告。此调研报告从通州区建设北京城市副中心的角度，通过简述通州区流动人口的基本情况、流动人口持续增长带来的诸多问题，深入分析当前流动人口管理和服务工作中存在的问题及原因，就控制流动人口过快增长、做好流动人口管理与服务工作，从整体思路、工作原则、体制机制、政策运用以及创新做法上提供对策与建议，为本区如何解决人口问题，服务北京城市副中心建设提供了重要的参考。

【开展城乡一体化建设调研】 9月初，区委研究室结合通州区实际，开展城乡一体化建设调研，并在此基础上形成《关于通州区城乡一体化建设的实践与思考》调研报告。此调研报告从通州区城乡一体化的主要做法及成效、面临的新形势和存在的差距以及思路和对策等三个方面全面总结了本区在推进城乡一体化建设方面的经验、深入剖析了问题及成因，并在此基础上提出具有针对性、可操作性的对策，为本区在全面加快北京城市副中心建设的新形势下，如何破除城乡二元结构，走新型城镇化道路提供了重要的参考。

【起草区委五届七次全会报告】 按照区委常委会的要求，区委研究室在前期查阅大量资料和充分调研的基础上，在12月开始区委五届七次全会报告起草工作。在报告起草过程中，多方听取意见，认真研讨分析，形成《继往开来 奋力拼搏 以更高的标准推进城市副中心建设——在区委五届七次全体（扩大）会议上的报告》。报告全面回顾了2014年的主要工作，对当前新形势做了准确的分析判断，并对2015年的工作做了全面部署，特别是对完成2015年工作各项目标的基础上，提出十个方面的工作任务，即：全力提速“一核五区”建设、加大资源节约和环境保护力度、下大力气做好人口调控、加快推进产业转型升级、深化全国文明城区创建、大力发展公共服务、深入推进城乡一体化、积极推进社会服务管理创新、深入开展依法治区、全面深化改革创新。报告得到领导的肯定和全区广大干部的广泛认可。

（陈 莹）

保密工作

【概 况】 2014年，通州区保密工作按照《通州区“十二五”时期保密事业发展规划》的要求，以深入学习、宣传、贯彻《中华人民共和国保守国家秘密法》为主线，以加强制度建设、加强计算机信息系统管理、加强保密检查为重点，以不发生重大泄密事件为目标，围绕中心，服务大局，扎实工作，夯实保密工作基础，努力创新保密工作方法，完善保密管理工作，在全区各单位的共同努力下，完成全年工作任务，全年全区各单位没有发生泄密事件。

【审核武器装备科研生产保密资格定点单位】 2014年，对通州区域内5家申请武器装备科研生产保密资格定点单位进行审核，对1家军工企业异地生产场地进行实地检查。

【涉密文件管理】 1月，印发《关于进一步加强涉密文件保密管理的通知》，全区各单位对本单位保密管理工作进行自查，并形成自查档案。4月，与区委机要局联合，开展涉密中央文件保密管理工作专项检查，全区各单位对本单位涉密中央文件保密管理工作进行自查梳理，区委保密办、区委机要局对涉密中央文件在印发发布环节、阅读传阅环节、签收保管环节、清退销毁环节进行抽查。

【国家秘密载体定点印制资质单位管理】 3月3日—8日，开展国家秘密载体定点印制资质单位年审工作，4家国家秘密载体定点印制资质单位参加年审，年审采取自查与实地检查相结合的形式进行，经过北京市国家保密局审查，4家国家秘密载体定点印制单位资质延续。8月，对国家秘密载体定点印制资质单位进行重新登记审批，审批涉及申报材料23项，全区有4家印刷企业进行申报，有1家企业通过市国家保密局的审批。

【宣传教育形式多样】 5月1日—31日，开展《中华人民共和国保守国家秘密法》宣传月活动，在通州电视台连续5天播放保密宣传教育口号，在通州区人民政府内部信息网登载保密知识，印发4期《通州区保密工作》宣传专刊刊登保密知识，制作保密宣传教育笔记本3000本发放到各单位保密组织，全区各单位在保密法宣传月中通过观看录像、张贴挂图、宣传专栏、内部局域网、电子屏幕、悬挂宣传横幅宣传《中华人民共和国保守国家秘密法》；5月21日，印发《通州区2014年保密宣传教育工作意见》，部署保密宣传教育工作；5月5日，印发《关于学习贯彻中华人民共和国保守国家秘密法实施条例的通知》，在《通州时讯》、大运通州网上刊登条例全文，为全区各单位购置条例单行本1000册；5月5日—6月30日，开展保密宣传教育图片巡展活动，全区36个单位2个大专院校8000人参观宣传教育图片展；12月16日—31日，开展保密知识竞赛答题，答题以网络的形式进行，全区各单位5000人参加竞赛答题；2014年每月定期向各单位领导干部及涉密人员1500人发送保密警示教育短信。

【各类考试的保密管理工作】 5—12月，加强对高考、高自考、成人高考、中考、高中会考和英语

四、六级考试的保密管理工作，2014年各类考试考务人员签订保密承诺书450份。区国家保密局对4个高考考点、10个高自考和成人高考考点、2个大学英语四六级考点保密室进行逐一实地检查，全年没有发生考试泄密事件。

【全国保密普查工作】 6月，开展全国保密普查工作。涉及区属普查单位101家，其中，党政机关86家，武器装备科研生产保密定点单位9家，国家秘密载体印制资质单位6家，新增单位3家。

【专项检查】 7月21日—30日，开展涉密科研项目保密管理专项检查。全区各单位进行自查，8月1日—10日，区委保密办对9家武器装备科研生产单位进行抽查。

【计算机及网络管理】 9月24日，印发《关于进一步加强网络使用保密管理工作的通知》，全区各单位对本单位保密警示教育、涉密文件管理、信息公开保密审查、落实保密责任的工作进行自查。11月，印发《北京市政府信息公开保密审查办法》，规范政府信息公开和上网信息保密审查工作。12月，对全区党政机关、涉密单位计算机及网络进行基础数据统计汇总，开展网络核查分类统计。全年加强对涉密计算机保密技术防护工作，完善计算机及网络三个平台保密建设，并开展动态监管工作。

【规范国家秘密事项管理】 10月31日，印发《关于进一步加强定密管理工作的通知》，对定密权限、定密授权、单位定密、落实定密管理重点工作、加强定密管理工作的组织领导制订详细的规定。12月，对全区各单位产生的国家秘密事项汇总统计，完成国家秘密事项动态管理工作。

【落实领导干部保密工作责任制检查】 12月8日—19日，对全区处级单位领导干部保密工作责任制贯彻落实情况进行部署，全区党政机关按照工作要求和35项检查目录在本单位开展保密工作自查。区委保密办对部分重点单位进行抽查。

【保密自查自评】 12月，对照国家保密局《机关、单位保密自查自评工作规则》，对通州区在保密宣传教育、规范依法行政、加强通信与网络保密管理、加强保密检查等16个方面的保密管理工作进行自查及评分，自查符合工作规则，自评100分。

（郭立针）

社会建设工作

【概　况】 2014年，区委社会工委、区社会办以深入贯彻党的群众路线教育实践活动为契机，围绕北京城市副中心建设大局，着力在抓基础、抓创新、抓重点和抓落实上下功夫，推动全区社会建设工作迈上新台阶。

【社会治理体制机制创新】 年内，依托通州区社会建设研究指导中心，联合博士联谊会及合作院校建立36人的社会建设专家库，积极发挥智囊作用，开展《通州区关于社会组织管理与建设的调查研究》等课题研究，理论支撑和成果转化初见成效。在中心的智力支持下，启动32个社会服务管理创新项目，起到较好的示范带动作用，提升了社会治理水平。

【网格化系统平台建设】 年内，在街镇、社区、网格三个层面实现网格平台上报处置事件的闭环工作流程。与17个委办局实现数据对接，与12个委办局进行系统对接。制定33项管理制度并编辑成册。网格功能得到初步发挥，全年通过网格系统上报问题15.51万件，处理15.06万件，办结率达到97.1%，有效解决了突出的社会服务管理问题。

【社区建设】 年内，分两批开展社区规范化建设，80%的社区用房基本达到350平方米标准，社区办公环境和活动场所得到改善；楼门文化建设持续深化，基本实现“两个100%和两个50%”的目标；按照“六有一全+六支队伍”的特色模式打造15个“一刻钟社区服务圈”；以“文明·和谐·共享”为主题，开展为期3个月的金秋社区节系列活动。

【社会组织培育发展】 年内，成立通州区社会组织联合会；指导梨园镇成立了首家乡镇社区社会组织联合会；引导玉桥社会组织孵化基地发挥示范作用，重点发展商会类、科技类、公益慈善类、社区服务类社会组织；17个政府购买服务项目获批市级资金230万元；“社区青年汇”等公益品牌有力推动了社会公益活动的常态化。

【社工队伍建设】 年内，引进首家专业社会工作机构通州区众合社会工作事务所；开展首届优秀社区工作者专业能力提升培训班、“万名社工培训计划”和新招聘随军家属社工岗前培训，培训900人次；完成区社工联合会换届工作，建设33个志愿者建设达标社区。

3月19日—21日，举办“北京市万名社区工作者”通州区第三期培训班 （社工委提供）

【社会领域党建】 年内，探索推进街道“大工委”、社区“大党委”机制；全区112个社区全部实现单独或联合建支，组织覆盖率达到100%；全区4239家非公企业实现单独或联合建支的3282个，党组织覆盖率77.42%，居全市前列；全区13家枢纽型社会组织依托党建联席会在负责联系指导帮助的242个社会组织中实现党的工作全覆盖；推动在职党员到社区报到，有14146名在职党员认领社区岗位1755个，53295人次受益；推动6家商会建立党组织，打造环保园区等3个区级园区党建示范点。

（赵英堂）

老干部工作

【概　况】 2014年，全区老干部工作在区委、区政府的领导下，围绕全区中心工作，将教育实践活动与老干部工作紧密结合、同步推进，在全面深化改革中落实好老干部的政治和生活待遇，充分发挥老干部优势作用，为推动通州经济发展，建设北京城市副中心作出贡献，继续坚持谋大局、办实事、解难题，提高老干部工作水平，努力开创全区老干部工作新局面。

【离退休干部基本情况】 截至年底，区委老干部局服务管理的离退休干部有1082人。其中，区县级离退休干部43人，区属离休干部286人，易地进京离休干部21人，正处级退休干部337人，副处级退休干部395人。另外，在通州居住需要接受“四就近”（就近学习、就近活动、就近得到关心照顾、就近发挥作用）服务的区外离退休干部279人。

【老干部迎新春茶话会】 1月23日，通州区2014年老干部迎新春茶话会在阳光会议中心举行。区领导王云峰、岳鹏、王春元、李亚兰等出席。会上区委书记王云峰代表区委、区人大、区政府和区政协向老干部们致新春贺词并介绍了全区2013年经济社会发展情况及2014年工作思路。随后，老领导们观看了由通州区文化委、区老干部艺术团表演的文艺节目。

1月23日，老干部迎新年联欢会现场 （老干部局提供）

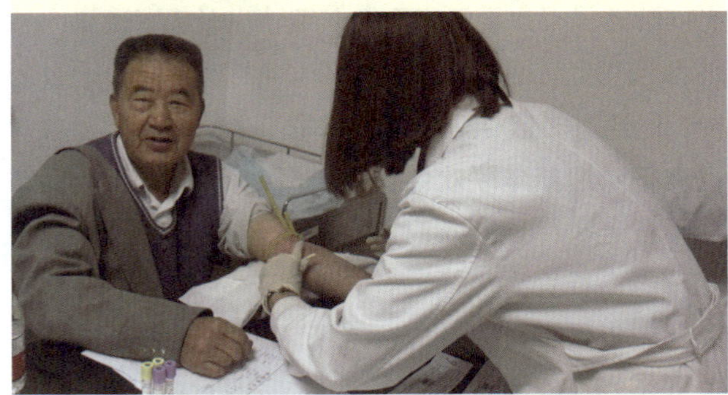

离退休干部体检 （老干部局提供）

【落实好老干部生活待遇】 5月，区委老干部局组织全区460余名离退休干部进行健康体检，为238名未享受优诊照顾的离休干部办理优诊卡，为320余名离休干部发放家政服务卡。

【离退休干部参观考察】 5月至10月，区委老干部局先后组织区县级离退休干部参观通州区重大工程项目、国际种业园区、西集休闲农业及天津滨海新区；组织400余名处级退休干部参观密云古北水镇，感受日新月异的社会发展变化。

【"城市副中心建设与京津冀协同发展"辅导报告会】 6月6日上午，区委老干部局在二楼报告厅举办"城市副中心建设与京津冀协同发展"辅导报告会。特邀区委党校副教授涂清华讲解京津冀协同发展中存在的突出问题及通州区在京津冀协同发展中的特殊优势及重要作用。部分离退休干部代表、离退休干部党支部书记、基层老干部活动站站长200余人参加活动。

【文化养生系列活动】 7月至10月，老干部文化养生系列活动深入推进。新成立老年太极拳协会、老年收藏协会、老年诗词研究会，先后为退休干部李伟、姜国利举办个人画展。

【开展道德讲堂活动】 9月16日，区委老干部局在大会议室开展道德讲堂活动。从唱歌曲、自省身、学模范、做承诺、送吉祥五个环节，学习道德模范，弘扬传统美德。局机关工作人员及退休老同志、离退休干部党支部书记及老年群团组织负责人80余人参加活动。

【慰问老干部】 9月25日至28日，老干部局开展国庆慰问活动。入户看望区县级老领导、老红军遗属、易地自管及生活困难离退休干部154人，为他们送去区委、区政府的节日问候和亲切关怀。

【老干部迎新年联欢会】 12月28日上午，老干部局举行老干部迎新年联欢会。区领导李玉君、杨静慧、王杰群等出席活动，并为新成立的老年养生协会和老年摄影协会揭牌。老干部艺术团的演员及机关工作人员表演了丰富多彩的文艺节目。参加联欢会的还有区县级离退休老领导、离退休干部党支部书记、易地离休干部、区属处级退休干部、各单位老干部工作人员、基层老干部活动站站长及老年群团组织负责同志等近400余人。

（白　玉）

党 校 工 作

【概　况】 年内，通州区委党校举办各类培训班次63期，培训人数4824人。其中，举办的主要培训班次包括：举办学习贯彻总书记习近平系列讲话精神处级领导干部轮训班6期，培训663人；举办学习贯彻总书记习近平系列讲话精神科级干部示范培训班6期，培训480人；举办优秀中青年干部培训班1期，培训34人；举办处级干部进修班2期，培训108人；举办新任处级干部培训班1期，培训人数60人；举办公务员大规模轮训培训班4期，培训640人；举办通州区2014年公务员初任培训班2期，培训99人；举办农村党支部书记、村委会主任培训班4期，培训600人；举办大学生"村官"党员农村工作能力培训示范班1期，培训50人；举办通州区2014年选调生岗前培训班1期，培训20人。举办2014年大学生"村官"党员群众工作能力培训示范班1期，培训50人。培训班次涵盖主体班、专题班、进修班、公务员班等类型。

【教法创新】 年内，通州区委党校完善《通州区委党校专题开发实施项目制的有关规定（试行）》。新课验收首次采用"第三方"评估制度，探索形成新课标准评估与"第三方"质量把关互为补充的新专题开发验收评估机制，形成更为规范、透明、公正、严格的新课验收操作流程。全年验收新专题33个。建立三级管理模式，形成班主任严格执纪、班委会典型示范、培训联络员有效监督"三位一体"、相辅相成的培训管理体系。采取"三三制"培训模式，使培训的理论高度、现实情况、经验总结三个维度都得到充分发展，保证学员在理论与实践的充分结合中教学相长，学学相长，学有所获。

【科研工作】 年内，修订完善《通州区委党校科研工作奖励办法（试行）》，极大调动教师科研工作积极性，激励研究出文章，科研出成果，成果进课堂。全年完成调研课题9项，其中，市级课题3项，区级课题6项；完成参与课题5项，其中，国家级课题1项，市级课题1项，区级课题3项。发表调研报告1篇，论文5篇，其中，林学达主持的《当前通州建设北京城市副中心的问题与对策研究》在2014年《北京调研》第五期刊发。周志芬在国家级核心期刊《科学社会主义》2014年第五期发表论文《以协商民主创新社会治理》。此外，涂清华专著《文化引领城市发展》在光明日报出版社出版；惠学刚任第一作者合著《权力的边界》在国家行政学院出版社出版。在专题调研的基础上，涂清华、林学达两位副教授先后受区委领导点名特邀，参加通州区关于城市副中心定位的人口问题和通州区人口调控问题等决策咨询研讨会5场，并做6次主题发言，研究成果受到区领导高度肯定，真正发挥了区委、政府决策的智囊外脑作用。通州区委党校党委荣获2012—2013年度北京市党校（行政学院）系统优秀科研工作组织奖。林学达的专著《北京城市副中心探索与实践》荣获北京市党校（行政学院）系统2012—2013年度优秀科研成果一等奖；涂清华被评为北京市党校（行政学院）系统2012—2013年度优秀科研管理工作者。

【“百讲党课进基层”活动深入开展】 年内，认真落实区委“百千万”党员教育培训工程，做好“百讲党课进基层”宣讲工作，有效将宣讲课堂延伸至村和社区等基层，宣讲内容设置充分结合总书记习近平系列讲话精神和开展党的群众路线教育实践活动要求，从全区经济社会发展和北京城市副中心建设的具体实际出发，有针对性地推出党的群众路线教育实践活动、党的建设、北京城市副中心建设与文明城区创建、公共服务和领导科学4类46个备选授课专题。全年宣讲99场，受众人次达到10000余人。

【“党的群众路线教育实践活动宣讲团”全面启动】 年内，结合党的群众路线教育实践活动成立“党的群众路线教育实践活动宣讲团”，宣讲178讲，受众2万余人次，成为区委党校史上宣讲场次、受众和反响最大的宣讲活动。涂清华副教授获得市委宣传部评选的2014年度北京市理论宣讲先进个人，其所宣讲专题《毫不动摇地坚持中国特色社会主义》获得2014年度北京市“宣讲家杯”优秀报告奖项。

（袁丽丽）

区直机关工作

【概　况】 2014年，在区委、区政府的领导下，区直机关工委围绕北京城市副中心建设的大局，以“服务中心、建设队伍”为核心，以党的群众路线教育实践活动为主线，结合工作实际，创新工作机制，深入开展基层党组织书记“双述”活动以及“两书”签订活动，扎实推进机关党的思想、组织、作风、制度、反腐倡廉和精神文明建设，进一步提升党建工作水平。

【基层党组织换届工作】 2014年，区直机关工委对15个基层党组织进行换届，对19个基层党组织班子进行调整，新建3个基层党组织，党组织班子健全率达到100%。

【帮扶工作】 1月17日，在帮扶村漷县镇纪各庄村委会召开高清交互数字电视开通现场会，现场向村民们发放机顶盒。11月4日，拨付给帮扶村10万元经费，用于建设纪各庄村健身活动场所。

【发展党员工作】 1月23日，召开区直机关工委会第一次会议，讨论通过2013年度预备党员转正30人、审批通过发展新党员32人。12月3日，召开区直机关工委会第二次会议，讨论通过2014年度预备党员转正40人、审批通过发展新党员38人。

【开展三八妇女节活动】 为庆祝三八妇女节，不断丰富女职工业余文化生活，为区直机关女职工发放118张电影票。

【在职党员到社区报到工作】 4月开始，开展区直机关在职党员到社区报到工作，2490名在职党员到社区报到，积极为社区服务、主动为群众服务。

【举办入党积极分子培训班】 4月11日，举办2014年度区直机关入党积极分子培训班，区直机关工委系统60名入党积极分子参加培训。培训采取专题辅导与现场考试相结合的形式，区委党校教师针对党的性质和宗旨、党员的权利和义务等内容进行专题辅导，培训结束后，组织全体学员进行专项测试，对考试合格者颁发“申请入党人党的知识考试合格证书”。

【参加义务植树活动】 4月12日，区直机关工委充分调动党员干部群众参与“植绿、护绿、爱绿”的积极性、主动性，组织150名机关干部到东郊森林公园，参加全区2014年义务植树活动。

【举办第十一届羽毛球比赛】 5月13日，在通州区体育局羽毛球馆举办区直机关第十一届羽毛球比赛，73个代表队、286名机关干部参加比赛。

【开展五四青年节活动】 5月中旬，组织区直机关团员青年开展“践行群众路线 传递青春正能量”主题实践活动。举办党的群众路线教育实践活动主题团课、“书韵流香 青春飞扬”读书月以及“青春正能量 奉献在基层”志愿服务等系列活动。

【组织职工参加健康体检】 6月下旬，组织区直机关工委系统干部职工及享受副处待遇以下退休人员435人，在潞河医院体检中心进行健康体检。

【开展“共产党员献爱心”捐献活动】 6月24日—7月4日，举办了2014年区直机关“共产党员献爱心”捐献活动，区直机关工委系统3130人参加捐款活动，其中，党员2766人、群众364人，捐款金额283971元。

【开展走访慰问困难党员活动】 “七一”前夕，区直机关工委开展“迎七一·送温暖”走访慰问活动。走访慰问区直机关工委系统困难党员52名，发放慰问金5.2万元，切实将党的关怀和温暖送到了困难党员的心坎上。

【督导基层组织生活会及民主评议党员工作】 区直机关工委制定了《关于在党的群众路线教育实践活动中基层党组织召开专题组织生活会并开展民主评议党员工作的实施方案》，成立五个督导组，并于7月17日—8月底，对所辖52家基层党组织的组织生活会和民主评议党员工作进行全覆盖督导。据统计，52家基层党组织参加组织生活会和民主评议党员的1495人，其中，被评为“好”的1482人、占99.1%；被评为“一般”的13人、占0.9%；被评为“差”的0人。

【开展“两书”签订工作】 7月—12月，面向区直机关工委系统60家单位开展“两书”签订工作。区直机关工委与各基层党组织书记签订《区直机关党建责任书》，与各基层单位党组书记签署《区直机关党建协议书》。

【举办新党员党性教育示范班】 10月28日—31日，区直机关工委与区委组织部联合举办通州区2014年新党员党性教育示范班。培训采取现场教学的方式，充分利用山东沂蒙党的群众路线教育基地优质的红色教育资源，以加快新党员思想上入党为重点，深化党性教育和党的群众观教育，增强党员践行党的群众路线的积极性和主动性。区直机关工委系统15名新党员代表参加此次培训。

【举办党务干部培训班】 12月2日—3日，举办2014年度区直机关党务干部培训班。培训班首次将培训对象由党组织书记延伸到全系统60家机关党组织副书记、党组织委员，实现党务干部培训“全覆盖”。培训内容紧跟时代主题、突出针对性，邀请区委党校骨干教师围绕理想信念、社会主义核心价值观、传统文化、心理素质四个方面进行专题辅导。

（陆晓园）

民主党派

【概　况】 2014年，通州区民主党派成员有573人。其中，中国国民党革命委员会通州支部62人，中国民主同盟通州区工作委员会78人，中国民主建国会通州区工作委员会119人，中国民主促进会通州区总支委员会83人，中国农工民主党通州区工作委员会64人，中国致公党通州区工作委员会82人，九三学社通州区工作委员会85人。

【参政议政】 2014年，各民主党派围绕区委、区政府的工作大局，就全区经济社会发展中的重要问题和人民群众普遍关注的热点问题，展开深入调查，进行理性分析，提出许多建设性的意见和建议，在推动城市副中心建设、保障和改善民生、促进社会和谐等方面起到积极的作用。年内，民革通州区支部提出的《关于改善我区空气质量的提案》，被区政协评为优秀党派团体界别提案。民盟通州区工委提出的《关于财政支持、项目驱动，加大新入职教师培养力度，提升我区教师队伍水平的提案》《关于治理通州区工地扬尘及道路遗撒的提案》，被区政协评为优秀党派团体界别提案。民建通州区工委提出的《关于建立城市副中心红枫主题公园的的提案》，被区政协评为优秀党派团体界别提案。民进通州区工委提出的《关于做大做强潞河教育品牌的的提案》，被区政协评为优秀党派团体界别提案。农工党通州区工委提出的《关于采取防控措施，降低雾霾天气对肺癌发病影响的提案》《关于整治扬尘降低空气污染的提案》，被区政协评为优秀党派团体界别提案。致公党通州区工委提出的《关于建立和完善通州区养老服务机构信息平台的提案》，被区政协评为优秀党派团体界别提案。九三学社通州区工委提出的《关于创建新型文明社区，共助城市副中心和谐发展的提案》，被区政协评为优秀党派团体界别提案。

【社会服务】 2014年，各民主党派围绕全区经济发展、城市建设和社会事业，结合自身特点，主动发挥优势，积极开展服务社会活动。民革：围绕养老服务品牌，组织医疗小组与智慧养老调研组为老人提供健康讲座。民建：一支部会员沈仁明坚持帮助残疾人就业，坚持传统节日定期慰问永乐店镇50位困难老人。民进：组织会员到西集镇大灰店小学上示范课、座谈交流，帮助提高教学质量，全体会员捐资帮助北苑办事处辖区3名特困生助学。民盟：各支部到大运河森林公园开展活动，沿路捡拾垃圾，提高维护宜居环境意识，组织盟员到颐年护老院开展爱老护老志愿服务活动。致公党：积极发挥专业人才、社会资源优势，与区投资促进局、科委、金融办、工商联、10家开发园区的主要负责人，8家商业银行，30余家民营企业的负责人以及温州商会领导和20家企业代表，就企业金融服务、企业管理、温州总部大厦建设等内容进行座谈交流，进一步加大合作力度，共同为首都城市副中心建设出智献力，同时组织部分致公党员医生到潞城镇卜落垡小学进行“牙科义诊”活动，得到学校及家长的肯定。九三学社：组织社员到通州区徐辛庄颐养苑敬老院开展“老年人跌倒与预防”的讲座，并组织部分医务社员在次渠镇北里社区服务站义诊，取得良好的效果。

【自身建设】 年内，各民主党派通过学习文件、专题授课、座谈交流、实际考察和参加培训等各种形式，学习中共中央十八大会议精神，进一步夯实共同思想政治基础，进一步提高党派班子成员参政议政水平。坚持积极稳妥的原则，积极培养和吸收符合条件的优秀人才加入党派组织队伍，围绕调研材料拟写、社情民意信息反馈等方面对新进入成员进行专题培训，进一步增强新加入成员的参政议政意识。民革通州区支部，把推进学习型支部建设作为建设和谐、发展、创新、高效支部的重要基础，制定《中国国民党革命委员会北京市通州区支部关于大力推进学习型支部的三年规划》，组织建新发展党员5名，转入党员1名。民建通州区工委，制订主委会议制度、委员会会议制度和主委办公会会议制度，重新修订《民建通州区工委会员发展细则》和《民建通州区工委支部委员产生办法》，组织全体会员到国家博物馆观看复兴之路展览，组织中青年骨干会员到八路军太行纪念馆参观学习，组织新会员4人次参加民建市委组织的两期培训班，2人次参加市委统战部组织的党派新成员培训班。民进通州区工委于5月17日正式成立，并组织工委班子成员参观民进中央会史展览，观看民进创建时专题片，加深对民进历史和优良传统的认识，组织部分成员参加北京社会主义学院为期9天的党派学习班、宣传骨干培训班、民进北京市委基层组织负责人培训班，召开一年一度的暑期培训活动，参观烈士陵园并进行爱国主义教育活动。通州区民盟工委为通州区的文化繁荣与发展，成立民盟通州书画研究院，严格落实工委组织发展程序规定，做好盟员发展工作，获得民盟市委基层组织建设工作创新奖，第四支部被评为民盟市委基层组织建设年活动先进基层组织。致公党通州区邀请中共北京市通州区委党校涂清华老师以“全面推进依法治国”为题进行专题辅导，参加致公党北京市委举办的2014年参政议政培训班，组织“为北京蓝天作贡献”活动,推选新党员参加市委、区委统战部组织的各种学习班、视察活动，加强后备人才的储备。九三学社通州区工委组织社员参观白洋淀、雁翎队纪念馆、卢沟桥畔宛平城内的抗战纪念馆、卢沟古桥，重温70年前不屈不挠英勇抗日的光荣历史。副主委乔梦虎应邀给北京市纪委讲授纪检查账课程，《北京教育(高教版)》第05期刊发文章《责任是一种担当——记北京财贸职业学院乔梦虎》，赵艳梅撰写的《传承先进文化，建设美好精神家园》、王纪坤撰写的《同学会等群众社团的文化正能量》在第三届全国煤矿群众文化理论征文活动中分别获得一、二等奖。

（宋文平）

政权·政治协商

区委理论中心组学习扩大会暨学习宣传贯彻中共十八届四中全会精神专题报告会
（区委宣传部提供）

通州区人民代表大会常务委员会

【概　况】 2014年，区人大常委会全年召开7次常委会会议，审议18项议题，其中，听取和审议专项工作报告12项，依法作出决议、决定6项。召开15次主任会议，听取“一府两院”专题工作报告19项；督办代表建议124件；开展专题调查研究8项。较好地发挥了地方国家权力机关的职能作用。

2014年，常委会主要做了以下工作：一是认真筹备召集人民代表大会会议。依法召开区五届人大四次会议。二是切实履行监督职权，推进经济社会发展。常委会加大监督力度，突出监督重点，注重监督实效，推动“一府两院”相关工作不断取得新的进展。三是依法决定重大事项，行使人事任免权。常委会严格任免程序，增强任命人员的国家意识、法律意识和责任意识。全年任免国家机关工作人员79人次，其中，任免区人大常委会工作机构人员23人次，任免区政府工作部门负责人4人次，法检“两院”工作人员52人次，从组织上保证了国家机关的正常运转。四是加强代表工作，发挥代表作用。常委会努力提高为代表履职服务的水平，代表素质不断提高，代表作用得到较好发挥。五是加强自身建设，提高履职水平。常委会认真学习贯彻党的十八大、十八届三中、四中全会精神，深入开展党的群众路线教育实践活动，自身建设水平有了新提高。

【区五届人大四次会议举行】 1月8日至10日，区第五届人民代表大会第四次会议举行。会议听取并审议北京市通州区人民政府工作报告；审议北京市通州区2013年国民经济、社会发展计划执行情况和2014年国民经济、社会发展计划的报告，审查和批准通州区2013年国民经济、社会发展计划执行情况的报告和2014年国民经济、社会发展计划；审议北京市通州区2013年财政预算执行情况和2014年财政预算的报告，审查和批准通州区2013年财政预算执行情况的报告和2014年财政预算；听取并审议北京市通州区人民代表大会常务委员会工作报告、北京市通州区人民法院工作报告、北京市通州区人民检察院工作报告，并对上述报告分别作出决议。

【第十七次常委会会议】 2月18日，北京市通州区第五届人民代表大会常务委员会召开第十七次会议。会议传达市十四届人大二次会议精神。审议通过区人大常委会2014年工作要点。会议免去刘立新北京市通州区环境保护局局长职务，免去于光伟、乃日拉图北京市通州区人民检察院检察员职务。会议决定任命裴志刚为北京市通州区环境保护局局长，任命蒋为杰为北京市通州区人民法院刑事审判第一庭副庭长，任命于俊平为北京市通州区人民法院审判员、审判监督庭副庭长，任命奉一兵为北京市通州区人民法院审判员、民事审判第二庭副庭长。

【第十八次常委会会议】 4月15日，北京市通州区第五届人民代表大会常务委员会召开第十八次会议。会议进行法律法规培训，北京市人大常委会法制办公室主任李小娟就新出台的《北京市大气污染防治条例》《北京市人民代表大会代表建议、批评和意见办理条例》作专题讲座。会议听取并审议区政府关于缓解交通拥堵工作情况的报告，听取区人大常委会城建环保委主任黄春来所作的关于对区政府缓解交通拥堵，加强科学管理、综合治理及交通设施建设情况的调研报告。

【第十九次常委会会议】 6月26日，北京市通州区第五届人民代表大会常务委员会召开第十九次会议。会议听取并审议区政府关于2013年财政决算情况的报告、关于2013年预算执行和其他财政收支的审计工作报告，听取区人大常委会关于通州区2013年财政决算和2013年预算执行和其他财政收支审计工作的审查

报告，作出关于批准北京市通州区2013年财政决算的决议；听取并审议《北京市通州区国际种业科技园区建设规划（2014—2020）》的议案和报告，听取区人大常委会关于通州区国际种业科技园区建设规划情况的调研报告，作出关于批准《北京市通州区国际种业科技园区建设规划（2014—2020）》的决议；听取并审议关于科技创新对经济社会支撑引领作用的情况报告，听取区人大常委会关于科技创新对经济社会支撑引领作用情况的调研报告；通过区人大常委会关于建立代表联系网络机制 进一步加强人大代表联系选民工作的意见（试行）。会议免去杜德久北京市通州区文化委员会主任职务，免去陈镇北京市通州区人民法院人民陪审员职务。会议决定任命李茂、扈文景、赵学田、谢国钧、韩文禹、邓敏霞、岳奎、吴文明、汤国庆、杨殿祥、杨柏山、王长林、钟玉文、平学光、丰永全、杨建琴、张玉林、崔爱民、郭俊苹、郝凤水、张艳明、杨琨、冯海蛟、刘雪、翟玉刚、王术、崔艳姮、宋超、赵丽军、东勇、叶宏、陆霜梅、于振山33人为北京市通州区人民法院人民陪审员。

【第二十次常委会会议】 8月14日，北京市通州区第五届人民代表大会常务委员会召开第二十次会议。会议听取并审议区政府关于2014年上半年工作情况的报告、关于2014年国民经济和社会发展计划上半年执行情况的报告、关于通州区2014年上半年财政预算执行情况的报告，听取区人大常委会关于通州区2014年上半年国民经济和社会发展计划及财政预算执行情况的调研报告。会议免去钱龙北京市通州区人民代表大会常务委员会农村工作委员会副主任职务，免去谢恩品北京市通州区人民法院副院长、审判委员会委员、审判员职务，免去徐伟东北京市通州区人民法院马驹桥人民法庭庭长职务。会议决定任命王立生为北京市通州区文化委员会主任，于有志为北京市通州区人民代表大会常务委员会办公室副主任（挂职一年），杨枭、戚淼、雷玉娟、黑建彤、赵作伦、陈旭、王娟、孙芳芳、赵臣、刘婉容、王亚西、孙燕为北京市通州区人民检察院检察员。

【第二十一次常委会会议】 10月17日，北京市通州区第五届人民代表大会常务委员会召开第二十一次会议。会议听取并审议关于通州区创建全国文明城区工作情况的报告，听取区人大常委会关于通州区创建全国文明城区工作情况的调研报告；听取并审议区政府关于养老服务业发展情况的报告，听取区人大常委会关于通州区养老服务业发展情况的调研报告；听取并审议区政府关于园区产业发展情况的报告，听取区人大常委会关于通州区园区产业发展情况的调研报告。会议免去李清俊北京市通州区人民代表大会常务委员会代表联络室主任职务，免去贾立军北京市通州区人民代表大会常务委员会教育科技文化卫生工作委员会副主任职务，免去何惠英北京市通州区人民法院副院长、审判委员会委员、审判员职务。会议决定任命贾立军为北京市通州区人民代表大会常务委员会代表联络室主任，任命焦慧强为北京市通州区人民法院副院长、审判委员会委员、审判员。会议作出由焦慧强代理区人民法院院长的决定。

【第二十二次常委会会议】 12月9日，北京市通州区第五届人民代表大会常务委员会召开第二十二次会议。会议听取区政府关于提请调整2014年财政预算的报告，作出关于批准调整通州区2014年财政预算的决议；会议审议通过通州区五届人大五次会议代表资格审查的报告，作出关于补选通州区第五届人大代表的决定、关于召开通州区五届人大五次会议的决定，审议通过通州区五届人大五次会议议程（草案）。

【第二十三次常委会会议】 12月30日，北京市通州区第五届人民代表大会常务委员会召开第二十三次会议。会议听取并审议关于办理区五届人大四次会议代表建议、批评和意见工作情况报告，听取区人大常委会关于督办区五届人大四次会议代表建议、批评和意见工作情况的报告，通过关于补选代表资格的审查报告。会议研究区人大常委会工作报告（审议稿）。会议通过关于区五届人大五次会议主席团、秘书长组成人员名单（草案）、国民经济、社会发展计划和财政预算审查委员会组成人员名单（草案）、议案审查委员会组成人员名单（草案）；决定列席人员名单。

【推进依法治区进程】 常委会高度重视人民代表大会会议。为开好人民代表大会会议，常委会精心组织，周密安排。一是认真研究提出会议方案，依法审议、决定关于召开人民代表大会会议的有关事项，保证大会的顺利召开。二是认真准备提交大会审议的常委会工作报告，并于会前将“一府两院”工作报告及专项报告一同送交代表，方便代表审议各项报告。三是组织代表视察及讨论各项工作报告，与区政府领导沟通座谈，促进相关问题的解决。四是扎实做好各项会务工作，做到依法、规范、严谨、细致。通过常委会精心周密的组织筹备工作，保障人民代表大会会议的顺利召开，保障有效发挥人民代表大会的职能。

【发挥监督职能】 2014年，区人大常委会加大监督力度，突出监督重点，注重监督实效，推动“一府两院”相关工作不断取得新的进展。一是加强对经济建设的监督。把推进经济转型升级，提高经济发展质量和效益作为重点，着力加强对经济运行和重点工作的监督。二是加强对城市副中心建设的监督。针对创建全国文明城区、缓解交通拥堵、城乡住房保障、重点工程建设、国际医疗服务区建设等重点工作，运用多种监督方式，促进城市副中心建设有序推进。三是加强对科技创新和社会建设的监督。常委会把科技进步、养老服务业发展作为监督工作的重要内容，推动民生工作不断发展。四是加强对生态环境建设的监督。常委会持续不断加强对生态环境建设的监督，采取多种监督形式，推进环境建设持续开展。五是加强对司法工作的监督。常委会加强对审判、检察工作的监督，推动法检“两院”深化改革，促进公正司法。

【开展代表活动】 常委会努力提高为代表履职服务的水平，代表素质不断提高，代表作用得到较好发挥。一是创新代表工作方式。常委会把加强代表与人民群众的联系，作为践行党的群众路线，保证人民当家做主的重要抓手和着力点。进一步加强和改进代表视察工作。二是为代表履职提供服务。坚持向区人大代表通报“一府两院”半年工作，听取代表意见；坚持常委会主任、副主任联系代表小组、接待代表，常委会组成人员联系代表制度；向全体代表征集常委会2014年监督议题建议。三是加强代表建议的督办。常委会坚持主任、副主任督办重点建议制度，认真听取和审议代表建议办理情况报告，组织代表视察重点建议落实情况，加强办中督查和办后复查，推动办理工作取得良好实效。

【办理代表议案、建议】 代表建议的督办工作，是人民代表大会行使国家权力的重要形式。区五届人大四次会议期间代表提出建议120件，闭会期间代表提出建议4件，全部依法办复。常委会坚持主任、副主任督办重点建议制度，认真听取和审议代表建议办理情况报告，组织代表视察重点建议落实情况，加强办中督查和办后复查，推动办理工作取得良好实效。常委会主任牵头督办的“加快漷小路工程建设”的建议，被区政府列入2014年重点工程项目，区政府及有关部门全力推进项目建设进度。代表提出的“建设通州科学中心”的建议，通州科学中心规划方案基本明确。对于“提高新农合门诊报销额度及提高特病人群报销比例”的建议，2014年，本区对2013年患大病参合人员给予二次补偿2588人，基金支出1698万元。“建立评选奖励优秀校长”“玉带河大街东延路段通公交车”“将跨界建设的新城乐居小区（即化六安置房）行政区域归属梨园镇管辖”“整治三元村菜市场及周边环境”等一批建议都得到有效落实。

【加强基层民主政治建设】 常委会认真做好人民群众来信来访工作，加强对群众诉求的综合分析，加大协调督办力度，促进有关问题的解决。积极协助市人大常委会做好立法意见征求、开展调研、视察、检查等工作。常委会通过召开乡镇人大工作会议、组织学习培训、经验交流等多种方式，加强对乡镇人大工作的指导与联系，促进乡镇人大深化代表工作，加强制度建设，乡镇人大工作取得新进展。

【宣传工作】 加强对区人民代表大会会议和区人大常委会履行职权的新闻宣传工作。提高《通州人大》刊物和《通州人大信息》质量，增强人大网站宣传效果，全年编发人大信息60期，编发通州人大会刊4期，为宣传人大工作，自觉接受群众监督，营造良好的舆论氛围。进一步完善人大门户网站的运营维护工作，认真做好人民代表大会会议专题报道工作，保证人大网站信息的及时更新。

（吴晓蕊）

通州区人民政府

概 述

2014年，全区上下坚持以党的群众路线教育实践活动为统领，在各条战线上努力拼搏、锐意进取，实现了经济社会的平稳较快发展。全年地区生产总值实现550亿元；地方公共财政预算收入实现60.9亿元，全社会固定资产投资额实现687.7亿元，社会消费品零售额实现302.9亿元，城镇居民人均可支配收入实现37095元，农村居民人均纯收入实现20076元。

“一核五区”建设取得阶段性成果。土地一级开发取得突破性进展，政策及规划体系保障更加有力。主要功能区项目进入全面建设期。核心区万达广场开业运营；富华水乡南区等项目基本竣工，新北京中心等项目进入主体建设阶段；富力等项目实现全面开工；彩虹之门、台湾新光等项目启动前期工作。文化旅游区环球影城项目正式获得国家发改委核准。环渤海高端总部基地国家车联网产业基地项目地块具备上市条件，上海合作组织中心、北京SAP智慧城市创新中心加快推进。宋庄文化创意产业集聚区中国艺术品交易中心、国家时尚创意中心等项目完成相关设计方案编制。国际医疗服务区北京信诺佰世医学检验中心正式对外营业，北京国际医学中心组团项目进展顺利。基础设施陆续投入使用。核心区基础设施和公共服务设施累计开工44项，主要市政管线全面贯通。东关大道、北环环隧正在进行设备后期安装；地铁M6号线二期实现通车运行；市政综合配套服务中心主体完工；新华大街等道路综合改造工程主干路贯通。其他各功能区的基础设施建设均在加快推进，并陆续实现竣工。

经济发展在稳增长、调结构中加快优化升级。大项目聚集发展态势良好。百丽集团等一批项目竣工投产，苏宁易购等一批项目开工建设，中石化中威联合等一批总部型项目落户，北京国际矿业权交易所实现入驻，河北钢铁集团总部等一批项目实现签约。京通罗斯福广场等一批重点商业项目开业。发展方式更加全面协调可持续。以高于北京市的标准制定实施《通州区新增产业的禁止和限制目录》，加快产业结构调整，加强落后产能退出，万元GDP能耗完成市下达的任务指标。园区建设稳步推进。编制《通州产业园区发展定位》，园中园项目加快推进，11项配套设施加快建设。

城乡一体化迈出新步伐。城镇化和新农村建设有序推进。实施11个村的旧村改造，同步开展转居安置、社保对接和就业促进等工作。加快特色小城镇和新型农村社区建设。围绕“新三起来”，开展农村土地承包经营权登记颁证试点，建成农村集体“三资”监管系统并正式运行。农业结构调整持续深入。在全市率先完成农业生态空间布局调整方案。继续重点发展以国际种业科技园为引领的园区农业、科技农业和数字农业等高端业态。

9月28日，新华北路主路贯通

（新奥通城房地产开发有限公司提供）

制定实施《通州区2014年促进农民增收工作的意见》，实现农村居民人均纯收入增幅连续两年居全市首位。城乡基础设施进一步完善。徐尹路等7条道路实现竣工，朝阳北路东延二期等6条道路加快推进，漷永路一期等3条道路开工建设，京塘路等5条道路完成大修。大力推进燃气管网建设，加快编制全区供水专项规划。深入实施光纤入户工程，无线局域网基本覆盖中心城区。在全市率先建成地下管线及城市部件数字化管理信息系统。

生态文明建设取得扎实成果。严厉打击违法用地和违法建设。建立违法用地和违法建设管控机制，启动建设国土远程视频监控系统。进一步规范土地市场和房地产市场秩序，违法建设、销售“小产权”房行为得到有效遏制。深入落实大气治理各项工作任务。建立大气颗粒物自动监测系统，严控全区燃煤总量，推广使用清洁能源，严控机动车污染，强化建筑施工工地管理。加快实施水污染治理和水利工程建设。编制全区水系连通及水资源循环利用、雨水排除等8个专项规划，启动城北水网建设，加强农村污水排放治理，全年削减水污染物化学需氧量2743吨。全面开展城乡环境建设。加大重点区域综合整治，提高生活垃圾收集水平，加强户外广告管理，启动编制全区户外广告和牌匾标识规划。高标准完成平原造林工程6.2万亩，三年累计造林面积达到17.9万亩。全面加强人口规模管控。建立健全全区人口管理机制，开展人口情况摸底清查，全区流动人口和出租房屋登记率达95%以上；落实“以业控人、以房管人、以证管人”工作思路；对违法建设出租房、群租房和地下空间等开展全面排查治理，清退违规租住人员3000余人。

社会民生建设达到更高水平。全国文明城区创建取得阶段性成果。顺利通过北京市创建全国文明城区提名资格的综合测评，城市管理水平和社会整体文明程度大幅提升。公共服务事业健康发展。潞河中学附属学校、永乐店中学、贡院小学等建成投入使用，梨园中学等新建改扩建工程进展顺利，运河中学南校区开工建设，北京电影学院通州校区地块完成搬迁，人民大学通州校区地块搬迁工作加速推进。潞河医院综合门诊楼基本竣工，新华医院工程主体封顶。大力引入各类优质医疗资源，与首都医科大学、北京中医药大学开展“医教研”全面合作。区文化中心二期启动前期规划工作，国家大剧院舞美基地开工建设，京杭大运河申遗成功。旅游、广播电视、新闻、史志、档案、保密、民防、地震、红十字、慈善等各项事业稳步发展。民生状况持续改善。就业形势保持稳定，社会保险覆盖范围不断扩大，社会救助不断加强，养老助残服务水平切实提高。深入实施33项为民办实事工程，切实解决群众的实际困难。社会治理深入推进。网格化系统平台实现试运行，“枢纽型”社会组织建设取得新突破，社区服务管理体系不断完善。安全生产形势保持平稳。持续加强社会治安综合治理，大图像管理信息系统建设顺利推进，社会保持和谐稳定。

（刘　扬）

政务工作

【区政府为群众办实事】 2014年，拓展绿色空间，美化城市景观。加大植树造林，完成6.2万亩平原造林工程；启动温榆河—北运河（通州城市段）健康绿道建设工程45.6公里；完成城市空间屋顶绿化1万平方米。加强流域生态治理和建设，2014年，完成4条河道清淤整治工程，治理长度44.7公里；完成50条沟渠的治理，治理长度105公里。对农村公厕、农村街坊路、LED节能路灯、户厕等11项农村基础设施进行管护。制定2014年“减煤换煤、清洁空气”行动方案并组织实施，全区农村地区减煤换煤15万吨，其中换煤12万吨；通过“煤改电/气”等清洁能源改造、拆迁整合等措施减少农村地区用煤3万吨。加大新农村基础设施投入，建设联村道路30万平方米，实施村庄排水工程10万延米，雨洪利用改造工程15个和公厕保温防水改造150座，新建太阳能浴室5座，安装一氧化碳报警器6.18万户，完成农宅抗震节能工程4500户。开展芙蓉路环境综合整治，完备潞苑东街、梨园北街、乔庄北街等道路公共服务设施，实施老旧路灯改造工程。对城区范围内的全部旱厕、气水冲公厕进行升级改造。在全区各乡镇、街道设立PM2.5监测子站，及时掌握通州区大气环境质量状况。解决本区保障性住房轮候家庭，新建收购可售型保障性住房2500套，公租房500套。完成25万平方米老旧小区综合整治工程。完成老旧小区供热管网改造300万平方米。完成283万平方米符合50%节能标准的既有居住建筑供热计量改造。通过组织农业龙头企业与需要帮扶的低收入村对接，开展针对低收入农户的农业科技培训、职业技能培训等方式，促进低收入农户增收15%以上。创建20个楼门文化示范小区。打造15个“一刻钟社区服务圈”示范点。打造15个市级“六型社区”。创建1000个“四型”特色文化楼门和20个楼门文化小区。实现35个社区公共服务全覆盖。购买婚姻家庭辅导、社会公益服务、社会福利服务等服务项目，进一步提升便民利民服务水平。全区所有社区卫生服务中心创建慢病工作室。对全区常住人口发放居民健康卡及持卡就医“一卡通”。新增公交线路7条，调整延长公交线路2条,提升公交线网覆盖密度。开通定向短程公交线路，完善新城中心内小区与医疗机构、地铁等重点区域、重点站位的公交覆盖面，吸引更多市民选择公交出行，缓解城区交通压力。进一步发挥新能源汽车在出租车行业的引领示范作用，新增电动出租车并投入运营，并完成配套充电站设施建设。推广公共租赁自行车服务运营，加强对公共租赁自行车的宣传，新增公共租赁自行车6000辆。利用9处人防工程，建设1383个停车位，缓解百姓停车难问题。推进梨园九棵树城铁站周边、文化旅游区及永顺镇重点交通拥堵区域的道路微循环整体改造，打通一批“断头路”“瓶颈路”和“烂尾路”。实施潞苑五街二期、潞苑中路、运河园路、京洲北街东延、大京路、竹木厂路道路工程。实施新华大街、玉带河大街、故城东路、安顺路、新华北路及跨通惠河桥、温榆河西滨河路、通马路、春宜路（一期）、观颐大街（一期）、东六环西侧路宋庄段、潞苑三街、张采路北延、通胡大街东延、漷永路、漷于路道路改造工程。实施城区通惠北路、玉带河大街干道重要路段中修及城区道路隐伏空洞项目修复工程。183个老旧小区安防工程建设。强化食品药品监督检验和风险监测，全年完成2000个食品样品、600件药品抽检工作。200台电梯运行安全监测信息平台物联网应用扩大试点范围工程。通过开展婴幼儿早教活动，推进幸福家庭创建工作进程。免费完成1000对新婚夫妇孕前优生健康检查。建设郎府中学、永乐店镇中心小学、漷县镇中心小学3所市级乡镇校外活动站。提高办园质量，完成3所市一级一类幼儿园验收认定工作。扩大优质教育资源，落实潞河中学附属学校、首师大附中通州校区、育才学校通州分校和史家小学通州分校四所城乡一体化学校建设，完成永乐店中学、贡院小学建设并投入使用。为38家旅游业态单位建设园内旅游标识牌，完善公共服务接待设施，为游客出游提供便利条件。实施“一村（社区）一品”工程，开展优秀业余团队评选活动。丰富群众文化生活，完成各类文艺演出1000场次，完成电影放映2.1万场次。为11个乡镇分别配建一处室外多功能健身场地或一处室内健身场所、为乡镇、办事处组织群众健身活动、更新全民健身器材30套。

（王春艳）

【区政府全会】 1月21日，区政府召开第四次全体(扩大)会议。会上，各位副区长就分管工作进行部署。区长岳鹏主持会议并就做好2014年工作提出要求。区领导李玉君、罗明光、张振泉参加会议。

【市领导到通州区调研】 2月11日，副市长林克庆到通州区调研。在听取通州区乡镇统筹利用集体建设用地试点工作进展情况的汇报后，对通州区所做的相关前期工作给予肯定并提出要求。7月19日，副市长林克庆到漷县镇丁庄村、草厂村、黄厂铺村和柏庄村，调研平原造林灌溉示范项目、农业设施改造及节水示范项目、农业（大田）节水及老旧温室改造项目情况。9月15日，市长王安顺、副市长张工到北京兴锻工贸公司、北京京运锻件厂和北京铜牛股份有限公司调研工业污染企业调整退出工作情况。

（王文秀）

【《通州区大龄低保人员参加城乡居民养老保险补贴办法》出台】 1月3日，为帮助本区大龄低保人员参加城乡居民养老保险，保障其正常享受社会保险待遇，促进社会和谐发展，根据《北京市人民政府关于印发北京市城乡居民养老保险办法的通知》精神，结合本区实际，区政府制定了《通州区大龄低保人员参加城乡居民养老保险补贴办法》。

【《关于对年度突出贡献企业的奖励办法》出台】 1月3日，为鼓励“三主四新”产业企业、国家级高新技术企业、农业龙头企业等符合通州区功能定位的企业做大做强，推动产业加速升级，提升产业规模、质量和效益，结合本区实际，区政府制定了《关于对年度突出贡献企业的奖励办法》。

【《关于促进就业再就业工作的实施办法(试行)》出台】 1月21日，为全面推进本区城乡就业一体化进程，适应北京城市副中心建设要求，全面提高本区城乡劳动力就业质量，增强就业稳定性。根据财政部《关于就业专项资金使用管理及有关问题的通知》《北京市人民政府办公厅转发市劳动保障局关于促进农村劳动力转移就业工作指导意见的通知》《北京市人民政府贯彻落实国务院关于进一步加强就业再就业工作的通知》精神，结合本区实际，区政府制定了《关于促进就业再就业工作的实施办法(试行)》。

【《通州区安全生产“一岗双责”实施办法(暂行)》出台】 3月12日，根据《中华人民共和国安全生产法》《国务院关于坚持科学发展安全发展促进安全生产形势持续稳定好转的意见》以及《北京市安全生产条例》《北京市人民政府关于印发北京市安全生产“一岗双责”暂行规定的通知》等要求，结合本区实际，区政府制定了《通州区安全生产“一岗双责”实施办法(暂行)》。

【《通州区大运河森林公园管理办法》出台】 4月14日，为进一步规范北京市通州区大运河森林公园（以下简称公园）管理，改善通州新城生态环境，塑造运河滨水景观，大幅提高新城品质和价值，为市民提供良好的休闲环境。依据《中华人民共和国森林法》《中华人民共和国森林公园管理办法》《北京市公园条例》以及《北京市绿化条例》等法律、法规规定，结合本区实际，区政府制定了《通州区大运河森林公园管理办法》。

【《通州区2014年主要污染物减排工作方案》出台】 4月23日，为完成2014年度污染减排任务指标，结合本区主要污染物减排工作实际，区政府制定了《通州区2014年主要污染物减排工作方案》。

【《通州区淘汰落后产能工作奖励暂行办法》出台】 8月19日，根据《北京市通州区人民政府关于通州区“十二五”时期淘汰落后产能工作的实施意见》精神，为鼓励企业加快退出落后产能，鼓励乡镇政府、街道办事处（以下简称属地政府）加快推进属地范围内企业淘汰落后产能工作，积极发展替代产业，结合本区实际，区政府制定了《通州区淘汰落后产能工作奖励暂行办法》。

（东　滨）

【政府信息工作】 2014年，收到各单位报送信息9600条，采用3254条；编辑《昨日区情》259期、《领导参阅》18期、《今日媒体热点》63期，向市政府办公厅报送信息560条，被采用140条，得到市、区领导批示38条；开展领导信息批示督办43项。被评为市政府信息系统优秀单位。

（张晓燕）

【便民电话工作】 2014年，通州分中心受理群众各类来电7475件（其中，涉及不稳定因素电话740多个），办理区长信箱电子信件874封；办理市非紧急救助服务中心转交通州区办理的群众诉求33877件，较往年有明显上升，诉求总量比上年的18663件增长70%。对于这些群众诉求，通过电话联系、电子派单和集中交办等方式及时交办到各相关部门和责任单位，全年通过电话联系的群众诉求6782件。排查群众反映的复杂疑难诉求21件、重复诉求15件、重点关注和不稳定因素问题108件。向相关单位派发《市长电话值班专报》3期，向区领导报送《便民电话专报》《群众电话诉求办理情况通报》8期，区领导批示9件次。办理市中心通过微博监测到涉及本区的微博诉求231件。群众诉求的问题涉及城市规划与管理、环境保护、社会治安、文化教育、劳动和社会保障、农村管理等各个方面，群众投诉问题除少数因政策、财力不允许和部分不合理诉求外，经全区各部门共同努力，大部分诉求问题得到解决，群众投诉件回复率达100%，办结率平均达99%以上。使一些热点难点问题切实得到有效解决。

（李梦玲）

【建议提案办理工作】 区五届人大四次会议以来，区政府收到区人大代表建议124件（包括27件转为建议办理的议案），其中，会议期间120件，闭会期间4件。内容涉及城市建设与管理方面42件，占33%；城乡一体化方面36件，占29%；社会事业与民生方面26件，占22%；综合经济方面6件，占5%；其他方面14件，占11%。办理结果：一是已经解决，基本解决或正在着手解决，取得一定成效的（A类）53件，占43%；二是列入工作计划或规划，预计近几年内可以解决或得到缓解的（B类）32件，占26%；三是因条件和政策规定限制等原因，短期内无法解决，需说明解释或留作参考的（C类）31件，占25%；四是超出区政府职权范围，报请区外有关部门研究参考的（D类）8件，占6%。区政协五届三次会议以来，区政府收到区政协委员提案177件，其中，会议期间168件，闭会期间9件。内容涉及社会事业与民生方面80件，占45%；城市建设与管理方面62件，占35%；城乡一体化方面15件，占8.5%；综合经济方面5件，占3%；其他方面15件，占8.5%。“市两会”交由通州区办理的人大代表议案、建议、政协委员提案22件，会下建议、提案4件，政协常委会建议案1件，区政府按照有关规定，全部在法定时限内办复。

（胡良雨）

【应急管理工作】 2014年，全区应急系统处置事故灾难、自然灾害、社会安全、公共卫生等4大类突发事件400余件，区应急办到现场参与指挥处置40余件。其中，成功处置南六环路内环油罐车汽油泄漏事故、玉桥街道方恒东景小区燃气闪爆事故、梨园镇园景时尚农贸市场闪爆事故、新华大街吉祥园路口天燃气管线泄漏事故等救援难度大、涉及部门多、影响范围广的突发事件。完成全国两会、党的十八届四中全会、国庆65周年和APEC会议等重要会议和活动服务保障工作。其间下发加强应急值守、信息报送通知23次，发布各类预警预测信息60余次。2014年，全区应急组织体系更加健全。初步实现专项应急指挥部向社区（村）的有效延伸。专职应急管理科室建设进一步推进。区卫生局、区地震局、区市政市容委等专项应急指挥部办公室均设立专职的应急管理机构。预案体系更加科学。全面开展重大危险源企业应急预案编制工作。完成《通州区危险化学品从业企业突发环境事件防范措施汇编》的修订工作。信息报送体系更加规范。基层应急管理信息员网络不断完善。组建完成630人通州区地震灾害信息速报员队伍。宣教动员体系更加深入。以“5·12”防灾减灾日为重点，借助安全生产月、消防宣传周、森林防火宣传月、国际民防日等活动，深入开展应急管理宣教“六进入”工作。举办4期应急管理系列培训活动，对专项应急指挥部、乡镇街道和应急委成员单位应急管理人员，应急处置队伍和志愿者队伍进行培训。应急保障体系更加稳定。完成区应急指挥中心新址的调研和需求建设工作。建立建筑工程事故救援网格化机制。在15个乡镇街道设立应急避险场所432处，绘制完成通州区减灾救灾避险地图。建成国家级减灾示范社区14个、市级减灾示范社区9个。成立通州区火灾隐患情报信息中心，全面负责火灾隐患情报举报投诉、隐患数据收集、汇总和研判等工作。应急物资储备工作有序推进。储备各类物资75大类、71368件，基本完成每2万人居住区配建一个应急物资储备库的建设要求。

（张　聃）

法治政府建设

【概　况】 2014年，区政府法制办围绕区委、区政府中心工作，以建设法治政府的目标，不断加强制度建设，规范行政行为，提高一线行政执法能力和水平，有效化解矛盾纠纷，推进依法行政工作向纵深发展，为北京城市副中心建设提供了良好的法治环境。

【完善政府决策机制】 4月，与中国政法大学法治政府研究院启动“在北京城市副中心背景下，法治政府建设存在问题与对策研究”课题研究，科学量化本区法治政府建设存在的差距，进一步完善制度，将重大决策风险评估纳入区委常委会议、区政府会议决策程序，促进依法、科学、民主决策。

【建立政府法律顾问制度】 5月，出台《关于在全区普遍建立法律顾问的制度》，在区政府层面组建通州区人民政府第一届法律顾问委员会，出台

《通州区人民政府法律顾问委员会规则》，聘请8名资深专家、学者、律师担任区政府常年法律顾问，年内参与61项重大合同的审核、重大行政复议诉讼的代理、重大招商引资项目的法律分析与论证等工作，为区政府决策提供法律咨询建议。

【完善行政权力清单】 4月，组织对全区64个执法部门，192个有行政执法权的主体，现行1763部有效的法律、法规和规章，6817项法定职权，161项便民服务事项进行行政职权清理评估，进一步督促整改落实。7月，指导台湖镇、梨园镇、漷县镇、于家务乡4个试点村进行行政职权清理、确认、公开工作，梳理相关法律法规及规范性文件赋予的各项职权，量化基层职权清单。与区监察局、区经信委信息中心联合推进区政务网站平台建设，完善网上政务公开、政务服务事项内容，推进政务全面公开，发挥公开行政权力清单的“倒逼”机制，为人民群众更直接地监督政府行为打下了坚实基础。

【规范性文件审核】 2014年，审核以区政府名义、区政府办名义制发的各类文件、规范性文件51件，提出意见和建议60条；完成市政府各种规章、草案、修正案征求意见稿等19件，提出意见、建议26条；完成以区政府、区政府办名义印发的规范性文件备案工作2件，区政府所属部门及乡镇政府报送区政府法制办备案的规范性文件3件，备案率达到100%。为区属各单位回复各种发文征求意见函20件，提出意见和建议46条。4月，会同商务委专项清理商务系统、领域内地区垄断的规范性文件，确保规范性文件的立、改、废相统一。

【完善政府合同管理】 5月，制定出台《通州区政府合同管理规定》，对订立合同的原则、职责，合同的磋商、起草、合法性审查，合同的签订和履行作出具体规定，有效防范合同法律风险，保障国有资产、财政资金的安全和自然资源、公共资源的有效利用。2014年，审核以区政府名义、各委办局名义签订的重大合同、协议61件，涉及标的额54亿元，为各行政机关依法行政提供了智力支持和法制保障。

【强化执法监督】 2014年，把行政处罚案卷抽查工作惯穿全年，形成常态机制。8—9月，组织对26家行政处罚权单位进行行政处罚案卷抽查105卷，向18家无卷机关提出整改意见。针对部分执法人员法律素养不高，执法能力弱，个别单位不敢执法、不愿执法、不会执法的现象，制定《规范化行政执法工作手册》，对行政执法中的行政执法检查、询问笔录制作、行政强制措施实施、听证会的组织、负责人集体讨论会等行政执法中的重点和难点问题进行逐一规范，弥补一线执法能力弱的短板。

【重大处罚备案审核】 2014年，完成250件重大行政执法备案，18件行政强拆审核。在审核备案中，对每起强制拆除违法建设案件审核和重大行政处罚案件备案，都能从实体和程序上认真审查，严格把关，及时有效地监督行政机关的依法行政，进一步规范各行政执法单位依法行政的能力。

【执法资格管理】 为加强行政执法责任制落实，严格执法人员持证上岗和资格管理制度，10月，开展行政执法证件清理，重点清理离退休人员、调离执法岗以及其他不具备执法资格的执法人员，清理收缴行政执法证件46个，包括调离执法岗位27人、退休16人、开除公职3人、辞职1人。通过清理工作，提高了全区行政执法队伍的整体水平，避免乱执法、滥执法现象的发生。

【行政执法协调】 加大行政执法协调力度，加快行政职权梳理，厘清相关职能职责，积极发挥参谋、助手、顾问的作用。2014年，重点围绕生态文明和环境建设方面，编纂违法建设、无证照餐饮查处、城市秩序、环境卫生、燃气安全、消防安全职权汇编6本小册子，明确行政执法单位的职责，为各行政执法单位按职履责打下了基础。

【专项整治工作】 按照市政府法制办统一安排部署，严格落实“以罚代管，滥用自由裁量权”专项整治工作，从7月至8月组织各执法部门对照本部门行政处罚权力清单所列事项，对行政处罚裁量基准进行自查；9月至11月，在市各执法部门完成行政处罚裁量基准的制定修订后，组织区各执法部门对“以罚代管，滥用自由裁量权”问题进行整改和复查；12月底前，由区法制办通过政府网站对本级政府各委办局行政处罚权力事项向社会公示。通过专项整治工作，进一步规范了行政处罚裁量基准，整治了行政执法中以罚代管，滥用自由裁量权随意罚款现象，确保行政执法部门实施行政处罚的公平、公正。

【行政复议案件】 2014年，全区受理行政复议案件77。其中，区政府受理行政复议案件71件，审结45件；公安分局受理6件，审结6件。在区政府受理的71件案件中从受理案件的类别来看，复议行政不作为12件占17%，复议具体行政行为59件，占总数的83%；从行政管理类别来看，信息公开13件占18%，行政强制18件占25%，行政裁决3件、行政处罚3件、行政许可3件，各占4%，其他案件19占27%；从案件的审理结果来看，驳回申请16件占36%，决定维持17件占36%，不予受理3件占7%，终止审查4件占9%，确认违法2件占4%，责令履职2件占4%，决定撤销1件占2%。复议区政府案件18件，其中，17件维持，1件驳回；协助市政府办理行政复议案件2件；诉讼市政府案件1件，以维持结案。

【行政诉讼案件】 2014年，区法院受理行政诉讼案件172件，审结146件。从被告的情况来看，区住建委87件、乡镇人民政府37件、人保局10件、公安分局9件、工商分局5件、城管局4件、市规委4件、食药局3件、质监局1件、交通支队1件、北京市国土资源局1件、其他部门10件；从结案方式来看，判决维持5件、判决全部撤销8件、判决确认违法或无效5件、判决履行法定职责3件、判决驳回诉讼请求44件、裁定驳回起诉35件、驳回申诉1件、原告主动撤诉45件。

【依法行政进社区】 为加强政府法制工作在基层的落实，2014年，在全区扎实开展依法行政进社区工作。主要是以社区为依托，加强法制宣传工作，构建组织机构，明确各单位的主管领导及联系人，加大宣传力度，向11个乡镇4个街道的119个社区配送宣传栏、宣传手册、宣传环保袋等宣传品，推动依法行政进社区力度。

（周志明）

人事管理

【概　况】 2014年，区人力社保局完善引才聚才政策，以“人才优先、民生为本”为工作主线，以提高人才区域竞争力为着力点，搭建良性循环的人才引进培养体系，形成多层次、多渠道的人才引进服务格局，加强公务员培训和多举措促进高校毕业生就业工作，支持和推动了北京城市副中心建设和全区经济社会发展。

【公务员招考工作】 全年两次招录共发布职位47个，招录公务员103人（首次招录93人，补充录用10人）。

【加强公务员培训】 全年，组织14期、6281人次公务员培训。包括2期97人次的初任培训，4期692人次的科级干部培训，1期1500人次的公共课培训，6期480人次学习贯彻总书记习近平系列讲话精神科级干部示范培训，1期3512人次的公务员在线学习培训。

【举办事业单位公开招聘】 年内，对事业单位新进工作人员进行公开招聘，通过实行单位招考和全区统一联考的方式，招聘工作人员1034名。

【完成事业单位岗位设置管理工作】 年内，完成全区517个事业单位、1.9万余人的岗位聘任和登记备案工作。

【完成全区事业单位工作人员年度考核】 年内，全区有19078人参加2014年度考核。其中，优秀等次3247人，占17.0%；合格14750人，占77.3%；基本合格5人、不合格3人、未定等次及未参加考核1073人，占5.7%。对全额事业单位中考核优秀的587人，参照公务员嘉奖标准给予每人一次性800元的奖励。

【搭建高层人才引进和博士后培养服务平台】 挂牌成立区第二家北京市博士后（青年英才）创新实践基地——于家务国际种业科技园区，下设神州绿鹏、玉米中心、金色农华、德农种业四家工作站。

【推进人才引进工作】 2014年，引进各类人才4595人，有针对性地引进高端人才17人；接收毕业生2229人；办理北京市工作居住证1119人；办理干部两地分居19人；企业引进人才1211人。

【开展人事考试工作】 全年组织完成15个科目的考试工作，共计1198场，72569人次参加考试。组织完成北京地区全国专业技术人员计算机应用能力上机考试6次，8393个模块，2994人参加考试。完成2014年食药局招聘食品药品安全监察员和安监局招聘专职安全员面试工作。发放24种证书，共计10621个。全年完成4696人的报名资格审核工作。全年完成1122人的网上初审工作，现场收取职称评审材料328份。

【组织机关工作人员健康体检】 年内，组织173名党政群机关工作人员赴北京市干部度假疗养中心进行疗养及健康体检。

【开展“村官”选聘工作】 年内，根据选聘原则和选聘程序，经过面试、心理测试、体检、签订就业协议等程序，选聘222名大学生“村官”到基层工作。

【军转干部安置工作稳步推进】 2014年，接收军队转业干部48名，其中，自主择业转业干部8名，计划安置转业干部40名（团职15名、营级以下25名）；实际报到人数是34名（团职13名、营级以下21名）。组织通州区2014年随军家属专场招聘会，15家用人单位为随军家属提供218个就业岗位，62名随军家属现场与用人单位达成初步就业意向。

【人才市场建设】 积极做好人才服务中心档案管理等工作，集体存档户435家，存档量为26663份，其中，个人存档22891人，集体存档3772人。同时，充分发挥人才市场在人才资源配置中的基础性作用，年内，举办现场招聘会123场，参会单位1114家次，提供职位32271个次，求职人才达46622人次，初步达成意向9025人次。

（臧　炜）

劳　动

【概　况】 2014年，区人力社保局实施积极的就业政策，构建整体联动的“大就业”工作格局，推动就业与经济发展良性互动，挖掘就业岗位，健全服务体系，在扩大就业规模的同时，不断提高就业质量，保证各项就业考核指标全面完成，全区的就业形势保持基本稳定。

【出台就业新政策】 以区政府名义出台《促进就业再就业工作实施办法（试行）》，进一步放宽就业扶持政策范围，提高政策补贴标准。

【就业情况稳定】 年内，全区新增就业2.01万人，完成任务指标的126%；城乡劳动力就业16561人，其中，登记失业人员就业10232人，农村劳动力转移就业6329人，完成任务指标的127%,城镇登记就业率达到70.32%；期末实有失业人员3976人，城镇登记失业率为1.99%，低于控制指标0.51百分点，同比上升0.13百分点。

【促进城镇就业困难人员就业】 年内，全区累计城镇就业困难人员9324人，6359人实现就业，就业困难人员就业率达到68.2%。

【开展社区就业岗位安置工作】 全年社区就业岗位安置就业困难人员5452人、用人单位安置就业困难人员980人。

【落实各项促进就业政策】 全年为216家用人单位招用的991位符合政策的城乡就业困难人员申请享受社会保险补贴642.1万元；为173家用人单位招用的766位符合政策的城乡就业困难人员申请享受岗位补贴192.8万元。社区公益性就业组织累计安置355名就业困难人员，申请市、区两级岗位补贴1212万元。新增5452名自谋职业（自主创业）、灵活就业人员，累计享受补贴13283人，累计享受补贴金额9391万元。

【创业促就业工作】 全年为3家小企业和12家个体户发放贷款402万元。实现创业298人，带动868人实现就业，分别完成任务指标的124.2%和124%。

【职业技能培训】 全年开展城乡劳动力培训20296人，其中，城镇失业人员技能培训919人，农村劳动力技能培训1974人；外省市来京务工人员3508人；在职职工培训13895人。其中，培养特种作业1207人，中级工426人，高级工254人，技师52人，高级技师21人。开展创业一体化见习培训14期，340人，完成培训任务200人的170%，培训合格率为100%。组织鉴定专场考试36次，涉及5个工种，2616人参加初级工鉴定考核，有2563人取得证书，鉴定合格率为98%。

【退休审核工作管理】 全年核准退休4704人，较上年同比增长12%。其中，正常退休2883人，较上年同比增长15%；特殊工种提前退休825人，较上年同比下降9%；因病提前退休（退职）129人，较上年同比下降3%，领取一次性养老金867人，较上年同比增长33%。

【工伤认定工作】 全年接待工伤来访8168人次，同比增长0.03%；工伤认定1363件，同比下降11.0%；其中，个人申请工伤认定96件，同比增加0.01%。

【劳动能力鉴定人次增加】 全年组织劳动能力鉴定27场，外出鉴定4场，累计鉴定782人次。其中，工伤评残鉴定662人次、病退鉴定120人次。

【集体合同覆盖面稳步扩大】 年内，全区执行期中的集体合同户数9897份，覆盖职工22.7万人。其中，2014年新增备案企业3001份，涉及职工8.3万人。

【加强特殊工时审批制度】 年内，为184家企业35612名职工申请综合工时和不定时工作制度进行行政许可。

【严格劳务派遣的审批制度】 年内，全区审批经营劳务派遣企业59家，变更劳务派遣许可项目9家，补办1家，年度报告审查18家。

【增强监察执法工作力度】 全年接待劳动者来信、来访咨询万余件。其中，立案334起，结案319起，结案率为95.5%，为687名劳动者追讨工资435.1万元。处理群体讨薪突发案件23起，同比减少23.3%，为729名劳动者追补工资916.87万元。成立11个乡镇劳动监察分队，加强监察执法效果。

【处理劳动人事争议案件】 年内，仲裁院受理劳动人事争议案件4414件，同比上升29.2%，涉案总金额3.1亿元；审结案件4130件，结案率93.74%。立案前积极引导参与调解，年内各级调解组织受理、调解争议2440件。

【处理群众来信来访】 年内，受理群众来信259件（其中市转国家信访局1件、市局转办4件、市非紧急救助中心转办204件、区转直信10件、区转市长信箱22件、局接直信5件、区长信箱2件、局长信箱11件），涉及521人次。落实决策督查45件次，承办人大代表议案7件，政协委员提案6件，党派团体建议1件，做到事事有结果，件件有交待。

（臧　炜）

社会保障

【概　况】 2014年，区人力社保局立足实际，稳步扩大社会保险覆盖面，进一步提升社会保障层次和保障水平，继续推进“城乡一体化、水平多样化、服务均等化、管理精细化”的社会保障体系建设。全区城镇五险参保单位达17434家，参保人数达45.36万人，五险累计收缴48.83亿元，同比增幅25.7%；城乡居民养老保险参保人数达21.98万人，累计收缴基金1.43亿元。

【城镇五险扩面征缴范围不断增长】 年内，城镇五险参保规模进一步扩大，参保单位达17434家，参保人员达45.36万人，同比分别增长18.8%和3.8%。五险累收基金48.83亿元。其中，基本养老保险、基本医疗保险、失业保险、工伤保险、生育保险累收额分别为27.85亿元、17.53亿元、1.68亿元、0.77亿元、1.00亿元。

【社会保障待遇水平稳步增长】 年初，及时上调养老、失业、工伤等各项社会保险待遇水平，其中，全区5.94万名退休人员养老保险待遇提高至月人均2829.92元，同比增长10.6%；全区城乡居民养老保险待遇人员基础养老金和全区福利养老金补贴每人每月上调40元，每人每月分别达到430元和350元，增幅分别为10.3%和12.9%；工伤保险定期待遇的工伤职工伤残津贴标准和供养亲属抚恤金标准分别增加313元和增加150元，达到月人均3394元和1819元，增幅分别为10.2%和9%；失业保险金按累计缴费时间划分的5个档次（满1年不满5年—1012元；满5年不满10年—1039元；满10年不满15年—1066元；满15年不满20年—1093元；满20年以上—1121元。）平均每档上调120元，增幅为12.7%。

【城乡居民养老保险续保率达99.49%】 年内，全区累计参保21.98万人，续保率达99.49%。累计收缴基金1.43亿元，有4.62万人享受城乡居民养老保险待遇。

【工伤职工实现“持卡就医，实时结算”】 自2014年1月1日起，按全市要求在全区启动“持卡就医，实时结算”工作。年内，全区有4916人次实现持卡就医并结算费用469.83万元。

【大龄低保人员参加城乡居民养老保险缴费补贴】 协调区民政局，落实区政府为大龄低保人员参加城乡居民养老保险缴费补贴的折子工程。通过与社保信息系统反复比对、审核人员资格，逐一收取低保资格证，将1651名（非农户335名，农户1316名）符合条件的大龄低保人员纳入补贴范围，区、镇财政共同负担补贴165.1万元。

【落实医疗惠民政策】 年内，落实2013年度城镇居民大病二次报销和城镇职工一次性医疗救助政策，分别为符合条件的69人和41人审核、支付医保待遇和救助金41.62万元和52万元。

【做好征地转非人员社会保险费补缴工作】 年初，对张家湾、梨园、台湖和马驹桥等镇进行占地转非实地调研，重点对文化旅游区建设征地涉及的乡镇和村进行摸底、指导，拟定《通州区征地转非劳动力参加社会保险及享受一次性就业补助工作实施办法》。全年为梨园镇、张家湾镇、台湖镇和马驹桥镇14个村的4101名转非人员趸缴、补缴养老、失业和医疗保险4.42亿元。

【加强定点医疗机构管理】 加强医疗保险费用审核结算和对辖区定点医疗机构的各项指标的动态监控，重点对定点医疗机构和个人异常数据进行监控与筛查，采取重点抽查与联审互查相结合、日常审核与监督举报相结合、明查与暗访相结合的方式，对核查后发现的违规问题予以拒付或追回处理，全面加强诊疗项目的监管。年内，检查医疗机构160家次，拒付违规费用37.03万元。

【开展社保待遇多支冒领的追退工作】 2014年，对全区历史形成的，涉及基本养老、医疗个人账户、福利养老金和居民养老等四项社保待遇多支、冒领金额，已追退498.24万元，追退率达87.39%。

【做好无军籍职工医疗保险手续转接工作】 严格按照《关于我市接收无军籍职工医疗保险转接问题的通知》精神，认真做好24名军队无军籍退休职工医疗保险手续转接工作。

【同步推进社保中心账户变更与城镇五险银行缴费业务】 综合考虑社保中心名称变更给参保单位带来的往返社保中心和银行间重新签订协议的多重不便，安排将全区参保单位的账户变更与银行缴费同步推进。通过采取协调银行、多渠道告知、增加服务窗口、简化经办流程等措施，极大地方便了参保单位，截至年底，全区1.57万家参保单位成功实现银行缴费，占参保单位的94.4%。

【做好领取待遇人员的异地生存认证工作】 按照全市部署开展网上认证业务，并针对行动不便和年龄较大的人员提供上门认证和电子认证服务。年内，全区完成5566名领取待遇人员的资格认证工作，其中，社保中心认证1720人（网上认证743人，异地邮寄认证849人），社保所认证3846人。

【优化社保服务大厅环境】 通过全面启动窗口业务叫号系统、拓展“超级热线”服务平台、试点窗口综合柜员制、推行国标视觉识别系统等多项措施优化大厅服务环境。

【宣传培训模式深化完善】 2014年，通过开展“社保微型课堂”进社区、进企业活动，发放宣传材料2万余份。制作各类社保政策要点的宣传海报，张贴至辖区内588个社区（村）。编印《北京市通州区社保所业务操作指南》，规范基层社保所的业务办理。按月开展“社保知识大讲堂”。年内，开展“社保大讲堂”和“社保网上申报”专项培训23期，累计培训1560人次。

【档案管理精细化】 2014年，完善《通州区社保中心业务档案移交标准》，调整社保档案的归档范围，开展专兼职档案员培训，建立成品档案验收体系，进一步量化成品档案验收环节的标准和要求，强化对社保中心业务科室和档案加工公司的双重管理，全年形成社保业务档案3707卷。

（臧　炜）

机关事务服务工作

【概　况】 2014年，全区机关事务管理工作以贯彻落实《党政机关厉行节约反对浪费条例》《机关事务管理条例》和《党政机关国内公务接待管理规定》为主线，坚持管理科学化、保障法制化、服务社会化的发展方向，着力在精细管理、精致保障、精准服务、精简节约上下功夫，不断提升管理服务保障水平，实现了机关事务管理工作的新发展。

【办公用房管理】 3月，根据全区“四风”突出问题专项整治工作要求，召开全区行政事业单位办公用房整改工作部署会议，制定了整改标准及监督检查、问责办法，对全区145家单位办公用房情况进行调查摸底。8月，对40家单位整改情况进行重点检查，截至年底，全区各单位调整清理腾退办公用房680间，面积2万余平方米。全年，本着“厉行节约，保证功能”的原则，完成了对区委、区政府、法制办、商务委等12家单位8300平方米办公用房修缮工程，并制定了2015年度全区行政事业单位办公用房大修、中修、专项维修计划，合理安排了财政预算资金。

办公用房屋顶防水修复　(机关事务服务中心提供)

【后勤服务保障】 全年，完成重要接待任务52次，市级以上接待任务9次，完成中央巡视组、中央巡回督导组、市领导调研等重要接待任务及历时9个月的群众路线教育市委第九督导组的接待保障工作。完成中央审计署四个月的接待服务工作及全区两会生活保障工作。完成各类会议保障3335场次，33899人次，会议工作用餐接待14000余人次。安全保障7个办公区8个食堂，48家单位1600余名干部工作用餐。

【实物资产管理】 4月，向全区行政事业单位印发《北京市通州区行政事业单位实物资产管理办法（暂行）》等文件，并对集中办公区各单位实物资产配置、处置工作进行指导。

【节约型机关建设】 6月，在机关开展“携手节能低碳、共建碧水蓝天”宣传活动，设立宣传展板24块、发放宣传材料500余份。8月，完成对15家区属单位和7个办公区的水、电、燃气等能源用量进行调查统计，起草《通州区行政事业单位节能降耗管理规定》，为办公区用水、用电、办公用品、会务、用餐等方面的节能管理提供依据。继续开展“食为天、礼为先”的文明餐桌创建工作，区委食堂、政府食堂、会议中心食堂被评为文明餐桌示范食堂。

【办公环境优化】 10月，完成区委办公区东围墙复建、四周护栏修复维护、区委保安室改造、自行车棚新建、停车场改造工程，有效缓解了区委院内停车难、停车秩序混乱的问题。完成各办公区食堂天然气供气系统、自来水供水管道、排污管道改造等工程。在区委、区政府办公区开展禁烟宣传活动，区委、区政府被评为无烟机关，区武装部办公区被评为先进单位。

（宋海京）

改造后的区委停车场　(机关事务服务中心提供)

信访工作

【概　况】 2014年，全区信访事项仍处于高位运行态势，群众到区来访量攀升明显，呈现出“大规模集体访增多、围堵滞留情况增多、过激行为增多”的特点。区信访办面对新特点，把握新形势，采取新措施，积极化解积案，推动信访问题有效解决，维护首都城市副中心和谐稳定。年内，区信访办受理群众来信来访1212件。受理群众来信219件，其中，联名信45件、2507人。接待群众来访993批、7377人次；集体访287批、6345人次。到市以上集体访53批、881人次，办理市及其以上机关转办信件1165件。2014年，完成《关于通州区农民工讨薪问题的调查研究》的专题调研一篇。

【区级领导信访接待】 深入开展领导干部接访活动，2014年，区级领导干部亲自接访9批/116人次，促进了重点疑难案件的化解。同时各乡镇、办事处、委办局的主要领导结合党的群众路线实践教育活动，积极开展领导接访活动，直面矛盾，解决了各自辖区内一大批信访问题。

【领导批阅群众来信】 全年全区区级领导干部阅批群众来信194件，加大了领导亲自协调和组织解决问题的力度，有效推动了矛盾纠纷的化解。

【重要时期信访维稳工作】 全区信访系统周密部署，针对全国、市区“两会”“六四”、国庆、APEC会议等重要敏感时期，全力做好信访维稳工作，全年没有发生到市、到重点地区大规模集体访和极端信访行为。

【信访排查督查工作】 2014年，召开信访排查会议15次，开展专项排查5次，排查出各类矛盾纠纷隐患46件，信访重点人23名，提出改进工作建议17项，消除矛盾隐患21件；对排查出的32件重点信访矛盾，23名信访重点人按照属地原则进行领导交办，进一步推动疑难信访案件及时有效化解。市、区级重点信访矛盾均实施领导包案责任制，重点信访矛盾化解进展迅速，完成2014年度市级督查件6件，区级重点信访矛盾10件的化解任务。

【复查复核工作】 2014年，区政府信访事项复查复核委员会办公室受区政府复查复核委员会委托，接待复查申请人205批/649人次，同比2013年（83批/236人次）批次和人次分别上升146.99%和175%，接受复查咨询433次；办理信访事项复查案件31件，同比2013年（9件）上升344.4%，其中，案前调解37件。

【依法处理涉法涉诉信访问题】 2014年，区信访办接待反映涉法涉诉类初访诉求的来访人34批/160人次，接待人员均依照《信访条例》规定，告知来访人其反映的诉求依法属于不予受理范畴，与此同时对来访人进行法律法规的宣讲教育，引导其通过相关法定途径提出诉求、寻求解决。并且对2014年非信访事项类诉求进行汇总、梳理、划分和交办，明确要求相关单位依法依规向来访人出具《信访请求不予受理告知书》，自上而下推进诉访有序分离。

5月27日，副区长李亚兰（左一）接待信访群众代表
（信访办提供）

【探索接访新模式】 区信访办引进律师、心理咨询师参与信访工作。积极探索和运用以来访接待为主线、法律咨询解答与心理咨询为辅佐的“一轴两翼”接访模式，聘请律师和心理咨询师进驻社会矛盾调处中心参与接访工作。截至年底，律师及心理咨询师接待群众48/361人次，取得较好效果。

【组织信访干部业务培训班】 9月25日、26日，区信访办组织基层信访干部认真学习《国家信访局关于进一步规范信访事项受理办理程序引导来访人依法逐级走访的办法》和北京市信访办的实施细则；学习网上信访、信件办理的程序和要求；对复查工作中的要求和程序进行讲解、演示，提高信访干部办理信访事项的工作能力和水平。

【规范信访办理程序】 根据国家信访局、北京市信访办工作要求，区信访办制定出台《关于进一步落实责任，引导信访人依法逐级走访的工作办法》，信访行为进一步规范，信访秩序得到维护，初信初访的化解率进一步提高，群众逐级走访意识逐步增强。

【开展信访宣传工作】 2014年，根据国家信访局和市信访办有关工作安排，开展信访宣传工作四次，发放宣传材料2万余份，引导群众依法逐级走访，理性表达诉求，维护信访秩序，社会效果明显。

（赵　波）

对外及对港澳事务

【概　况】 2014年，通州区外事工作在区委、区政府的领导和市政府外办的指导下，认真贯彻落实北京市和区委、区政府的各项要求，围绕北京城市副中心建设，汇聚国际高端资源与要素，深化对外交流、务实合作，大力提升外事管理服务水平，全区外事工作取得新的进展和成果。

【外事管理】 坚决贯彻中央从严规范管理外事工作的新精神、新要求、新规定，强化外事部门的战略谋划能力，努力实现外事工作的战略转型发展。科学统筹外事资源，全面提高工作水平，实现由“办外事”向“谋外事、统外事”转变。加强涉外管理的统筹协调，健全涉外维稳机制。严格执行制发的《关于健全长效机制，做好境外媒体管理与服务工作的意见》等一系列制度文件，按照中央有关要求，建立健全关于外国和港澳记者、境外非政府组织和民间组织涉外活动的涉外维稳机制。进一步加强外事、公安、宣传等部门涉外协调管理联动机制建设。妥善处理敏感涉外事件，及时消除各类涉外不稳定因素，为各项事业发展营造良好的涉外环境。

【因公出国（境）工作】 从严制定实施全区外事计划，将下达的出访额度压缩30%使用。坚决贯彻中央从严规范管理外事工作的新规定，将市里下达的因公出访额度压缩30%使用。同时，坚决落实中央要求，做好制止公款出国（境）旅游专项治理工作常态化管理，严格执行“项目列入计划、人员总量控制、经费纳入预算”的因公出国管理要求。对于批准的出国和赴港澳团组，切实做好行前筹备、行中指导监督和行后总结工作。行前会签订《通州区因公出国（境）人员承诺书》，实现“带着任务去、带着成果回”，积极促进因公出访成果转化。

【对外友好交往】 服务中央总体外交，落实外交部对外方针和驻外使馆具体意见，积极加强与发达国家首都地区结好，不断在世界经济政治核心区进一步扩大影响。落实驻美使馆发展美政治中心区友城的意见，与美国首都副中心亚历山大市缔结国际友城关系。落实驻法使馆积极与巴黎周边地区结好的意见，12月，与法国巴黎附近的圣康坦市缔结国际友城关系。10月，经外交部与全国友协批复同意，通州区与丹麦亚默湾市正式签订《缔结国际友好城市协议书》。截至年底，通州区有10个国际友好城市，分别是美国首都大华府地区副中心亚历山大市、美国佛罗里达州奥赛希奥拉郡、日本长野县伊那市、韩国首尔市九老区、丹麦亚默湾市、意大利罗马市第八区、法国圣康坦市、希腊雅典大区太阳城市、肯尼亚内罗毕市、澳大利亚雅尔巴市。通州区逐步形成在美洲、欧洲、亚洲、非洲、大洋洲知名地区都拥有国际友好城市，并开展全方位交流合作的良好对外交往局面。

【重要外事活动】 年内，成功开展2014中国艺术品产业博览交易会、首届亚太临床医疗高峰论坛、2014世界台球团体锦标赛、北京国际风筝节、中韩青少年交流活动以及中韩公务员交流活动等重要外事活动，通过积极开展公共外交和民间外交，大力宣传北京城市副中心，树立良好国际形象，为世界友人认识通州、了解通州、来通投资奠定基础。

【重要外事成果】 充分发挥外事资源优势，推动全区经济社会发展。一是吸引国际高端资源，高标准助推美国环球影城主题公园、北京国际医疗服务区、国际组织聚集区等重点项目建设；二是积极推动国际合作学校和国际教育合作项目发展，为通州区营造更好的国际化环境提供教育保障。4月，通州区北京潞河国际教育学园和美国北卡罗莱纳州东北学校正式签订合作协议，结为友好学校。在北卡罗来纳州东北学校将开设中国的孔子课堂项目，两校将在学生学期交流项目，教师交流项目等方面进行合作。11月，组织接待全国友协安排的，美国全国州议会代表团考察通州区国际教育发展，研究开发适应国际化发展的教育合作项目。11月，美国大学国际教育联盟9所大学的招生官和校长，来到通州区潞河国际学园举行招生推荐会，通州区作为国际化北京城市副中心赢得优秀国际教育机构的关注。三是促进文创产业交流与合作，推动文化“走出去”。7月，韩国美术家协会负责人以及BAUM国际文化交流中心代表来访宋庄文化创意产业集聚区，双方深入磋商和交流了韩方参与第二届及今后的“中国艺术品产业博览会”、通州参与“韩国光州艺术博览会”以及双方共同筹划建立国际艺术区联盟等事宜。11月，组织安排在30余家在京国际组织调研宋庄小堡画家村文化创意产业及原创艺术品发展情况，努力以国际组织为海外媒介，传播首都文化成果。四是汇聚国外高端要素，促进高端项目发展。10月，组织接待加拿大魁北克省省长一行，参加中加合作新能源汽车电驱动技术项目成果发布，并组团赴国外实地调研现代有轨电车线路的规划建设情况，引进现代有轨电车运营政府规划管理模式。11月，组织安排法国驻华使馆及法国有轨电车设计、生产、管理等10余家公司，与通州区政府规划部门和有轨电车具体设计单位举行项目对接会。为本区有轨电车重点项目的建设提供全世界先进的理念及技术支持。

【国际语言环境建设工作】 开展形式多样的国际语言环境建设工作，创新市民讲外语活动形式，组织丰富多彩的社区外语大课堂活动。5月，第十一届“外研社杯”全国中小学生英语技能大赛通州赛区正式启动，充分调动了全区小学生运用国际语言能力的积极性。6月，举行2014年北京外语游园会通州分会场暨通州区市民讲外语系列活动启动仪式。通州区市民讲外语社区大课堂于2008年创办并一直活动到现在，截至年底，有5家培训学校与8个社区合作，有7000余名大学生志愿者和八万余名外语爱好者参加了活动。为营造良好的国际化氛围，向全区1400家餐饮企业发放《菜谱英文译法》，确保本区餐饮业双语菜单的规范准确。针对国际会议、赛事培训近1000人次外语自愿者，内容涉及外事纪律、外事礼仪、常用英语等内容，并制发志愿者学习培训手册。向全区所有外语角及英语爱好者发放4000余份外事宣传资料及市民讲外语系列学习材料，营造与北京城市副中心国际化发展相适应的涉外环境。

【外事服务】 一是整合资源，积极推动“上海合作组织中心及亚信论坛会址”项目建设。二是营造氛围，做好APEC会议的服务保障工作。APEC会议期间，组织接待加拿大总理夫人劳琳·哈珀、加拿大驻华大使夫人、中国驻加拿大大使夫人以及加拿大参议员和加拿大政商代表们到通州调研加拿大企业。三是大力开展APEC商务旅行卡申办工作，落实《通州区企业人员申办APEC商务旅行卡实施细则》，组织区经信委、商务委、投促局以及各乡镇、街道和园区管委会等单位宣传推广，向全区1000多家重点企业及外向型企业发放宣传手册、申办指南。全区APEC商务旅行卡申办数量比上年翻一番。四是配合国家总体外交，推进“中马友谊林”项目建设。落实国家外交战略上进一步发展与马来西亚友好关系的意见，2014年9月，组织接待马来西亚驻华大使及马来西亚首都副中心布特拉再也城主席率领的代表团，双方约定，每年共同出席在两地举行的重大国际活动，包括通州区举办的中国艺术品产业博览会和布城举行的电动方程式锦标赛及花卉博览会。

【外事宣传】 年内，认真做好外事对内对外宣传工作。一是健全信息公开上报工作细则，确保信息及时准确的上报到上级主管部门，并公开发表于市政府对外宣传刊物上。二是认真做好季刊《通州外事》的编辑工作，让全区所有涉外重点单位及时了解区内各项外事工作的进展情况。三是积极推进外事办网站的设计、更新及维护工作，及时更新页面信息，确保通州区外事信息的时效性和准确性，加强对通州区建设首都城市副中心的宣传力度，维护本区良好国际形象。

（李伶娟）

投资促进工作

【概　况】 2014年，全区投资促进工作围绕建设北京城市副中心主线，主动调整工作思路，创新工作方式，着力引进“高精尖”项目落地发展。促成千万元以上签约项目173个，协议投资总额494.393亿元。其中，亿元以上项目33个，协议投资总额459.15亿元，千万元至亿元项目140个，协议投资总额35.243亿元。173个新签约项目中，国际旅游度假区核心区等项目取得土地、凤凰网区域总部项目落户运河核心区绿地中央广场、北京国际矿业交易所项目签约并迁址至光机电基地北京国际矿业城、乐犀撷珍传统文化艺术（国际）交流交易产业园项目签约落户永乐店镇、中石化石油工程技术服务有限公司（华美孚泰油气增产技术服务有限责任公司和中威联合国际能源服务有限公司）等104个项目完成工商注册、海油集团总部等项目优化闲置资源。1月20日，通州区投资促进局被北京市投资促进局评为2013年“北京市项目促进工作(重大项目促进)优秀单位”。

【“一核五区”项目引进情况】 年内，文化旅游区重大项目取得突破，北京国际度假区项目核心区地块完成交易，首寰文化旅游投资有限公司竞得项目地块。运河核心区新光集团、复地集团、绿地集团、合景泰富地产公司相继竞得项目地块。环渤海高端总部基地与福建阳光城集团、盼盼集团、西安荣华集团就闽商企业北方总部基地项目及台湾企业总部中心项目分别签署战略合作框架协议。国际医疗服务区被四部委（国家发展改革委、国家卫生计生委、国家财政部、国家人力资源社会保障部）确定为社会办医（国家）联系点。宋庄文化创意产业集聚区A地块搬迁工作全部完成并计划上市，二期开发实施方案编制完成。国际组织集聚区战略规划编制取得阶段性成果。

【开展多种形式宣传】 年内，借助入区企业力量开展联合宣传，与运河核心区落户项目和“园中园”项目开发商举办10余场主题鲜明、小型化、精准化的宣传推介活动，邀请客商3000余人次、媒体400余家次。在香港亚洲卫视制作专题报道，对全区投资环境和项目情况进行宣传。改版通州画册、招商项目册和投资促进网站，印制二维码，通过网站、微博、微信及时发布投资信息，通过报刊、电视等媒体向社会各界广泛宣传。借助“科博会”“京交会”“京台科技论坛”等高端活动平台，联合区科委、园区管委会等部门，通过设立形象展台，以展示入区企业为切入点，宣传推介北京城市副中心良好投资环境。

【“走进通州”系列活动】 4月17日，内蒙古鄂尔多斯商会暨海外华人企业家联谊会代表团一行考察通州，实地参观了运河核心区五河交汇处和新城0506街区地块。代表团希望就具体项目与本区洽商对接。4月26日，北京大学智慧城市与商界领袖高端项目班一行30余人考察通州。考察团先后实地考察了运河核心区和宋庄文化创意产业集聚区重点地块，以及台湖兰格加华产业园及北京矿业总部等重点园中园项目，并听取北京城市副中心投资环境和重点项目建设情况介绍。区投资促进局与北京大学负责人就建立战略合作伙伴关系，与企业代表就具体项目投资作深入的交流与沟通。5月25日，欧美同学会一行50余人参观考察北京城市副中心建设，并在通州举办“生态CBD·北京城市副中心——通州区域发展与价值”专题讲座。座谈会上，区发展改革委、区规划分局、区投促局相关领导就通州区整体情况，经济建设发展和北京城市副中心发展规划等做详尽的介绍。欧美同学会表示愿意进一步与通州寻求在资源信息、项目建设等方面的交流与合作，多渠道参与北京城市副中心建设。6月16日，北京辽商会暨北京和商会考察团一行20余人到通州考察。座谈会上，区投资促进局做通州区整体情况介绍，西集镇做西集情况介绍和重点项目推介。考察团表示愿在都市农业、文化创意、医疗养老等方面与通州区开展合作。会后，考察团实地考察通州经济开发区东区，并参观北汽动力总成研发基地。

【参加第十七届中国北京国际科技产业博览会】 5月14日至5月18日，第十七届中国北京国际科技产业博览会在北京国际展览中心开幕。本届科博会以“创新驱动，融合发展”为主题。通州区在8号展馆设立形象展台，联合区科委等部门从入区的274家科技部备案的高新技术企业（国高新）中筛选出30家企业参展本次科博会，全面宣传展示科技企业的企业形象、专利产品和企业效益。展会期间，发放新版宣传画册500余册，接洽华能集团、中国电子信息产业集团、中国民营科技促进会等200余家企业、机构咨询洽谈。会后，本区被组委会授予“最佳展示奖”。

科博会上通州区形象展台　　（投资促进局提供）

【参加第三届中国（北京）国际服务贸易交易会】　5月28日至6月1日，通州区参加了在北京国际会议中心举办的第三届中国（北京）国际服务贸易交易会。区投资促进局按行业及产业组成招商小分队，与高端商务、文化旅游、医疗健康产业领域龙头企业机构进行现场对接，向ABB集团、汇丰控股公司、戴姆勒股份公司、德意志银行、香港贸发局等企业机构，宣传北京城市副中心投资环境和推介重点区域项目。

【凤凰网签约入驻运河核心区绿地中央广场】　7月18日，凤凰网正式签约入驻通州运河核心区绿地中央广场。该项目为区域性总部项目，总投资额2230万元，购买写字楼面积800平方米。绿地中央广场作为通州新城核心区引入的重点项目，以CBD中央传媒产业带外延为契机，将大力引入传媒产业和国际互联网产业项目。凤凰网项目的落户将成为通州产业升级发展的新坐标。

【参加第十八届北京·香港经济合作研讨洽谈会】　11月25日至11月26日，通州区参加了在北京饭店举办的第十八届北京·香港经济合作研讨洽谈会。本届京港会以“互通要素、双向投资、同享机遇、共创繁荣”为主题。本区通过制作形象展板、设立咨询台、发放宣传册和项目册、“一对一”沟通等方式，宣传推介北京城市副中心重点区域和重点项目。洽谈会期间，与香港信德集团、正大制药集团、香港艺术品商会、港交所北京代表处等目标知名企业机构现场对接洽商投资项目。

【参加第六届投资北京洽谈会】　12月9日，通州区组团由副区长洪波带队参加在北京饭店举办的以“聚社会资本、促高端项目、稳经济增长、助转型升级”为主题的第六届投资北京洽谈会。本届洽谈会由开幕式、重大项目签约仪式、股权投资机构投资北京项目推介洽谈会、2014北京投资咨询日暨重点项目洽谈会等内容组成。在2014北京投资咨询日暨重点项目洽谈会上，副区长洪波对北京城市副中心建设情况作了说明，推介文化旅游区等重点项目。通州区在会场设立咨询台，接待投资人和企业咨询300余人次，发放宣传资料500余册。

在2014北京投资咨询日暨重点项目洽谈会上副区长洪波推介通州重点项目　　（投资促进局提供）

【参加第十七届京台产业合作大会暨京台科技论坛】　12月17日至12月18日，第十七届京台产业合作大会暨京台科技论坛在台北举行。通州区组团由区长岳鹏带队参加本次京台经济合作会。通州区政府首次以“新都市　新发展”为主题举办“京台企业家合作论坛——通州”专场活动，邀请台湾文化创意、医疗康体、文化旅游及高端商务行业在内的高精尖企业代表100余人参加。会上，通州区就北京城市副中心建设情况和“一核五区”重点项目向台湾企业家进行介绍，随后驻通州的新光集团、润泰集团、北京首都旅游集团有限责任公司、北京同仁堂（集团）股份有限责任公司、北京汽车集团有限公司、北京联东投资（集团）有限公司、富力集团7家企业代表发言。中国国民党荣誉副主席蒋孝严和京城企业协会会长刘晓光出席并致辞。区长岳鹏致答谢辞。区委常委、统战部部长赵玉影、副区长李亚兰及区台办、区投资促进局、宋庄镇、张家湾镇等单位参加。

【运河核心区招商联合体成立】 12月23日，区投资促进局联合区企业联合会在通州东方宾馆召开通州运河核心区招商联合体成立大会暨运河核心区落地企业座谈会。运河核心区招商联合体由区投资促进局、区企业联合会、永顺镇政府及复地集团、新光集团、富华集团、保利集团、绿地集团等运河核心区投资企业组成，以统筹推进运河核心区重点项目二次招商为主要工作内容。

【召开驻京中外企业通州行暨投联网工作会】 12月29日，由市投资促进局主办，区投资促进局承办的“驻京中外企业通州行暨投联网工作会”在北发大酒店召开。市投促局相关处室领导和通州区各乡镇、功能区、产业园区负责人以及重点企业负责人100余人参加会议。北京市投资促进局副局长张华、通州区副区长洪波出席会议。会上，市投促局为通州区各乡镇、功能区、园区负责人和重点企业负责人介绍投联网的作用、功能和服务对象。投联网聚集项目资源、资金资源、空间资源、技术资源、人才资源、政策资源和交易服务资源7类投资资源。政府部门可以通过投联网实现对辖区内投资资源精准化管理和为投资人、企业提供高效服务两大目的。投联网是政府引导、企业主导、市场化运作的新的投资促进工作方式。

【完成招商政策汇编】 年内，完成《通州区投资促进政策汇编》（2014版），政策分综合政策、专项政策、人才政策、产业指导政策4大类，收录政策29个。编辑《国家、北京市、中关村投资促进政策目录汇编》（2014版），收录政策条目216个，供投资者和落地企业参考。

（柴　杰）

国有资产监督管理

【概　况】 2014年，通州区国资委以“服务城市副中心建设，服务民生，增加经济贡献度”为工作目标，大刀阔斧搞改革，开拓创新促发展，区属国有企业经营活力不断增强。截至年底，区国资委一级监管企业9户，全部独立法人单位54户。监管企业资产总额706亿元，负债总额493亿元，净资产总额213亿元，全年缴税金1.39亿元，利润总额1.96亿元，净利润1.87亿元。平均资产负债率69.8%，净资产收益1.2%，国有资本保值增值率175.8%。在岗职工人数3322人。

【国企战略重组】 年内区委、区政府为推进北京城市副中心建设，促进国有企业健康发展，决定对新城基业、通开公司、国润新通、新城投资和通政公司5家企业实施改革重组，组建区国有资本运营有限公司。依据副中心建设和国企改革的需要，区国资委在区委、区政府的领导下，进一步加强监管，确保重组过程人心不散、队伍不乱、经营不断。本次重组后的企业，作为通州区国有资本经营运作的战略平台，将成为加快北京城市副中心建设，推动区域经济快速发展的核心力量。

【混合所有制改革】 区属国企积极探索跨区域、跨层级、跨所有制的经营合作方式，在多个项目中进行混合所有制实践。一是全力推动与央企的合作。潞运通公司与中商企业集团合作成立八里桥农产品批发市场。截至年底，国资委累计实现分红2.7亿元，累计实现纳税2.4亿元，净资产收益率达到26%。国润新通与中信集团合作，成立中信融资租赁公司（全国总部）。2014年，公司启动增资扩股，注册资本金增至9.3亿元，下一步将启动赴港IPO上市融资计划，企业发展后劲不断增强。二是着力加强与市企的合作。区供销社积极加入市供销社投资平台，并参股市社筹建小额贷款公司，企业资本收益水平稳步提升。截至年底，累计实现投资收益突破1.2亿元，投资收益率达到20%。三是积极探索与民企的合作。煤炭公司与民企合作建设40万吨洁净型煤生产线，为区内燃煤替换工作提供稳定的资源保障。通开公司与民资合作成立投资基金管理公司，融到5亿项目资金，为企业发展提供了有力的资金支持。

【副中心建设重点项目】 一是“彩虹之门”功能业态布局、建筑设计优化等前期准备工作基本完成，施工建设有序启动。二是核心区基础设施和地下空间工程顺利推进，东关大道、北环环隧正在进行设备后期安装。三是通州文化旅游区42个地块的土地一级开发全面推进，完成1.2平方公里的土地上市工作。四是帅府二期项目预售启动，新华医院等17个代建工程，有3个交付使用，其余的项目也在积极推进中。五是通州水务投融资平台完成组建，与金融机构的融资洽商工作正在进行。六是新城基业18亿元企业债券成功发行，完成30亿元股权融资和委托贷款项目。

【民生保障】 一是保障房项目稳步推进。新城基业完成12个保障性住房项目建设，对接房源12665套。二是公交运营环境不断优化。年内，通盛达公司新开通5条客运线路，增加38部清洁能源车，新增300辆电动出租车，电动出租车总数达到500辆，方便了百姓出行，得到社会各界的一致好评。三是煤炭保供工作扎实到位。煤炭公司克服资金压力，完成区政府3万吨煤炭应急储备任务，并为全区354个行政村配送优质燃煤6.66万吨。四是新型农资连锁网络初步建立。供销社加盟建立“首都农资”连锁通州分销中心。建立2家直营店和37家标准化加盟店，初步形成遍布全区的农资连锁服务体系。

国资公司成立大会 (国资委提供)

【资产经营】 一是运河商务中心项目。项目完成主体结构施工。二是土桥大型商业项目。该项目由3家国企联合开发，项目前期手续正在加快进行。三是西门商业大厦项目。该项目控规正在编制，土地收储方案基本完成。四是农资物流中心项目。该项目电力增容等前期准备工作基本完成，正在协调市规委调整土地控规。五是品艺园文化产业园。园区的市政基础工程已经完工，与全国艺术机构的签约工作正在进行。六是北苑交通枢纽项目。该项目完成概念方案、交通承载力分析、交通影响评价报告，地块控规基本完成。此外，国资委挖掘资源，筹划农机商务园、北方亿立工贸中心等一批中小项目。

【自主经营】 一是着力打造运河文化旅游品牌。“运河游”全年接待游客20万人次，成功举办“草莓音乐节”“七夕文化节”“运河庙会”“冬季冰雪节”等项目。二是开发通州首家国有电子商务项目。企业以服装服饰为切入点，年内“双十一”单日销售额达154万，品牌市场占有率稳步提升。三是创新经营运作模式。煤炭公司引进新型建筑装饰材料硅藻泥项目，签约代理加盟商180多家，年销售硅藻泥300多吨，展示了较为突出的市场潜力。四是挖掘传统品牌市场价值。小楼饭店被评为“北京老字号”。2014年，企业加大清真饮序列开发力度，完成婚庆大厅改造，并高标准筹划新店建设，发展潜力持续增强。五是搭建精品商业服务网络。新设立5家通糖烟酒精品店和6家品质生活超市，区属国有商业在连锁网络布局方面取得可喜的成绩。

【招商引资】 区属国企充分挖掘自身资源，利用土地、房屋和股权投资等多种形式进行招商引资，通过聚焦总部经济，引入高新技术产业，发展现代服务业等一系列措施，在提升国企经营效益的同时，也为壮大区域经济总量，增加全区财政税收和百姓就业做贡献。截至年底，全系统招商引资企业35家，实现产值12.85亿元，税收5990万元，从业人员2321人。其中，中信富通融资租赁公司实现收入3.87亿元，税收3228万元。

【国资监管机制建设】 一是国资预算准备工作有序落实。国有资本经营预算和企业全面预算的文件起草、前期培训准备等工作已经完成。二是综合绩效评价工作成效明显。国资考核指标体系的设定和操作程序更加贴近企业实际，对于强化责任落实、促进企业发展的导向功能更为突出。三是审计管理功能有力增强。在完善合规性审计的基础上，更加注重任中审计，通过审计手段有效强化国资监管力度。四是产权管理工作进一步规范。对经营性房屋土地的管理更加严谨规范，有力提升资产运营效益和风险防控能力。

【党建工作】 一是企业领导班子建设扎实推进。年内调整直属企业负责人11人次，企业领导班子更加年轻，能力结构更为优化；举办企业青年经营管理人员及后备干部培训班，47名青年干部参加培训；制定出台《企业后备领导人员培养选拔办法》，确定27名后备干部人选，有3人进入企业负责人序列。二是党建基础工作不断巩固。年内，对4个党支部进行合并调整，并发展党员30名；大力推行“微型党课”教育模式，全系统开展微型党课150余次；积极参与创建全国文明城区工作，特别是通过公交车、电动出租车的移动广告宣传，为创城工作作出了应有的贡献。

（张新蕊）

安全生产监督管理

【概　况】 2014年，通州区安全生产工作坚持科学发展、安全发展理念，坚持“安全第一、预防为主、综合治理”方针，围绕建设北京城市副中心的发展战略，按照抓基础、重实效、敢创新的原则，认真贯彻落实国家和市、区的决策部署，扎实开展一系列卓有成效的工作，全区安全生产继续保持平稳有序的发展态势。2014年，通州区荣获北京市“安全生产月”活动优秀组织奖和北京市“安全生产月”活动最佳实践活动奖等荣誉称号。本区首创的乡镇、街道基层专职安全员队伍模式、安全生产执法技能大比武活动及安全生产标准化“金安企业”创建活动，荣获2014年度北京市安全生产监督管理改革创新奖。

（荆春花）

【推进城乡结合部地区安全生产专项整治工作】 年初，以区政府办公室名义印发《通州区集中开展城乡结合部地区安全生产专项整治工作实施方案》，在全区集中开展为期10个月的城乡结合部地区安全生产专项整治工作，重点对城乡结合部地区的各类商品批零售市场、“工业大院”“五小”（小化工、小木器、小服装、小加工、小作坊）企业、“六小”（小歌厅、小餐饮、小网吧、小洗浴、小旅馆、小市场）场所、“三合一”和“多合一”（是指住宿与生产、储存、经营等一种或几种用途混合设置在同一连通空间内的场所）等存在安全隐患的住宿与生产、储存、经营合用场所开展专项治理。区安委会建立月例会制度、定期通报制度、信息报送和统计报表制度以及监督考核制度，推进专项整治工作纵深开展。专项整治行动监督检查单位26752家，监督检查14062次，发现问题隐患21863项，停产停业305家，罚款308.9万元，全区上账的“三违”（违章指挥、违规作业和违反劳动纪律”的简称）企业290处挂账隐患全部整改销账。

【开展安全生产暗访夜查专项行动】 年初，由区安全监管局牵头，各乡镇、街道联合消防、公安、工商和城管等部门，对城乡结合部地区生产经营单位、“五小”企业、烟花爆竹批发及零售网点开展暗访夜查专项行动。截至2月14日，区安全监管局组织开展暗访夜查行动8次，出动检查人员158人次、检查车辆79车次，检查各类生产经营单位246家次，其中，歌厅1家、网吧3家、餐饮单位6家、旅馆2家、洗浴1家、印刷企业1家、危化单位17家、在建工地4家、烟花爆竹销售网点211家次，查处各类安全隐患126处，下发执法文书79份，约谈4家、责令停工整改5家，处罚4起，罚款2.5万元。另外，各乡镇、街道出动人1637次、688车次，检查各类生产经营单位家883次，其中，“五小”企业213家、“六小”场所409家，烟花爆竹销售网点家181家次，其他单位8家，下发各类文书650份。

（杨镜坡）

【全面开展危险化学品安全大检查】 4月1日起，区安全监管局全面深入开展危险化学品生产、经营、储存、使用等各环节专项整治工作，重点加强危险化学品“两重点、一重大”（重点危险工艺、重点监管危化品和重大危险源）的监管，全力组织实施液氨使用单位消隐工程，坚决遏制危险化学品事故。出动检查人员108人次，监督检查单位77家、下达行政执法文书43份，发现并整改隐患73项。

（辛晋峰）

【开展安全生产大检查工作】 由区安全监管局牵头，全区各单位、各部门深入参与开展为期一个月的全行业、全领域、全覆盖的安全生产大检查，重点深化燃气、建筑施工、道路交通运输、消防安全、危险化学品、地下空间、有限空间作业、特种设备、特种作业等行业领域的专项治理，挥重拳治理安全隐患，成效显著。出动检查组970个，检查人员15538人次，检查各类生产经营单位13820家，下达行政执法文书4138份，查处安全生产隐患10365个，其中，整改8123个，处罚金额29.12万元，依法责令停业整顿358家，关闭取缔单位132家。

【开展安全生产体制机制综合改革试点工作】 6月，经市政府同意，市安全监管局将通州区列为全市安全生产体制机制综合改革试点区。区安全监管局研究拟定《关于开展安全生产体制机制综合改革试点工作的实施意见（代拟稿）》，实施意见经区长办公会和区委常委会研究同意，由通州区区委、区政府正式印发，成为指导通州区体制机制改革工作的纲领性文件，全面明确改革的目标、核心以及4大方面22项具体任务和保障措施，力争到2017年底，形成一整套可借鉴、可复制、可推广的改革成果，进一步提升全区安全生产监管监察工作水平。

（赵冬梅）

【开展第二届安全执法技能“大比武”活动】 6月19日，区安全监管局举办通州区第二届基层专职安全员执法检查技能“大比武”活动，来自11个乡镇、4个街道办事处的45名基层专职安全员参加比赛。“大比武”活动分为理论考试和实操比武两个阶段。理论考试内容涉及安全生产相关法律知识、相关政策和业务知识，重点考查检查人员的依法行政能力和业务知识水平。实操比武则由专家在指定车间设置包括机械、用电、设备、安全防护、职卫、危化、特种设备等12大类和60余小项的安全隐患，要求参赛队员在规定时间内现场查找并在当场做出处理，充分检验基层专职安全员的现场执法检查能力。“大比武”要求参赛队员必须是新面孔，采取轮换式参赛规则，以达到全员练兵、整体提高的目的。

（高海波）

6月9日，通州区第二届安全生产执法技能“大比武”活动现场
（安监局提供）

【开展“六打六治”打非治违专项行动】 8月至12月底，区安委会成立“六打六治”（打击矿山企业无证开采、超越批准的矿区范围采矿行为，整治图纸造假、图实不符问题；打击破坏损害油气管道行为，整治管道周边乱建乱挖乱钻问题；打击危化品非法运输行为，整治无证经营、充装、运输，非法改装、认证，违法挂靠、外包，违规装载等问题；打击无资质施工行为，整治层层转包、违法分包问题；打击客车客船非法营运行为，整治无证经营、超范围经营、挂靠经营及超速、超员、疲劳驾驶和长途客车夜间违规行驶等问题；打击“三合一”“多合一”场所违法生产经营行为，整治违规住人、消防设施缺失损坏、安全出口疏散通道堵塞封闭等问题），打非治违专项行动领导小组。分动员部署和自查自纠、集中打击整治、巩固深化三个阶段，按照“谁审批、谁负责，谁许可、谁负责”的原则和“管行业必须管安全，管业务必须管安

全，管生产经营必须管安全”的要求，对危险化学品、油气管道、交通运输、建设施工、消防等重点行业领域，集中开展“六打六治”。其间先后实施重大非法违法行为备案督办、黑名单、典型案例通报和约谈警示、一案双查等措施，保障“六打六治”工作的实际成效。全区出动执法人员2516人次，执法检查专家18人次，检查企事业单位和场所2297家次，组织开展跨地区、跨部门联合执法69次，对重点地区和单位实施暗查暗访75次，责令停产整顿12家。整治违规住人、消防设施缺失损坏、安全出口疏散通道堵塞封闭等问题236起，整治违反《严防企业粉尘爆炸五条规定》的安全隐患523处。

（杨镜坡）

【提升安全生产专职安全员队伍规模和质量】 区安委会认真落实市政府办公厅31号文件精神，从6月份开始着手进一步加强安全生产专职安全员队伍建设工作。制定《关于加强和规范乡镇、街道（园区）安全生产专职安全员队伍建设的实施意见》，与区人力社保局等单位联合，在全区范围内开展专职安全员的公开招聘工作和现有专职安全员的过渡衔接工作。通过发布公告、报名初审、笔试、面试、体检、政审、确定人员、岗前培训、上岗取证考试和签订劳动合同等环节，完成163名新专职安全员的招聘上岗工作和原有的210名专职安全员的过渡工作。

（赵冬梅）

【全面启动安全生产督查考核】 年底，区安委会办公室成立7个小组，分自查自检、督查考核、综合评定3个阶段，对全区乡镇政府、街道办事处安全生产工作进行年终综合督查考核，考核内容包括组织制度机构健全、隐患排查治理、安全生产标准化、执法检查、信息化建设、宣传教育培训、职业卫生、危险化学品、应急管理、压减事故、“六打六治”专项整治等13项安全生产工作。督查小组对各单位安全生产“一岗双责”推动和落实情况、专职安全员队伍建设及村（社区）级安全管理体系建设情况、“安全生产月”活动开展情况等重点工作进行督查，督查还现场抽取两家企业进行实地考核。通过督查全面掌握全区安全生产大检查和消防安全大排查大整治、隐患排查整改、安全生产各项保障措施落实情况。

（杨镜坡）

【举办北京市安全文化论坛通州分论坛】 11月27日，区安全监管局在北京运河源酒店举办以“四化三体系双基在本区范围的落实和推进”为议题的安全文化论坛，论坛通过企业、镇级、区级三个层面，围绕安全文化建设，分别从“四化三体系双基战略在通州区的落地和演进”“强力推进四化三体系双基建设，打造安全发展的新梨园”“播洒四化三体系双基安全种，实现经济社会效益双丰收”等，就企业安全文化创建、事故预防、安全基层基础管理等方面进行深入探讨。全区安全监管系统主管领导，安全监管人员及重点企业负责人和安全生产管理人员200人参加活动。

【集中培训全区新老安全员】 11月19日至12月12日，区安全监管局分3期对安全生产检查员、专职安全员进行统一岗位培训，进一步加强基层安全监管队伍建设。培训内容涉及安全生产法律法规和标准；基层安全生产监管所需的安全生产基本知识、北京市安全生产特点及形势、乡镇、街道（园区）安全生产监督管理和执法检查的要点；安全生产现场检查的要点；典型事故案例评析；廉政警示教育和文明执法等。全区安全生产检查员、基层专职安全员，以及2014年新招聘的安全生产专职安全员400余人参加培训。所有参加培训的专职安全员统一参加由市安全监管局组织的取证考试。

（高海波）

人口和计划生育

【概　况】 2014年，通州区人口计生委以新思路谋新发展、新举措求新突破，在服务新城发展中深化调研、在推动职能转变中创新举措、在保障和改善民生中完善政策、在加快体制机制创新中提升素质，较好地完成了上级下达的各项任务，全区人口计生工作呈现出转型发展的良好态势。全区总人口

135.6万人，其中，户籍人口70.6万人。全区出生人口8863人，自然增长率4.64‰。

【人口发展战略研究】 通州区人口计生委围绕城市副中心建设，积极开展以人口发展为主要内容的调查研究工作。一是组建市人口研究所、区委党校两个专家组，分别以“京津冀一体化发展形势下，北京城市副中心人口规模调控策略研究”和“在经济转型发展中优化通州人口结构”为主题，深入开展调研，形成《通州区人口规模调控的思路及对策》《通州区合理调控人口规模优化人口结构问题研究》两个报告。二是指导各乡镇街道从辖区人口特点出发开展研究工作。以宋庄、玉桥为重点，在全区范围内开展失独家庭生存、生活情况及相关需求的工作调研，对全区49岁以上失独家庭进行问卷调查，形成《通州区失独家庭现状与对策分析》报告，为本区困难计生家庭实施帮扶，提供参考依据。三是围绕提高家庭发展能力，在8000户家庭中开展关于家庭人口数量、家庭收入、文化程度、对人口计生服务需求等方面的调查，为2015年继续开展“家庭发展能力”调查研究打好基础。四是加强人口信息化建设。配合区经信委初步建立全区人口数据库，加大人口数据统计分析工作，完成《2014年通州区人口发展情况报告》。

【依法行政】 加大依法行政工作力度。一是认真贯彻落实单独二孩政策。通过电视、广播、报刊、政务公开栏等多种形式宣传单独二孩政策，提高百姓政策知晓率。开辟单独二孩审批绿色通道，做到快接、快审、快批。全年办理再生育审批2473例，其中，单独二孩审批1915例。二是全面加强服务窗口建设。创新行政审批制度，简化审批程序，认真执行首接责任制、一次性告知和限时办结等便民维权制度。全年接待群众来访1800余人次，来电咨询9500余个。三是进一步推进依法行政。规范行政执法程序和执法文书制作。四是继续做好奖励扶助政策落实。加大帮扶力度，扩大帮扶范围。审核发放奖励扶助金1030.2万元；审核发放伤残扶助金82.2万元；审核发放特扶扶助金209.8万元。五是开展普法宣传教育活动。利用重大节假日、纪念日开展政策法规宣传教育活动，使政策法规知识走进千家万户。

【流动人口服务与管理】 强化流动人口计划生育服务与管理，增强流动人口归属感。一是全面落实均等化服务。深入村居、企业、工地开展关怀关爱流动人口系列服务活动，让流动人口感受到家的温暖。完善流动人口图书角，为全区15个流动人口图书角配发图书1200余册，满足流动人口精神文化需求。继续实施健康检查服务，全年为流动人口免费体检3884人，免费“两癌”筛查406人，切实提高流动人口生殖健康水平。二是坚持双向协作长效机制，先后与山东省阳信县等5个地区签订双向协议书，同江西余江、安徽长丰等地计生部门联手开展流动人口出生监测和打击“两非”（非医学需要的胎儿性别鉴定、非医学需要的人工终止妊娠行为）案件工作，实现信息共享。三是配合国家卫生计生委做好流动人口动态监测，完成入户调查、问卷填写、信息录入工作任务。

【“文明倡导”工程】 实施文明倡导工程，营造幸福家庭氛围。一是加强人口思想文化宣传，深化幸福家庭创建理念。以“幸福家庭·美好梦想”为主题，开展征文、演讲比赛、摄影比赛、幸福家庭评比等一系列幸福家庭创建活动。二是拓宽人口文化宣传覆盖面。继续开展“青春健康进校园”活动，为全区青少年发放青春健康系列图书5000余册。根据各乡镇街道实际情况，开展宣传阵地建设，投资150余万元制作宣传文化墙2689平方米，文化楼门展板3027块，宣传栏橱窗59组。宣传阵地覆盖宋庄镇、西集镇、漷县镇等8个乡镇街道，为改善全区人口环境奠定了基础。

【“宝贝计划”工程】 实施婴幼儿早教工程，提高出生人口素质。根据区政府为民办实事工程要求，积极与教委、专业早教机构等部门合作，利用区内幼儿园资源优势，有效推进早教工程的落实。

一是加强早教培训，推动婴幼儿潜能开发。针对婴幼儿的发展特点，聘请国内知名专家，举办以“改变家庭教育模式 · 成就孩子成功一生”等为主题的一系列早教讲座，为婴幼儿家长讲授早期教育、家庭教育模式知识。二是加强基础建设，走访慰问幼儿园及早教基地。先后到全区各乡镇、街道幼儿园开展走访慰问活动，并实地考察早教机构基础设施建设、师资力量等各方面情况，为进一步打造一批“早教基地”项目点，尽快形成面向全区婴幼儿的早教工作网络奠定了基础。

【“生育关怀”工程】 实施生育关怀工程，关心关爱困难计生家庭。一是坚持困难计生家庭帮扶救助长效机制，确保帮扶资金准确无误、发放到位。继续实施节日走访关怀机制，在“五一”“十一”、元旦、春节等节假日走访慰问特殊困难计生家庭、失独家庭，使关怀慰问达到全覆盖。二是实施健康关爱行动。各乡镇、街道积极协调京通医院、区妇幼医院、乡镇卫生院，为380名失独父母进行免费健康体检，并建立健康档案，提供跟踪服务。三是充分发挥600余名志愿者作用，关爱身边特殊计生家庭，为特殊计生家庭送去生活照料、亲情陪伴、应急救助、健康养生、文化娱乐等多方面真情关怀。四是开展“生育关怀 · 情暖通州”的募捐活动，募集善款20万元，为失独家庭发放救助款17万元。五是推进“意外伤害保险”工作，为全区64130户计生家庭缴纳意外伤害保险，保费达192万元。全年办理出险492户，理赔金额102万元。

【“健康生育”工程】 实施健康生育工程，提高群众健康水平。一是推进免费孕前优生健康检查项目，为1000余对新婚夫妇提供免费孕前优生健康体检，发放婚育健康服务包4400余个。二是继续开展“生殖健康伴你行”活动，为农村已婚采取长效措施的育龄妇女免费体检2.1万人，城市无业已婚育龄妇女免费体检680人。三是坚持举办“优生优育大课堂”39期，为1万余名新婚夫妇免费提供优生优育培训。举办“百场生殖健康进村居”专题讲座96期，为6800名育龄妇女讲授生殖健康知识。四是完善药具自取15分钟服务圈，投入近百万元建立计划生育药具服务管理信息平台和药具自取发放箱780个，满足广大育龄群众实行计划生育和提高生殖健康水平需求。

（姜一杨）

档 案 工 作

【概　况】 2014年，通州区档案局（馆）在区委、区政府的正确领导下，在北京市档案局的监督指导下，深入开展党的群众路线教育实践活动，围绕北京城市副中心建设大局做好服务，有序推进各项工作，档案事业发展硕果累累。2014年年底，新馆选址重新确定，起草可行性研究报告等立项的前期工作开始进行。

【80%馆藏档案实现数字化】 年内，档案数字化工作完成扫描3605412页，包括案卷级管理58498卷和文件级管理2667件，录入条目526494条，图像数据存储容量3T。自档案数字化工作开始以来，累计扫描档案案卷级管理114938卷、文件级管理3349件，8244009页，录入条目1525104条，图像数据存储容量6.5T，占全部馆藏档案的80%，数字化成果实现档案管理平台实时查询和打印。

【新方式服务档案利用】 2014年，区档案馆在坚持原有便民查档制度的基础上，依托档案数字化成果，到村镇现场为利用者提供档案证明材料，首次实现面对面、零距离为基层群众提供档案服务。全年接待档案查阅利用8620人次，利用档案资料7481卷，提供档案资料复印件12905件37544页，出具各种证明12935份。

【完成1981—1985年馆藏档案开放鉴定工作】 年内，区档案馆对馆藏自形成之日起满30年和即将满30年（即1981—1985年）的全部13008卷档案进行鉴定工作。经鉴定，其中5339卷档案可以向社会开放使用，7669卷档案继续控制使用。经鉴定可以开放的档案目录放到区档案局网站和政府信息公开网站，公众可随时上网或持有效证件到档案馆查阅利用。

【依法接收政府公开信息】 年内，完成对全区2013年政府信息公开文件的接收工作，接收公开文件239件，及时整理编目并向社会开放。

【采集全区重大活动档案资料】 全年，完成106次活动的拍照工作，其中，区活动57次，收集照片8549张，完成归档352张。

【征集档案资料进馆】 全年，征集各类档案资料1563件（册）。其中，领导视察、通州故城印象等电子图片1057张，教育摄影图片500张，地方出版物一百多册、中华人民共和国成立初期的银行内部资料十余件。

【出版编研成果】 年内，区档案局（馆）编辑出版《档案与文化》《通州档案人摄影作品集》，反映了通州档案人的文化情怀和文化风采。

【艺术家档案征集工作】 2014年，区档案局在此前工作基础上，继续扩大艺术家档案的征集范围，逐步建设“地区艺术家档案库”。截至2014年12月，为108位生活在宋庄的艺术家建立个人艺术档案，征集到82位艺术家的书法、国画、油画等原创艺术作品91件，画册、宣传彩页等实物档案资料332件，作品电子版、创作活动照片、获得荣誉等电子档案资料89G。

与艺术家座谈档案征集工作 （档案局提供）

【开展第六届“档案馆日”宣传活动】 6月，开展以“走进档案、弘扬运河文化”为主题的“国际档案日”暨北京市第六届“档案馆日”系列活动，在《通州时讯》报社开辟两个专版，刊登“通州运河名人档案征集公告”“当代书法名家运河情书画作品展”等内容，同时在八通网和通州档案信息网开设“当代书法名家运河情书画作品展”和“百位通州运河名人”网上主题展览，展出区档案馆保存的由张源捐赠的启功、欧阳中石等当代著名的书画名家的作品60幅以及吴少诚、周文彬、刘绍棠等48位古今通州运河名人生平简介，访问21807人次。

【爱国主义教育基地活动】 年内，依托馆藏档案资源，开展“雷锋文献资料展”“非物质文化遗产进校园”“小小讲解员讲名人”“通州区小学美术教师走近艺术家汤凤国”等一系列教育活动，全年接待参观者六千余人次。

小小讲解员活动现场 （档案局提供）

【强化档案业务工作培训】 2014年，区档案局先后组织全区档案业务培训班和重点工程培训班，并针对不同立档单位开展专题培训，七百余人次参加培训，并指导四百五十余名专兼职档案员完成网上档案业务学习，学员网上平均学习时间达26.5学时。

【服务创城档案工作】 年内，区档案局工作人员分批到五十多个处级单位和一百多个社区，实地指导创城材料的收集整理工作，协调举办二十余次集中的创城档案业务培训和现场观摩活动，累计培训六百多人次，并调派2名档案业务骨干充实到创城办，完成两千余卷创城档案的整理工作。

【加强档案行政执法】 2014年，区档案局与区监察局、区人保局联合下发《关于学习宣传贯彻〈档案管理违法违纪行为处分规定〉的通知》，并重新修订

《通州区档案行政执法检查评分细则》，对区教委等22个单位和7个乡镇的42个行政村进行执法检查。

【推进机关档案测评工作】 区档案局细化方案、强化培训、深入指导，确保20个处级立档单位通过北京市机关档案优秀单位测评验收。

【完成北京市新农村建设档案互测互评工作】 年内，区档案局启动涉农部门协调机制，与区民政局、区农委联合制发《北京市通州区新农村建设档案工作测评办法》的实施意见，部署新农村建设档案工作，并于8月通过北京市新农村建设档案工作互测互评第三检查组对通州区近两年的新农村建设档案工作进行的检查。

【加强重点工程和项目档案的监管工作】 年内，区档案局通过制发文件、加强培训等方式强化重点工程和项目档案的监督和指导工作，并收集旧城旧村改造、新华大街改扩建项目等重点工程和项目的照片五千余张和光盘档案二百余张。

（梁　鋆）

史志工作

【概　况】 2014年，通州区史志工作把存史、资政、教化作为根本任务，不断创新工作思路和工作方法，完成了各项工作任务。年内，与市方志办合作完成运河号子专题片的拍摄任务；建方志厅、党史厅；对基层史志工作人员调整情况进行调查摸底并重新登记；完成通州史志网站建设初步设计；通过多种形式征集资料近70万字；举办2015年《北京通州年鉴》编纂业务培训会；健全完善机关各项制度，对涉及内部管理、效能建设、财务管理及基层党建等方面的27项现行制度进行梳理评估，分别提出修订、废止和新建意见，27项制度中保留22项、修订4项、废止1项，新建8项。2014年，在首届北京市年鉴综合质量评比活动中，《北京通州年鉴2013》获得区县综合年鉴二等奖。

【编写《党史大事记》】 《党史大事记》在原编2001—2010年的基础上，2014年，新增加2011—2013年的编写条目内容，文字量在12万字基础上，增加到15万字。形成《党史大事记》第二稿，在征求意见的基础上，进行修改、补充和完善，为形成正式书稿打好基础。

【续编《文件选编》】 根据党史工作五年规划和年初制定的工作计划，从2013年下半年开始接续《北京市通州区改革开放以来文件选编（1978—2005)》一书，续编《中共北京市通州区委、区政府文件选编（2006—2013）》（以下简称《文件选编》）。按照编写要求，搜集整理区委、区政府文件和其他相关资料，按照政治、经济、文化、教育、科技、医疗卫生、社会建设等类目进行初步分类，整理录入2006年至2013年区委、区政府文件1245份，形成《文件选编》初稿，初稿有2900项、13大类，约367万字。

【完善《北京市通州区志》】 2014年，区志编辑人员根据初审报告，把市领导、专家提出的712条意见进行系统整理，按编进行归类。继续深入挖掘志书资料，全面、系统、完整补充和完善记述内容。增加“习俗”一章，包括“节日习俗”和“生活习俗”，使全志反映社会生活的内容更完整；增加传统金融业向现代金融业的转变、金融体制改革、金融市场拓展、金融产品创新及金融业对通州区经济社会发展的支持、服务等内容。《北京市通州区志》篇目共27编，修改完成21编，完成修改任务的77.7%。

【基层修志工作】 2014年，全区基层修志工作取得新的进展。《通州教育志》完成终审，全志150余万字；《台湖镇志》完成初审，全志50余万字；《西集镇志》基本完成资料收集工作，收集资料近百万字；《漷县镇志》编修工作全面启动，编目框架基本确定。

【《北京通州年鉴2014》出版发行】 12月25日，《北京通州年鉴2014》正式出版发行，这是通州区自1999年连续出版的第16部年鉴。本卷年鉴详实记载了2013年全区政治、经济、文化、社会等各方面的重大事件和新的情况，并用专文的形式记述了通州区从2012年8月至2014年初创建全国文明城区的情况。全书约87万字，正文设18个类目、108个分目、103个子目、1928个条目。为便于读者查阅，该年鉴附带全文数字化光盘。

【设立史志宣传专区】 2014年，党史办与区图书馆合作，对本室收藏的十几大类，近5000册史志资料进行归类整理登记，在区图书馆开辟史志宣传专区即方志厅，提高史志资料的科学化管理水平。同时，对可公开的资料一律列入区图书馆（方志厅）馆藏，对全社会开放。

（张亚昆）

史志宣传专区（方志厅）（党史办提供）

中国人民政治协商会议北京市通州区委员会

【概　况】 2014年，在中共通州区委的领导下，区政协常委会认真履行政协职能，促进全区经济社会发展。发挥大团结大联合组织作用，推动城市副中心建设。强化经常性工作，努力提高履职水平。重视自身建设，不断开创政协工作新局面。年内，组织常委会议8次，主席会议7次，专委会活动27次。截至年底，通州区政协第五届委员会有委员256人，常务委员会组成人员37人。

【五届三次会议】 1月7日至9日在阳光国际会议中心召开。听取并审议主席王春元作的常委会工作报告和常务副主席张振泉作的关于提案工作情况的报告；听取并讨论区政府工作报告，讨论通州区2013年国民经济社会发展计划执行情况和2014年国民经济社会发展计划草案的报告、2013年财政预算执行情况和2014年财政预算草案的报告，区法院和检察院的工作报告。大会开幕会由副主席韩振福主持。通过政协通州区第五届委员会第三次会议政治决议、政协通州区第五届委员会常务委员会工作报告的决议、政协通州区第五届委员会常务委员会关于提案工作报告的决议，大会听取区政协常务副主席、提案委员会主任张振泉做的关于提案征集情况的报告。市政协副主席沈宝昌，区委、区政府、区人大领导出席。在完成会议各项议程后，1月9日上午大会闭幕。闭幕会由区政协副主席季志会主持。区委、区政府各部、委、办、局、各人民团体、各乡镇、街道及有关单位的党政正职，部分双管单位、部分中市属单位及相关企业代表，驻通州市政协委员分别列席大会开、闭幕会。区委书记王云峰在大会开幕会上作重要讲话。

【第二十一次常委会议】 3月11日召开。听取全区2013年党风廉政建设及反腐败工作情况通报、通过区政协常委会2014年工作要点及活动议题计划。

【第二十二次常委会议】 5月21日召开。听取通州区关于全国文明城区创建工作情况通报，听取关于执行《北京市大气污染防治条例》工作情况和污水处理设施建设情况的通报。

【第二十三次常委会议】 6月20日召开。听取区规划分局关于通州新城“一核五区”规划建设情况、轨道交通规划建设情况和北京城市总体规划修

改及通州区规划实施基本情况通报，征求各位常委对区政协党组对照检查材料（征求意见稿）的意见和建议 。

【第二十四次常委会议】 8月21日召开。听取区委、区政府上半年提案办理工作情况通报和区政协提案委员会上半年工作汇报，张振泉总结政协上半年工作情况并对下半年工作任务进行部署。

【第二十五次常委会议】 9月29日召开。审议通过《政协北京市通州区常务委员工作规则》《政协北京市通州区委员会关于政协委员履行职责管理办法》《政协北京市通州区委员会关于加强政协委员学习培训工作的实施意见》《政协北京市通州区委员会关于进一步加强和改进调查研究工作的意见》《政协北京市通州区委员会关于建立月协商制度的意见》五项工作制度。

【第二十六次常委会议】 12月2日召开。听取区人民法院和区人民检察院2014年工作通报。

【第二十七次常委会议】 12月17日召开。听取区政协2013年常委会建议案办理情况通报，审议通过区政协五届四次全会的有关工作事项，审议政协《常委会工作报告（草案）》《提案工作报告（草案）》。

【第二十八次常委会议】 12月30日召开。审议通过《政协北京市通州区第五届委员会常务委员会工作报告》《政协北京市通州区第五届委员会常务委员会关于提案工作的报告》。审议通过区政协五届四次会议委员分组办法、各组召集人名单、会议决议起草委员会人员名单、委员调整、《中国人民政治协商会议北京市通州区第五届委员会第四次会议选举办法》、总监票人、监票人建议名单、大会主席团成员、主席团常务主席、主席团召集人建议名单及秘书长人选建议名单。审议通过《政协五届委员届中增补建议人员名单》，增补赵玉影、贾君刚、杨东风、陈丕东、吴进良、刘兰亭、甘建军、李佳润8位委员。审议通过孙喜春、韩子轶两名委员不再担任政协委员的辞职申请。

【第二十七次主席（扩大）会议】 2月26日召开。讨论《2014年区政协工作要点》《2014年常委会议议题计划》《2014年主席会议议题计划》。

【第二十八次主席（扩大）会议】 3月13日召开。讨论通过《2014年区政协主席会议议题计划》《2014年区政协月协商议题计划》《政协通州区第五届委员会经济运行民主监督组委员名单》《政协通州区第五届委员会教育卫生民主监督组委员名单》《政协通州区第五届委员会城建环保民主监督组委员名单》《政协通州区第五届委员会法制民主监督组委员名单》《政协通州区第五届委员会财政民主监督组委员名单》。

【第二十九次主席（扩大）会议】 3月24日召开。研究讨论《区政协机关处级领导干部在“四风”方面自查及征求意见反映的问题》。

【第三十次主席（扩大）会议】 4月3日召开。研究讨论《2013年通州区政协委员履职情况报告》。

【第三十一次主席（扩大）会议】 5月7日召开。听取民政局关于社会救助工作情况的汇报，视察通州区救助管理站和社会福利院。

【第三十二次主席（扩大）会议】 8月18日召开。研究《政协北京市通州区委员会2014年上半年工作总结和下半年主要工作安排》《关于2014年上半年提案工作情况的汇报》及通州区政协2014年常委读书班活动安排，讨论政协机关人事任免事宜，决定提交政协通州区第五届委员会第二十四次常委会议审议通过。

【第三十三次主席（扩大）会议】 12月17日召开。 讨论研究《关于召开区政协五届四次会议的决定（草案）》《区政协五届四次会议议程（草案）》《区政协五届四次会议日程（草案）》《区政协五届四次会议大会秘书处机构及负责人名单（草案）》《关于表彰2014年度优秀提案》《先进信息单位和优秀信息员》《优秀文史撰稿人的决定（草案）》《区政协常委会建议案》《区政协常委会工作报告》《提案工作报告》。

【社情民意恳谈会】 11月19日召开。与会的各民主党派负责人和各界别委员代表围绕城市副中心建设、基层医疗、社区养老服务、社会劳动关系、地铁周边拥堵、国学教育、旅游集散中心建议等方面提出意见、建议。区委、区政府领导出席。

【专题调研】 区政协坚持把调研作为政协履职的基础性工作，完成了加快社区居家养老服务体系建设、加强基层社区卫生服务工作、广泛开展国学教育和宗教场所合理布局四项专题调研。各民主党派、人民团体和各界委员围绕建设北京城市副中心的目标，针对城市副中心建设中的人口、环境、产业 、加强和谐劳动关系、文化产业发展、科技与农业的融合发展等课题开展专题调研，提出加强环境治理、构建和谐劳动关系和关注拆迁农民生活状况等建议，得到区委、区政府领导的高度重视，为区委、区政府领导科学决策提供了参考。

【提案工作】 2014年，收到提案217件，经审查立案211件，立案率97.2%。在立案的提案中，党派团体、界别、专委会提案27件，委员提案184件。在未立案的6件提案中，有4件超越本区职权转化为市政协提案，有2件以信息形式报市政协和送区政府有关部门参考。制定《关于提高提案工作质量的若干措施》，进一步规范提案工作。坚持提案线索征集制度，通过通州电视台、《通州时讯》、八通网和大运通州网广泛征集提案线索。开展提案交流活动，提案质量不断提高。加强与区委、区政府和承办单位、委员的沟通联系，规范提案“二次办理”，推动提案落实。全年立案的211件提案全部办复，取得良好的社会效果。

【文史资料工作】 创新征集形式，加强联系协作，面向广大政协委员、文史特邀委员和社会各界人士，征集各类文史资料195篇，110万字，图片450张。编辑完成《文化通州》系列丛书之七——《漕运古镇张家湾》，收录文史资料80篇，28万字，图片280张。编辑完成《北京文史集萃·通州卷》，收录文史资料33篇，30万字。为迎接抗日战争胜利和世界反法西斯战争胜利70周年，搜集整理通州地区有关抗日战争的史料22篇，8万字。开展反映通州历史文化的影像资料录制、收集工作，形成六个专题20小时的影像资料。为全区中小学及村、居委会益民书屋等提供文史资料3000册。文史特邀委员认真撰写“三亲”（“亲身经历和见闻”简称亲历、亲见、亲闻）史料，在提供文史资料线索、撰写稿件、协助编审等方面发挥了重要作用。

【信息工作】 广大委员关心通州、关注发展，积极反映社情民意，全年提交社情民意信息120篇。整理编报《委员之声》35期，区委、区政府领导先后多次对《委员之声》作出批示。关于改造通州区城市照明设施、增设交通信号灯和加强对餐饮业污水治理等一批建议，得到区委、区政府领导和有关部门的高度重视，直接促进了相关问题的解决。

（张俊国）

群众团体

共青团北京市通州区第五次代表大会召开　（团区委提供）

通州区总工会

【概　　况】　通州区总工会所属乡镇、街道总工会，委局、公司、行业、开发区及直属基层工会67个，基层工会2155个，职工人数142230人，会员人数131542人。2014年，全区各级工会组织按照维权要到位、服务要做实，发展要全面的工作方针，以奋发有为的精神状态和争创一流的工作精神，组织动员广大职工立足本职，扎实工作，努力为北京副中心建设做贡献。

【“两节”送温暖活动】　“两节”期间，市、区总工会筹集41.5万元，为全区415名困难职工发放1000元慰问金。区总工会主席、副主席分别带队到12户困难职工家中走访慰问，为他们每人送去1500元慰问金和慰问品，总计1.5万元。为农民工安全返乡提供法律咨询2500人次，为农民工讨薪210.5万元。为职工发放免费逛庙会门票4000张。向全国劳模、市级劳模发放慰问金27万元。

【召开三届九次委员（扩大）会】　1月3日，区总工会召开三届九次委员（扩大）会议。会上，区总工会主席王振良代表区总工会第三届委员会作题为《认真学习贯彻党的十八届三中全会精神　团结动员全区广大职工为北京城市副中心建设贡献力量》的工作报告。区总工会常务副主席吕庆申，副主席徐淑兰，区总工会三届委员会委员、经费审查委员会委员，女职工委员会委员，各乡镇、街道、委局、公司、产业、事业及直属基层工会主席、副主席、专职工会干部、专职工会工作者和区总工会机关全体人员120余人参加会议。

【召开工会经费税务代收工作会】　3月4日，2014年通州区工会经费税务代收工作会召开，区总工会主席王振良、常务副主席吕庆申、副主席徐淑兰，地税局局长杨玉杰、主管税务代收工作副局长董立彤，乡镇、园区工会主席、副主席，各基层地税所所长、副所长等80人参会。会上通报2013年乡镇、园区税务代收四个征期的采集、申报、缴款情况，以及下一阶段税务代收工作的具体安排；地税局通报征期中遇到的问题，探讨了解决方法。区总工会主席王振良对做好下一步工会经费税务代收工作提出要求。

【成功化解一起集体劳动争议】　3月6日，通州区劳动争议调解中心成功调解一起诉支付拖欠工资、保险赔偿金、解除劳动关系经济补偿金等事项的10人劳动争议案件，调解金额达37万元。

【召开第四次代表大会】　4月9日至11日，区总工会召开第四次代表大会，市总工会党组书记、副主席曾繁新，区领导王云峰、岳鹏、张文山、王春元、李玉君、杨静慧、崔志成出席会议。会上，区总工会主席王振良代表区总工会第三届委员会作题为《凝心聚力　改革创新　团结动员广大职工在北京城市副中心建设的伟大实践中建功立业》的报告，全面总结过去五年工作，明确今后五年的目标和任务。大会选举产生区总工会第四届委员会和经费审查委员会、女职工委员会。

【举行庆“五一”暨劳动奖状、奖章获得者座谈会】　4月29日下午，通州区举行2014年庆“五一”暨劳动奖状、奖章获得者座谈会。区委副书记、政法委书记李玉君，区委常委、组织部长杨静慧，区总工会主席王振良，各条战线的先进人物、职工代表以及基层工会干部50余人参加会议。座谈会上，区总工会常务副主席吕庆申介绍2014年全国五一、首都劳动奖状、奖章和北京市工人先锋号推荐评选情况；副主席徐淑兰宣布全国总工会和北京市总工会关于授予2014年劳动奖状、劳动奖章和北京市工人先锋号的表彰决定。北京苏宁云商销售有限公司荣获全国五一劳动奖状；北京联东投资（集团）有限公司刘振东荣获全国五一劳动奖章；通州区市政市容管理委员会、北京通州国际种业科技有限公司荣获首都劳动奖状；李奎涛等10名同志荣获首都劳动奖章；北京韬盛科技发展有限公司技术中心等4个单位荣获北京市工人先锋号荣誉称号。会上，获奖代表发言并进行座谈。

【举行女职工互助保障计划全覆盖仪式】 5月22日，通州区女职工互助保障计划全覆盖启动仪式在马驹桥镇联东U谷举行。会上，区总工会常务副主席吕庆申部署女职工特殊疾病互助保障全覆盖工作；区总工会主席王振良向市总保险代办处交付投保支票。市区领导为10名出险女职工代表发放理赔金和慰问品。区委副书记、政法委书记李玉君，区总工会副主席徐淑兰，区总工会调研员张慧敏出席会议。此次通州区女职工特殊疾病互助保障计划全覆盖是面向全区范围内于2013年12月底前参加工会经费税务代收代缴的行政事业单位和企业，年龄在20～55之间的在职女职工工会会员。保障的方式是为在一个互助期内初次发生原发性乳腺癌等6种特殊疾病之一的女职工领取互助金，用于缓解治疗、康复费用和收入减少引起的家庭经济困难，保障期限为二年。

【举办“安康杯”暨职工公共安全健康知识竞赛】 8月14日—15日，通州区总工会与区安监局联合举办“安康杯”暨职工公共安全健康知识竞赛。区总工会、区安监局连续十多年开展“安康杯”竞赛活动。这次竞赛活动以“普及公共安全健康知识，提高职工自救互救能力”为主题。副区长肖志刚参加此次活动并致辞。本次竞赛活动历时两个多月，有2.3万名职工参与，经过试卷笔答、初赛层层选拔，全区22支代表队参加为期两天的预赛。最终以梨园镇、园林绿化局、台湖镇、张湾开发区等8家单位职工代表队伍进入决赛，梨园镇取得此次竞赛的一等奖。

【女职工委员会召开工作会议】 8月26日，通州区总工会女职工委员会召开工作会议，来自区司法、地税、法院、教委、检察院等部分女职工委员参加会议。会上，结合市总工会女职工委员会工作精神，区总女工办对下半年女职工工作进行部署。女工委员们结合自身工作实际，就共同充分调动女职工为北京城市副中心建设作贡献的积极性，展现“半边天”的活力与风采等进行座谈研讨。区总工会副主席、女工主任徐淑兰参加会议并就下半年通州区女职工工作提出要求。

【举办通州区乒乓球比赛】 10月16日—17日，区总工会举办2014年度通州区职工乒乓球比赛，区属各基层单位的36家单位260人参加比赛。此次比赛赛出了水平，赛出了风格，丰富了职工们的业余生活，增强了职工的体质，培养了团队合作精神。漷县镇工会，于家务乡工会李军、漷县镇工会陈楠楠分获混合团体、男单、女单第一名。

【外聘审计机构审计】 10月，区总工会经审会外聘北京市总工会指定的审计机构天圆全会计师事务所对教育工会、园林局工会、地税局工会、人保局工会、工商局工会、民政局工会、潞河医院工会、卫生局工会、建筑业工会联合会、金通公司工会联合会10家直属基层工会2013年工会经费使用和管理进行审计，并出具审计报告，整体情况良好，对规范全区基层工会经费使用和管理发挥了重要作用。

【工会经费税务代收工作】 10月31日，2014年工会经费税务代收工作结束。2014年四个征期工会经费税务代收费源信息采集累计1253户，费源户在2013年1107户的基础上增加146户，累计缴款金额达到6980万元，比2013年总缴款金额增加980万元，递增18%。全年的申报、缴费率都高于全市平均值。区总工会本级留成经费1396万，比2013年本级留成1206万元增加190万。

【完成工会服务站规范化建设任务】 11月底，工会服务站规范化建设全部完成，并通过市总相关部门的验收，提前一年完成市总工会下达的工会服务站规范化建设任务。通州区有工会服务站15家，主要分布在乡镇、街道，根据市总工会关于三年完成工会服务规范化建设的工作要求，按照工会服务站要一层、临街且面积在50平方米以上，室外统一标牌、标识，室内服务站工作职责、人员分工、工作制度、工作进度、区域内职工和用人单位基本情况一览表等内容“五上墙”的标准。

【职工互助保险情况】 2014年，全年投保女工特疾55181人，“重大疾病”投保7664人，“住院医疗”投保14548人，“重要津贴”投保3952人，“意外伤害”投保8942份，“子女意外”投保198人，缴纳保费437.7万余元。各险种全年赔付228人，赔付金额81.5万元。互助保障计划真正为职工构筑起一道防止因意外伤害、重大疾病、住院医疗等造成家庭经济贫困的可靠屏障。通州区职工互助保险代办处被全总评为2014年度优秀代办处。

（屈丽军）

共青团通州区委员会

【概　况】 2014年底，全区有团员47710人，基层团组织中团委57个，基层团工委8个，团总支56个，团支部1644个，团区委直属团组织65个。

【通州区第五次团代会】 4月29日，共青团北京市通州区第五次代表大会开幕。团市委副书记黄克瀛，区领导王云峰、岳鹏、张文山、王春元、李玉君、杨静慧、李亚兰，历届团县委、团区委书记代表、各人民团体主要负责人，各乡镇、街道，委、办、局主管共青团工作领导和全区各学校少先队辅导员代表200余人出席会议。阳波代表共青团通州区第四届委员会作题为《凝聚青年力量　争担时代重任　为建设北京城市副中心积极贡献青春业绩》的工作报告，总结了区第四次团代会以来通州区共青团工作取得的主要成绩和基本经验，提出今后一个时期全区共青团组织切实履行好"组织、引导、服务、维权"四项基本职能，引领通州青年建功城市副中心建设。

【开展六一儿童节慰问活动】 5月30日，在第65个六一国际儿童节到来的前夕，区领导王云峰、岳鹏、张文山、王春元、李玉君、杨静慧、罗明光、李亚兰、张振泉在团区委、区教委相关人员的陪同下，于5月30日分两组来到区教工幼儿园、永顺镇龙旺庄学校、台湖镇中心幼儿园和张家湾镇中心小学进行慰问，向全区少年儿童和少儿教育工作者致以节日的问候。在"文明有我　快乐六一"活动月中，投入88000元专项经费支持全区44所学校和社区少先大队开展近百项活动。

区委书记王云峰向少先队员代表赠送礼物（团区委提供）

区长岳鹏和少年儿童共绘美好通州家园（团区委提供）

区委副书记、政法委书记李玉君向少年儿童赠送节日礼物（团区委提供）

【通州区青年联合会活动】 6月9日，通州区青年联合会开展青联委员增绿减霾行动，积极响应共青团中央《京津冀晋蒙青少年增绿减霾共同行动实施方案》工作部署，将区青联委员的力量整合起来，充分调动社会资源，运用社会化动员方式，传播环保理念，塑造青联形象，发动委员自愿捐款，截至6月20日，区青联委员为中国青少年发展基金会募集捐款5万元整。形成以青联为核心，青年社会组织共同参与的良好氛围。

【青少年参与创建文明城区】 年内，承担文明城区创建测评内容20项，其中牵头4项；承担未成年人思想道德建设先进区测评内容42项，其中牵头12项。7月至9月，开展“小手拉大手齐参与 创建文明区共分享”主题活动。号召全区儿童参与“我心中的小文小明”通州区文明小使者创意卡通征集活动及“中国梦 北京情”摄影比赛。同时为每所学校发放《通州区青少年文明之歌——小文小明爱通州》词谱及光盘。

【军地青年交流合作】 7月24日至25日，开展“军地青年手拉手 共创全国文明区”活动，组织区青联委员、团干部走进北空航运团，参观部队营房及训练基地并进行座谈交流；组织团员青年代表走进北京卫戍区某部队司令部直属队，举办军地青年篮球友谊赛；向部队官兵赠送军营青年图书室、文体用品大礼包等慰问品。

【各类志愿服务】 年内，通过动员、招募、培训、运行和管理五个环节全力推动志愿者注册登记工作，截至年底，通州区注册志愿者达到126443名，累计上岗总服务时长达18070小时，参与签到引导、信息咨询、秩序维护、后勤保障等服务工作。7月28日，第二届北京七夕文化节在通州区拉开帷幕，来自物资学院的20名志愿者参与志愿服务活动。28日至8月2日，2014世界台球团体锦标赛在潞河中学潞友体育馆举行，30名来自物资学院的志愿者参与志愿服务活动。9月20至21日，第四届“皇家礼炮王者杯·2014中国马球公开赛”在宋庄举办，来自物资学院的30名志愿者参与志愿服务活动。9月29日至10月5日，第二届中国艺术品产业博览交易会在通州区宋庄镇举办，来自物资学院和北京工业大学实验学院的200名志愿者参与志愿服务活动。11月29日，“走进通州 相聚运河”2014北京徒友嘉年华在奥体公园田径场举行，来自财贸学院的50名志愿者参与志愿服务活动。

【各项公益活动】 10月23日，通州团区委、区志愿者服务指导中心在通州区立华小学举办通州区共青团关爱农民工子女体育器材捐赠仪式暨“安利杯”第三届趣味运动会。12月，团区委针对通州区8所农民工子女学校全面启动“爱心市场”活动，农民工子女凭借手中的“希望卡”在“爱心市场”里选购自己心仪的各式文具，受到学生们的欢迎。12月1日，通州团区委联合安利公司共同举办的“安利之声——爱心音乐教育”系列活动第一站在月河小学开展，安利公司向月河小学捐赠总价值10000元的音乐设备和书籍。12月18日，隆力奇北京分公司“倡孝修德、孝行天下”公益活动在永顺镇敬老院举办，隆力奇公司的志愿者为老人赠送20套足浴盆及养护用品。在“爱心蓝天”公益活动中，组织农民工子女趣味运动会，为8所学校捐赠价值4万元的体育器材；开展安全知识培训，覆盖青少年1000余人。在“希望工程”助学活动中，资助34名学生近7万元助学款。组织“温暖衣冬——为最需要的人送去一份寒冬里的温暖”活动，收到青少年捐赠的八成新以上冬衣10121件，与内蒙古翁牛特旗团委合作，将其中的6000件送到翁牛特旗经济困难青少年手中。

【区青年人才培养工程】 整合社会资源投入100万元，改善了区青年创业园的硬件条件。协助区委组织部开展了第二届通州区青年英才奖的评选工作。协助区委统战部、区工商联成立了“通州区青年创业者协会”，吸收了54名发起会员，在区委党校举办了通州区优秀创业青年培训班，邀请了清华大学、区委党校专家学者授课，并组织学员到联东U谷、瑞正园等区内企业进行参观学习。

【社区青年汇建设】 年内，全区市级社区青年汇在原有27家的基础上增至35家，开展学习培训、志愿公益、参观实践、创业就业、普法维权、运动健康、婚恋交友、文艺娱乐等活动1500余次，联系服务青少年5万余人。聘任专职社工41人，定期对社工进行培训，青少年社工成为通州区开展青少年活动的重要力量。着重打造“学习培训——语言类/艺术类”“运动健康——球类/骑游”“文化娱乐——棋牌/亲子游戏”等几大特色活动，涌现出一批受青少年欢迎、人气旺的社区青年汇。在2014年全市350家社区青年汇考评中，通州区有3家入选十强。

【区域化团建试点工作】 年内，落实团中央、团市委关于区域化团建工作的各项要求，选取北苑街道、玉桥街道和宋庄镇为区域化团建市级试点单位，针对社会发展新变化以及青年流动分布新特点，通过“抓点、联面”等路径，不断巩固提升街乡共青团组织的“桥头堡”地位，实现区域内组织共建、资源共享、阵地共用、工作联动。各试点街乡社区建团率达100%，建立工作阵地8个，新媒体平台27个，联系成员单位100家，开展主题宣讲类、志愿服务类、体育竞赛类、相亲交友类、技能培训类等活动117次，参加活动青年5730人次。

【“两新”组织团建】 2014年，新增非公企业建团120家，新增社会组织建团5家，为“两新”（是指新经济组织和新社会组织的简称。新经济组织，是指私营企业、外商投资企业、港澳台商投资企业、股份合作企业、民营科技企业、个体工商户、混合所有制经济组织等各类非国有集体独资的经济组织。新社会组织，是指社会团体和民办非企业单位的统称）团组织划拨活动经费，对新建“两新”团组织负责人进行轮训。大力推进农村合作组织团建工作，以联系农村青年为首要任务，扩大对同类从业青年的吸引和覆盖。在西集镇、张家湾镇成立合作组织团总支，探索建立“乡镇团委—合作组织团总支—专（产）业合作组织团支部”的组织体系，统筹推进镇域内合作组织共青团工作。

（王　鹏）

通州区妇女联合会

【概　况】 2014年，区妇联围绕中心，服务大局，以党的群众路线教育实践活动为着力点，主动作为，务求实效，妇女工作不断开拓创新，先后获得全国未成年人思想道德建设工作先进单位，创建婚姻家庭辅导室的做法被刊登在全国妇联办公厅《妇工要情》上进行推广，荣获北京市妇联系统调研工作先进集体，家庭美德在心公益项目荣获北京市妇女儿童社会服务优秀项目，儿童伤害干预项目在国务院妇儿工委儿童伤害干预工作会议上进行创新工作典型的发言等荣誉。

着力组织建设，不断增强妇联组织凝聚力和影响力。加强基层组织和阵地建设。进一步加强“两新”经济组织妇女工作，在北京金福艺农农业科技集团有限公司、北京惠民工艺品厂、玉桥素敏家政服务公司等15家非公企业组建妇委会，不断拓宽妇女组织网络。全力推进妇女之家、儿童之家等30个妇儿阵地建设使用，积极打造“巧妇沙龙”“温暖关怀”等特色服务项目，努力将妇联组织打造成为广大妇女群众热爱和信赖的“坚强阵地”和“温暖之家”。提升妇联组织新形象。召开第四次妇女代表大会，新一届妇联班子整体素质进一步提升，今后五年发展目标更加明确。不断加强学习型、服务型、创新型队伍建设，举办新一届执委素质提升培训班，召开北京市三八红旗奖章获得者座谈会，邀请知名学者进行女性领导力、女性新视野等讲座，培养高素质的女性领导干部。切实改进工作作风。聚焦反对“四风”，扎实开展群众路线教育实践活动。针对征集到的意见和建议，立行立改，深入开展百名妇联干部进百村、“两癌”妇女公益救助、“两节”送温暖等活动，为贫困、单亲妇女家庭，送去慰问品和慰问金合计50余万元。协调中国妇女发展基金会，开展“城市因你而美丽”活动，为全区近千名环卫女工赠送价值50多万元的爱心保健品。帮扶工作扎实有效，投资10万元在永乐店镇孔庄村建设10个蘑菇种植大棚，帮助妇女群众就业增收。全面推动“十二五”妇女儿童规划指标落实，成为全市五个指标提升的区县之一。

着力服务妇女，不断提升参与发展的能力和水平。重点推进巾帼示范基地建设。召开女能人座谈会，为新培育的8个妇女创业就业基地进行授牌，鼓励新评选的11名妇女创业就业之星持续发展。举办科技服务农家女专题活动，市级农业专家对接北京五彩田园种植专业合作社、洪运绿洲种植园等五个示范基地，进行现场咨询、“一对一”专业辅导等。女能人张红英的金诚众和生猪养殖专业合作社被科技部授予全国巾帼现代农业科技示范基地称号。稳步推进基层妇女技术培训。以基层妇女需求为导向，举办农业技能培训班，市农林科学院专家走进田间地头，讲授果树剪枝和病虫害防治等项技术。与中华供销总社合作，举办110多名女经纪人中级培训班。扎实推进妇女就业创业平台建设。组织巧娘作品参加APEC巧娘展示、北京妇女儿童博览会、义乌小商品博览会、京津冀一体化义卖等活动，不断扩大通州巧娘影响力。在市妇联和外专局支持下，承接中韩插花职业技能高端培训项目，韩国大师金贞淑为本区30多名花艺师传授插花艺术。

着力知行合一，引领妇女自觉践行社会主义核心价值观。多载体宣传家庭美德。组织“美德进万家、同心创和谐”家庭美德公益讲座，邀请多位名师深入社区和农村，进行“女德”、传统家风等知识讲座30多场。借助母亲节、端午节等传统节日，北苑果园西社区开展的“我敬妈妈一杯茶”、玉桥南里社区的闲置物品交换、梨园与杭州银行共同开展的“小小银行家”等20多场特色活动。举办第三届“博雅女性，美丽绽放”巾帼舞蹈大赛，以美丽风姿助推北京城市副中心建设。新媒体传播最美家庭正能量。深化文明和谐家庭创建活动，评选出文明和谐家庭3.2万户，创建率达到20%以上。与大运通州网合作进行“寻找通州区十大最美家庭”感人故事网上评选活动，多角度挖掘、多方位推选，推进活动在全区落地生根、百花齐放。宋庄镇开展“十大杰出女性”评选，永顺镇开展“家庭情感对夺”、于家务开展“家风家训”征集、西集镇开展“美德好儿媳”宣讲等活动，吸引20多万家庭关注和投票，传递着真情和美德。多渠道提升巾帼志愿服务层次。开展“通州梦·巾帼情志愿行”活动，推动“与爱同行”巾帼志愿服务系列活动常态化、长效化。积极组织各界妇女参与巾帼服务，温暖重阳、美化家园，扮靓新城植绿护绿、平安家庭创建等工作，组织专家志愿者开展送法律、送技能、送健康等活动。

着力资源共享，切实有效维护妇女儿童合法权益。建立社会化维权网络新平台。进一步加强与公检法司等部门的协调配合，构建综合维权工作网络。在区法院各民事审判庭建立8个妇女维权合议庭，帮助妇女得到应有的关注和及时有效的救助；区检察院在3个业务部门建立妇女儿童维权绿色通道，使妇女儿童优先获得法律援助；与区司法局合作开展法律宣传活动，增强妇女儿童维护自身合法权益的能力；加强区、镇、村三级妇女信访办案工作，全年接待来信来访500余件，结案率达到98%以上。创新家庭婚姻服务新载体。针对离婚率升高的问题，进一步发挥婚姻家庭辅导室作用，专业婚姻家庭辅导师轮流上岗，引导80、90后夫妻提升应对婚姻危机的能力，减少非理性离婚现象发生，取得很好的效果。截至年底，为490余人提供辅导，近75%的家庭选择合好或者暂缓离婚。婚姻家庭辅导室的工作得到上级妇联的充分肯定，并在全国妇联《妇情专刊》刊登经验。打造普法宣传教育新特色。以妇女普法大讲堂为阵地，举办万家学法答卷活动、关爱家庭、拒绝邪教家庭知识竞赛等。与区律师协会合作，聘请13名女律师作为巾帼志愿服务队成员，开展法律知识系列培训。建立巾帼亲情服务队，进行心理咨询系列培训，并采取展演、政策宣讲、法律培训等形式，提高广大妇女的法律素质和维权意识。

【送温暖活动】 1月13日上午，“传递温暖，福爱到家”——通州区妇联2014年迎新春送温暖活动全面启动。区委副书记、政法委书记李玉君带领通州区妇联到中仓街道小园社区看望贫困家庭妇女肖茹，拉开通州区妇联迎新春送温暖活动序幕。随后，又来到白将军社区患乳腺癌病患者王淑华家。为她们送去慰问金、慰问品，并送上由通州巧娘制作的新年“福”字。1月17日，市妇联权益部到通州区永顺镇慰问奈淑信、常桂兰2名贫困“两癌”妇女。市区领导为她们送上慰问金和米、面、油、“义乳卡”。为了把党和政府及妇联组织对广大妇女群众的关怀送到千家万户，让贫困“两癌”妇女过一个快乐、祥和、温暖的节日，区妇联多方筹措资金40万元，在全区范围内对300余名贫困、“两癌”妇女从生活、就业、助学等方面提供帮扶救助。同时，还向打工子弟学校学生送去儿童营养品，向乳腺癌患者送去“义乳卡”等。

【慰问贫困学生】 1月22日，通州区政协妇联界委员来到宋庄镇看望4户品学兼优、生活困难的贫困学生家庭。妇联界有委员15名，她们中间有妇联干部、街道社区干部、种养殖能手、手工编织巧娘、企业总经理。委员们与贫困家庭的孩子和妈妈坐在一起进行了座谈，详细询问了每一名孩子的身体状况、学习情况，政协妇联界委员的资助，让孩子们更有了学习的信心和动力，也让母亲们有了为了孩子的美好明天、为了幸福的生活自力更生的信念。政协委员向贫困家庭赠送米、面、油、鸡蛋、蔬菜等过节礼品和慰问金。

【春风行动】 2月26日，通州区妇联开展“春风行动”为妇女就业搭建平台。通州区妇联联合人力社保局、工会、残联等多个部门在区职介中心举办通州区就业援助专项活动的首场宣传活动，在全区范围内营造声势，推动妇女就业。在活动现场区妇联为求职妇女提供岗位推介、技能培训、政策解答、权益维护等多层次、全方位的咨询服务。在会场通过“易拉宝”形式宣传妇联“春风行动”的开展情况，活动接待200余名妇女咨询，发放宣传单和《妇女权益保障法简明读本》300余份。

【“三下乡”活动】 3月26日，“美德千万家、同心创和谐”通州区“三下乡”主题宣传活动在梨园镇举行，这是通州区妇联以家庭为主题举办的“三下乡”活动。此次活动有区委宣传部、区妇联、区法院、区妇幼保健院、区计生委、区药监局、梨园镇等18家“三下乡”成员单位参加，包括美德家庭宣传、妇女法律维权，家政服务咨询，婚育服务，女性生殖健康检查，儿童常见病咨询等内容。活动中，向妇女姐妹发放宣传材料、书籍1.5万余份，宣传品近20余个品种共5000余份，解决咨询100余人次。

【通州区第四次妇女代表大会召开】 4月17日—18日，区第四次妇女代表大会召开，北京市妇联党组书记马兰霞，区委书记王云峰等市、区领导出席会议。会议上，通州区妇联主席冯利英代表通州区妇联第三届执行委员会向大会作《在全面推进北京城市副中心的伟大实践中撑起通州妇女半边天》的工作报告，回顾过去五年通州区妇女工作取得的成绩，并对今后五年通州区妇女事业发展的目标和妇联工作的主要任务作出全面的规划部署。通州区妇联第四届执行委员会第一次全体会议选举冯利英为通州区妇联主席，选举边学锋、朱京萍、倪晓燕为通州区妇联副主席。

【女性专场招聘会】 通州区台湖镇妇联积极联系社保所、社区办，在次渠北里社区举办女性专场招聘会。参加此次招聘会的有国际图书城、红狮漆业、富盛安防、莱恩斯等11家企业，为求职妇女提供314个就业岗位，包括经理助理、办公室文员、生产线工人等26个不同的工作种类。来招聘现场求职、咨询的妇女达350余人，通过现场初级面试，168人与企业达成初步就业意向。

【举办女经纪人中级培训班】 5月26日至28日，通州区妇联在北京东方宾馆举办为期三天的农产品中级女经纪人培训班。培训班开设农民专业合作社创意发展，农产品购销业务的日常核算、几种银行结算办法会计报表，现代农业产业链概述、流通领域的现状及未来，合同实务与民事纠纷处理，农产品经纪人职业素养、农产品商标与品牌，农产品经纪人实用礼仪等课程，帮助有创业积极性的姐妹们实现梦想，全面提升自身素质，达到全面发展的目的。区妇联积极协调市妇联、中华全国供销合作总社，通过精心策划、组织实施，成功举办此次规模最大、人数最多的一次女经纪人中级培训班，110名姐妹参加培训并考试。

【科普、法律知识进社区】 6月12日，通州区妇联在中仓街道的中仓社区举办科普、法律知识进社区的宣传活动，以满足街道社区居民对科普、法律等知识的渴求，并为创建全国文明城区营造良好的社会学习和舆论氛围。区妇联权益部维权干部为妇女群众120余人提供现场婚姻家庭关系咨询和妇女权益咨询。现场发放《妇女权益保障法简明读本》《妇女两癌防治宣传手册》、“反邪教知识”书签、宣传环保提袋、家庭美德宣传画、折页、《婚姻与家庭》杂志等七大类材料， 5000余份。

【通州巧娘在妇女儿童博览会上亮相】 通州巧娘在为期4天的妇女儿童博览会上亮相，此次参加展会的通州巧娘分别是：北京张家湾秋红手工缝合棉被专业合作社社长吴秋红和北京金巧娘编织社社长金淑莲。吴秋红的产品经过展示推广，展品全部售出。收到3份订单，预订12床棉被、10床塌塌米垫子。很多参加展会的顾客都向她索要名片和宣传画册，取得了很好的社会推广效果。金淑莲展会销售上万元，展会结束当天即销售2000余元。海淀区妇女儿童活动中心预订，天津妇联、残联还希望与她开展串珠合作。

【举办插花艺术职业培训示范推广培训班】 7月23日至8月1日，由北京市妇联与韩中文化经济友好协会合作举办，北京市妇女国际交流中心与通州区妇联承办的“花开自在 和谐新城”北京市妇联插花艺术职业培训示范推广培训班在通州成功举办。培训班旨在引进韩国专业插花技术培训体系和专家，帮助北京女性提升职业技能、开拓创业就业的领域，增进中韩两国妇女在女性发展等各领域的交流与合作；此次合作还得到北京市外国专家局的指导和支持，并作为示范推广项目列入2014年北京市引智项目支持计划。韩中文化经济友好协会为保证此次培训的专业权威性，特别聘请韩国韩国国家技术资格考试花卉技能师监督委员、韩国花艺术作家协会会长金贞淑老师进行教学指导。参加培训的20多名学员都是普通的通州女性，通过十天紧张的学习培训，学员们不仅在技艺上得到切实提升，更得到创业的自信和艺术的熏陶。

【燃气安全知识进社区大讲堂活动】 7月30日上午，通州区妇联在玉桥街道梨花园社区举办了一场燃气安全知识进社区大讲堂活动，邀请通州燃气公司客户服务二所的燃气工程师为社区居民和青少年儿童朋友们讲解燃气安全知识。工程师从燃气种类及天然气简介、燃气表简介、燃气灶具简介、发生燃气泄漏的原因、安全使用燃气的注意事项、发生燃气泄漏的应对措施等方面进行讲解。现场还发放了“安全用气须知”折页、“北京燃气客户服务指南”手册和“安全用气”环保提袋三百余份。

【慰问驻地部队女兵】 7月30日下午，在八一建军节到来之际，区妇联与区“双拥”办一起将关怀送到女兵身边，来到驻通州陆航部队，慰问通讯站的女兵，为她们送去水果等慰问品。这是区妇联连续第三年慰问部队女兵，妇联将继续把更多的关爱送给女兵，送去军营。

【大型商业企业专场招聘会】 8月16日上午，通州区妇联参加区人力社保局举办的“搭供求对接平台，促商业企业发展”大型商业企业专场招聘会，参与政策宣传区展台的宣传活动。为增加妇女维权意识，活动宣传现场发放《北京市实施〈中华人民共和国妇女权益保障法〉办法》手册，辅以现场咨询、指导的形式，与妇女姐妹现场互动，为她们解决生产生活中遇到的实际问题，运用《中华人民共和国妇女权益保障法》《中华人民共和国劳动法》等法律手段，维护自身权益。活动中，发放维权手册500余份，《婚姻家庭》杂志100本，环保提袋200份。此外，依托区妇联的创业就业基地——王丽娜北京永恒久远人力资源服务有限公司，在现场进行求职登记和就业咨询服务。180名女性待业人员进行现场登记，基地将对这些求职意向进行梳理，并录入北京市人力资源网站和永恒久远人才网，方便企业和求职者对求职意向和岗位需求进行查询。

【“妇女之家”维权干部法律素质提升培训班开班】 8月25日上午，北京市妇女干部学校和通州区妇联联合举办的通州区妇联“妇女之家”维权干部法律素质提升培训班开班。通州区妇联机关干部、区乡镇、街道妇联主席、“妇女之家”维权干部60余人参加培训。培训班为维权干部维权业务知识、通州区法院主讲的“聊聊咱们身边的法律问题”，还学习了实用礼仪与提升课程，满足基层“妇女之家”维权干部对法律知识的需求。

【婚姻家庭专题培训班】 为了降低离婚率，减少因赌气等原因导致的离婚，2012年8月，通州区妇联与区民政局联手创建婚姻家庭辅导室，2014年此项工作成为通州区维权工作机制建设的品牌工作。9月2日下午，区妇联、区民政局联合玉桥街道妇联共同举办首场婚姻家庭专题培训班。区妇联邀请到特聘婚姻家庭辅导老师黄柳林老师进行授课。授课的主题是家庭关系沟通模式，通过浅显易懂的心理学图片，结合生活中的实际案例，详细讲解婚姻家庭中夫妻、婆媳关系常用到的沟通方式和技巧，告诉在场的居民遇到具体问题时如何解决。120名社区人员参加培训。

【“巾帼敬老 温暖重阳”志愿服务活动】 9月26日下午，通州区妇联在西集敬老院开展“巾帼敬老 温暖重阳”志愿服务活动。区妇联为老人们赠送“爱心床单”、厨用冰柜、水果、鸡蛋等用品，并为老人们献上“重阳蛋糕”。随后，西集镇的巾帼志愿者还为老人们带来精彩的节目，并为老人打扫房间、清洗衣服被褥、理发。看到老人们写满沧桑的脸上洋溢着欢笑和欣慰，在场的人都被这一温暖的情景感动着。

【通州区“巾帼亲情服务队”法律知识进社区启动仪式】 为提高通州区广大妇女姐妹的法律意识，促进家庭和睦社会和谐，在区司法局和律师协会的大力支持下，9月28日下午，通州区妇联在西集镇举办通州区“巾帼亲情服务队”法律知识进社区启动仪式。市妇联、区妇联、区司法局、区律师协会、女律师联谊会负责人参加仪式，基层妇代会主任、“妇女之家”维权干部、巾帼志愿者、群众150余人前来听课。为了不断壮大普法宣传队伍，区妇联特聘解宝红等13名女律师为“巾帼亲情服务队”的成员，并为其颁发了聘书。仪式上，北京市女律师协会副会长、通州区女律师联谊会会长解宝红就《中华人民共和国婚姻法》相关内容结合实际案例为维权干部、群众讲首场法律课。仪式结束后，7名女律师在培训现场向基层群众提供法律咨询。

【素质提升暨心理疏导技能培训班】 12月10日—16日，由市妇联主办、通州区妇联协办的“巾帼亲情服务队”素质提升暨心理疏导技能培训班开班，北京华夏心理培训学校为此次培训提供课程资源。此次培训为期六天，32学时，课程内容丰富，涉及心理健康基础、倾听训练、会谈技术、心理问题评估与转介、婚姻家庭辅导训练、亲子关系辅导训练和团体辅导等内容。通州区100名“巾帼亲情服务队”成员参加培训。

（倪晓燕）

通州区工商业联合会

【概　　况】 2014年，区工商联在北京市工商联和区委、区政府的正确领导下，分析把握自身优势，准确定位工作目标，发挥参政议政、民主协商、发现培养、团结凝聚、经济服务、组织活动、协调关系、联谊交友各类功能。坚持改革，积极进取，通过扎实开展中共群众路线教育实践活动，努力做好会员服务工作，进一步提高工商联组织的凝聚力和战斗力，为加快北京城市副中心建设和推进通州区非公经济的发展作出了积极的贡献。

【玉桥商会开展防范企业劳动管理风险讲座】 5月7日，在区工商联的指导下，组织玉桥商会开展防范企业劳动管理风险讲座。会上，人力资源顾问有限公司李春兴主任提出企业必须以法律为基础，企业劳动管理就是生产力，细节决定成败3个方面的问题，并针对企业所面对的劳动管理风险进行详细的分析。会后，就企业提出的主要问题进行答疑，受到玉桥街道会员的好评。

【组织企业会员中共党支部开展讲党课活动】 5月14日，区工商联邀请通州区委党校教授涂清华就《党员干部如何践行党的群众路线》为会员企业中共党员讲座。讲课中涂清华指出群众路线是中国共产党的根本路线，也是中国共产党所有工作的生命线。并围绕政治优势，面临问题以及如何践行进行授课。用生动的语言，鲜活的事例对会员企业党员进行详细培训辅导。通过这次党的群众路线教育实践活动的学习教育，区工商联要求会员进一步牢固树立学习意识，不断加强对理论知识的学习，提高自身理论素养，为企业发展和群众生活改善作出更大贡献。会员企业80余党员干部参加活动。

【组织部分商会和会员企业参加2014社区节开幕式】 5月16日，通州区2014年社区节开幕式暨“聚爱通州　城乡居民公益服务汇”活动在运河文化广场举行。区工商联组织中医药协会、金融商会等部分商会通过展示行业产品的方式，为社区群众提供相关配套服务，收到很好的效果。并与区消防支队、“双拥”办、四美国际企业共同开展义务理发进军营活动，四美国际企业与区消防支队签订两年的免费理发协议，同时，承诺采取上门授课的方式，免费传授士兵理发技巧。

【开展阳光校园行活动】 9月1日，北京市通州区民政局、北京市通州区工商联、北京市通州区金融行业商会联合举办阳光校园行——走进嘉英打工子弟小学活动。捐赠仪式上，金融商会会长纪平代表金融商会所有会员向嘉英小学的孩子们赠送书包300个，T恤300件。嘉英小学的学生代表为与会的领导和嘉宾佩戴红领巾，教师代表为金融商会赠送锦旗，以表示感谢。

通州金融商会阳光校园行——走进嘉英打工子弟小学
（工商联提供）

【建立友好商会】 9月25日，由北京市通州区区委统战部副部长、工商联党组书记曹恒永及北京市通州区工商联副主席史长清一行6人到张家口市考察，并与张家口市工商联缔结为友好商会。区委统战部副部长、区工商联党组书记曹恒永和张家口市人大常委会副主任、市工商联会长吴凤英分别代表两地工商联签订《友好工商联合作协议书》。区工商联代表团在抵达张家口市后，受到了张家口市工商联领导热情接待，并在张家口市工商联会议室召开座谈会，区委统战部副部长、工商联党组书记曹恒永在座谈会上，系统介绍了通州区基本区情及经济发展情况，并邀请对方非公有制企业到通州区进行经贸考察、投资置业。双方就今后两地在人员考察、项目开发、招商洽谈、推动经济项目交流与合作等方面进行深入交流，并就如何根据当地实际做好新时期工商联工作，更好地服务会员，进一步促进非公有制经济健康快速发展交换了意见和想法。

【成立青年创业者协会】 10月12日，区工商联召开通州区青年创业者协会筹备成立大会。组织其会员企业开展2天的培训班，重点为青年企业家讲授了《宏观经济形势与转变经济发展方式》《区域品牌：制胜城市竞争之道》等方面内容。北京市工商联副主席余运高，通州区委常委、统战部部长赵玉影，民政局局长何志强，团区委副书记石韧及区工商联主要领导参加出席此次活动。

【开展“为老服务健康行”义诊咨询活动】 11月21日上午，通州区民政局、区工商联组织区中医药行业协会惠民安全用药讲师团第二次到通州区光荣院为老军人、老干部和全区优抚对象宣讲安全用药知识和健康饮食、养生保健指导。区中医药行业协会还向光荣院的老人赠送印有食品药品安全和中医药养生保健知识的宣传手册等宣传品50多份，并为老年人敬赠水果和治疗腰腿痛的小药品。惠民讲师团资深讲师——通州区盛仁堂药店内科主治医师袁仕庭结合老年常见病和日常食疗保健等知识，进行有针对性的讲解。宣讲老师深入浅出，生动鲜活演讲受到老年人热烈欢迎。

北京市通州区青年创业者协会成立

（工商联提供）

（王雅旌）

通州区残疾人联合会

【概　况】 2014年，通州区残联坚持平等、共享、阳光、融合的工作理念，以党的群众路线教育实践活动为契机，倾听群众呼声，认真查缺补漏，以实谋事，真抓真改，不断改进工作作风，公平规范落实残疾人各项政策，确保全区残疾人事业稳中求进、健康发展。

【残疾人职业康复中心建设】 年内，与通州区房地产开发公司、区发展和改革委员会、区财政局加强协调、沟通，严格督促，通州区残疾人职业康复中心建设加快推进，完成规划、土地、立项等审批手续和设计、勘查、施工、监理单位招投标工作。建设速度加快推进，职康中心主体结构、二次结构及屋面工程施工全面完成。

【落实各项社会保障政策】 年内，规范审核流程，严格准确落实政策，为9975名残疾人发放生活补助金3285.7万元；为6530人发放助残券787.7万元；为6820人发放养老保险补助499.7万元；为全区11家托养机构27名残疾人办理托养个人补贴申请，资金14.32万元；为全区12家托养机构102名残疾人办理托养运营补贴申请，资金31.95万元；为75户残疾人危旧房翻建维修补助资金22.5万元；“两节”走访慰问困难残疾人5151人，使用慰问金302.76万元。各项社会保障政策投入资金5800多万元。

【残疾人就业工作】 2014年，完成残保金集中审核征缴工作，审核单位24027家，审核金额1.1亿元；认真配合市残联完成对2013年度通州区残保金审核资料的审计检查工作，审计抽查1279家审核单位，涉及435名残疾人；为31家社会单位发放岗位补贴57.6万元；为12家福利企业发放岗位补贴134.5万元；为5家超比例安置残疾人就业的福利企业发放奖励资金13.5万元；为12家福利企业发放保险补贴128.6万元；组织25名盲人保健按摩人员参加继续教育培训，组织3名盲人参加全国盲医考试，为14家盲人按摩个体机构发放扶持金额17万元，为1家盲人按摩机构申请社保补贴4515.63元；举办6场残疾人招聘会，参加残疾人566名，当场录用12人，达成就业意向126人；加强沟通，大力协调，联合区社会工委、区人力社保局、区财政局、区地税局、区国资委共同出台实施《关于国家机关国有企事业单位带头安置残疾人就业的实施意见》，推动按比例安排残疾人就业工作取得进展；针对扶贫助残基地存在的问题，制定整改措施，初步拟定《通州区严格规范扶贫助残管理的意见》，并将严格落实。

【康复服务水平逐步提高】 年内，以“先行一步，挽救一生”为理念，全面细致开展残疾儿童筛查工作，筛查出残疾儿童238人，有康复需求的193人次，接受康复训练的97人；为6名听力残疾儿童免费进行人工耳蜗植入康复手术，经费约93.1万元；为40名0～6岁残疾儿童提供免费入住康复机构训练和康复救助服务，投入资金93.98万元；为15名7～15岁符合条件的残疾儿童少年提供康复补贴服务和康复救助，补贴资金16.54万元；为全区符合条件的1151名盲人及3045名智力残疾人分别配发安全辅具包；对1667名精神残疾人开展家庭康复培训调查，并组织精神病医院的医生逐一对15个乡镇、街道有培训需求的595名精神残疾人及家属开展家庭康复培训，超额完成217人，完成率为157%；全年举办家庭康复培训班83期，培训3469人次，超额完成469人，完成率达115.63%；发掘和整合各类资源，加强康复辅具创意项目培养支持，向市残联报送6件“金点子”创意活动优秀作品，1件荣获中残联非专业组二等奖、市残联非专业组一等奖，2件被评为三等奖，2件获得优秀奖，获奖率达83.3%。

6月，马驹桥镇残联在开展家庭康复知识培训讲座
（残联提供）

【教育培训工作】 年内，全面落实助学补助政策，为81名残疾人学生和生活困难残疾人子女学生发放助学补助金24.9万元；组织2所残疾儿童就读学前教育机构、9名残疾儿童组织申报彩票公益金学前教育受助活动；与区教委沟通协调残疾儿童送教上门工作，努力提高残疾儿童入学率；为24名残疾人贫困在校生资助助学金2.4万元；开展区残联领导干部“爱心传递助学行动”，完成与4名家庭困难学生结对工作；完成38名扫盲教育残疾人手续准备工作；积极与集中就业单位沟通、联系，为300名残疾人提供在岗职业培训，对200名农村残疾人开展农村实用技术培训，为20名农村残疾人种植户提供“一对一”入户指导服务。

8月，区残联会同区人力社保局举办残疾人专场招聘会
（残联提供）

【残疾人法律维权工作】 年内，聘请专业律师为残疾人合法权益的维护和保障提供专业指导与服务；组织街道、乡镇各开展10期“法在我心中”宣传活动，发放法律维权知识读本576本，充分发挥基层法律服务站的宣传引导作用；认真组织参加市残联“法在我心中”征文活动，并荣获一等奖；开展无障碍进社区宣传活动，发放宣传海报180张，举行4场无障碍知识讲座，参与活动800人次；组织乡镇、街道开展无障碍体验活动9期，累计参加670人次；严把质量，完成为全区966户残疾人的家庭无障碍改造工作；为708台机动轮椅车发放燃油补贴18.41万元。

（马淑利）

通州区科学技术协会

【概　况】 2014年，区科协围绕北京城市副中心建设大局，以践行党的群众路线为动力，以创建全国文明城区工作为契机，加强自身建设充分发挥自身资源优势，扎实开展丰富多彩的科普宣教活动，在提高公众科学素养、搭建科技服务平台和加强社会组织建设方面取得新成绩。负责对全区11个乡镇科协、4个街道办事处科协和12个企业科协、27个科技类社会团体进行服务、指导和管理。

【北京天龙钨钼科协成立】 1月10日，北京天龙钨钼科协成立大会召开。会上听取了企业科协筹建工作报告，选举产生第一届科协委员会委员。北京天龙钨钼科技有限公司总经理苏国平当选为天龙钨钼科协主席。天龙钨钼科协的成立，预示着区科协基层组织向高端制造领域发展迈出新的一步，对推进通州区企业技术创新和科技成果转化，深入落实《中华人民共和国科学技术普及法》和《全民科学素质行动计划纲要（2006—2010—2020）》中关于提高城镇劳动者科学素质的基本任务，起到积极的促进作用。

【第14届北京青少年机器人竞赛通州区获佳绩】 1月22日至24日，以诚信伴我成长，科技创造未来为主题的第14届北京青少年机器人竞赛在北京市第八十中学举行。潞河中学、三中、四中、梨园中学、后南仓小学的14支代表队47名参赛选手参加决赛。经过激烈角逐，区第三中学获高中组ASC机器人能力挑战赛项目第一名，后南仓小学获ASC机器人能力挑战赛一等奖，潞河中学获VEX机器人工程挑战赛项目一等奖，梨园中学获ASC机器人能力挑战赛项目二等奖，区第四中学获综合技能三等奖。潞河中学赵腾任老师荣获十佳优秀教练员称号，区科协荣获第14届北京青少年机器人竞赛优秀组织奖。

【通州区代表队参加第34届北京青少年科技创新大赛总决赛】 3月27日至30日，以“感悟与分享——我的科学梦”为主题的第34届北京青少年科技创新大赛在北京工商大学（房山）良乡校区举行。在本届大赛通州区申报学生竞赛项目30项，1项获一等奖、8项获二等奖、15项获三等奖；科技辅导员科技创新成果项目5项，1项获一等奖、1项获二等奖、2项获三等奖；科技实践活动7项，2项获二等奖、1项获三等奖；科学幻想绘画40幅，3幅获一等奖、4幅获二等奖、16幅获三等奖；潞河中学赵腾任老师荣获十佳优秀科技辅导员称号。潞河中学的“网购包装可循环利用探究”项目获得科教基金英才奖，学生李婉璐、陈明子获得奖学金2000元。本次大赛首次评选“十佳科技教育创新学校”，潞河中学入选。通州区荣获优秀组织奖。

【2014年北京市百村农民科学素养提升行动在通州启动】 为落实全民科学素质纲要实施方案，稳步推动公民科学素质，3月26日，在西集镇史东仪村，由北京市科协、通州区人民政府主办，北京科技报社、区科协承办的北京市百村农民科学素养提升行动活动启动。活动从3月启动，历时9个多月，以专家科普讲座为主要形式深入北京市13个区县的100个农村，面向农村居民，开展内容丰富、形式多样的农民科学素质教育培训和科普宣传活动，为提升京郊农民科学素质，促进农村改革发展，加快城市副中心建设作出了积极贡献。

【举办科技专家进校园科普报告会】 3月26日和4月25日，著名科学家、中国科学院空间中心研究员张厚英主讲的“你想当宇航员吗？”，中国科普作家协会国防科普委员会副主任、北京科技记者编辑协会副理事长兼秘书长石磊主讲的“神奇的载人航天技术”分别在通州区宋庄中心小学和台湖学校举行。活动由北京市科协青少部、区科协联合举办，目的在于努力提高青少年的科学素质,使青少年有更多的时间和机会接触科学家，通过科学家普及科学知识，进一步培养青少年的创新意识和科学精神，丰富学生课外活动生活，减负提质。科技专家形象生动、深入浅出、幽默风趣的讲解深受师生欢迎。学生们通过现场与专家的积极互动，对航天知识有了初步的认识，开拓了视野。

【支持北京国际都市农业科技园科普建设】 年内，区科协高度重视科普阵地和科普设施的建设，结合实际工作需求，投资100多万元支持北京国际都市农业科技园建设一批科普设施。科普设施的建设进一步促进了北京国际都市农业科技园区发展，提高了科普服务能力，提升了公众科学文化素质，同时也创新了科普宣传手段，丰富了科普培训形式。

【通州区科技周活动拉开帷幕】 5月17日，以“科学生活 创新圆梦”为主题的2014年通州区科技周活动启动仪式在新华街道国防广场举行。本届科技周活动重点是食品安全、应急避险、健康生活、自求互救、节能环保、公共安全等贴近百姓生活方面的科普宣传与互动。展览展示内容包括：健康正能量科普主题展板、公共安全互动体验、医疗专家现场咨询义诊、北京内燃机学会科普宣传、聚龙科技有限公司环保材料展示、数字生活技能大赛海报展示、小蝌蚪科普网站宣传折页发放等，大力宣传科技方针政策，生动展示科技发展成果，倡导科学文明、健康向上的生产生活方式，让广大群众在亲身体验和感受中更加理解科技创新、支持科技创新、参与科技创新，营造加快推动自主创新的良好社会氛围。

【组织青少年参观通州科技馆主题展览】 6月13日，区科协组织郎府小学、后南仓小学的百余位师生参观通州区科技馆，在机械原理互动展区，孩子们仔细观看实物与电脑讲解说明；“创新 · 发明展区”和“磁电展区”，展览涵盖了数学、物理、化学、天文、地理、生物、能源、材料、海洋、农业、交通等多项学科，既有古时代的发明创造，也有当今的现代文明和生活中的常见科学现象；通州数字科普馆丰富多彩的科普知识吸引众多师生浏览。同学们不仅学到了很多科技知识，更重要的意义在于，加深了对科学的理解，感悟到科学的力量。

6月13日，区科协组织青少年参观通州科技馆主题展览（科协提供）

【举办公共安全“五进”活动】 5月19日至8月27日，区科协开展公共安全科普宣教互动体验进社区、进农村、进校园、进企业、进军营活动。活动采用互动体验方式进行公共安全科普教育，在现场进行的公共安全科普体验环节中，围绕安全防火知识、厨房安全知识常识和地震等自然灾害的成因及科学应对方法展示内容，提高职工对日常生活突发事件及自然灾害的处置能力，提高自救、救人和逃生的技能。2014年区科协科普活动首次走进企业和军营，实现科普“五进”工作的全覆盖。

【建立院士专家工作站】 7月21日下午，北京市院士专家工作站工作会议在北京会议中心举行。全国人大常委、中国科协副主席冯长根，中国工程院党组成员、副院长徐德龙，北京市副市长戴均良，中国科学院院士、市科协主席顾秉林出席会议。会上表彰3家优秀院士专家服务中心和20家优秀院士专家工作站。副市长戴均良为北京通州国际种业园区专家院士服务中心等4家新建院士专家服务中心授牌，顾秉林为北京中捷四方生物科技股份有限公司、北京国际都市农业科技园等18家新建院士专家工作站授牌，北京市农林科学院玉米研究中心、北京神舟绿鹏农业科技有限公司等建站单位分别为中国工程院院士范云六、戚发轫等进站院士专家颁发聘书。院士专家工作站积极开展科普活动，示范推广病虫害生物防控技术。中捷四方技术人员分别在通州区多次进行病虫害生物防控技术科普讲座，同时在吉鼎立达花卉种植科普示范园区的百亩苹果园进行示范，收到良好的防控效果。

【建设数字科普馆】 7月21日，区科协为乡镇、街道建设的11个数字科普馆投入使用。针对青少年的知识需求和成长的需要，有序组织社区青少年到数字科普馆开展学习交流活动，丰富业余文化生活，使孩子们开阔了眼界，了解了更多的知识，也增进了彼此的友谊，有效提高了青少年的科学素养水平，受到广大青少年、学生家长的一致好评。

【举办2014年通州区科普之夏专场活动】 8月30日，由区科协主办，区科委、区妇联、区经信委协办的2014年通州区科普之夏专场活动在运河文化广场正式启动。活动以“运河之星 科普之夏——提高科学素质 乐享美好生活”为主题，从7月启动，到9月底结束，历时两个月。专场活动分为展览区、环保制作区、科技绘画区、自制乐器展示区、科学实验区、科学达人秀及提高公民科学素质活动问答区、百万家庭数字生活技能大赛答题区、高科技企业展示区等。活动邀请多家幼儿园及学校的家庭和八通网会员家庭参与，250组家庭参与到科普之夏的宣传活动中。除了展板展品等传统手段外，还采用道具实验、模拟装置、互动器材、现场咨询等多种方式，通过体验、游戏和交流，使观众获得科学知识，了解科学奥秘。

2014年通州区科普之夏专场活动现场 （科协提供）

【举办党员专家科技服务月活动】 9月5日，区科协党员专家科技服务月活动正式启动。水产养殖工程师、乡土专家蒋火金为全区百余名观赏鱼养殖大户进行观赏鱼鱼病防治技术培训，并进行双向互动交流；中国樱桃协会理事长、北京林果所党员专家张开春，为全区近百名樱桃种植大户进行秋季田间樱桃修剪和管理重点技术进行示范讲解。结合党的群众路线教育实践活动，区科协充分发挥枢纽型社会组织党员专家技术资源优势和乡土草根专家实用技能特长，组织市、区、乡土和草根专家面向基层开展科技服务，让活动接地气，强实效，惠民众，引导广大党员增强党性意识，投身科技公益服务，用实际行动争当模范先锋，做服务群众表率。

9月5日，张开春到潞城镇玉宝果园为全区种植大户进行田间樱桃修剪和重点技术讲解 （科协提供）

【举办“天文——观天象夏令营”活动】 9月20日，由区科协和通州区教委共同主办，通州区梨园学校承办的“天文——观天象夏令营”活动在大运河森林公园举办。活动内容有校外天文爱好者报名、天文小知识问答环节、天文望远镜观测、球幕天文放映厅、天文望远镜拼装，天文调查问卷等。100名师生参加了活动，活动激发孩子对科学的兴趣，让孩子积极参与到科普活动中。

【举办2014年通州区科普日活动】 9月27日，以“科普惠民、金色秋天”为主题的通州区科普日主场活动在蓝岛大厦广场举行，活动内容主要有现场展示、体验、交流等，展区分为快乐体验区、NGO课堂区、科普互动体验区、科学素养提升宣传区等，深受百姓欢迎。科普日活动期间举办了通州区公民科学素养提升行动、健康知识讲座、通州区低产低效樱桃园改造培训、通州区京科糯928玉米新品种种植推广科普讲座等多项活动。通过开展科普日活动，大力普及科学知识、倡导科学方法、传播科学思想、弘扬科学精神，不断提高人民群众的科学文化素质，努力形成崇尚科学、鼓励创新、拒绝迷信、反对伪科学的良好社会氛围。

9月27日，2014通州区科普日主场活动现场　(科协提供)

【官方微信正式开通】 为加大科普宣传力度，不断整合现有的科普资源，搭建公益科普服务平台，更好地通过新媒体向广大公众提供科普宣传服务，9月27日，区科协微信公众平台“通州科协”正式开通并运行。“通州科协”公众平台发布的信息主要分三大块：科协要闻、科普活动、科普新知。开通官方公益科普微信平台，旨在采用现代信息技术普及科学知识、传播前沿科技，创新科普信息化运作模式，让老百姓能更简单、快捷和方便的了解科技动态和最具时效性的技术信息，将科学知识送到百姓手中。作为党和政府联系科技工作者的桥梁与纽带，区科协充分利用这一平台和窗口，积极开展科普服务工作。民众也可通过这一平台了解区科协工作动态，进行科技咨询和建言献策。 微信平台的开通，标志着区科协工作以全媒体科普视窗、科普画廊、科普网站、科普微信“四位一体”的科普宣传平台初具规模。

【举办通州区青少年运河生态环境保护科考志愿服务活动】 10月17日，由区科协、园林局、教委、水务局主办的通州区青少年运河生态环境保护科考志愿服务活动在大运河漕运码头启动。200名学生参加历时8个月的科学考察活动。其间，学子们围绕万亩大运河森林公园，陆续开展运河文化普及、森林植被识别、运河水质观察和环境保护、应急救援公益服务以及“我的运河梦”征文、摄影等一系列科普宣传实践活动。目的是引领孩子们参与实践，让他们成为保护母亲河的科学卫士，以此带动全社会提升环保意识，为建设城市副中心、争创全国文明城区贡献一己之力。

【举办科普健康进乡村宣讲活动】 10月31日，区科协根据永乐店镇应寺村群众健康科普实际需求，组织开展“科普健康进乡村”宣讲活动。活动中，区科协邀请北京胸科医院的专家和医务工作者为应寺村的村民进行科普服务，分别进行冬季常见病防控、我的身心我做主两场健康科普讲座和现场咨询义诊，并发放科普图书等资料。本次活动为村民们送上一席科普大餐，受到村民们热烈欢迎，不仅让他们学到了知识，也给他们的生产生活提供了方便。

【实施科普惠农兴村计划】 年内，根据区科协《2014年通州区惠农兴村计划实施方案》，结合基层实际需求，拨付奖补资金69万元，支持北京国际都市农业科技园、通州区无公害蔬菜产业协会、通州区果树产业协会、东旭苑苗木种植科普示范基地及李专平、牛木森、张志利等集体和个人购置全媒体视窗、科普画廊、投影、电脑、相机等科普设施、设备。同时，支持他们开展农技推广活动，奖补对象全年开展农技指导200多次，发放资料5000多份，受益7000人次。

（黄　超）

通州区红十字会

【概　况】　2014年，区红十字会认真履行《中华人民共和国红十字会法》赋予的各项职责，以科学发展观为统领，以城市副中心建设为中心，以创建全国文明城区活动为载体，各项工作取得丰硕成果。年内，接收“博爱在京城”募捐款600万余元，连续五年位居各区县前列；投入救助款物合计550万元，救助困难家庭6862户；举办应急救护培训班64期，培训初级急救员7181人；开展“急救（健康）知识进工地”活动，举办讲座16场，受益1500余人；与北京中保伟业保安服务有限公司合作，组建1支100人的应急救援队；组建全市唯一的1支供水（15人）和大众卫生（33人）救援队，48名队员90%以上为来自于基层会员单位的红十字志愿者。

【拓宽筹资渠道】　根据“转变观念，找准重点”的工作思路，改变以往从党政机关、事业单位干部、职工、教师中募捐的形式，将募捐重点调整为辖区内具有社会责任感的大企业和有实力、有爱心的企业家，实施六个特色救助项目，即少儿大病救助项目、70岁以上农村生活困难老人救助项目、失独困难家庭救助项目、贫困单身母亲救助项目、低保大学生救助项目、突发事件应急救助项目。每个项目所需的50万元资金均由爱心企业和爱心人士承担。六个项目实施后，通州区困难群体的救助基本得到保障。

【“博爱在京城”活动募集善款600万余元】　年内，在全区各级党政领导的大力支持下，在爱心企业、爱心人士的热情参与下，在区红十字系统专兼职干部的不懈努力下，接收“博爱在京城”募捐款600万余元。

【为自然灾害侵袭地区募捐活动】　年内，开展为云南鲁甸地震灾区的募捐活动，接收捐款26笔，62622.1元，均转交相关部门用于灾民生活和灾后重建工作。

【各项救助工作】　年内，开展“两节”送温暖、农村困难老人救助、大病儿童救助、低保家庭大学生救助、计生（失独）困难家庭救助等活动，累计投入救助款物550万元，救助困难群众6862户。

丽日公司捐资助学　（红十字会提供）

区红十字会接收博格华纳捐款　（红十字会提供）

【培训初级急救员7181人】　年内，落实市应急委的文件要求，与区人力社保局、区文明办加强合作，积极组织对酒店服务员、电动出租车司机及公务员队伍等重点人群的取证培训，同时在高校、中小学及乡镇培训。举办培训班64期，培训初级急救员7181人。

【开展健康知识普及工作】 2014年，大力开展健康知识普及工作。一是配合群众路线教育活动的开展，积极协调京通医院和潞河医院，先后于4月17日、5月29日和9月29日重阳节到帮扶村（张家湾镇小北关村、西集镇肖家林村）、台湖敬老院开展健康知识宣传及义诊咨询活动，现场向百姓发放急救手册家庭版、心肺复苏、创伤急救及干细胞、器官捐献等宣传品，活动受益2200人。二是与区住建委合作，开展“急救（健康）知识进工地”活动，年内深入城区周围规模较大的工地16个，开展急救（健康）知识讲座16场，并为每个工地配备2个急救箱，受益1500余人。三是举办应急救护师资培训班，提高师资授课水平。四是发挥媒体优势，与通州报社合作，在《通州时讯》刊发急救、健康知识专栏42期，受益群众6万人次。五是与科委合作，在科技周宣传活动中向过往群众发放造血干细胞捐献知识宣传资料，现场传授心肺复苏技能。

【应急队伍建设】 5月，与北京中保伟业保安服务有限公司合作，组建1支100人的应急救援队，同期进行培训。受市红十字会委托，区红十字会组建全市唯一的1支供水（15人）和大众卫生（33人）救援队，48名队员90%以上来自基层会员单位的红十字志愿者。

【创新宣传形式】 年内，通过举办世界红十字日、世界急救日、防灾减灾日、科技宣传周等宣传活动，向过往群众传授心肺复苏、外伤包扎等急救知识技能，并发放急救折页、《急救手册》、红十字无纺布袋、造血干细胞知识折页、器官捐献宣传彩页等宣传材料及宣传品近万份。加强与媒体联系，通过在电视台、大运通州网、《通州时讯》上播放节目、发布信息等方式宣传红十字工作；在通州电视台制作1分18秒的造血干细胞捐献公益宣传片长期播放；在区中心大街制作两块《捐献造血干细胞　让生命重新绽放光芒》大型广告宣传牌。7月1日，利用北京日报专版（第12版）刊登北京市通州区红十字会工作采撷——践行党的群众路线，为北京城市副中心建设提供人道保障。着力四个方面：大服务，践行人道惠民；大应急，提升救援能力；大募捐，增强救助实力；大宣传，营造良好氛围。

【网站正式上线】 10月，通州区红十字会网站正式上线。网站涵盖红十字概况、新闻中心、信息公开、公众参与、核心业务、品牌项目、联系我们等内容。其中，主要内容集中在区红十字会核心业务和品牌项目两大块。核心业务板块包括：募捐救助、应急救援、组织建设、急救（健康）知识普及、志愿者队伍、红十字青少年、造血干细胞捐献、人体器官和遗体捐献、宣传传播9项，涉及红十字会的各项主要工作。品牌项目板块包括“博爱在京城”募捐活动、农村困难老人救助、大病儿童救助、低保大学新生救助、生育关怀基金、百场急救（健康）讲座进社区、百场急救（健康）讲座进农村、百场急救（健康）讲座进工地、健康教育影片展播活动9个项目。

（秦晓林）

通州区文学艺术界联合会

【概　况】 2014年，北京市通州区文学艺术界联合会举办主题鲜明的“水墨运河梦幻通州”优秀书画摄影作品展，北京市文联在通州举行“中国精神中国梦2014北京市区县（局）、产（行）业文联新创文艺节目展演”大型文艺演出，带领协会文艺志愿者活跃于各个志愿服务的前沿阵地，大力开展通州区百名艺术家下基层、公益书画讲堂等丰富多彩的文艺惠民活动，发挥了基层文联作为党和政府联系文学艺术界的桥梁纽带作用。区文联下设1个综合科，下辖北京市通州区作家协会、北京市通州区美术家协会、北京市通州区书法家协会、北京市通州区摄影家协会、北京市通州区戏剧家协会、北京市通州区舞蹈家协会。

【举办书画摄影作品展】 5月9日，由文化部中国传统文化促进会、北京市通州区文联、明浩国际书画研究院联合主办的第三届中国大运河武术魂书画展在北京市通州区瑞正园举行。中国美协理事、北京美协驻会副主席兼秘书长贺成才，通州区委常委、宣传部长王杰群，通州区文联名誉主席、著名作家王梓夫以及通州区文联主席樊淑玲等领导与书画名家、演艺界等知名人士、书画爱好者参加活动。本次书画展采取全国巡展的形式，以弘扬运河文化为主题，彰显通州悠久的历史与深厚的人文风貌。5月25日，由通州区委宣传部、区文化委、区文联共同主办的京蒙文化交流书画作品展在宋庄小堡画家村韵仁文化艺术中心、泰和轩开幕。通州区委常委宣传部长王杰群、区人民政府副区长李亚兰、区文联主席樊淑玲、区文化委副书记赵益富、乌兰察布市领导及两地艺术家二百余人观看展览。8月23日上午，由北京书法家协会和通州区文联联合举办的“情系大运河·庆祝中国大运河申遗成功书法作品邀请展”在通州区京东美术馆举办。北京市文联党组副书记杜德久、北京书协驻会副主席，秘书长田伯平等领导出席此次活动。5月至10月，

9月17日，“水墨运河 梦幻通州”优秀书画摄影作品展开幕，市区领导为乡镇、街道代表赠书　（文联提供　轩鑫芳拍摄）

5月25日，由通州区委宣传部、区文化委、区文联共同主办的书画作品展在宋庄小堡画家村展出　（文联提供　轩鑫芳拍摄）

8月23日上午，中国大运河申遗成功书法作品邀请展在通州区京东美术馆举办　（文联提供　轩鑫芳拍摄）

开展由通州区委宣传部、区文联共同主办的“水墨运河 梦幻通州”采风活动，200名艺术家及爱好者积极参与本次活动。征集作品750余幅。经过初评、复评，选出100余幅作品参加展览。9月17日，“美丽通州 文化新城”文化周启动式暨“水墨运河梦幻通州”优秀书法绘画摄影展开幕，并刊发百部运河文库。市文联党组书记陈启刚宣布展览开幕，市委宣传部副部长张淼、原市政协副主席卢松华、著名表演艺术家杨立新、大力，市委督导组领导及区领导，艺术家代表200余人参加活动。展览截至10月8日，历时3周。

【成立北京市首个乡村公益书画讲堂】 1月23日，由通州区文联主办的北京市首个乡村公益书画讲堂在梨园镇大稿村举行成立仪式。北京市文联党组副书记王德新，区委常委、宣传部长王杰群为讲堂揭牌。讲堂每月开课2次，特邀著名艺术家华敬俊、巩法根、窦万兴、杨世顺等书画老师围绕国画、书法、篆书等内容为乡村书画爱好者免费授课。

1月23日上午，北京市“首个乡村公益书画讲堂”揭牌仪式京洲苑拉开序幕 （文联提供 轩鑫芳拍摄）

【完成第十辑《运河文库》丛书的编辑工作】 2014年，区文联、区作协编辑完成第十辑《运河文库》丛书，分别是：《销魂之夜》《原上草》《爱之漂泊》《我本草民》《哑女画家》《潮白渔歌》《格律山水行》《神奇中国桥》《京门碎拾录》《通州丧葬文化》。截至2014年底，《运河文库》丛书已发行100部。

【举办文艺节目展演】 11月27日，由北京市文联主办，通州区委宣传部、区文联承办的“中国精神 中国梦2014北京市区县（局）、产（行）业文联新创文艺节目展演暨通州区文明城区创建进行时慰问演出”在通州区文化馆剧场举行。北京市文联党组副书记杜德久，通州区人民政府副区长李亚兰、区文联主席樊淑玲等领导，以及80余名文明引导员、100余名社区居民、艺术家代表、老干部艺术团、各委办局代表等共计430余人观看演出。

【宣传中国传统民俗文化】 1月18日，通州区文联在北苑街道新华西街社区举办“北京书协民协区文联艺术家进北苑送春联”活动，艺术家们以中华民族传统文化为依托，现场书写象征祝福吉祥的新春楹联作品，展示传统剪纸艺术技艺，并邀请中医药领域著名专家进行现场义诊。5月25日，由通州区文学艺术界联合会主办的“运河抒怀话端午”赏樱桃，品茗茶，吟诗歌，作书画活动，在永乐店中以示范农场拉开帷幕。本次活动，以中华民族传统节日——端午节为依托，通过“茶艺师礼敬自然”、竖笛配乐朗诵端午诗词、青年歌手刘子菲的独唱、中国传统文化与现代时装结合的展示和用植物汁液染布的工艺展示等环节，宣传弘扬了中华传统文化的艺术精髓。北京市文联党组副书记刚杰，北京市文联组联部主任陈卫东，北京市文联机关工委书记张尚军，通州区委常委、宣传部长王杰群，通州区人民政府副区长李亚兰等10余位市区领导参加。5月28日，北京民协、区文联、通州区玉桥街道办事处共同举办“粽叶飘香·情浓端午——我们的节日端午节”主题活动。民俗专家高巍以“祈福迎祥在端午”为主题，为社区居民讲解端午节节日的由来、习俗和传说。中国结艺术家展示结绳技艺，编制端午节传统配饰——五彩粽子。

（张丹妮）

5月25日，由通州区文学艺术界联合会主办“运河抒怀话端午”活动在中以示范农场举办 （文联提供 轩鑫芳拍摄）

法治·武装

3月21日上午，区法院集中为174名农民工发放工资款56万元　　（区法院提供）

法 治

概 述

2014年，全区政法机关围绕北京城市副中心建设和全国文明城区建设大局，深入推进平安通州、执法司法公信和过硬政法队伍三大建设，精心统筹谋划，有力组织推动，不断创新社会治理方式、完善制度机制、夯实基层基础，全力维护社会和谐稳定，各项政法工作取得新成效。

服务保障能力进一步提升。区公安分局主动融入全区经济社会发展和城市副中心建设，把各项工作放到大局中进行思考、谋划、跟进，确保重大拆迁维稳有力、重大项目顺利推进、 重大矛盾有效化解；不断深化区域布局一体化、打防管控一体化，严打严整、源头治理，社会治安状况实现历史同期最好。全年破获各类刑事案件5816起，抓获违法犯罪嫌疑人5934人。其中，命案破案率继续保持100%，“两抢一盗”案件破案数、抓人数等年初“提升7个10%”的刚性目标全部实现。区检察院充分发挥检察职能，着力维护通州区社会和谐稳定，依法打击各类刑事犯罪，审查批准逮捕415件472人，审查提起公诉906件1074人；深入开展惩治涉农领域职务犯罪专项行动，突出打击生产销售伪劣商品、破坏金融管理秩序、扰乱市场秩序等侵害民生的犯罪。依法办理了北京市首例利用“伪基站”设备群发短信破坏公用电信设施案及涉及二千余人涉案金额上亿元的王某某非法吸收公众存款案等一批有重大社会影响的案件。区法院充分发挥审判职能，全力维护社会稳定。全年受理各类案件28209件，结案25612件，结案率90.8%，法官年人均结案数和法院年人均结案数分别位列全市法院第一名、第二名。坚持快立、快审、快执的原则妥善办理涉拆迁案件，审结涉拆迁案件221件，审理中未出现一起恶性事件；健全完善便民举措，成立集案件查询、诉讼指引、材料代收等职能为一体的诉讼服务中心，为群众提供方便快捷的“一站式”诉讼服务。区司法局充分发挥法律服务职能，切实加强“两类”人员管理，年内举办集中教育培训班10期，352名社区矫正人员参加初始教育；深入开展法律服务便民惠民活动，全区基层法律服务人员解答法律咨询1562人次，挽回经济损失154万余元。

各项安保维稳工作任务圆满完成。全区上下保持高度的政治敏感性，立足点线面防控，以高效准确的情报信息工作为抓手，以预防和化解社会矛盾工作为着力点，以深化推进社会稳定风险评估工作为突破，以健全完善反恐防暴工作机制为侧重，充分发挥风险评估、情报会商、应急处置、专群结合、重点领域及国保重点人管控、督导检查等系列机制作用，着力解决影响社会和谐稳定的突出矛盾和热点敏感问题，完成“两节”、全国“两会”、十八届四中全会、APEC会议等重大节庆、政治活动及“六四”“七五”“九一八”等敏感期的安保维稳工作任务。

“平安通州”建设取得新成效。以平安建设为载体，以加强基层基础和创新社会治理为主线，以专群结合的街头控制、“三位一体”社会面防控体系建设、大图像系统建设、村庄社区化建设、老旧小区安防改造、网格化精细管理、“两线一点”东防西整、城市秩序整治、铁路安全、非正常访化解、流动人口规模调控等重点工作为抓手，不间断综治施策，联合行动，有效遏制刑事案件高发反弹态势，有效维护了良好社会治安秩序，有效解决了影响秩序环境的突出问题。年内，群众安全感和满意度呈现稳步上升态势，由全市第9名越位提升到第7名。

执法司法公信建设进一步深化。区公安分局努力找准提高执法公信力的突破点和落脚点，创新完善一系列密切联系群众、服务保障民生机制，解决群众最关心、最现实、最直接的问题，有效提升群众对公安机关的满意度；找准提高执法公信力的基础点，积极争取区委、区政府和各乡镇、街道对公安工作的支持，争取政策支持、资金投入，有效解决了制约公安工作的体制性、机制性和保障性问题。区检察院积极开展检务公开试点工作，起草《检务公开试点工作方案》，制定《案件信息公开系统测试、试运行方案》，明确公开内容，工作步骤和重点举措，统筹全院稳步推进。区法院妥善审理执行刑事、民商事、行政等各类案件，大力推进裁判文书公开、审判流程公开、执行信息公开三大平台建设，做到了以公开促公信。

过硬队伍建设取得新突破。年内，区政法机关深入贯彻落实党的十八大，十八届三中、四中全会，中央、市委政法工作会议和总书记习近平系列重要讲话精神，以开展为民务实清廉为主要内容的党的群众路线教育实践活动为重点，以坚定理想信念为根本，以提高职业素养为核心、以培育优良作风为保证，在打造一支信念坚定、执法为民、敢于担当、清正廉洁的过硬政法队伍上取得了新成效。按照政治过硬、业务过硬、责任过硬、纪律过硬的要求，在加强思想政治建设、领导班子及干部队伍建设、纪律作风建设、基层党组织建设和政法委机关自身建设等方面取得了新突破。

（付彩霞　韩燕平）

政法委工作

【扎实推进涉法涉诉信访改革】　年内，区委政法委协调组织区政法各部门认真贯彻落实中共中央办公厅、国务院办公厅印发的《关于依法处理涉法涉诉信访问题的意见》，扎实推进涉法涉诉信访改革。区公安分局研究提出了贯彻实施涉法涉诉信访改革的初步实施意见和方案；区检察院成立了涉法涉诉改革信访工作领导小组，制定《联合接访实施细则》和《贯彻落实涉法涉诉信访工作改革实施方案》；区法院继续加大涉诉信访案件排查化解力度，在全市法院率先开通远程视频接访系统，制定《关于做好诉访分离工作的暂行规定》，建立诉访分离审查制度。

【稳妥处置各类重大敏感案事件】　依托涉稳矛盾纠纷排查化解机制，及时掌握各类涉及群众切身利益引发的不稳定问题，采取有效化解稳控措施，及时消除诱发大规模群体性事件可能，稳妥处置了铭林国际违法售楼造成460名业主受骗、隆尊公司非法吸收公众资金、非京籍随迁子女入学等8起重大敏感事件。

【健全完善反恐防暴机制】　将区反恐怖工作协调小组调整更名为区反恐怖工作领导小组，小组成员单位由原来较为专业的11个扩展到包括地方行政部门在内的21个。制定下发《关于加强和改进通州区反恐怖工作重点任务分工方案》，初步构建“党委政府领导、部门协同配合、社会广泛参与”的三级反恐怖工作格局。建立健全反恐维稳情报信息预警和层层培训机制，营造“全民防恐、共保安全”的良好氛围。

【开展风险评估试点工作】　加强不稳定因素源头预防工作，对全区各类重大决策、工程事项进行全面排查梳理，确定需开展风险评估的重大决策事项16项；完成司空小区拆迁和马驹桥镇三村再生资源回收场所专项整治两个项目的评估试点工作。其间，组织召开专项联席会议8次，民众广泛参与的座谈会、通气会以及专家评审会12次。年内，全区各乡镇街道全部制定出台重大事项社会稳定风险评估工作实施意见或细则，将此项工作纳入党工委会议及镇长主任办公会议决策程序。

【推动政治建警经常化长效化】　年内，区委政法委与区委组织部、区委党校联合举办了处级领导干部专门培训班，系统学习了党的十八届三中、四中全会决定，总书记习近平在中央政法工作会议上的讲话等系列讲话精神。区政法各部门结合政法工作特点，充分利用理论学习中心组、“三会一课”、党支部微型党课等学习方式，分别在本单位内部开展多层次、多角度的思想政治教育活动，全面领会精神实质，学以致用，切实打牢高举旗帜、听党指挥、忠诚使命的思想基础，增强政治信念的坚定性、政治立场的原则性、政治鉴别的敏锐性、政治忠诚的可靠性，多举措推动政治建警经常化、长效化。

【政法机关“开放日”活动】 4月25日，按照市委政法委的统一部署，区委政法委在九棵树家乐福广场牵头组织开展政法系统“开放日”集中宣传活动，区政法各单位全部参与。各政法单位通过设立法律咨询台、摆放宣传展板、发放宣传单、展示警用装备、现场咨询等多种方式开展互动宣传活动。其间，全区政法机关设立开放点50余处，设置展板80余块，发放各类宣传品2万余份，受教育群众1万余人，征求意见建议100余条。

【铁路护路工作成效显著】 定期召开路地双方铁路护路联防工作联席会，加大对重点路段、重点区域沿线线路巡查、巡防和打击力度，构建人防、物防、技防并举的铁路沿线治安防控网络，通州区铁路护路工作作为先进典型在全市工作会议上做典型发言。年内，拨付专项资金11万元，在京秦铁路通州段的潞河中学南侧、滨河路铁路桥西侧、潮白河河堤、温榆河桥下四处建立铁路护路人员值守岗亭；在京津城际铁路董村段、京承铁路徐辛庄段两处组建专职铁路联防看护队伍；协调首都护路办拨付专项资金50万元，专门用于京津城际铁路董村段的环境整治工作；区综治办拨付10万元分别用于宋庄镇、台湖镇、永乐店镇的铁路沿线重点隐患整治补助资金和看护人员工资补助。

【各项创建任务持续达标】 区委政法委充分发挥创建全国文明城区法治和安全环境建设组牵头单位的作用，不断加大统筹协调和检查督导力度，严格按照通创城办〔2014〕9号文件要求，组织各职能部门进行指标再分解、问题梳理整改和档案收集整理工作。专门召集公安及相关乡镇街道主管领导召开提升群众安全感、满意度交流研讨会，重点分析影响群众安全感的具体原因，研究制定改进措施；制定创城督查暗访工作方案，组成4个督查暗访工作小组深入基层一线、窗口单位、社区群众和服务对象，开展创城指标督查暗访工作，全力确保创建全国文明城区法治和安全环境建设各项创建任务持续达标。

（付彩霞　韩燕平）

社会治安综合治理

【概　况】 2014年，全区综治系统围绕安全稳定大局，以深化平安通州建设为载体，以固本强基和源头治理为主线，以深化社会治安防控体系建设为抓手，以提高群众安全感和满意度为目标，进一步筑牢维护社会和谐稳定的根基。

【大力开展群防群治】 2014年，在“春节”、全国“两会”“六四”“七五”、国庆65周年、十八届四中全会、APEC会议的安保工作中，以最大的动员力度、最强的组织力度和最有力的保障力度，确保社会面稳定。启动社会面一级超常规防控方案，全区6万余名群防群治力量统一巡逻服装，严格培训后上岗，对社会面实行24小时不间断巡控，切实做到重点人员有人看、敏感部位有人守、复杂场所有人控、重要路段有人巡，实现了“五个坚决防止”和“大事不出、小事也不出”的工作目标，确保重点时段全区社会面持续稳定。

【持续开展环境秩序整治】 年内，针对影响群众安全感和城市副中心形象的突出违法犯罪和秩序问题，始终保持高压震慑态势，集中组织开展打击整治专项行动，累计破获各类刑事案件5816起，抓获违法犯罪嫌疑人5934人；累计破获命案19起，命案破案率连续两年保持100%；“两抢一盗”案件破案数、抓人数均上升10个百分点；围绕群众关心的突出治安问题，加大联合执法力度，打掉黄赌毒窝点144个，取缔黑开场所52家，查扣“黑车”“黑摩的”2690辆；以整治为突破口，对三个市级挂账重点地区，坚持标本兼治、综合治理，各类案件下降率均在30个百分点以上，三个市级挂账重点地区均摘牌；以争创全国文明城区为契机，对城乡结合部、校园及医院周边、交通枢纽等问题易发多发的重点地区，持续加大城市扰序问题和街头治安案件的整治打击力度，推动整治工作常态化，2014年全区秩序类警情同比下降73.1%，有力维护城市副中心文明和谐的良好形象。

【深化立体化治安防控体系建设】 11月7日，市委常委、政法委书记杨晓超到通州区调研立体化防控体系建设工作，并对工作表示肯定。年内，采取区级主导、镇级补充、村级辅助的模式，全面推动视频巡控系统建设，建成分控平台39个、图像采集点位2450个、110联动视频报警点125个、“113工程”控制点位96个；各街道、乡镇围绕区域防控重点，镇、村两级补充监控点位1.3万余个，整合社会层面监控探头3.6万余个，拓展防控的广度和深度。创新专群结合的巡防工作模式，成立50名民警、200名专职巡逻辅警组成的巡逻队，加强对城区以及环城治安复杂地区的24小时巡逻，增加街面有警密度，正式运行以来城区刑事警情同比下降46.1%，以专业警力为牵动，以专职辅警为支撑，以群防群治为补充的巡防工作新模式全面形成，进一步提高通州区驾驭社会治安局势的能力，2014年，全区街头、社区警情同比分别下降64.3%和23.8%。进一步巩固“东防西整点上控”的工作格局，2014年，累计抓获各类违法犯罪嫌疑人328名，收缴违禁品3915件，毒品638克，劝返进京重点上访人员13批53人，坚决防止各类不稳定因素流入通州、由通入京。

【夯实综治基层基础】 年内，启动全区183个安防设施匮乏、防范基础薄弱、案件日益增多的老旧小区安防改造工作。全面加强村庄社区化建设，全区行政村村庄社区化覆盖面积进一步扩大，村庄发案和可防性案件同比分别下降32.4%和41.3%。深入开展“创建安全社区（村）达标”活动，全区的安全社区（村）达标率达到85%以上。

（汪立宏）

公安工作

【概　况】 2014年，通州公安分局围绕“两最”（建设最安全城市、打造最廉洁警队）战略目标和城市副中心建设大局，以保稳定、保发展、保民生为中心，以“三大建设、一个格局、一个狠抓”、为统领，忠诚履职、敢于担当、锐意进取，完成各项安保任务，有效维护了全区政治和治安大局持续稳定。年内，深化“东防西整点上控”防控格局，完成建国65周年、十八届四中全会、APEC会议等系列重大安保任务；固化东部护城河联勤联动、区域合作等机制，筑牢外部防线；全面加强治安乱点清理整治，全区社会面治安秩序持续稳定。年内，护航城市副中心建设作用凸显，完成草莓音乐节、第二届艺博会、七夕文化节、万达广场开业、6号线开通重大活动安全保卫任务和重大警卫勤务；年内，立体化社会治安防控体系基本建成，并荣获全国先进典型。启动大图像三期建设，完善视频巡控应用机制，协助处置重大应急事件80余起，抓获违法犯罪人员721名，为群众提供服务1130余次；推进专辅联动大巡控机制建设，建立城区和马驹桥镇、永顺镇、梨园地区专职巡逻队，初步构筑全时空、大整合，分级分类、动态调整的大巡逻格局；完成农村382个村庄的社区化建设；完成城区17个防范薄弱小区改造，区域自防自治水平全面提升，全年街头警情和社区可防性案件同比分别下降24.6%和8.2%。年内，严厉打击各类违法犯罪活动，社会治安状况达到十年最好，全年破案总量、破获侵财案件比十年最高值分别上升9.6%和12.4%；大力推进治安复杂地区直属派出所和直属警务站建设，金桥地区治安环境实现根本好转；深入开展安全隐患大检查、大整治，消除各类问题隐患4600余件，全区火灾事故财产损失同比下降32.2%。年内，扎实推进执法规范化建设，深入推进“执法不公、群众不满”问题大整顿专项工作，完善案件办理及审核审批等工作规范，深化执法办案一体化平台、执法记录仪应用，加强执法活动全程、实时监督，涉法信访总量全市最低；深化群众路线教育实践活动成果，创新推出7项便民利民举措，为群众办理出入境、户籍等业务28.1万件次，收到群众锦旗、表扬信125件。年内，狠抓党建带队建工作，创新推出党建队建“前置化”工作机制，通过推进思想教育、基层党建、队伍管理、廉政建设、作风建设、职业保障等系列前置化措施，队伍形象实现十年最佳。

【严厉打击违法犯罪活动】 年内，通州分局以强化命案攻坚，打击有组织犯罪和多发性侵财犯罪为重点，坚持多警种合成作战，打、整、管、防“四严”并举，打击各类违法犯罪活动。全年破案总量、破获侵财案件比十年最高值分别上升9.6%和12.4%。

【筑牢外围安全屏障】 年内，分局立足首都东大门的区位特点，坚持以外围保中心、以戍边保安全，把东部“护城河”工程作为重中之重，加强综合检查站建设，强化封堵查控措施，筑牢京东外围安全屏障。全年通过外围查控抓获违法犯罪嫌疑人328人，收缴管制刀具326件，毒品638克，烟花爆竹304箱，仿真枪14支，小型航空器7架，香烟3186条，假证件、假车牌84个，查缴被盗抢车辆9辆。

【创新校园安全管理机制】 年内，通州分局创新建立“落实三级责任健全六项机制”的校园安全管理工作模式，构建“内外结合、捆绑联动、主动防范”校园安全防范体制，确保辖区校园安全稳定。全年，投入校园执勤力量4万余人次，开展校园安全检查28次，整改问题115处；开展校园周边秩序整治18次，清理治安乱点52处，无照商摊160个，取缔“黑网吧”5家；开展法治宣传教育和应急演练25次，发放宣传材料3万余份。

【通过北京市档案局测评验收】 1月15日，公安部档案局、北京市档案局、区档案局、市局办公室相关领导率市机关档案测评组对通州分局档案管理工作进行实地测评验收。分局通过考核，荣膺北京市档案管理市级优秀单位。

【完成春节安全保卫工作】 1月1日至2月8日，通州分局精心组织部署、狠抓执行落实，以严打严整、严防严控的高压震慑态势，完成2014年春节安全保卫工作。期间，出动警力4610余人次，发动群防群治力量2万余名，检查重点单位、部位4600余次，整改隐患问题1520处；打掉非法储存烟花爆竹窝点86个，收缴烟花爆竹2892箱；检查行业场所960家次，抓获涉黄、涉赌人员201名；清理“黑车”140余辆次、无照游商135人次；节日期间，全区接报110刑事警情同比下降25%。

【举行警营开放日活动】 4月25日，通州分局在通州区家乐福超市北广场举行警营开放日活动。期间，通过摆放展板、发放宣传单、展示警用装备等形式，积极开展警民互动，宣传有关证照办理、110报警常识以及安全防范常识。活动中，发放各类宣传材料8000余份，解答群众咨询600余人次，展示警用装备40余件。

【完成全国“两会”安保工作】 2月25日至3月13日，通州分局完成全国“两会”安保任务。期间，通过强化组织部署、社会面防控、打击整治、专项安保、队伍管理，扎实推进各项安保措施落实。2月25日至3月13日，分局110刑事警情环比下降4.3%；取缔关停违法违规行业场所316家，抓获涉黄、涉赌违法犯罪人员同比增长100%，查缴管制刀具等违禁品88件。

【完成“五一”安全保卫工作】 5月1日至3日，通州分局严密治安整治、巡逻控制、安全监管、秩序维护等各项安保措施，大力营造良好社会治安环境，完成“五一”安全保卫工作。节日期间，投入各种安保力量8000余人次，车辆300余辆次，检查行业场所534家，盘查核录人员3320人、车辆2245辆。

【开展打击防范经济犯罪主题宣传活动】 5月15日，通州分局会同区综治、工商、国税、地税、药监、质监等10余部门在全区范围内开展“打击防范经济犯罪，护航改革，保障民生”主题宣传活动。期间，通过咨询台、展板、宣传品，展示打击经济犯罪工作成果，宣讲对制售假冒伪劣商品犯罪、传销犯罪以及假币、合同诈骗等经济违法犯罪活动预防常识和法律规定，营造“震慑犯罪、树立形象、教育公众、防范风险”的良好社会氛围。全区发放各类宣传资料5万余份，宣传品2000余套，接待群众咨询1000多人次。

【完成高考安全保卫工作任务】 6月7日至8日，通州分局严格落实安全检查、试卷运送、保密室看护、外围巡逻震慑、考点秩序维护等各项工作，完成高考安全保卫工作任务。

【开展“6·26”国际禁毒日宣传活动】 6月26日，通州区在苏荷时代广场及全区15个街道乡镇设立宣传点，开展以“远离毒品、健康生活、拥抱美好人生”为主题的“6·26”国际禁毒日宣传活动。期间，举办征集广大市民参与禁毒宣传签名活动，发放宣传材料，解答群众问题。累计发放宣传材料2万余份，设立展板46块，悬挂条幅18条，受教育群众达2.5万余人。

【举办“科技创安促和谐，平安幸福进万家”主题宣传活动】 9月19日，通州分局联合区综治办在通州运河文化广场举办“科技创安促和谐，平安幸福进万家”主题宣传活动。期间，播放公安机关科技创安工作宣传片，展示公安机关科技创安建设中设备设施，向群众发放科技创安知识手册，开展问卷调查，普及安全防范和技防设备在日常生活中的应用基础知识，营造社会各界共同参与打造“最安全城市”的浓厚氛围。

【完成第二届中国艺术品产业博览交易会安保工作】 9月28日至10月5日，第二届中国艺术品产业博览交易会在通州区宋庄镇举行。通州分局投入民警、消防官兵、保安等安保力量2350人次，严格落实方案制定、动态巡逻震慑、现场安全监管等各项安保措施，确保艺博会展馆以及参观游客的绝对安全，完成第二届中国艺术品产业博览交易会安保工作。

【郎府派出所迁入新址】 9月29日，分局郎府派出所迁入新址，新办公楼位于西集镇张各庄村，于2014年8月建成，占地面积3100平方米，设置接待区、办公区、生活区三个功能区。

【举行APEC安保社会面防控工作启动仪式】 11月3日，通州区举行APEC安保社会面防控工作启动仪式，动员部署APEC安保社会面防控工作。区委、区人大、区政协、各委办局、街道乡镇等单位领导及公安民警、驻区武警、交警、城管、治安巡逻志愿者代表等1300余人参加启动仪式。

【开展预防煤气中毒集中宣传日活动】 11月7日，通州分局在梨园镇文化广场开展预防煤气中毒集中宣传日活动。期间，分局设宣传站点23个，入户宣传小组350余个，出动警力910余人次，其他社保力量2900余人次，发放宣传材料16万余份，制作条幅580条，展板1600余个，利用大屏幕28面，宣传群众46万余人，向市民发放风斗8000个，并组织社区民警和社保力量深入社区，为孤寡老人、生活困难群众实地安装。

【完成APEC会议安保工作】 11月1日至14日，APEC第22次峰会胜利闭幕。期间，分局全面部署，扎实推进，以最高标准和最强措施全力营造了和谐稳定的社会治安环境，分局投入警力11310人次，累计抓获违法犯罪人员159人，全区刑事警情同比下降73.3%；盘查检查车辆11万余辆、人员15万余人，查缴管制刀具等违禁品10件、毒品114克，完成APEC会议安保工作。

（高凤霞）

检察工作

【概　况】 2014年，通州区人民检察院（以下简称通州检察院）围绕城市副中心建设大局，忠实履行宪法和法律赋予的职责，各项检察工作取得新进展。

积极投入平安通州建设，维护社会和谐稳定。一是依法严惩严重刑事犯罪。全年批准逮捕各类犯罪嫌疑人563人、提起公诉1379人。严厉打击危害通州区和谐稳定和群众安全感的犯罪。依法批捕、起诉一批放火、投放危险物质等危害公共安全犯罪，努力为庆祝新中国成立65周年、召开APEC会议创造良好的社会环境；对严重扰乱社会秩序的暴力阻碍拆除违法建设、袭警类妨害公务等犯罪，依法办理首要分子，起诉46人；办理“两抢一盗”、故意伤害等多发、高发案件509件594人，让人民群众生活更加安宁。依法惩治危害经济秩序的犯罪。加大打击金融诈骗、合同诈骗等犯罪力度，积极介入侦查引导固定证据、督促追回涉案款物，办理了涉及1100余名被害人、涉案七千余万元的“融信宝”非法吸收公众存款等案件。保障城乡一体化、生态文明建设。办理了在潮白河京冀交界通州段跨界非法盗采河砂的王某某非法采矿等严重破坏环境资源的案件。针对执法办案中发现的问题，及时提出加强综合治理、堵塞漏洞的检察建议，相关单位及时整改，有效防止犯罪滋生蔓延。二是注重化解社会矛盾。在严惩严重刑事犯罪的同时，对涉嫌犯罪但无逮捕必要的，决定不批捕222人；对犯罪情节轻微，依照刑法规定不需要判处刑罚的，决定不起诉167人。完善检调对接、刑事和解机制，促进案件当事人达成刑事和解58件，息诉罢访民事申诉案件10件。积极推进涉法涉诉信访工作改革，制定《贯彻落实涉法涉诉信访工作改革实施方案》，推行跨部门联合接访工作机制，办理群众信访797件，其中，领导干部接访8次，真诚解决群众反映的问题。三是积极参与社会治理。配合相关职能部门，对区违法建设、涉黄涉非等突出问题开展专项整治。依法惩治利用网络实施诈骗、侵害公民个人信息等犯罪，规范网络秩序，净化网络环境。坚决打击使用“伪基站”群发短信等破坏公用电信设施犯罪，切实维护正常电信秩序和公民隐私。介入区安全生产事故调查22起，依法严查事故背后的失职渎职犯罪线索，促进安全生产监管体系建设。积极参与未成年人保护工作，深化涉罪未成年人跟踪帮教制度，对20名涉罪未成年人在就学、就业、心理等方面的实际困难进行帮扶、矫正，帮助失足未成年人改过自新。

加大查办和预防职务犯罪力度，推进反腐倡廉建设。一是坚持有案必办、有腐必惩，着力加大查办职务犯罪工作力度。针对群众反映强烈的征地拆迁、涉农惠民领域突出问题，深挖职务犯罪线索，立案侦查国家惠农资金管理使用过程中贪污受贿，国家扶贫助残资金管理工作人员失职渎职造成重大损失等职务犯罪10人，切实维护群众合法权益。全年立案侦查贪污贿赂、渎职侵权等职务犯罪案件9件14人，其中，大案6件、要案4人。根据侦查一体化办案要求，抽调侦查人员31人次集中查办上级交办的重大案件，先后参与了社会广泛关注的国家能源局及发改委价格司等系列案件的查办工作。二是积极推进侦查模式转变。扎实推进情报信息系统试点工作，根据试点工作中探索出的有益经验，制定《职务犯罪侦查情报信息工作规范》，提高对数字信息的搜集、分析、应用水平，推进信息化办案。升级改造情报信息与侦查指挥系统，逐步实现侦查指挥精准化、高效化，提升侦查一体化水平。加强工作规范性建设，完善侦查日志制度、案件会商制度，创建影像采集制度，用制度约束，从初查、立案到结案的各个环节都严谨慎重，严格适用法律、管好用好线索、规范办案流程，切实提高侦查工作法治化水平。三是围绕区域发展开展职务犯罪预防工作。充分发挥“侦防一体化”工作机制，对检察机关查办的案件开展专项预防调查，以专项预防报告的形式，向区委、区政府提出对策建议，得到区主要领导的批示和肯定，促使相关单位开展专项整治。向社会提供行贿犯罪档案查询1355次，比上年同期增长90.8%。积极前移关口，深入医疗卫生、教育等领域讲授法治课，携手“普法短信通”以手机短信的形式向全区600余名处级以上领导干部宣传预防职务犯罪法律知识，编制以“反腐倡廉”为主题的《人生之路》系列宣传片，取得良好社会效果。

强化对诉讼活动的法律监督，维护司法公正。一是坚守防止冤假错案底线。制定《关于切实防止冤假错案的实施意见》，健全检察环节错案发现、纠正、防范和责任追究机制。坚持客观公正立场，严把事实关、证据关、程序关和法律适用关，对侦查机关不应当立案而立案的，督促撤案10件；对滥用强制措施、违法取证等侦查活动违法情形，提出纠正意见20件次。二是强化刑事诉讼监督。坚持惩治犯罪与保障人权并重，实体公正与程序公正并重，对侦查机关应当立案而不立案的，督促立案2件；对应当逮捕而未提请逮捕的，追加逮捕33人；对应当起诉而未移送起诉的，追加起诉19人。对认为确有错误的刑事裁判提出抗诉1件2人，获上级院支持。重视保障犯罪嫌疑人诉讼权利，加强羁押必要性审查，对不需要继续羁押的5名犯罪嫌疑人变更强制措施。三是强化刑罚执行和监管活动监督。针对职务犯罪、金融犯罪、涉黑犯罪“三类罪犯”判刑后假释及暂予监外执行比例高、实际服刑时间偏短等现象，部署开展专项检察，对13名“三类罪犯”逐人登记建档、逐案审查卷宗、逐一进行谈话，对2名暂予监外执行的职务犯罪罪犯进行了见面走访、重新体检，对减刑、假释、暂予监外执行充分体现从严精神，切实防止徇私舞弊、权钱交易等腐败行为。加强社区矫正法律监督，促进社区服刑人员教育转化，纠正不按法律规定送达法律文书、不抄送法律文书、缓刑考验期计算错误等违法情形38件，保障刑罚依法正确执行。四是强化民事行政诉讼监督。认真落实修改后民事诉讼法的新规定，加强对民事、行政诉讼活动的监督，办理涉及房屋买卖、劳动保障等民事、行政申诉55件，对判决认定事实缺乏证据支持、法律适用错误等问题提起抗诉3件，切实维护当事人合法权益和司法权威。对认为裁判正确的民事行政申诉案件，认真做好释法说理、服判息诉工作。

自觉接受监督，加强自身监督，确保严格规范公正文明执法。一是自觉接受人大及社会各界监督。向区人大常委会专题报告本院未成年人刑事检察工作情况，主动向区政协常委会通报院2014年检察工作情况。就检察机关驻看守所检察工作接受代表集中视察，组织观摩公诉人出庭支持公诉等活动，根据代表意见，积极改进工作。建立直接联系人大代表制度，针对代表关注的问题开展交流、调研活动，订阅《方圆法制》《检察日报》，寄送《通州检察》院刊，为代表了解、监督检察工作提供服务保障。组织召开座谈会，向人大代表、政协委员、民主党派、工商联专题通报本院查办和预防职务犯罪专项工作情况及开展检察建议跟踪回访创新工作情况，广泛听取社会各界的意见建议。二是全面深化检务公开。坚持依法能公开的一律公开，依托人民检察院案件信息公开网，公开案件程序性信息、法律文书和重要案件信息，当事人及代理人可以实时在网上查询案件流程、办理进度、处理结果等；对起诉书、不起诉决定书、抗诉书、刑事申诉决定书等法律文书，查办的有较大影响的职务犯罪、典型案例等，全部在互联网和检务接待场所及时向社会公开，保障诉讼参与人的知情权，主动接受社会监督。加强新媒体建设，率先在全市检察机关开通具有服务功能的微信公众平台订阅号“通州检察”，构建微信平台、官方微博、官方网站三位一体的数字化检务公开服务平台，以高效、便捷、人性、互动的数字检务推进检务公开向执法办案、检务服务深化，取得积极成效。三是强化对执法办案活动的内部监督和管理。健全案件管理机制，积极开展全国检察机关统一业务应用系统实施试点工作，实现所有案件的受理、流转、办理、审批、生成文书和监督、考评全部在网上运行，做到全程控制、动态管理，切实把规范执法的责任落实到每个执法部门、每个执法环节和每一名执法人员。加大检务督察力度，组织开展作风形象、执行检令政令情况等各项督查18次；在一线执法活动中配备执法记录仪60台，督促全体检察人员规范、文明、安全办案；突出对执法办案活动的督查，对立案后撤案、逮捕后不起诉等9类22件案件进行复查，对其中8件重点案件进行个案督查，切实加强对重点环节、关键岗位执法活动的内部监督。

【会签《行政执法与刑事司法相衔接工作办法》】 2月20日，通州检察院与区政府法制办会签《通州区行政执法与刑事司法相衔接工作办法》，进一步完善行政执法与刑事司法相衔接工作机制，加大对破坏社会主义市场经济秩序犯罪、妨害社会管理秩序犯罪以及其他犯罪的打击力度。主要内容是：一是明确了行政执法机关、公安、检察院的职责和程序，形成监督合力；二是建立联席会议工作机制，强化沟通协作；三是建设信息共享平台，实现网络动态跟踪。

【监所处首次派员出庭支持公诉】 3月25日，通州区检察院监所检察处和公诉二处案件承办人共同出庭支持公诉。通州区人民法院在司法部燕城监狱设临时法庭，公开开庭审理该院提起公诉的被告人高某某涉嫌诈骗一案，此案是监所检察处首次派员参与审查和出庭支持公诉的案件，为该部门今后更充分地履行监督职责积累了经验。

【未检处首次提请侦查人员出庭】 4月10日，通州检察院未成年人刑事检查处承办人在出庭支持公诉的王某涉嫌强奸一案中，针对被告人王某提出其之前的有罪供述系刑讯逼供所得、申请非法证据排除的辩解，首次提请法院通知侦查人员出庭说明情况，证明侦查阶段证据收集的合法性。庭审过程中，经过控、辩、审三方对侦查人员的交叉询问，成功使有罪供述通过非法证据排除审查，有力的驳斥了被告人的相关辩解。最终，本院指控的犯罪事实和罪名成立，量刑建议也被采纳，法院以强奸罪判处王某有期徒刑一年六个月。

【举办检察开放日活动】 4月25日，通州检察院在通州区家乐福超市北广场及该院控申接待大厅举办检察开放日活动。本次活动结合正在开展的党的群众路线教育实践活动，受到院领导高度重视，党组书记、检察长李华及党组成员、副检察长张树昌前往活动现场，与人民群众“零距离”接触，为群众答疑解惑，并发放法律资料及征求意见表，认真听取对该院检察工作的意见建议。

4月25日，检察开放日活动　　(检察院提供)

【获区“廉政文化进机关”示范点】 5月14日，通州检察院被命名为通州区2013年“廉政文化进机关”示范点。该院坚持把推进机关廉政文化建设作为建立健全惩治和预防腐败体系的重要环节，广泛开展廉政文化创建活动，构建彰显检察特色的廉政文化思想、教育、管理、监督平台，取得良好效果。此次受到区纪委的表彰，被命名为通州区2013年“廉政文化进机关”示范点，是该院继2012年被授予区“廉政文化进机关特色单位”之后获得的又一殊荣。

【出台《联合接访实施细则》】 5月15日，通州检察院控申处根据《北京市检察机关联合接访工作规定》，结合该院实际，制定出台了《北京市通州区人民检察院联合接访实施细则》，从三方面进一步细化了联合接访制度。一是明确了在办案件的内涵；二是明确了联合接访后，信访人对答复不服的接访程序；三是明确了各部门联合接访的固定人员名单。

【办理全市首例涉未强制医疗案】 6月13日，通州检察院在办理市院督办的全市首例涉未成年人强制医疗案件过程中，坚持实体与程序并重、审查与调查同步、案内与案外兼顾的办案理念与原则，依法向通州区人民法院就涉嫌故意杀害未成年人的精神病人赵某某提出强制医疗申请。该案的顺利办结，为今后涉未成年人强制医疗案件的办理提供了有益的经验支持和实践参考，得到了市院的充分肯定。

【开展警示教育活动】 6月17日，通州检察院应通州区文化旅游区管委会和梨园镇政府邀请，专门针对文化旅游区国有非住宅拆迁项目拆迁工作开展警示教育活动，保障拆迁资金的安全使用，预防犯罪的发生。党组成员、副检察长田长江带队参会，对相关评估公司、拆迁公司、测绘公司及内、外审工作人员进行了警示教育，结合发生在该区拆迁领域的真实案例，分析总结了该领域职务犯罪的特点、表现形式、发生原因，同时提出了完善建议和预防对策。

【开展“举报宣传周”活动】 6月23日—27日，通州检察院围绕“依靠群众惩治职务犯罪，公开检务强化自身监督”的主题，深入开展“举报宣传周”活动。一是设立检察长接待日，专门接待来访群众；二是主动下访，了解社情民意；三是到部分乡镇座谈，发放宣传材料；四是举办法制讲座，到国家机关进行职务犯罪预防宣传；五是奖励举报有功人员，激发群众举报热情；六是到教育系统进行巡展，开展预防职务犯罪宣传；七是设点宣传，现场接受群众咨询。

【微信公众服务平台开通运营】 12月25日，通州检察院官方微信“通州检察”正式运营，率先在全市检察机关开通具有服务功能的微信公众平台。这是该院继开通官方微博、代表委员短信联络平台之后，在新媒体形势下进一步深化检务公开、强化检民互动、接受社会监督的又一项新举措。“通州检察”微信公众平台主界面设置有“走进通检”“检务公开”“新闻动态”“代表联络”和“联系我们”等5个版块，向公众提供20余项检察业务查询与办事功能。

（胡　飞）

法院工作

【概　况】 2014年，区法院围绕北京城市副中心建设和争创“全国优秀法院”的工作目标，充分发挥审判职能，大力加强审判管理，努力为辖区建设创造良好的司法环境。全年受理各类案件28209件，结案25612件，同比分别增长9.4%、2.2%，结案率90.8%，法官年人均结案数位列全市法院第一名。其中，办理涉拆迁案件296件，保障了“北京经济技术开发区（亦庄）东扩工程”“北京市平原造林工程”等市、区重点项目的顺利进行；坚持惩罚犯罪与保护人权并重，审结各类刑事案件1228件1456人；审结合同、侵权、公司、票据、劳动争议、土地承包等各类民商事案件17891件；审结工商管理、房屋登记、城建规划等各类行政诉讼案件163件；执结各类案件6250件，执行到位标的金额7.6亿元。

2014年，区法院以“保证公正司法、提高司法公信力”为根本目标，坚持执法办案为第一要务，重点做了以下四方面工作：一是依法行使审判职能，全力维护公平正义；二是改革创新管理机制，着力提升工作质效；三是大力加强队伍建设，打造过硬司法队伍；四是自觉接受外部监督，构建阳光司法机制。在此基础上，区法院完成全年各项审判、执行工作任务，并有35名干警获得区级以上表彰，20个集体获得区级以上荣誉，收到当事人赠送的锦旗159面、感谢信60封。

【通州区妇女维权工作机制建设推进会召开】 2月26日上午，通州区妇女维权工作机制建设推进会在区法院召开。会上，市妇联权益部部长李静、通州区妇联主席冯利英为区检察院、区司法局“妇女儿童维权通道”授牌，区委副书记、政法委书记李玉君为区法院“妇女维权合议庭”授牌。

【诉讼服务中心正式落成并投入使用】 3月，区法院诉讼服务中心正式落成并投入使用。该中心坐落于立案大厅，明确标识指引案件查询、诉讼材料代收等窗口职能，为诉讼群众提供方便快捷的“一站式”诉讼服务，让诉讼群众在进入法院的第一时间，就能感受法院司法为民新形象。同时，诉讼服务中心增加了司法专邮、公告办理窗口，为各业务庭室法官、书记员提供了更好的业务平台，进一步提升了服务审判的质量。

3月20日，区法院“诉讼服务中心”正式落成并使用，为群众提供“一站式”诉讼服务　　（区法院提供）

【首次通过官方微博直播法官工作过程】 4月8日，区法院通过官方微博@通法微言直播了漷县法庭副庭长杜鹏的一天，这是区法院首次通过官方微博真实记录法官的工作与生活。直播记录了杜鹏法官忙碌的一天，包括法官上下班、开庭、勘验现场、与当事人谈话的全过程，真实展现了区法院法官有条不紊的工作状态、认真细致的工作作风、司法为民的工作理念和扎实精湛的业务能力，得到了广大网友的积极响应。4月9日，市高级法院官方微博@京法网事专门就此发布了长微博，全文进行了转载。

【完成全市首次最高院远程视频接访】 6月12日，区法院完成全市首次最高院远程视频接访，最高院立案一庭法官经远程视频接访系统对信访人王某进行了接谈。远程视频接访系统开通后，区法院在当事人提交申请后第一时间向最高法院提出预约申请，并进行了大量的设备调试和试运行工作，为远程接访的顺利进行打下了坚实基础。6月12日上午，首次远程视频接访得以顺利进行。接谈中，最高法院法官对王某的诉求从行政赔偿的三要件入手予以分析，详细回答了王某提出的问题，王某认为远程视频接访可以与最高法院的法官面对面交流，避免了往返奔波之苦，对此种接访方式表示认可。至此，全市首次远程视频接访工作取得成功。

【法律志愿者服务站获得“首都学雷锋志愿服务岗”称号】 6月，区法院与北京工业大学实验学院合作设立的法律志愿者服务站被市高院授予了“首都学雷锋志愿服务岗”荣誉称号。自2012年起，区法院就在立案大厅设立北京工业大学大学生法律援助志愿者服务站，由北京工业大学实验学院的大学生为来院诉讼的群众提供免费法律咨询服务。

【少年法庭法官走进社区开展普法宣传】 为减少暑假期间未成年人犯罪或受害案件发生，让广大青少年平安、快乐地度过假期，暑期伊始，区法院少年法庭法官走进玉桥社区，开展以“保护未成年人合法权益，预防未成年人犯罪”为主题的法制宣传活动，为青少年和家长们准备了一堂内容精彩、形式多样的法制盛宴。宣传会上，法官讲述了未成年人溺水、交通事故、未成年人遭受性侵、校园侵害等典型案例，介绍了日常生活中预防侵害的方法，并对现场观众提出的问题做出耐心、细致的解答。会后，法官向现场观众赠送了区法院编写的《漫话法律》一书，深受家长及未成年朋友的欢迎。

【“12368”人工语音服务平台进入测试阶段】 9月1日，区法院“12368”人工语音服务平台进入测试阶段。“12368”人工语音服务平台是以人工语音方式为社会公众和诉讼当事人提供各项诉讼服务的综合性服务管理平台。该平台由高院总平台和各中基层法院分平台组成，服务项目包含诉讼咨询、联系法官、查询案件、举报投诉、收集意见建议五方面内容。“12368”人工语音服务平台的建立有助于法院向人民群众提供更加方便、快捷的诉讼服务，对法院深入推进司法公开和司法为民具有重要意义。

【首次通过“执行单兵系统”指挥执行】 9月4日，区法院在执行指挥中心首次通过执行单兵系统对远在漷县镇东鲁村的执行现场进行远程指挥。北京电视台《法治进行时》栏目对这一起案件进行了报道。“执行单兵系统”是实现执行指挥中心远程指挥功能的重要技术保障，该系统通过4G网络传输等先进的技术手段，确保执行现场的实时景象能展示并保存在法院指挥中心的终端，并能保证执行现场接收到执行指挥中心传输的执行指令，对于实现执行活动的公开、高效、规范具有重要作用。

【与通州电视台合作设立曝光台栏目】 为进一步推动执行工作顺利进行，区法院与通州区电视台签订了设立曝光失信被执行人栏目的协议。此栏目于9月9日正式上线后，便曝光了一位涉及19个案件，总金额高达600万元的失信被执行人。

【为187名当事人集中发放案款】 10月，区法院顺利执结了187名业主申请执行迟延办理房产证及追索违约金的系列案件，追回执行案款九十余万元。区法院在二楼大法庭集中向187名申请人发放案款。考虑到申请人比较多，该院提前为各申请人制作好存折，提高了发放效率，赢得了申请人的一致称赞。

10月，区法院顺利执结了187名业主申请执行案件，共追回执行案款九十余万元 （区法院提供）

【全面展开司法网络拍卖】 区法院制定《通州区人民法院司法网络拍卖实施细则》，全面展开司法网络拍卖。11月18日，区法院在淘宝网络司法平台上发布两套房产、一套别墅以及一樽鋈金九龙壁的上线拍卖预告，标志着区法院司法网络拍卖活动日渐成熟，为公开、高效、便捷处理被执行财产提供了可靠保障。

【举办第一个国家宪法日活动】 12月4日，区法院举办了公众开放日暨第一个国家宪法日集中宣传活动，特邀监督员、干警家属、社区居民30余人参加活动。活动内容包括组织20名新任法官在大法庭面向国旗进行宪法宣誓，并邀请来院民众观摩；组织来院民众旁听了一起物业纠纷案件的庭审并观看了该院优秀法官事迹专题片；召开便民诉讼服务新闻发布会，为来院民众介绍了该院整体工作情况和近年来所采取的便民诉讼服务举措，现场解答民众关心的法律问题；组织来院民众参观了该院图书馆、文化长廊、少年法庭和立案大厅、诉讼服务中心；向民众发放普法书籍。《北京晨报》《北青社区报》等多家媒体对该活动全程跟踪报道。开放日活动让参与民众零距离接触法官、零距离了解法院，直观地向来院民众展示了该院的司法为民形象，取得了良好的普法宣传效果。

区法院特邀监督员、干警家属及社区居民到区法院观摩初任法官宣誓仪式（区法院提供）

【与区总工会建立涉众劳动争议协调机制】 12月15日，区法院与区总工会签署了《北京市通州区人民法院、北京市通州区总工会关于建立群体性劳动人事争议纠纷协调处理机制的工作意见》（以下简称《意见》）。该《意见》明确了区法院与区总工会在群体性劳动人事争议纠纷协调处理机制中的适用范围、处理原则、职能分工及工作程序，并提出了协调处理过程中的“五大机制”，即预警机制、联合化解机制、信息共享机制、联席会议机制和交流学习机制，力求形成审判、工会调解等多种社会矛盾纠纷解决方式的有效衔接、充分整合、相互支持的工作局面。涉众劳动争议案件源头预防机制的建立，对协力化解群体性劳资纠纷、形成劳资稳定和谐局面具有重要意义。

12月15日，区法院与区总工会签署《关于建立群体性劳动人事争议纠纷协调处理机制的工作意见》（区法院提供）

【审结全市首例“伪基站”群发垃圾短信案】 2013年9月，为经营群发短信业务，被告人张某某以人民币7.5万元在深圳市购买5台“伪基站”设备，回京后，张某某先后在北京市通州区、朝阳区等地，多次非法利用、占用中国移动北京分公司使用的频率，强行与有效范围内的不特定移动用户手机建立连接（迫使手机用户与移动通信网络连接中断），并发送广告短信从中牟利，造成81299名手机用户通信中断。2014年5月21日，区法院公开审理张某某犯破坏公用电信设施案，这是北京市首例利用“伪基站”群发垃圾短信案。该案受到多家媒体关注，《人民法院报》《法制日报》《法制晚报》《京华时报》等多家媒体头版、整版或在显著位置报道了此案。区法院经审理认为，被告人张某某使用“伪基站”设备，非法占用频率，干扰公用电信网络信号，截断通信线路，造成8万余名手机用户通信中断，危害公共安全，其行为构成破坏公用电信设施罪，依法应予惩处。区法院根据被告人张某某犯罪的事实、性质、情节及对于社会的危害程度等，判决张某某犯破坏公用电信设施罪，判处有期徒刑四年；扣押在案的作案工具：“伪基站”设备三台、笔记本电脑七台及配套电源线、天线，予以没收；已退缴至该院的违法所得人民币27000元，予以没收。一审判决后，被告人张某某提起上诉，二审法院维持原判，现判决已经生效。

【审结涉“平原造林工程”占地案】 2000年，原告北京市通州区宋庄镇草寺村村民委员会（以下简称原告）与被告某农场（以下简称被告）签订《土地承包协议书》，约定原告将177亩土地供被告发展种植业，承包期30年；被告承包的土地，如遇国家或集体规划征用，地上物的赔付款属被告投资部分，原告按征地单位实际赔付额如实付给被告；被告承包的土地，在承包期内，如遇国家或集体规划征用，原告可根据实际情况，提供其他土地使用，价格不变。2013年9月，原告诉至区法院，提出被告尚欠租赁费51330元，且根据北京市政府、北京市发改委、通州区发改委文件指示，需要占用被告承租的177亩土地进行平原造林工程建设，故请求判令被告给付租赁费51330元，解除双方的土地租赁协议，被告腾退177亩土地。诉讼中，经评估，涉案土地的地上物价值共计23757138元。区法院经审理认为，原告与被告签订的《土地承包协议书》合法有效，案件所涉地块属于北京市平原造林工程占用地块，原告在客观上亦无其他土地进行调换，故双方所签订《土地承包协议书》已无法继续履行，对于原告要求解除合同的诉讼请求，该院予以支持。合同解除后，被告应当将涉案土地177亩腾退给原告，原告应当按照评估结果就地上物补偿被告23757138元。原告认可被告已多付租赁费108670元，故对于原告要求被告给付租赁费51330元的诉讼请求不予支持。原告同意退还多收租赁费108670元，被告对此不持异议。据此，区法院判决：判决生效之日起解除原告与被告签订的《土地承包协议》；被告腾退其承包的涉案土地177亩，交由原告清除地上物（已执行清）；原告于本判决生效之日起七日内给付被告地上物补偿23757138元；原告于判决生效之日起七日内退还被告多付租赁费108670元；驳回原告其他诉讼请求。一审判决后，原、被告均未上诉，判决已发生法律效力。

【行政案件入选《人民法院关于行政不作为十大案例》】 2013年12月27日，被告北京市工商行政管理局通州分局(以下简称通州工商局)接到原告钟某的申诉（举报）信，称其在通州家乐福购买的“北大荒富硒米”不符合《预包装食品营养标签通则》的规定，属不符合食品安全标准的违法产品，要求通州工商局责令通州家乐福退还钟某货款并进行赔偿，依法作出行政处罚。同年12月30日，通州工商局作出《答复》，称依据该局调查，钟某反映的食品安全问题目前不属于其职能范围。钟某于2014年1月8日向北京市工商行政管理局提出复议申请，该机关于同年4月2日作出复议决定书，维持《答复》。原告钟某认为，通州工商局未履行法定移送职责，构成违法，故向区法院提起行政诉讼，请求确认通州工商局处理举报案件程序违法并责令其履行移送职责。区法院经审理认为，依据《国务院食品安全办 国家工商总局 国家质检总局 国家食品药品监管总局关于进一步做好机构改革期间食品和化妆品监管工作的通知》《北京市人民政府办公厅关于印发北京市食品药品监督管理局主要职责内设机构和人员编制规定的通知》等有关文件规定，北京市流通环节的食品安全监管职责由北京市食品药品监督管理局承担，故通州工商局已无职责对流通环节的食品安全进行监管，且其在接到原告钟某举报时应能够确定该案件的主管机关。《工商程序规定》第十五条规定，工商行政管理机关发现所查处的案件属于其他行政机关管辖的，应当依法移送其他有关机关。依据该规定，当工商机关发现查处案件不属于自己管辖时，负有移送其他机关的法定职责，该条中并未明确规定案件的移送需以该案属工商机关查处范围且启动相应调查核实程序为必要条件，本案中当通州工商局认为钟某所举报事项不属其管辖时，应当移送至有关主管机关，故对于通州工商局关于“其已无法定职权对原告反映问题启动调查核实程序故不负有移送职责”的主张，该院不予支持。关于通州工商局提出的“需向标准发布部门核实确定原告钟某反映问题是否违法”的主张，该院认为钟某所反映问题为购买的商品不符合《预包装食品营养标签通则》，上述问题是否属于该通则明确规定范围及是否违法，属于案件查处中的具体事实认定，不能作为通州工商局不履行法定移送职责的依据。综上，依据《中华人民共和国行政诉讼法》第五十四条第（三）项、《最高人民法院关于执行〈中华人民共和国行政诉讼法〉若干问题的解释》第五十六条第（四）项之规定，判决如下：通州工商局在十五个工作日内就原告钟某举报事项履行移送职责；驳回原告钟某的其他诉讼请求。一审法院作出判决后，通州工商局提起上诉，二审法院维持原判。该案例入选《人民法院关于行政不作为十大案例》。

（安　娜）

司法行政

【概　况】 2014年，通州区司法局下设8个科室，分别是：法律援助指导科、法制科、法制宣传科、政工科、办公室、基层工作科、监察科、社区矫正科。下辖15个基层司法所和3个事业单位，3个事业单位分别是：通州区法律援助中心、北京市潞洲公证处和通州区阳光中途之家。

人民调解工作。联合法院、检察院、发改委、住建委等相关部门，充分发挥社会矛盾多元调解专项组和劳动争议六方联动调解机制，合力解决各类突发群体性上访问题；充分发挥“三级”调解网络功能，定期组织例会，及时进行村、镇、区三级信息沟通，集中汇报、协调群众反映的问题；突出抓好敏感时期和节假日等重要时段、外来人口集中居住区、城乡结合部重点拆迁地区、新城核心区建设工地、各类生产企业等重点地区、重点行业、重点领域的矛盾纠纷调处工作，做到“排查一件调处一件”；结合人民调解工作奖励机制广泛开展基层人民调解员培训，举办各类培训活动30余场次。2014年，全区各级调解组织调处各类纠纷21280件，成功21243件，成功率达到99%以上。

社区矫正和帮教安置工作。按照矫正工作相关规定，着重抓好元旦、春节、“两会”、五一、国庆和“六四”等敏感时期特殊人群的管控教育。开展社区矫正专项执法检查，对基层司法所日常工作进行大梳理、大排查，规范司法所工作流程。2014年，累计接收社区服刑人员282人，解除矫正305人，现有在管社区服刑人员339人，培训社区服刑人员139人次，实现了社区服刑人员无脱管、无漏管，社区矫正工作质量稳步提高的工作目标。积极开展社区矫正社区评议试点工作，动员社会力量参与社区矫正工作得到进一步强化，提升了本区特殊人群的管控水平。

法制宣传教育工作。大力推进“法治文化精品村（社区）”创建工程和实体阵地建设，2014年，创建台湖镇外郎营村、马驹桥镇新海南里社区两个法治文化精品村（社区），截至年底，共创建了3批，9个精品村、社区。10月，市司法局、市民政局在于家务回族乡仇庄村召开了全市第五批民主法治示范村现场会，向全市各区县推广通州区开展基层民主法治创建的成功经验。11月，通州区区级法制宣传教育基地——通州区法治文化主题公园正式开园。公园位于通州区潞城镇古城村，占地约18.6万平方米。与中国移动合作，开通处级领导干部“普法短信通”手机短信普法平台，全年累计发送21期。大力开展法治宣传活动，全年全区范围内举办各类法治宣传教育活动1340场次，16750人参加；举办各类法治文艺演出190场次，36200人参加；制作法治宣传橱窗、专栏和板报18996期；各部门在新闻媒体发表各类稿件8100篇。

法律服务保障工作。积极做好文化旅游区、司空小区等地区的拆迁法律服务工作，定期组织公证员、律师前往拆迁指挥部，开展政策解读、法律咨询活动。充分发动律师、公证员、司法助理员和基层法律服务工作者到基层开展“北京司法大讲堂”活动，累计开展活动71场次，上万群众接受普法教育。台湖、永顺等司法所积极为当地政府提供法律服务，审查合同上万份，有力地维护了基层的稳定。增设12348法律服务热线，并安排律师轮流值班。专门设立残疾人法律服务接待室，并配合设置残疾人辅助装置。开通少数民族和老年人法律援助绿色通道，建立一次性告知制度和首问负责制，使整体服务水平和服务能力大幅提升。2014年，全区法律服务队伍办理各类公证事项11949件、受理法律援助案件359件、“12348”法律援助热线解答咨询5000余个、担任法律顾问842家。

基层建设工作。积极落实司法行政基层建设三年行动计划，围绕市级规范化司法所创建标准，投资227万元增加基层司法所业务装备。加强司法行政工作人员的培训和管理力度，有力的推进了基层司法所各项工作的开展，工作人员业务能力显著提升。截至年底，创建AAA司法所5家。

【开展青少年法律网络知识竞答】 年内，为进一步加强青少年法制教育，特别是加强流动人口、打工子弟春节期间法制教育，提高青少年法律素质，区依法治区办在大运通州网举办青少年假期网络法律知识竞答活动。竞答活动分高中、初中和小学三组，针对各阶段学生法律需求，设置相应试题。竞赛内容包括《中华人民共和国宪法》《中华人民共和国治安管理处罚条例》《中华人民共和国未成年人保护法》等基本法律法规。活动期间，吸引1700余名青少年参加。

【全区普法短信平台投入使用】 3月10日，区依法治区办开通了领导干部手机短信普法平台——“普法短信通”。“普法短信通”手机短信普法平台首批服务对象为全区600余名处级以上领导干部，通过定期发送法律知识和法治资讯，增强领导干部的法律素养和依法行政意识。

【社区矫正社区评议试点工作在梨园镇展开】 3月28日，按照区综治委《关于开展社区矫正社区评议试点工作的意见》，为高质量高标准完成社区矫正社区评议试点工作任务，成员单位主管领导参加了协调部署会，对开展社区矫正社区评议试点工作进行部署，法院、检察院、公安分局、司法局会签了《社区矫正社区评议试点工作办法》，规范了试点工作具体内容，并前往试点的梨园镇对接部署任务，促进试点工作全面展开。

【开展“政法开放日”活动】 4月25日，司法局在家乐福超市北广场开展2014年“政法开放日”活动。活动结合创建全国文明城区工作，组织开展专项法治宣传和法律服务活动。活动中，现场向群众发放《加强环境治理，建设美丽通州》手册、《法在我身边》普法案例手册等各类法制书籍，同时发放普法扑克、手提袋等各类宣传品2000余份，解答各类法律咨询30余人次。玉桥、北苑、宋庄、台湖、张家湾、新华等乡镇街道也同步开展活动。

【开展送法进军营活动】 7月23日、24日，通州区司法局联合通州区律师协会分别来到辖区驻军总装备部队、驻军第一电子对抗团进行慰问，为部队送去饮料等防暑降温用品，并组织律师为官兵上了一堂以“婚姻家庭、邻里关系”为主要内容的法制课，以一个个贴近实际、真实生动的典型案例，对常用法律法规进行讲解和辅导。另外，组织20余名律师分别为官兵现场答疑，及时解决他们的法律问题。活动中，受益官兵达400余人，解答法律咨询近200人次，解答婚姻家庭、邻里关系、财产纠纷等问题80余件。

“八一”建军节前夕，通州区司法局组织优秀律师与部队官兵面对面，开展送法进军营活动 （司法局提供）

【区首届普法微视频、微电影剧本征集活动启动】 8月19日，区依法治区办、司法局、广电中心面向全区开展“知法守法有我，做讲法制守秩序文明有礼通州人”微视频、微电影剧本征集活动。此次活动是通州区首次依托网络平台开展的，以普法微视频、微电影为形式的法治文艺作品征集活动，是本区探索社会普法教育机制的一次有益尝试。活动面向全区广大市民，市民可登录大运通州网报名参与。

【区法治文化公园正式落成】 11月19日，通州区法治宣传教育基地、潞城镇中心公园落成仪式暨潞城镇普法宣传系列活动在基地举行。公园位于通州区潞城镇古城村，约18.6万平方米。公园包含法治文化广场、法治文化墙、法治文化长廊、法治文化雕塑和法治文化亭五大部分，秉承“法融于景”的设计理念和“以法为魂、以水为脉、以绿为园”的建设思路，将生态休闲和法治宣传两个功能相互渗透、相互映衬，使居民休闲、娱乐的同时，时时感受法治宣传的氛围。

【“12·4”国家宪法日暨全国法治宣传日主题宣传活动开展】 12月4日，通州区举办了“弘扬宪法精神，建设法治中国——通州区‘12·4’国家宪法日暨全国法治宣传日主题宣传活动”。市法宣办常务副主任、市司法局副局长吴庆宝，区委副书记、政法委书记李玉君等领导出席活动。《少儿普法歌》《绿盾》《争做守法小公民》《以心换心》等在市、区青少年法治文艺大赛中获得佳绩的法治文艺作品在活动上进行了展演，法官代表、执法人员代表、律师代表、普法志愿者代表等郑重向宪法宣誓，在全区营造了学习宪法、遵守宪法、维护宪法的良好环境。

【“净身出户”难逃债务清偿】 事件经过：张某和钱某都是做生意的，两人的店铺相邻。钱某痴迷买彩票，先后投入几十万元都没有大的回报。资金紧张的他因进货周转不开向张某借钱，并保证3个月后归还。出于信任，张某借给钱某数万元。到期后钱某却拒不履行还款义务，张某只得将钱某告上了法庭。审理中发现，法院立案前，钱某和他的妻子协议离婚，5岁的孩子和钱某的妻子一起生活，钱某净身出户。二人共有的住房及经营的店铺以孩子抚养费的名义全部归了钱某的妻子。这明显是转移财产逃避债务，无奈的张某走进于家务司法所寻求法律意见：如果我向法院提出钱某转移财产的行为无效，能否得到支持?

法律解答：应当得到支持。《中华人民共和国婚姻法》第四十一条、《中华人民共和国合同法》第七十四条可以作为法律依据：“离婚时，原为夫妻共同生活所负的债务，应当共同偿还。共同财产不足清偿的，或财产归各自所有的，由双方协议清偿；协议不成时，由人民法院判决。”“因债务人放弃其到期债权或者无偿转让财产，对债权人造成损害的，债权人可以请求人民法院撤销债务人的行为。债务人以明显不合理的低价转让财产，对债权人造成损害，并且受让人知道该情形的，债权人也可以请求人民法院撤销债务人的行为。”钱某所负债务如为夫妻共同债务，即使夫妻关系解除，其妻子也有负担的义务。如为钱某单方债务，钱某为逃避债务转移财产净身出户，也是徒劳的，其转移的夫妻财产中的钱某的份额是可以撤销的。

【死亡赔偿金不宜认定为遗产】 2013年2月，王某向丁某借款5000元，约定1年内还清。现借款期满，丁某多次催要，王某均以无钱为由不予偿还。2014年4月，王某因车祸意外死亡，肇事方给予死亡赔偿金12万元，由其子领取。后丁某找到王某之子催要王某生前所借的款项，其子以欠款人是其父亲而不是他本人为由，不予偿还。无耐之下，丁某来到漷县司法所寻求帮助。

司法所工作人员详细了解情况后认为：此事的焦点在于死亡赔偿金是不是遗产。如果是，则应在清偿债务之后才发生继承。根据《中华人民共和国继承法》第33条“继承遗产应当清偿被继承人依法应当缴纳的税款和债务，缴纳税款和清偿债务以他的遗产实际价值为限。超过遗产实际价值部分，继承人自愿偿还的不在此限”。经调查，本案没有相关证据证明王某生前留有遗产。而根据有关规定，死亡赔偿金不宜认定为遗产。故丁某要求给付王某生前所借的款项的请求不予支持。

（张　营）

流动人口和出租房屋管理工作

【概　况】 2014年，区流管系统调整理顺流管体制机制，夯实流管基层基础，集中开展流动人口和出租房屋大摸排，采取试点先行的措施，扎实推进违法群租房治理工作，加大城乡结合部重点地区专项整治力度，大力营造和谐稳定的社会环境。

【调整理顺流管体制机制】 9月3日，召开全区流动人口和出租房屋大摸排工作及流管体制机制调整工作动员部署会，制发《关于进一步调整理顺我区流动人口服务管理体制机制的工作意见》，按照“党委政府统一领导”原则，调整理顺区、街乡镇、社区村三级流管体制，建立起各级党委政府主要领导亲自指挥，主管领导直接领导，流管办统筹协调，村居委会普遍设立基层流管站的新的流管体制。加强流管长效机制建设，将各地区、各部门流管职责任务和工作目标纳入区委区政府考核体系，纳入综治年度考核；建立全区基础调查奖励制度，纳入区级财政预算；明确将个人出租房屋税收形成的区级财力全部用于基层流管站和流管员队伍建设。

【做强做实各级流管机构】 区流管办设立数据统计中心，各街乡镇流管办增设1名专职副主任、配备3～5名专职工作人员。按照“一村一站”要求，规划设立基层流管站425个，每个流管站配备1名专职流管员和1～3名兼职流管员。截至年底，综合配置率达80%以上。

【开展流动人口和出租房屋大摸排工作】 按照《关于在全区集中开展流动人口和出租房屋大摸排工作的方案》部署，从9月20日开始，通过加大宣传力度、强化岗前培训、落实奖励措施、强化督查考核等有效措施，深入开展流动人口和出租房屋大摸排工作。截至年底，登记流动人口72.9万人，出租房屋6.5万户，为全区流动人口规模调控和领导科学决策提供了参考依据。

【扎实推进违法群租房治理工作】 年初，在玉桥街道方恒东景小区、北苑街道天时名苑小区开展群租房治理试点工作，在完成2个试点治理任务，总结“司法介入、化解纠纷，上下联动，强化约谈”试点治理经验基础上，于4月23日召开了全区违法群租房治理工作动员部署大会，制发《关于在全区集中开展违法群租房治理工作的实施方案》，确定12个市区挂账重点治理社区，通过营造氛围、整体联动、细致排查、集中清理、强化督查、落实责任等有效措施，扎实推进违法群租房治理工作。截至年底，完成全部249套市区挂账治理任务，办结全部40件群众举报投诉线索，清退违规租住人员1756人。在此基础上，全面落实“宣传引导、群众举报、日常巡查、房主监督”等长效治理机制，得到市区领导的充分肯定。

【集中开展城乡结合部重点地区专项整治】 按照全市统一部署，确定3个市级挂账城乡结合部重点整治地区，以人房摸排为基础，以专项打击为抓手，通过强化实有人口管理、治安秩序整治、消防安全检查、街头巡逻防控四项措施，组织属地和有关部门集中开展专项整治行动。年内，开展整治行动116次，抓获违法犯罪嫌疑人21人，发现并消除房屋结构安全隐患20件，查处违法出租房主17人次，停租出租房屋96间，拆除违法建筑241平方米，检查消防安全场所502个，督促整改火灾隐患983件，年内未发生一起可防性重大案事件，净化了社会面秩序，整治工作取得明显成效。

（欧阳宇）

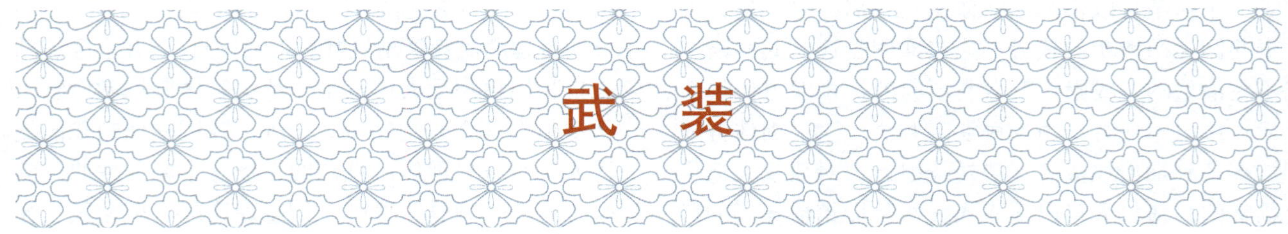

武　装

人民武装

【概　况】 2014年，通州区人民武装部在北京卫戍区和通州区委、区政府的坚强领导下，坚持以党的十八届四中全会和全军政治工作会议精神为统揽，深入学习国家主席习近平系列重要讲话精神，坚决贯彻卫戍区党委决策部署，着眼“三个特别”（特别忠诚、特别过硬、特别稳定）的建设目标，坚持政治建部，团结兴部，实干强部的工作思路，扎实开展党的群众路线教育实践活动，狠抓各项工作落实，完成了以国防后备力量建设为中心的各项任务，人武部的全面建设取得新的发展进步。

【民兵预备役工作会议】 2月26日，通州区2014年度民兵预备役工作会议在区政府会议中心召开，区领导王云峰、岳鹏、杨静慧、肖志刚，区人武部部长芦峰，政委张国富，各乡镇、街道党(工)委书记、分管武装工作的副书记、武装部长、专武干部等170余人参加会议。会议总结2013年度通州区民兵预备役工作，部署2014年工作任务，表彰2013年度先进基层武装部和先进专武干部、优秀预备役军官，与会领导向受表彰的单位和个人颁发奖牌和证书。会上，北苑街道工委书记李彦明、马驹桥镇党委书记鲁新洪进行党管武装工作述职。

【民兵政治教育】 年内，注重理论武装，深入学习党的十八届四中全会精神、全军政治工作会议精神和国家主席习近平系列重要讲话精神的学习贯彻，扎实开展“通州民兵忠于党”系统教育和“驻通州、爱通州、建通州”主题教育实践活动，采取刊授教育、集中授课等形式重点加强民兵的理想信念、职能使命、国防观念等主题教育，铸牢了民兵预备役人员忠诚于党的思想根基。民兵应急分队授旗仪式训练期间，利用训练间隙，认真开展“通州民兵忠于党”系统教育，并组织民兵学唱红色经典歌曲，较好激发了民兵的参训热情和吃苦精神。组织民兵预备役人员参观中国民兵武器装备陈列馆、民兵三战指挥中心，学唱红色经典歌曲，增强了国防意识和使命意识。

【民兵整组工作】 3月，通州区人武部针对现在“有编无兵”和“在册不在位”等实际，在编组时，本着“压缩规模、调整结构、确保质量”的思路，扩大在科研院所、高等院校、非公有制企业、高新技术开发区等科技人才密集单位的编组规模，突出抓好3种队伍建设，努力提高民兵队伍的专业对口率和复转军人比例，通过合理调整组织布局，民兵组织结构更加优化，重点分队建设更加规范，防空分队、应急分队编组更加合理。全年，完成4200名基干民兵的整组任务。

【抓好军事训练】 按照军事训练计划，为抓好人武干部军事基础性科目训练，年内，组织11名现役干部先后对军事理论、地图标绘、想定作业、手枪射击、通信器材、体能等科目进行学习训练，2次参加卫戍区军事训练考核，取得优异成绩。按照年初民兵军事训练计划，4月10日至20日，11月24日至26日，武装部分批次组织全区11个乡镇，390名民兵，进行为期13天的集中训练，重点突出火炮操作、擦拭保养和队列科目的训练。考核优良率达到90%以上，达到了训练的预期目的。

【全民国防教育活动】 年内，通州区人武部按照《中华人民共和国国防教育法》、北京市《国防教育条例》和卫戍区有关要求，以国防教育街和国防教育广场、中国民兵武器装备陈列馆等国防教育基地为载体，以媒体宣传、基地宣传、挂图宣传、灯箱宣传、活动宣传等形式，结合通州区全国文明城区创建活动，扎实开展了丰富多彩、形式多样的国防教育活动。为抓好宣传教育和纪念活动，进一步提升全民国防教育的质量和效果，结合国防教育法颁布13周年，通州区人武部投入经费10万余元，购买发放国防教育宣传资料4万份，组织乡镇、街道武装部在全区繁华地段和人流比较密集的地带张贴宣传标语、条幅和全民国防教育宣传画；9月30日，全国首个烈士纪念日，通州区举行烈士公祭活动，区委、区人大、区政府、区政协四套班子领导，老战士和烈属代表，党政机关干部、师生代表及驻通官兵1000余人参加祭奠。

【民兵安保执勤】 2014年，根据维护社会面安全稳定需要，2月25日至3月18日、5月25日至6月6日、9月30至10月7日、11月1日至11月15日，先后组织674名民兵，全天24小时守护在全区18个治安检查站点，配合公安部门开展北京东部外围防线的治安查堵，确保“两会”“六四”敏感期、新中国成立六十五周年和北京APEC峰会期间首都东大门的安全稳定，在上级领导和工作组检查时，多次受到表扬。

【征兵工作】 7月10日，召开通州区征兵工作动员大会。会上总结了2013年夏秋季征兵工作，部署了2014年征兵任务，表彰了2013年征兵工作先进单位和先进个人，宣布了《通州区人民政府2014年夏秋季征兵命令》。组织开展“征兵宣传周”教育活动，制定《通州区廉洁征兵工作措施》，聘请群众监督员，设立意见举报箱，公布24小时举报热线电话。围绕2014年的征兵任务，各级各单位及时调整工作重心，紧贴任务抓重点，集中力量办大事，全力以赴做好征兵工作。通过认真组织，扎实工作，完成新兵征集任务。

【“双拥”共建工作】 年内，通州区人武部围绕区委、区政府提出的构建和谐新通州、建设一流首都城市副中心的发展规划，把践行北京精神“争创双拥模范城”活动与“驻通州、爱通州、建通州”教育实践活动紧密结合，组织协调驻通部队和广大民兵预备役官兵，积极投入通州区首都城市副中心建设工作中，并结合自身优势，充分发挥好桥梁纽带作用。利用春节、“八一”等节日，协调区四套班子领导走访慰问驻通州部队；部党委委员积极参加“爱心传递助学帮困行动”分别资助家庭有实际困难的中小学生；协调有关部委办局帮助解决随军家属就业、子女入学、转业干部安置等实际问题。全年出动官兵5000余人次，车辆200余台次，较好地完成区委、区政府及相关部门赋予的植树造林、环境整治、铲冰扫雪等工作任务，进一步增强和巩固了军政军民团结。

（马　骏）

人民防空

【概　况】　2014年，区民防局坚持以科学发展观为指导，深入学习贯彻党的十八大、十八届三中、四中全会精神、北京市民防工作会议精神和区委、区政府有关工作部署。进一步解放思想，开拓创新，以现代化信息条件下防空袭斗争为背景，以全面推进北京城市副中心建设为契机，以融入通州新城经济社会发展体系为要求，以改革创新为动力，以党的群众路线教育活动为载体，继往开来，乘势而上，以抢抓机遇、坚定信心、干劲十足的精神状态，夯实基础锻炼本领，提升应急指挥通信保障能力；严格标准依法审批，提升人防工程防护能力；严格管理规范使用，提升人防工程平战结合作用；强机制搭平台搞活动，提升公共安全宣传教育覆盖面；严肃纪律整顿党风，提升为民务实清廉工作能力，全面推进通州民防各项事业快速发展。

【民防宣传教育活动月】　2月28日至3月31日，组织开展“民防与社会的安全文化”为主题的社会宣传月活动。活动期间，通过在各主要地段悬挂宣传标语，利用中心城区电子宣传橱窗滚动播放相关宣传内容，通州电视台采编播出专题宣传节目，《通州时讯》刊登民防宣传专版。结合中国志愿者日、全国中小学生安全教育日与相关部门开展系列活动。3月1日国际民防日当天，会同区地震局、区气象局、消防支队、区红十字会、北苑街道办事处等单位，在北苑街道国泰广场设立主宣传站，开展国际民防日主题日大型宣传咨询活动。悬挂宣传标语，展示应急指挥车和消防设备器械，播放防空防灾专题宣传片，向过往群众发放宣传材料，摆放安全知识展板，解答群众咨询的问题等，宣传防空防灾知识，培训应急避险技能。其他乡镇、街道办事处和相关委办局在各属地或本系统内开展了宣传活动。

【防灾减灾日系列宣传活动】　5月12日，利用防灾减灾日，会同区地震局、气象局、红十字会、消防支队、应急办等单位在艺苑西里小区共同举办了以城镇化与减灾为主题的宣传活动。同时，向教育系统赠送《通州区防灾减灾应急避险民谣作品集》和《防空防灾知识宣传手册》两本公益图书共计2万余册，并与区教委联合，分别在宋庄中学、宋庄中心小学开展防空防灾应急演练活动。

【“平安生活”讲师团成立】　6月11日，区防空防灾公共安全教育“平安生活”志愿服务讲师团在玉桥街道正式成立。首批聘任10名志愿讲师，该团队是融入生产生活，融入基层服务，贴近群众需求，致力于开展防空防灾公共安全宣传教育、传播安全知识的公益服务团队。区民防局、相关委办局及玉桥街道居民代表等100余人参加成立仪式。

【防汛应急演练】　6月12日，区民防局在永顺镇京贸家园组织防汛应急疏散演练。演练以地下车库发生雨水倒灌为模拟场景，检验抢险参演人员，在险情发生时，人防抢险队，以最短的时间迅速赶赴现场进行应急疏散处置。区民防局防汛指挥部成员及局机关工作人员，各乡镇街道办事处负责人防工程的主管科室负责人、物业公司的主管人员140余人参加演练观摩。

【人防从业人员培训】　7月3日至4日，区民防局在运河源会议中心组织了人防工程管理人员及使用单位管理人员行业培训。培训期间，开设了人防工程安全使用管理相关法律法规，工作规范，国家、地方标准，设计规范，设备维护管理等课程。全区人防工程管理人员及使用单位管理人员180人参加培训，经考核全部合格并发放培训证。

【民防科技创安建设】　8月14日，首家市民防系统科技创安试点推进会在区民防局召开。围绕“加强顶层设计，精细筹划部署、突出创安重点，以点带面推广、着眼特色工作，推进“三化”（科学化、制度化、规范化）建设、立足防控时效，促进安全管理等方面，区民防局进行经验介绍。市民防局、区相关委办局领导、各区县民防局主管领导、工程管理负责人参加了会议。

【“京盾-2014”人民防空袭演习】 按照国家人防办、北京军区人防办的要求及《北京市人民防空袭演习总体方案》工作计划安排，区民防局以实战的要求，按照各委办局的职能分工，分别于8月18日、9月20日集中组织区民防局干部及相关委办局领导参加了“京盾-2014”区人民防空袭演习预演、实兵演练科目。

【北苑街道民防宣教中心落成启用】 9月11日，北苑街道民防宣教中心落成启用仪式在北苑街道办事处举行。该中心是集公共安全宣传教育、健身娱乐、学习培训等功能于一体，拓展、普及和宣传民防知识的有效阵地，是市民了解民防、学习应急知识、掌握避险技能的又一处民防公益场所。区领导及相关委办局主管领导，各乡镇、街道办事处主管领导，北苑街道社区居民代表参加了启动仪式。

【宋庄镇民防宣教中心启用暨赠书仪式】 9月24日，宋庄镇民防宣教中心落成启用暨赠书仪式在宋庄镇举行。该中心是集公共安全宣传教育培训、图书阅览等功能于一体的服务居民的公益活动场所。现场举行了赠送《防空防灾知识手册》《防灾减灾应急避险民谣作品集》公益书籍活动。区相关委办局、宋庄镇领导及宋庄镇居民、学校师生，永顺镇、潞城镇的益民书屋代表参加活动。

【防空警报业务培训】 12月16日至17日，区民防局在运河源会议中心组织了防空警报业务集中培训。培训期间，开设了防空警报器日常检查维护常识及操作、珍爱生命科学应对灾害、中国周边安全环境及热点问题等课程。各街道、乡镇武装部负责人及防空警报器设点单位50余人参加培训。

【应急指挥通信工作】 以现代化信息条件下防空袭斗争准备为抓手，加大民防指挥通信在硬件设施建设方面的投入。完善了民防应急指挥中心、移动指挥车设备的升级改造及街道乡镇基层指挥所建设，实现民防指挥信息系统互联，提升平时应急、战时防空提供通信保障。年内，在全市率先完成民防1张图、4张网、5个库及7个街道、乡镇民防基层指挥所的建设，新装5台警报器，移位升级改造3台警报器控制终端，日常维护7处高点监控，组建通州区民防特种救援队及配齐所需装备。突出民防应急指挥队伍建设，选派优秀业务骨干进行无线电台联通收发报文基础训练、跨区支援拉动演练、市应急办在武窑大桥防汛演练实况采集传输、“京盾—2014”区人民防空袭演习预演、实兵演练科目。加强对警报器设点单位负责人进行培训及日常维护管理的指导。年内，先后参与政府应急活动5次，累计77小时，结合冬季防火、夏季防汛，组织大型疏散演练3次。

【人防工程建设】 按照人防工程审查审批备案有关规定，规范审查程序，严格标准，提前介入，主动沟通服务，依法推进人防工程建设工作。坚持人防工程的前期规化与城市规化发展相融入，编制《运河核心区综合防灾详细规划》、指导核心区人防工程规划建设工作。与区住建委联合发文，在全市率先形成人防工程竣工验收备案约束机制，把人防工程竣工验收备案前置于建设工程竣工验收，有效避免人防工程漏建、漏验。深入扎实做好人防工程备案工作。对91处未备案的人防工程开展备案执法检查工作，配合市人防监督站加大执法力度，敦促建设单位及时办理监督注册手续，进行竣工验收备案。

【人防工程维护维修及防汛】 年内，投资400余万元，维护维修82处人防工程，投资300万元建设宋庄六合村、台湖镇2个物资储备库。投资120.5万元充实局直管物资库物资设备。防汛期间，组织20人防汛抢险队伍，进行1次防汛抢险演练，为5处重点人防工程制发11块防雨倒灌封墙板，及时处理险情2次，确保汛期人防工程安全。

【人防工程使用管理】 以人防工程精细化管理为载体，创新管理机制，加大人防工程监控管理科技创安工作试点建设，对辖区内30个小区121处人防工程安装摄相机166台、烟感和水位报警器各121个，实现了对该地区实时监控和信息共享，提高监控效率和信息化水平，人防工程技防监控经验在全市进行推广。巩固人防工程整治成果，严格管理规范使用，以人防工程火灾隐患排查、城乡结合部人防工程专项整治、安全大检查、人防工程“打非治违”（打击非法使用人防工程现象，治理违法、违规使用人防工程的行为）等专项行动及日常监管巡查为契机，对全区在用人防工程进行拉网式排查、检查。年内，出动检查执法638人次，检查人防工程246处次，查出安全隐患25起，处理投诉举报16起，下发整改通知书20份，完成清退10处市级散租住人挂账工作。加强对人防工程管理人员及使用单位的管理人员进行行业培训、试点网格员巡查人防工程机制，制定并推行《通州区人防工程安全使用标准化评定标准》，强化安全监督考核。针对汛期，修订防汛应急预案、防汛抢险预案和防汛责任制，组织20人的抢险队，开展人防工程防汛抢险演练，为5处物资库、宣教工程安装防雨水倒灌封堵板，处理雨水倒灌险情2起。认真落实区政府为民办实事工程，利用人防工程建设9处停车场，为居民提供1383个停车位，解决广大人民群众反映停车难的实际问题。

【公共安全宣传教育与培训】 以强机制搭平台搞活动，提升公共安全宣传教育覆盖面为切入点，积极发挥防空防灾公共安全宣传教育联席会议协调机制作用，开展全区防空防灾公共安全宣传教育活动。年内，协调区相关委办局、各乡镇街道等成员单位，利用国际民防日、“5·12”防灾减灾日、人民防空创立日和“12·4”法治宣传日等时机，一同开展大型宣传活动，活动期间，向学校赠送《通州区防灾减灾应急避险民谣作品集》和《防空防灾知识宣传手册》2万余册，向全区493个农村社区益民书屋赠送1万册，开放5个民防应急指挥宣教中心。全年接待参观6000余人，悬挂条幅口号60余条，编辑《防空防灾知识宣传手册》《通州区防灾减灾应急避险民谣作品集》，印制8万余册，发放3万余册。会同区教委在宋庄中学、宋庄中心小学开展了防空防灾应急演练活动。创立了北京市防空防灾公共安全教育“平安生活”讲师团通州分团，为史家小学、芙蓉小学等学校学生和玉桥街道、北苑街道等居民讲授了防震减灾、消防逃生公共安全知识。与区地震局联合对全区140余名教育系统领导干部进行防震避险救护逃生知识讲座。组织拍摄了人防工程公益化利用宣传片，防空防灾公共安全知识宣传教育专题片，制作了1000套《居安思危，备战人防》宣传教育光盘，下发给127所中小学、111个城镇社区、483个农村居委会以及全区相关委办局。北苑街道、宋庄镇宣教中心投入使用，台湖镇民防宣教中心荣获十佳基层宣传文化示范点。

（汤海强）

经济管理

通州区副区长洪波在2014北京投资咨询日暨重点项目洽谈会上推介通州重点项目（投资促进局提供）

综合调控

【概　况】　2014年，区发展改革委围绕城市副中心建设，统筹推进区五届人大四次会议审议批准的国民经济和社会发展计划，积极应对房地产市场波动和宏观经济放缓的不利影响，稳增长、调结构、惠民生，经济社会保持了良好的发展势头，年度计划目标总体实现。

（张浩岳）

【推广新型农村金融服务模式】　针对农村地区金融网点不足，农村百姓特别是老年人取款、缴费不便等问题，区发改委协调驻区银行机构，在全区人口较多、位置较偏、老年人比例较高、对农村金融服务需求增长较快的村，推广“乡村金融便利店”这一新型农村金融服务模式。“便利店”内设一台银行自助终端、一台网银自助服务机和一部“96198”直通电话，同时配备一名辅导员，通过自助服务+人工辅导的方式，使村民足不出村即可办理小额取现、补登存折、代缴电费等业务。针对农村老年人每月领取国家现金补贴的问题，便利店特别开设小额取现业务，单笔一次最高可取1000元，有效解决了百姓奔波于网点之间和长时间排队等候的问题，深受当地村民特别是老年人的好评。2014年，在全区推广这一新型模式，截至年底，建成45家。

【首家社区银行正式营业】　随着通州区城镇化进程的快速推进，一些城乡结合地区形成了具有一定规模的居民社区。2014年，为满足社区居民的基本金融服务需求，区发改委创新思路，协调杭州银行设立通州区首家、也是杭州银行全国范围内首家仅针对社区百姓，重点做零售业务专属社区银行，地址在通州区台湖镇次渠南里西区。社区银行创新提出“幸福赢家工程”概念，不仅提供个人储蓄、投资理财等基本金融服务，还积极履行社会责任，免费为社区开展金融知识宣传、防诈骗宣传、反假币宣传等公益活动，配合社区做好共建工作，为社区百姓提供家庭式服务。

【光大银行通州支行开业】　7月18日，位于通州区新华东街296号摩卡空间一层底商的中国光大银行北京通州支行正式对外营业，这是2014年通州区新引进的第二家银行机构。至此，本区开业的银行机构19家，近三年来保持着年均新增2～3家支行级银行机构的发展速度，金融发展业态不断丰富。

（孙　鹏）

【完成年度计划编制工作】　年内，经过广泛深入调研、征求意见和讨论修改，完成《关于通州区2014年国民经济和社会发展计划执行情况与2015年计划草案的报告》编制工作，对2014年全区国民经济和社会发展计划执行情况进行全面总结，科学分析2015年面临的形势，对2015年经济社会发展主要目标和工作任务及措施进行安排。

【编制《通州区新增产业的禁止和限制目录（2014年版）》】　为加快推动通州区产业结构调整，为高精尖产业腾出发展空间，从增量入手，在《北京市新增产业的禁止和限制目录（2014年版）》的基础上，通过与行业主管部门的多次沟通研究，赴多个乡镇进行走访调研，历经四次大的修改和若干次小调整后，编制形成《通州区新增产业的禁止和限制目录（2014年版）》。该目录提出通州区更高、更严的产业准入标准，较市级目录新增60小类行业，同时采取分类管理措施，另行规定新城155平方公里范围内的禁止措施。

（王劲松）

【编制《北京城市副中心行动计划》】　2014年，以新形势下北京市委、市政府着眼于优化城市空间布局、促进人口资源环境协调、带动京津冀协同发展做出的重大部署为指导，以通州区委、区政府副中心建设发展思路为依据，以通州区经济社会发展重大现实问题为突破口，以统筹谋划重点实施项目为抓手。计划主要包括总体部署、重点任务、项目安排及政策需求四大部分。

（田　爽）

【压减燃煤工作】 根据北京市压减燃煤工作领导小组办公室对通州区压减燃煤工作进行现场核查结果，本区2014年完成压减燃煤52.52万吨，超额完成市下达本区压减燃煤38万吨的目标任务。其中，全区燃煤取暖锅炉清洁能源改造，削减燃煤14.53万吨；大幅削减工业企业燃煤，淘汰腾退高耗能企业，削减燃煤35.42万吨；推进农村地区散煤治理，削减燃煤2.57万吨。

【节能宣传周活动】 围绕“携手节能低碳、共建碧水蓝天”的主题，通过举办展览、开设讲座与市民互动等形式，在政府、学校、企业、社区和媒体等5大领域组织开展7场主题宣传活动，于6月14日落下帷幕。向市民发送主题短信15万条、环保购物袋两万个、节能宣传册6500份；回收电子垃圾20件、废旧电池600余个，直接参与活动市民达3200余人。

（张　芳）

【张家湾镇成人文化技术学校建设工程年度投资计划获市发改委批复】 该项目位于张家湾镇三间房村，总建筑面积3613.14平方米，2014年投资1873.84万元，建设内容为综合楼及附属用房。

【商务园消防站建设工程资金补助获市发改委批复】 该项目位于永顺镇北马庄村，总建筑面积3400平方米，总投资1574万元，其中，安排市政府固定资产投资472万元，建设内容为消防车库、器材库、消防训练塔及附属用房等。

【宋庄镇中心幼儿园新建工程初步设计概算获市发改委批复】 该项目建设用地面积8004平方米，总建筑面积4867平方米，建设内容为幼儿活动及辅助用房、办公及辅助用房、生活用房等，同步实施室外管线、道路、活动场地等配套工程建设。项目总投资1813万元，其中，安排市政府固定资产投资1268万元。

【三举措配合消防设施建设】 一是全力消“旧账”，配合区消防支队推进商务园消防站、运河东大街消防站等“十一五”规划建设项目建设，解决公共消防设施“欠账”问题。截至年底，商务园消防站投入使用，运河东大街消防站正在重新选址。二是防止再欠“新账”，加快推进消防事业“十二五”专项规划中5个乡镇消防站建设项目，年内，漷县镇消防站取得立项批复。三是超前谋划“十三五”消防站建设项目，充分发挥职能作用，与区消防支队共同配合，务求公共消防设施建设工作取得实效。

【国家大剧院舞美基地工程节能专篇获市发改委批复】 国家大剧院舞美基地工程位于通州区台湖镇，总建筑面积59781平方米，主要建设内容为合成排演用房、舞美设计与制作用房、舞美艺术交流与研讨用房、舞美仓储用房、住宿餐饮用房等。项目总投资53189万元，由市政府固定资产投资及市文资办文化创新发展专项基金解决。

【“一推二征”全力推进和谋划民生类重点工程】 一推：全力推进2014年民生类重点工程进展。对2014年民生类重点工程进行实地调研，从手续进展、资金使用等方面，摸清实际情况，现场解决问题。二征：一是广泛征集2015年民生类重点工程项目。联合区教委、卫生局、民政局等有关部门，谋划2015年民生类重点工程项目。二是征集“十三五”期间民生类重大项目建设思路，结合“十三五”规划编制和前期课题研究，力争提出一批具有全局性、基础性、战略性的重大公共服务项目。

（杨淑琴）

【通州区第二阶段中小河道治理工程补助资金获市发改委批复】 该工程治理河道总长度44.7公里，涉及通州区境内4条（段）河道。项目防洪总投资77219万元，其中，小中河防洪工程总投资19171万元，玉带河（梨园南街—萧太后河段）防洪工程总投资9931万元，萧太后河防洪工程总投资14932万元，运潮减河防洪工程总投资33185万元。截至年底，各项工作正在推进。

【通州区2014年乡镇平原造林工程全部获区发改委批复】 2月12日，通州区2014年乡镇平原造林工程9个项目全部获区发改委批复。项目涉及潞城、台湖、宋庄、马驹桥等9个乡镇，总造林面积57446亩，其中，景观生态林45621亩，绿色通道11825

亩。项目总投资16.3亿元，获市级补助资金11.4亿元。所有工程招投标等手续全面展开。截至年底，通州区累计安排平原造林工程174446亩，占全区20万亩造林总任务的87%。

【通州区东郊森林公园二期工程实施方案获市发改委批复】 6月17日，东郊森林公园二期工程实施方案获市发改委批复。此项目建设地点为通州区宋庄镇，建设规模4554亩，分四部分实施，其中，树木园2444亩，湿地园1653亩，小中河两侧绿化388亩，徐尹路两侧绿化69亩。主要建设内容包括绿化工程、庭院工程、灌溉工程、电气工程、徐尹路围堤工程和水利工程，工程总投资43989万元，获市级补助资金30792万元。该项目工程招投标等手续全面展开。

（肖婷婷）

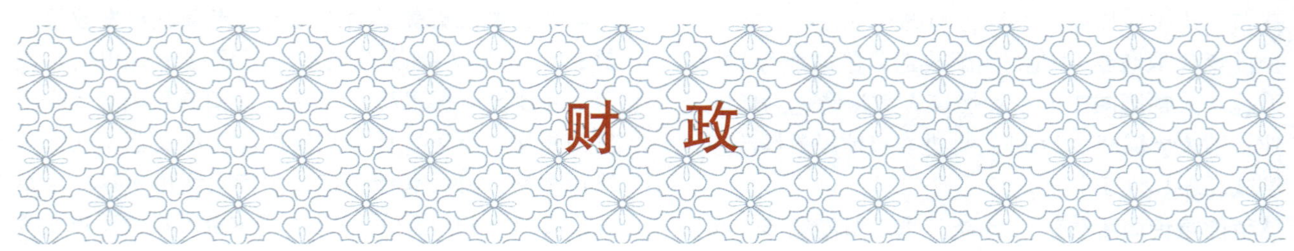

财　政

【概　况】 2014年，全区财政收入完成424.2亿元，增长93.2%，其中，公共财政预算收入完成60.86亿元，增长15%；基金预算收入完成363.27亿元，同比增长118%；国有资本经营预算收入完成1027万元。2014年，全区财政支出完成374.03亿元，增长43.8%，其中，公共财政预算支出131.84亿元，增长6.1%；基金预算支出242.19亿元，同比增长78.3%。

【财政保障能力进一步增强】 一是加大税源建设。以项目建设为载体，优化全区发展环境，突出高端化、服务化、集聚化、融合化、低碳化，大力发展与城市副中心相匹配的高精尖产业，提高生活性服务业品质，努力形成高端引领、创新驱动、绿色低碳的产业发展模式。促成投资规模大、技术含量高、带动能力强的重大项目落地建设。二是完善组收联动机制。落实组收责任，努力培植财源，强化非税收入管理，实现应收尽收，克服经济下行压力增大，经济调控转型等不利因素。同时，密切关注全区房地产市场调控、“营改增”等财税政策变化对重点行业、重点税源的影响，积极引导乡镇（园区）、街道办事处科学涵养财源。三是多渠道筹集资金，保障副中心建设。认真研究上级政策，有针对性的做好项目前期准备工作，多渠道、多部门争取资金支持。加强银政合作，加快建设新的区级融资平台，研究吸纳社会资金参与副中心建设的政策办法，缓解建设资金压力，努力打破资金瓶颈。

【科学统筹资金】 年内，积极筹措、科学调度资金，立足北京城市副中心战略，推进京津冀地区协调发展。一是根据重大项目资金需求量大、信贷资金到位相对滞后等问题，灵活调度资金，保障“一核五区”建设、园区基础设施建设等重点工作的资金周转需要，着力破解副中心建设中拆迁、土地、资金等困难和问题。二是安排资金支持全区深化城市管理体制改革，完善社区治理模式，推进网格化服务管理体系建设，做好控制人口规模，缓解人口资源环境制约社会发展的矛盾。三是充分调研，加强新城节能减排、垃圾和污水处理、城乡绿化美化等生态环境建设资金投入力度，保障全区生态环境治理工作持续有效推进。

【促进城乡一体化发展】 一是以推动和促进地区经济发展，保障城市副中心建设和民生建设工程为中心，筹集并利用好各项建设资金。拨付专项资金5.74亿元，用于核心区东关大道、北环环隧、新华北路等核心区工程建设。拨付专项资金18.99亿元，全力保障交通局京津二通道高速公路综合检查站工程、台湖镇站前街、漷县镇漷兴西三街等重点道路、市政基础设施工程建设。投入3.77亿元，推进全区新农村建设，农村、水利各项基础设施建设。投入6.93亿元，全力支持永乐店中学、贡院小学、潞河医院门诊楼、中医医院二期、文化中心、体育运动学校等社会公益项目建设。筹集8.55亿元，用于平原造林5.7万亩、湿地公园及全区绿化公园建设项目。投入资金4.29亿元，积极开展老旧小区综合整治及农宅抗震加固工作。投入2.06亿元，用于马驹桥物流B东地块，台湖镇居住用地等全区保障性住房建设。投入资金8374万元，用于北京动力总成有限公司、北京四环制药有限公司等企业技术改造，提高区内中小企业生产能力。二是加大农资保障力度，推动全区“三农”事业发展。安排资金3050.55万元，落实北京市“菜篮子”工程建设方案，提高农产品自给率。统筹安排市、区农业结构调整和产业化发展资金5050.55万元，重点支持特色园区建设和乡镇主导产业发展。安排资金8986.42万元，加强农业保障服务体系建设，加大农业科技投入，完善农业技术推广体系，提高农业生产效率，保障农产品质量安全。积极做好林业事业资金保障工作，保障大运河森林公园运维、森林植被恢复项目等，促进全区森林植被有序发展。投入1.66亿元，保障水利事业有序开展。重点保障城区排水设施正常运行和河道应急度汛工作，有效提高全区应急度汛能力，同时实施乡村水环境治理工程和小型农田水利工程，改善农村水利基础设施。实施村级公益事业“一事一议财政奖补”项目37个，总投资3337万元，财政奖补资金2500万元，改善了农村基础设施。投资5878万元，完成全区农田培肥1.8万吨，秸秆还田3万亩，新建和维修桥、闸、涵154座，更新机井109眼，疏挖排水沟2.2万米，低压线路5.6万米，农田林网植树2万株，修建田间石渣路1.8万米，科技新品种引进40万株。投入4343万元，加大对农业产业化龙头企业的扶持力度，重点扶持通州地标性农产品项目，形成全区“一镇一特”产业模式，促进农产品向优质、高效、产业化方向发展。

【加大社会保障事业投入】 年内，社会保障资金累计支出28.74亿元。一是完善医疗卫生服务体系，医药卫生体制改革稳步推进。多方筹措资金，加大公立医院大型设备、人才培养方面的投入。为缓解2014年生育高峰住院检查等问题，及时对妇幼保健院基础设施进行改造并做好环境绿化美化工作。为全区31.7万人补助新型农村合作医疗资金2亿元，惠及全区6412名农村低保人员。加强疾病控制工作，完成疾病预防控制中心弱电改造。二是完善人力资源和社会保险，就业政策进一步得到完善。落实城乡居民养老保险新政策，为46091人支付基础养老金2.29亿元。拨付城乡无保障老年生活补贴金2.54亿元，享受补助人数达59933名。投入资金2.77亿元，保障全区22708名干部职工基本医疗、生育及工伤保险待遇。三是各项民政福利政策得到落实，民政事业快速发展。落实城乡低保对象保障金3976万元，保障8023名城乡贫困人口的基本生活。投入资金2亿元，为全区6540余名征地超转人员发放生活费用和医药费报销费用。四是完善残保金的使用，残疾人社会保障事业健康发展。投入资金9523万元，重点保障全区1万余名困难残疾人基本生活和医疗，为全区6945名残疾人补贴城乡居民养老保险资金。五是加大对社区服务和社会管理的投入，社会管理深入基层服务百姓。完成所有社区居委会规范化建设，打造高品质楼门文化和逐步实现社区科学化管理。

【助力教科文体事业发展】 年内，教科文体事业支出26.32亿元，促进了全区教科文事业健康协调发展。拨付全区农村学校办学条件提升系列工程1.615亿元，区县基础教育改革系列项目2465.3万元。提供中国艺术品产业博览交易会保障资金1500余万元。安排市级以上科技项目配套资金1201万元、技术创新资金760万元。保障全区农村文艺演出星火工程、北京市第十四届青少年运动会、第三届运河绿道骑游节、北京市科普惠农兴村计划和社区科普益民计划等活动资金需要。

【加大行政政法投入】 年内，全区行政政法支出11.35亿元。全区流动人口及治安综合治理投入906万元。用于全国第三次经济普查工作、村级统计站建设、服务业调查等各项统计工作专项资金1126万元。保障政府各集中办公区正常运维投入4564万元。用于全区旅游环境配套服务工程建设等投入专项资金3.28亿元元。加强公安局聘用保安员及辅警工资、看守所运维、禁毒、警犬驯养、办案设备及机制保障建设等投入1.09亿元。用于公安消防支队火灾隐患信息研判中心运维、执勤补助、装备器材购置等综合业务费投入1700万元。

【落实惠民政策】 年内，为满足区内百姓出行的需求，鼓励百姓乘坐公共交通工具，全年拨付资金1.14亿元，用于全区境内小公共票价由原来5折下调至2、4折后折扣部分补助。安排补贴运营经费3707.74万元，全区完成一万辆公共自行车租赁系统建设并投入运行。为缓解全区“打车难”问题，2014年，增加区域电动出租小客车300辆，为落实好这一惠民工程，总计拨付工程启动资金及基础设施建设资金5129.37万元。安排城市维护养护经费12501.8万元，用于道路维护、公共设施的更新及城区环境整治等，城区面貌不断改善。投入区级资金4958.02万元，市级资金894.64万元，为全区试点小区、机关及学校配备垃圾分类设施和处理设备，提高垃圾分类收集、处理能力，同时配备“绿袖标”宣传指导员，指导小区居民正确进行垃圾分类，提高居民垃圾分类意识。安排环境保护区级专项资金2068.31万元，市级资金4818.01万元，促进联合检查、违法案件移交移送和综合治理等工作，确保全区大气环境不断改善。安排城管执法专项资金1003.03万元，提高城市精细化管理水平。以“一卡通”形式完成全区夏、秋粮补贴工作，涉及全区11个乡镇，小麦种植面积5.86万亩，玉米种植面积11.97万亩，受惠农户3.62万户，实际补贴资金1083.25万元。积极响应市区“减煤换煤，清洁空气”行动工作部署，统筹市、区两级资金1.17亿元，用于减煤换煤、炉具补贴和石油液化气下乡项目。

【深化财政管理改革】 年内，深化预算制度改革，进一步强化预算刚性约束。深化国库集中支付制度改革，区级预算单位全部实行国库集中支付。继续推进公务卡改革工作，进一步细化《通州区公务卡改革强制消费目录》，逐步扩大动态监督范围。加强政府采购管理系统建设，积极配合区监察局电子监察系统的两网互接工作，进一步提高政府采购系统的透明度，全年通过系统完成立项审批749个，合同资金11.15亿元。加强公务用车管理，年初停止所有一般公务用车的购置工作，加强执法执勤车辆和特种车辆购置工作的管控，完成审批购置各类车辆65辆，购车资金1164.8万元。加强评审工作，坚持运用评审会议制，增强评审工作的透明度。业务科室建立“先评审、后拨款”工作机制，全年完成评审项目611项，送审金额55.24亿元，审定金额47.24亿元，审减金额8亿元，审减率14.47%。强化绩效考评工作，突出项目事前、事中、事后绩效评价，加强评价与预算挂钩，强化资金使用效益。7月29日，区财政局根据区编办《关于北京市通政国有资产管理中心更名等有关事项的批复》，将北京市通政国有资产管理中心更名为北京市通州区行政事业资产事务中心，明确其为区财政局所属相当正科级全额拨款事业单位，加强行政事业单位国有资产管理。年内，完成全区全部符合产权登记要求的265家事业单位和38家事业单位所办企业产权登记工作。继续做好行政事业单位资产的处置工作，严格执行资产审批程序，全年审批处置资产1.06亿元。加强债务管理工作，完成“地方政府性债务管理系统”升级工作，债务数据统计更加精确。加强政府性债务风险预警工作，对全区2013年政府性债务余额及2013年综合财力等数据进行测算和核对，综合分析形成“通州区2013年政府性债务分析报告”。11月，对全区政府性债务情况进行重新摸底核实，完成全区政府存量债务清理甄别工作。加大财政资金监督检查力度，建立健全内部控制和审核的长效机制，完善财政资金运行的效益追踪和责任追究制度，加大对重点工程、大额专项资金、“三公”经费、会计信息质量等的检查力度，确保财政资金安全、规范运行。在落实好本局“四风”整改措施的基础上，认真落实区委“四风”专项整治财政主责内容，加强非税收入征缴管理和银行账户审批。

（李亮亮）

税 务

国家税务

【概　况】　区国税局位于通州区运河西大街111号，有干部职工399人，内设13个科室，另设机关党委办公室，1个直属单位，3个事业单位，8个派出机构。2014年，面对严峻的组收形势，国税局全局上下同心协力，密切与乡镇、园区的沟通联系，共担收入压力，形成组收合力；自主研发“税款入库查询”软件，实时掌握重点税源企业收入进度，多措并举，全年组织各项税收收入110.68亿元，同比增加7.11亿元，增长6.87%。其中，组织区属税收收入86.16亿元，形成区政府可支配资金14.65亿元。

【落实税源分级分类管理】　年内，认真落实北京国税局关于税源分级分类管理的工作意见，制定《税源分级分类管理办法》，以风险管理为导向，以信息技术为依托，明确税源管理目标，通过调研分析，找出当前辖区税源管理的主要问题，科学划分税源类型，适当调整机构职能，实现重点税源集约化管理，个体工商户专业化管理，初步建立了适合本地实际的税源专业化管理模式。

【搭建“征管稽查互动”工作格局】　年内，落实“大稽查”工作理念，实现征、管、查联动，选取辖区内房地产、食品等10个行业的187户企业，打破属地限制，全面开展行业性自查辅导，形成“组收力量重在管查联合、责任分工重在方案筹划、自查辅导重在行为规范、工作进展重在层级督导、廉政纪律重在风险防范”的“大稽查”工作机制。全年组织稽查收入12861万元，同比增长1.5倍。

【强化税收风险管理】　年内，建立风险控制联席会议制度，密切部门配合。推广采用一户式评定软件，方便评估人员对企业相关数据进行信息化采集、处理和分析。量身定做纳税评估“数据仓库”，有效提高风控数据采集效率。选取汽车4S店开展行业评估，编写《4S店汽车销售业及交通运输业行业化管理及风险应对工作指引》，有效指导税务所开展相关行业风险应对。

【推进信息化建设】　年内，积极推行通州区“三证合一”联办登记制度，简化税务登记手续。按照北京国税局部署，大力推进网上办税服务厅建设。实现自助办税终端涉税事项的全市通办，确保办税服务“24小时不打烊”。积极稳步推行自助办税终端售票，截至年底，通过自助办税终端发售发票38881户次，占发票发售总户次的70.27%，极大地方便了纳税人。

【货物和劳务税管理】　6月1日，实现46户电信业企业“营改增”扩围。8月1日，实现增值税小规模纳税人“票表比对”试点上线，截至12月征期结束，推行14543户，推行覆盖率98.16%，12月征期申报销售额79953.69万元，环比增加10577.83万元，切实达到了“堵漏增收”的目的。

【企业所得税管理】　年内，强化汇缴管理，分类分层对8000余户次企业进行汇算清缴培训，采取科所两级双复核机制强化对申报数据的完整性审核，提高申报质量，2013年汇算清缴申报率达99.19%，申报完整性100%。落实小型微利企业优惠政策，简化优惠备案手续，组织46场次专题培训会对辖区内全部1.2万余户小微企业开展面对面政策培训，截至年底，有4792户小微企业享受所得税优惠，税收优惠政策受惠面达到100%，应享受企业全部享受优惠。

【大企业和国际税收管理】　年内，积极开展大企业税收风险内控调查和2014年大企业分事项税收风险管理工作。完成3户烟草企业的现场审计工作，入库税款439.07万元，加收滞纳金331.2万元。全年征收国际税收收入11002万元。编写《国际税收业务使用操作流程》，结合实际，以通俗的语言对常用国际税收业务进行梳理，规范国际税收业务流程。

【推进依法治税】 年内，自主研发“处罚一键通”系统，简易处罚事项由平均耗时20分钟缩短到7分钟，一般处罚事项由平均耗时40分钟缩短到10分钟，工作效率提高300%以上。编写《税务行政处罚借鉴》，规范行政处罚工作。编写《行政处罚自由裁量权参照标准》，统一行政处罚裁量口径，做到适当处罚。制定《税务行政复议工作规程》，规范行政复议工作流程，畅通纳税人诉求渠道。

【优化纳税服务】 年内，自主研发“免填单系统”，纳税人依据税号及常用电话号码，即可自助实现涉税事项相关规范电子表格预制内容的打印，将表单填写时间由3分钟提速到40秒，减轻了表单填写负担。落实《全国县级纳税服务规范》，按照规范要求设置业务窗口，并按规范标准受理涉税业务。对增值税发票实行分级分类规范化管理，对纳税信用好、税收风险等级低的617户企业，减少其发票领用次数。

【创新税收宣传】 年内，打造微信平台，提供通知公告发布、税收政策查询、发票真伪查询等网络纳税服务。在八通网推出系列《办税攻略》，页面浏览量达5.3万次，覆盖了辖区较广的受众，办税效率有所提高，咨询电话量大幅下降，服务投诉量下降20%以上。录制“小型微利企业税收优惠政策访谈”专题节目并在通州电视台播出；创建“大企业税企微信群”，与企业进行互动，受到纳税人的一致好评。

（闫　倩）

地方税务

【概　况】 通州区地方税务局位于通州区玉桥中路136号，全局有干部职工367人（354名公务员，13名工人），设置14个内设机构，1个直属机构（稽查局，含4个科室），11个派出机构（税务所），1个后勤服务中心。截至2014年底，地税局正常税源户数达86933户，按征管行业划分：农林渔牧业3188户；采掘业25户；制造业6845户；电力、煤气及水的生产供应业75户；建筑业3750户；地质勘察、水利管理业400户；交通运输、仓储及邮电通信业1906户；批发和零售贸易、餐饮业39202户；金融、保险业166户；房地产业1633户；社会服务业19057户；科教文卫业12268户；其他行业445户。

【税收收入取得历史性突破】 2014年，面对国内经济下行压力，地税局不断完善依法组收机制，健全一把手负总责的组收工作责任制，局领导亲自带队，深入乡镇、园区及重点税源企业，对经济发展、税源增减和税收进度等情况进行专题调研，摸清税源底数。强化与区发改委、财政局、国税局、统计局协同合作的“五联办”工作机制，按季度向区政府联合报送税收分析报告。加强收入形势分析，通过制定实施“一预测两报告”制度，提升税收预测准确率。全年完成各项税费收入101.01亿元，建局20年首次突破百亿元，同比增收11.8亿元，增长13.22%。为全区经济社会发展提供了坚实的财力保障。

【税收职能作用有效发挥】 2014年，完成“营改增”试点扩围和“营改增”财政扶持资金审核工作，转增6682户。加强重点行业和重点区域管理，对城市副中心建设的重点工程、在建项目进行跟踪监控，配合乡镇、园区做好政策宣传和纳税服务。建立《建筑施工合同备案台账》，备案建筑业项目95个，涉税金额103.96亿元。加强与区总工会和区残联协作，全年代收工会经费1.24亿元，增幅15.14%，代征残保金1.13亿元，增幅17.22%。牵头重点调研课题《税务服务区域经济发展研究》进入市委研究室成果转化阶段，为区域经济发展提供优质服务保障和强劲动力。

【税收现代化建设和税收征管改革全面启动】 年内，制定完成《通州地税局深化税收征管改革工作安排》和《通州地税局推进税收现代化和深化税收征管改革三年工作规划（2014—2016）》，明确地税局深化税收征管改革的总体方向、工作目标，细化三年工作规划的具体内容、任务事项、责任单位和完成时限。确定纳税服务与税源管理职能分离和构建具有通州特色的现代化税收征管服务体系建设目标。

【税源基础管理全面加强】 年内，推进税源分级分类管理，按法人主体、登记注册类型对全局税务登记户进行分类管理。联合街乡、园区，摸清异地纳税、虚拟登记、楼宇经济、总部经济的基本情况，加强特殊税源管理。制定《无税申报户分类管理办法》，加强无税申报户管理。制定《重点税源户管理办法》，明确重点税源的管理对象、管理内容、职责分工和管理要求；依托地税局税收综合管理平台，建立“重点税源管理电子台账”，对全局716户重点税源户实施副所长管户和管理员分户量化管理。

【征管基础工作逐步强化】 年内，制定《税收管理员工作制度（试行）》《税收征管环节管理工作要求》和《税收征管涉税资料管理规定》，规范税收管理员基础工作，指导税收管理员实施节点管税，落实税收征管痕迹化管理。制定申报、登记、纳税遵从、指导处理等5大类38项评价指标，初步构建起适应征管改革的征管质量评价机制。联合开展“三证合一”登记制度改革，做好税源源头管控。积极建设协税护税网络，与区国税、工商、民政、编办、司法部门建立数据交换机制，掌握多方动态信息，形成联合管税工作合力。

【纳税服务水平持续提升】 年内，全面落实《全国税务机关纳税服务规范》，严格执行服务标准和操作规程。探索实践办税服务厅“八个统一”，即工作事项、功能区布局、内外标识、窗口设置、设施配置、管理制度、对外宣传及公开内容的规范统一。深入开展便民办税春风行动，配置自助办税终端与24小时自助办税亭，方便纳税人打印个人所得税完税证明和查询发票。积极推进依申请事项前移，实现207个服务事项全部进厅。组织召开纳税人辅导座谈会20余场，发放辅导书籍5000余册，宣传资料17万余份，短信10万余条。开展税收热点问题在线答疑，推动网上纳税服务延伸。

个人所得税完税证明自助打印服务终端正式运行
（地税局提供）

【互联网地税局试点建设有序开展】 年内，设计研发涉税数据辅助查询系统，包括登记、申报、入库、稽查等4个业务域、10大类、55个子项的查询功能，作为基于北京地税中心数据库的首个应用系统，为日常管理和数据分析提供有效手段。研发税收综合管理平台，以信息整合、数据共享、强化日常监管为目标，实现重点税源台账管理、行政办公文档共享、涉税文书模板统一等多种管理功能，夯实基础工作，提高办公效率。

【风险评估和大企业管理不断规范】 年内，制定《通州地税局税收风险管理流程》，逐步构建“分级管理、重点监控、部门联合、统筹协调”的税收风险防范监控体系。探索大企业个性化服务，完善大企业税收风险管理指南，有针对性地开展税收风险提示和防控建议。2014年，开展无税申报、物业风险企业核实等12个事项的风险推送，评估补税、加收滞纳金、罚款6634.46万元，同比增长112.67%。

【“三个一”地税品牌建设取得新成效】 年内，“打造一个精品办税服务厅”（即第一税务所办税服务厅）。增强“纳税服务引导员”和咨询辅导岗作用，实现咨询、引导和初审功能一体化；制作二维码服务指导手册，严格执行免填单服务措施；开展窗口干部换位式体验值班责任人活动，增强干部应急处理能力。2014年地税局第一税务所办税服务厅受理业务事项8.9万件，日均受理量329件，日均接待人数405人次。“打造一个高品质税源管理所”（即第三税务所）。以年纳税千万元为起点，以房地产、金融、建筑安装三个行业为重点，开展重点税源的行业管理、过程管理，打造专业化基层基础税源管理机构；建立重点税源台账，实现管理电子化、过程痕迹化；借助行业数据库、企业分析报告开展风险特征识别，打牢税源数据基础。2014年第三税务所198户重点税源企业完成收入55.64亿元，占全局收入的55.08%。“打造一个高素质稽查局”。通过针对性培训、技巧交流、能手选拔，建设一支稽查手段现代化、分类稽查专业化、稽查程序规范化的稽查队伍；对2010年以前年度形成的10个未结案件进行清理，实现清理率达到90%的工作目标。2014年，对230户纳税人实施税务检查，结案166户，查补税款、滞纳金、罚款合计入库5299.63万元，完成全年查补任务的106%。

【依法行政持续推进】 年内，开展424件税收规范性文件专项清理，准确适用税收执法依据。梳理236项行政执法职权，严格落实取消和下放行政审批事项。规范行政处罚裁量权管理，从轻适用裁量权执行标准，保障纳税人合法权益。认真办理复议和应诉案件，复议维持2起，一审、二审全部胜诉。开展税收专项执法督察和行政处罚案卷评查工作，制定《规范文书使用实现零差错管理的指导意见》和《涉税资料零差错工作机制》，对35个涉税事项、86种文书统一制作规范化模板，推动税收执法标准化。

（王　凡）

统　计

【概　况】 2014年，政府统计工作全面贯彻北京市统计工作会议和通州区委五届五次、六次全会精神，积极适应经济发展新常态，坚持以全面深化统计改革为核心，以打造现代化服务型统计为重心，以群众路线教育实践活动为抓手，突出数据质量和统计服务两大主题，全力提升统计工作整体水平，努力以高质量的统计产品为北京城市副中心建设提供优质统计服务。

【统计分析和信息质量不断提高】 2014年，进一步完善《通州局队统计分析考核管理办法》和《通州局队信息工作考核管理办法》。坚持季度经济形势分析制度，掌握各领域最新发展动向，积极开展重点指标统计调研和前瞻性预警监测，为区委、区政府提供及时准确的经济运行态势判断和切实可行的对策建议。全年撰写统计分析245篇、编发各类信息586条，被市局及区政府网站采用信息447条（篇），其中，被国家级刊物采用14条。《一季度通州区经济运行情况分析》被通州区《领导参阅》采用，被区委办评为优秀信息。在市局总队举办的2013—2014年度优秀统计分析报告评比中，题为《经济发展稳中有进　转型升级任重道远》获得形势类二等奖、《高起点上的通州商业发展》获得专题类三等奖。

【加强统计课题研究】 2014年，分别完成与北工大实验学院和区委党校合作的《通州区文化原创产业发展现状与潜力研究》《通州区产业转型对人口、资源、环境的影响研究》两项课题研究，为北京副中心建设、京津冀协调发展和“十三五”规划作出了努力。

【开展“三假一虚”专项整治工作】 按照北京市《关于对制造假情况假数字假典型虚报工作业绩问题进行专项整治的工作安排》精神，根据区委、区政府的统一部署，统计局作为牵头单位对“整治‘形象工程’、‘政绩工程’”中制造假情况、假数字、假典型、虚报工作业绩问题进行专项整治，整治工作历时3个月，分自查自纠和监督检查两个阶段，对全区各级党委、政府、人大、政协机关、全区各级政府职能部门、审判及检察机关及各民主党派、工商联、各人民团体机关的5种制造假情况、假数字、假典型、虚报工作业绩的行为进行专项整

治。经过检查，未发现有制造假情况、假数字、假典型、虚报工作业绩等问题。整治结果在区委、区政府办公楼大厅进行了公示，接受群众监督。

（刘海燕）

【实现统计名录系统与“三证合一”联办系统数据全面对接】 2014年，成功完成统计名录库系统与区行政服务中心“三证合一”联办系统的数据全面对接，实现“三证合一”联办系统第一时间一次性向统计名录库系统推送全部统计登记企业审批信息。两个系统数据的成功对接切实有效地解决了行政审批部门信息共享难、数据重复录入错误率高、审批效率较低等问题。“三证合一”登记制度是指企业登记时依次申请，分别由工商行政管理部门核发工商营业执照、组织机构代码管理部门核发组织机构代码证、税务部门核发税务登记证，改为一次申请、合并核发一个营业执照的登记制度。

（金　燕）

【扎实开展统计执法和法制宣传工作】 2014年，统计执法坚持事前督导、与园区联合执法等多措并举，将执法、服务、宣传相结合，坚持严格执法、文明执法、理性执法，局队完成督导检查117家单位；区内检查86家；全市交叉执法15家单位；催报25家；专项检查40家。在开展执法检查的同时，有针对性地对相关企业的统计人员进行现场“一对一”的培训指导，对发生迟报、漏报、瞒报、无证上岗等违法行为的单位及时进行查处，有效维护了《中华人民共和国统计法》的严肃性，进一步净化了统计环境。

【完成全区村级统计站建站工作】 6月，局队对永顺、宋庄等7个乡镇村级统计站完成验收（2013年第一批试点4个乡镇155个村已完成）。村级统计站正式挂牌成立。至此，全区11个乡镇的475个行政村分两批全部完成统计站建站工作。建立村级统计工作站是通州区进一步推进城乡一体化，实现精细化管理的需要。通过建立村级统计工作站，进一步完善村级统计网络，夯实村级统计基础，强化村级综合统计职能，提高统计数据质量，实现统计工作水平的整体提升，满足各级领导对统计数据的需求，为城市副中心建设提供更优质的统计服务。

【完成各项专项调查】 2014年，按照市局总队的工作部署，完成北京市社会治安防控调查、北京市老旧小区综合整治（改造）实施效果民意调查、通州区老旧小区综合整治（改造）实施效果民意调查（扩大样本调查）、北京市企业发展状况问卷调查、新设立小微企业和个体经营户跟踪调查、居民对通州区北苑街道社区工作满意度调查、通州居民互联网金融认知和使用情况调查和通州区创城调查等各项专项调查任务，为各级政府科学决策提供了有力依据。

【完成第三次全国经济普查】 年内，按照市、区对普查工作的具体要求，局队周密计划，精心组织，有序推进，在广大指导员和调查员的辛勤工作下，高质量地完成了第三次全国经济普查。通过普查，进一步夯实了统计基础，形成了通州区的经济数据地理信息系统，建立了全区的数据交换交流平台，整合了各部门行政记录，实现了信息资源共享。在普查过程中，突出通州区特色，新兴产业、区域特色经济的调查，尤其要摸清分布在宋庄、梨园、台湖等乡镇的一批代表通州文化创意产业特色的产业发展现状，为建立“一核五区”产业格局，全力打造北京城市副中心，稳步实施通州区“十二五”规划，提供了科学准确的统计信息支持。普查工作取得良好成果，得到了各级政府的肯定。永顺统计所所长吴冬梅被评为“第三次全国经济普查”国家级先进个人；区经普办以及永顺、梨园、玉桥经普办被评为市级先进集体；杨帆等41人被评为市级先进个人。

（刘海燕）

【完成人口抽样调查】 按照市局总队关于开展2014年年度人口抽样调查工作部署，扎实开展各阶段性工作。人口抽样调查在涉及范围广、调查内容多、工作难度大的情况下，各成员单位、广大指导员和调查员充分履行工作职责、发挥了部门优势，迎难而上、克服困难，高质量地完成了人口抽样调查工作，为进一步促进首都经济社会的协调发展、控制人口过快增长、疏解非首都核心功能、破解人口资源环境矛盾提供更加详实的统计数据和信息支撑。2014年，人口抽样调查样本量扩大到3%，涉及15个乡镇街道，141个调查小区，其中，涉及国家样本抽样9个，北京市样本抽样132个调查小区。本调查自8月开始启动、12月底完成数据录入、审核及报送工作，分析研究及工作总结在2015年1—3月完成。

（冯　巍）

【完成统计从业资格考试工作】　9月21日，完成2014年全国统计从业资格考试通州考区工作。根据国家统计局令第10号《统计从业资格认定办法》的有关规定，对从事统计工作或准备从事统计工作尚未取得统计从业资格的人员进行报名考试。其中，720人报考“统计基础知识与统计实务”科目，实考人数461人，及格311人，及格率67.5%；953人报考“统计法基础知识”科目，实考人数为663人，及格人数519人，及格率78.3%；623人报考全科（即两科都参加的人数），实考人数376人，及格人数为236人，及格率62.8%。

【机关档案工作被评为市级优秀单位】　2014年，根据档案工作考核标准，局队通过综合考评，机关档案工作被评为市级优秀单位。长期以来，局队根据档案管理的相关规定，以目标责任制为抓手，强化工作手段，完善管理制度，加强档案管理，提高管理水平，做到档案制度健全，基础业务规范，并充分开发、利用了档案资源，为通州区建党90周年展出活动、区史志办编写《通州志》和市统计局编写《统计志》提供了大量资料和数据，为领导决策及各科的工作提供了科学可靠的依据。

【被区政府评为绩效突出部门】　政府统计工作突出数据质量和统计服务两大主题，落实统计法制、统计技术、统计宣传三项保障，奋力推进机关作风建设、干部队伍建设、统计业务建设、统计廉政建设和统计文化建设，统计数据质量和服务水平有了明显提升，统计的“两个中心”职能作用得到了有效发挥，有力推动了北京城市副中心建设的发展进程，全面完成了区委区政府确定的各项工作任务，为全区经济社会又好又快发展做出了新的贡献。局队被评为“2013年度区政府绩效突出部门”。

（刘海燕）

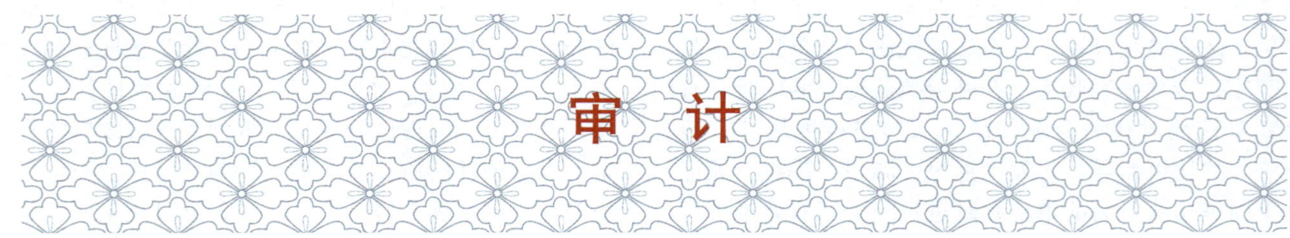

审　计

【概　况】　2014年，按照市审计局、区委和区政府的工作要求，区审计局完成审计项目63个，查出管理不规范金额42375万元，违规金额257万元，上缴257万元，提出审计建议119条。正在进行跟踪审计的政府投资项目78个。

【预算执行审计】　1月至4月，区审计局对2014年区财政预算执行和其他财政收支情况及2013年审计意见的落实情况进行审计。围绕财政改革重点，审计一级预算单位14个，延伸审计二、三级预算单位60个，查处违规和管理不规范金额7134万元，揭示了预算部门存在的收入未纳入预算管理、财政性存量资金较大、资金使用效率不高，固定资产管理、会议和培训费使用不规范等问题，并从机制、制度和管理层面分析了问题产生的原因，提出了加强财政资金绩效管理、推进区级项目库建设、加强对项目资金的监管力度、强化预算全过程监控、积极消化存量资金等意见和建议。《关于北京市通州区2014年预算执行和其他财政收支的审计结果报告》和《关于北京市通州区2014年预算执行和其他财政收支的审计工作报告》得到区委、区人大、区政府的高度重视和充分肯定。

【召开全区审计工作大会】　3月，召开2014年廉政审计工作会，全区各委办局、乡镇和街道办事处的主要领导、主管领导和财务、审计负责人参加会议。会上审计局主要领导作了题为《进一步强化审计监督 为北京城市副中心建设做好服务》的工作报告。区领导作了重要讲话，强调一是要充分认识在新阶段廉政和审计工作的重要性；二是要在工作落实和加强考核上下功夫，把问纪、问责贯穿始终；三是要把审计工作同群众路线教育实践活动有机地结合起来，切实做到“一岗双责”。

【改革举措跟进审计】 2014年，围绕贯彻落实中央“八项规定”和市、区实施意见，将“三公”经费、会议费使用情况作为审计重点，配合区监察局、财政局对全区14个单位执行中央“八项规定”和“三公”经费使用情况进行检查。积极参与审计署和市局组织的全国土地出让收支和耕地保护情况异地审计、财政性存量资金和市级转移支付资金审计工作。围绕保障和改善民生，开展了公共卫生服务资金、福利彩票和体育彩票公益金等3个专项资金审计，开展了4个乡镇、2所学校和2所医院财务收支审计等。

【政府投资项目跟踪审计】 2014年，开展政府投资审计项目78个，其中，土地一级开发项目29个、征地拆迁项目3个、房屋征收项目1个、“三定三限”安置房项目16个、其他重点建设项目29个，涉及被审计单位39个。截至年底，宋庄文化创意产业集聚区等3个项目出具上市成本审计报告；司空小区房屋征收项目出具阶段性审计报告；于家务乡定向安置房等7个“三定三限”安置房项目进入结算审计环节；人民武装部指挥所及附属设施工程等3个其他重点建设项目出具结算审计报告；其余项目根据建设进展情况正在跟踪审计。

【经济责任审计】 年内，完成区委组织部委托的对处级领导干部经济责任审计项目37个，查出管理不规范金额33327万元。审计中突出对经济决策、管理和财经政策执行情况的审计。重点关注重大经济事项集体议事规则的建立和执行情况、内部控制制度的完善和执行情况、以及中央“八项规定”“约法三章”、厉行节约反对浪费等财经纪律落实情况。针对重大经济决策的制定和内部控制制度的管理及执行情况，设计两套测试表格，有40多个测试点，围绕部门职能特点，加强对权力运行和责任落实的审计，使审计目标和内容更加明确和细化。

【内部审计】 年内，完成审计项目1368项，其中，财务收支审计125项、效益审计65项、经济责任审计143项、基本建设审计80项、专项审计397项、内控评审22项、风险评估4项、其他项目审计532项。查出损失浪费286万元，增加效益385万元，提出建议意见被采纳716条。围绕内部审计发展现状分析与对策和近几年审计发现的共性问题及应注意的事项等内容，举办各种不同形式的业务培训班，参训人员达260人。围绕新修订的中国内部审计具体准则，制定《2014年内部审计工作的指导意见》。

（李树为）

物价管理

【价格管理】 年内，对纳入2013年年审范围的行政事业性执收单位的行政事业性收费情况进行全面审验。此次年审，审查139个执收单位的2013年度行政事业性收费执行情况，审验财政专用票据和其他各种票据等数万余本。年审后，全区有持证单位139个（正本80个，副本139个）。核准备案项目管理方面，为21家非居住小区机动车停车场、27家居住区停车场、2家景点停车场以及15所非学历教育机构、7所学历教育机构、4家企业标价签办理收费项目和标准的备案登记手续。

【价格监测】 2014年，为确保全区市场供应和价格的基本稳定，为广大城乡居民营造更好地经济和生活环境，在认真做好各项价格职能工作的同时，协调安排日常监测、应急监测以及重要时期监测。根据市发改委价格监测工作的统一安排，在原有十大类上百种监测品种的基础上，扩大价格监测范围，将节日期间市场动态和消费者购物反映纳入监测范围，建立监测台账，增加化肥、农药、种子等农资价格和农副产品价格的监测品种，坚持实行日监测日报告制度；重大节日期间以及重要信息形成当日专报，向市、区各级领导报告。

【农产品成本调查】 2014年，通州区农本调查网点63个，分布在马驹桥、潞城2个乡镇，调查的品种主要包括：蔬菜、生猪。开展生产资料调查、农民种植意向调查以及农户存售粮情况调查等专项调查工作。

（吴　婷）

【市场检查】 2014年，市场检查科出动检查人员636人次，检查单位202户次，告诫被检查单位30户，当场警告行政处罚一户。全年进行“两会”期间的市场价格检查和元旦、春节、清明节、五一、端午、十一、中秋的节日价格检查、创城检查以及举报案件的查处工作。

（王爱军）

【价格认证】 2014年，价格认证中心受理涉案物品价格认证案件2367件，涉案总金额1108.6万余元。与上年同期相比，案件总量下降14.5%，涉案金额同比下降11.3%。受理涉纪检监察案件1件，经审查不符合鉴定条件退回案件500余件，解答公、检、法及当事人咨询质询170余次。

（安明石）

【价格检查】 2014年，通州区发改委物价检查所收费检查科先后完成机动车停车场收费检查，“百城万店无假货一条街”价格收费检查，全区“四公开、一监督”（四公开：公开城市管理责任部门清单、公开责任部门的执法职责和查处标准、公开责任部门的城市管理网格化机制及责任人、公开责任部门“月检查、月曝光、月排名”的城市管理执法数据；一监督：在市委、市政府的领导下，在市城管执法协调领导小组的指导下，在市监察局及相关部门的协同下，市区两级城管执法协调办责成环境秩序联合督导检查组和城管督察队负责具体实施，监督各区县政府、地区管委会、职能部门、执法部门城市管理工作履职情况，充分发挥综合监管作用）城市管理综合执法检查，清明节期间殡葬用品销售检查，洗车行业检查、调查，药品零售企业检查，银行实施新规情况价格巡查，涉企收费检查，教育收费检查，医疗卫生检查，元旦、春节、五一、十一等节日期间的市场检查等多项检查。累计检查各类单位收费价格259件，其中，检查商品价格5件，检查服务价格122件，检查行政事业性收费40件，检查明码标价92件。价格处罚3件，罚款350元，退款20元。通过各类价格监督检查，规范了经营者的价格行为，确保通州区价格市场的稳定。

（李建梅）

工商行政管理

【概　况】 2014年，工商分局按照“转变作风重实效，创新服务助发展”的指导思想，以服务型、法治型、创新型、学习型“四型工商”建设为目标，积极转变工作作风，提升工作能力，在服务区域经济发展、维护辖区良好市场秩序上创新举措、主动作为，各项工作扎实推进，取得明显的效果。截至年底，全区实有市场主体121174户，同比增长8.77%。其中，内资企业56021户，同比增长17.15%，注册资本总额2496.09亿元，同比增长38.97%；外资企业781户，同比增长6.84%，注册资本总额277.33亿元，同比增长33.75%；农民专业合作社348户；个体工商户64004户，同比增长2.4%。2014年，全区新设市场主体12776户，同比增长90.94%。其中，内资企业9086户，同比增长103.77%，注册资本总额400.62亿元，同比增长176.38%；外资企业86户，同比增长68.63%，注册资本总额54.73亿元，同比降低12.58%；农民专业合作社24户；个体工商户3580户，同比增长66.2%。

【搭建微信公众服务平台】 8月29日，工商分局正式推出微信服务账号——“通州工商e典通”，综合运用信息化手段，为公众提供高效便捷服务。主要包括“企业信用查询”“消保维权”“办照指南”等内容，通过个性精准告知、无线移动链接及对接导航定位为申请人提供工商登记个性化告知服务，实现咨询服务的精准化、定制化。

【助力区重点项目落地】 年内，工商分局通过开辟绿色通道，进行一站式办公，为通州万达、京通罗斯福、北京ONE等区重点项目实行打包和定制服务，并指导中关村园区企业完成设立登记和股改登记。

【支持产业结构优化升级】 年内，工商分局严格执行市政府《北京市新增产业禁止和限制目录》，从主要执行部门的角度，积极配合区发改委制定《通州区新增产业禁止和限制目录》，建立与相关执行部门的会商机制，严把市场准入关。积极配合相关部门对高污染行业进行治理，为淘汰退出企业的转产、注销提供全程指导和快捷服务。每季度向区、乡镇两级政府报送市场主体分析报告，并围绕政府关注，加强动态信息的分析，在市场主体发展、风险防控、流动人口管理等方面提出建议，为政府决策提供客观依据。

【推进“三证合一”试点工作】 年内，工商分局积极采取措施，确保工商登记制度改革政策落实到位。在市工商局的支持下，分局主动向区政府提出推行“三证合一”登记制度的建议，并积极与相关部门沟通协调。8月1日，通州区在全市首推“三证合一”多证联办登记制度改革试点工作。北京鸿鑫通达园林工程有限公司成为通州区首个通过“三证合一”制度设立的企业，领取首份记载有工商注册号、税务登记号、组织机构代码的营业执照。在试点基础上，积极推进“三证合一”登记制度改革进程，进一步缩短审批时限，并在乡镇试点开通远程服务。 11月13日，“三证合一”多证联办窗口全面覆盖工商登记业务，全区所有企业的设立变更等申请均可通过“三证合一”联办窗口提交，实现多项许可事项“一口进”“一口出”，申请人的等待时间从15个工作日缩短为4个工作日，得到社会广泛关注和办事人的好评。

【扎实推进商标战略】 年内，工商分局为各乡镇、各园区和街道办事处确定的重点企业做好商标注册全程服务。建立重点指导商标信息库，扶持、引导、培育创立一批著名商标，促进品牌龙头企业的形成与发展。代区政府向3家驰著名商标企业发放奖励资金80万元，调动了企业争创驰著名商标的积极性。加强与乡镇农业部门沟通，积极推进农副产品驰著名商标申报工作，确定北京金福艺农农业科技有限公司参与申报2014年北京市著名商标评选。进一步加大对商标侵权行为的打击力度，2014年，办理各类商标案件42件，罚没款73万余元，同比增长302%。截至年底，全区有注册商标17589件，其中，北京市著名商标26件，中国驰名商标9件。

【转变监管模式】 年内，工商分局以“两访、两查、一清”（“两访”即初期回访和企业走访，初期回访是网格管理干部应在经营主体设立90天内入户回访；企业走访是网格管理干部按照信用监管的原则，采取入户上门、集中交流、网上互动的方式，不定期对企业进行走访。“两查”即重点检查和问题核查，重点检查是网格管理干部和执法人员要按照市局和分局的要求，对重点行业、重点地域和重点主体进行检查；问题核查是对群众举报和收集的线索进行核查并按要求移交办案部门查办。“一清”即清理无照，分局要统筹协调组织力量，发挥无证无照经营综合治理工作机制作用，按照疏堵结合、分类处置的原则，研究运用风险管理的方法，加大对辖区无照经营的治理力度）的工作方式替代原有的巡查制。根据当前新企业较多的特点，各工商所重点落实初期回访工作，并明确现场检查、招商证明、录入系统等五项需要注意的问题，制定工作流程单，对每一步的具体工作进行细化，以实现“问题能发现、事态能控制、突出问题能解决”的工作目标。

【推进企业及个体工商户年报工作】 年内，工商分局及时组织干部深入学习《企业信息公示暂行条例》及相关配套规章。通过网站、微信、报纸、有线电视等多种方式广泛宣传市场主体年度报告公示的法规、规章，深入社区、工商工作站、园区开展宣传工作，指导企业完成信息公示和年报。各工商所在服务平台配备互联网电脑，并安排专人现场指导，为个体工商户年报提供便利条件。

【建立“五位一体”综合调度指挥体系】 年内，工商分局围绕“逐周逐月问效，逐事逐项问责”的思路，以每月视频调度会为中枢，以督查考核机制为保障，建立了集业务统筹、任务部署、反馈指导、督促检查、绩效考核“五位一体”的闭环式综合调度指挥体系。全年组织10次调度会，统一部署23项重点工作，收集工商所反馈的15个工作难点和风险问题，发布重要工作提示73项，通报、反馈重点任务进度106次，集中答复指导工商所具体业务问题17项，做到了工作布置及时、问题反馈及时、效果检查及时，全局工作运转效能明显提高。

【落实清洁空气行动计划】 年内，工商分局严格落实《北京市新增产业的禁止和限制目录(2014年版)》前置许可相关规定，对部分行业实行“禁、限、控”审批措施，落实“三高”（高污染、高耗能、高耗水）企业退出快捷通道制度及重点企业退出跟踪机制，禁止高污染工业项目的主体登记注册。开展成品油市场专项整治及无照煤炭经营主体清理工作，抽检汽油、柴油样品212个，对1户经营者销售不合格成品油及未经许可销售汽油及柴油的违法行为进行立案调查，取缔关停无照煤炭经营主体37户，责令停业23户，立案处罚2户，监督经营者拆除粉碎机3台。

【保护知识产权打击假冒伪劣专项工作】 年内，工商分局增加了对批发市场、小商品市场、建材市场、大型电子电器商（市）场和大型网络交易平台5类重点区域的检查频次和密度，开展错峰执法，强化8小时外监管。以零售、批发和仓储作为重点环节，加强对企业工厂店、零售商库房和电子商务企业的检查，以家用电器、服装箱包、儿童玩具、五金建材和成品油作为重点商品，加大抽检力度。专项行动中，工商分局抽检各类商品280组，发现不合格商品63批次，查扣价值171.96万元的商标侵权及不合格商品31220件，查处销售不合格商品及商标侵权案件120件，罚没款257万元。

【探索建立市场秩序风险常态化管理机制】 年内，工商分局以分局和物资学院的理论研究成果《工商部门市场经济秩序风险管理研究》为基础，结合辖区实际，制定《工商分局无证无照经营风险防控工作规范》，大力推进风险防控工作。全年新排查无证照经营主体2646户，并将无证照经营治理工作融入两违整治、出租房屋治理、流动人口治理等工作中，15个街乡镇均制定了本地区的治理工作方案，全年取缔关停3721户，疏导办照117户。

【参与社会管理创新】 年内，工商分局全面完成工商网格与全区社会化网格的对接工作，与乡镇、网格干部及585个社区（村）网格均建立了联系。梨园工商所、永顺工商所分别在葛布店北里社区和如意社区建立社区工作规范化试点，将工商各项管理、服务职能与社区工作深化融合，2014年，开展社区工作6799次。

【推进创建全国文明城区工作】 年内，工商分局通过电视专题、报刊专版和分局网站深入宣传创建全国文明城区工作。围绕登记注册、商标授权、广告发布、合同签订和消费者权益保护等法规、常识，在创城区域和人员密集场所张贴、发放宣传材料，引导诚信经营和科学消费；围绕工商职能，加大创城区域内无证无照经营、销售假冒伪劣商品、侵犯商标专用权、虚假宣传和侵犯消费者合法权益行为的检查力度；积极会同相关职能部门联合执法，大力规范市场秩序。年内，在新闻媒体刊登专题、专版和新闻报道7次，组织社会宣传活动12次，开展上门服务63次，检查各类经营主体4800余户次，组织参与联合执法行动20余次，抽检商品样品274组，发现不合格商品27批次，纠正轻微违法行为200余起，查处经济违法案件116件，罚没款

253.65万元。区创城办安排的12项具体任务全部按时落实到位。

【举办工商开放日活动】 4月25日、10月28日，工商分局分别举办以“落实注册登记制度改革要求，优化服务方式提升服务效能，营造首都良好营商环境”和“企业年度报告与企业信用管理工作”为主题的工商开放日活动。特约工商监督检查员、园区代表、企业代表、新闻媒体代表和分局相关科、室负责人参加了活动。活动中，采用多媒体播放、组织座谈的形式向在场人员介绍注册登记制度改革相关政策和落实情况，解读《企业信息公示暂行条例》，解答代表关心的热点问题，介绍工商部门企业年度报告与企业信用管理工作。与会代表对工商系统开展的开放日活动给予充分肯定，并围绕相关问题提出了建设性意见。

【加强无照经营治理】 年内，工商分局牵头开展了全区无证照经营整治行动，代区政府起草《通州区贯彻落实市政府治理无证无照经营行为维护市场经营秩序的实施意见》，建立全区无证无照经营治理工作联席会议机制，按照“政府领导、属地负责、部门联动、综合治理”的原则开展治理行动。2014年，取缔（关停）或疏导办照3838户，分局查办无证照经营案件508件，罚没款378万元。对首都综治委市级挂账的梨园云景东路两侧地区和永顺芦庄地区两个无照经营（座商）情况突出地区重点开展整治，取缔关停无证照主体123户，全面完成首都综治委确定的任务指标。

【服务企业动产抵押融资】 年内，工商分局以特色农业企业和专业合作社为重点，组织金融机构与企业开展融资洽谈，指导企业利用农作物作为抵押物进行融资；通过推行网上申报审核、当场审查办结和电话预约、网络提示告知，优化登记流程，同时，利用新闻媒体、工商工作站积极宣传动产抵押政策，深入产业园区和重点企业现场讲解动产抵押知识，在网站公开动产抵押流程和示范表格，指导企业及时办理变更、续期和注销登记。全年办理动产抵押登记27件，帮助企业融资10.5亿元。

【全面开展打击传销集中行动】 4月18日，工商分局牵头召开全区2014年打击传销集中行动工作部署会，通州区成立打击传销工作领导小组，部署2014年打击传销集中行动方案。10月10日至17日，分局联合公安等“打传”部门在通州贵友大厦、北京财政学院开展打击传销宣传周活动，教育群众远离传销，防止被骗参与传销违法活动。2014年，工商分局接到涉嫌传销举报22件，取缔传销窝点1个，清查教育遣散传销人员6人次。

（郭　松）

私营个体经济

【概　况】 2014年，通州区私营个体经济协会围绕区委、区政府的中心工作，积极发挥“枢纽型”社会组织作用，坚持以服务政府、服务会员、服务社会为方针，以促进私营个体经济发展为重点，通过搭建融资服务平台、完善商品配送服务、组织登记制度改革宣传培训、开展各类典型推荐活动等工作，积极服务私营个体经济发展。

【发展“北京通”——养老助残卡服务单位】 年内，区私个协会按照社区便利店、社区超市、烟酒食品店、日间照料、养老机构、老年用品6项重点发展类型，与113家会员企业签订养老助残服务单位服务合作协议，为持卡人提供安全、优质、实惠商品的供销体系。

【开展帮困献爱心、送温暖活动】 春节、五一、十一节日期间，区私个协会积极开展帮困献爱心、真情送温暖活动，慰问特困会员20户，送去慰问品、慰问金折合人民币0.86万元。

【缓解企业融资难】 年内，为降低企业的融资成本，区私个协会充分发挥融资服务平台的资源优势，通过渤海银行、邮储银行、小额贷款公司、典当行等多家融资部门为125家企业融资6523万元，为会员企业缓解融资难的问题起到积极的推动作用。

【受理会员咨询投诉】 区私个协会围绕会员在生产经营中遇到的问题，积极解答会员咨询投诉，截至年底，接待会员来电来访95人次，主要涉及厂地租用、办理执照、合同纠纷等方面的问题，做到件件有回音、事事有答复。

【做好商品配送服务】 年内，围绕食品放心工程，拓宽商品配送渠道。加强对商品配送服务中心的指导和监督管理，完善各项规章制度和措施，规范进货渠道，确保配送商品质量，降低会员进货成本，确保食品安全。2014年，全区3家商品配送站为全区300余家会员商户、9家连锁超市，配送酒类商品39种10.54万件；各种饮料商品40种15.75万件；果品40余种98万千克，商品配送金额906.2万元。

（郭　松）

消费保护与监管

【概　况】 2014年，工商分局和区消协以在改革中积极履职、在创新中促进发展作为指导思想，按照市工商局和市消协工作部署和区委、区政府要求，以营造安全放心消费环境为目标，以贯彻落实新消法为契机，全面提升消保维权工作水平。

【做好消费者申诉举报工作】 年内，工商分局接收各类咨询1514件，受理消费申诉1528件，办结1515件，办结率99.15%，为消费者挽回经济损失81.58万元。接收举报1101件，办结1001件，申诉转立案10件，举报属实立案55件，处理疑难投诉举报62件。

【成立消费教育基地】 3月12日，工商分局、区消费者协会联合成立消费教育基地，并从各社区发展14名消费维权公益宣传员，开展各类宣传教育活动25次。

【引入专家援助机制】 年内，工商分局与中国纺织品协会、中医药协会、律师协会、北京市轻工产品质量监督检验一站等专业检测机构合作，为消费者提供检测鉴定、知识咨询、技术援助等服务，协助工商部门做好消费纠纷行政调解工作，并组织行业专家深入社区举办消费教育活动。年内，组织5场装修材料消费知识精品课堂进社区、进农村知识讲座活动，发放新《中华人民共和国消费者权益保护法》单行本等各类宣传材料1000余份。

【利用媒体宣传消费维权知识】 年内，工商分局在通州电视台制作2期《新消法解读》专题访谈节目，播出12期《消费维权在身边》电视专题宣传栏目，并与《通州时讯》合作，刊发消费维权专栏5期，通过微博、微信等发布消费教育提示32条。

【利用数据归集分析提高消费风险研判能力】 年内，工商分局进一步加强对申诉举报、商品监测等数据的统计和分析，以“12315”投诉举报数据为基础，对热点区域、企业、行业、问题、处理结果、典型案例等开展分类信息监测，查找监管风险，加强对处理结果的跟踪与指导。年内，发布《消保工作指导》12期、《“12315”数据分析》12期，为领导决策和服务区域经济发展提供数据支撑。

【加强绿色通道及绿色通道联盟建设】 年内，工商分局进一步扩大绿色通道成员单位规模，加强与各园区管委会、市场主办单位的合作，2014年新发展消费争议快速解决绿色通道企业20家，并探索建立通州区电子商务企业绿色通道联盟、通州区永乐特色农业绿色通道联盟、通州区梨园商圈绿色通道联盟等5个绿色通道企业联盟，引导企业在保护消费者合法权益上发挥规模效应和示范作用。

【推进小额消费纠纷快速处理机制】 年内，工商分局探索在大型商场、超市等交易量较大的企业建立小额消费纠纷快速处理机制，积极推行无障碍退换货机制，鼓励企业自行化解消费纠纷。在蓝岛通州店、贵友通州店等15家企业建立了小额消费纠纷快速处理机制。

【加强绿色通道企业培训与指导】 年内，工商分局充分运用“12315”数据分析，指导投诉较多的企业查找问题，并通过走访、座谈、邀请专家授课等方式，加强对绿色通道企业的指导与培训，促进企业完善售后服务制度，将消费风险事后查处转向事前防范。根据《2013年度全市被诉排名前十位的业态及排名前十位的企业情况统计》，对北京苏宁云商销售有限公司开展调研和走访，围绕新消法、处理消费纠纷、商品质量监管等方面与企业进行约谈，促进企业提升自律意识和品牌意识。

【探索建立消费纠纷人民调解委员会】 年内，工商分局根据市局进一步优化市场消费环境的意见，加强与乡镇政府和司法等部门的沟通，在马驹桥工商所试点建立马驹桥镇消费纠纷人民调解委员会，促进全社会共同参与消保维权工作，助推区域消费环境建设。年内，马驹桥镇消费纠纷人民调解委员会处理消费纠纷13件。

【开展“3·15”系列宣传活动】 “3·15”期间，工商分局和区消协围绕“新消法、新权益、新责任”主题，积极开展各项宣传活动。加强新消法培训，对高投诉企业加强指导，对辖区绿色通道企业开展新消法培训，针对投诉量较高的电商企业进行座谈指导；组织社会资源开展社区宣讲活动，依托消费教育基地，联合中医药协会、律师协会、保险协会，邀请强力家具、移动公司、太平洋保险等大型企业参加，为消费维权公益宣传员及社区群众开展宣讲活动；依托“通乐农”流动工商工作站，利用流动工作车，联合乡镇政府、经济发展科、食药所等部门，深入乡镇、农村开展登记咨询、法规宣传、投诉受理、农资鉴别、合同示范文本推介等活动。“3·15”活动期间，工商分局和区消协举办15场宣传活动，设置宣传条幅15幅，展板8块，发放各种宣传材料8000余份，接待咨询200人次。

【打造“通乐农”服务品牌】 年内，工商分局依托“通乐农”流动工商工作站，围绕政策扶农、红盾护农、权益保农、合同帮农、商标富农和服务兴农6方面开展职能服务，上门为涉农企业、专业合作社、农村个体工商户和农产品种植户开展送法律、送服务活动，指导建立沙古堆大樱桃、永乐商业、通州永乐特色农业等绿色通道联盟。

【加强流通领域商品质量监管】 食品监管职能划转后，工商分局及时调整监管重心，加强商品质量监管工作。重点关注上游流通环节，扩大商品监测的覆盖面，对辖区生产企业工厂店和第三方网店开展专项监测工作，消除商品监管盲区。加强对大型零售商仓库的监测管理，探索不合格商品追溯机制和行政处罚管辖机制，倒查源头，阻断不合格商品流入市场的渠道。年内，工商分局完成商品检测328组，分局完成自检88组，全年查办商品质量案件67件，罚没款130.43万元，同比分别增长737.5%和481%。

（郭　松）

质量技术监督

【概　况】　2014年，北京市通州区质量技术监督局按照稳增长、调结构、促改革、惠民生、防风险的工作主线，围绕建设北京城市副中心工作目标，全面履行质量技术监督职能。

【四大工程】　年内，进一步扩大试点范围，选取200台电梯开展物联网远程监测信息系统建设，为在全区推广打下基础。开展夏季危险化学品运输行业专项检查、重要时期人员密集场所特种设备现场检查等执法活动。强化食品监管，检测食品样品1050个。检查煤炭使用、销售和生产单位160家次，查处违法案件18起，监测煤炭22830.63吨，抽取样品158个。

【地理标志产品保护】　8月13日，区政府举办“张家湾葡萄（张湾葡萄）”国家地理标志使用授权现场会。年内，北京世纪环美采摘园和北京葡香苑园艺场2家企业3个产品通过国家局地理标志使用申请，完成《张家湾（张湾）葡萄》北京市地方标准审查和《中国地理标志产品大典》编辑工作。会上，市区领导为张家湾镇政府及企业授牌。

8月13日，“张家湾葡萄（张湾葡萄）”国家地理标志使用座谈会并现场授牌　(质监局提供)

【绩效考核任务】　年内，开展工业产品和煤炭监督抽查，工业产品抽查合格率90%，煤炭抽查合格率92.22%，区质量安全综合指数90.89，达到目标值。

【减煤换煤清洁空气行动】　年内，采取集中宣传培训、签订告知书等方式向煤炭生产、销售和使用单位宣传《低硫散煤及制品》北京市地方标准，告知建立健全四项内部煤炭质量管理制度，建立煤炭的进货、销售、使用记录。联合4个属地政府开展煤炭质量专项整治工作会。10月16日至11月30日开展生产销售环节煤炭质量专项整治工作。10月31日，组织召开全区生产销售环节煤炭质量专项整治会。

【APEC会议保障】　会议期间，成立APEC会议安全保障工作领导小组，制定工作方案和应急预案，重点开展社会面特种设备安全保障、消防产品质量监督、煤炭执法检查三项工作。

【落实质量发展纲要】　年内，对44家重点单位相关人员进行集中培训，签订守法经营告知书。对97家生产企业落实主体责任进行评价，对10家问题较突出企业进行约谈，督促整改。对19家企业进行实地检查和指导服务。召开全区质量工作会，定期向区、乡两级政府通报抽样合格率。

【工业产品质量监管】　年内，进一步建立与完善企业监管档案和企业质量安全档案。开展与人民群众利益相关产品的专项检查。为食品相关产品生产企业建立档案，并进行检查，监督问题企业进行整改。对企业提交的自查报告中存在疑问的23份报告进行质疑或现场核对，对提交年度报告的企业进行现场核查。

【特种设备安全监管】　年内，对全区40家特种设备生产单位进行一次全面安全检查。开展液化石油气瓶充装单位反恐专项检查，向11家液化气场站发放安全告知书，对10家涉氨企业压力容器、管道进行专项整治，对于家务乡聚富苑石材市场、大运河森林公园大型游乐设施，万达等3家商场电梯，地铁六号线二期车站特种设备安装现场进行专项检查。对漷县镇政府安全生产工作进行督查。

【落实首都标准化战略】 年内，召开通州区标准化工作推进会，调整通州区推动首都标准化战略纲要领导小组，制定《2014年北京市通州区标准化工作要点》和《通州区标准化战略推动意见》。

【农业标准化】 年内，组织协调北京金福艺农农业科技发展有限公司通过第八批全国农业标准化示范工作市局专家组年中诊断和年末考评。推进区农业标准化基地中“菜篮子”产品生产基地的等级划分与评定工作。

【标准化监管】 年内，3家养老机构获得三星级评定，1家获得二星级评定。3家企业获北京市2014年技术标准制修订补助资金33万元。3家企业获批高新企业标准创新试点，组织5家企业申报标准创制资金补助。

【诚信计量体系建设】 年内，与12家出租车营运单位签订诚信计量承诺书，与35家企业签订制造、修理计量器具企业守法经营告知书。计量投诉比上年同期下降40%。

【计量监管】 年内，检查加油站、超市、“民用四表”（水表、电能表、燃气表和热能表）等涉及民生单位138家，责令不合格企业进行整改。对19家计量器具制造企业进行计量建档和现场监督检查，对17家计量认证实验室进行证后监管和执法检查，对违法企业进行立案处罚，对8家单位开展计量行政许可考评工作，发放计量许可证书23张。

1月16日，农贸市场计量器具专项监督检查检查蔬菜区商户在用电子秤　　（质监局提供）

【能源计量监测】 年内，组织对中国石化催化剂有限公司北京奥达分公司的能源计量进行现场审查。

【执法打假工作】 年内，加大对制售假冒伪劣黑窝点等质量违法行为的查处力度，着力开展炉具、家具等八类产品的专项检查工作，全年受理群众投诉举报138起，办结率为100%。

【检验检测服务】 年内，计量所完成《计量标准化考核规范》考核工作，特检所投资十余万元购置检验检测设备，质检所购置液相色谱自动进样器和防冻液金属浴腐蚀实验仪，完成溴酸盐、塑化物、农残等2个产品，23个参数检验项目扩项和食品检验机构资质监督评审工作。

【信息宣传工作】 年内，注重清洁空气蓝天行动、大型游乐设施安全监察、地理标志保护产品使用、食品相关产品企业监管等重点工作的报道。全年在各类媒体刊物发表信息245篇次，网络刊发信息408篇。

（陈海涛）

规划管理

【概　况】 2014年，北京市规划委员会通州分局在市规划委和通州区委、区政府的领导下，深入研究北京城市副中心发展定位，统筹“一核五区”布局，稳抓“四大工程”项目进展，有力推动通州经济社会的可持续发展。区规划分局受理行政许可及其他审批事项849件，校核、制作、核发规划审批决定825件；受理农村地区村民新批宅基地案卷59件，校核、制作、核发村民新批宅基地审批决定59件；

办理人大代表、政协委员建议、提案30件；开展7项规划调研工作。

【新城核心区开发建设】 年内，区规划分局秉承精细化、品质化的规划管理理念，准确把握通州发展趋势和阶段性特征，积极协调相关部门完成核心区规划深化工作，开展核心区重点项目的规划建设研究。年内，运河核心区启动区3平方公里控规编制全部完成，16平方公里剩余部分规划编制工作有序推进，部分控规深化方案已经稳定；富华水乡区、新北京中心等17个项目落地建设；东关大道、北关环隧等重大项目进入扫尾阶段；地铁M6号线二期工程通车，且与一期贯通运营；运河西岸及彩虹之门等运河核心区全部地块土地供应条件办理工作完成；市政交通基础设施审批工作完成近半。

【五大功能区建设】 年内，区规划分局充分发挥规划职能，积极探索功能区建设，五大功能区建设取得重大进展。北京国际医疗服务区一期3.67平方公里的控制性详规正在逐步报批，重点街区控规深化方案及街区村民安置房地块控规获得市规划委审查批复。文化旅游区核心区1.2平方公里地块控规及4平方公里街区控规深化方案通过市规划委审查，环球影城主题公园重点项目正在进行控规优化调整；相关专项规划研究正在稳步推进。环渤海高端总部基地完成安置房地块及上市地块控规编制审查，整体街区市政专项、安置房周边路网规划等工作也顺利完工。宋庄文化创意产业集聚区和国际医疗服务区作为提升世界城市国际服务功能的新型示范区，其深化方案均已备案，规划分局正在全力推进相关项目的规划审批手续。国际组织聚集区作为承担北京国际交往新职能的载体区域，待区政府审议通过后将着手实施概念性规划方案编制。

【推进市区重点项目建设进程】 年内，区规划分局深入围绕“一核五区”规划编制实施及土地一级开发、上市工作，做好相关规划前期服务。核心区起步区规划条件全部稳定，部分地块实现上市并进入开发建设阶段。富华水乡区项目南区建成，华业核心区超高层项目、富力项目、运河国际商务中心等核心区重点项目均通过审查，并陆续落实规划手续。此外，金桥科技园、光机电、物流园区、永乐开发区、聚富苑等园区产业项目均得到全面推进。

【民生实事工程】 年内，区规划分局坚持落实保民生，促和谐理念，加强民生保障。东方长安家园自住商品房、限价房建设手续全部完成，积极完成0605街区定向安置房、西集镇综合配套片区经适房等项目的方案审查；先后规划并逐步实施电影学院、人大附中附小、五中、青少年宫、文化馆等教育项目，并配合区教委及各乡镇完成乡镇幼儿园选址及规划调整；完成新华医院、第四医疗区、潞河医院门诊综合楼、东直门医院东区二期等工程的规划手续；完成5个老旧小区改造审查备案工作；完成区文化中心、人口计生综合服务中心的所有审批手续，有力提升了通州区的城市功能和城市形象。

【全面落实无障碍设施管理】 年内，区规划分局作为无障碍设施工作的牵头负责单位，拟定《通州区主要道路、各类公共建筑以及新建住宅无障碍设施的管理、使用情况实地考察工作具体落实方案》，对考察区域范围进行片区划分，协调区市政市容委、区公路分局等部门，开展三期实地考察工作，牵头排查9条主要商业大街、17条主干道和20条非主干道的盲道使用情况及其周边公共厕所无障碍使用情况；4座医院、7座商场、6座文体建筑的无障碍设施使用情况。

【市政交通基础设施审批】 年内，区规划分局主动服务，重心前移，着力整合部门资源，打破沟通瓶颈，缩短审批周期，稳步推进重点功能区市政建设。完成核心区启动8条主干路、2条次干路和随路市政管线的全部手续；配合市级部门推进通州区规划M6、M18（R1）、M21（S6）、M17、东四环、平谷线等轨道交通线路的规划建设工作。积极协调北苑综合交通枢纽、东小营P+R车辆段项目的进行。区规划分局核发富苑南路天然气工程等12条管线的规划意见书，并积极推进环卫、供热、供电、燃气管网等项目，为居民提供宜居生活环境。

【完善城乡一体化建设】 年内，区规划分局加快推进乡镇区域规划优化调整工作，配合宋庄镇、张家湾镇人民政府结合镇重点项目做好镇域总体规划的前期研究定位，并与区国土分局等部门共同研究制定关于农村宅基地审批的乡村建设规划许可证办理指导意见，落实西集、马驹桥、漷县等镇多个村、多家农户的新占宅基地的办理。同时，积极推进以“三定三限”方式安置村民项目，落实城乡一体化建设涉及旧村改造、小城镇建设、城乡结合部整治工作。

【规划调研】 年内，区规划分局开展《通州新城建筑风貌分区管制总体思路和实施管理机制研究》《关于国际组织聚集区区域战略规划方案的汇报》《关于通州新城总体规划实施评估研究方案的汇报》《关于通州区城乡一体化资源整合方案的汇报》《通州区大气环境影响及空间布局专项研究》《通州城市空间布局与功能优化研究》等特色规划调研工作。

【规划监督】 年内，区规划分局办理规划验线85件，其中，验线合格81件，建筑面积总计323.3万平方米。办理规划验收207件，其中，验收合格175件，总验收面积480.4万平方米。在市规划委督查督导工作中，规划监督件未出现不合格卷，合格率100%。

【规划执法】 年内，区规划分局开展专项整治，作为通州区严厉打击违法用地违法建设专项行动牵头单位，组织各乡镇、街道集中开展清理整治行动。经对区各乡镇、街道办事处进行数据汇总，2014年新上账违法建设241处，截至年底，全年销账364处，销账面积117.4万平方米。向区城管部门、各乡镇出具违法建设认定60余份。严格落实卫星航拍违法建设查处工作，涉及通州区图斑83块，核实确定无证违法建设24处。

【基础测绘】 年内，推进通州新城1：500大比例尺地形图基础测绘工作。区规划分局与市测绘院充分协商，建立通州区综合测绘信息服务系统，完成通州新城155平方公里1：500的基础地形图。

【信息化建设】 年内，区规划分局推进“数字通州”建设，逐步加强与市测绘院战略合作，完成新城中心城155平方公里的规划三维模型数据建设工作，其中，61平方公里精细三维模型数据，其余94平方公里使用影像叠加高程数据，实现通州新城三维模型全面覆盖。

【地名工作】 年内，办理标准地名命名3件，办理标准地名使用手续54件，核准建筑物名称12件。

【城建档案管理】 年内，完成档案登记236件（其中，建筑安装工程151件，市政工程85件）；完成竣工档案预验收100项、889栋；办理预验收合格意见109件；档案接收并制作入库3094卷（其中，竣工档案1704卷，审批档案1390卷），突击档案908卷，加固工程资料100卷；档案借阅1560卷，借阅人数555人。

（王　蓉）

国土资源管理

【概　况】 通州区总面积为90579.21公顷（由于调查手段和技术手段不同，所得数据与统计局数据有些出入，统计局数据为906.28平方公里）。其中，耕地面积为33570.49公顷，占全区总面积的37.06%；园地面积3473.89公顷，占全区总面积的3.84%；林地面积7840.63公顷，占全区总面积的8.66%；草地面积120.40公顷，占全区总面积的0.13%；城镇村及工矿用地面积30139.39公顷，占全区总面积的33.27%；交通运输用地面积4812.41公顷，占全区总面积的5.31%；水利及水利设施用地面积8603.86公顷，占全区总面积的9.50%；其他土地面积2018.14公顷，占全区总面积的2.23%。

【土地利用总体规划】 2014年，完成5个项目的规划动态维护工作，其中，市局审批动态维护项目

1个，分局审批动态维护项目4个，总面积88.21公顷。配合城市总体规划修改工作，开展并完成《通州区城乡建设用地实施与潜力研究》初稿的编制。

【建设项目用地预审】 2014年，建设项目用地预审办理111件，总用地面积为1181.56公顷。以上项目中包括工业类项目22个，用地面积346.17公顷；科教文卫类项目18个，用地面积73.59公顷；基础设施类项目35个，用地面积140.84公顷；商业、居住类项目34个，用地面积612.91公顷；旧村改造类项目2个，用地面积8.05公顷。

【征占地及农用地转用项目管理】 2014年，有5个征占地项目获得市政府批复，总用地面积64.85公顷，其中，农用地38.64公顷，涉及占用耕地24.4公顷。以上项目中商住类项目1个，面积33.06公顷；公共服务设施类项目3个，面积11.4公顷；工业类项目1个，面积20.39公顷。

【土地入市交易】 2014年，通过土地市场供应土地19宗，总用地面积214.97公顷，建设用地181.7公顷，建筑规模286.86万平方米，成交总额199.69亿元，政府土地收益64.97亿元。其中，经营性用地14宗，总用地面积188公顷，建设用地161.57公顷，建筑规模260.98万平方米，成交总额198.16亿元，政府土地收益64.76亿元（其中，住宅用地2宗，总用地面积24.33公顷，建设用地20.36公顷，建筑规模54.24万平方米，成交总额26.78亿元，政府土地收益9.8亿元）；工业项目5宗，总用地面积26.97公顷，建设用地20.13公顷，建筑规模25.88万平方米，成交总额1.53亿元，政府土地收益0.21亿元。

【土地供应】 2014年，国有建设用地计划供应总指标292公顷，实际供应土地25宗，面积225.72公顷，完成计划指标的77%。其中，工矿仓储用地5宗，面积26.97公顷，完成计划的67%；商服及商品住宅用地14宗，面积173.56公顷，完成计划的101%；各类政策性住房项目用地6宗，面积25.19公顷，完成计划的31%。

【保障性住房及自住型商品房用地供应】 2014年，完成各类保障房项目供地6宗，用地面积25.19公顷，其中，公租房0.94公顷，经适房10.74公顷，限价房5.07公顷，定向安置房8.44公顷。自住型商品房9.69公顷。

【土地抵押登记情况】 2014年，办理土地抵押类业务659件。其中，土地抵押权登记338件，抵押面积1082.584公顷，抵押价值1815.43亿元，抵押金额760.89亿元。在土地抵押登记业务中，大业主抵押277件，抵押面积1082.211公顷，抵押价值1814.1亿元，抵押金额760亿元；小业主抵押61件，抵押面积0.337公顷，抵押价值1.28亿元，抵押金额0.83亿元。抵押权注销登记321件，抵押面积1154.519公顷。

【土地登记发证情况】 2014年，办理土地权属登记发证289宗，面积583.53万平方米。其中，出让初始发证43宗，面积113.71万平方米；划拨初始发证14宗，面积13.63万平方米；大业主转让变更登记68宗，面积42.62万平方米；小业主变更登记74宗，面积2.24万平方米；其他变更登记90宗，面积411.33万平方米。注销登记1宗，面积6.37万平方米。

【农村集体土地确权登记】 2014年，完成全区农村集体建设用地使用权确权登记发证工作。全区符合设宗条件的宗地7195宗，面积5840.77公顷。按照《北京市确认农村土地所有权和集体建设用地使用权办法（试行）》和《北京市人民政府办公厅关于印发北京市加快推进农村集体土地确权登记发证工作意见的通知》的规定，符合确权条件的集体建设用地1787宗，面积998.10公顷。其中，符合登记发证条件的宗地381宗，面积95.76公顷；只确权不发证宗地1406宗，面积902.34公顷。农村集体建设用地使用权确权登记工作明确了集体建设用地的产权关系，使土地权属纠纷得到了有效的化解，保障了农民的权益，维护了农村稳定，也为集体建设用地使用权流转相关政策的出台打下坚实的基础。

【出让情况】 2014年，为5宗工业项目签订国有建设用地使用权出让合同，出让面积为20.1290公顷。

【高标准基本农田建设】 2014年，实施5个高标准基本农田建设项目，建设总规模57939.67亩。2014年，为全区7个建设项目提供占补平衡指标，补充耕地面积86.7502公顷。

【土地执法工作】 2014年，卫片执法检查工作涉及违法用地376宗，占地面积3035.67亩，其中，耕地面积1146.82亩。通过市级年度卫片执法检查验收工作，问责比例为6.1%。下发行政处罚决定书89份，收缴罚款551.5万元，履职到位率达到100%。

【涉地信访和违法举报线索办理情况】 2014年，接待群众举报来电330个涉及330人，来信93封涉及269人，来访39批次涉及64人次，信访量同比上升38%，其中，受理信访、举报事项109件，办结106件，办结率97.2%，其余信访件正在办理中。接到国土资源部、市国土局转办“12336”违法举报线索372件，受理量同比增长10%，其中，362件办复，办复率97.3%，其余10件正在办理中。

【国有建设用地使用权转让】 2014年，办理国有土地使用权转让1宗，转让面积6.3955公顷（合95.9325亩），转让金额16700万元。

【三级地质灾害评估备案】 2014年，完成地质灾害危险性评估备案9件，建设项目是否压覆重要矿产资源核查2件。

【土地储备开发】 年内，在施项目61个，总占地面积约4098.94公顷，其中，联储项目3个，用地面积约2615.22公顷，包括3号地、环渤海高端总部基地、文化旅游区项目；分中心为主体项目31个，用地面积约720.85公顷；社会企业为主体项目27个，用地面积约762.87公顷。

【融资及还款】 2014年，筹措到位资金169.89亿元，其中，新增贷款8.9亿元，取得财政借款31.6亿元，收回回笼资金129.39亿元。偿还债务141.5亿元。

【重点项目进展】 运河核心区项目：2014年，上市面积16.74公顷，除1号地为博物展览用地外，其余地块全部完成地块入市交易工作，成交总金额约400亿元。文化旅游区项目：前期手续全面完成，征地完成80%，拆迁完成95%。其中，北京国际旅游渡假区项目1.2平方公里核心区完成上市工作。环渤海高端总部基地项目：项目范围内29个地块取得征地批复，拆迁方面完成97%。宋庄文化创意产业集聚区项目：计划总投资37.4亿元，融资到位资金23.2亿元。A1地块完成入市交易工作，A2、A3地块拆迁工作完成，正在抓紧推进前期手续。北京国际医疗服务区项目：总用地面积222.13公顷。A−G地块取得授权批复、规划条件、预审、地质、环评、立项、交评手续，D地块取得征地批复，正在报批成本；G地块正在进行权属审查；A、B、C、E、F地块正在准备材料以申报征地手续。

（王庆娇）

行政服务工作

【概　况】 2014年，区行政服务中心接待咨询390337人次，比上年同期增长48.9%；受理查询、审核、审批104634件，比上年同期增长81.1%；核发各种证照60136件，比上年同期增长69.4%；提供查档、发申请表等项服务1430件，比上年同期减少21.4%。新开办企业9218户，比上年同期增长3.6倍，注册资本（金）437亿元，比上年同期增长5.4倍。注册资本（金）在100万元以上的企业5814户，比上年同期增长5.9倍。其中，100万元以上至500万元的3904户，比上年同期增长4.6倍；500万元以上至1000万元的863户，比上年同期增长19.5倍；1000万元以上的1047户，比上年同期增长9.3倍。

【工商分局窗口贯彻落实工商登记制度改革】 1月，为深入贯彻落实工商登记制度改革精神，为创新发展创造良好投资政策环境，工商部门进一步优化行政审批流程，加强对市场主体的准入服务。一是简化名称登记手续。名称登记核准权限由原来的市局核准改为分局直核制，同时实现跨区县申办企业名称预先登记，彻底简化名称申请程序。二是简化注册资本登记手续。不再执行注册资本入资专户管理制度，股东或投资者可以自主选择商业银行机构作为货币资本（金）的缴存机构。三是实行章程、合伙协议非重点内容免审制度，简化变更登记手续。四是分局审批权限扩大，注册资本1亿元人民币以下（不含）的内资有限责任公司由分局登记。五是提高审批效率。根据工作实际将发照时间由5个工作日缩短为4个工作日，并对外公示。六是优化服务方式。在咨询环节为申请人提供投资办照指南及风险提示。提供一次性告知单，对登记文表进行简化分类。开通登记注册咨询服务电话，专人负责接听解答。

12月24日，区行政服务中心台湖镇分中心揭牌　（行政服务中心提供）

【市政市容委窗口增加三项审批事项】　自1月1日起，依据《北京市人民政府关于取消和下放246项行政审批项目的通知》有关要求，市政市容委窗口正式受理“从事生活垃圾（含粪便）经营性处理服务审批”“从事生活垃圾（含粪便）经营性清扫、收集、运输服务审批”“建设工程配套环境卫生设施竣工验收”等三项审批事项。

【公司登记实行注册资本认缴制】　自3月1日起，公司登记实行注册资本认缴制。公司实收资本以及股东（发起人）认缴和实缴的出资额、出资方式、出资期限不再作为登记事项。除募集设立的股份有限公司外，公司登记机关在受理公司登记申请时不再收取验资报告。新版内资、外资公司营业执照记载事项为名称、类型、住所、法定代表人、注册资本、成立日期、营业期限、经营范围，删除“实收资本”。

【推出便民服务举措】　一是创新推出“三证合一”联办模式和联合办理审批工作机制，将审批时限由15天缩短到4天，实现了“一表申报，一口受理，一窗发证”的便捷登记流程。主动为万达、罗斯福广场、北京ONE等区重点工程和重点项目提供打包服务、订制服务150余件。二是在台湖镇政务服务大厅成立了首家审批分中心，并陆续成立了永顺镇分中心和梨园镇分中心。三是在行政服务大厅设置了“便民角”，免费提供联网电脑、打印机、剪刀、胶带、胶水、笔等设备及物品。

【做好创城迎检工作】　3月，按照创城工作任务分解台账要求，区行政服务中心继续巩固和完善各项创城工作。一是完善维护厅内无障碍设施，方便残疾人办理业务。二是规范服务行为，做到“六心”（严守职责要记心、处理问题要公心、服务群众要热心、解答问题要耐心、为民办事要真心、对待工作要尽心）服务，严格按照“行为规范十不准”规范服务行为。三是完善服务监督体系，加强窗口服务监督管理。四是制定《服务大厅环境卫生管理规范》，责任到人，确保大厅整体办公环境的整洁、有序、统一。4月，区行政服务中心实施“五保障”做好创城迎检工作。一是宣传保障。充分利用大厅电子屏幕、宣传栏等，播放创城宣传图及宣传标语，发放创城宣传手册，营造创城氛围。二是制度保障。制定完善“首问责任制”“一次性告知”“行为规范十不准”等制度，确保各项制度落实执行到位。三是服务保障。遵循中心“四个一”（一流的环境、一流的效率、一流的态度、一流的作风）服务理念，规范工作着装、文明用语，提升服务质量。四是监督保障。建立健全投诉机制，设立意见薄，公示服务监督电话，确保投诉渠道公开畅通。五是硬件保障。增设书写台、座椅、资料架、公示栏等，完善服务设施，优化服务环境。

【推行“三证合一”登记制度】 8月，区行政服务中心立足岗位职责，结合区情区况，在全市率先推行“三证合一”市场主体准入登记制度，简化办事流程。一是群众提意见，党组定方案。在梳理群众对中心党组的意见建议时，发现有群众提出“目前办理企业设立手续太复杂，前前后后要等上很多天，建议政府能够简化审批流程”。中心党组高度重视群众的意见，立即召开党组会议研究制定整改方案，以“多证联办”系统的先期工作为基础，协调工商、公安、质监、国税、地税等部门首先把工商注册登记、组织机构代码证和税务登记证三项手续进行整合，缩短企业群众办事时间。二是紧锣密鼓，立行立改。方案制定后，中心立即进行实地调研，到相关单位对于“三证合一”工作进行协调，争取各单位的支持与配合。先后与各单位召开多次业务协调会，就审批流程、数据交换、联办审批等进行深入沟通，各方均展现出推进改革，服务群众的真切意愿。三是各方协同努力，“三证合一”大提速。经过各方相互配合，共同努力，于8月1日在全市正式首推“三证合一”市场主体准入联办审批制度，原来要跑6个窗口，现在1个窗口就搞定；原来要等15天拿证，现在4天就能领取载有税务登记号、组织机构代码号的工商营业执照。此举真正实现了“一表申报，一口受理，一窗发证”的便捷登记流程，审批时间因此大大缩短，审批效率大幅提高。11月，区行政服务中心实施四项措施完善“三证合一”登记制度。一是统筹完善硬件设施。将功能弱化的银行等窗口撤厅，优化调整其他窗口，对各业务环节进行调整，改造排队等候系统，调整网络结构，新增12套审批设备和6台引导服务设施，新增10个“三证合一”联办窗口，联办窗口总量达到14个，日接件能力增加到20件，基本满足群众办理需求。二是加强队伍建设。招聘专门的工作人员，初步建立“三证合一”工作队伍，邀请各窗口负责人对新员工集中培训业务知识。工作初期由区工商分局工作人员对新到岗人员进行“一对一”专人辅导，使他们快速熟悉业务。三是积极设立审批分中心。先后与台湖、永顺、梨园三个试点乡镇进行对接，针对试点乡镇的人员、场地、设备等需求进行沟通，达成建立三级联动体系的工作意向。截至年底，台湖分中心硬件配置基本完成，人员正在行政服务中心进行实岗培训。四是探索“一表制”存档模式。与相关部门共同研究“一表制”存档模式，从审批内容、表格制式、附件要求等进行规范，将各类表格集合成一张表，使办事人不再重复填表，审批部门不再重复存档，更好的提升审批服

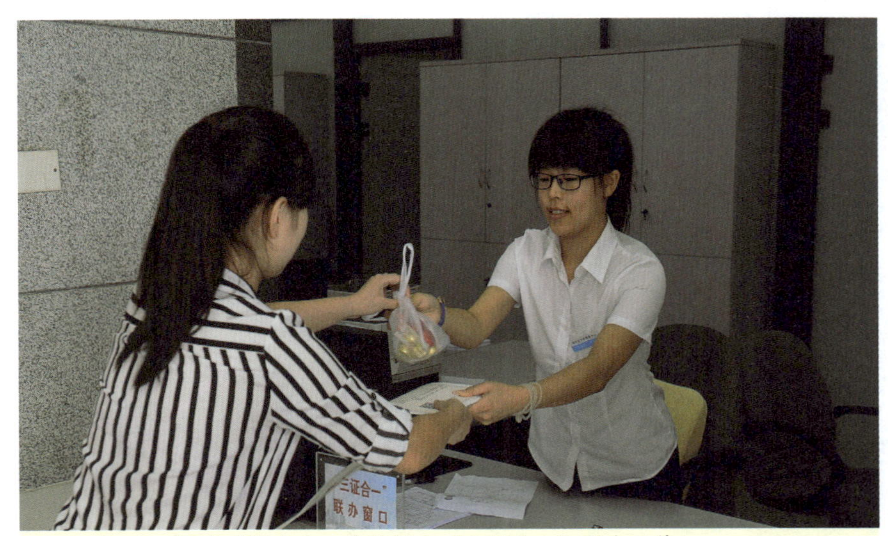

8月1日，区行政服务中心率先推出“三证合一”联办工作

（行政服务中心提供）

务质量与服务效率。

【文化委窗口三措并举提高行政效率】 8月，文化委窗口对现有业务进行梳理，根据相关法规，在依法行政的前提下减少业务环节，方便行政相对人，提高工作效率。一是减少审批环节，将原来的受理和初审两步合并成一步。二是加大和其他部门的信息共享，能够从其他部门获取有效信息的不再让行政相对人奔走取件。三是扩大场地核验预约周期，降低申请场地核验的要求。

【工商分局窗口落实“先照后证”改革方案】 9月，通州工商分局严格按照国家工商总局要求及市工商局的要求，认真贯彻落实“先照后证”登记制度改革工作，采取有效措施做好审批登记程序调整后的登记注册工作。一是认真贯彻落实，做好后置标注。对国务院规定31项前置改后置项目，先予办理营业执照，同时在执照上进行后置许可标注，注明“经相关部门批准后方可开展经营活动”。二是服务企业需求，做好照后告知。根据企业需求，核定经营项目。制作“先照后证”提示单，发放执照时提示企业办理完执照后需到相关部门进行后置许可，取得许可后方可从事经营活动。三是加强部门衔接，做好横向沟通。做好相关许可部门的告知工作，加强部门间横向沟通，做好过渡期部门间工作衔接。

【地税局窗口简化办税流程】 9月，为推进便民办税春风行动，落实《纳服规范》，减轻纳税人负担，地税局窗口严格按新流程办理，10月8日起企业只需填写一份表格，报送营业执照、组织机构代码证书、法人身份证、章程复印件各一份，简化租房协议，极大地方便了纳税人。

（杜　文）

金融

北京银行员工向客户讲解金融知识　　（北京银行通州支行提供）

工商银行北京通州支行

【概　况】 中国工商银行股份有限公司北京通州支行位于通州区新华西街47号，全行现有在职员工近400人，全行设9个内设部室，15个营业网点，代理人民银行国库业务和发行基金保管库业务。2014年，通州支行积极开拓市场，推进结构调整，转变发展方式，加快改革创新，加速提升竞争能力，提高风险控制水平，加强党建和队伍建设调动积极性和增强战斗力，有效提高服务管理水平和服务效率，各项工作取得显著成绩。2014年，全行累计实现本外币拨备前利润58017.35万元，同比多实现3110.44万元，增幅5.66%，完成分行任务的96.11%，账面利润水平位居通州同业首位。实现中间业务收入13008.15万元，同比多实现2110.56万元，增幅19.37%。

【网点竞争力提升工程深入推进】 年内，在渠道建设上，支行以网点标准化建设为基础，先后对六家网点进行物理环境改造和微改造。其中，将原永顺南街网点改造为“理财+自助”型网点，自开业以来该网点实现存款业务的恢复性发展，扭转了因长期停业造成存款下滑、无中收贡献的不利局面；将通朝网点打造为智能化网点，进一步提高运行效率，压缩人力成本，经营初期成果丰硕，运行质态良好。此两家网点的运行模式打开了支行渠道建设的新局面，其经营成果得到总、分行领导和分行各部室的一致认可，标志着支行网点渠道建设迈上新的台阶，更为后期网点的标准化、智能化、综合化改造指明了方向。

【实施全面风险管理和内部控制】 年内，通州支行狠抓基础管理，积极开展内控管理工作，树立全面的风险管理观，建立涵盖市场风险、信用风险、操作风险和道德风险的风险管理体系，坚持把风险管理和风险控制作为持续发展的生命线，提升风险掌控能力。强化操作风险的管理，全面落实内控外防的措施，抓好各级人员的管理工作。创新内控案防工作形势，开展灯谜竞猜、参观漫画展览等主题教育活动，持续加大风险点排查力度，提高内部风险管控水平；加强外部欺诈风险防范工作，落实各项预案预案演练和安全检查工作，全行继续保持零案件、零事故。

【服务质态持续提升】 年内，通州支行服务质量不断提升，客户满意度持续优良。通过完善渠道建设，增强营销力量，提高服务能力，支行加快拓展优质客户，提高中高端客户占比，推进客户结构调整。围绕服务品质提升年活动主题，系统推进服务改进工程。成立服务工作委员会，健全服务管理组织架构；制作并推广网点各岗位核心服务流程桌牌，提高服务标准化水平。制作并组织观看服务流程宣传片，聘请专业机构开展服务行为规范培训和各岗位服务能力提升培训，提高网点服务精细化水平；持续月度“服务流动之星”评比活动，加大对服务先进典型的激励作用，营造服务争先氛围。通州支行新华分理处和九棵树支行两家网点分别荣获北京银行业协会授予的服务百佳示范网点和特色服务网点荣誉称号，赢得良好的口碑和市场美誉度。

（高　博）

建设银行北京通州支行

【概　况】 中国建设银行北京通州支行隶属于中国建设银行北京市分行，位于北京市通州区玉带河西街25号，下设7个部室（含营业部），9个营业中心，6个个人金融中心。营业中心为：潞河支行、运河支行、光谷支行、财满街支行、瑞都国际支行、群芳中三街支行、玉桥东路支行、玉带河东街支行、杨闸支行。截至年底，在岗中长期劳动合同人员340人，平均年龄34岁，其中，本科及以上学历人员207人，党员108人；劳务人员7人，平均年龄50岁。2014年，通州支行结合“三大一高”战略工作（大城市、大数据、大系统、高端客户），以扎实开展能力提升年活动为契机，全面完成全年各项任务。

年内，支行荣获建设银行总行级文明单位称号，下辖光谷支行荣获北京市“三八红旗集体”称号，获得通州区金融业首家“文明诚信示范窗口”称号，北京分行企业文化建设先进单位称号。完成首都文明单位申报的材料编辑和申报工作，初审成绩优异。行长周敏荣获中国企业文化研究会授予的“企业文化顶层设计与基层践行先进工作者”荣誉。

【主要经营指标】 全口径时点存款余额205.90亿元，日均194.70亿元。实现税前利润4.05亿元，同比增长0.57亿元，同比增速16.48%。实现中间业务净收入1.74亿元， 同比增长0.23亿元，同比增速 14.9%。各项贷款余额54.51亿元，信贷业务区域市场占比第一。五级分类不良贷款余额446.83万，不良率0.08%。

【支持通州区经济建设】 通州支行因地制宜落实“三大一高”战略，将“区域加特色”与“三大一高”紧密结合，做好做大“一流支行”，大力支持通州区经济建设。年内，完成北京市土地整理储备中心通州区分中心存量贷款13.2亿的期限重组业务，新增土地储备贷款8.99亿元，贷款余额达到32.42亿元；为中关村科技园区通州金桥科技产业基地私募股权基金二期项目发放贷款6亿元；支持通州商务园D1-2地块信托项目成功为其搭桥放款3亿元；巩固与公积金中心通州管理部的合作，发放公积金委托贷款7亿元；成功发放通州区房屋征收事务中心司空小区项目补偿款24.16亿元。完成北京首家市属公积金中心代理归集业务试点工作。

【转型创新】 一是“两条线”变“一家人”，“三综合”（即综合机构、综合柜员和综合营销）稳步推进。年内，群芳中三街支行、玉桥东路支行、杨闸支行、玉带河东街支行四个网点相继开办对公业务，实现网点转型，增强网点对公产品营销能力。二是结合区域市场特色，加强与政府及重点项目主体合作，提升地区业务占比。三是持续推进对公融资渠道以及模式的转型，以间接融资为主向间接加直接融资转变。四是盯紧市场机遇，加快储备项目，深入推进“三大一高”战略。

【树立企业文化形象】 年内，支行完善“志愿北京”志愿者服务队建设，在北京星星雨教育研究所（自闭症儿童教育研究）建立志愿者服务基地，并联合区文明办、街道等部门，开展常态化社会扶贫、红十字会募捐、进社区为民服务、送金融知识进校园、送金融服务进军营、义务植树、看护自闭症儿童等社会公益活动。

（陈英秋）

农业银行北京通州支行

【概　况】　中国农业银行股份有限公司北京通州支行位于通州区八里桥南街1号院9号楼，内设7个部门，下辖19家营业网点，在职员工387人。2014年是通州支行业务经营跨越发展的一年。通州支行抢抓首都城市副中心建设的历史机遇，锐意进取、努力拼搏，使各项业务得以快速发展，综合竞争实力显著增强。截至2014年末，支行各项存款余额233.8亿元，比年初增加30.5亿元，存款增量份额居通州区六大行第一位。各项贷款余额为53亿元，贷款份额居六大行第二位，其中，个人贷款余额28亿。净增个人优质客户7978户，净增私人银行客户90户，全年实现利润42879万元。2014年，通州支行综合绩效考核位列北京22个区（县）级支行第5名。

【为通州区重点项目提供资金支持】　2014年，支行积极服务首都城市副中心建设，为通州区重点项目提供金融支持。作为银团贷款牵头行，向通州区植树育林管理服务中心发放贷款6亿元，促使大气环境改善和打造滨水宜居新城。以客户需求为中心，完成潞河医院固定资产贷款审批工作，为该院建造新门诊楼改善公众就医环境提供资金支持。2014年，本行新增对公贷款投放13.3亿元，新增对公信贷客户49户。

【零售业务经营】　通州支行坚持“零售业务领先郊区行”的发展思路，不断做大做强个人业务。截至2014年末，零售条线“春天行动”“激情仲夏”主题营销活动中，连续两次列分行第一，获得“优秀支行”称号。作为北京分行首个泛北京房贷业务开展行，准入北京周边地区一手房项目楼盘5个。全年建成离行式自助银行21个，正常运行的自助设备数量达248台，居北京分行第一位。

【国际业务】　通州支行积极打造多方位一体化服务方案，全年新增国际业务客户34户，7家网点国际业务结算量超500万美元。2014年，成功开立首笔国际履约保函，办理分行首笔个人服务贸易项下跨境人民币收汇业务。全年实现跨境人民币结算1.5亿元，实现国际结算量2.5亿美元。

（周　广）

中国银行北京通州支行

【概　况】　中国银行股份有限公司北京通州支行位于通州区车站路44号，内设7个部门，下辖9个营业网点。分别是通州九棵树支行、通州滨河支行、通州果园支行、通州梨园支行、通州马驹桥支行、通州光机电支行、青年路支行、朝阳北路支行、广渠东路支行。通州支行立足新城建设，坚持“内控为先、服务高效优质、业务全面发展”三项工作齐抓共进，全力落实分行党委下达的各项工作任务。真抓实干，团结拼搏，取得较好的经营业绩，实现各项工作协调发展。

【主要经营范围】　人民币结算业务：对公对私结算业务，代缴税费，电子银行服务，企业代发薪，工商验资账户开立，单位客户集中收款，对公现金汇集通，中央财政非税收收入收缴，军保卡、银医卡等特色联名卡等。公司银行服务：账户服务，国际结算业务，人民币/外币理财，远期结售汇，养老金等。个人银行服务：传统存款服务，联名账户存款，信用卡服务，国际汇兑服务，投资理财服务，私人银行服务，出国留学金融服务。传统/特色贷款融资：住房贷款，个人抵（质）押循环贷，公积金贷款，“工薪贷”“益农贷”，综合贷款额度，固定/流动资金贷款，房地产企业贷款，中小企业贷款，项目融资，供应链融资等。利用海外分支机构众多的优势，为客户提供旅行支票、外币汇票等票据的购买及兑付和美元、欧元等多种外币的小额零钞兑换服务，为老百姓出国提供更加便捷、安全、省钱的外币携带方式。

【合理规划网点建设】　2014年，支行进一步加强网点建设，整合网点资源，加大网点建设。先后完成新华大街支行的更名迁址和马驹桥支行的新建工作。同时，支行加强渠道建设，在电子银行、自助设备等渠道上加强推广，大力推进网银、手机银行等客户群体拓展，全行员工共同努力，在区域重点项目、重点目标客户均有较大突破。

【积极提升服务水平】　2014年，支行高度重视“提高服务效率，提高客户满意度”长效工作，本着“提升服务水平要务实”的理念，切实采取措施：推广“柜员标准化操作”，完善柜台业务预处理及大堂分流机制，提高自助设备运营及使用率，推行综合柜员制，持续开展各岗位员工产品、业务、技能培训，以提升服务质量、效率，提高业务处理能力。针对老弱病残孕或无法亲自办理业务的特殊消费者，支行尽可能提供热情周到的服务。抓源头、树品牌、做服务，通过网点的有效布局和网点服务品种的多样性，为区内外客户提供优质金融服务，提升客户感受。

【服务小微企业】　2014年，支行响应总、分行关于大力支持“三农”小微企业发展的政策号召，加大对“三农”小微企业信贷支持力度。推进中小企业金融服务中心的建设工作，配备专职人员，为辖区内小企业提供专职、专属、专业的“三专”金融服务。大力开展大型集团企业上下游中小企业“供应链融资”业务，带动、培育优质中小企业客户，创新合作模式，扩大客户资源。不断开发适合不同规模、不同层次中小企业特点的信贷产品，满足企业多样化的信贷需求，营造良好的中小企业融资环境。借助银企对接活动，立足区内，辐射周边，积极开展调研工作，拓展核心授信客户上下游企业，多渠道、全方位了解通州区及周边地区“三农”小微企业发展现状，树立立足大局、服务小微企业、积极履行社会责任的良好形象。

（雷　欧）

农业发展银行北京市通州区支行

【概　况】　2014年，农发行通州区支行在北京市分行党委的正确领导下，积极开展党的群众路线教育实践活动，以“抓两基、谋发展、强考核、提素质”为工作指导，在创新发展业务的同时，不断强化内控管理，加强员工队伍建设和企业文化建设，有效防控各项风险。支行认真做好地方储备粮贷款的发放与划转管理工作，全年累计发放地方储备粮贷款9242万元，商业流动资金贷款21794万元，为平抑首都粮食价格作出了积极贡献。在确保传统业务稳步发展的同时，支行还不断加强中长期贷款的营销和发放管理，全年累计发放中长期贷款4亿元，为推进通州区城镇化建设和生态环境改善贡献了力量。

【合规经营】 2014年，农发行积极开展“信贷基础管理年”活动，支行以“查问题、抓整改、强机制、利长远”为目标，狠抓信贷基础管理，促进合规经营。根据管理年活动步骤，按要求认真开展问题排查、信贷制度梳理和整改落实，并做到边查边改，不断完善相关管理制度，进一步筑牢业务发展基础。

【资金支持】 2014年，农发行通州区支行将金融支持首都林业建设作为重点工作。支行资金支持通州区57446亩平原造林项目银团贷款5亿元，年内，完成4亿元的发放工作，为通州区农业生态环境建设作出了积极的贡献。

（张钰培）

华夏银行北京通州支行

【概　况】 2014年，华夏银行股份有限公司北京通州支行围绕着通州地区经济的发展，以“专业・亲情・家”优质服务为理念，不断提高服务水平和服务质量，以更加优良好的金融产品服务于通州经济建设，更加优质的金融服务服务于广大的通州民众。截至2014年末，华夏银行股份有限公司北京通州支行主要业务指标为，存款余额27.1亿（其中，储蓄存款8.1亿），贷款余额11.8亿（其中，个人贷款余额0.7亿），实现利润5003万元。

【加大对中小企业的扶持】 年内，华夏银行股份有限公司北京通州支行继续加大对中小企业金融服务力度，特别是对新兴的中小企加强金融的支持力度，同时继续优化中小企业结构，逐步从单一的金融支持到提升中小企业的产品结构，提高市场竞争能力为基础，扩大中小企业类别和领域，形成一定的规模和产业结构。2014年，中小企业贷款余额达到1.3亿元，较好地支持了通州地区中小企业的发展。

【加快网络银行发展】 2014年，华夏银行网络银行建设加快发展，在优化网络银行建设的同时，加快手机银行的发展，逐步形成网上和网下的联动，为广大的华夏银行客户提供方便、快捷、安全的银行服务网络，较好地实现全年24小时金融服务全覆盖，满足民众随时对金融服务的要求。

【做好通州文化旅游项目开发】 随着通州文化旅游项目逐步推进，项目建设的拆迁工作也在逐步进行，为更好地配合项目拆迁工作，2014年，华夏银行北京通州支行成立专门的工作小组与项目对接，积极配合当地政府做好拆迁居民的核对及拆迁补偿款的发放工作，赢得当地政府和拆迁户的认可。同时为拆迁户提供较为适宜的金融产品，协助拆迁户进行理财，最大程度上保持其拆迁补偿金的保值升值。

【做好ETC增值服务】 随着通州地区ETC用户越来越多，为更好地服务广大ETC用户，2014年，华夏银行围绕着ETC用户的服务，增加服务项目，先后开展“你通行、我买单”和“周五用ETC卡加油”优惠活动。活动期间广大ETC用户积极参与，除为首都蓝天做出贡献之外，又从活动中得到经济实惠。

【加强网点建设】 年内，为弥补华夏银行在通州地区网点少，民众办理业务不方便的问题，在通州地区居民较为集中地两个社区开办社区银行，以满足社区居民对金融服务的需求。与此同时在通州地区加快银行自助机具建设，逐步完善通州地区金融服务设施布局，方便通州人民。

（王刚毅）

北京银行通州支行

【概　况】 截至2014年末，北京银行在通州区设有5家营业网点，分别为北京银行通州支行，位于新华西街59号（通州西门世纪联华超市底层）；北京银行瑞都支行，位于九棵树大街165号（果园环岛家乐福超市南侧）；北京银行运河支行，位于通胡大街11－1号（水恋晶城小区底商）；北京银行光机电园区支行，位于通州区台湖镇次二村南6号美达大厦一层。北京银行马驹桥支行，位于马驹桥镇245号院12号商业楼105号(兴华嘉园小区底商)。截至2014年底，北京银行通州区五家网点本外币各项存款时点余额67.28亿元，本外币各项贷款余额52.12亿元，资产总额达119.16亿元，实现各项净收入1.95亿元，上缴税收2320万元。

【金融服务民生】 服务首都市民一直是北京银行的市场定位，积极承担民生工程的社会责任。市民可通过本行柜台、网银、缴费终端机缴纳生活燃气费、电费、水费、手机费、电话费、有线电视费、宽带费、供暖费等八大缴费业务，为市民提供便利的缴费渠道，让市民生活缴费更加省时、省力、省心。同时承担着社会医疗保险等社会保险资金的结算工作，作为社会医疗保险基金承办行，同时面向北京广大医保客户提供医保取款服务。

【打造专业个人金融服务】 北京银行的“心喜”个人理财产品，深受客户喜爱，满足了客户的多层次需求。“心喜”理财主要面向大众投资者，产品类型以稳健品种为主，认购起点最低5万元人民币或等值外币，不同产品认购起点有所差异。本行热销产品“天天金”“天天盈”“添金”系列产品可满足客户按天、按月、按季度管理闲置资金，获取较高收益。北京银行通州区各网点的零售团队，以专业的素质、优质的服务，赢得了客户的充分信赖和广泛好评。

北京银行开展社区宣传　　（北京银行通州支行提供）

【深化小微企业金融服务】 4月，北京银行在马驹桥镇新设立的一家小微企业专营支行。马驹桥支行自开业以来，围绕“助小微　促升级　防风险　惠民生”，积极推广小微金融服务。5月至7月，开展小微企业金融服务宣传月。通过举办小微金融服务特色主题活动，送金融服务进小微、开展立体化宣传等多种方式，突出宣传和推广小微企业金融服务政策，与小微企业真诚面对面，宣传小微金融特色服务和产品，为马驹桥镇的企业和居民提供了优越的金融便利，体现了支行承担深化基层小微企业金融服务、促进产业发展的社会责任。

（周威威）

北京农村商业银行通州支行

【概　况】　截至2014年末，北京农商银行通州支行有营业网点51个，其中，物理网点37个；在职员工574人；资产总额达到400余亿元，各项存款余额432.79亿元，占通州区存款市场份额24.51%；各项贷款余额28.10亿元。

【支持通州区首都城市副中心开发建设】　截至2014年末，通州支行向通州新城运河核心区、文化旅游区市区两级重点项目授信45亿元，实际投放35亿元。同时，通州支行积极介入通州区保障性住房项目，全力支持民生项目融资需求，向于家务回族乡中心农民回迁安置房项目授信2亿元，实际投放1.5亿元。

【打造综合客户经理队伍】　随着通州区经济的快速增长，居民财富不断增加，居民对财富管理等多元化理财需求也不断增强。农商行通州支行打造业务综合化客户经理团队，择优选取个人客户经理，认真落实“KYC（了解你的客户）计划”活动，加强PCRM（个人客户管理系统）应用。实现客户精细化管理为客户提供差别化专业、专家、专享服务的机构，将为通州区广大居民提供更高质量、更专业、更加尊贵的个人理财服务。

【助农惠农到基层】　惠农、便民始终是农商行的主要工作，通州支行代理发放农村地区各项政策性资金，包括农村地区无保障人员养老金、城乡居民养老保险、民政部门各项低保金、抚恤金等50余项政策性资金，涉及城乡居民达15万余人，每年发放金额超过7亿元。

【金融服务村村通】　面对农村地区金融服务渠道匮乏的实际现状，结合市政府金融服务村村通工程，创新服务模式，按照农村地区客户特点量身打造了“乡村便利店”全新的农村金融服务模式。北京农商行通州支行开通运行29家乡村便利店，覆盖辖内各乡镇。

（秦宇飞）

上海浦东发展银行北京通州支行

【概　况】　上海浦东发展银行北京通州支行位于通州区云景东路432号隆孚大厦，是浦发北京分行专门为服务于通州区的发展和建设而设立的综合性全功能营业网点。浦发北京通州支行秉承“笃守诚信，追求卓越”的理念，传承并发扬浦发银行的优质特色金融服务，全面满足当地居民百姓的金融服务需求，竭诚与通州区政府、企业和居民一道，为推进通州区经济、金融又快又好发展多作贡献。2014年，浦发北京通州支行在业务拓展、风险防范和基础管理上，都取得良好佳绩。使浦发银行在通州地区在品牌、服务、队伍素质、业务能力等方面都享有良好的声誉。

【向精细化管理要效益】 2014年，浦发北京通州支行在过去3年良好发展的基础上，继续坚持以科学发展观为指导，认真贯彻落实抓管理，向精细化管理要效益；抓发展，向创新突破要效益的发展战略，乘势而上，效益为先。持续提升支行的利润创造能力和可持续发展能力，实现规模、效益双发展。通过深入了解客户需要，继续以多种方式为通州区政府及下属企业投入大力资金支持。进一步树立了浦发银行良好的品牌形象，得到区政府的高度认可。截至2014年末，浦发北京通州支行在通州区金融机构中存款规模总体排名第6位，股份制商业银行中排名第1位。

（沈　忱）

中国人民财产保险股份有限公司北京市通州支公司

【概　况】 中国人民财产保险股份有限公司北京市通州支公司位于通州区玉带河东街4号，现有员工近70人。公司下设除总经理室以外10个科室及100多个代理业务机构，是通州地区最大的非寿险保险公司，市场份额始终处于领先地位。营业网点覆盖通州及周边多个区县，形成强大的多样化销售服务网络。2014年，公司把扎实推进139经营管理操作方案、落实市公司“城市标杆，行业典范”的战略目标作为开展工作的出发点，全员争创文明单位，人人争当文明员工。积极开拓市场，加快改革创新，不断提升管理水平及服务能力，社会效益及企业效益逐步提高。全年赔付支出1.4亿，缴纳营业及附加税金1287万元。

【依法合规】 通州支公司始终把依法合规经营放在各项工作首位，并配合上级公司开展的“六五”普法、反洗钱等法制宣传活动，利用大会、小会、集中培训等多种方式，对员工及所辖代理网点进行依法合规经营教育，不但使领导干部的法制观念进一步加强，全体员工以及代理渠道的合规经营意识也不断提高。

【规模险种健康发展】 机动车险作为本公司龙头险种，其业务规模不断扩大，偿付能力进一步加强，2014年，通州支公司保费收入达2.4亿元；“机动车电网销”业务，由于价格优惠，方便快捷，成为众多私家车主首选的投保方式。此外，继2013年承保北京新通惠捷区域电动小客车出租有限公司200辆新能源电动小客车之后，2014年，通州区新增的300辆新能源电动客车全部在本公司投保。

【农险市场份额稳定】 2014年，本公司继续加大对政策性农险业务的投入，稳步推进农网建设工作。在通州市场农险保险主体多、市场竞争激烈、政府退耕还林工作力度加大的情况下，本公司市场份额排名仍处在全区之首。政策性农险全年保险金额为1.98亿元，其中，承保小麦、玉米、果树等种植业保险19526亩；奶牛、生猪等养殖业保险95315头。“三农”保险服务网络建设稳步推进，业务范围覆盖通州所有乡镇。

（李淑玲）

中国人寿保险股份有限公司北京市通州支公司

【概　况】　中国人寿保险股份有限公司北京市通州支公司位于通州区玉带河东街248号，是一家综合性寿险公司，业务范围覆盖寿险、健康险、意外险、分红险等，有员工和营销员近600人。2014年，实现保费收入超过2.6亿，其中，个人业务部半年时间完成全年任务指标，在综合测评中被北京市分公司评定为AA级。公司一直秉承“成人达己，成己为人”的服务理念——“成人是本分，责任重千斤，送万众爱心，促社会稳定”，为安定人民生活，创建和谐社会作出了积极贡献。

【学平险业务】　学平险是本公司团险业务的重要组成部分。为了确保2014年学平险成功续保，本公司对全区各中小学校进行走访，加大宣传力度，依靠公司长期以来良好的信誉度，赢得广大在校师生及学生家长的信任和支持，实现学平险保费886万元，创学平险保费历史新高。

【开拓小额保险和老年意外险业务渠道】　针对补充医疗和老年险市场，公司成立小额保险、老年人意外险两个项目组，针对全区范围内的12个成型的开发区，派专人负责，探索需求，集体宣导，进行产品混搭销售，开拓短险新渠道业务市场。小额保险补充了新农合的不足，为低保人群提供帮助，老年人意外险为老年人的活动出行提供保障。通过大力向各乡镇、街道宣传推广。2014年，承保通州区小额保险业务及老年人意外伤害保险业务，总保费近50万元。

【推进综合柜员制】　为了优化客户服务感受，使客户可以在一个受理窗口办理全部业务，通州客户服务部制定方案，培训柜面受理人员全面掌握新契约、保全、理赔、收费及销售业务技能，实现综合柜员制，提高柜面工作效率，进一步提升客户满意度，同时助力公司业务发展，完成销售任务231万元。

（迟亚荣）

农 业

5月29日， 通州区举办"种绿护绿 我在行动"主题活动启动仪式

（园林绿化局提供）

概　述

2014年，全区农林牧渔业总产值达57.8亿元，同比增长4.3%。农民人均纯收入达20076元，同比增长12.5%，"三农"（农业、农村、农民）工作取得较好成效。区农委从实际出发，强化政策研究和贯彻执行，新出台《关于2014年促进农民增收指导意见》《关于推进2014年政策性农业保险工作的意见》等10多个政策文件，这些政策完善了通州区强农惠农富农政策体系，为推动城市副中心建设中的"三农"工作营造了良好的环境、注入了强大的动力。

加快都市型农业转型升级，农业发展呈现新气象。一是科学编制农业结构调整规划。按照调粮、稳菜、强种、增绿、精畜、节水的基本思路，细化完善农业空间结构调整方案，确定全区3万亩粮田、8万亩菜地、5万亩种业园区和50万亩林地的农业格局。二是现代农业园区建设取得新进展。继续推动8个重点农业示范园建设，完成国际种业科技园高通量分子育种实验室，物联网中控中心和农作物品种权展示、交易中心建设。完成潞城国际都市农业科技园水科技园建设；推动中小型园区升级改造，基本完成张家湾碧海园1000平方米蔬菜加工配送中心和于家务永盛园2000平方米精细菜加工车间建设。三是创建线上线下相结合的农产品营销体系。组织农业龙头企业和农民专业合作社在北京市区、通州城区、各镇（乡）建立14个特色农产品专卖店，在京东商城、天猫等网站开办35家网店。为西集镇樱桃营销建立樱桃产销交易平台，保障全区200万斤樱桃顺产顺销。壮大绿色运输车队，绿色通道运输车达到88辆，为本区农产品直供市区提供便利，2014年运输新鲜肉、蛋、菜、奶等农产品6万吨。四是加强蔬菜育苗体系建设。建设完成北京碧海圆生态农业观光有限公司、北京市永盛园农业种植中心等6个蔬菜种苗生产基地，基本完成瑞正园草莓种苗培育中心建设，同时完善制定种苗补贴政策。五是推进政策性农业保险工作再上新台阶。2014年政策性农业保险参保险种增加至23项。全区参保农户1.19万人，签单保费2924.74万元，保险金额7.39亿元，保险公司现支付保险理赔金2317.61万元，8300多户农户受益。六是会展农业持续发展。2014年，本区以企业运营的新模式，在台湖镇金福艺农创意农业园举办番茄文化艺术节，在潞城国际都市农业科技园举办农业科技节，在于家务国际种业园举办第二十二届世界种子大会蔬菜新品种展示观摩周，参观人数达到3000人次；在西集镇举办樱桃文化节，吸引游客2.7万余人次，樱桃销售量达27万斤。七是农业科技人才引进和科技成果转化应用取得新进展。全区聚集种业高端科技人才78名，其中，博士后16人、博士28人、硕士34人，包括戴景瑞、方智远、范云六等种业科研领域的院士。中国农业大学、中国农科院、中国科学院、中国林科院在通州区创建新品种、新技术的中试基地，建立占地700亩新品种展示基地，展示优新品种3500种。

深入推进新农村建设，农村面貌得到新改观。2014年，新农村建设重点完成农宅保温工程2.2万余户，农宅抗震节能改造工程4500户，公厕改造71户。安装节能路灯2.4万余盏，实现农村地区LED照明全覆盖。修建联村路、园区路65万平方米，完成15处坑塘改造及8万延长米村庄排水工程收尾工作。工程的实施不仅提高了农村地区的基础设施建设，也优化了农村人居环境。

加大新农村基础设施管护力度，管护项目达到

11项。年内，完成农村公厕、太阳能浴室、“两气工程”（沼气工程、秸杆气化工程）、LED节能路灯、农村污水处理站、农村街坊路工程、农村户厕、村庄绿化管护、村邮站运行补贴等11项农村基础设施管护工作。开展季度管护巡查4次、专项检查11次。400服务热线24小时开通，随时接受村民的咨询和举报，接受群众咨询267人次，安排维修34次。使农村基础设施建设保持标准化、规范化、长效化。

积极推进“减煤换煤、清洁空气”行动。完成《通州区2014年农村地区“减煤换煤、清洁空气”行动实施方案》的制定，重点完成六环以内所有保留村、六环外中心镇规划区域内村庄及生态文明村等重点村的“换煤”工作。截至2014年底，全区完成364村2.7万余户，6.7万余吨优质煤订购量，其中，块煤7993吨、蜂窝煤3717吨、球煤56054吨。登记无烟煤炉具2.1万余台。积极推进液化石油气下乡工作，在全市率先实现农村地区液化石油气全覆盖。年内，完成11个乡镇14万余户的液化石油气下乡工作，发放液化气惠民气瓶61万余瓶。

坚持推进城镇化，城乡融合呈现新格局。一是深入推进城乡结合部4个重点村（永顺杨庄村、梨园高楼金、宋庄六合村、台湖北神树村）建设工作，在完成4个重点村拆迁上楼的基础上，加快推进重点村产业发展，确保村庄重建后的经济支撑及就业安置。截至年底，4个重点村上楼3131户，1.4万余人，全部实现清洁供热；二是积极完成“农转非”6766人，对接社保安置2643人，新增滞留户拆迁46户。基本完成拆迁扫尾，回迁安置、转非社保、社会管理等各项工作。三是牵头负责城市化上楼改造工作，协调组织各部门做好“一核五区”涉及区域旧村改造工作，基本完成梨园镇、张家湾镇、潞城镇、台湖镇、永顺镇、宋庄镇30个村的旧村改造工作。

深入破除发展障碍，农村改革有新突破。一是完成“一事一议”、筹资筹劳、财政奖补工作37项，通过“一事一议财政奖补”项目争取财政奖补资金2500万元。工作开展4年来，累计批复建设项目116项，争取财政奖补资金7777.25万元，项目投资总额10443.7万元，拉动村民筹资筹劳935.39余万元，增加农民工资性收入1026余万元，受益农村群体达10万余人，给百姓带来真正实惠。二是加强农民专业合作社规范化建设。本区农民专业合作社联合会、15个市级示范社、3个联合社等24个成员加入北京市农民专业合作社联合会，对通州区联合会工作起到了有力的推动作用。三是全面推进村级产权制度改革。全区完成改革村469个，占村级总数的98%，在全市居于前列。

千方百计改善农村民生，农民增收再创佳绩。围绕促进农民提高四项收入为中心，动员全区上下力量共同推进农民增收。一是通过扶持农民发展产业提高经营性收入；二是拉动转移就业，促进农民就业增收；三是加快集体经济产权制度改革步伐，增加财产性收入；四是加大政策倾斜力度，增加农民转移性收入；五是制定分类指导政策，重点帮扶低收入农户增收。截至年底，全区农民年人均纯收入达到20076元，同比增长12.5%，增幅位于全市首位。

大力培养农村实用人才，农村发展有新支撑。一是以责任落实为着力点，巩固农村实用人才工作格局；二是利用等级评定为切入点，强化农村实用人才分级分层管理；三是以基地、园区为主阵地，着力发挥农村实用人才带动作用构建四级联动领导体系；四是以先进典型为引路标，引领农村实用人才共同成长。截至年底，本区有农村实用人才4625人，其中，2014年新增278人。

（隗　征）

种植业

粮食及其他作物种植

【概　况】 2014年，全年粮食播种面积19.33万亩，比上年减少10.21万亩；亩产411.91公斤，比上年增加3.6公斤，总产7962.40万公斤，比上年减少4220.6万公斤。夏粮小麦面积5.80万亩，比上年减少4.71万亩。夏粮总产2231.2万公斤，比上年减少1817.38万公斤。夏粮亩产384.38公斤，比上年减少0.83公斤。

秋粮播种面积13.53万亩，比上年减少5.50万亩。亩产423.73公斤，比上年增加3.78公斤，总产5731.3万公斤，比上年减少2403.16万公斤。其中，玉米播种面积13.13万亩，比上年5.57万亩，亩产431.1公斤，比上年减少0.31公斤。总产5661.36万公斤，比上年减少2407.17万公斤。水稻播种面积170亩，与上年相同，亩产400公斤，总产6.8万公斤。豆类播种面积3636亩，比上年增加716亩，亩产153.44公斤，总产55.79万公斤。

经济作物种植：花生种植面积173亩，亩产246.24公斤；棉花种植面积15亩，亩产100公斤；薯类种植面积129亩；西瓜种植面积3000亩。

【高产创建工作】 2014年,全区粮食高产创建任务总实施规模5万亩，实行部、市二级联创。其中，农业部万亩示范片2万亩，设在漷县镇黄厂铺、草厂、西黄垡等19个村。北京市万亩示范片3万亩，设在永乐店永一、永三、老槐庄等18个村，于家务乡北辛店、神仙、王各庄、渠头4个村。力争达到冬小麦亩产400公斤，夏玉米亩产500公斤产量指标以及优良品种、测土施肥、综合防治、农艺节水、玉米生防技术和小麦农机作业应用率达到100%，玉米农机作业率达到70%技术指标。粮食高产创建活动的实施，调动了农民种田的积极性，推广了高产配套栽培技术，粮食生产水平明显提高。万亩方小麦平均亩产466.2公斤，比产量指标400公斤提高16.6%，比全区平均亩产提高21.3%。夏玉米平均亩产622.3公斤，比产量指标提高24.5%，比全区预计单产提高42.6%。核心示范区关键技术得到普遍推广应用，农田实现周年绿色覆盖，基础设施条件得到有效改善。

【小麦良种全额补贴】 2014年，通州区小麦良种全额补贴面积2万亩，补贴标准每亩20公斤，由中标种子企业供应良种，无偿提供给农民使用。实施范围包括漷县、永乐店、马驹桥、西集和梨园5个乡镇、62个村，建设面积20000.9亩。其中，漷县镇15729.9亩、55个村，永乐店镇1541亩、2个村，马驹桥镇1430亩、3个村，梨园镇1000亩、1个村，西集镇300亩、1个村，供种量400018公斤。目标是解决小麦生产品种混杂问题，降低农民种粮成本，提高小麦产量水平。此项工作于10月中旬全部完成。

【食用菌产业】 年内，以现有优势产区和龙头企业为产业核心，着力培育建设一批高标准工业化生产和农业栽培食用菌生产园区；通过政策引导、项目支持打造以永乐店孔兴路、漷县镇漷大路两路为重点的万亩食用菌产业聚集区。一是加快食用菌在观光采摘园区落地，永乐店食用菌核心示范区、瑞正园、碧海圆建立食用菌观光采摘区，采摘品质10余个。二是积极探索食用菌废弃物综合利用循环农业。通州区食用菌废菌总量5万吨，处理废菌包主要有三种方式：一是燃烧废菌料。废菌包的塑料袋回收利用，二是废菌料直接还田。三是作为蔬菜、花卉的基质。本区废菌棒燃烧和直接还田消纳的数量及其有限，大量的废菌棒丢弃在路旁，对周边环境造成污染。积极探索废菌棒的深加工，以废菌棒为原料进行有机肥生产和蔬菜、花卉基质生产，破解废菌棒处理难题。

【加强科技服务】 一是认真做好农业技术推广服务，重点实施配方施肥、粮食高产创建项目、蔬菜水肥一体化项目、设施蔬菜优新品种与配套技术引进项目、果类蔬菜创新团队等项目。二是认真做好植物疫情和突发病虫草鼠害监测、预报。加强预测预报，强化预警，加强对重大和突发性病虫草鼠害的监测，提高测报准确率和技术指导到位率。2014年，农田鼠害总体为轻发生，局部地区偏重发生，发生程度比上年加重，发生面积50万亩。为有效防控害鼠危害，年内，开展春、秋两次统一灭鼠，其中，春季为全面灭鼠，防治面积50万亩次；秋季为重点地块灭鼠，防治面积0.5万亩次。三是加大农民培训力度。根据各乡镇、村、种植户、园区的实际需求开展培训工作，努力提升农户的种植水平。同时制作、修改、完善多媒体教材、新技术新品种展板、文字材料等，及时为培训工作做好技术储备。2014年，中心组织种植户参加市推广站组织的食用菌平菇移动式高架栽培技术、育苗基质、时控节水喷灌等技术观摩，香菇、平菇制棒关键技术等培训班12期，培训80余人次。

【确保农产品质量安全水平】 一是进一步健全农产品质量安全检测网络，加强蔬菜农药的残留检测，实行农产品产前、产中、产后全程质量安全控制，提高农产品质量安全水平。2014年，中心根据本区农业生产结构，按照市站药械科工作方案，重新制定农药使用情况动态监测的10个监测点，监测面积176.5亩，确立45个监测对象，涵盖25种主要作物和特色蔬菜。收集农药使用数据于4、7、10月分别按照季度为时间间隔上传网络系统。通过农药使用动态监测及时了解、掌握本区农药使用现状。二是加强重大植物疫情防控，做好有害生物疫情普查、小麦腥黑病穗室内镜检及疫情封锁等工作，确保不发生重大植物疫情，为农业生产安全提高保障。全年完成14项植物疫情普查9次，普查面积达9.5万亩，未发现检疫性有害生物。6月上旬，针对小麦腥黑穗病进行全区性普查和制种田产检，普查9个乡镇35个地块1.3万亩小麦田，均未发现。8月，对乡镇送检的麦种进行室内镜检，送检9个品种，13个样品，合格率100%。三是加大农资安全质量与市场监管力度，加强农资市场的执法管理，严厉打击违法经营行为。深入开展打假护农增收的专季、专项治理，进一步完善农资连锁配送服务体系建设。2014年，中心组织执法活动52次，出动执法人员110人次，检查经营单位98家次。主要检查春播玉米品种审定情况及蔬菜品种包装标识情况。开展秋冬季农资打假行动，主要对通州区冬小麦生产经营情况进行检查。全年开展转基因食用油标识检查两次，检查物美等大型超市4家，转基因食用油包装标识合格率100%。

【新农村能源建设工作】 年内，新农村能源建设工作稳步推进。一是“两气”（沼气集中供气和生物质气化集中供气工程）工作。针对各气站的消防设施、特种设备、避雷系统等进行定期检测，更新和完善各气站安全事故应急预案。按照制定的能源工程标准化建设方案，对沼气工程的安全制度、人员配备、安全设施和站内环境进行完善和提升。二是太阳能公共浴室工作延续上年的管护工作思路，每月底对所有浴室进行一次全面的安全大检查，对发现的所有问题及时通报项目村并发出整改通知书，督促和帮助浴室负责人当面沟通解决，使安全隐患降到最低。在管护工作中，先后完成潞城镇太子府村浴室大修，20个浴室3000余平方米顶棚脱落维修，5个浴室1000余平方米地面下沉维修，21个浴室3500余平方米屋顶防水重做，以及永乐店半截河、马驹桥房辛店浴室储水罐更换，于家务小海子、西集老庄户浴室的集热器改造以及热泵机组维修等大量工作。三是对农村清洁户厕专业人员进行集体培训，使他们能熟练掌握对户厕各环节的管护维护技能，网点人员的服务素质、专业技能及咨询问题的解答能力得到提高，电话咨询、接线服务的文明用语进一步规范到位。

（张　迪）

蔬菜种植

【概　况】　2014年，通州区蔬菜面积8.1万亩，其中，设施蔬菜5万亩，占蔬菜总面积的61.7%，蔬菜复种面积20万亩，产量54.2万吨，产值12亿元。全区蔬菜种植村199个，1200个地块，面积超过500亩以上达到40个村。蔬菜生产主体9300个（园区、基地、种植户），劳动力2万人。蔬菜面积在50亩以上的生产园区、基地42家，占地面积1.8万亩。东升方园、金福艺农、碧海圆被农业部评为设施蔬菜标准园；瑞正园、碧海圆、金篮子等蔬菜园区发展成集旅游、观光、采摘为一体的综合性园区，使通州区都市型农业迈上新台阶。蔬菜区域化、特色化发展格局初步形成，形成以于家务果村为主的芹菜生产区，以永乐店镇大务、尖村为主的果类蔬菜生产区，以漷县镇漷大路沿线（徐官屯、西定安）为主的生菜生产区；以张家湾张凤路（仓上、西永屯）沿线为主的叶类蔬菜生产区。蔬菜品种丰富，色彩缤纷，“果村芹菜、徐官屯生菜、金福艺农”等蔬菜品牌享誉京城。

【推动高产高效示范点建设】　2014年，建立30个高产高效示范点，全年推广种植优、新品种100余个。番茄包括金玲珑、嘉宝利、中研988、仙客8、欧冠、金冠18、金冠58等；黄瓜品种：中农16、中农26、京研优胜、斯特拉、北农佳秀、春棚王等；茄子品种：布利塔长茄、京茄6号、京茄3号、墨宝等；大椒品种：国福308、京甜3号、京线1号、黄贵人等。推广实施10余项无公害蔬菜生产技术：双网覆盖、黄（蓝）板诱杀、灯光诱杀、性诱剂、二氧化碳吊袋施肥、落蔓夹、防折环、膜下滴（暗）灌、重力滴灌、嫁接、生物农药以及精准施药等。

【加强集约化育苗场建设】　通州区建立集约化育苗场、点7家，育苗面积1.8万平方米，集约化育苗温室内主要配备滚动式苗床、自动化播种机、智能化微喷机、自动化打药机、育苗穴盘、育苗基质、补光、加温设备，其中，金福艺农配备果类菜育苗嫁接机；永盛园、东升育苗场配备法国进口的精量播种机、育苗基质、穴盘等专用物资和设备。全年培育优质蔬菜苗2500万株，育苗品种以果类菜、叶类菜为主，主要有黄瓜、番茄、茄子、彩色甜椒、生菜、西兰花、芥蓝、菜心、芹菜。优质种苗一部分供应周边百姓，3月，联合永盛园育苗场为于家务乡果村免费繁育金冠18优质番茄种苗35万株；一部分销往延庆、张家口、山东等地。

【建设蔬菜专业村】　该项目建设地点在张家湾镇西永屯村，由该村达毅种植中心完成项目建设工作。在400亩核心示范区内进行基础设施配套建设，并按照设施蔬菜标准园建设规范开展建设。完成蔬菜生产区的环境治理。引进示范推广新技术10余项。组建蔬菜生产专业化服务队，在本村内开展病虫害防治、集约化育苗等多项生产服务。完成农田废弃物无害化处理剂循环利用工程建设。注册“张湾达毅”商标，并开展农超对接、电商销售、专项配送等多渠道的品牌化销售渠道。建立规范的农药、肥料等投入品管理制度和专用库房，建立蔬菜农药残留检测室，可对全部蔬菜产品进行上市前检测，保障蔬菜产品的质量安全。

【挖掘传统品种】　在全市及周边地区广泛搜集番茄、大椒、黄瓜及甜瓜类传统品种21个，并在金篮子蔬菜生产基地进行对比展示及筛选工作，对口感好的老品种恢复种植。通过进行田间品尝试吃活动，对各个品种的风味、口感、商品性的评价，筛选出早粉2号、大黄、满丝、特罗皮克 、矮红早熟5个番茄品种；羊角椒、薄皮甜椒2个大椒品种。

【做好北运河面源污染项目】　年内，在1.3万亩菜田上，安装太阳能杀虫灯46盏，性诱捕器及配套用品18570套，色板46400块，防虫网300625米，购置精准施药系列配套量具7640套，多功能烟雾施药机9套，农业垃圾无害处理装置9套；为北运河核心示范区、农业科技园区、合作社、种植大户配送项目补贴的商品有机肥、配方肥、缓控肥和二氧化碳吊袋肥；开展蔬菜种植户施肥情况调查80户；取土、测土625个，测得有效数据8750个，根据测土结果和种植作物为农户发放施肥推荐卡。

【加强蔬菜基地农药管理和农残检测力度】 年内，对20家重点蔬菜生产基地从农药库房的环境安全、农药摆放方法、使用的专人管理、出入库的详细记录、过期的回收处理等十几方面对基地用药进行监督，同时发放《全面禁止使用的33种农药》《部分禁止使用的17种农药》等宣传品，提高蔬菜生产基地对农药产品的安全管理及使用。加强检测力度。检测室全年进行农产品抽检43次，监督检测农产品品种89种，数量1020个。其中，农残速测样品1020个，检出11个样品呈阳性，合格率为98.9%。色谱仪定性定量检测数量为248个，不合格样品为44个，合格率为82.3%。在重大节假日进行专项抽检工作，抽检样品132个，检验合格率为100%。

（王艳青）

果树种植

【果树产业】 年内，新建高效果园129公顷，新植樱桃、梨等果树42.57万株；改造低产低效果园90.67公顷。果树产业实现年产值3.4亿元。

（杨小刚）

花卉种植

【花卉产业】 年内，引进蕨类、杜鹃、红掌、宿根花卉、球茎类、花卉种子等100余种，50余家花卉企业实现年产值9700万元。

（杨小刚）

养殖业

【概 况】 2014年，农业局秉承科学发展理念，继续深入调整农业产业结构，优化农业布局。深入开展党的群众路线教育实践活动，教育引导农业局党员干部牢固树立宗旨意识和马克思主义群众观点，改进工作作风，于10月完成党的群众路线教育实践活动。2014年，全区养殖业总产值达14.25亿元，其中，畜牧总产值11.3亿元、渔业总产值2.95亿元。截至年底，全区各类备案登记畜禽养殖场144家，家畜总存栏22.57万头（只），累计出栏家畜36.55万头（只），奶牛累计产鲜奶10.57万吨(其中，三元集团7.21万吨)。全区累计存栏各类家禽132万只，累计出栏各类家禽534万只，累计产鲜蛋0.8万吨；全区现有880户从事水产养殖，其中，食用鱼养殖606户，观赏鱼养殖274户。现有养鱼水面15672亩，其中，成鱼养殖水面5618亩，鱼种养殖水面4663亩，观赏鱼养殖水面5391亩。2014年，全区食用鱼成鱼总产量9100吨，鱼种产量7846吨，观赏鱼产量2.8亿尾。全区放养食用鱼苗2.33亿尾。观赏鱼自孵鱼苗9亿尾，观赏鱼苗种外销1.5亿尾，引进5000万尾，全区放观赏鱼苗8亿尾。

【规模畜禽养殖场粪污治理项目】 2014年，结合北运河畜禽规模养殖场粪污治理和农业源减排两个项目，对14家养殖场的雨污水道、污水池、干粪晾晒场进行升级改造，并配备污水处理设备。截至年底，全面完工并投入使用。本项目累计投入资金951.6万元，14家规模养殖场建设污水收集处理池11700立方米；干粪晾晒场、防雨棚5600平方米（8400立方米）；新建改建雨污管道6400米（其中，雨水管道3100米，污水管道3300米），可使14家养殖场粪污化学需氧量排放总量下降约357吨/年，氨氮排放总量下降约26吨/年。该项目通过环保部、北京市环保局联合组织的农业污染源减排核查验收。

【北京市畜牧业“菜篮子”工程建设项目】 年内，根据北京市“菜篮子”工程建设相关规定，在北京市远翔圣达畜牧有限公司、北京市江明洋养殖场、北京博园鑫艺花木种植中心、北京市通州区西集常付先养殖场、北京富晟华养殖有限公司等5家养殖场实施本项目。建设内容主要包括：雨污水分离系统，粪便、污水收集系统以及圈舍改造和配套相关养殖设备等。项目累计投入资金388.4万元，其中，申请北京市财政支持资金250万元，养殖场自筹138.4万元。截至年底，该项目全部建设完成并投入使用。

【渔业高产高效生产基地、示范场建设】 2014年，通州区稳步推进高产高效基地及示范场建设。北京元昌新盛农业科技发展有限公司实施全封闭工厂化循环水水产养殖场建设项目，建设工厂化循环水水产养殖车间3000平方米。截至年底，车间主体建设完工。马驹桥镇大松垡村北京松海盛达养殖科技有限责任公司新建循环温室高产高效生产基地10亩，项目竣工并通过市农业局等相关部门验收。

【畜禽、水产良种体系建设】 2014年，利用现有的10家生猪人工授精站点，继续推广生猪人工授精，使用2.2万份优质种猪精液，开展人工授精配种1万余头；通州区肉羊良种繁育推广中心继续为农民养殖户提供技术服务，免费发放优质种公羊27只，截至年底，全区免费发放优质种公羊150只，建立示范户180余户。继续完善通州区观赏鱼三级良种繁育体系，鑫淼水产良种场作为国内首家观赏鱼国家级良种场，具备观赏鱼品种改良、优质种鱼、后备种鱼与苗种供应的能力。年内，鑫淼孵化优质锦鲤水花4000万尾，草金鱼鱼苗1亿尾。西集镇马坊村孙高起养殖场孵化观赏鱼鱼苗3.4亿尾，其中，龙睛、红狮、红头、琉金等宫廷金鱼鱼苗1.8亿尾，红草金鱼鱼苗1.2亿尾，锦鲤鱼苗4000万尾，苗种销售收入60余万元。截至年底，全区苗种繁育场孵化观赏鱼苗6亿尾。

【标准化基地建设】 2014年，严格落实市新下发的《北京市农业地方标准》，严格农药、兽药等投入品安全使用规范与各行业农产品质量安全生产基地（企业）操作规程的落实，并开展相关培训。截至年底，全区完成15个区级农业标准化基地和10个市优级标准化基地建设。

【农产品质量安全监管项目】 2014年，实施农产品质量安全监管项目，在农产品质量安全检测方面投资130万元，给予承担此项任务的4个相关站所进行农产品质量检测项目的支持；向西集镇、永乐店镇、马驹桥镇等8个乡镇的农产品质量安全管理站，投资110万元用于配备先进适用的农产品安全检测设备，乡镇级快速检测机构初步建立。

【农业执法专项整治工作】 2014年，围绕重点环节、重点产品、重点单位开展农产品质量安全专项整治行动，取得明显成效。农产品质量安全检测稳步推进，蔬菜农药残留监测合格率稳步提升，动物产品中“瘦肉精”监测合格率稳定提升，生鲜乳收购站标准化管理水平进一步提高，兽用抗菌药生产、经营和使用活动得到进一步规范，水产养殖药物使用得到整治，案件执法查处率达到100%。

【动物卫生监督执法】 2014年，产地检疫各种动物610万头（只），屠宰检疫生猪119万头，牛5605头，家禽481万只，监督养殖环节检出并无害化处理病死猪59519头；屠宰环节检出并无害化处理不合格动物4.1万头（只），病害组织及有害腺体483吨。5个公路检查站全年检疫监督动物536万头（只），动物产品26.2万吨，副产品1万吨，消毒车辆6.8万辆，未发现非法进京等违法行为。

动物卫生监督所执法人员检查农贸市场动物产品现场，查验其动物检疫证明 （农业局提供）

【动物疫病检疫净化工作】 2014年，全区马属动物马传贫检测样品488份，种猪、种羊、肉牛等非奶牛畜种布氏杆菌样品13997份，鸡白痢样品220份，全部为阴性。奶牛布病的检疫净化工作由北京市疫控中心统一安排，通州区全年送检样品16891份，并及时对监测结果中59头布病阳性牛作扑杀及无害化处理工作，发放补偿款108.91万元，实现对染疫动物的100%无害化处理。

【动物防疫与监测】 2014年，全区累计免疫畜禽640万头（只），其中，亚-I和O型口蹄疫免疫牛6.5万头，羊12.3万只，猪31万头；A型口蹄疫免疫奶牛3.2万头；猪瘟免疫27.5万头；高致病性猪蓝耳病免疫20.4万头；鸡新城疫免疫172.5万羽；高致病性禽流感免疫禽类366.6万羽，其中，鸡208.7万羽，鸭148.5万羽，鹅3.7万羽，应免动物免疫密度达到100%。集中开展犬狂犬病免疫工作，全年强制免疫犬只109551条。对全区7类养殖品种、5种重大动物疫病进行10项免疫抗体监测，检测样品27957份，总体合格率88%以上。

【医政药政工作开展情况】 2014年，全区有8家畜禽养殖场通过“动物防疫条件合格证”的验收审批；5家动物诊疗机构（4家动物医院，1家动物诊所）通过“动物诊疗许可证”的验收审批；审批注册70名执业兽医及188名乡村兽医。

【积极应对小反刍兽疫传入】 针对年初中国部分地区发生的小反刍兽疫疫情，通州区制定并下发《关于继续做好小反刍兽疫防控工作的通知》，要求各乡镇所加强对全区1293个养羊户（含羊场1家）的日常巡查工作力度，并向区重大办报送每日防控工作进展情况，累计巡查养羊场（户）2.76万个次。对全区75741只羊实行推荐免疫工作，完成小反刍兽疫免疫63104只，免疫率83.3%。

【科学增殖放流工作】 完成通州区2014年增殖放流工作。全区供苗企业向全市公园、朝阳、丰台、海淀、密云等地提供青、草、鲢、鳙、鲂等鱼种44.7545万公斤，提供兴国红鲤、草金鱼等观赏鱼鱼种8万尾。其中，向通州北运河城市段、运河生态公园、大松垡水库3个水域投放鲢鳙鱼种3.33万公斤。对改善水域生物多样性，维护通州区水域生态平衡起到了良好的促进作用。

【加大水产养殖环节监、检测力度】 2014年，继续开展水产品药残普检专项整治行动，开展各类执法检查活动109次，检查养殖户609个次，完成各类水产品药残抽样送检样品804个，检测合格率100%。加大鱼病、水环境监测力度，对鑫淼、海有喜养殖场等10家水环境监测点，总水面844亩养殖水环境氨氮、总磷等8项指标定期检测，完成水环境样本监测100个。建立西永和屯观赏鱼专业合作社、孙高起养殖场等25家、784亩养殖水面的水产养殖病害监测点，定期开展鱼病监测，完成鱼病检测样本200个。配合市站开展鲤春病毒血症监测工作，送检鱼样检测样本8个。在鑫淼建设水生动物无规定疫病区，从源头防控鲤春病毒出血症和锦鲤疱疹病毒病，探索水生动物防疫新模式，确保全区不发生重大疫情。

【落实各项补贴政策】 2014年，根据农业部和北京市有关文件精神，继续落实能繁母猪补贴、后备母牛补贴政策。据统计，按每头母猪100元补贴标准，对全区23095头能繁母猪发放补贴资金230.95万元；对全区7600头优质后备母牛（每头按500元标准补助）发放补贴资金380万元。

【基层农技推广体系改革与建设补助项目】 该项目在通州区遴选出蔬菜、羊、观赏鱼三大农业主导产业，3名首席专家和21名农业科技指导员，以1：10的比例对接210名农业科技示范户，使每户都能得到专人指导。建立3个农业科技示范基地，全面开展农技人员知识更新培训，通过各个环节扎实工作，推进通州区基层农技推广体系建设，提高了农技队伍素质，提升了基层农技推广体系的公共服务能力，确保项目的顺利、协调、有序实施，项目通过市农业局的评估验收。

【加强农民培训教育】 2014年，农业局依托40所新型农民田间学校（其中，种植21所、畜牧14所、水产5所）、5个创新团队综合试验站（生猪、观赏鱼、果类蔬菜、粮食、食用菌五个产业各1个）和23个田间学校工作站（6个蔬菜工作站、5个生猪工作站、5个观赏鱼工作站、5

个食用菌工作站、2个粮食工作站）、阳光工程项目等，以实用、实效、就地、就近培训为主的原则，组织协调创新团队综合试验站和田间学校工作站开展培训近500期，培训农民1.4万余人次。创新团队对农民的凝聚作用，对科研院所等单位的桥梁作用，对现代农业企业的平台作用充分体现。

【村级全科农技员队伍建设】 截至年底，通州区有343名村级全科农技员，其中，漷县镇59人、西集镇57人、张家湾镇50人、潞城镇48人、宋庄镇47人、永乐店镇36人、马驹桥镇23人、于家务乡23人。为提高村级全科农技员专业素质，更好地服务农户，2014年，举办技能提升培训班113期，培训4895人/次，集中培训6期，培训2058人/次。培训内容不仅涵盖种植、养殖业的专业知识和技能，还增加水产、农机、种业等专业知识，实现了真正的“全科”培训。

（宋　玥）

林业

【概　况】 年内，启动实施平原造林工程、温榆河—北运河健康绿道、代征绿地移交建设、公路河道绿化、屋顶绿化等建设项目，开展首都绿化美化创建工作，有效改善了全区生态环境，提升了居民生活水平。林业产业持续健康发展，果树、花卉、种苗、林下经济呈现良好的态势，实现年产值4.9亿元，促进了农民就业增收。严格落实森林防火责任制，健全完善林木有害生物防控机制，依法履行林木伐移和征占用林地审批程序，严厉打击破坏森林资源和野生动物的违法犯罪活动，切实维护景观完整和生态安全。截至2014年年底，全区森林覆盖率27.32%，林木绿化率31.29%，城区绿化覆盖率51.25%，人均公园绿地面积23.20平方米。11月4日，区园林绿化局工会组队参加通州区“繁荣杯”群众演艺大汇舞蹈比赛，自编、自演的《绿色天使》获舞台舞一等奖，《新城速度》获广场舞三等奖。

【扎实推进文明城区创建工作】 年内，按照创城指标要求，在城市绿化建设、公园绿地提升、环境综合治理、生态文明宣传等方面，改造提升公园绿地5万平方米，维护绿地基础设施2万平方米，制作展板、横幅、灯杆道旗2000余套。

【平原造林】 年内，全区完成平原造林任务4133.33公顷（6.2万亩），其中，一般项目3829.73（57446亩）公顷，东郊森林公园二期303.6公顷（4555亩），涉及9个乡镇617个小班，总投资21亿元。栽植各类苗木242万余株，清退藕塘地800余公顷（1.2万余亩），低端产业1300余家，拆除违建75万余平方米。

【平原造林养护交接】 年内，完成2012年3333.33公顷（5万亩）平原造林养护交接、竣工结算和市、区审计工作。

【播草盖沙工程】 年内，完成沙化治理任务166.67公顷（2500亩），建设地点为潮白河沿岸、九德路两侧沿线区域，主要种植品种为二月兰、白三叶。

【中低产田改造农田林网配套】 年内，中低产田林网改造工程涉及7个乡镇，改造农田面积2333.33公顷（3.5万亩），更新和新植林网34条，全长29.7公里，新植苗木2.1万株。

【代征绿地移交】 年内，完成代征绿地移交69.9万平方米，工程涉及梨园、宋庄、永顺、西集、马驹桥、台湖6个乡镇以及玉桥、中仓、北苑3个街道办事处。

【道路绿地移交】 年内，接收区市政市容委承建的内环路、玉桥西路等9条道路绿地，移交面积25.9

万平方米。

【健康绿道工程】 年内，完成温榆河—北运河（通州城市段）健康绿道45.6千米，面积165万平方米，工程涉及宋庄、永顺、潞城3个乡镇，其中，温榆河段绿道长度22.2千米，起点为金榆桥以西500米，终点为五河交汇处，北运河段绿道长度23.4千米，起点为五河交汇处，终点为武窑桥。

【屋顶绿化工程】 年内，完成屋顶绿化13909平方米，建设地点为育才学校通州分校、中国人民解放军高射炮兵师、中国人民解放军某部队、通州第四中学，包括花园式484平方米和简单式13425平方米。

【老旧小区绿化改造】 年内，对怡乐园二期、梨园村民自住小区2个老旧小区实施绿化提升，改造面积1.35万平方米。

【种苗产业】 年内，发展规模化苗圃417.84公顷（6700亩），涉及漷县、西集、潞城、张家湾、永乐店5个乡镇。兴各庄、德仁务苗圃出圃苗木51230株，其中，兴各庄出圃苗木50088株，德仁务出圃苗木1142株。三元村、兴各庄、德仁务3个苗圃育苗面积共9.33公顷（140余亩），繁育乔灌木7.58万株。

【蜂产业】 年内，对全区蜂产业进行调查，现有养蜂户17户，蜂群1048群，养蜂专业合作社1家，实现销售收入150万元。全年引进蜂王新品种20余只，为蜂农发放白糖11吨，蜂箱300套。

【林下经济】 年内，全区发展林下经济1933.33公顷（2.9万余亩），主要有林粮、林菌、林药、林花等种植模式，主要种植品种为大豆、香菇、木耳、油菜、射干等，实现年产值6100万元。

【食用林产品安全监管】 年内，完成樱桃、桃、葡萄、梨、苹果5个品种，150个果品抽样调查工作，其中，定性58个、定量92个，抽检样品全部合格。加强无公害果园规范管理，建立无公害果园台账。

【森林防火】 年内，投入资金30万元，发放各类宣传品10余套，在重点防火区域安插宣传警示牌100块，清理各类可燃物13333.33公顷次（20万亩次），制止各类野外用火行为30次，消除火险隐患50余处。

【林木有害生物检疫】 年内，签发产地检疫合格证240份，检疫面积2333.33公顷（3.5万亩），检疫苗木数量950万株，花卉980万（株、盆）、草皮100万平方米；签发森林植物检疫要求书22份，涉及12个省、自治区和直辖市；签发植物检疫证书1645份、木材运输证695份。产地检疫率达100%。

【林木有害生物测报】 年内，设置美国白蛾诱捕器480套、杀虫灯1800盏；设置松墨天牛、红脂大小蠹、芳香木蠹蛾、国槐小卷蛾和桔小实蝇诱捕器408组。测报准确率达95%以上。

【林木有害生物防治】 年内，向各乡镇、街道办事处及有林单位下发各类药品及防治器械9批次，包括多频式黑光灯700余盏，高效氯氰菊酯、除虫脲、苦参碱等无公害杀虫剂50余吨，打药机45台(套)，美国白蛾等诱芯800多套。全年防治面积60000公顷次（90万亩次），其中，地面防治41333.33公顷（62万亩次）；飞防572架次，预防控制面积18666.67公顷次（28万亩次）。无公害防治率达到95%以上。

【森林资源管理】 年内，受理审批林木伐移申请478件，其中，采伐422件，采伐林木4.94万株；移植56件，移植林木1.61万株，采伐立木蓄积1.61万立方米。受理审批树木砍伐申请21件，砍伐树木115株；树木移植申请13件，移植树木191株。受理征占用林地上报审批39件，涉及征占用林地69.5公顷。办理占用征收四级林地备案20件，涉及征收占用四级保护林地面积62.5公顷。

【林政执法稽查】 年内，检查林产品运输车辆986车次，其中，检查合格运输车辆975次，不合格运输车次11车次，检查合格率为98.9%。开展严厉打击破坏野生动物资源违法犯罪活动天网行动、非法侵占林地清理排查专项行动、林地绿地保护执法检查专项行动，受理各类举报200余件，依法查处涉林案件15起。

【种苗“两证”审批】 年内，受理“两证”（生产许可证、经营许可证）申请42件，新建苗圃企业21家，新增苗圃地207.07公顷（3106亩）。其中，生产申请23件，经营申请19件，变更申请4件，办结率100%。

【野生动物保护】 年内，救助各类野生动物8只，其中，北京市重点保护动物4只，其他动物4只。

【古树名木保护】 年内，对全区142株古树进行巡查、更新档案，对台湖和玉带河大街4株古树进行修护复壮。

【园林行业安全管理】 年内，举办安全生产宣传教育活动5次，安全生产检查4次，组织开展防汛、消防演练3次。

【开展义务植树活动】 年内，围绕中央军委义务植树、首都全民义务植树日，组织义务植树活动25次，参加义务植树人数17.67万人次，完成义务植树75.78万株，发放各类宣传材料15万份，新增纪念林2处、面积5.2公顷（78亩），认建认养绿地2处、认养林木168株。

4月12日，市委书记郭金龙（右一）、市园林绿化局局长邓乃平（左二）参加义务植树活动（农业局提供）

【首都绿化美化创建】 年内，开展首都绿化美化创建达标工作，创建5个花园式社区、15个花园式单位、10个首都绿色村庄。

【市花月季进社区】 年内，确定北苑街道锦园社区为“市花月季进社区”试点，栽植月季1.6万余株，新增绿化美化面积1900余平方米。

【城乡共建新农村】 年内，有64家单位与64个村庄结对子，投入资金705万元，绿化面积21.67公顷（325亩），植树2万余株。

【规划编制】 年内，完成《通州新城园林绿化景观导则》《通州运河核心区道路绿化（一期工程）实施方案》《通州绿线（第一阶段）施划方案》编制工作，通州区森林可持续经营规划（2013—2020年）经区长办公会审议通过，并已区政府名义下发。

【森林资源普查监测】 年内，完成第八次园林绿化资源普查、第五次土地荒漠化和沙化监测、64个固定样地调查、基层林业站本底调查关键数据年度更新工作，为资源保护管理提供参考依据。

【人员培训】 年内，围绕果树修剪、树木移植、养护管理、病虫害防治、林业执法等内容，举办各类培训班200余次，培训人员6000余人次。

（杨小刚）

农　机

【概　况】 2014年，区农机服务中心按照区委、区政府的总体要求，围绕全面推进首都城市副中心建设目标，认真贯彻落实中央、北京市及通州区农业政策精神，开拓进取，顽强拼搏，认真履职，扎实工作，完成了各项工作目标。截至年底全区拥有农机总动力27.1万千瓦，农机原值3.67亿元，小麦万亩拥有联合收割机17.5台，万亩玉米拥有收获机8.5台，万亩耕地拥有总动力0.61万千瓦，拖拉机2435台，拖拉机配套农具3725台（件、套），其中，大中型配套农具2703台（件）、小型配套农具1175台（件）、小麦收割机437台、玉米收获机241台、农副产品加工机械261台、渔业机械5378台、林业机械173台。

【保障卷帘机生产安全】 随着设施农业的蓬勃发展，大棚卷帘机数量急速增加，卷帘机维修保养成为当前急需解决的重要问题。为保证通州区2014年大棚卷帘机作业的顺利进行，区农业机械化研究所开展了下乡服务工作。技术人员在发放卷帘机后，对大棚种植户进行下乡回访活动，切实深入村镇，走访全区11个乡镇，对农户进行“一对一”帮助，使大棚种植户熟练掌握大棚卷帘机的操作和保养技术。

【落实国补机具政策】 按照农业发展和新农村建设的要求，区农机服务中心积极参与落实国补机具政策，加大购机补贴政策的实施力度。2014年，争取国补机具：大中型拖拉机35台，玉米收获机10台，保鲜储藏设备1.7万平方米，设施水处理设备6台。提升了通州区农业机械化水平。

（师智超）

【设施农业机械设备进一步提升】 2014年，区农机服务中心承办了《日光温室配套电动卷帘机》项目，在张家湾、永乐店、漷县、潞城、西集、马驹桥、宋庄、于家务、台湖9个乡镇，为日光温室配套电动卷帘机930套，降低了农民劳动强度，提高了劳动生产效率；建设保鲜冷库17195平方米，为蔬菜保鲜提供保障；区农机服务中心申报“食用菌生产机械”项目并负责实施。项目总计投资3001万元，购置机械765台（套）。

（朱晓晶）

【农机年度检验与注销退出工作】 区农机服务中心监理科加强与中心推广科、各乡镇农业办公室、农业服务中心、综合治理办公室、安办等部门的协作，摸清辖区内在册农机底数，给重点村队、农机服务组织、农机专业合作社及农业机械所有人下发老旧农机注销、退出、年检工作通知，广泛宣传发动，2014年，区农机服务中心监理科集中对符合年检条件的拖拉机和联合收割机进行逐台催检、补检。截至年底，检验农业机械597台，检验合格为66台，检验率为11%。

【安全隐患排查工作】 年内，区农机服务中心监理科对设施农业机械开展安全生产大检查，出动车辆170台次，执法检查人员390人次。免费张贴安全提示1780份，发放各种宣传材料2000份，下发隐患告知书320份。按照维修企业分布结合农业生产特点，有针对性地加强对农机维修、维修配件经销企业监管，在检查守法经营的同时着重检查企业用电、防火方面的安全，对存在安全生产隐患的企业，提出限期整改措施。

【农机安全生产联合行动】 按照《创平安农机促安全生产通州区2014年农机安全生产联合行动方案》的部署，区安全生产监督管理局、区工商分局、区质量技术监督局、区交通支队建立联席会议制度，定期召开联席会议，并根据各自职责，有针对性地对农业机械及农机维修、维修企业开展专项集中整治，形成农机安全生产管控常态化。据统计，在2014年联合行动中，发放农机安全生产宣传材料2000份；区交通支队部署岗位30处，警力150人，检查各类农用车、拖拉机1600辆，处罚涉牌95起，超载240起，违反限制通行150起，违反交通指示信号通行148起，暂扣农用车170辆；取得良好的社会效果。

（师智超）

【积极推行农机政策性保险】 积极推进北京市农机政策性保险，提高农民机手防险抗灾能力，让农民群众真正得到实惠，确保农村社会和谐稳定和农机安全监理工作健康发展。2014年，通州区新注册的拖拉机、小麦联合收割机、玉米收获机全部参保农机政策性保险。

（朱晓晶）

【农机安全与秸秆禁烧工作】 区农机服务中心监理科组织召开了由各乡镇农机主管部门参加的“三夏”（夏收、夏种、夏管）“三秋”（秋收、秋耕、秋种）监理工作例会，对“三夏”“三秋”农机安全生产及秸秆禁烧工作提出具体要求，下发《关于认真做好2014年“三夏”“三秋”期间农机安全生产工作的通知》。与乡镇政府签订农机安全生产及秸秆禁烧责任书、收取农机安全生产及秸秆禁烧保证金，同时要求各乡镇与村队签订“三夏”“三秋”农机安全生产及秸秆禁烧责任书；成立跨区作业服务站，加强对跨区作业的管理与服务，做到监管措施明确，责任到人，到地块，形成重点村、重点地块有人看、有人管。“三夏”“三秋”前对投入作业的所有机具进行安全检查，检查重点包括安全技术状态检查、大型机械是否配备两个以上有效灭火器、安全防护装置、警示标志，在危险部位，张贴安全标识。对存在安全隐患的农业机械，提出整改措施，未经检验合格的机具一律不准投入作业。全年下发隐患告知书550份，粘贴合格证1950张。“三夏”“三秋”前，监理科有针对性的在多个乡镇组织参加作业的农机驾驶操作人员培训、复训，全年组织复训班5期，培训农机驾驶员85人、复训机手570人。

【农机培训工作】 2014年，开办农机培训班六期，培训拖拉机驾驶员210人，收割机驾驶员50人，复训各类农机工作人员1400人。经过专业的教育培训，受训学员遵纪守法的自觉性增强了，安全意识提高了，懂得了必要的机械常识，掌握娴熟的驾驶操作技术，为实现安全生产，从源头上起到预防作用，为农机安全生产，为农村的稳定作出贡献。

（师智超）

气 象

【概　况】 通州区气象局下设3个科室：综合办公室、业务管理科、社会管理与法制科；下辖2个事业单位：北京市通州区气象台和北京市通州区气象服务中心。

通州区气象局观测站开工建设　（气象局提供）

2014年，通州区气象局继续深化机构改革，积极推进气象现代化建设，不断提高气象监测能力和服务水平。年内，完成通州区气象观测站异地建设，新站址于2015年1月1日开始对比观测；为加快通州区气象现代化建设，3月，区政府印发《通州区推进气象事业发展率先实现气象现代化实施方案的通知》；11月，区气象局与农业局签署《防灾减灾合作框架协议书》，开展直通式为农服务；年内，与驻通机场、顺义、朝阳、河北廊坊气象局开展联防联控，保障汛期气象服务；分区域、分行业、分部门的精细化预报预警服务工作全面展开，首次发布烟花燃放指数预报，气象预报预警服务工作得到区政府肯定。

气象灾害防御体系建设不断完善。区政府办正式印发《通州区气象灾害防御规划（2013—2020年）》；修订《北京市通州区气象灾害应急预案》并由区应急委正式印发；区气象局纳入安委会成员单位；5月，与安监局联合向危、化企业发布雷电预警及防御指导；成立由区气象局、区农委、区民政局、区社会工委和区应急办联合组成的应急准备认证工作评估专家组，通过238个村（社区）的气象灾害应急准备工作认证；全区15个乡镇（街道）全部建立信息服务站并配备气象协理员，每个行政村（社区）配备1名信息员，各农业园区或农业专业生产企业、各学校、医院等重点单位至少有1名气象联络员；编写《北京市通州区气象信息员手册》并由气象出版社出版。

党风廉政建设。深入学习十八大、十八届三中、四中全会精神和习总书记重要讲话精神并加以贯彻落实，通过贯彻部署、组织学习，征求意见、开展谈心，对照检查、民主生活会，查摆问题、建章立制等环节扎实开展党的第二批教育实践活动，抓班子带队伍，改进工作作风、文风会风，提高局党组执政能力；积极推进“以学促四优”创建项目，先后开展书法学习、组织参观焦庄户抗战遗址、登山、羽毛球比赛等文体活动，增强团队意识和使命意识。

（苏丽爽）

【气候评价】 本年度气候特点：气温偏高，降水偏多，日照时数较充足。

本年度平均气温为14.6℃，比常年13.4℃偏高1.2℃，比2013年偏高1.4℃。年极端最高气温为41.5℃，出现在5月29日；极端最低气温为−9.3℃，出现在2月11日。

本年度年降水量为536.7毫米，比常年降水量512.4毫米偏多5%，比2013年偏多14%，年内降水时间分布不均。本年度最长连续无降水日数97天（2013年11月2日—2014年2月6日）；年内日最大降水量为105.1毫米，出现在9月2日，最大小时降水量为59.5毫米，出现在6月15日。

本年度日照时数为2349.3小时，比常年2399.7小时偏少50.4小时，比2013年偏多57.6小时。

【气象灾害】 受局地发展的对流云团影响，6月26日傍晚，先后2次在通州区永乐店镇出现冰雹及短时大风等强对流天气，造成永乐店镇33个村均受到不同程度的灾害，其中，德仁务受灾最重。永乐店镇受灾人口500人，农作物受灾面积100公顷，一般损坏房屋54间，刮倒树木35545棵，14个行政村停水停电，电信线路受损3.5公里，歌华有线光缆受损1公里。

8月28日20时左右，通州区宋庄镇遭受风雹灾害袭击。此次灾害涉及辖区内22个行政村，受灾人口达千人，农作物受灾面积约683公顷，成灾面积619公顷，绝收面积64公顷。此次灾害造成直接经济损失1990.4万元。

7月10—29日气温偏高(均值30℃)，无有效降水，且光照充足，致使通州部分地块显现干旱，个别地块旱情较重。调查发现春玉米植株大量缺粒与秃顶，穗小、粒小、减产。持续干旱对蔬菜也造成严重的影响，致使蔬菜的枝叶、果实生长缓慢。

【气象服务】 年内，为通州骑游节、第二届“情定运河 圆梦北京”七夕文化节、“2014北京蘑菇文化节暨朵朵鲜美食嘉年华”“2014中国艺术品产业博览交易会”等大型活动及时提供预报预警及短时临近预报等服务工作，为活动顺利进行提供了有力的气象服务保障。

APEC会议期间，区气象局每天按时向通州区大气污染综合治理领导小组办公室发送空气质量保障措施及相关工作进展情况、空气质量预报预警服务、空气污染指数及未来天气展望。

2014年，向区委、区政府、区防汛办、区应急办、市政市容委、农委等部门发送常规天气预报365期3182份，天气预警信息118期6236人次，天气实况34期261份，天气快报6期104份，气象旬月报36期216份，气象服务简报12期168份，气象信息专报15期166份，一氧化碳指数预报140期，烟花指数预报18期144份。向通州政府网发布天气预报365份，区气象局官网1095份，社区显示屏729份，通州区电视台发布天气预报365期；向《通州时讯》报纸发送天气预报365期；发布手机短信预警信息106期225900条。

（李 硕）

【气象宣传】 年内，开展纪念日主题宣传活动。利用“3·1”国际民防日、“3·23”世界气象日、“5·12”防灾减灾日、“12·4”宪法日等集中参加或单独举办纪念日气象科普、法律法规宣传，通过宣传展板、发放宣传材料等方式普及气象科普知识，让气象科普走进学校、社区，走向社会；同时利用广播电视、网络、报刊等媒体进行气象科普宣传工作。

通州区气象局参与民防日活动　　（气象局提供）

以气象信息服务站和气象安全村（社区）建设推进气象科普进乡镇（街道）、进村（社区）。通过气象信息服务站、在村（社区）建立电子显示屏及气象科普宣传栏，以此为媒介进行气象科普知识的宣传。

开展校园小课堂，为潞城镇中心小学学生开设气象科普课程。在开展行政执法、行政许可及防雷检测的同时，加强气象科普宣传进工地、进企业、进机关，通过现场讲解、发放宣传材料等形式，不断普及公众对气象防灾减灾知识，提高应对气象灾害的能力和水平。

（王　翌）

【气象行政】　2014年，全面落实防雷安全监管工作，建立健全“政府统一领导、气象部门牵头、有关部门配合”的防雷减灾监管体系，加强建设项目防雷装置设计审核和竣工验收执法检查力度，查处46家逾600万平方米。重点开展以危化企业为主的防雷安全专项检查，对存在安全隐患的单位作出限期整改通知。按要求做好施放气球安全管理工作并进行专项检查，对未按要求贴标识和未经报批擅自施放的，均作出行政处罚。本年度开展气象行政执法83次，办理防雷装置设计审核23件，防雷装置竣工验收10件，施放气球审批62件。对违法施放气球行为作出3件行政处罚。全年未发现破坏控测环境保护、违法发布气象信息等行为。

（康玉强）

农村经济管理

【概　况】　农村经管工作是党的“三农”（农业、农村、农民）工作的重要组成部分，是贯彻党在农村各项方针政策、统筹城乡发展、深化农村改革、加快农村经济发展、率先形成城乡经济社会发展一体化新格局的重要基础工作。2014年，经管站以深入践行群众路线为宗旨，以“新三起来”（土地流转起来、农民组织起来、资产经营起来）工作为主线，以促进农民增收、维护农村稳定为目标，以强化农村集体“三资”（资金、资产、资源）监管为重点，围绕北京城市副中心建设，真抓实干，大胆创新，在农村集体经济体制改革和“三资”管理等方面做了大量工作。

（李　默）

【建设农村集体“三资”监管信息系统】　自2013年5月启动，经调研筹备、前期准备、岗前培训、试运行四个阶段，系统正式运行。系统涵盖财务管理、合同管理、合作社、政策法规等十大模块，将会计账与资产台账，出纳账与经济合同对接，实现了资产的动态管理和资金的有效监管。

（肖　然）

【集中开展专项治理】　由区监察局、区农委、区经管站等有关单位联合开展全区村级经济活动突出问题专项治理工作，以乡镇为责任主体具体落实。重点整治村级经济活动中出现的经济合同不规范、虚假工程类发票、设立“小金库”、套取支农惠农资金等问题。此项工作自11月17日启动，于2015年2月10日结束，包括自查、核查、整改、检查和总结五个步骤，实现了全区村级自查面、核查面、整改面的全覆盖。清查经济合同1.8万份，涉及金额265.2亿元。

（孙　唯）

【印发“三项规定”】　2014年，以区委办、区政府办名义下发《关于进一步加强村级经济事项监督管理的意见》《关于规范村级经济合同管理 促进集体经济健康发展的十条规定》和《关于加强村集体经济组织与关联企业、公司之间经济事项往来资金管理的规定》，与区农委联合下发《关于加强村级印章使用管理的暂行规定》。“三项规定”从经济合同管理、资金管理、印章管理三方面对村级经济事项进行全方位监管，确保集体资产安全完整。

（刘鹏飞）

【完成两项清查】 3月底，以乡镇自查和区级联查方式完成村级企业及村级经济合同清查。清查村级关联企业201个，最初关联交易额9.18亿元，近三年关联交易额10.6亿元，涉及9个乡镇108个村；全区478个村清查村级经济合同1.5万份,其中，资源类1.25万份，资产类2000余份，资金类397份。

（晏 萱）

【统一“三章”管理】 年内，全区478个村全部将村委会、村经济合作社及社区股份合作社公章委托乡镇集中管理，各乡镇均成立委托管理机构，配备专职工作人员38人，实现了规范管理、严格审批，维护了村民及村集体的合法权益。

（肖 然）

【实行市场化运作】 于2010年7月创建全市首家镇级农村集体资产交易市场——宋庄镇集体资产交易市场，五年来累计完成招投标事项309宗，为村集体增收节支6685万元。2014年，通州区被列入全国第二批农村改革试验区，承担“农村产权流转交易市场建设”试验任务。

（李 默）

【农民专业合作社规范化建设成效显著】 2014年，新发展农民专业合作社14家，累计建成274家，核心成员1.6万人，带动社外农户3.5万人。完成15家市级示范社的监测考核和动态管理，培育30家产业基础好、带动能力强、示范效应明显的区级示范社，充分发挥引领示范作用。指导合作社在开展资金互助服务的基础上，以集合信贷方式拓宽融资渠道，有力推动了扩大再生产。下发《北京市通州区农民专业合作社规范化建设考核奖励办法》，充分发挥扶持政策的激励导向作用，将示范社作为扶持重点对象。以合作社特色农产品为主题开展农民市集展卖活动，旨在宣传合作社新鲜、优质、安全的产品特色，在提高市场竞争力和影响力的同时，树立合作社抱团发展的经营意识。

（肖 然）

【完成平原造林土地流转工作】 2014年，加大相关法律法规的宣传力度，指导9个乡镇167个村依法、规范完成土地流转6.2万亩。

（刘鹏飞）

【妥善处理土地承包经营纠纷】 年内，通过与乡镇实行双向联动、完善信访工作机制、加强队伍建设，实现纠纷调解、仲裁的无缝对接；年内，调处农村土地承包经营纠纷48件。

（张玉环）

【完成农村集体土地资源清查工作】 2014年，历时5个月，清查镇村集体土地106.5万亩，其中，农用地66.9万亩，建设用地37.7万亩，未利用地1.9万亩；通过清查，进一步摸清了农村土地资源底数，规范了农村集体土地监督管理。

（刘鹏飞）

【推进土地确权登记试点工作】 年内，以永乐店镇西河村、孔庄两个村为试点，开展信息采集、查清面积、绘制示意图及公示审核等工作，已基本完成，为后续工作推进提供了经验。

【启动农地适度规模经营监测工作】 年内，以漷县镇为试点，对经营确权土地的种植业和种养结合业主体的用地、用工等情况进行监测，掌握发展动态，为推进规模经营提供数据参考。

（张玉环）

【加大低收入村、户资金扶持力度】 年内，按照通州区《关于2014年推进经济薄弱村发展及低收入农户增收资金扶持工作的实施方案》，开展扶持工作。扩大扶持范围，在15个低收入村、407个低收入户的基础上，对南部乡镇39个经济薄弱村进行重点扶持。明确扶持标准，分别给予低收入村30万元/村、低收入户1万元/户、经济薄弱村20万元/村的扶持额度，专项用于发展增收产业、公益岗位就业补贴、弥补生产生活资金不足等。建立长效机制，设立乡镇低收入农户发展基金，对低收入农户分布的8个乡镇分别给予40万～50万元额度，构建低收入农户脱贫增收的长效机制。

（杨桂宏）

【开展农村负担监督管理工作】 年内，完成农村负担执法检查，并选择报刊订阅情况进行专项检查。按照上级部署，提高公益事业专项补助资金额度，2014年，全区村级公益事业转移支付资金为9144万元，较上年增长50%。

（高文博）

【开展审计监督工作】 年内，完成45个新型集体经济组织经营效益情况和478个村的专项补助资金年度审计，完成235个村干部的经济责任审计。

（付　燕）

【开展农村经济运行监测工作】 年内，完成收益分配统计2013年报和2014年季报的审核上报、低收入村户收入情况监测核实、农产品成本监测及全国固定观察点家庭收支情况分析工作。利用三年时间，完成全区镇、村两级集体资产清产核资和资源清查工作，并针对资不抵债村进行专题调研。

（杨桂宏）

工业·信息化·建筑业

梨园镇东小马村签约入户工作基本完成　　（梨园镇提供）

工业

【概　况】　2014年，通州工业按照“坚持稳中求进，加快转型升级”的总要求，经济在调整转型、成本上升、投资下滑的新情况下，实现平稳发展。2014年，区域工业完成现价工业总产值832.1亿元，同比增长5.5%；销售收入918.7亿元，同比增长6.3%；增加值213.2亿元，同比增长9.6%；利润总额51.7亿元，同比增长27.0%；上缴税金50.7亿元，同比增长5.3%。

区域工业经济运行特点：一是经济运行总体平稳，产值增速普遍放缓。受国内外市场需求动力不足、新城开发拆迁、淘汰落后产能、个别龙头企业产量下降等综合因素影响，2014年，全区规模以上工业企业产值增速普遍放缓，以负增长开局，之后缓慢回升至正增长，但由于没有新的增长点加入，增速一直在低位徘徊，具有明显的不确定性。1—9月产值增速最高曾达到2.7%，但由于上年北京百纳威尔科技有限公司四季度产值非常规大幅增长拉升了基数，致使全区四季度产值增速逐月下探，全年仅为0.6%，增幅较上年回落8.8百分点。二是汽车制造业、烟草制品业发展形势较好。2014年以来，汽车制造业、烟草制品业一直延续了良好的发展态势。汽车制造业全年完成产值105.0亿元，同比增加10.6亿元，增长11.3%。烟草制品业（仅北京卷烟厂1家）完成产值50.8亿元，同比增加4.2亿元，增长9.1%，北京卷烟厂成为继上年北京百纳威尔科技有限公司之后全区第二家年产值突破50亿元的企业。上述两个行业共计增加产值14.8亿元，拉动全区总产值增长2.2个百分点。三是个别重点企业产值下降对全区有一定影响。本区规模企业虽然达到443家，但企业单体规模较小，其中，年产值5亿元以上的企业对全区影响较大，也是我们重点监测的对象。

北京百纳威尔科技有限公司受市场影响，原3G手机产量有一定减少，4G手机正在开发，全年完成产值51.9亿元，比上年减少4.8亿元，增速同比下降8.4%。北京中丽制机工程技术有限公司由于产品出口形势不好，订单明显减少，完成产值4.8亿元，比上年减少4.8亿元，增速同比下降50.0%。北京四环制药有限公司年内新厂投产，产量增加。但由于国家下降药品价格和新厂运行费用增加等因素，只完成产值9.8亿元，比上年减少2.6亿元，增速同比下降20.9%。上述3家企业累计减少产值12.2亿元，拉低全区规模企业增速1.8百分点。四是通州新城建设、工业结构调整形成一定减量。通州新城功能区建设致使部分企业迁移，受影响较大的张家湾镇、梨园镇全年产值增速比上年分别回落11和21.8百分点。其中，10余家规模企业生产受到影响并陆续停产，工业总量有一定减少。通州工业企业中传统企业较多，上年淘汰落后产能有81家企业退出，本年又有128家企业退出，其中，规模企业累计有20家，全部退出后将减少产值近20亿元。由于淘汰落后产能，各乡镇都有企业停产或迁出，例如永乐店镇由于化工企业多，退出力度大，全年产值增速比上年回落15.8百分点。五是区域工业缺乏新的增长点。本年，除北京四环制药有限公司新厂投产以外全区没有一家新投产企业。虽然现有规模企业产值绝对值同比增加的占到51.3%，但累计实现的增量却很有限。上年投产的北京汽车动力总成有限公司全年实现产值12.2亿元，同比增加8.4亿元，增长2.2倍，是全区本年最大的增长点。

【固定资产投资】　2014年，全区投资1000万元以上的在建工业项目81个，计划投资总额126.5亿元，2014年完成投资20.3亿元。其中，亿元以上项目22个，计划总投资104.4亿元，预计项目达产后可新增产值178.3亿元、税收22.5亿元。

【重大项目跟踪服务】 按照北京城市副中心的产业发展要求及《通州区“十二五”工业发展规划》，本着“三主四新”（重点打造高端商务、高端制造、现代物流三个产业，着力培育文化创意、金融服务、医疗康体、旅游休闲四大新兴产业）产业发展方向，结合本部门的工作职责，以抓好高端制造业发展为重点，积极争取市经信委的政策支持和项目资源，为乡镇、园区引进项目做好协调服务。各园区按照产业定位，积极引进知名度高、产业拉动力强的重大项目，加速产业的聚集，培育自己的特色。加速华油北京产业园、国家集成电路产业园等一批重点在谈项目签约落地。2014年，新签约千万元以上工业项目38个，总投资33.87亿元，其中，亿元以上投资项目11个。重点抓好甘李药业胰岛素产业园、天海、经开张家湾产业园等投资10亿元以上大项目建设。加速北汽动力总成、联东U谷永乐产业园、枢密院二期等一批续建项目的建设，争取早日竣工，形成新的经济增长点。

【工业固定资产投资项目管理】 2014年，完成非政府投资工业固定资产投资备案项目29件，总投资18.1亿元。

【节能降耗】 根据《北京市2014年清洁空气行动计划》和《通州区2014年清洁空气行动计划》的相关要求，结合通州区工业企业的实际情况，起草《通州区2014年市级以上工业开发区以外工业企业压减燃煤工作方案》。召开通州区淘汰落后产能工作会议，对2014年通州区工业企业压减燃煤工作进行安排部署，市级园区以外工业企业压减燃煤任务3.2万吨，累计完成23万吨燃煤（含东方化工厂19.8万吨），其中，2013年完成压减燃煤12865吨原煤。2014年，市级园区以外有40家企业完成锅炉拆除改造工作，累计完成压减燃煤23.3万吨。

【淘汰落后产能】 依据《北京市2013—2017年清洁空气行动计划重点任务分解》及《通州区“十二五”时期淘汰落后产能工作的实施意见》文件精神，起草《通州区2014年淘汰落后工作方案》，修改《通州区淘汰落后产能工作奖励暂行办法》。同时，明确北京铜牛股份有限公司、美航快速彩色印刷集团公司等128家落后产能企业淘汰退出，主要集中在化工、铸（锻）造等行业。年内128家退出企业全部实现停产，设备拆除，并完成验收工作。

【减轻企业负担】 2014年，根据《工业和信息化部关于做好减轻企业负担工作的指导意见》文件精神，按照市经信委企业治乱减负工作的总体部署，结合通州区经济工作实际情况，加强组织领导、督促政策落实、规范涉企行为、查处“三乱”(乱收费、乱罚款、乱摊派)案件，企业减负工作取得积极成效。

【帮扶企业】 2014年，组织19家企业申报北京市中小企业创新融资贴息项目资金支持，企业融资总额2.79亿元，获得财政资金支持558万元；13家企业申报北京市中小企业专项资金，支持资金2430万元；5家企业申报北京市工业发展资金，支持资金5000万元。

【加强信息化基础设施建设】 根据北京城市副中心的战略定位，为实现全区信息化基础设施统筹共建和资源共享，加快信息化基础设施建设。一是建立和完善统一的全区政务协同办公系统，为建设服务政府、责任政府、法制政府、廉洁政府提供坚强有力的支撑；二是推进区电子监察系统建设，在系统功能、使用操作和整合能力等方面进一步优化和完善；三是建设中小企业服务平台，为企业提供融资服务、企业宣传服务、招商引资服务、政策法规服务，满足网上服务企业的需要；四是新建国土视频监控执法平台，完善“全区覆盖、全程监督、科技支撑、执法督察、社会监督”的执法监管体系，为本区打击“两违”建设提供强力支撑和有力保障；五是建立通州区地下管线及城市部件数字化管理系统，主动发现城市管理中存在的问题,并精确派追,快速处置,提高城市运行效能；六是全面推进网格化服务管理体系建设，实现一张网、两条线、三级平台、四级服务。

【推进企业信息化建设】 组织全委人员参加工信部、市经信委组织的各种会议、培训、现场会等20多次信息化相关知识的培训，全面提升机关人员的业务素质。加强对全区50家重点企业80余高管人员进行“工业云”的用途及使用方法的培训，企业核心竞争能力得到大幅提升；组织北京顺恒达汽车零部件制造有限公司技术中心、北京华腾橡塑乳胶制品有限公司技术中心等5家企业申报市级技术研发中心，截至年底，有30家企业获得国家级或市级技术研发中心认证，提升了企业信息化建设水平，促进了企业“两化融合”（信息化和工业化高层次的深度融合）的深度发展。

（朱宝刚）

【金通公司概况】 2014年，在通州区国有资产监督管理局（下简称区国资委）的正确领导和大力支持下，北京金通资产经营管理公司（下简称金通公司）党委把握“稳定与发展”这一工作总基调，以全面提高资产运营和服务质量为主线，以转变观念和创新管理为契机，团结协作，努力拼搏，完成公司年度各项指标任务。

年内，在利用现有土地、房屋资源创造收益、增强实力的同时，也更加注重招商引资质量。近几年，公司对地理位置优越、厂房面积较大的地块加大投资力度，逐步改造和完善基础设施建设，营造良好的投资环境，使一些较有规模的企业利用本公司的房屋、土地发展项目。经不完全统计，以合力万达、方瑞铸造、博宇半导体等为首的15家发展较好的企业，2014年合计完成总产值6个亿，上缴税金1360万元，吸收就业1440人。

妥善解决好重大历史遗留问题。银龙公司破产工作取得进展。该企业自2006年由本公司监管至今，一直处于停产停业状态。企业处于严重资不抵债的状况。按照区国资委批复，本公司以债权人方式向区法院申请对该企业实行破产清算，并经区法院核准后于2014年3月18日立案。推进司空小区征收工作。公司所管辖的司空小区四栋居民楼原为北铝厂所建，2014年被区政府列入征收拆迁范围，而小区内的公共附属设施存在产权界定问题。为此，公司按历史沿革先后查阅文书档案、破产卷宗、房屋登记和《审计报告》等相关资料，认定小区内传达室、变压器及自行车棚为原厂职工集资所建，在请示区国资委后，公司与新华办、拆迁办、居委会共同确定，小区内附属设施经济补偿应归小区居民所有。

2014年，公司针对服务民生工程和应尽社会职责，强化服务创新，转变工作作风，取得良好效果。完成老旧小区抗震加固工程。按照市、区两级政府折子工程，在区国资委的指导下，公司老旧小区工作小组通过强化组织保证、健全工作制度、明确责任分工等重要环节，充分发挥政策宣传、矛盾化解、质量监督三个作用，配合各方完成建筑面积3万余平方米、涉及居民371户的五栋楼抗震加固和一栋楼的节能保温工程。推进小区各项建设。2014年，公司投资196万元对10个小区进行各项改造和维护。完成楼面防水面积1.8万平方米；更换和修复上、下水管道220米；加固和翻建4处危旧平房；改善2处小区食堂和办公环境。配合北苑街道办事处，对面积较大的经委小区院内安装文化宣传栏、告示栏和提示牌150余块；对二毛小区实施基础设施改造，小区的“两个文明”建设得到提升。离退休人员的服务水平再上新台阶。统一管理。截至2014年底，金通公司系统66家单位、5280名离退休人员全部纳入公司离退办统一管理，使离退休人员的管理工作更加科学化、规范化和专业化。准确发放。通过核实、制表和审批，全年发放洗理费、生活补贴、供暖费、丧葬费及抚恤金等1341万元。责任督查。全年认真审核退休人员独生子女一次性奖励申报材料，为48名退休人员审核发放费用。协助劳动局稽查科对56名死亡职工的家属追回养老、医保金35.6万元。服务周到。时刻关心离退休人员中的特殊群体，为47名曾从事过有毒有害工种及病退职工进行体检；为系统内911名退休职工变更定点医疗机构，使之看病就医更加便利；为系统内异地人员及51名本市80岁以上老人，办理养老认证事项。

2014年，公司进一步推进信访接待、信访督办、信访联动的工作方针，通过班子成员全天候接访，各个部门相互协作，有效畅通信访渠道，成功化解多种积案、旧案。同时建立健全矛盾潜在预警机制和矛盾纠纷排查机制，努力把问题解决在萌芽状态和公司内部。一年中，公司全系统接待来人来访万人余次，涉及福利待遇、社保金断缴、档案缺失及社区服务等各类问题，实际为群众办理和解决问题620余件，其余不符合政策或超越企业权限和能力无法解决的，也均给予满意解释和答复。全年公司没有出现过一次越级上访和群访事件。

（陈文清）

园区

概述

2014年，园区系统以党的群众路线教育实践活动为契机，切实加强和改进作风建设，认真贯彻落实京津冀协同发展战略部署要求，围绕通州建设北京城市副中心这一中心任务，全面深化园区工作改革创新，各项工作取得新成绩。全年十一个园区(商务园，光机电基地，金桥基地，物流基地，开发区东区、西区、南区、北区，永乐开发区，聚富苑，星湖科技园)完成工业总产值492.15亿元，同比增长10.98%；总收入1056.63亿元，同比增长10.71%，工业企业收入559.79亿元，同比增长12.21%；税收合计71.65亿元，同比增长14.28%。

加大项目引进力度，促进园区结构调整和产业集聚。全年园区引进项目69个，协议投资总额53.53亿元。其中，实体占地项目7个，购买标准厂房项目27个，租赁标准厂房项目35个。“园中园”成为拉动园区经济增长的重点和亮点，引进的69个项目有57个是园中园项目。光机电基地枢密院二期、经开G135地块一期、联东U谷·永乐产业园二期都将投入运营，“园中园”在集约利用土地、科技孵化、产业集聚中发挥了重要作用。园区“两带、多园”的空间布局初步形成。以商务园、光机电基地、金桥基地、物流基地、星湖科技园、开发区西区为载体的西部高技术服务（科技研发创新孵化）发展带，和以开发区北区、东区、南区、永乐开发区、聚富苑为载体的东部高新技术产业化（科技创新产业化）发展带，构筑起了产业互补、各具特色、协调发展的园区发展新格局。加快腾笼换鸟促产业转型升级。全年园区盘活闲置资源7个，其中，腾退土地引入项目2个，盘活闲置厂房引进项目5个。

增强服务意识，加大服务力度，积极推进项目建设。全年有嘉林药业、联东U谷永乐产业园三期等11个项目开工建设，建筑面积66.57万平方米，投资额49.67亿元；有甘李药业、兰格加华产业园、金轮坤天等25个项目复工，投资总额143.1亿元，建筑面积253.32万平方米；有枢密院二期、华润二期、百丽、诺思兰德一期等11个项目竣工。

不断创优发展环境，全面提升承载能力。启动光机电基地经海六路、开发区东区望君疃110千伏变电站等12个基础设施建设项目，总投资额4.4亿元。其中，物流基地融商三路、开发区东区一号供热中心煤改气、西区锅炉房改造工程竣工。推进园区压减燃煤工作。6个市级以上工业园区完成46家企业94台燃煤锅炉592.5蒸吨的拆除工作；3个区级工业园区正在协调天然气管道铺设与供气问题，加快调压站建设。积极进行园区土地一级开发。完成土地交易5宗，总面积26.97万平方米，交易金额1.53亿元。

树立“中关村”品牌，推进通州园工作。着力营造良好的政策环境。深入推进中关村示范区“1+6”和“新四条”等系列先行先试政策在通州园区覆盖，帮助园区企业落实中关村各项优惠政策和扶持资金，助力企业发展壮大。全年帮助园区及企业获得国家级、市级扶持资金1.4亿元，其中，获得中关村各类专项扶持资金336.1万元。协助百纳、四环2家企业成功取得2014年“十百千”专项资金支持；协助中际联合、约基工业2家企业取得中关村国际化专项资金支持；协助2家企业申报2014年重大科技成果转化落地培育专项项目，其中，高新利华取得支持资金；协助32家企业申报中关村2014年技术创新能力建设专项资金，其中，14家企业获得购买中介服务资金支持，2家企业获得商标资金支持；协助中际联合取得中关村企业上市支持资金；协助6家企业7个项目申报北京市科学技术奖，其中，中冶、中科信2家企业的项目获北京市科学技术三等奖；协助11家企业申报获得通州区科学技术奖；雷格讯、万生药业等22企业成为2014年中关村“瞪羚企业”。紧抓政策对接企业创新。全年新认定中关村高新技术企业31家，纳入通州园统计范围的高新技术企业164家。

积极做好园区人才引进工作。园区5个博士后（青年英才）创新实践基地工作站有4个与中科院过程所、中科院物理所、北京化工大学、天津大学签订联合培养协议，其中，5人正式进站从事科研项目研究工作。帮助4家工作站获得扶持资金121.7万元，包括高端产学研基地专项资助80万元、研发经费20万元、招收经费12万元，进站人员生活补贴3.7万元，四环药业项目科研活动获得经费资助6万元。向市人力社保局推荐申报10名专业技术人才，其中，2人获得北京市高级工程师（教授级）专业技术资格。2人申报2014年“千人计划”。

（郭庆云）

北京通州经济开发区西区

【北京四环获评为北京市企业技术中心】 1月17日，北京市经济和信息化委员会召开工作会议，开发区西区北京四环制药有限公司被认定为北京市第十六批企业技术中心。企业技术中心评选是根据《北京市认定企业技术中心管理办法》，结合企业的综合实力、技术创新体系建设与运行机制、技术中心基本条件、技术创新活动成果等，经专家评审及北京市企业技术中心认定指导小组审定。

【建立信息库】 4月29日，由保罗生物园科技股份有限公司与中国科学院微生物所信息中心合作建立的功能性菌剂微生物资源信息库举行签约仪式，双方签订合作协议。信息库的建立，充分展示了保罗生物在微生物领域的研发成果，标志着保罗生物的功能性菌剂微生物资源研发与产业化进入了一个新的高度。

【服务企业预防职业病危害】 4月29日起，开发区西区联合通州区安监局，邀请北京中瑞环泰科技有限公司根据企业情况量身制定具体检测方案。为北京奥托博克（中国）工业有限公司、北京万生药业有限责任公司、北京北农天风农药有限公司等企业逐批进行检测，并提供预防建议及治疗方案等，促进企业提高生产效率、员工增强预防意识，并进一步提高园区服务水平。

【金轮坤天项目开工】 5月14日，北京金轮坤天机械设备有限公司产业基地项目举行开工仪式。项目总投资1.3亿元，占地面积2.99公顷，建筑面积29917.93平方米，计划将公司总部、研发中心和生产基地整体迁入，主要从事民航特种车辆、地面专用设备和武器装备的研发、生产与技术服务。公司隶属于中国农业机械化科学研究院，是一家集科研开发、产品生产和技术服务为一体的高新技术企业，具有中国民航总局和军方核发的民航特种车辆、地面专用设备生产许可证和国防科工局核发的武器装备生产许可证，是国家三级保密资质单位，通过国标、国军标、中国船级社质量体系认证。

【四环制药获北京市诚信创建企业称号】 5月22日，北京市企业诚信创建活动试点工作总结大会在北京市朝阳区富盛大厦召开，北京四环制药有限公司获2013年度北京市诚信创建企业称号，并获得由北京医药行业协会颁发的荣誉证书和奖牌。

【北京四环入选国家高新区先锋榜百快企业】 5月，首届国家高新区先锋榜评选中，北京四环制药有限公司荣列国家高新区先锋榜（2013）百快企业榜单，以表彰北京四环在年度经营规模和快速增长方面取得突出成绩。

【四环制药入选中国医药工业百强企业】 6月28日，中国医药工业信息中心主办的第31届全国医药工业信息年会在青岛召开，会议公布了2013年度中国医药工业百强企业榜，北京四环制药有限公司在该排行榜中位列三十七名。

【张湾产业园项目取得施工许可证】 8月27日，北京经开·张湾产业园项目取得建筑工程施工许可证。项目位于通州经济开发区西区云杉路1号，占地面积11.27公顷。总投资13.6亿元。一期建筑面积80814.80平方米。项目被列为通州区折子工程，将建设产业研发、企业总部、文化创意及相关配套服

务为一体的新兴生态高端产业园。

【园区企业安全生产管理工作】 9月30日，开发区西区领导带队，分别对入区企业车间和管委会办公楼进行安全生产检查工作。主要对企业厂房的防火工作、生产设备的运转情况和操作人员的操作规范进行实地检查，并对其中存在货物占用消防通道及电源线辐射不规范的安全隐患进行纠正，向企业下发安全隐患整改通知单。同时要求企业和各部门做好假日期间的值班工作，加强厂区的安全巡视并做好记录，严格落实领导带班制度，保证企业24小时有人值守，保证园区环境安全稳定。

【举办冬季人才招聘会】 10月12日，开发区西区组织部分入区企业，参加由区社保局和镇社保所联合主办的劳动人才招聘会。为更好地服务企业，此次招聘会划出专用区域，为招聘企业准备条幅，并组织机关工作人员现场维持秩序。各招聘企业提供了丰富的工作岗位，招聘类型主要以技术人员为主，吸引求职者千余人， 一百余人达成就业意向。方便求职者就业，同时保障了企业冬季用工需求。

【北京四环被评为2014年科技创新奖】 11月28日，北京市企业评价协会组织的科技创新奖落下帷幕，北京四环制药有限公司所申报的马来酸桂哌齐特注射液、单唾液酸四己糖神经节苷脂钠注射液被评选为2014年北京市企业评价协会科技创新奖–产品类优秀奖。该奖项是为促进北京市科技进步，推动首都经济建设和社会发展，大力推进企业自主创新，调动广大科技工作者的积极性和创造性而设立。此次获奖，是对北京四环制药有限公司在产品自主创新方面的高度认可。

（曹　强）

北京通州经济开发区东区

【概　况】 2014年，完成总收入72亿元，同比增长35.6%；总产值52.1亿元，同比增长30.3%；增加值11亿元，同比增长30.2%；销售收入54.2亿元，同比增长30%；利润总额2.1亿元，同比增长32.1%；税收4.2亿元，同比增长15%。

【高端项目签约落地】 全年引进中威联合国际能源服务有限公司、华美孚泰油气增产技术服务有限公司、辽宁海城石油机械制造集团3家签约投资项目。威德福项目业务经营范围涉及石油工程技术服务各领域，包括在各方同意的国内外市场为客户提供油田现场服务、制造以及共同研发。华美孚泰项目由中石化石油工程技术服务有限公司和美国FTS公司合资成立，引入美国页岩油气开发的先进设计理念和管理经验，在3～5年内，实现设备制造和化学剂的国产化，促进非常规油气勘探开发的突破，增加中石化新的资源储量，提高开发效益。项目投资5500万美元，由投资双方全额投资，前三年工作由中石化股份有限公司与合资公司签署总服务协议提供保障，三年总服务协议期满后，合资公司独立开拓市场。

【项目建设进展顺利】 年内，动力总成试制车间项目达到设备安装条件；嘉林药业一期项目4、7、8、9、10、11号单体正在进行精装修及设备招标，5、12、14号单体完成主体结构封顶；诺斯兰德一期工程竣工并取得房产证；珅诺基一期项目完成所有单体建筑的主体结构及主体验收；大正恒丰项目竣工投产。

【开发建设快速推进】 年内，一级开发取得实质进展。D1–D4商业地块实施方案通过区国土分局及区政府审批，并上报市国土局审批；中部工业区一级开发实施方案通过区工业领导小组办公会议审核及区政府审批，并在区国土分局完成备案工作。地块控规调整顺利推进。一期2.45平方公里规划范围内的道路定线工作完成；B13–B15、D12–14两地块控制高度调整取得函复意见；C2–C10、GYQ–02、GYQ–09地块控制性详细规划均上报相关部门审批。基础设施建设全面铺开。110千伏变电站工程启动站点建设；杜望路、2号供热中心、1号供热中心煤改气3个项目手续办理顺利。

【产业结构优化升级】 年内，与北京大学深入合作，启动产业定位研究，科学谋划三次产业发展方向和产业布局；完成园区1号供热中心及三佳时装、奥鑫模板等12家单位清洁能源改造。

【打造新型园区建设】 年内，以创建新型工业化示范基地为契机，以科技创新、体制创新、环境优化为动力，以战略新兴产业为突破口，以嘉林药业、诺思兰德、珅诺基等企业为依托，加快发展生物医药行业，于2014年2月被市经信委认定为北京市新型工业化产业示范基地——生物医药基地。

【促进企业创新发展】 年内，协调各相关部门，帮助企业健康快速发展。2014年，北京汽车动力总成有限公司、北京赛德盛医药有限公司被认定为中关村级高新技术企业。中际联合（北京）科技股份有限公司被认定为中关村“瞪羚计划”，荣获北京市知识产权运用示范企业，“新三板”挂牌。

【帮助企业获取支持资金】 年内，协助中际联合（北京）科技股份有限公司申请北京市商务委员会的外经贸发展专项资金10万元以及中关村管委会关于国际化发展专项资金15万元、企业挂牌资助30万元；协助北京北内发动机零部件有限公司申请北京市工信部“‘高档数控机床与基础制造装备’科技重大专项‘汽油发动机裂解式连杆加工技术与成套设备研制及产业化应用’”申请北京市经信委菲亚特项目扶持资金200万元、申请北京市商务委员会政策贴息资金91万元；帮助嘉林药业有限公司申请北京市经信委的《高效低耗存储车间及生产配套设施建设项目资金》500万元。

【全力做好安全生产工作】 2014年，开发区始终坚持安全第一、预防为主、综合治理的方针，牢固树立安全发展观，定期开展各项安全生产大检查，在“两会”及APEC会议召开期间，严格贯彻落实上级有关部门部署，制定相关工作方案，加大工作力度，确保全区安全稳定，2014年，开发区实现全年零事故、零伤亡和零上访。

（罗宇然）

北京通州经济开发区南区

【概　况】 2014年，南区实现工业总产值28.6亿元，同比增长6.8%；销售收入27.5亿元，同比增长7%；利润1.07亿元，同比增长5.2%；实现税收4.3亿元。

【招商引资成效显著】 2014年，经济开发区南区按照通州区新增产业的禁止和限制目录的要求严格把关入区项目，通过对在谈项目的严格审核，园区新引进北京锐隆轩投资管理有限公司与北京新博医疗技术有限公司共同合作投资的医疗器械产业园项目、北京中科博联环境工程有限公司投资的环境处理设备基地项目、通州区煤炭公司的节能环保煤基地项目、康牧集团投资的兽药生产基地、奢蔻化妆品有限公司5个项目落户园区。

【通州区煤炭公司节能环保煤基地项目落户南区】 1月10日，通州区煤炭公司节能环保煤基地项目落户开发区南区，该项目以生产节能环保优质煤并为通州区农村地区配送优质煤为主要业务。占地面积50亩，项目总投资1亿元。

【康牧兽药生产基地项目落户南区】 1月10日，康牧兽药生产基地项目落户经济开发区南区，该项目的投资方为农业部下属的康牧集团，项目以研发、生产兽药及器械为主。占地43亩，投资总额2亿元。

【北京中科博联环境工程有限公司落户南区】 2月17日，北京中科博联环境工程有限公司盘活北京盟拓东兴钢构板材有限公司4000平方米厂房。中科博联以污泥等有机固体废弃物无害化、资源化技术和设备的推广为主营方向，主要提供好氧发酵成套机械和智能设备、工程安装与调试、工程设计与咨询、一体化好氧发酵设备、除臭技术设备、资源化技术设备和产品及后续增值服务。公司拥有20多项发明专利、软件版权的高新技术企业。

【医疗器械产业园区项目落户南区】 2月17日，由北京锐隆轩投资管理有限公司与北京新博医疗技术有限公司共同合作投资的医疗器械产业园区项目落户经济开发区南区。该项目占地80亩，一期计划投资3亿元人民币为激光三维新层扫描食道无损检测系统、机械人放射外快治疗系统、脉冲刀、运动医疗耗材和CBD全球设计等5个项目建设标准化研发车间3万平方米。

【奢蔻化妆品有限公司入驻南区】 3月20日，奢蔻化妆品有限公司盘活绿山九茶叶公司2000平方米厂房。该项目由法国奢蔻化妆品有限公司独家投资建设，总部设立于中国香港，主要从事生物科技护肤产品及相关制品的技术研发，生产和销售。具备完整的生产体系和技术方案，均依照国家相关规定严格生产。投资总额4000万元。

【重点工程稳步推进】 年内，意大利维龙物流项目取得环评、立项及建设用地规划许可证；甘李药业胰岛素产业园项目A2、A3、A4，正在办理建设工程规划许可证；天海集团低温气罐生产基地项目完成9.5万平方米的建设，项目建设及内部装修基本完工，设备安装、调试、验收完成，正在办理房产证；海蓝科技项目土地上市的相关材料报市国土局储备中心，等待发布挂牌公告；中意橱柜二期项目取得建设工程规划许可证，施工招投标基本完成；欧陆金鑫项目完工；康牧兽药项目取得规划条件、项目备案批复，正在办理建设用地规划许可证和规划意见复函；恒亿盛世项目取得国有土地使用证，正在进行厂区设计；天威远大项目取得项目备案批复和建设用地规划许可证，正在办理规划意见复函。

【园区基础环境建设不断提升】 年内，完成漷兴六街道路给排水、绿化等配套工程；漷兴西三街道路改造工程开工建设，目前正在土方回填漷城西三路道路工程取得立项、初设和概算等批复，完成施工和监理招投标工作，准备开工建设。经济开发区南区中心区文体活动中心完工；热力站及管网工程取得规划意见书、土地预审、环评等批复，项目建议书编制完成，特许经营方案通过区政府审批，取得立项批复。

【园区服务体系不断完善】 一是协助北京拓普天品、卓越真空两家企业完成国家高新技术企业认定和中关村高新技术企业认定。截至年底，园区有国高新企业14家，村高新企业12家；二是加强安全生产管理工作，全面落实园区内企业安全生产和消防安全管理主体责任，强化应急管理，增强安全生产事故救援组织体系建设，进一步推进消防建设“防火墙”工程。坚持每月对园区内的企业进行2次安全检查，及时发现企业存在的安全隐患。三是帮助园区内企业解决用工难的问题。园区与镇社保所一起举办“春风行动”大型招聘会，吸引3500余人参加招聘，现场达成工作意向的达950人。并组织企业参加北京工业大学实验学院2014届毕业生双选会；四是加快推进压减燃煤和清洁能源建设工作。完成园区23家企业燃煤锅炉改造工作，改造锅炉39台193.2蒸吨。截至年底，有9家企业完成北京市第一批工业企业燃煤锅炉清洁能源的改造和集中供热整合项目补助资金的申报工作，实现压减燃煤5万吨，涉及补助金额624万元。

【全力做好园区安全生产工作】 一是全面加强企业安全生产宣传教育，加强对企业安全隐患的排查力度；二是要求企业加强对厂房内外易燃易爆物的管理，对消防设施、安全通道等方面进行定期检查，并做好检查记录；三是做好节日期间值班工作，确保信息畅通，加强节日期间的巡查工作，做好应对各类突发性事件的准备工作，确保安全生产工作万无一失；四是强化建设项目施工现场巡查，加强对特殊部位、重点部位实行专人专管制度，确保不留安全死角，保证园区全年无安全生产事故发生。2014年，对园区企业下发安全检查记录单400份，下发安全宣传材料500余份，确保全年园区无安全事故。

（初庆蒙）

中关村科技园区通州园光机电一体化产业基地

【概　况】 2014年，光机电基地累计完成工业产值1870646万元，较上年增长5.1%，完成全年任务的95.4%；技工贸总收入2884593万元，较上年降低0.1%，完成全年任务的90.1%；企业实现利润总计194171万元，较上年增长1346%；实现税收165608万元，较上年增长12%。其中，国税完成90053万元，同比降低4%，地税75555万元，同比增长38%。累计形成镇级财力22106万元，较上年增长29%。

【调整产业结构】 年内，加速推进枢密院二期、枢密院（027）等5个项目复工建设，并实现经开G135地块（一期）、枢密院二期、景海新时代3个项目竣工。积极转变招商模式，大力引进各类总部、研发型企业。2014年，依托枢密院、经开企业大道、矿业要素城等园中园项目，引进北京国际矿业权交易所以及中石集团等重点项目在内的企业51

家，注册资金16.2亿元。完成约基公司生产环节的退出以及红狮漆业、东南压铸的技术改造，切实转变经济发展方式、提高经济增长质量和效益。

【加快路网建设】 年内，新建嘉创一路、支路二等5条道路，并完成交通画线，修复科创二街道路，铺设人行步道1200平方米。北神树安置楼项目开工建设，工程进展顺利。

【提升园区形象】 年内，启动并完成次渠电站站前广场修复工程，增添喷泉、凉亭、石桥、草皮、OIP标识和灯带等景观，进一步提升园区形象。建设生态园区，改善能源结构，推进节能减排和淘汰落后产能工作，完成基地内14台燃煤锅炉的拆除改造，为生态园区建设打下坚实基础。

【5-3地块挂牌出让成交】 1月15日，光机电基地5-3地块挂牌出让成交，5-3地块为M1一类工业用地，总用地面积3.2公顷，其中，建设用地面积3.0公顷，建筑控制规模36064平方米，由北京光辉华兴投资管理有限公司以2977.57万元竞得。

【入驻企业参加第十七届中国北京国际科技产业博览会】 5月14日，第十七届中国北京国际科技产业博览会在中国国际展览中心举行，光机电基地组织天宇朗通、莱斯达电子科技等6家企业，在“通州——功能完备的北京城市副中心”展台进行展示，向科博会客商与各界参观人员展示通州区作为城市副中心的新形象。

【参加香港日——中国香港服务贸易洽谈会】 5月29日，中国（北京）国际服务贸易交易会(简称“京交会”)在北京国家会议中心举行，光机电基地应香港贸发局之邀，参加该局与中国国际经济技术交流中心、商务部外贸发展局联合主办“香港日——中国香港服务贸易洽谈会”，并与香港企业进行交流。

【15兆瓦屋顶光伏电站项目建设完成】 年内，建成中科信电子装备有限公司、中国电科集团公司等企业屋顶电站14个，装机容量达15兆瓦，且全部并网运行，累计年发电量1600万千瓦，满足企业用电需求超30%。截至6月底，光机电基地15兆瓦屋顶光伏电站项目全部建成，该项目的建成对基地节能减排等方面作出突出贡献。

【中国矿业联合会举行重组签约仪式】 7月17日上午，在光机电基地北京国际矿业城召开中国矿业联合会五届六次常务理事会。会上，北京国际矿业权交易所的全体股东暨北交所、川谷汇集团、光大、中铝资源举行重组签约仪式。全体股东达成一致意见，签约后将开始着手北京国际矿业权交易所地址从西城区迁入至北京国际矿业城的工作。此次签约仪式的举行，标志着北京国际矿业城建设工作取得阶段性的成果。

【G135地块二期工程开工仪式举行】 9月28日，北京市光机电一体化产业基地北京经开·国际企业大道Ⅲ项目G135地块二期工程举行开工仪式，标志着北京经开光谷置业有限公司的发展从此进入一个崭新的时代，为将来拓展通州市场迈出更为坚实的一步。北京经开投资开发股份有限公司领导、北京经开光谷置业有限公司领导及相关监理单位、建设单位负责人出席项目开工仪式。

【解决企业公交出行难题】 10月27日上午，基地开通通30路公交车，解决园区企业员工出行难问题。该线路从次渠地铁站出发，途经园区多条道路，沿途在多家企业旁设置站点，终点为亦庄万源街地铁站。

【中石国际贸易有限公司入驻基地】 12月31日，中石国际贸易有限公司与光机电基地在台湖镇政府三楼会议室举行签约仪式，标志着中石国际贸易有限公司正式入驻光机电基地。副区长洪波及相关委办局领导、台湖镇及光机电管委会领导出席签约仪式。

（符　迪）

中关村科技园区通州园
金桥科技产业基地

【概　况】 金桥科技产业基地成立于2002年，总体规划面积15平方公里，一期规划面积7平方公里，是中关村自主创新示范区的重要组成部分，也是通州新城建设的重点发展区域，同时享受中关村和通州区的支持政策。2014年，金桥基地围绕京津冀协同发展战略部署，把握北京城市副中心发展战略机遇，抓住中关村自主创新示范区政策优势，立足当前产业基础，一方面继续保持一期稳步发展，推动产业实现转型升级，并逐步完善配套基础设施；另一方面全力推动国家集成电路产业园建设，力争实现二期高起点规划、高标准建设，为完善城市副中心产业功能提供有力支撑。2014年，金桥基地实现工业产值54.9亿元、总收入102亿元、税收10.86亿元，同比分别增长22%、11.5%和20%。

【国家集成电路产业园项目取得新进展】 一是产业园一期3300亩地块基本实现场清地平，正在采用地块内自我平衡的方式，将地块中分散的建设用地进行复垦，集中指标解决部分地块的耕地占补平衡指标，使部分地块土地具备征地条件。截至年底，与区国土局完成现场初步踏勘和前期用地资料数据的整理。二是考虑到项目未来生产需求，启动了一座10.3万吨再生水厂、一座220千伏变电站和一座110千伏变电站的前期规划工作。再生水厂方面，委托北规院编制选址规划和雨污管线规划方案，其中，选址方案获批。配合区水务局完成再生水厂一期（2万吨规模）工程的现场踏勘、调研及可研编制等相关工作；变电站方面，与国网北京市电力公司签订投资划分协议。三是在区金融办、国资公司和新城基业的大力支持和帮助下，完成新一轮30亿元融资工作。四是全面加快搬迁村民安置楼的建设，截至年底，有5栋封顶，其余正在加快办理开工手续。

【入驻项目有序建设】 2014年，有中安欧尚、少城制衣、博旺天成、合生世界村等17个项目开复工建设，总建筑面积约106万平方米，其中，产业类项目13个，开复工面积约54.7万平方米；地产类项目4个，开复工面积约51万平方米。截至年底，融科钧廷二期，合生世界村H区和I区、合生金桥花园、少城制衣、神龙盛唐等项目实现竣工。

【招商引资工作成效显著】 2014年，金桥基地重点围绕园中园项目资源开展招商引资工作，引进联东物联网电子信息产业园、北京首科信通、康派特医疗器械等55个项目，项目总投资26.39亿元。

【企业服务管理取得实效】 2014年，金桥基地落实以“服务促管理，以服务带管理”的企业服务理念，多措并举提升服务水平。一是以分片到位、责任到人的方式重点对400余家入区企业进行走访调研，为企业经济数据统计、做好人才服务、落实企业需求等服务工作打下良好基础；二是组织甘李药业、婷美、博海升等重点入区企业开展融资、科技、上市培训7次，帮助企业了解政策、用足政策；三是申报高新技术企业18家，其中，新申请11家，复审7家；四是为甘李药业、华新绿源、迪马克等企业申请各类支持资金1058.23万元；五是积极协调区环保局，为润生食品、东明伟业、新光凯乐等17家企业办理环评手续，解决远航京通和外文印务两家企业的相关困难。

【年度清洁能源改造工作按时完成】 年内，根据清洁空气行动计划工作统一安排布署，按时完成年度清洁能源改造任务，拆除燃煤锅炉14台，新安装燃气锅炉4台，确保了小区正常供暖。

7月2日，区环保局、经信委领导查看清洁能源改造锅炉企业 （金桥科技产业基地提供）

【全力抓好为民办实事工作】 年内，为改善搬迁村民生活环境，更换温馨家园铁艺围墙，修缮、粉刷楼梯间1.1万平方米，新建自行车棚4个，改造小区北侧空地修建便民生活广场，联合执法对违建、私装地锁进行拆除；为二期大项目地块内未拆迁户修建道路方便出行；配合镇农委更换LED路灯120余盏。

【基础设施建设进一步完善】 年内，启动环科中路、景盛南二街、等5条道路部分路段的前期工作。完成景盛中街市政管线东延工程，解决远航京通等企业的市政管线接入问题，为企业办理环保手续奠定基础。完成环宇路、景盛北一街等道路的雨污水管线清淤疏堵工程，确保沿途企业排污畅通及汛期防汛安全。完成一期污水处理厂扩容工程，新增污水处理能力5000吨/天。

【全力加快地块上市】 年内，华威博奥、正皓诺金、福兰德和锐驰4个项目的意向地块。总占地面积163.5亩，其中，建设用地107.1亩，代征地56.4亩，正在重新做土地评估报告，并协调市、区土地局完成上市事宜。

【微信公众平台开通】 年内，为方便企业实时了解基地动态，金桥基地开通金桥基地公众服务账号。实时发布各类通知、消息，并接收企业发送的各类意见、建议，进一步拓宽企业服务渠道，提升企业服务质量。

【拟挂牌上市企业政策培训会】 5月15日，金桥基地组织婷美集团和中捷四方生物科技股份有限公司参加拟挂牌上市企业政策培训动员会。通过培训，两家企业对“新三板”挂牌有关政策有了进一步了解，为加快企业挂牌上市进度奠定了良好的基础。

【甘李药业荣获第十五届中国专利金奖】 年内，甘李药业股份有限公司董事长甘忠如博士的发明专利“含有分子内伴侣样序列的嵌合蛋白及其在胰岛素生产中的应用”获得第十五届中国专利金奖。

（王　欣）

北京通州物流基地

【概　况】 2014年，物流基地围绕通州新城建设，以项目建设为重点，以创新招商模式为突破口，不断提高开发管理水平，基地基础设施进一步完善，发展环境不断优化，推进了基地的快速发展。本年度基地经济运行态势良好，全年完成销售收入216亿元、税收9.4亿元，同比分别增长15%和12%；基地设施建设同步推进，承载力和保障力明显增强；项目开工建设步伐加快进行，基地全年完成固定资产投资22.5亿元，开复工面积达到50万平方米，华润二期、百丽项目如期竣工；苏宁易购项目开工建设；口岸项目规划调整方案获得批复，加紧办理地块上市手续；天津路丰项目完成前期手续办理，部分地块开工建设；珠江E11、富力、公租房等项目建设工程如期进行，年内全部实现竣工。队伍建设得到加强，实行工作落实责任制，强化制度建设，完善督查考核工作机制，基地运营管理的规范化、科学化得到进一步提高。

【基础设施建设不断完善】 2014年，基地新增设施建设投入5000万元，实施了多项工程。主要包括：投资3000万元完成E11地块景观公园建设，新增绿化面积3万平方米；投资1500万元启动五支渠改造工程，为口岸地块上市创造了条件；投资200万元完成雨水排放泵站工程，解决雨季部分路段积水问题；投资210万元完成融商三路道路贯通工程。同时，积极推进电力设施建设，提升基地保障能力，完成高压线迁改和4万千伏安电源引入工程，缓解园区用电紧张问题。

【招商引资工作取得新进展】 2014年，结合园区土地情况，进一步调整招商思路，重点开展“以商招商”工作，加大盘活引入力度。基地全年新吸引注册企业39家，并先后引入苏宁云团科技、苏宁互联、百世物流等5家企业。以四块多功能地块为重点，积极谋求与大项目的合作开发，先后与戴姆勒奔驰、京东方科技集团等项目进行合作洽谈，储备一批优质项目资源。另一方面，积极从京津冀协同发展方面寻找突破，打造“平台经济”。加强与天津、唐山等港口的沟通交流，并与天津港集团就口岸项目建设达成合作协议。同时，从盘活入手，促进原有项目的升级改造，重点推进首发集团高速公路智慧物流港项目前期工作，得到有关部门和行业专家的支持认可。在招商部的积极努力下，加油站问题得到最终解决，并成功引入北京新奥叶氏能源投资有限公司项目。

【三举措加强安全生产工作】 3月31日，召开安全生产工作会。组织基地内入区企业及施工单位召开安全生产工作会，宣讲安全生产重要性及专业知识，加强企业的安全生产意识。签订责任书，责任落实到人。基地与辖区内企业及施工单位逐一签订安全生产责任书，确保责任落实到人，完善安全生产责任制度。每周开展专项安全检查。基地每周组织安全生产小组，对基地内企业及施工单位开展有限空间作业、煤气使用安全、饮食卫生等专项安全检查，发现隐患及时发送整改通知，并于整改期后进行复查，确保企业落实整改。

【物流基地与北京联合大学签约仪式举行】 10月21日，物流基地与北京联合大学举行合作签约仪式举行，共建物流人才培养产学研合作基地。双方将围绕物流技术应用、人才培养、园区规划建设等方面开展深入合作。副区长李亚兰出席签约仪式并为物流人才培养产学研合作基地揭牌。

【物流B东地块公租房项目完成封顶施工】 项目总占地230.7亩，总投资约12亿，建筑规模16.18万平方米。其中，托幼用地0.24万平方米；中小学合校1.35万平方米；二类居住14.59万平方米，配建公租房3004套。11月21日，完成主体封顶施工。

（马建杰）

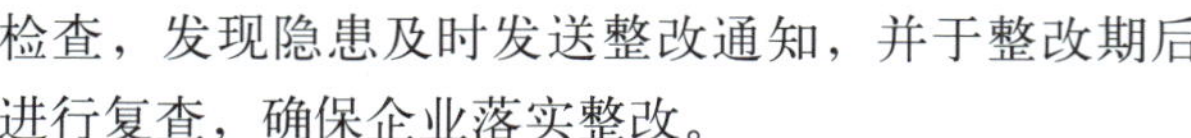

北京市通州新城金融服务园区

【概　况】 北京市通州新城金融服务区（通州商务园）位于通州新城西北部，温榆河两岸，是通州区调整产业结构，加快现代服务业发展，重点发展的高端商务、企业总部办公集聚区，是北京市9个金融功能区之一和“北京市电子商务聚集区”，在由商务部授予的34家“国家电子商务示范基地”单位中综合排名第一。产业定位是金融后台服务基地、电子商务聚集区、效率型国际总部基地、新型服务业孵化基地。园区总规划面积7.3平方公里，一期2.96平方公里，特色为滨水生态、低密度、节能环保“花园式办公”。2014年，园区营业收入49亿元，实现税收3.92亿元，同比增长17%。其中，国税1.39亿元，地税2.53亿元，同比增长42%。重点企业：金融街置业公司1.46亿元、裂帛服饰项目公司纳税7568万元、乐友集团纳税3727万元、中信富通公司3411万元、阳光人寿保险北京分公司2349万元。电子商务企业纳税额逐步增加，2014年实现税收1.2亿元。

【D1−5、7地块项目情况】 该项目名为“紫石时代中心”，总建筑面积11.39万平方米，17栋楼宇，每栋3834平方米～10206平方米不等，分为办公和商业金融两部分。2月13日，D1−5、7地块项目取得市住建委下发的“建筑工程施工许可证”。4月10日，项目取得市发改委下发的年度投资计划单。开工面积11万平方米，截至年底，有部分楼宇实现结构封顶。

【示范区项目复工】 该项目位于D1−2地块，建设用地133亩。总建筑面积13.3万平方米，总投资10亿元。项目于3月12日复工，截至年底，南区土建及幕墙工程基本完成。

【金地格林格林项目南区向业主交房】 该项目位于C2东侧地块，建设用地面积109亩，总建筑面积18.37万平米，建设住宅、托幼及配套设施。截至年底，全部楼宇基本完成二次结构施工，南区于年底向业主交房。

【参加2014年第五届电商博览会】 2014年，第五届中国电子商务博览会于9月23日至24日在北京国际会议中心举行，商务园领导作为受邀嘉宾参加开幕式启动仪式。园区通过灯箱、墙体广告、LED电视、沙盘演示、宣传材料发放等形式多角度展示园区形象，增强了国家电子商务示范基地和北京电子商务聚集区的品牌影响力，搭建了与电子商务企业的交流平台，对电子商务聚集区的建设与发展，起到重要的促进和推动作用。

【官方网站不断扩大影响力】 园区网站通过定期发布园区各类信息，包括举办会议活动、签约仪式和招商动态等，不断提升园区作为国家电子商务示范基地的知名度与影响力，很多企业慕名而来，主动洽商，营造了商务园浓厚的发展氛围。截至年底，网站日均访问量1000余次，总访问量达13万次以上。

【北京通盈投资集团落户商务园】 4月14日，北京通盈盛世投资基金管理有限公司到商务园考察洽商。北京通盈投资集团是以房地产开发、金融投资为主营业务的大型投资集团，业务覆盖北京、重庆、珠海等地区。经过协商，该集团在园区注册一家新公司，注册资本3000万元。

【完成经济普查录入工作】 商务园按照第三次全国经济普查登记工作部署，坚持依法普查，加强宣传工作，运用现代信息技术，保证普查工作的顺利实施。经济普查的主要内容包括单位基本属性、从业人员、财务状况、生产经营情况、科技活动情况等，商务园普查登记香云集团、中合金网公司等11家入园企业，经过认真组织开展，完成此次企业经济普查的数据录入工作。

【成立电子商务企业绿色通道联盟】 3月11日，由区工商局组织的电子商务企业绿色通道联盟大会在商务园召开。针对园区特色产业电子商务企业，在区工商局的协助下，商务园成立电子商务企业绿色通道联盟，旨在推动电子商务企业诚信经营，加大企业经营难点问题解决力度，为企业办理招商地址申请、相关许可证、人才服务等。截至年底，联盟包括裂帛服饰项目集团、乐友集团等10余家企业。

【裂帛服饰项目不断进展】 北京心物不二电子商务有限公司是商务园引进的重点电子商务企业，旗下品牌裂帛服饰是著名的电商女装品牌。该公司2011年5月在商务园完成工商注册及税务登记手续，当年销售额过亿，2012年6月在园区管委会的积极协助下，企业获得经纬中国和红衫集团两家风投公司融资1100万美元，进入正常运营状态。2014年，商务园不断加大对该项目的扶持力度，裂帛项目全年税收同比增长达50%，成为园区第二纳税大户。

【全面开展园区物业管理工作】 园区通过公开招标委托社会化专业公司进行园区物业管理。配备保安员，设置5个固定岗及巡逻岗，24小时值守，并装备岗亭和电动巡逻车。通过增加环卫员力量，集中整治园区公园及道路垃圾、渣土问题，道路渣土清理130余车，清运生活垃圾300余袋。物业管理的加强得到入驻企业的认可，并对营造良好的招商、安商、富商氛围起到积极作用。

【改善滨河森林公园环境】 2014年，园区加大公园设备设施的维修与改造，设立公园提示牌和宣传栏等各项安全提示，安装与调试公园绿化、水电系统、各水泵房电器设备。年内，新铺园区道路及公园内绿化道路1700平方米，防腐木更新300平方米，新建水泵房5间，更换水泵1台，改扩建卫生间2座，安装垃圾桶80余个，安装健身器材3组，公园内新铺设道路2条，座椅修补粉刷281个等设备设施维修与改造工作。截至年底，补种乔木347棵，灌木6500棵，修整树木300余棵，清理干枝死叉、树叶、杂草200余车。滨河森林公园环境面貌得到明显改善，受到周围群众的欢迎。

（房振东）

北京通州宋庄文化创意产业集聚区

【概　况】 北京宋庄文化创意产业集聚区是北京市首批认定的十大文化创意产业集聚区之一。2014年，集聚区围绕首都城市副中心建设，在土地一级开发、路网建设、招商引资、艺术产业博览会等方面开创了工作新局面，完成管委会及集聚区公司体制调整一系列工作，园区风貌焕然一新。2014年，完成税收10852万元，其中，国税5374万元，地税5438万元，较上年同期增加2018万元，同比增长22.9%。

【土地一级开发步伐加速】 2014年，集聚区一期（A、B、C地块）：A地块场清地平，具备入市条件；A1地块已进入上市倒计时阶段；A2、A3地块项目涉水论证方案编制工作完成，等待市水评中心审批。拆迁方面，非住宅剩余11户，住宅剩余81户未签约。完成A、B、C地块一级开发总成本审计工作，核算一级开发总成本为373802.37万元。集聚区二期（E、F、G、H地块）一级开发实施方案编制完成，并报送至通州区土储分中心接受审核。

【园区路网建设有序推进】 2014年，集聚区自主建设道路4条，年内，完工道路总长达3.9公里。其中，潞苑南大街（规划三路—宋郎路路段）和规划三路A地块内（京榆旧路—潞苑南大街路段）完工，徐宋路（京榆旧路—潞苑南大街路段）通车，规划一路完成道路一期（张采路—宋郎路路段）管线及底层沥青铺设。除上述道路外，潞苑一街、东六环东侧路两条道路均取得立项批复和规划意见书，初步设计概算完成。区属重点道路方面，宋郎路道路搬迁完成，潞苑北大街搬迁率达97.3%。

【公共服务职能进一步强化】 2014年，集聚区对管委会综合管理科的职能和人员进行明确及充实，委派专人具体负责集聚区范围内的艺术家、艺术机构和民间团体的服务及联络，做好文化安全的管理工作。集聚区采取线上线下多种渠道帮助艺术家解决销售问题，如通过公共服务平台和中国・宋庄艺术品交易网组织90余场作品展览展示，艺博会期间100余名艺术家与淘宝网及苏宁艺术拍卖频道等多家知名电商网站成功签约，有效拓展了艺术品和衍生品流通销售渠道。

【招商引资工作】 2014年，集聚区产业项目进展顺利，招商引资提质增效。中国艺术品交易中心项目完成项目启动方案及空间方案，国家时尚创意中心项目完成项目起步区概念性规划设计。按照“园中园”的招商思路，积极引进行业内高端企业，年内，引入荣宝斋画院和香港大公文化艺术品公司北京分公司两家业内知名优质企业，完善了园区文化产业链条。

【举办2014中国艺术品产业博览交易会】 2014年，中国艺术品产业博览交易会于9月29日至10月5日在通州区宋庄集聚区成功举办。本届艺博会设2大主展馆、5个主题馆、5个分会场、1条艺术淘宝街及高峰论坛、工作室开放等内容。艺博会期间客流量34万人次，总交易额达到24.29亿元，其中，原创艺术品销售、拍卖为16亿元，艺术衍生品、复制品销量达到8.29亿元，充分实现了艺术品学术高度和经济效益的双向互动。

（张明罡　谢龑彦）

艺博会签到处　　（宋庄集聚区提供）

北京永乐经济开发区

【概　况】 2014年，永乐开发区根据自身产业定位和现实情况，充分发挥自身优势，融入大局，科学定位，主动作为，务实推进，各项工作任务进展顺利，实现了开发区发展大踏步前进。2014年，永乐开发区完成工业总产值74000万元，工业增加值18890万元，分别同比增长15.31%和20.34%；实现销售收入83800万元，利润6800万元，分别同比增长20.04%和20.12%；实现税收33574万元，形成区级财力13721万元，分别同比增长80.08%和78.64%，全年完成固定资产投资2.5亿元。园区各项经济指标增幅明显，园区主导产业发展稳步增长，企业质量显著提升。

【重点项目建设】 联东U谷·永乐产业园项目：规划占地713.55亩，投资总额100亿元以上。在项目一、二期投入运营的基础上，项目三期（占地119.89亩，规划建筑面积11.97万平方米）于2014年3月开工建设，项目建设进展顺利：11月联东U谷永乐园三期一组团23栋建筑主体封顶；12月底，内部装修完成20%，完成总体建设目标的60%。此外，联东U谷·永乐产业园项目一期引进30家中小型高科技类企业入驻，协议出售面积8万平方米，拉动二次投资约6亿元，其中，投资额5000万元以上的4家，投资额3000万元以上的21家；高新技术企业4家，税收300万元以上的8家；项目二期引进企业25家，协议出售面积6.7万平方米，拉动二次投资5亿元。北京新地电子商务中心项目：占地面积86.55亩，于2012年底签约入驻。2014年1月竞拍中标项目土地，并开始项目方案设计；2014年7月取得国有土地使用证。截至12月底，完成项目可研报告和项目设计方案，正在办理项目立项等手续，并着手进行项目土地平整、施工围挡建设等入场施工前准备工作。

联东U谷　　（永乐开发区提供）

【项目引进】 悦康药业永乐医药产业基地项目：于2014年6月18日签署项目合作协议。项目规划用地1000亩，总投资约50亿元，规划分三期建设，其中一期计划投资20亿元，达产后可实现年产值约100亿元，年税收总额基地约10亿元，提供就业岗位约5000～10000个。建设内容主要包括医药制剂生产基地、创新药物孵化中心、大健康产业和配套附属设施等。乐犀撷珍文化艺术交流交易产业园项目：于2014年9月28日签订入驻合作协议，将打造包括艺术品博物馆、交易交流中心、会展中心和创意加工厂等文化艺术产业项目。项目总投资6.2亿元，总用地面积83.71亩，总建筑面积11.16万平方米。

悦康药业签约仪式　　（永乐开发区提供）

【深化土地一级开发】　年内，园区一方面继续与相关村委会就土地征占费用等问题进行多次沟通协商，对历史问题进行了梳理，推动工业三期等的征地事宜。另一方面，根据项目引进情况和基础设施建设需要，启动园区A5－A9、A13－A17地块的一级开发工作，并取得规划意见书、立项批复等手续。

【园区环境建设】　根据永乐店镇总体发展规划，园区在2012年永乐生态公园一期工程的基础上，于2014年启动公园二期建设，即在公园一期的基础上向北扩展140余亩，并在规划、设计等方面与一期有机衔接。2014年底，工程建筑部分主体基本完工。

【园区燃煤锅炉改造工作完成】　为配合《北京市2013—2017年清洁空气行动计划》中“2014年底前停止市级以上开发区燃煤锅炉使用”的要求，园区多次与区内企业及相关单位进行沟通协商，并组织燃气公司与区内有燃煤锅炉的企业进行对接，得到园区企业大力支持和积极配合：8月27日北京金长城包装材料有限公司拆除2台、共10蒸吨锅炉；10月19日北京纳百川有限公司拆除2台共8蒸吨锅炉；12月23日北京宣威木业公司停止使用2台共4蒸吨燃煤锅炉。至此，园区燃煤锅炉改造工作完成。

【基础设施建设】　年内，根据园区实际情况和企业需求，启动恒业八街、恒业北七街、恒业七街、永开东一路等4条道路部分路段（共计约8000米）的先期建设工作，取得四条路网的规划批复及立项批复等手续。截至年底，部分路段的雨污水管线铺设完成，后续规划手续正稳步推进。

【临时污水处理厂建成并投入使用】　年内，为满足区内企业环保审批需求，尤其是使园区复合环保要求，经过多方对比，结合园区实际情况，投资200万元建设临时污水处理厂。该处理厂采用针对小城镇及乡村污水处理的节能型MBR即SMART－EMBR工艺，日处理污水量100吨，于11月16日建成，并于12月23正式投入使用。

【闲置资源盘活】　年内，完成北京共创富来水处理公司（原北京鑫安达管道公司）和北京宣明典居公司（原北京东方圣邦公司）两宗、共30.8亩土地的资产盘活。共创富来公司盘活土地20亩，主要建设新型海水淡化设备生产基地，总投资约2000万元，建筑面积13800平方米，包括工业厂房及附属配套设施用房的建设；宣明典居公司盘活土地10.8亩，主要从事高档红木家具的生产与销售，总投资约3000万元。

（董　男）

永乐生态公园　　（永乐开发区提供）

北京市通州区 台湖高端总部基地

【概　况】　台湖高端总部基地位于通州区台湖镇，东北至京津二通道；西至通惠排干渠；西南至规划垡渠路；东南至六环路，南至凉水河，规划用地面积17.21平方公里，规划总建筑面积1720万平方米。随着京津冀协同发展上升至国家战略，总部基地又迎来新一轮发展机遇。在功能定位上，总部基地将与新城核心区“双轮驱动”，着力建设成为服务于首都经济圈的高端商务新城和面向环渤海的高端企业总部集聚区，打造成为“有城有业，城业联动”的高端智慧城市。作为北京城市副中心“一核五区”中的重要功能区之一，2014年，台湖高端总部基地一级开发进展顺利，规划设计成果丰硕，基础设施愈加完善，大力引进总部型项目，各项工作平稳有序。2014年，台湖高端总部基地全年税收累计实现约2.65亿元，同比增长54.01%，形成区财力约1.4亿元，同比增长115.73%。

【一级开发】　经过4年多不懈努力，总部基地土地一级开发进入最后攻坚阶段，并进一步推动规划升级。截至年底，基地集体土地住宅和非住宅搬迁签约比例达99%。土地上市协调推进，有6块地完成土地上市，其中，4、5号地块对接车联网项目取得市政府意见，年底上市。同时，针对10、11、12、18、19号地以及C7周边土地上市情况，开展“一体化设计、产业供地策略、站前区核心区交通系统、生态交通系统、人行和自行车慢行系统、公交场站接驳规划”等一系列研究工作，并同步开展街区深化，为土地上市前地块编制做好铺垫。整体街区控规取得市政、交通、给水、中水、雨水、污水等专项正式成果，站前区污水处理厂完成选址规划。

【重点工程】　2014年，基地着力推进各项基础设施建设，为入驻企业及住户打造优质的配套设施。全长4.3公里的站前街是总部基地第一条城市主干路，实现通马路与次渠大街路段通车，另一条重要道路——通马路，实现次渠桥至东石桥路段通车。北部城市湿地公园项目总投资逾3.17亿元，总占地面积75.53公顷，其中陆地52.73公顷，水域15.20公顷，湿地面积7.60公顷。截至年底，正在进行地形修理、树木养护，建成后将再现“绿谷荷海”景观。作为通州区重要安居工程之一的基地二期定向安置房工程，项目规划总建筑面积53万平方米，总投资约13.1亿元。全部39栋住宅楼全面封顶，完成约20栋楼的外墙保温及内装，7月交付使用。

其它市政道路工程手续加快推进。其中，2条主干路申报立项；4条主干路和2条次干路完成规划条件编制。5条次干路取得区发改委立项核准。此外，污水处理厂、北神树110千伏变电站、调峰锅炉房、燃气调压站等工程也全力推进。

【招商引资】　2014年，总部基地创新渠道力推总部型项目落地。作为交通运输部和北京市政府部市合作项目，国家车联网产业基地项目意向地块取得新规划意见书，且被纳入北京市扩大内需重大项目绿色审批通道。截至年底，确定项目用地供地方式。

北京SAP智慧城市创新中心项目整体定位为环渤海新城规划背景下的智慧城市科学示范区，项目方明确意向地块为IV-1街区1号地块，总用地面积10.81公顷，建筑规模19.25万平方米。截至年底，正进行项目规划设计。

2014年，总部基地围绕打造高端城市形态，汇集高端产业要素，集聚高端企业总部的目标，新引进总部型项目2个，分别为闽商企业北方总部基地项目和台湾企业总部中心项目。另外，中国人民海军主题公园项目、总部基地物联网产业基金及京台科技创业园项目正在洽谈中。

为配合城市副中心建设，2014年，总部基地逐步开展智慧城市建设，成立智慧城市建设推进工作组，同时，进行国家住建部、科技部2014年度智慧城市试点申报，通过市住建委、市科委联合组织的专家评审。

【宣传推介工作】　年内，总部基地通过“外树形象，内强素质”的发展理念，不断创新宣传推介模式、提升内部管理水平。对外开展多种调研。对中关村TD产业联盟、数字电视国家工程实验室、广播电视技术行业等进行调研，了解相关行业发展、产业链上下游情况等。积极参加各种展会。参加十七届中国北京科技产业博览会及中国(北京)国际服务贸易交易会，多方面推介总部基地，搭建平台、整合资源，探寻符合总部基地发展建设的优质项目；参加2014年中关村论坛年会，重点关注政府、企业等如何共同创建创新创业生态系统，推动协同创新和产业发展等问题，积极推进总部基地生态和谐可持续发展。对内倡导集体学习。学习内容包括中关村1+6政策、新四条政策、高新技术企业认证、税收优惠政策等。加强对内企业服务。总部基地研究编制《北京市通州区台湖高端总部基地管委会自持物业企业入驻的服务与管理办法》。整合创新宣传方式。与专业机构合作，对总部基地进行品牌定位，启动理念识别系统（MI）、行为识别系统（BI）、视觉识别系统（VI）等工作。同时，对原有宣传品进行更新，及时调整宣传重点。及时更新网站内容，打造总部基地官方信息发布平台。加大媒体传播力度。在《中国民航》《投资北京》等杂志上刊登广告，于出行高峰期针对高端消费群体进行投放，挖掘潜在投资者。利用服务平台优势，对总部基地的工作进展、重大工作节点、工作亮点等进行报道。同时在通州电视台、《通州时讯》进行宣传，确保信息占有量。在京哈、京津高速等交通要道设置户外广告，提高总部基地知名度。

（王学娜）

北京通州文化旅游区

【概　况】　北京通州文化旅游区成立于2011年，是北京城市副中心“一核五区”中的重要功能区之一，功能定位为集合主题游乐、影视、音乐、演出、体验等各种娱乐功能，建设成中国元素与现代时尚文化相融合的高端文化旅游目的地，成为提升首都文化旅游品质的功能区和集聚文化功能、完善消费功能的重要空间载体。按照市委、市政府建设文化旅游区的安排部署，以及区委、区政府对开发工作的具体要求，在有关部门的支持配合下，文化旅游区充分发挥协调职能、强化责任意识和制度力量，全力推进园区开发建设。2014年，文化旅游区管委会深入践行党的群众路线教育实践活动，实现市委、市政府“保障重点地块2014年上半年完成供地”的重要部署；同时，配合环球主题公园项目通过国家核准；同步开展园区基础设施规划建设，启动产业发展及空间设计等研究工作，园区建设呈现良好开端。市委书记郭金龙，市委副书记、市长王安顺，市委常委、常务副市长李士祥等领导多次亲临项目现场调研指导工作，充分肯定了园区开发建设取得的成绩。

【一级开发工作】　年内，文化旅游区一级开发涉及梨园、台湖、张家湾3个乡镇，16个村的征地拆迁，其中，涉及村址拆迁的有7个，需安置人口10990人，涉及拆迁建筑总规模339.1万平方米。按照“全面加快园区一级开发，确保项目地块优先供地”的总体原则，园区建立拆迁、征地、转非、安置一体化工作机制，全力推进土地一级开发工作，年内，进入全面收尾阶段。宅基地签约98%，非住宅签约90%；环球主题公园项目核心区133万平方米土地，3月底前完成供地。

【安置房建设】　年内，文化旅游区拆迁村民通过项目内、外两个安置房建设项目，由通开公司作为建设主体进行安置。2014年，安置房建设项目全面启动。项目外安置房安置大高力庄村村民，规划建设18栋住宅，建筑面积约17.9万平方米，其中，年底竣工12栋。项目内安置房安置田家府村、铺头村拆迁村民及大马庄村剩余村民，规划38栋住宅楼，建筑规模约35.2万平方米，年内，进行土方施工。

【环球主题公园项目】　自李士祥常务副市长主持召开筹建工作领导小组第一次会议作出部署，启动项目上报核准工作以来，在区委、区政府的指挥调度下，文化旅游区按照上报核准工作计划，积极协调落实由通州区主责及协办的17项工作，制定工作情况每周报送机制，主动配合、及时跟进各项工作推进情况。4月，项目上报核准材料全部由北京市发改委上交国家发改委。6月23日，国家发改委召开项目专家评审会，并组织专家对项目拆迁现场进行踏勘。9月25日，环球主题公园项目正式获得国家发改委的批复，选址文化旅游区。年内，各项前期准备工作陆续展开。

10月13日，康卡斯特NBC环球公司董事长威廉姆斯与首旅集团、首寰投资董事长段强合影 （文化旅游区提供）

【基础设施建设】 2014年，在拆迁、征地工作快速推进的同时，文化旅游区围绕入驻重大项目需求，积极开展水、电、气、热及道路等前期工作。园区高压线路整体迁改形成初步方案，9条线路将全部入地；大高力110千伏变电站开始编制可研报告；项目内、外安置房周边路网工程道路定线成果已取得，道路设计方案已批复；萧太后河治理与河道改造工作形成初步规划方案。在此基础上，根据取得的规划成果，园区编制形成《文化旅游区市政基础设施初步建设计划》，梳理确定交通、水务、园林绿化、“三电一燃”、环卫、热力等6大类建设项目。

【前瞻性研究】 考虑到环球主题公园项目将对区域经济发展和产业结构调整带来的深远影响，立足京津冀协同发展，按照构建“高精尖”经济结构的首都产业要求，年内，管委会委托北大政府管理学院编制《文化旅游区产业发展前瞻性研究》，初步形成文化旅游区及周边地区“一心、多极，四轮驱动”的产业发展思路，为城市副中心形成新的经济发展增长极提供研判依据。委托北京建筑设计研究院开展《文化旅游区空间发展战略与城市设计研究》，形成打造“泛文化旅游区”的发展构想。按照“文化融合”“功能联动”“景观呼应”的设计理念，构建“一轴、四核、两带”的空间结构，并就产业分布、城乡统筹、区域协同等问题研讨众多建设性建议。结合国内外同类园区的发展建设经验，从文化旅游的现实情况、面临的问题出发，立足长期发展，广泛开展调研工作，形成《文化旅游区品牌策划与营销策略》《文化旅游区现状、问题及发展思考》及《文化旅游区管理运行体制机制研究》等多篇调研报告及研究成果。

（崔　爽）

北京通州国际医疗服务区

【概　况】 北京通州国际医疗服务区地处京杭大运河、潮白河与运潮减河三河环绕之中，北邻中国人民大学新校区，紧邻万亩运河森林公园，滨水特色突出，生态条件良好，规划面积15平方公里，一期占地3.67平方公里。周边拥有东六环、通燕高速等外联道路，地铁6号线及两广路延长线直达该区域，区位交通条件优越。园区以打造“国际一流、国内第一”的医疗健康产业园区为目标，是补充基本医疗、提供高端医疗健康服务、健全医疗产业发展体系的医疗产业聚集区。园区于2013年全面启动开发建设工作，在土地一级开发、园区规划建设、项目引进等方面取得初步成效，实现了医疗区的良好开局。

【北京市政府印发《关于推进北京国际医疗服务区试点工作的若干意见》】 1月6日，北京市人民政府办公厅印发《关于推进北京国际医疗服务区试点工作的若干意见》。其中，研究探讨了关于项目落地、人才引进、合作办医、大型设备采购等方面的十一项政策。力争构建起能够汇聚国内外优质医疗资源、高水平医学人才、高密度社会投资的政策体系，将园区打造成为社会资本办医和发展健康服务业发展的先行区、示范区。

【北京市卫计委正式批准设置北京信诺佰世医学检验所】 2月17日，北京市卫计委下发文件，正式在园区内批准设置北京信诺佰世医学检验所，项目运营后将为相关医疗机构提供病理等第三方医学检验服务。

【项目推介及宣传】 2月20日，园区在北京国际会议中心举办的2014中国境外中资企业年会上进行项目推介及宣传。

【北京国际医疗服务区被授予国际科技合作基地称号】 4月15日至17日，通州区区委副书记、区长岳鹏、区委常委、副区长于世疆、管委会主任申键等领导参加了科技部和北京市政府主办的2014中国（北京）跨国技术转移大会。会上，北京国际医疗服务区被授予国际科技合作基地称号。

【北京信诺佰世医学检验所正式对外营业】 8月4日，北京信诺佰世医学检验所取得市卫生计生委颁发医疗机构执业许可证，正式对外营业。作为园区首家入驻的与国际水平接轨的医疗项目，主要为园区所设医疗机构搭建共享的高水准检验诊断平台，并为北京市范围内的医疗机构提供检验外包与转化医学服务。

【市政府在千人网上发布文件】 8月7日，《北京市人民政府办公厅关于推进北京国际医疗服务区试点工作的若干意见》在千人网上对外发布。

【区内企业注册地址正式变更】 8月22日，北京国际医疗服务区内企业注册地址正式变更为北京市通州区运河东大街1号北京国际医疗服务区。

【内参得到国家领导批示】 年内，新华通讯社撰写的内参《疏解首都医疗资源须破政策瓶颈》得到国家相关领导人的批示，以解决园区建设面临的医院等级评审限制高端医院发展、提升服务区国际化水平的政策限制多、医疗保险引入和社会资本办医融资难的三大政策瓶颈。

【官网正式上线】 10月22日，北京国际医疗服务区官网正式上线。设置了新闻中心、项目进展、投资中心等几大版块，体现了园区五位一体的全产业链，表明了园区探索医改，实践社会资本办医，打造国际一流医疗健康产业园区的总体战略规划。同时，手机版官网与官方微信公众号同步投入使用。园区公众号的建立将使关注者实时接收园区资讯，更快捷的了解园区的最新动态。

【签署合作协议】 11月25日，首都医科大学正式与通州区政府签署合作协议，首都医科大学将在“医、教、研”方面加大与北京国际医疗服务区具体项目的合作。

（杨沛怡）

首都医科大学正式与通州区政府签署合作协议
（国际医疗区提供）

部分重点工业企业

电信科学技术仪表研究所

【概　况】 电信科学技术仪表研究所属于通信行业，经营范围主要包括：通信电子仪器仪表、通信设备、计算机软件的技术开发、制造、技术服务、技术转让、技术咨询、技术培训；销售开发后的产品，电子元器件、通信器材、日用百货；电路板生产线的加工、组装、调测；租赁房屋、设备、场地；通信和计算机网络技术服务；提供劳务服务；机械加工、金属结构制品的加工、制造、销售；修理安装仪器仪表、家用电器、制冷设备；机动车公共停车场服务。主要业务板块：科研、产业、物业三大板块。本所的主要产品包括：光纤、数字、模拟等通信仪表，主要应

用于通信领域等。该所于2012年年底经北京市科委批准，成为北京市高新技术企业。

【SMT产业板块大力推进产业升级】 该所积极响应国家号召，大力推进产业结构升级，2014年初成立SMT产业部技术开发部，完成《智能线路切换器SPLITTER》等新产品开发，获得通州区政府的财政支持，完成《基于虚拟仪器的PCBA自动化测试技术》软件著作权的申请；坚持走内涵式拓展道路，努力向多种增值服务要效益，打造从产品设计、器件采购到调测组装、检测服务的完整产业链。该所现有4条SMT生产线，拥有5000平方米净化厂房、齐备的辅助生产及检验设备，作业区全部防静电化，实现无铅化绿色生产，通过ISO 9001质量保证体系、ISO 14001环境保护体系和ISO 18001职业健康安全管理体系认证，可完成最小0.36毫米间距的BGA、CSP的拆卸、植球、焊接和飞线，进行PCB板焊接及整机组装、调测和老化等业务，能够贴装尺寸在50×50毫米～460×450毫米的PCB板及各种异型PCB板，同时能够提供单板和整机的电子装联和测试组装服务。该所SMT产业部始终坚持对高品质工艺的研究与追求，积极开展POP、铝基板、紫外线发射灯的生产工艺实践，并聘请行业内专家顾问开展技术指导，凭借人才、技术、设备等优势，使本所SMT产业在国内电子信息制造业和北京市电子信息制造业细分市场分别处于领先地位，2014年被确定为国家信息安全专项生产商资质，成为北京市SMT行业协会常务副理事单位。

【北京大唐高新技术创业园综合服务能力稳步增强】 北京大唐高新技术创业园已成为北京市通州区范围独具特色的办公园区，吸引300多家创新型公司入园兴业，累计上缴税收上亿元，安置当地居民就业2000多人，为改善地区经济结构和社会发展作出了重要贡献，先后孕育出北京卓立汉光仪器有限公司、国金黄金集团有限公司、北大青鸟通州区分部等一大批国内知名企业。2014年，修缮、扩大经营面积，进一步加强与工商行政等政府部门的联系，为入驻园区的各企业办理工商注册等上门服务；加强园区机动车停车场管理，改善园区整体环境，在物业服务人员中开展优质服务竞赛活动及客户满意度调查，为入园企业提供更优质、更个性化服务；加大资金投入，在注重服务能力提升的同时，大力搞好硬件实力的改进工作，把“绿色办公”理念落到实处。

（艾思文）

北京岱摩斯变速器有限公司

【概　况】 北京岱摩斯变速器有限公司，原名北京摩比斯变速器有限公司。公司投资总额3亿美元，注册资金11173万美元，拥有员工637人，其中，外籍员工11人，是通州区最大的外资企业。公司主要生产手动汽车变速器及汽车关键零部件，年产73万台变速器，主要为北京现代、东风悦达起亚汽车供货配套。2004年至2014年，公司11年销售收入累计达到204亿元。2004年至2014年连续被评为通州区纳税百强企业，是通州区外资企业纳税第一名。现代集团核心价值是顾客至上、挑战进取、沟通与合作、尊重人才、追求全球化，公司响应集团理念努力打造世界一流的汽车零部件厂商。

【安全生产和安全保卫工作】 年内，公司设立专门的安全生产管理机构，配备专职的安全、消防和环保管理人员，有完善的安全生产责任制，并与班组长签订安全生产目标责任书，将安全责任制落到实处；公司安全管理人员坚持每日进行安全巡查，每月召开两次安全改善会议，对检查出的安全隐患列出整改意见和建议，制定计划落实整改，并按期进行复查，彻底消除隐患。

为了加强对外来人员的安全管理，公司严格执行门禁制度，实现装置区域封闭管理，对进出厂的人员及车辆进行严格检查。对外来施工人员实行作业审批制度，通过资质审查，签订安全协议，对其进行安全培训教育，进行施工备案登记，张贴施工告示，并配备充足的消防器材或做好前期预防、不定期进行安全检查等一系列措施，确保施工期间不发生安全、火灾、环境污染等事故。

建立完善的培训计划，每年对新员工、复岗、转岗、特种作业等都进行安全培训教育，坚持持证上岗作业。并开展安全月活动、安全知识答卷、安全隐患有奖提报、观看宣传教育片、安全口号有奖征集、安全专项培训及火灾应急演练等一系列丰富多彩的安全主题活动。

【节能减排工作】 为确保通州区高效顺利的推进工作，全面完成节能降耗目标。2014年，公司采取一系列节能项目及措施：2、3工厂更换LED照明灯，年节电63504千瓦时；1、2工厂高效电机更换，年节电199301千瓦时；1、2工厂排风机定时控制，年节电437062千瓦时；1工厂照明灯定时/光感控制，年节电142450千瓦时；电力监控系统安装，生产间隙停机，年节电546796千瓦时；组装线传送带电机休息时间节电，年节电518520千瓦时；采取合同能源管理模式，建太阳能发电站，年发电351859千瓦时，减少碳排放213吨。2014年，万元产值能耗0.0339吨标煤/万元，相比上年0.0401吨标煤/万元下降15.6%。2014年，累计节约电能233万千瓦时，节约电费187万元，减少碳排放1407吨。完成全年节能目标。

（张　丽）

北京市通州烟草公司

【概　况】 北京市通州区烟草专卖局、北京市通州烟草公司分别成立于1992年8月和1998年1月，实行“统一领导、垂直管理、专卖专营”的管理体制，主要负责通州区内的烟草市场管理和卷烟经营。在职职工86人，资产总额4.72亿元，辖区内现有卷烟零售户3352个。

北京市通州区烟草专卖局（公司）成立以来，始终按照北京市烟草专卖局（公司）党组和区委、区政府的工作部署和要求，牢固树立国家利益至上、消费者利益至上的行业共同价值观，在区局（公司）党组的正确领导下，在全体干部职工的共同努力下，依法行政水平、卷烟市场有效供给水平、服务水平、经济运行质量和整体管理水平明显提高，政治文明、精神文明、物质文明建设不断巩固和发展，为构建和谐通州发挥了积极作用。

【经济运行保持平稳发展】 2014年，落实国家局和市局（公司）各项工作部署要求，坚持市场化取向改革，激发市场活力，积极调整辖区经济运行状态，保持了良好态势。全年销售卷烟73113箱，同比增长9.32%；单箱销售额26618元，同比增长2151元；重点骨干品牌销售同比增长11.44%，销售比重同比提升1.76%；一至三类卷烟销售57355箱，同比提升13.17%。全年实现税利3.49亿元，同比增长19.31%；实现利润1.99亿元，同比增长20.23%；上缴税金1.5亿元，同比增长18.09%。积极开展现代卷烟零售终端建设，创建“通州烟草工商信息共享交流”微信群；加强对自主培育“15规格”的指导和培育，实现销量增长、上柜率年度培育目标双达标；实现网上订货客户占比97.12%；优化卷烟预警系统，严防违规经营现象发生；开展卷烟市场专项调研11次，全面掌握辖区卷烟市场真实情况；扎实做好卷烟市场“明码标价”工作，引导客户规范经营。

【专卖管理保持高压态势】 年内，坚持“守土有责，守路有责”，持续开展卷烟打假和案件查处工作。全年查获各类违法卷烟案件582起，同比增长88.35%；查获各类违法卷烟961.98万支，同比增长21.72%；总案值359.81万元，查获5万元以上案件8起，刑拘2人，判刑8人。组织开展错时、交叉等多种检查方式，卷烟市场净化水平进一步提升；加强日常监管和同级监管，卷烟非法流通得到有效治理；加强“行政服务最后一公里”，不断提升依法行政工作；建立区局“行政许可便民触摸查询系统”，提供电子化服务，规范行政公示工作；建立“运河识香”微信平台，提供在线服务，拉近客我关系；加强处罚与行政许可案卷管理，提升“两卷”制作水平；开展“六五”法制宣传教育，依法行政水平稳步提升，年内，无行政复议和行政诉讼案件发生。

（齐　鑫）

北京中丽制机工程技术有限公司

【概　况】 北京中丽制机工程技术有限公司始建于1970年，原名北京化纤机械厂，2005年搬迁到光机电一体化产业基地并注册为现名称。公司现为中国纺织科学研究院全资子公司，隶属国资委直属单位中国通用技术（集团）控股有限责任公司。公司拥有国家发改委颁发的甲级工程咨询资质，属国家高新技术企业。经过多年改革发展，公司依靠自主研发及国际化合作，成为实力雄厚、装备精良、工程承包水平领先的化纤机械工程公司，具有工艺、装备和工程三位一体的优势，市场占有率在国内化纤机械制造业名列前茅，是国际化纤机械研发、制造和工程技术服务行业的龙头企业之一。

公司拥有各类世界先进水平数控机床和加工中心等自动化、柔性化加工设备，具备年产4000纺位纺丝机、4000台高速卷绕头的生产能力，主要产品涵盖涤纶、丙纶、锦纶民用长丝、工业用丝、短纤维生产设备和各类差别化产品，以及其他棉纺、化纤成套设备用电气控制柜和多种规格喷丝板等。获评“改革开放三十年推动中国纺织产业升级重大技术进步”企业、“中央企业先进集体”等荣誉称号。2014年，公司实现销售收入5.59亿元，全年实现工业总产值5.57亿元。科技投入4016万元。

（孙　婷　张　瑜）

【研发创新工作取得新成果】 公司发明专利“利用聚酯废料生产涤纶纤维的方法”获北京市发明专利三等奖，“节能环吹冷却型聚酯纤维成套装备产业化”项目被认定为2014年度北京市高新技术成果转化项目，“BKV464型混纤丝高速纺丝机”项目被中国纺织工业联合会列为2014年度纺织行业新技术（成果）推广项目。年内，公司获得授权专利12项（含1项发明专利），软件著作权1项。获得北京市经济和信息化委员会授予的“北京市工业企业知识产权运用示范企业”称号。公司参与编制的国标《化纤工厂验收规范》和行标《纺织机械电气设备控制柜尺寸系列》于年内颁布实施。

【产业链延伸】 公司积极进行战略布局，年初注册成立浙江中丽制机工程技术有限公司，全年研发BZL60耦根丝机、BZL66锦纶加弹机、BZL64氨纶包覆加弹一体机和BZL68涤纶加弹机等契合市场需求的新品，实现成立当年就进入稳健经营的良好局面；自动络筒包装流水线产业化项目进入实施中期。

【推进企业信息化建设】 公司推进企业信息化建设，建立先进的产品开发、有效的生产经营管理和科学的决策支持系统，以ERP-II期项目为重心，基本建成成本核算平台；正式启动电子商务系统项目。

【低碳环保促转型】 公司通过媒介宣传、科研创新等工作，积极落实节能减排、降本增效目标，实现绿色发展。公司持续开展“五小活动”，发扬员工主人翁精神，实现员工和企业和谐共赢发展。所属子公司研发的CL70-1型（工业）照明LED灯，经公司推广使用验证，节能效果良好，有效降低了日常维修频率和成本。

【安全生产工作】 公司全年强化落实安全工作，通过巩固安全生产标准化二级达标成果，强化企业和各类人员的安全生产责任，深化安全生产专项整治，加大安全生产教育培训力度等工作，确保安全生产目标实现。

（张　瑜）

北京中丽制机工程技术有限公司参加上海中国国际纺织机械展览会暨ITMA亚洲展览会　（中丽制机提供）

北京万生药业有限责任公司

【概　况】 北京万生药业有限责任公司是新和成控投集团的控股子公司，是一家集药品研发、生产及销售为一体的新型高新技术制药企业。公司成立于1999年2月，注册资本5000万元。

公司位于北京市通州工业开发区，占地40余亩，建有符合GMP要求的原料药、颗粒剂、片剂及胶囊剂生产基地及符合GLP标准的新药研发中心。公司坚持以市场为导向，重点发展领域定位在降脂、降压、降糖等心脑血管药物，以及镇静催眠、抗过敏、治疗肝脏、肾脏及抗肿瘤药物。年生产能力片剂20亿片，胶囊剂3亿粒，颗粒剂5000万袋。

公司秉承“创造财富、成就员工、造福社会”的企业宗旨和“求实、求新、求质、求效”的企业精神，以严格的GMP管理、先进的生产工艺、高质量的产品、良好的售后服务赢得了广大客户和患者的好评，被评为“用北京药放心”首批企业。

2014年，公司上缴税金超5500万元，为北京生物医药产业跨越发展工程（G20工程）企业。

【人才建设】 公司倡导尊重知识、尊重人才和以人为本的精神，现有员工1000余人，是一支年轻、高学历、高素质的经营管理团队，其主要骨干不但有良好的专业技术背景，更有良好的行业从业经历。公司以现代化的企业经营机制营造和谐、高效的工作氛围。

【营销体系】 公司建有专业化的营销体系，市场采用以办事处及区域代理商相结合的综合营销模式，销售网络遍布全国近三十个省（直辖市、自治区），为临床推广及商业客户提供全方位的服务和专业的技术支持。同时重视与医药界同行的广泛合作，营造一种既有分工，又有合作的良好氛围。

【科研成果】 2014年，公司“科罗迪”荣获“国家重点新产品”荣誉称号，是公司首个获得国家级称号的产品；获得北京市工程实验室、北京高端非专利药物研发专项等基金项目共计6项；子公司自主产品“霾星人TM鼻用空气净化器”入选“2014年全国科技活动周暨北京科技周主场最受公众喜爱的科普项目”、同时荣获“2014年度首都设计提升计划”大奖，并获得北京市科委重金奖励。截至年底，公司获国家药品生产批件的制剂和原料药47个品种。

【安全生产】 公司建有较为完善的安全管理体系，2014年，通过开展有限空间事故应急救援演练、安全疏散及救援演练，增强了员工的安全保护意识，检验了救援队伍的协作能力，为救援工作积累了经验和技能。建立职业健康安全管理制度体系，完成职业病危害因素检测以及职业健康体检工作，完成政府职业病申报并审核通过。

【为社会作贡献】 2014年，公司通过北京青少年发展基金会向西藏当雄县捐赠苯磺酸氨氯地平片（5毫克*7片）75箱；通过中国儿童少年基金会向北京市指定医院耳鼻喉科、呼吸科、血液科等相关科室捐赠“霾星侠TM鼻用空气净化器”5000套；向张家湾小学捐赠“霾星侠TM鼻用空气净化器”550套。

（梁云松　刘　稳）

11月26日，万生药业向张家湾小学捐赠霾星人鼻用空气净化器

（红十字会提供）

信息化工作

【概　况】 2014年，根据《智慧北京行动纲要》提出的发展目标，结合通州实际，大力推进“智慧通州”建设。本区“智慧通州”建设工作围绕北京城市副中心建设，把握政府服务、经济支撑、民生保障等重点方向，加快推进信息化各项任务建设。“十二五”以来，“智慧通州”建设取得较快发展，信息化基础设施水平、城市智能管理、政府服务能力及社会公共服务水平都有较大提高。

【信息化基础设施建设】 2014年，为全面提升信息化基础设施建设水平，建设与北京城市副中心相匹配的信息化基础设施，通州区全面开展宽带北京信息化基础设施提升工作。光网城市建设工程方面：光纤入户覆盖90.8万户，其中，10兆及以上宽带接入互联网的用户47万户。开展“去铜换光、网络瘦身”工程。该项工作于2014年10月10日启动，截至2014年底，光网用户总数为277277户，用户光网转化率为68.3%。无线城市建设工程方面：截至年底，4G对中心城区的有效覆盖率为100%。有线电视网络双向改造方面：2014年，改造用户32154户。截至年底，通州区有线电视高清交互双向网用户为292370户。

【政务专网核心升级及网络运维工作】 2014年，全区政务专网和数据中心机房稳定运行，未发生重大网络与信息安全事件。较好地完成了区通信保障和信息安全应急指挥部的相关工作。完成区应急视频会议系统的网络传输保障工作。全年区政务专网完成新接入单位54家，迁移5家；800兆无线政务网新增入网终端73部。政务专网新增业务系统有：社会服务网格化管理系统、地下管线及城市部件数字化管理系统等区级重要信息系统。完成政务专网核心及汇聚设备的升级改造工作，其中，更新升级2台专网核心设备、4台专网汇聚设备和15个街乡的专网接入设备。区政务专网骨干网从百兆升级成千兆，由单核心升级成双核心，二层网络结构优化成三级网络结构，提高了网络运行效率和可靠性，为区政务协同办公平台、区网格化平台等政务信息化系统的传输提供网络保障。完成通州区电子政务专网、通州区政府门户网站、通州区党政机关办公信息系统的备案工作。同时对正在使用的信息安全产品进行梳理和自查，对不符合要求的信息安全产品进行替换，进一步加强政务专网的安全防护能力。

【区政务门户网站二期整改及网站运维工作】 区政务门户网站二期整改项目完成，上线运行。主要工作为：一是不断加强通州区政务门户网站的内容建设，进一步优化网站栏目和布局；深化英文网站、无障碍网站、移动网站建设；建立公共服务文化导航网，统筹全区各类文化资源，及时发布文化活动信息，使群众能够共享方便快捷的公共文化服务。二是大力加强网站群信息更新工作，加大技术力量，为内容保障工作提供切实有效的相关管理工具。主要开发错别字监测服务系统、信息更新统计系统、网站群信息更新监察督办平台。三是在线业务应用系统开发，积极探索网上办事服务业务的开展，开发相应的网上办事业务应用系统。主要包括：移动APP应用系统、网站通行证系统、网站即时协作系统、企业办事服务网上预约平台等。新版区政务门户网站上线以来，在网站资源丰富度、网站功能全面性、网站服务便捷性等方面都有很大的提升，网站运行良好稳定，得到社会公众的普遍认可。

【区政务协同办公系统建设】 政务协同办公系统一期建设完成，二期建设正在进行中。截至年底，区政务协同办公系统推进党政机关实现无纸化办公、虚拟现场形式召开小型视频会议。无纸化办公和虚拟现场视频会议，减少“三公”消费，落实节能减排，有效的节约办公成本、保护自然环境、简化工作环节，实现办公效率的最大化。本区依托网上审批网上许可统一管理平台(网上政务服务大厅)建设“多证联办”系统，此项工作已经开展。组织机构代码管理系统经过测试、试运行，在区行政服务大厅和部分乡镇代办点正式上线运行。依托区政务协同办公系统建设区电子监察系统，完成与全区各试点单位业务应用系统的对接，在涉及行政审批、重点工程、重大资金、权利运行、舆情投诉等领域，逐步形成有效的监督管理体系，打造一个与通州区整体信息化水平相符的电子监察平台。

（朱宝刚）

建筑·建材业

【施工许可办理】 全年办理新建项目施工许可审批86件，建筑面积总计246.39万平方米。

（赵程鹏）

【招投标】 监管建设工程施工、监理等招投标项目185项，同比上年降低20.26%；中标建筑面积288万平方米，同比上年降低33.49%，中标总合同金额83.22亿元，同比上年降低37.37%。

【中西医结合医院建设工程评标】 4月9日，区卫生局建设的中西医结合医院建设工程，评标工作于当天16时完成，评审委员会随即解散。为保证该项目的评标结果准确无误，区招投标办公室立即对评标结果进行算属性复核，在复核过程中，发现某名评标专家的评审结果存在明显疏漏，导致最终评标结果的错误。鉴于此种情况，区招投标办公室决定立即召集评审委员会成员返回评标室，对评审结果进行修正，保证重大评审问题不过夜，最终，评审结果修正工作于当天23时完成。

（张　跃）

【工程监督】 全年施工高峰期，区住建委进行安全监督的在施工程项目达到191个（包括运河核心区地上、地下市政基础设施工程建设），其中，房建工程建筑面积1300多万平方米，使用外来务工人员高峰期3.8万余人。施工现场高峰期有塔式起重机247台，施工升降机178台，物料提升机60台，外装用吊篮3000部，爬升式脚手架20部。

【工程执法检查】 年内，结合季节性施工特点及建筑工地安全态势开展一系列的专项治理工作。包括春、冬季防火专项检查，冬季防煤气中毒专项检查，雨季防汛专项检查，特种作业及特种设备作业人员“双打”专项执法行动、夏季食品卫生专项检查，打非治违专项执法检查、食堂用燃气专项执法检查、冬季施工专项检查、大型起重设备专项检查等专项治理工作。全年对全区建筑工地进行3000余次执法检查，检查纠正安全隐患1000余处，约谈企业120个，通过北京市建筑业企业资质及人员资格动态监督管理网上记分平台行政处罚工程项目39个。

【网格化执法】 年内，针对施工工程数量多、项目分散、人员少的特点，建立网格化管理制度，执法人员与协管员分成6个检查组，“分片包干”落实安全生产责任制。各检查组开展安全生产教育培训并深入施工现场进行隐患排查工作，做到日常监督与专项检查相结合，重点突出施工行为检查，工程实体抽查，易出现事故的部位多检查的原则，通过各项执法措施减少安全生产事故的发生。

【安全生产大会】 2014年，召开6次由在施工地建设、施工、监理等单位负责人参加的安全生产工作大会，传达市住建委、区委、区政府关于施工现场管理的各项指示精神，下发各类强制性法规、标准和安全管理文件20份。同时通过大会总结阶段性执法检查情况，对于施工现场存在的各类问题及行政处罚情况进行通报，部署下一阶段的安全生产工作。

【创建文明工地】 年内，以《通州区开展创建“文明工地”活动实施方案》为指导，以《通州区创建全国文明城区文明工地标准》为准绳，推行围挡美观化、环境优美化、施工文明化、场地标准化、工地平安化和管理人文化“六化”目标，召开两次全区建筑工地授牌仪式，授予15个工程为“文明示范工地”称号。

【安装视频监控】 按市住建委《关于在建设工程施工现场推广使用远程视频监控系统的通知》要求，6月，全区城区范围内建筑面积在5000平方米以上或投资额在1000万元以上的房屋建筑工程及市政基础设施工程均安装远程视频监控系统，并投入使用。通过远程视频监控系统可以实现非现场执法检查，达到时时监控、时时抽检的目的。同时视频终端连接市、区住建委，市、区城管执法局，可以实现资源共享，方便两单位对施工现场环境治理情况进行执法检查。

【劳务管理】 年内，按照市住建委的“谁用工、谁管理、谁负责”的管理原则，本着“和谐、稳定、负责”的方针，严格执行各项管理制度，通过加强对《劳务分包合同》的签订、备案，劳务人员实名制，劳务费的结算、支付等基础性工作的检查，全面了解施工现场各劳务分包队伍的用工情况。同时通过加强普法维权教育，合理引导务工人员通过正当渠道解决各类劳务费、劳务工资纠纷，最大限度的保障外来务工人员的合法权益，减少群体上访事件的发生。全年，协调工程项目的建设、施工、劳务等单位，成功解决10多起劳务费用纠纷事件。

（李云胜）

【质量检查】 5月，开展对全区主体结构在施的保障性安居工程和公共建筑工程的专项检查，检查保障性住房工程2项，总建筑面积约10万平方米，公共建筑工程3项，总建筑面积约20万平方米。9月，开展在施保障性住房、回迁安置房、自住商品住房预拌混凝土使用情况专项检查，检查8个在施工程项目，这8个项目所使用的预拌混凝土站均为有资质站点，不存在使用外埠及无资质混凝土预拌站问题，施工总承包单位和预拌混凝土厂家均签订正式服务合同，合同约定内容明确。11月，开展冬季施工专项检查，下发有关冬季施工的通知要求。

（潘金华）

【建筑企业规模】 年内，有资质企业总数462家。其中，总承包企业115家（一级7家、二级36家、三级72家），专业承包325家（一级23家、二级70家、三级217家、不分等级15家），劳务分包企业22家（二级16家、不分等级6家）。

【建筑企业资质管理】 年内，资质申报获批51家企业，其中，新办38家、增项9家、转入3家、升级1家。

（刘　光）

商贸·旅游·运输·房地产开发

梨园镇新引进品牌商业——京通罗斯福广场　　（梨园镇提供）

商业

【概　况】　2014年，通州区商务委员会围绕加快城市副中心建设奋斗目标，大力推进经济发展方式转变，消费规模日益壮大，外经贸形势明显好转，全区商务经济总量稳步提高。商务主要经济指标实现新增长，消费、外经贸双轮驱动，对国民经济增长拉动作用显著增强。2014年，消费市场继续保持增长态势，批发零售业和社会消费品零售额稳定增长。截至年末，全区批发零售业企业11542个，批发业法人单位6877个，零售业法人单位4665个，批发和零售业个体经营户31658个。年内，批发和零售业实现622.32亿元，同比增长8.9%；社会消费品零售额实现273.75亿元，同比增长12.8%，增速高于全市4.2个百分点，增速位于全市第三。限上企业实现184.53亿元，同比增长14.3%。2014年，社会消费品零售额突破300亿元，同比增长12%。

【科学谋划商业布局规划】　商务发展，规划先行。年内，按照城市副中心功能定位和业态需求，组织专业机构和专家团队高水平编制《通州区商务发展规划（2014—2020年）》。该规划的科学编制，为京津冀协同发展、城市副中心高端商务产业发展、商业科学合理布局提供了重要航标和依据。

【高端商业项目引进建设】　2014年，大型商业设施和品牌项目引进建设实现通州有史以来两大历史性突破。年内，新开业的万达广场、罗斯福广场、星悦百货等大型城市综合体和大型购物中心3个，集中开业商业设施规模约35万平方米，创历史新高。新开业的北京波士诚达奔驰4s店、正通宝马销售店、佳合时光影院、俏江南、外婆家、橙天嘉禾影院等40多个外资和100多个知名品牌首次入驻通州。商业辐射能力显著提高，极大地提升了本地消费层次，拉动了消费能力。

【加快总部企业培育】　2014年，指导帮助企业申报总部经济集聚区培育和公共服务平台建设项目专项资金。首次完成12家总部企业认定，组织11家企业参加第二批总部企业命名申报工作。组织参加第二届京交会，商务园、环渤海高端总部基地、医疗服务区、文化旅游区、物流基地等单位分别进行宣传展示。推进楼宇经济高起点发展。建立商务楼宇台账，定期走访楼宇企业，协调解决在楼宇规划、楼宇建设、招商引资等方面遇到的各类困难。在招商引资上，坚持高起点、多样化发展楼宇总部经济。

【社区蔬菜零售网点建设】　2014年，全面完成通州区蔬菜零售网络建设工作方案（2014—2016年）》。截至年底，全区有各类蔬菜网点135个，售菜面积80700多平方米，批发市场蔬菜交易量约73.6万吨，零售网点蔬菜销售约29.8万吨。通糖、京粮运河等区属企业开设品牌化连锁社区超市6家；仙缘酿造公司开设便民蔬菜超市4家；“嘿客”线上线下社区体验店开办9家。积极引进181、河北永清县农村合作社等具有成功经验的专业社区商业公司、蔬菜合作社到通州发展。

【民生保障工作切实加强】　储备粮轮转工作有条不紊。2014年，完成区储备粮轮转工作，轮入、轮出稻谷各5245吨；储备小麦轮入10968吨、轮出10552吨；保质保量保时完成850吨储备成品粮轮换。认真开展加油站劣质油品检查工作及加油站反恐工作方案，全年供应成品油39.8万吨。做好各节日期间和防汛应急物资储备工作。制定节日期间和汛期生活必需品市场供应应急方案，成立储备物资工作小组和应急小组，落实防汛物资，确保节日市场供应，安全度汛。加强对典当行业管理，全区23家典当企业拥有净资产47475.22万元，营业收入1468.31万元，发放贷款总额26474.49万元，同比增长64.8%。

【深入开展市场业态研究分析】　年内，对全区各类市场进行摸底调查，编写《关于全区各类市场发展情况的调查分析及建议》。截至年底，全区正在营业各类市场72个，占地面积135.4万平方米，拥有摊位14000余个；从业人员37824人。结合产业目录提出的对不符合城市功能定位的建材、小商品和废品回收市场清理的办法和建议，清理主要公路及农业用地内经营废品回收场所380家，腾退土地500余亩，疏解外地人口4400余人。

【市场秩序安全稳定】 商务执法工作安全有序。年内，完成全区183家规模以上商业零售及餐饮经营单位集中备案排查，新增备案企业23家。组织马驹桥地区16家规模以上商业零售及餐饮经营单位组建安全联组新型管理模式。深入开展火灾隐患攻坚“铁拳”行动、“清剿火患”战役等19项专项整治行动。出动执法检查1400余人次，检查经营单位806家次，查处安全隐患704项。开展联合检查18次，检查规模以上经营单位65家次，发现隐患问题95项；检查食盐经营单位1592家，查扣私盐11650公斤，处理各类案件19起，罚款10350元，维护了良好的市场秩序，执法工作一直排在全市前列。

【全国文明城区创建工作成效显著】 年内，充分发挥牵头部门责任和作用，破瓶颈、解难题、创优势，将创建文明城区工作与城市副中心建设和委中心工作融为一体，同部署、同落实、共促进，完善创城体系，细化指标任务，倾力打造梨园地区“百城万店无假货”示范街和贵友、蓝岛大厦等示范店，通过示范店、示范街的引领示范作用，全面提升通州区商业服务业水平，为获得全国文明城区提名资格打下坚实基础。同时，以创建全国文明城区为载体，深入开展“双打”工作，全面落实市场环境建设常态化机制，把创建文明城区与“双打”工作有效融合，把“双打”工作和副中心建设工作无缝对接。出色完成全国双打办对本区“双打”工作现场考核迎检工作。

【行业协会积极联动】 年内，商联会充分发挥“枢纽型”社会组织的引领带头作用，以网站载体，密切与企业间的联系，搭建政企之间、企业之间沟通、互助、合作平台，促进企业共同发展。采取“整合优势媒体资源，搭建促销宣传平台”的方式，免费为商业企业提供统一宣传服务。组织6家企业参加2014消费季活动。物流协会进一步强化协会社会影响力，加强与兄弟区县物流协会的沟通与交流，成功举办2014年年会暨通州口岸项目推介会。同时，协会把提高物流人才队伍建设列为全年重点工作内容，积极组织会员企业参加物流企业法律风险防控培训会以及现代物流技能比赛。加强校企合作，充分发挥北京物资学院教育科技和人才资源优势，为企业提供教育培训、科技合作、人才交流、咨询服务。

【解决群众关心的热点问题】 2014年，商务委承办代表委员提案9件、折子工程4类11项、生态环境建设工程2项，全部办理完成。严格按照《信访条例》规定回复来件部门或信访人，确保件件有落实。接到信访信件13件，其中，12312平台转件10件，政府办转件3件。认真做好信息公开的受理、办理和公开工作。全年主动发布公开信息226条。

（畅绍丽）

【北京市通州商业资产运营公司概况】 北京市通州商业资产运营公司是2002年3月在区委、区政府和区商委的指导下，在原区工业品公司、区副食品公司和区饮食服务公司3个单位的基础上正式组建。同时按上级要求接管区食品公司。2006年4月，按照区委、区政府和区国资委整合国有商业，构建国有经济运营四大版块的整体规划，原北京大百商贸集团并入。2011年5月，接受区农业局、区农机服务中心下属9家独立法人单位。企业主要功能是对所辖国有资产进行科学的经营与管理，保证国有资产保值增值。

2014年，通州商业资产运营公司围绕创新发展的主题，坚持以预算管理为主线，以党建工作为保障，以党的群众路线教育实践活动为有效载体，坚持团结、创新、诚信、敬业的企业精神，面对重新整合的区域市场挑战，扎实稳步地推进各方面工作。年内，实现业务收入1.24亿元，上缴税金839万元，实现利润179万元。自营销售收入6906万元，同比增长5.14%。资产负债率45%，资产总额13.49亿元。核销原北京大百商贸集团往年度库存1940万元，利用自有资金核销其银行、抵押、担保等账务1.24亿元。年内，选拔任用干部22人次。经过合并调整，公司现有党员505人，党组织20个。企业现有在职职工1479人，离退休职工3398人。

年内，公司重点完成以下工作：一是制定《工程项目管理办法》，全年投入建设项目13项，总面积8541平方米，资金1889.92万元，年收益605万元。二是上调租金幅度，盘活闲置资产，年内，签约租赁合同159份，实现租赁收入5462万元。三是开展内审工作，组织所属基层企业内审2次、离任审计5次、专项资金审计8次，社会审计2次、第三方审计6次。下发整改通知10份，提出整改意见和建议42条。四是所属各自营单位深度挖潜，扩大经营范围和规模。其中，小楼饭店作为通州区非遗文化代表之一，3月，经区国资委同意成为商资公司所属一级监管企业，国资委二级监管企业。饭店不断调整经营思路，强化菜品质量，加大宣传力度，对一楼宴会大厅进行改造升级，打造京东地区最具民族特色的穆斯林婚礼殿堂。年内，饭店被北京老字号协会认定为“北京老字号”，饭店副经理、非遗传承人蔡力被中国烹饪协会授予“中国烹饪大师”称号。所属自营单位烟酒公司完成仓储功能区域的整改划分及320平方米的店铺升级改造，新开设品质生活超市2家，烟酒公司一号店被市总工会授予北京市“工人先锋号”称号。另外积极开辟电子商务渠道，与北京买买圈网络科技有限责任公司签订战略合作协议，正式开启精品烟酒和团购网络销售的模式，成为涉足电商的一次新尝试。所属自营单位农机公司让位于北苑农机厂区盘活项目，将办公及经营业务全部转移到张辛庄厂区，形成集汽车、农机、农资等销售、服务为一体的规模化农用经营服务中心。与北汽集团合作，取得北汽威旺在通州区内的二级代理权。成立农资销售部，建立区级农药配送仓库，主要销售和配送化肥、农药、种子、饲料、农机具等，形成服务农业的“一站式”销售企业。

（高　岩）

【通州区煤炭公司概况】 通州区煤炭公司是集煤炭加工、销售、运输为一体的国有企业，公司下属基层单位5个，即北京万方缘物业管理中心、通县节能技术推广站、北京蓝迪盛世建筑装饰材料科技中心、北京温馨假日快捷酒店、通州区煤炭公司驻山西办事处。合作单位1个，2014年2月，为扩大清洁燃烧的经营业务，与北京盛昌绿能科技股份有限公司共同出资组建北京通煤盛昌燃料有限公司。

2014年，区煤炭公司围绕首都城市副中心建设大局，积极应对市场变化，不断强化内部管理，全力拓展企业发展空间。开展绩效管理、信息沟通、品牌建设、市场拓展等工作，公司综合经济发展稳步推进。2014年，公司实现营业总收入7438万元，上缴税金340万元。完成区国资委下达的经济指标，为通州区国民经济发展作出贡献。

年内，发挥国企优势，完成通州区煤炭保供和清洁燃煤配送任务。2014年，煤炭销售9.57万吨，实现毛利690万元。向通州区11个乡镇354个行政村配送燃煤6.66万吨，积极拓展销售市场，向朝阳区两个乡镇销售优质型煤1800吨。

年内，副营经济取得突破性进展。物业管理服务质量、收费水平有所提升，总体实现收支平衡。积极探索快捷宾馆的发展方向，与具备先进管理经营理念的酒店连锁企业合作，使快捷宾馆的盈利能力得到明显提升。通过整合资源，新兴非煤产业平稳起步。注册成立北京通煤网讯科技有限公司，主要从事软件开发、计算机系统集成、数据处理和存储服务、技术推广及相应的技术咨询工作。2014年，承接北京市通州区人民检察院微信平台应用软件定制、设计研发工作，经线上测试正式运行。

年内，资产经营质量明显提升。通过对租赁到期的资产全面价格调整和改造升级。资产租赁运营收入由2013年的110万元提高到2014年的248万元，实现资产收益最大化。

年内，基础性工作不断创新。一是开展企业标识、企业文化理念征集活动，公司的视觉识别系统、企业文化理念识别系统设计完成并全面推行使用。二是推行全面预算，加强内部管控。实现了从“事后管理”向“事先预测、事中控制”的转变，经营管理水平逐步提升。三是实行中层管理岗位竞聘，甄选适合岗位需要的管理人才，增强中层干部的危机感和紧迫感，为公司人才队伍建设提供强有力的支撑，全员素质得到进一步提升。

年内，党建工作成效显著。进一步完善制度体系，对《公务出差管理制度》《公务用车管理制度》等4项制度进行修改，建立《会议管理制度》《全面预算管理制度》等6项新制度。

（任雪莲）

【北京市通州区供销合作总社概况】 2014年，通州区供销合作总社全年营业收入总额685万元；投资收益总额1381万元，同比增长13.5%；实现利润总额500万元，同比增长24.4%；全年上缴税费总额264.6万元。

通州区社各重点乡镇现代化商业设施建设又见新成效：一是牛堡屯商业合作开发项目4月正式完工，达到交付使用条件，该项目建筑面积由原合同约定的2000平方米实际增加至2505.04平方米，区社党委为提升整体商业楼的使用效果，在充分调研和保证利益最大化的基础上与合作方多次沟通、谈判，最终以低于市场价125万元（按商业用房测算）回购多建面积505.04平方米。二是郎府供销社5800平方米临街商业楼项目，国有土地证办理完毕，现正积极办理前期规划手续。三是区社重点工程、建筑面积3万平方米的农业研发中心项目，一边等待市规委调整土地控规，一边做好前期准备工作，完成电力增容改造和护坡处理。四是土桥合作开发项目由区国资委牵头实施，取得市规划委批复，前期手续正在加紧办理，项目运作成功，本社可得不少于1万平方米的商业面积。在新建项目同时，通州区社有序开展资产经营管理工作，全年完成80多个承租户租金收缴工作，研究制定续租合同租金的增长幅度方案，租金增幅提高10%，挖掘资产的升值空间，发挥资产效益最大化。其中，重点调整西集、永乐店、马驹桥区域的租金标准，落实新建徐辛庄商业楼和西集门市房的租赁，增加租金收入170余万元，实现社有资产的保值增值。在积极配合区政府及各地方政府做好首都副中心建设用地拆迁和政府土地一级开发占地拆迁工作中，争取实现利益最大化。其中，原西集供销社煤场、原永乐店供销社渠头煤场的拆迁工作完成；原次渠供销社南院及北院的拆除工作接近尾声，收到政府预先支付的4000万元搬迁款用于搬迁安置工作，其他款项手续已办齐；台湖区域的原台湖供销社大院拆迁工作进入资产评估阶段、田府分销店拆迁工作与当地政府签订拆迁协议。为实现企业增收，通州区社不断开拓思路加强资本统筹发展，一是既保证企业资金需求，又使银行存款保息增值，采取购买银行理财产品、活期存款转定期存款等方法，使暂时闲置的资金创造更大的收益，实现收入200万元；二是抓住国家金融有利政策，在市社带领下，不断尝试股权投资、基金管理等新型金融产品，2014年，加大融资平台建设，对外投资额达到1.27亿元，投资收益总额637万元，为企业可持续发展奠定坚实基础。

（博丽杰）

部分重点商业企业

中国烟草总公司北京市公司物流中心

【概　况】 北京烟草物流中心位于通州区梨园镇大稿村，占地面积7.5万平方米，总建筑面积3.1万平方米，总投资1.98亿元。截至2014年底，物流中心有员工636人。其中，原正式员工50人，原聘用员工377人，原人事代理制员工4人，烟草职工32人，劳务派遣员工173人。

2014年，累计入库卷烟91.09万箱，同比增长4.07%；出库卷烟91.56万箱，同比增长4.63%；分拣、配送卷烟2.29亿条、142.14万户次，分别同比增长4.33%、4.07%；累计收取现金1.69亿元、支票14.66亿元；配送车辆安全行驶270.39万公里。2014年，在保障经济运行的同时，物流中心完成包括中央多个省部委单位及各大院校600余人次的参观接待任务，展示了行业良好形象，物流中心被评选为第六届全国烟草行业先进集体。

【经济运行工作】 仓储环节：年内，合理调配工业车辆卸货节奏，缩短到货等待时间，全年工业客户满意度达97.58%，库存周转次数达29.35次，在全国商业企业排名第一；与浙江中烟、湖南中烟实现全品规托盘联运和部分品规直上分拣线模式，并完成与河南中烟的联运测试。分拣环节：年内，出台新版备件管理规定，完成整件与拆零分拣系统互换等20项技术改造，在销量增长4.3%、拆零上线分拣量增加16%的情况下，全年设备故障停机率、卷烟破损率、设备维护费用同比分别降低4.35%、11.11%和9%，设备有效作业率提升十个百分点；同城卷烟包装箱累计循环利用45万余个，超额完成全年回收任务，并启动对上海卷烟厂包装箱的循环工作。配送环节：年内，将原有的120条线路压缩至34个片区，在片区内实行跨区域配送和不固定片区送货，单车装载率同比提升近30%，送货里程降低4.11%；增设400客服电话，开展24小时配送响应试点，服务感知度与企业品牌形象有效提升。积极推进物联网项目整改应用，成立应急志愿配送服务队，建立领导班子区县走访机制，提前部署2015年两节供应保障工作等。按照国家局389号文件要求，物流中心积极推进改扩建项目进度。

【精益管理】 年内，制定实施方案，组织专题培训，开展两个精益课题研究，其中，《降低物流设备故障停机时间》被评为北京烟草十佳精益项目成果；成功申报两项实用新型专利，科技项目“仓储分拣与能源管控的精益管理模式研究”通过验收，工程技术部获北京市总工会创新工作室称号；积极推进QC小组活动，注册13个小组、14个课题，获中质协第八届“海洋王”杯全国QC小组成果发表会优胜奖、北质协第64次质量管理小组成果发表会优秀奖、行业第二十五届优秀质量管理小组成果发布三等奖，创新QC小组被评为2014年全国优秀质量管理小组，1名同志被授予北京市质量管理小组活动优秀推进者称号。

【安全运营】 年内，严格落实“谁主管谁负责”和“一岗双责”的安全生产责任制，持续推进安全标准化建设，制定安全专项考核办法，细化分解10项中心级安全任务和事故控制指标，辨识中心级危险源269项，开展安全实操演练21次，接受行业内外安全检查13次，下发整改通知90余项，完成2名注册安全工程师的评聘工作，逐步建立、完善安全监管工作长效机制，仓储分拣部安全巡视组获2014年度市总工会“安康杯”竞赛特等奖，并被推荐为国家级优秀班组，中心“1002”安全目标圆满实现。

（李涵嵋）

通州区粮油贸易公司

【概　况】 2014年，通州区粮油贸易公司全年实现总收入7亿元，完成利润447万元，上缴税金513万元，较上年分别提高73%和8%，分别完成集团公司下达任务指标的211%和149%。截至2014年底，公司有各级储备粮29万吨，储粮总量与上年同期持平。

【仓储管理】 2014年，公司在储备粮数量上，完善业务手续管理，认真开展全国粮食库存检查工作，确保粮食数量真实准确。在储备粮质量上，建立完善储备粮质量档案，认真开展半年粮食质量检测和质量抽查工作，其中，市储备粮宜存率达100%。并按照中央储备粮轮换计划，完成跨省移库玉米调运及入库工作。

【贸易经营】 2014年是贸易经营取得新突破的一年。一是积极开辟粮源基地，采取租库合作经营和委托代购代储的模式。在河北张家口涿鹿、山西晋中芦家庄、河南濮阳及清丰等地建立4处粮源基地，为扩大贸易经营提供了低价优质的粮源保障。二是大力开展北粮南运，以辽宁营口鲅鱼圈港作为粮源集港基地，采取港口平仓、装船南运等形式开展港口业务工作。三是加强销区基地建设，在江西南昌筹建第二家销区办事处，进一步整合销区客户群。不断加强湖南岳阳办事处的运营管理，及时掌握销区价格走势。四是位于玉带河西大街新仓路55号京粮直销粮店，直销经营京粮旗下的品牌粮油，并与通州区民政局老龄办签约合作，采取上门送货方式为通州区孤寡独居老人服务。

【附营单位完成年度工作任务】 军供站坚持高标准，严要求，保障好，创一流的服务宗旨，做好驻通部队后勤工作的延伸和补充。在建军节前夕，走访慰问部分驻通州部队。油脂公司深化作风建设，竭诚为851名离退休人员提供热情、快捷、周到的服务，帮助解决生活中的实际困难，维护了离退休队伍的稳定。通过细致的沟通和耐心的解答，平稳完成9名离休人员社保转移交接工作。

【安全生产】 公司始终坚持安全第一、预防为主、综合治理的工作方针，牢固树立安全责任意识，深化安全隐患专项整治，实现公司全年零事故的任务目标，被京粮集团评选为2014年度安全生产先进单位。一是加强安全教育培训。年内，两次邀请防火中心专家，对机关全体人员、基层单位安全负责人和安全员，进行消防安全知识培训，进一步提高职工的安全意识和自救能力。二是进一步完善应急预案，6月26日，公司永乐店粮库突遭冰雹和强风袭击，造成部分仓房保温层、避雷网线及设施设备损毁，公司第一时间启动应急预案，立即联系电力、通信及投保公司等部门开展自救工作和保险定损，防止次生灾害的发生，最大限度的降低了财产损失，确保了储粮安全。三是深入开展安全隐患排查。对基层单位特别是外租库点进行细致全面地排查，检查出安全隐患45处，并逐一进行整改，有效的消除了隐患，确保了安全。

（管　畅　杨新星）

北京国美电器有限公司通州店

【概　况】 国美电器于1987年1月1日在北京成立，是中国最大的家电连锁企业。北京国美是国美电器的发源地、大本营，是北京乃至全国最早进行家电连锁经营的零售企业，是北京家电市场的领导者。北京国美是通州区家电企业中最大的纳税大户，有效促进了通州经济的快速发展。

2014年初，国美集团公司发布“O2M”新战略，即“线下实体店+线上电商+移动终端”的组合式运营模式，又称O2M模式。通过建立更加密集而有效的零售触角，形成开放式、覆盖广的终端界面，最终满足不同渠道和不同客户群体的多样需求。2014年，利润比上年同期增长约40%左右。

作为北京国美最为重要的组成部分，通州国美以“率先践信、垂范各方”的责任自觉，站在通州家电市场发展的最前沿，带头树立并擎起“商道惟信”的旗帜，以真诚的信行赢取消费者及其他相关方的信赖，领航通州家电市场的快速发展。

通州国美主要以经营彩电、空调、冰箱、洗衣机、厨卫、小家电、电脑、手机、数码、OA等消费类电子产品，商品种类达10万之多，是通州区家电市场产品最为齐全的专业家电卖场，是通州人民选购家电的首选家电卖场。

2014年，国美在通州拥有一家连锁门店，即新华大街店，营业面积近1万平方米，员工60人，年销售额超过1亿元，是通州规模最大的家电连锁企业。

通州区也是北京国美最大的仓储物流基地，北京国美通州的仓储物流基地面积超过6万平方米，是国美电器在京城最为重要的仓储物流基地。

【举办“全民直击3·15”真低价活动】 3月5日，国美在京启动“全民直击3·15”真低价活动。3月7—17日活动期间，国美全品类一线主流产品共同出击，降幅力度空前，确保线上线下最低价，重新定义家电低价标杆。为更好服务消费者，国美推出三大承诺，力保全面满足消费者的购物需求。第一，价保五一，差价双倍返还；第二，不限量真低价，约定期内缺货赔偿300元；第三，欢迎消费者比价、同行跟价、社会监督。

【新一轮节能空调补贴启动】 5月6日，全球环境基金节能房间空调器推进项目零售激励计划在京发布，该项目由环境保护部环境保护对外合作中心和联合国开发计划署共同开发实施。该项目将在零售商层面制定节能房间空调器推广计划，为零售商进行节能产品销售培训、在零售网点散发节能产品宣传材料、并以抽奖形式激励消费者购买节能房间空调器，即有机会获得单台3000元奖励。

作为该项目唯一中标零售商，国美同时宣布，在全力推广全球环境基金节能房间空调器推进项目零售激励计划的基础上，推出新一轮节能空调补贴计划，首批补贴涉及格力、美的、海尔等15个重点品牌和352款型号，购买节能空调最高可享受单台500元补贴。

首批入围国美节能补贴的空调制造企业有15家，包括格力、美的、海尔、海信、科龙、奥克斯、志高、TCL、长虹、春兰、三菱电机、大金、伊莱克斯、松下、富士通15个品牌，352款型号的产品。补贴标准为：定频空调1、2级产品分1P、1.5P

单台补贴120元，2P、3P单台补贴分别为180元、240元；变频能效2级产品1P、1.5P单台补贴240元，2P、3P单台补贴分别为300元、400元；变频能效1级产品1P、1.5P单台补贴300元，2P、3P单台补贴分别为400元、500元。

【“亮剑6·18”为消费者保驾护航】 6月9日，国美宣布从6月9日至6月22日启动“亮剑6·18”大型净化网络消费的活动，对消费者公布三大承诺：第一，全渠道直击网价，确保所售家电商品更低，特价无货赔500元，满足消费者对低价的需求，将市场价格信息透明化；第二，继续推进家电商品“一日三达、精准配送、送装同步”，满足消费者对于服务的需求，提升家电物流配送的门槛；第三，门店真机体验，眼见为实，满足消费者的体验需求，让消费者选择品质更好的商品。

【极信通信成首家覆盖三大运营商的虚拟运营商企业】 10月，国美旗下虚拟运营商品牌极信通信获准与中国移动在全国35个城市正式开展移动转售业务。这意味着国美极信通信成为国内第一家同时具备开展1705号段（移动网络制式）、1709号段（联通网络制式）以及1700号段（电信网络制式）资质的虚拟运营商企业。国美极信通信的移动1705号将开放支持4G网络。

根据此次工信部发放的批文细节显示，国美极信通信可在北京、上海、广州、深圳、天津、重庆、西安、南京、海口、郑州、哈尔滨、武汉、长沙、大连、包头、济南、青岛等35个城市范围内与中国移动开展移动通信转售业务试点。

（唐佑强）

北京家乐福通州店

【概　况】 家乐福集团成立于1959年，是大型超级市场（Hypermarket）概念的创始者，于1963年在法国开设世界上第一家大型超市。1999年8月30日，家乐福兼并普罗莫代斯组成世界第二大零售集团。家乐福已发展成为欧洲最大、全球第二大的零售商。2004年，家乐福集团被《财富》杂志评为全球500强企业的第22位。

家乐福于1969年开始进入国际市场，现拥有一万多家运营零售单位，业务范围涉及的零售业态包括大卖场、超级市场、折扣店、便利店、仓储式商店与电子商务。家乐福集团建立了全球性的采购网络，向不同国家和地区的供应商采购具有市场竞争力的商品。

家乐福的经营理念是以低廉的价格、卓越的顾客服务和舒适的购物环境为广大消费者提供日常生活所需的各类消费品。家乐福对顾客的承诺是在价格、商品种类、质量、服务及便利性等各方面满足消费者的需求。家乐福力争通过自己的努力成为当地社区最好的购物场所，为消费者带来更多的实惠和便利，并携手和各商业伙伴为当地经济的繁荣做出贡献。

家乐福于1995年进入中国后，采用国际先进的超市管理模式，致力于为社会各界提供价廉物美的商品和优质的服务，受到广大消费者的青睐和肯定，其“开心购物家乐福”“一站式购物”等理念深入人心。截至年底，家乐福成功进入中国的七十多个城市，在北至哈尔滨、南至海口、西至乌鲁木齐、东至上海的中国广袤土地上开设三百余家大型超市。在华外资零售企业中处于领先地位。家乐福还向中国引进迪亚折扣店和冠军食品超市两种业态。2004年，家乐福(中国)被国内媒体评为在华最有影响力的企业之一。

2006年10月28日，家乐福进驻通州位于九棵树西路48号翠景北里1号瑞都景园北区1A号楼二层、三层，卖场面积8365平方米，主要从事超市零售业。自成立以来每年创造约四五亿元的营业额，成为通州的纳税大户，为通州区的经济建设和基础设施建设及就业问题作出了突出的贡献。2014年，有员工400余名。

（阮琳娜）

北京贵友大厦有限公司通州店

【概　况】 北京贵友大厦有限公司通州店（以下简称贵友通州店）于2008年7月13日开业，是一家集购物、餐饮、休闲为一体的中外合资商业零售企业，位于通州区梨园镇云景里东路1号，面积约3.5万平方米。

贵友通州店始终秉承贵友“商德至贵·天下为友”的文化理念和“体验时尚，享受生活”的经营理念；坚持“以德为魂、以人为本”的企业理念，创立并实施了独具特色的“购物零风险”管理体系，在商品质量、服务质量、环境质量、人品质量四个保证体系和售前、售中、售后三个管理环节上，进行了现代化企业管理与现代企业文化的有益尝试。为顾客提供体贴入微的人性化服务；将“诚信”作为企业生存与发展的根本；坚持主题化、特色化经营战略，突出时尚特色。

贵友通州店主要经营黄金珠宝、时尚百货、男女服装、皮鞋皮具、儿童玩具、家居用品等，荟萃了国内外众多名牌商品。公司以白领女性和周边社区居民为主要消费客群，坚持以国际现代化商厦为标准，用“品位、品质、品牌”构建的时尚理念不断打造具有现代经营意识和文化内涵的“都市时尚百货店”的崭新形象，用独具特色的商品和服务组合体现社会主流的生活方式，引导消费观念，引领消费者“体验时尚、享受生活”。以“时尚、精品”的品牌形象在通州区享有较高的知名度与美誉度，不断地赢得了越来越多顾客的青睐。

2014年，实现营业收入32228万元，上缴税收1164万元。创造了良好的经济效益和社会效益。

【通州店完成改造】 2014年，贵友通州店逐步完善都市时尚百货的经营定位。针对以30至40岁白领女性顾客群为主导的消费需求，以“年轻化、时尚化、国际化”为主要目标，实施品类结构的大规模改造，涉及经营面积4825平方米，占总面积的45%。引进品牌40个，清退品牌36个，移位品牌49个，占总经营品牌数量的40%。相继引进进口化妆品集合店、德国狼爪、美国The North Face户外、新百伦运动鞋、阿迪达斯休闲、三叶草、Nike360、法国乐颂女装及美国时尚潮牌LALABOBO等受年轻顾客群体喜爱的国内、外知名品牌。完成由传统大众百货折扣促销为主体向精准型、体验化促销的定位转型。

【被评为通州区诚信经营示范店】 2014年，贵友大厦通州店被通州区创建全国文明城区总指挥部、通州区精神文明建设委员会、通州区商务委员会授予“文明诚信示范窗口”，通州区百城万店无假货活动联席会授予贵友通州店为“通州区诚信经营示范店”。

（张　贺）

对外及港澳台经济贸易

【对外贸易经营者备案情况】 2014年，通州区对外贸易经营者备案登记及变更的企业475家，并给24家加工贸易企业验厂并出具加工生产能力证明。

【外商投资企业情况】 2014年，通州区新批企业29家，其中，外商独资企业15家，合资企业14家；增减资企业35家，投资总额合计155171.59万美元，注册资金合计108534.38万美元，合同利用外资65516.44万美元。

【实际利用外资情况】 2014年，通州区有38笔实际入资，实际利用外资合计35741.45234万美元，同比增长197.75%。超额完成实际利用外资2.35亿美元、同比增长95.8%的预期目标。2014年，本区实际利用外资的单体入资规模较大，如：利星行、博格华纳等11笔入资均在1000万美元以上，最大一笔即鹏瑞利美融加一（北京）置业有限公司，入资9927.36万美元。

【加工贸易情况】 2014年，通州区加工贸易进出口总额为18394.1万美元，其中，进口金额为6284.18万美元，出口金额为12109.92万美元。（注：此数据来源于通州区加工贸易审批系统）

（畅绍丽）

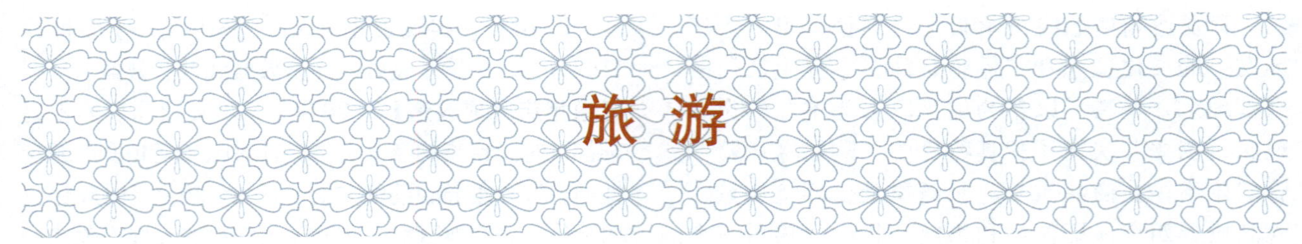

旅游

【概　况】 2014年，区旅游委围绕北京城市副中心建设大局，紧扣“发展、提升”主题，积极打造重点产业项目，保障旅游市场健康有序运行，提升整体旅游接待服务水平，现代文化旅游、都市休闲旅游的区域形象愈加鲜明，有效推进了旅游产业的提档升级，旅游产业和旅游市场呈现出良好的发展势头。

依据北京市统计局公布的统计数字，通州区全年接待人数526.0万人次，同比增长135.9%，旅游综合收入285753万元，同比增长10.11%，增长率位居各区县第一名。

通州区旅游企业有540家，其中，星级饭店7家，A级旅游景区4家，非A级旅游景区2家，社会旅馆309家，旅行社法人社及门市、分社71家，全国休闲农业与乡村旅游示范点1个，市级民俗旅游村3个，区级民俗旅游村5个，市级民俗户100户，市级乡村旅游特色业态22个，区级休闲旅游业态21个。

【“通州八大游”微信公众平台人气旺】 年内，“通州八大游”微信公众平台刊发通州各类旅游攻略、游记等内容30期，刊登稿件80篇，刊登图片近800幅，拥有关注用户1192人，最高一期累计阅读者2.7万人次，转载传阅率超过3000次，形成良好的网络媒体互动传播趋势。

【红色旅游联合推介活动】 4月2日，2014京津冀红色旅游联合推介活动在陶然亭公园举办，通州区旅游咨询服务中心参加了此次推介活动。活动中通州咨询中心向游人展示、推介了本区的红色旅游及休闲旅游资源、旅游产品，倡导市民有针对性的选择线路、产品、宣传品等旅游资源，发放《通州旅游一册通》《悠游通州地图》等旅游宣传资料近千份，接待咨询者千余人，为即将到来的“清明小长假”到通州踏青的游客提供了丰富的选择。

【处理355名游客滞留通州事件】 4月9日，赴京旅游的355名重庆籍游客遭到旅行社恶意甩团，滞留通州台湖京晟大酒店。接到事件通报后，区旅游委立即赶赴现场，与先行到达的区治安支队、台湖镇派出所干警汇合，采取措施，积极处理游客滞留事件。一是了解整个事件经过，向区政府相关领导汇报，并向市旅游委通报情况，寻求支持，请示处理意见；二是根据上级精神，要求在场的重庆方面组团社负责人，立即想方设法联系北京方面旅行社，组织安排车辆、导游，带领游客将未完成的行程完成，保证游客利益；三是对情绪较为激动的游客，耐心做好安抚工作，对于游客提出的问题做好解释工作；四是对因游客住宿、就餐欠费，宾馆阻止大客车的行为进行协调劝阻，保证游客顺利出行。经过各方努力，至中午11：40分左右，全部游客乘旅游大巴车安全离开。

【“运潮减”三河沿岸绿道骑行】 4月11日，休闲通州——“运潮减”三河沿岸绿道骑行活动举行，由北京市旅游委、北京高端旅游与会议产业联盟联合通州区旅游委共同推出，旨在打造推广北京高品质旅游线路，丰富北京高端旅游市场产品类型。此次活动，市旅游委副主任王粤和机关相关人员参加，通州区旅游委党组书记李金玺、主任张小艳陪同，北京旅游、北京旅游网、《会议》、北京电视台、新浪网、千龙网、乐途旅游网等媒体，以及去哪儿、携程、艺龙旅游网等在线旅游企业参加了本次活动。活动从早上9点开始，选手们从漕运码头骑行出发，经阳光国际会议中心、开新农场等驿站，到终点运河公园景区，骑程60公里，骑行约3.5个小时，一览“运潮减”三河沿岸绿道无限风光。

【通州旅游助力2014草莓音乐节】 5月1日至3日，2014北京草莓音乐节在通州运河公园举办，区旅游委和旅游行业协会组织唐人坊、永安国旅、金福艺农、瑞正园、细金坊、亚太花园酒店等十几家旅游企业，以“现代文化旅游”为主题，综合展示了通州特色旅游商品及通州运河游、艺术游、田园游、美味游、健身游等“八大游”的旅游资源，号召人们走出数字生活、走出钢筋水泥浇筑的丛林，鼓励人们彰显自我，释放压力，走进最春天、最多元的通州旅游。音乐节期间，旅游展台接待游人3万余人，发放宣传材料近3000份。旅游商品及特色农产品展卖收入近4万元。此次活动不仅给旅游企业搭建了资源展示的平台，也给企业带来了直观的经济效益，更扩大了通州旅游知名度。

【开展“5·12”防灾减灾日宣传咨询活动】 5月12日，区旅游委在新华大街繁华地段开展“防灾减灾日”宣传咨询活动，通过宣传横幅、现场咨询、发放宣传品等形式普及防灾减灾和应急逃生知识。活动发放《突发事件预警信息知识手册》《通州市民防灾应急手册》《旅游安全手册》《北京“一日游”提示》、安全提示手提袋等各类宣传材料4100余份。有效提高了广大百姓的防灾减灾意识。

【借通州运河绿道骑游节宣传通州旅游】 5月17日上午，通州区人民政府主办的“2014全民健身运河绿道骑游周”在通州大运河森林公园漕运码头拉开帷幕。1.5万名骑友齐聚通州，沿运河绿道骑行20公里观光休闲路线或60公里的竞技休闲路线。区旅游委在骑游线路的起点漕运码头、终点运河文化广场搭建展台，悬挂“爱旅游 爱生活”的旅游宣传横幅，并组织永安国旅等旅游企业在骑游节终点运河文化广场、60公里线路的沿途企业——开新农场和快乐源农庄企业门前设展宣传，共同展示通州生态旅游资源及地方特色，为参赛选手及市民现场提供旅游咨询服务，发放“爱旅游 爱生活”宣传丝带、《通州旅游导览图》、环保袋、《京郊旅游手册》等宣传品5000余份，接待咨询人数近万名。

【检查星级饭店、旅行社创城工作】 6月3日起，区旅游委对区内星级饭店、重点旅行社开展创建全国文明城区工作检查。重点检查创建全国文明城区工作指标完成情况、创城氛围、“文明餐桌”重点项目以及服务质量等，并要求各旅游企业必须高度重视创城工作，全力以赴做好创建全国文明城区迎检工作。

【安全生产月消防技能培训】 6月13日，区旅游委在运河公园体育场开展安全生产月消防技能培训活动，星级饭店、A级景区和部分重点企业70余名干部职工参加培训。主要培训分一人二盘水袋连接、60米灭油槽火、烹饪火灾灭火、100米消防器材识别、60米负重跑、50米物资疏散、50米两人担架救援、模拟消防栓出水打靶和4×100米手持灭火器接力等内容，并邀请2名消防教官进行讲解指导。通过理论学习与实际操作，参训企业职工对消防器材的使用都能够熟练掌握，消防安全意识和火灾应急反应能力进一步得到提高。

【“安全生产月”宣传咨询日活动】 6月16日，通州区旅游委在新华大街开展安全生产月宣传咨询日活动，本次活动以宣传安全生产“红线”意识、“科学发展、安全发展”理念、安全科普知识等内容为重点，通过发放宣传材料和现场咨询等形式，向群众宣传旅游安全法律法规、安全应急知识。此次活动发放《旅游安全》《通州市民防灾应急手册》《北京“一日游”提示手册》、旅游安全宣传手提袋等宣传材料4000余份，对于提高群众的旅游安全意识和应急自救能力起到了积极作用。

【区旅游咨询中心开展咨询培训】 6月19日至20日，区旅游咨询服务中心对辖区内4家咨询站的咨询员及三星级酒店的前台接待员进行业务培训。此次培训设立“旅游咨询接待礼仪”“旅游咨询实务”“旅游咨询态度及技能”3个课程，老师们结合咨询服务理论和事例，采用互动的方式，突出结构化的思维，形象化的展示和个性化的表达，把旅游咨询服务的理论和方法，咨询站的经营和管理以及特色旅游项目的开发与设计等内容传递给学员。通过培训，对咨询员的服务水平起到了很好的提升作用。

【旅游行业消防演练】 7月4日，由通州区旅游委、通州区公安消防支队联合主办的消防演练活动在韩美林艺术馆举行。区内各旅游企业负责安全工作的领导100余人观摩演练。演练按发现火情、报警、启动应急预案、初期灭火到人员疏散、救助伤员、扑救灭火顺序进行，顺利完成灭火救援的全部流程。

【2014年通州沙滩狂欢节开幕】 8月29日，由开新农场主办、区旅游行业协会协办的沙滩狂欢节在美丽的潮白河畔拉开序幕。开新农场第三届“沙滩狂欢节”活动持续到9月30日，活动内容包括：沙滩排球、沙滩足球；沙滩越野、农家特色美食、户外自助烧烤等项目，极大丰富了游客娱乐生活。

【“通州礼物”参展北京国际旅游商品博览会】 9月10日至9月13日，区旅游委参加了第三届北京国际旅游博览会，并获得大会的优秀组织单位奖和最佳展台设计奖，通州区源兆文化艺术发展有限公司、图文天地制版印刷有限公司、宋庄向村艺术品有限公司等16家企业21件作品获得奖项。借助北京国际旅游商品博览会，利用展板、实物、发放宣传资料和现场咨询等方式集中宣传本区的旅游商品资源，发放宣传资料3000余份。

【举办京郊旅游“百千万”培训】 9月16日至18日，通州区旅游委和大兴区旅游委在大兴区星明湖度假村共同举办2014年京郊旅游“百千万”培训班，来自通州区各乡镇的从事旅游工作的村级管理人员、新业态带头人41人参加培训。重点对“京郊旅游组织与管理”“民俗旅游开发与营销”“农村产权交易”等课程进行学习，学员实地考察了密云县黑山寺民俗旅游村和大云峰禅寺等地，学习了民俗旅游村和生态渔家的经营管理模式，品尝了特色农家菜。此次培训对提高从业人员发展意识、服务意识和服务水平，带动更多的农民参与京郊旅游，促进农民就业和增收致富起到了良好作用。

【通州携“八大游”走进天津梅江】 9月19日至22日，第19届中国北方旅游交易会在天津梅江会展中心举办。通州旅游行业协会借北交会的契机，为重点旅游企业提供展示旅游资源和相互交流借鉴的平台，携魅力运河、艺术体验、田园休闲等内容的“通州八大游”主题走进天津梅江。此次展会通州旅游委展台接待游客近万人，发放宣传资料5000余份，进一步提升通州旅游的知名度和影响力。

【旅游咨询日活动】 9月30日，第十六届北京国际旅游节全市旅游咨询日活动在地坛公园举办。通州区旅游咨询服务中心参加了此次现场咨询活动，通过“畅游通州”宣传视频、《2014通州旅游地图》以及8大秋季旅游活动等内容，向游人展示、推介了本区的旅游特色资源和旅游产品，受到市民的追捧，《通州旅游地图》更受到市民的欢迎。半天活动期间，发放《通州旅游一册通》《通州旅游地图》等旅游宣传资料近千份，接待咨询者千余人，为十一黄金周期间游通州的市民提供了丰富的选择。

【通州亮相2014首届中国大运河庙会】 10月18日至21日，2014首届中国大运河庙会在杭州拱宸桥历史街区举行，通州作为京杭大运河城市旅游推广联盟的成员单位，邀请北京市旅游委、通州区文化委、通州文化旅游区管委会、通州区新城基业公司四家单位及九家企业出席2014中国大运河庙会，筹备参与了庙会的祈运仪式、彩船嬉歌行、三素食集、非遗集市四个重要版块活动，充分展示通州悠久的运河文化和旅游资源。庙会吸引约89.9万人次的市民和游客。一是首都城市副中心形象精彩亮相。本次庙会最大的亮点就是祈运仪式、彩船嬉歌行活动。在祈运仪式上，北京市旅游委、通州区旅游委、新城基业公司三家单位负责人，手捧京杭大运河最北端之水，将其传递给大运河最南端之民，寓意大运河一以贯之，太平盛世，天地人和；彩船嬉歌行活动中，精心设计的北京通州“天下粮仓”船，在拱宸桥西历史街区粉墙黛瓦的实景化背景中，第一艘通过拱宸桥，驶入观赏区，与主会场大屏幕播放的首都城市副中心宣传片相互呼应，展示了通州的城市历史文化、旅游资源以及当代通州在经济社会发展和城市建设方面所取得的成就、规划蓝图，引起现场游客热烈的掌声。二是通州旅游商品成功搭车“2014大运河庙会”。参加本次庙会的企业是以旅游商品大赛的优秀作品为依托，重点遴选仙源、源兆文化、向荣雕刻、细金纺、向村、唐人坊、丽人编织、惠民工艺品厂、大宋怡和9家特色鲜明的旅游企业，参展项目包括特色小吃腐乳，传统工艺如花丝镶嵌、景泰蓝、编织、娟人、宋庄艺术衍生品、非遗表演如现场雕刻、抖空竹等，其中，娟人、空竹、木雕非常受游人欢迎、售卖场面异常火热。三是为企业搭建交流学习平台。此次庙会，不仅推广产品、宣传企业，更是同行业之间相互学习的宝贵机会。参展企业利用闲暇时间，参观了其他展位，了解对手的相关情况，收集了本行业的最新信息。

【通州旅游咨询进社区便利百姓】 10月29—30日，通州区旅游咨询服务中心、通州区旅游行业协会组织区内部分旅游企业，走进中仓和玉桥社区，举办“旅游咨询进社区”活动。此次活动通过旅游咨询进入社区与居民互动、旅行社进社区为居民设计推广出游路线等方式为居民服务，面向社区居民开展旅游咨询服务活动。活动现场，发放《通州旅游地图》《京郊旅游手册》等2000多册宣传品，汇集通州主要景点景区、旅行社推出的特色项目和线路，涵盖文化游、艺术游、生态游等八大旅游主题。永安旅行社还向居民推出精品旅游路线、现场接受旅游产品咨询和预订。

【开展“12·4”普法宣传活动】 12月4日，通州区旅游委在于家务乡西垡村开展法制宣传日活动，旨在提高公民素质、法制意识，服务科学发展，促进社会和谐。活动中发放《旅游突发事件应急手册》《北京一日游提示》《旅游法》中旅游者主要权利和义务指南、《旅游安全》《文明出游》等法制宣传材料1000余份，旅游书籍100余册，旅游安全宣传手提袋200余个，并对市民有关旅游出行常识和旅游法等方面的咨询进行解答，不断提升公民旅游安全知识和维护自身权益的法治意识，在全社会营造守法旅游、文明旅游的良好氛围，助力通州创建城市副中心建设工作。

【京郊旅游民俗户培训】 12月17日，通州区旅游委会同西集镇政府，并邀请北京财贸职业学院的两位老师，对西集镇史东仪村的三十余户京郊旅游民俗户开展培训。培训主要围绕服务技能、服务礼仪、旅游政策法规、食品安全等方面开展。此次培训受到京郊旅游民俗户的认可和好评，取得一定实效。

【传统庙会掀起春节旅游高潮】 春节黄金周，通州区纳入旅游统计监测的7家重点住宿单位、5家旅游景区和9个乡镇总体接待情况良好，七天接待游客18.51万人次，比上年同期上升153.6%，旅游综合收入1158.65万元，同比上升22%，酒店客房平均出租率22.74%。围绕“休闲、康体”主题，继续主打温泉游和民俗游品牌，春节七天，运河苑度假村就接待游客18445人，收入412.45万元；民俗游接待游客6.13万人次，收入437.55万元，分别同比上升61%和9.7%。在通州区运河公园举办的“2014首届通州运河庙会”，传统的民俗表演、小吃、工艺品和儿童游乐设施和运河冰雪季活动深受百姓欢迎。春节七天，庙会接待游客10.28万人次，门票收入90.25万元，掀起了马年春节通州旅游新高潮。

（李侍卫）

运输业

【概　况】　年内，区交通局围绕北京城市副中心建设，努力提高交通运输管理水平，构建绿色环保低碳交通运输体系，优化调整公交线路，打通公交微循环，运输环境继续保持健康、稳定、和谐发展。属地郊区客运企业1家，运营线路51条，运营车辆352部，其中有117辆清洁能源公交车辆，总长度1251公里，日客运量16万人次，属地郊区客运站8座，LNG加气站1座。出租汽车2587辆，其中，区域电动出租车500辆。旅游客运企业2家，运营车辆11部，从业人员15人。汽车租赁企业39家，车辆446部。水运游船业户2户，游船145艘。货运业户6597家，货运车辆34155辆。汽车维修企业435户，各种品牌专修店30家，连锁经营品牌店4家。轨道交通运营线路3条：地铁八通线，区内站点7个，区内运营线路长度7.44公里，日均客运量15万人次，最高达20万人次；M6号线二期于12月28日运营，区内站点8个，区内运营线路长度12.4公里；亦庄线，区内站点3个，区内线路长度2.62公里，日客运量0.65万人次。

【加强水运安全监管】　4月16日，市运输管理局水运处处长戚学涛、区交通局共同对通州区重点游船单位进行自航船舶开航前安全检查。督促游船单位在开航前对所有待航船舶进行维护保养，完善码头设施及救生救助设备设施，消除隐患，并做好自检自查工作。推进水上安全科技创安工程，引导企业使用清洁能源作动力的船舶，逐步淘汰超标的汽柴油动力船舶，以此改进运营船舶更新慢、船舶低质化，污染水体环境现状，践行水上“绿色交通”发展理念。针对法定假日和旅游旺季等重点时段，加强安全检查，做到事前检查和现场职守相结合，完善水上安全快速反应机制，确保游船运营安全。

【组织水上应急演练】　4月29日，区交通局组织区重点游船单位在北运河通州段二号码头水域，开展突发事件后人员转移水上应急演练，此次演练突出练指挥、练协同、练战法、练技能，提高游船单位人员协同工作水平和应急突发事件处置能力。

4月29日，北运河突发事件人员转移应急演练灭火
（交通局提供　张清拍摄）

【开展铁路道口安全宣传】　6月18日，区交通局在区运河西大街开展铁路道口安全宣传，活动展出宣传展板20块，悬挂横幅3条，同时发放《为了您和家人的幸福，通过铁路道口时请注意交通安全》宣传彩页1000份，《珍爱生命、注意安全》宣传购物袋1000份，《致广大市民的一封公开信》1000份。

【优化调整公交线路】　6月，区交通局协调公交集团公司、属地郊区客运企业新开通公交线路591路、824路、589路、822路、910路、通43路、44路、通45路、通46路共9条，协调公交集团公司优化调整公交线路991路、807路、809路、728路共4条。协调属地郊区客运企业完成地铁M6号线公交接驳方案，协调公交集团公司完成地铁M6号线公交接驳准备工作。

6月12日，交通局接受媒体采访公交线路调整问题（交通局提供）

【新增300辆区域电动出租车】 12月26日，新增300辆区域电动出租车上路运营，全区电动出租车总数达到500辆。车型为北汽新能源E150EV，是北汽新能源公司第三代产品，综合工况下续驶里程从170公里提高到200公里，运营服务效率大大提升。区交通局同时开展电动出租车驾驶员招录、培训和考核工作。

新增300辆电动出租车（交通局提供）

【加强电动出租车充电设施建设】 12月，建设完成区内第二座电动出租车专用充电站，场地内施划300个停车位，设置250个交流充电桩和50个快速充电桩，可同时容纳300辆电动出租车充电补电。

【提高区域电动出租车运营管理水平】 年内，加强对上年首批200辆区域电动出租车的监管，每月上路检查电动出租车运营服务情况，定期采集计价器运营数据进行分析测算，及时掌握运营市场供需状况。同时要求企业充分利用GPS调度平台，鼓励市民及电动出租车驾驶员使用电话叫车、手机打车软件预约服务。11月，200辆电动出租车平均里程利用率69%，单车月均收入达到9887元。调查显示，有68%的区内乘客普遍反映电动出租车驾驶员职业素质较高，服务规范，价格低廉，深受欢迎，市场供不应求。

【完成行政审批服务】 年内，区交通局进一步提高窗口服务水平，受理行政许可、备案事项24849件件（含从业人员），实现审批服务无超时、无差错、无投诉，群众满意率为100%。

【加强货运行业监管】 年内，区交通局召开22次货运工作会，入户检查货运企业710家，下发整改通知40余份，对200余家申请货运行政许可企业进行反复实地勘验，对15家最终不符合开业条件企业建议全程代办大厅不予许可，严把货运市场准入关。

【整顿挂靠货运企业】 年内，区交通局对辖区挂靠货运车辆企业进行入户检查，对存在问题的8家挂靠车辆企业不予许可，对15家经营条件不达标企业要求限期整改。

【加强化危运输企业行业监管】 年内，区交通局与化危运输企业签订《安全生产责任书》；每季度召开例会，加强企业管理人员安全教育；对新开业企业实地勘验，严把市场准入关；严格对企业进行定期检查；加强对危运车辆GPS监控，对30余部超速严重车辆做停运处理；对危运企业进行行政许可复查完成32家企业；组织危运企业进行应急演练；完成危运企业安全生产标准化达标工作。

【完成机动车维修企业质量信誉考核初评工作】 年内，区交通局分别从经营资质、安全生产、维修质量、服务质量、遵章守纪、环境保护、企业管理等7项内容对辖区202户汽车维修企业和业户进行考核，完成信息录入、评分、初评、终评。

【逐步推动维修企业安全生产标准化达标工作】 年内，区交通局组织三次汽车维修工作会对安全生产标准化达标文件精神进行宣贯。组织三家维修企业做为区第一批安全生产标准化达标企业样板，全程配合达标考核机构完成第一次现场考评，对整改建议进行及时督促改进，全部通达安全生产标准化达标，为继续推进达标工作打下基础。

【落实小客车数量调控工作】 年内，通州区小客车指标调控管理办公室窗口受理小客车指标申请1807件，接待各类咨询14335万人次。

【完成运输车辆综合性能检测专项补贴审核】 年内，区交通局落实运输车辆综合性能检测专项补贴审核工作，审核补贴车辆9139辆次，补贴金额1349788元。

【推进综合检查站建设】 年内，区交通局完成小甸屯综合检查站改扩建工程和京榆旧路白庙北站综合检查站改扩建工程。小甸屯站位于通州区永乐店镇漷小路东侧，工程投资3163.4万元，总占地面积为19.1亩，房建面积2141.77平方米。白庙北站位于京榆旧路北侧，工程投资1774万元，总占地面积24亩，房建面积2500平方米。完成徐尹路综合检查站立项前有关审批手续办理工作，并通过区发改委协调市发改委争取到市级投资。徐尹路站位于通州区宋庄镇南马庄村东侧，工程投资4635.6万元。

【开展节能减排大气污染治理工作】 年内，区交通局在汽车维修行业推广使用先进涂漆工艺技术、高效收集和回收净化设施。更换环保漆房51台，79户企业签订危险化学品及废油回收合同。基本落实300辆电动公交车场站建设用地。继续组建并扩大城市货运保障绿色车队规模，上报6家绿色车队企业，全区绿色车队企业达到142家，9540辆车。

【开展行业培训】 年内，区交通局举办货运驾驶员从业资格培训班7期，2000余人接受培训。受理从业资格申请2300余人次，离岗、上岗备案100余人次，补证、换证7000余人次，发放换证告知函3000余份。

【加强行业安全监管基础工作】 年内，区交通局以落实企业主体责任为重点，落实安全生产管理和应急保障工作，全年未发生各类安全事故。继续深入开展“打非治违”、安全生产大检查、安全生产隐患排查治理等专项行动；继续落实和推进安全生产标准化工作；继续加大对危化、客轨运输、旅游包车等重点行业的监管力度。积极探索部门联动、科所联勤、企业积极参与的行业安全生产新途径、新方法。加大科技创安投入，在加强运输车辆GPS动态监控同时，推进行业安全监管监控平台建设，对重点行业重点部位实施监控监测，及时消除各类安全隐患。狠抓综治维稳和应急保障工作，加强行业安全生产宣传教育培训。努力做好重要节假日、重要时段安全维稳工作。加强铁路道口安全监管，实现“零伤亡”“零事故”的工作目标。

【规范运输市场秩序】 年内，区交通局加强对运输行业日常执法检查和行业服务，规范企业经营行为。全年执法检查车数3076辆、检查户数988户，做出行政处罚420起，罚款金额23.9万元，行政执法保持无投诉、无上访、无行政复议。

【加大执法设施投入】 年内，区交通局为一线执法人员购置电脑22台；扫描仪、针式和激光打印机各19台；执法记录仪40台；800兆车载电话30台，投入49万余元，规范海事执法人员服装，为新增执法人员配置制服，投入22.8 万元。

【加强对执法工作的内外监督】 年内，区交通局对执法工作中自由裁量、处罚证据的实施情况加强监督，不定期抽查台账、扣押车辆登记、录音录像资料等证据保存等，从中检查执法和处罚是否规范。严格执行内部纠错，及时化解矛盾。及时更换处罚大厅对外公示的照片，对6个公示牌和触摸屏的法律依据进行及时更新。聘请10名法制工作义务监督员，发放调查问卷120余份，满意率达到99%以上。

【巩固治超成果】 年内，通州区严格执行全市治超考核标准，完善治超工作长效管理机制，落实24小时治超工作制度；充实一线执法人员，加大治超力度；更新治超设备；对站区道路渠化进行优化，做到逢车必检，逢车必查，严禁超载超限车辆出站，严把进京路口关。检查货运车辆602723台次，查获超限车辆1271台次，卸载超限车辆789台次，卸载货物4367吨，处罚案件85起，处罚63.65万元。

【做好信访和建议提案办理工作】 年内，区交通局办结人大代表议案、政协委员提案36件，答复来信来访310件。

【开展创城工作】 年内，区交通局按照年初《通州区创建全国文明城市测评体系指标任务分解台账》，承担创城牵头项目5项，实现全部达标。制定工作方案、迎检方案，在迎检攻坚阶段，针对轻轨站环境秩序易出现突发性和随机性问题，采取局领导班子成员每人盯守一个站的措施，保证轻轨站各项考评指标不丢分。经过大力协调，有效促成公交车港湾式停靠站、轻轨站等难点、重点问题的解决。大力治理，针对站容车貌、服务态度等问题，局主管领导多次亲自带队检查，行管部门强化日常检查，保证各项指标持续向好。深入开展创城进行时主题活动，为创城工作宣传造势。大力开展“文明之窗 诚信通州”主题教育实践活动，上报恒基客运、区域电动小客车出租公司、八通轻轨土桥站区3个重点创建窗口单位，有2家获得“文明之窗 诚信通州”称号。全面迎检，在本区率先组织召开迎检攻坚大会，副区长肖志刚到会并发表重要讲话。区交通局请市运输局领导帮助协调解决轻轨站系统性难题，并请市运输局轨道处帮助组织地铁运营公司、京投公司、建安公司等十余家涉及轻轨站工作的单位，对本区7个轻轨站进行全面检查，解决诸多难点。由区创城办组织的问卷调查中，市民对公交站点布局满意度达到90.2%，高于标准30个百分点。

（陈 颖）

房地产开发

【开复工面积突破千万】 年内，随着珠江文化旅游区08片区安置房及珠江马驹桥E11地块等一批项目的新开工建设；万达广场、滨江帝景等项目的复工，本区商品房开复工面积保持高位，继2013年之后开复工面积再次突破千万。

【房价】 2014年，受房地产宏观政策调整、自住型商品房等多种因素影响，新建商品房预售成交7994套，预售面积72万平方米，预售金额179亿元，同比增长分别为20%、5%和17%。从全市整体角度看，本区新建普通商品房销售份额仍位居全市前列，特别是所有在售项目价格基本稳定在2.49万元/平方米左右，没有出现“上涨过快、上涨过高”的价格波动。

【市场监管】 年内，强化政策落实，通过座谈会、走访等方式，及时向企业宣贯房地产调控政策。强化销售管理，采取商品房价格管控措施，引导企业合理定价。强化租赁管理，重点针对群租房，开展房屋中介机构大整顿，维护正常市场秩序。强化执法检查，搭建检查、整改、回访综合管理平台，有效督促企业整改。

【房地产市场品种丰富】 年内，东方长安（富力）和于家务紫峰两个自住型商品住房丰富了本区房地产市场品种，实现高端市场由商品房主导、中端市场由自住型商品房主导、低端市场由保障性住房主导，形成高端有市场、中端有供应、低端有保障的业态局面。

【产业结构多元】 2014年，万达广场、北京ONE、京杭府广场等一批商圈建成，新华医院、电影学院等一批医疗、教育项目陆续开工，直接带动本区房地产结构从单一商品房为主向办公、酒店、商业、工业和公建地产等多样化转变。

【房地产企业数量】 年内，全区注册房地产企业316家，其中，一级5家、二级15家、三级11家、四级152家、暂定级133家。一级企业同比上年增加1家，为联东开发公司，由于新拿地企业均需要在本区注册项目公司，暂定企业同比上年增加20家，全年注销企业24家。

（黎国林）

【经纪机构备案】 年内，全区注册并经住建委备案的房地产经纪机构（含分支机构）321家，比2013年底增加19.7%，其中，经纪机构175家，分支机构146家。新增备案的房地产经纪机构（含分支机构）81家，比上年同期增加50%；变更（重新）备案、撤销备案113件，比上年同期减少13%。

【商品房预售专项检查】 年内，依据《北京市商品房预售资金监督管理办法》的相关规定，《关于通州区房地产开发项目自查执行预售资金监督管理办法的通知》，组织开展本区新建房地产开发在售项目执行预售资金监督管理办法专项执法检查工作，对未按预售资金监管规定收存、支取预售资金的，未按规定向购房人贷款银行提供专用账户作为贷款到账账户等行为进行检查，检查预售项目13家，对京杭广场等符合合同金额入账要求的6项目提出表扬，对旭辉臻园等不符合合同金额入账要求的7项目通报批评，同时告诫各房地产开发企业要严格执行《北京市商品房预售资金监督管理办法》之规定，对存在违规行为的公司，暂停违规项目的网签并计入信用档案，对情节严重的报请市级主管部门暂停该房地产开发企业在全市项目的网签并向社会进行公示。

【联合执法】 5月，区住建委联合市级主管部门开展商品房预售资金监管联合检查工作，对万达广场、东方玫瑰家园等8项目预售资金使用情况进行抽查，通过比对预售资金监管系统中的用款节点和金额与银行提供的材料等手段，抽查出富力（北京）地产开发有限公司富力金禧家园项目及北京古城房地产开发有限公司清水湾嘉园2项目存在问题，责令其进行整改，其他6项目符合《北京市商品房预售资金监督管理办法》规定。

【开展查处工作】 8月，针对北京富力房地产开发有限公司、北京珠江投资开发有限公司、北京硕日新宇投资有限公司等3企业开发销售的富力尚悦居、珠江四季中心、东亚印象台湖等项目在销售过程中违反商品房预售有关规定，造成购房人信访事件，引起不良影响等问题开展查处工作，采取约谈、督促等方式保障购房人合法权益，规范本区商品房销售市场行为，对上述3家企业在销售过程中存在的违规行为做出责令整改、暂停网签等行政处理。

【执法检查】 8月，开展诚信经营执法检查活动，检查商品房销售项目51家。针对公示情况、虚假宣传、散发小广告、以“不限购”名目诱导客户、擅自收取意向金或定金、手续是否合法等问题进行检查及指导，规范市场环境，同时要求各企业做好今后的自查工作，存在问题及时整改，对屡教不改或情节严重的企业依规严肃处理。

【群租房治理】 年内，针对市、区两级重点挂账群租房小区开展重点治理工作，区住建委联合综治、公安、属地办事处、工商、城管等部门成立现场指挥部，采取派遣工作人员长期参与指挥部工作、约谈房屋中介公司、协调上级主管部门、发送群租房危害短信及宣传材料等方式对群租房进行依法治理。玉桥方恒东景、北苑天时名苑和通典铭居、梨园蓝调沙龙、中仓潞河名苑等挂账小区群租房治理工作基本完成，发放宣传材料100余份、发送群租房危害短信700余条、拆除隔断房373间。

【小产权房检查】 年内，多次联合国土、规划、工商、综治等职能部门对全区68处小产权房项目进行联合检查，排查在建、在售小产权房项目情况并报送相关部门，同时对排查出存在房屋中介公司的地区作为全年检查重点。对张家湾镇、马驹桥镇、宋庄镇、永顺镇等多个小产权项目周边进行检查，检查房屋中介公司47家，对存在发布小产权房信息等违法违规行为的12家公司下发责令整改通知，对其中1家名为北京百顺房地产经纪有限公司做出通报批评的行政处理，另根据媒体报道及投诉人反映等方式，对宋庄赏石苑、永顺永顺家园、马驹桥小周易村翰林公寓、漷县镇觅子店村京港门户家园小区等多个项目进行专项检查，现场未发现房屋中介公司参与销售的行为，同时将检查情况通报相关单位及时答复了投诉人。

（姜凤录）

【权属发证】 全年完成房屋登记业务40872件，发证面积 1316.01万平方米，成交总额858.41亿元，收取登记费562.27万元，发证数量同比降低6.78%。其中，商品房业务办理11020件，发证面积143.33万平方米，成交总额178.05亿元；初始登记业务办理236件，发证面积258.62万平方米；存量房、已购公有住房业务办理4317件，发证面积42.05万平方米，成交额72.12亿元。房改房及转移变更业务办理3899件，发证面积73.48万平方米。房地产抵押登记业务13680件，注销登记业务办理7720件，抵押登记面积为508.42万平方米，抵押登记金额为385.87亿元，收取登记费148.60万元，抵押登记同比降低0.86%。

（王晓辉）

城乡建设

梨园镇翠屏西路夜景照明工程　　（梨园镇提供）

概　述

2014年，实现建筑业开复工面积1741万平方米，同比增长10%，其中，商品房开复工面积1130万平方米，同比增长3%；完成建筑业产值1000亿元，实现建筑业税收23亿元，同比增长分别为32%和20%；完成房地产开发投资334亿元，实现房地产行业税收39亿元，同比增长分别为89%和27%。

重点工程按计划推进。全年承担35项市、区两级重点工程的建设和协调任务，道路总长度约156公里。各项工程按照年初确定的工作目标实现有序推进：一是注重工作推进力度。3个拟开工项目顺利开工，7个拟竣工项目完工或部分完工，6个在施项目稳步推进，11个推前期项目办理有序；二是注重工作协调调度力度。有效解决了工程施工过程中遇到的难点问题；三是注重工作督查力度。确保工作安排到位、责任落实到位。

住房保障顺利进行。全面完成市政府下达给本区的保障房年度任务指标，开工10638套，竣工5323套，累计选房11400套。2014年，住房保障工作体现在：更加关注品质，更加优化结构，更加严格管理，更加规范运行。研发运营管理软件平台，拟定公租房运营管理实施意见和通州区住房保障工作管理办法，从职能设置到操作流程等方面对住房保障工作实行严格的规范化管理。

房地产业理性发展。2014年，本区房地产业呈现出三个特点：一是开发投资大幅度增长，税收贡献增加。二是产业结构趋于合理，行业影响力突出。住宅与非住宅占比平衡，非住宅投资增速较快，非住宅供地比重增大；三是发展空间充足，开发后劲强势。土地供应量大，存量项目充裕，发展潜力较大。

老旧小区综合整治成效显著。全年承担41.7万平方米的老旧小区综合整治任务，整治范围涉及30余个小区、112栋单体。扩大改造范围，增加改造内容，提高改造标准，坚持“以民为本、百姓参与、规范运作、质量第一”的工作原则，完成年初区委、区政府确定的综合整治工作任务。

征收拆迁组织有力。2014年，征收拆迁工作做到了：严格依照法律法规，科学合理指导征收拆迁补偿方案的制定；严格依照法定程序和申报条件，审批各项征收拆迁项目；严格依照法律法规，受理房屋拆迁裁决立案申请，依法保护拆迁双方当事人的合法权益。此外，针对国有土地上房屋征收工作，起草工作流程；针对集体土地上房屋搬迁工作，拟定指导意见；针对征收拆迁中介服务机构，建立备选库；针对参与征收拆迁的工作人员，制定管理规定，构建起全方位、多角度、无漏点的征收拆迁立体监管网络。

行业发展态势良好。建筑业开复工面积、税收等行业基础指标实现稳步增长。一批知名房地产企业和建筑企业入驻通州，带动本区建筑、房地产业的整体发展水平提升，行业监管稳步提升。通过监管模式、监管方法、监管重点的转变，促进全区工程质量水平稳步提高，确保建筑安全形势保持良好。服务水平逐步增强。通过重大项目联办制度、手续追踪制度等一系列制度的创新，全面提高了办事效率和工作服务水平。

（罗慧敏）

重点工程

【概　况】 2014年，重点办负责35项市、区级重点工程的建设和协调任务，区级项目道路总长约156公里，完成投资约15亿元。

【漷小路】 北起漷兴三街，南至恒业二街，全长19.2公里，规划为一级公路，红线宽40～80米。其中，一期分为四段，即漷县镇区、永乐店镇区、德仁务片区、永乐经济技术开发区段，道路全长5.74公里，按城市主干路标准设计。漷小路一期工程完成设计方案批复，项目建议书批复，初步设计概算批复。漷县段拆迁完成94%，永乐店段拆迁完成60%，施工完成5%。

【永乐店中学周边道路】 本工程分三部分：永黄路，北外环与北内环之间部分，全长446米，红线宽30米；永乐店北内环路，现况漷小路与永黄路之间部分，全长535米，红线宽30米；永乐店镇一号路，起于永乐店北外环路终于永乐店北内环路，平行于现况永新路与永黄路，全长443米，红线宽15米，9月建成。

【徐尹路二期】 工程西起东六环路，东至市界，全长6.1公里，规划为一级公路。拆迁完成99%，管线工程完成55%。

【张采路北延（宋庄段）】 南起通胡大街，北至潞苑北大街，全长4.2公里，规划为城市主干路，红线宽60米。该工程取得设计方案批复、立项批复，初步设计方案由市规委审批完成，初步设计概算正在市发改委审核，开过专家评审会，启动招投标工作。

【通胡大街东延】 西起宋郎路，东至玉带河东大街，全长1.2公里，规划为城市主干路，红线宽40米。取得设计方案批复，正在办理环评批复，上报区发改委立项。

【漷于路】 东起京塘路（103国道）漷兴六街路口，西至京津高速于家务出口，道路全长约10.3公里。规划方案编制完成。

【西潞苑二街】 西起通顺路，东至东六环西侧路，道路全长约4.3公里。规划方案编制完成。

【外环路西段】 北起京通快速路，南至广渠路，全长1.64公里，按城市主干路标准设计，红线宽40米。完成规划条件，正在准备编制设计方案。

【春宜路】 工程位于医疗服务区，北起北运河东滨河路，南至玉带河大街东延，全长2.66公里，设计标准为城市主干路，红线宽50米。上报立项，正在评审。

【观颐大街】 工程位于医疗服务区，西起六环西侧路，东至春颐路，全长3.76公里，设计标准为城市主干路，红线宽50米，12月底启动拆迁工作。

【玉带河大街东延二期】 工程西起东六环西侧路，东至宋郎路，全长2.7公里，设计标准为城市主干路。整体道路竣工通车。

【玉带河大街东延三期】 工程西起宋郎路，东至东部发展带联络线，全长约2.3公里，设计标准为城市主干路。完成设计方案批复、项目建议书、初步设计概算批复、规划意见书、建设用地规划许可证、招投标工作。拆迁工作完成96%，雨污水管线及路基处理、燃气、中水管线完成95%，主路达到通车条件。

【张采路北延（潞城段）】 工程北起通胡路，南至运河东大街，全长2公里，规划为城市主干路。项目建议书、初步设计概算批复、规划意见书、建设用地规划许可证、招投标工作。拆迁基本完成。

【东六环西侧路（通胡大街—芙蓉路段）】 工程北起通胡大街，南至芙蓉路，道路全长约2.2公里，设计标准为城市次干路。完成设计方案批复、项目建议书、初步设计概算批复、招投标工作。拆迁完成96%。施工完成90%。

【朝阳北路东延二期】 工程西起通顺路，东至东六环西侧路，全长3.6公里，设计标准为城市主干路。完成设计方案批复、项目建议书、初步设计概算批复、规划意见书、建设用地规划许可证、建设工程规划许可证、招投标工作。拆迁完成98%，施工完成70%。

【潞苑三街】 工程西起潞苑东路，东至东六环西侧路，全长约1.8公里，规划为城市次干路。完成设计方案批复、项目建议书、初步设计概算批复、规划意见书、建设用地规划许可证、招投标工作。拆迁完成24%。

【潞苑北大街二期】 工程西起东六环路，东至任李路，全长4.16公里，设计标准为城市主干路。拆迁完成97%。综合管线完成70%，路基工程完成65%，完成总工程量的60%。

【东六环西侧路北延（潞苑北大街—通胡大街段）】 全长3.86公里，设计标准为城市次干路。通胡大街至京榆旧路段竣工。拆迁工作全部完成。具备通车条件。

【徐尹路一期】 工程西起皮村桥，西至东六环路，全长约6公里，设计标准为城市次干路，红线宽40米。完成设计方案批复、项目建议书批复、初步设计批复、规划意见书、建设用地规划许可证、招投标工作。六环路以西通车。

【北运河东滨河路】 工程北起通胡路，南至东六环西侧路，全长3.1公里，设计标准为城市次干路。拆迁完成90%。施工完成60%。

【漷台路】 西起牛样路，东至漷县漷马路，全长约5.5公里，委托规划院进行规划方案编制。

【通马路城市段】 北起新华大街，南至京哈高速台湖出口，全长7公里，规划为城市主干路。市规划院正在编制规划方案。

【通马路公路段】 北起京哈高速，南至京津高速，全长5.1公里，规划为一级公路。因涉及占用朝阳土地问题，市规划院正在进行前期调研工作。

【京津公路城市段】 西起京通快速，东至东六环路，全长8公里，规划为城市主干路。市规划院正在做前期调研工作。

【张台路】 西起九周路，东至京塘路，全长约16公里。委托规划院进行规划方案编制。

【京哈南辅线二期】 东起北运河左堤路，西至京塘路，全长1公里（主要为桥梁工程）。规划方案批复，正在编制设计方案。

【新堤路北延】 南起通香路，北至武兴路，全长约5.6公里（西集镇2公里、潞城镇3.6公里），规划为二级公路，远期为一级公路。委托规划院进行规划方案编制。

【张凤路北延】 南起潞苑北大街，北至区界，全长11公里规划为一级公路。委托规划院进行规划方案编制。

【运河东大街东延】 工程西起宋郎路，东至潮白河大堤，全长2.16公里，设计标准为城市主干路。正在进行道路定线测绘、设计方案编制工作。

（杨云琪）

【地铁6号线二期工程】 地铁6号线二期工程线路全长12.4公里，全部为地下线，设车站8座，物资学院站、北关站、新华大街站，玉带河站、郝家府站、会展中心站、东部新城站、东小营站。11月1日开始试运行，12月28日正式运营。

（王学勤）

公 路

2014年永德路工程完成 （公路局提供）

【概　况】 2014年是贯彻落实中共十八大精神，实现十二五规划的关键之年，也是交通路政行业践行精细管理、无痕服务理念，提升管理水平和服务品质的关键之年，通州公路分局在区委、区政府和市交通委、路政局的坚强领导下，按照路政局年度工作指导意见，积极、大胆创新工作思路，完成公路建设、养护和管理等各方面工作任务。全年实施新改建工程4项，大修及预养工程5项，水毁恢复工程1项，旧桥改造工程2项，中小修工程15项，全年累计完成投资4.3亿元。

【公路建设】 2014年，通州公路分局积极推进前期工作进度，九德路二期、孔兴路北延立项已报待批，科印泵站完成方案设计。积极开展十三五规划研究工作，重点推进通马路一、二期、京哈南辅线二期、京津高速联络线等工程的前期工作。按照“清理一批、完工一批、开工一批”的原则，加大协调力度，积极解决因拆迁及管线施工等影响施工进度的问题，京哈南辅线、永德路两项道路工程和结合泵站改造一项水毁工程年底前完工，新凤河跨河桥年底开工建设，徐尹路二期改建工程按年度计划顺利推进。不断加大履约检查力度，建立目标管理体系，确保质量保证体系有效运转，全年工程质量合格率100%。不断加大旧路材料回收、利用力度，新改建、大修及预养工程产生旧路材料65009吨，回收率100%，利用量50211吨，利用率达77%。温拌沥青、冷热再生沥青应用总量24万吨，占总用量的100%。

【养护管理】 2014年，对京塘路、通顺路、通香路等14条道路进行大修、预养和中小修工程。充分发挥联合巡查机制优势，养护事件及时处理率达到99.5%，路面使用性能指数（PQI）由91.54提升至93.13。投资329万元，充分利用道路现有绿化条件，采取加密加厚加大绿化体量、增加色彩、丰富季相等措施，采用多树种植物配置的形式，完成觅西路绿化工程，营造和谐统一的公路绿化景观。日常养护以防火、防冻、防病虫害为重点，加强对路树、绿化带的管理，全年修剪路树1.8万株，清理枯死树65株，补植色带、补植花卉1万平方米，进行病虫害防治7次，无林木火灾事故和病虫害事件发生。加强桥梁日常巡查，投入资金143万元进行桥梁定期性检查70座，特检4座，及时了解桥梁运行状况。完成桥梁中修工程4项，旧桥改造工程2项。经过努力，管养桥梁运行状况进一步改善。截至年底，全区干线公路桥梁一、二类比例达到97%，县级公路桥梁一、二类比例达到100%。充分发挥行业管理职能，要求产权单位落实桥梁安全责任及危旧桥梁管控措施，全年未发生桥梁安全事故。

2014年G103京塘路大修工程完成　（公路局提供）

【路政管理】　2014年，办理处罚案件107件，处罚金额68万元；路产赔偿案件68件，收取赔偿金额约34万元；联合城管、市政等部门对路域内堆物堆料、未经审批擅自开设道口等违法行为进行集中清理，清理堆物堆料55处，清理违法摆摊设点27处，拆除各类违法非公路标志1200个。进一步强化桥下空间清理整治力度，建立整治工作台账并加大协调、督促力度，完成京塘路北苑立交桥、武兴路友谊桥两座桥梁桥下空间整治工作。在占用、挖掘公路埋设管线的行政许可事项中，针对道路修复存在质量隐患，严格按要求设专人对许可事项进行全程控制。通过加强对修复方案、施工方案的审核，强化审批前管理。通过签订三方实体检测协议、聘请监理对道路修复进行旁站等措施，强化审批过程管理。全年受理行政许可案件127件，收取补偿费约407万元。对其中高速公路以外的全部审批项目进行批后监管。通过严格有效的全过程管理，占用、挖掘公路的修复工程质量有明显的提高。充分发挥联合执法优势，继续采取流动治超与站点治超相结合的方式，认真分析重载车辆行驶路线和时段，加大午间、夜间流动治超出勤频率。通过与辖区内路用材料供应商签订目标责任书的方式，进一步加强源头治理。有力打击了超限运输违法行为，全年参加区联合治超48次，检测车辆58万辆，卸载1478辆，罚款66万元。

【乡村公路行业管理】　通过加强图纸审核、招投标管理、过程管理和试验检测抽检等手段，提升大修工程质量。通过改变养护资金支付模式、控制中修工程规模和处理方案、实行养护监理制度等措施，狠抓日常养护和中小修工程质量。2014年，安排建设养护投资1.8亿元，完成道路大修71项，79公里，桥梁改造18座，面积4650平方米，完成1860公里道路养护任务。2014年，投资116万元，为全区文明样板路增设标线、标志、桥梁公示牌、新型公里碑和新型百米桩等安保设施，进一步提升道路行车安全性，巩固创建成果。同时，为了完善乡村公路附属设施，保障道路、桥梁安全运营，在对安全隐患点排查情况进行分类汇总基础上，投资237万元完成全区乡村公路里程碑、百米桩及桥梁限载标志牌安装工作，为促进本区乡村公路和桥梁规范化管理奠定了良好的基础。

【路网综合服务管理】　2014年，制定《路网设备管理办法》《交调管理办法》等制度，进一步规范路网管理与应急处置系统建设、运行和管理。新建路网系统外场设备42套，设备涉及视频采集、信息发布、水位监测等7个种类，点位分布京塘路、通香路、通顺路等21条重要道路，点位覆盖面进一步扩大。年内，通过系统处理养护事件、路政案件6624件，通过可变情报板发布各类信息7077条，路网综合服务水平进一步增强。不断强化养护计量支付系统应用，积极组织应用培训并随时反映应用中发现的问题，全年养护项目网上计量支付率达到100%。不断加强系统设备巡检和日常维护，系统外场设备完好率达到93.1%，有效地保证了系统的正常运行。

【安全应急管理】　2014年，加强与公安交管部门的联系，建立定期联系会商机制，对道路标志、标线等设施进行更新完善，对京塘路、京榆旧路等道路3处隐患点进行治理。集中力量加大道路设施维护及环境整治的力度，保证资金投入，完成高速免通及重大活动和节假日期间交通基础设施的保障任务。经过反复讨论、修订，编制完成由1个总体预案和18个专项预案组成的应急预案体系。为提升在施工程安全生产事故综合应急处置与救援能力，增强施工人员安全生产意识，结合各在施工程项目风险评估的风险源特点，开展以公路工程高空坠落应急救援、施工现场交通事故应急救援、防汛、消防应急演练为内容的7项应急演练。演练内容贴合实际，

除雪作业 （公路局提供）

参与范围广，应急处置流程设计合理，可操作性强，达到了锻炼应急队伍，提升突发事件应对能力的目的。立足于应对极端天气和突发事件，全面布署防汛和除雪铲冰工作。进一步细化和完善应急预案，加大对防汛和除雪铲冰工作各重点环节、重点部位排查、检查力度。建立并完善公路雨雪天气交通保障应急管理体系，加强抢险物资储备，落实后备抢险队伍和人员，全年雨雪天气备勤58次，出动机械设备880台次，备勤人员13500余人次，完成特殊天气情况下道路交通保障任务。

（赵大鹏）

市政建设

【概　况】　2014年，市政市容委围绕建设北京城市副中心，对内统筹，对外协调，全力以赴做好年初下达的36项建设和协调任务，以及城乡环境保障、城市日常运行保障、创城对标达标等工作任务，着力提升城市承载力和环境建管水平。在完善市政路网方面，积极推进排堵保畅工作进展，打通城区断头路，开展潞苑五街二期、潞苑中路、京洲北街东延、运河园路、大京路、竹木厂路道路微循环改造。在推进集中供热方面，完成河东6座燃煤锅炉房进行整合，替代供热面积71万平方米，完成既有节能居住建筑293万平方米、老旧小区37万平方米改造任务。在城市运行保障方面，集中实施一批城市运行保障工程，强化市政设施管理养护，加大对城市道路、桥梁以及井盖、路灯等市政设施的巡查和维管力度，提高设施完好率。

【畅通城市交通】　年内，打通城区断头路，开展潞苑五街二期、潞苑中路、京洲北街东延、运河园路、大京路、竹木厂路道路微循环改造。实施街巷综合改造，改善吉祥路、协辛庄路等6个社区环境。开展疏堵工作，对耿庄桥区域的南北向交通进行综合治理，完成果园环岛改造项目规划设计方案。

【玉带河大街慢行系统试点建设项目】　该项目被列入住建部第三批城市步行和自行车交通系统示范项目。项目西起北苑南路，东至故城东路，线性里程约3.3公里。在方案设计上，以合理分配路权，建设适合自行车、行人出行的道路交通环境为原则，加入自行车道的无障优化设计和自行车道与公交站点交通冲突的安全设计。创造适合自行车、行人出行的道路交通环境。

实施玉带河大街慢行系统试点建设 （市政管委提供）

【完善供热保障体系】 年内，做好集中供热项目建设，对中国民兵武器装备陈列馆、潞苑嘉园、潞潮佳苑、小潞邑、三元村、三元村紫运园6座燃煤锅炉房进行整合，替代供热面积71万平方米。开展热计量改造，完成既有节能居住建筑293万平方米、老旧小区37万平方米改造任务。完成老旧管网改造304万平方米。实施清洁能源改造，完成疃里、房地集团、农机、中科印、华远顺达物业管理中心、开源房地产开发有限公司138蒸吨改造任务。

【构建绿色出行系统】 年内，扩大公租自行车范围，在2013年4000辆基础上，增设6000辆公租自行车，全区累计运营310个租赁站点，租还车885.2万余次，节能减排2127吨标准煤。

【巩固提升城市景观水平】 年内，加强户外广告管理，编制全区户外广告控制性详细规划，对京沪、京津、通燕等市属道路，芙蓉路、通胡大街等区属城市主干道两侧的违规户外广告进行整治，拆除违规户外广告134块。提升街区品质，对芙蓉路道路两侧299块牌匾标识进行提升整治，完成梨园北街、乔庄北街2条道路公交站亭、站杆等公服设施更新改造，更换城区25处小区及街巷路灯243盏，在有路无灯的街巷安装路灯，方便市民出行。

清除违规广告牌匾 （市政管委提供）

【地下管线及城市部件数字化管理系统建设项目】 年内，地下管线及城市部件数字化管理系统建设项目一期通过专家初步验收，8月正式运行，初步实现了包括通州核心城区50平方公里范围城市部件的信息采集、夜间巡查以及全区各委办局、街道、乡镇的问题派遣、反馈工作。并制定和出台《通州区城市管理指挥手册》《通州区各委办局、乡镇、街道及公司城市管理案件处置流程管理办法》等文件，规范城市部件的处置和管理流程。

【占掘路审批和停车场备案工作】 2014年，受理道路占掘路审批18项，核发掘路证10项，应急抢修8项。挖掘城市道路607平方米，步道853.6平方米。全年新增备案机动车停车场48个16767个车位，其中，居住区停车场24个，9520个车位；路外停车场14个，5605个车位；路侧停车场10个，1642个车位。截至年底，区市政市容委有备案停车场253处74973个停车位，其中，路侧停车位1756个，路外停车位13702个、居住区停车位59217个、停车换乘298个。

【市政设施巡查工作】 年内，通过巡查，发现井盖丢失、损毁257块，水篦子丢失、损毁274块，交通护栏丢失、损坏221块，隔离墩损坏36处，路面损坏110处，占道掘路13处，交通指示灯损坏19处，交通指示牌等损坏73处，限高梁损坏4处，环境问题97处，垃圾箱丢失、损坏21个，其他设施损坏155处，均已通知相关产权单位进行更换维修。为百姓出行安全，提供有力保障。

【推进创城对标达标工作】 年内，建立健全组织机构，成立了市政市容委创城工作领导小组，设立创城办公室，对照“八大攻坚”工作任务，逐一明确牵头领导、责任部门，形成主要领导亲自抓，分管领导全时抓的组织管理体系。严格对照《测评体系》，落实对标达标工作，重点解决盲道被占、停车场规范、公共设施管理维护等问题，完成13座公交港湾改造，38条区属道路盲道修复，施划3500个路侧停车位。

【安全生产监督管理】 年内，狠抓安全责任落实，完善“一岗双责”“党政同责”制度，层层签订安全生产责任书。开展安全生产常态管理，组织防灾减灾公益活动和消防演练，根据季节特点和工作性质，进行安全生产大检查，明确工作重点。加强行业监管，落实属地管理，做好供热工作的全面检查和供热工程的全面验收，认真吸取“11·19”新华大街燃气泄露燃烧事故教训，开展市政工程施工地段的管线巡检，对全区6家经营管道燃气企业进行燃气安全大检查。

【加强应急联动能力建设】 年内，强化输油气管道管理，联合区公安局、属地政府协调查处14处占压隐患，确保输油气管线的安全运行。扎实做好防汛工作，落实各类应急物资，增加抢险备勤人员，对防汛重点区域排查隐患点，加强协调联动，完成城镇防汛工作。认真开展有限空间安全生产专项工作，规范作业行为，消除一批环卫、燃气及供热行业安全隐患。

（孟晓云）

水务工程

【概　况】 2014年，通州区水务局在区委、区政府的正确领导下，凝心聚力，扎实工作，水务发展保持良好态势。一是水资源利用平稳有序。2014年，汛期平均降雨337.9毫米，比上年同期少12.8%，比常年同期少5.8%；全区总用水3.89亿立方米，其中，清水2.32亿立方米，再生水1.57亿立方米。完成开凿机井审批20件，封填农业机井285眼；审批水保方案和水影响评价报告17件，减少水土流失量868.4吨。核准6家、16.88万立方米的临时用水指标；完成5家建设项目节水“三同时”审查工作。二是稳步推进重点水务工程。水务建设到位资金7.78亿元，较上年有明显增长。第二阶段4条、44.7公里中小河道治理全部开工，其中小中河、运潮减河防洪主体工程完工；通惠河（通州段）水环境综合整治一期工程水上景观部分完成90%；南水北调配套通州水厂工程具备开工条件；完成玉带河大街雨水泵站改造等重点工程。三是完成治污三年行动年度任务。建设污水及再生水管线56公里。碧水污水处理厂升级改造各项工作取得实质进展；张家湾再生水厂规划选址获批；通州区污泥无害化处理及资源化利用工程前期工作稳步推进；通州区乡镇再生水厂建设运营项目前期手续办理基本完成；河东再生水厂支线污水截流工程开工建设并完成一期工程。四是统筹城乡保障供水安全。对乡镇21座集中水厂、286座单村供水站开展安全供水大检查，完成两次水质化验，针对夏季供水高峰期供水不足的突出问题，将强化管理与争取外调水源相结合，有效保障了城区供水安全。五是严格水政执法工作。认真组织水法宣传活动，抓好水务各项法律法规的落实，全年查处水事违法违章案件295起，处理违章建筑案件30起，清除违法建筑6266平方米，确保了水务各项工作顺利开展。

（刘　瑶）

【编制九大水务专项规划】 年内，为强化水环境建设，促进区域水循环，水务局组织了九个专项规划的研究，包括：通州区供水专项规划、通州区雨水排除规划、通州区污水排除规划、通州区再生水利用规划、通州区防洪排涝规划、北运河综合治理规划、潮白河综合治理规划、通州区水系连通及水资源循环利用规划、通州区水生态文明示范区概念性总体规划。规划的编制及研究将为城市副中心建设的水务发展提供科学的理论依据，为建设项目落地提供服务，同时为即将启动的通州区“十三五”水务规划奠定坚实的基础。其中，供水、排水、再生水利用规划中主要建设项目将在“十三五”期间基本完成，为副中心全面建设奠定基础。防洪排涝及北运河、潮白河治理将按照海河水利委员会及市水务局统一部署，提前做好前期工作，适时启动建设；水系连通及水资源循环利用计划年内启动部分项目建设。截至2014年年底，通州区雨水排除规划和通州区污水排除规划在前期准备当中，其它七项规划均取得初步成果。

（肖　羿）

【乡镇水利工程】　通州区2013—2014年度乡镇水利工程涉及漷县镇、张家湾镇、马驹桥镇、台湖镇、西集镇、宋庄镇、永乐店镇、潞城镇、于家务乡9个乡镇，包括沟渠清淤、沟渠衬砌、建筑物、雨水管道、雨水泵站、村庄排水、水毁修复(含巡堤路修复）、集雨工程8个方面建设内容。主要完成工程量：沟渠清淤68条，长度138.71千米，土方量125.45万立方米；沟渠衬砌11.96万平方米；建筑物新建改建259座；雨水管道70380米；村庄排水24.15千米；雨水泵站18座；集雨工程2处。本工程已完工，项目总投资为33245.80万元。

（郭子彪）

【危桥改造工程】　通州区2013年危桥改造工程涉及通州区潞城镇、马驹桥镇、西集镇、张家湾镇、台湖镇、永乐店镇、永顺镇等7个镇10座危闸桥。具体建设内容:永乐店镇的马坊站东闸桥、西集镇的肖林闸桥、台湖镇的高古庄凉水河闸桥和唐大庄桥、马桥镇的郭村桥、潞城镇的南刘桥、永顺镇的小汤沟桥、张家湾镇的六支节制闸路桥和北七支垡头桥、凉水河管理所下辖的通惠二支桥、拆除西马各庄桥和大高力闸桥。本工程已完工，项目总投资为1833.87万元。

（冯桂芹）

【河东再生水厂污水截流和管线工程】　由于通州区河东再生水厂仅配套污水支线及截污支线，建设不完善，造成厂区进水严重不足，难以投入运行，不能充分发挥减排效益，对本区2014年污染物减排工作造成巨大影响。为此，按照区政府要求，通州区水务局开始实施河东再生水厂支线污水截流工程。工程由9处入河排污口截污、东六环西侧路北段污水干线连接线及翟减沟污水截流管线三部分组成，具体工程量如下：1.9处入河排污口截流：靶场路截污管线49米，京榆旧路截污管线44米，运通花园截污管线38米，潞苑东路截污管线104米，团结沟截污管线112.5米，泰禾西侧出水口截污管线28米，泰禾东侧出水口截污管线20.5米，宋郎路西侧出水口截污管线18米，宋郎路东侧出水口截污管线24.5米，合计439米。2.东六环西侧路北段污水干线连接线长427.5米，管径D1400毫米。3.翟减沟污水截流管线工程包括截污主干线D800-D1550毫米管线3916米，截污支线D300-D600毫米管线1928.5米。工程批复总投资1.3亿元（含拆迁占地）。截至2014年底，工程9处入河排污口截污和东六环西侧路北段污水干线连接线实施完成，为河东再生水厂增加污水量1.5万吨/日。翟减沟污水截流管线正在拆迁中。

（邵春刚）

【玉带河大街雨水泵站工程】　玉带河大街雨水泵站位于通州区玉带河大街与滨河路交口西南位置，紧邻北运河右堤，属于通州新城运河核心区，泵站的排水区面积为554.9公顷。因该泵站修建时间比较早，设计标准低，今年实施该泵站的拆除扩建工程，新建主厂房（泵房）和副厂房各一座。新建主厂房建筑面积169.29平方米，副厂房建筑面积351.06平方米。选用5台立式轴流泵，单台流量5000立方米/小时，泵站总排水能力达到25000立方米/小时，投资约4000万元。该工程将大幅度提高汛期玉带河大街雨水方沟的排水能力，从而确保城区防汛安全，满足新城建设要求。

（赵　媛）

【水资源利用情况】　2014年，全区总用水38943.98万立方米，其中，用再生水15744.6万立方米，用地下水23199.38万立方米。在总用水中农业用水20057.49万立方米，其中，用再生水9545.5万立方米，用地下水10511.99万立方米；工业用地下水2503.71万立方米；家庭居民生活用地下水6708.64万立方米；公共服务用地下水2925.2万立方米，用再生水14.2万立方米；环境和生态用地下水550.24万立方米，用再生水6184.5万立方米。

【地下水监测情况】 2014年，有地下水人工观测井43眼，其中，2眼专用观测井，41眼农灌井，这些人工观测井分布在农业区，使本区基本形成观测井网；有自动监测井14眼；承压井观测点29眼，根据观测资料,全区地下水位呈上升趋势，2014年，地下水平均埋深为7.37米，与2013年7.44米比较，地下水位上升0.07米，原因是：本区利用上游处理后的再生水，进行农业灌溉及环境用水，从而减少对地下水的开采。

【管水员队伍建设】 全区有农村管水员1200人，为提高本区管水员工作技能，市水电中心分两次对管水员进行培训，培训人次240人，培训内容重点为管水员职责、村镇供水管理和农村排水管理等方面的知识。通过培训与交流，丰富了管水员的业务知识，增强了操作技能，提高了基层水务人员服务和管理水平，对规范管水员队伍建设和管理起到积极的促进作用。2014年，有1196人参加年度考核，优秀的有367人，占总人数的30.69%，合格的有829人，占总人数的69.31%。

（高淑红）

【水法宣传活动】 3月22日，以“加强河湖管理，建设水生态文明”为主题的纪念“世界水日”“中国水周”宣传活动。活动有2000人次参加，印发宣传材料2万余份；设宣传站17个，悬挂横幅40条，张贴临时标语1000条，书写和刷新永久标语100余条，设立咨询台15个，解答群众咨询2000余人次，利用村级广播宣传约100小时。全区宣传教育的覆盖面达95%以上。

节水宣传周活动现场 （水务局提供）

【查处水事案件情况】 年内，通州区水务局水政执法查处各类违法水事案件295起，结案286起，处理违章建筑案30起，清除违法建筑6266平方米，清除河道沟渠管理范围内建筑、生活垃圾4000吨，清除白色漂浮物100立方米，清理影响行洪安全的违法种植树木2000株，设立安全警示牌290块，劝阻游野泳、钓野鱼的行为20次，倾倒垃圾案32起，清除垃圾15000吨，回填土方1358立方米；破坏水工程案40起；修建水工程案36起；违法设排水口案6起；处罚款74510元。组织河道禁采专项执法166次，查处挖沙取土案件5起。

（郭冬丽）

【应急度汛工程】 为贯彻落实北京市防汛抗旱指挥部关于进一步加强防汛安全责任制落实，做好应急度汛工程建设的指示精神，在区政府统一部署下，区防汛办于汛前对河道水利设施进行维修、建设，工程涉及5条河道、4个水管所及区防汛办办公设备更新。其中包括：一是凤港减河马坊强排站改建工程，新建管理房280平方米，泵房150平方米；安置配电柜3台，水泵控制器6台；安装水泵6台（规格：55千瓦、流速2300立方米/秒），强排站出水河道进行方砖护坡900平方米，浆砌石护坡600平方米。永乐店水务中心所负责施工，工程6月10日开工，9月10日完工。工程投资386万元。二是凉水河高古庄段护坡工程，左岸护坡250米，运用土方500立方米，碴石2000立方米，块石600立方米；动用人工1880人，机械110台班。右岸护坡230米，运用土方400立方米，碴石1800立方米，块石550立方米；动用人工1700人，机械100台班。凉水河管理所负责施工，工程5月10日开工，6月10日竣工。工程投资102万元。三是凉水河拦河闸维修工程，对凉水河沿河闸坝进行维修、维护，其中包括：马桥闸、惠凉闸、新河闸、张家湾闸、牛坊闸、于府闸、田村闸、小屯闸，水南橡胶坝、海子洼橡胶坝及大松垡橡胶坝11座闸坝。凉水河管理所承担施工，工程5月10日开工，6月10日竣工。工程投资47万元。四是北运河水利设施维修、更新工程，北运河右堤王庄闸更换5吨启闭机2台，沙古堆二闸更换3吨启闭机1台，牛牧屯强排站更换配电设备，购置100千瓦发电机1台；西集水务一所负责维修施工，工期5月10日至6月1日，工程投资55万元。五是萧太后河、玉带河闸维修工程，萧太后河张家湾节制闸机电设备维修，玉带河退水闸机电设备维修。张家湾水务一所负责维修施工，工期4月20日至5月20日，工程投资20万元。六是区防汛指挥部办公室设备更新维修工程，全区24个雨情监测站的维修、更新；防汛电台发射塔（50米高）及50部800兆通讯电台维修、更新；防汛指挥平台交换机更新、维修；购置防汛应急排水及配套设备30台，分别派发到各街道及乡镇作为应急排水设备。区防办负责维修、更新，工期4月10日至6月1日，60万元费用。

南大沟清淤整治工程施工现场　　（水务局提供）

【降雨量分析】　2014年，降雨情况总体雨量偏少，全年降雨时间分布前后集中，中间分散；降雨空间分布局地短时强降雨天气过程较多，局地大风伴有冰雹灾害较重。汛期发生风雹灾害2次，分别为6月26日永乐店镇及8月28日宋庄镇风雹灾害。全年接到气象预警58次，其中，黄色雷电预警41次，暴雨蓝色预警11次，暴雨黄色预警4次，暴雨橙色预警2次。

【雨情、灾情及应对措施】　2014年，汛期局地雷电、强降雨及大风并伴有冰雹等强对流天气较多，出现22次短时强降雨、短时大风或冰雹的强对流天气过程，造成3次较严重道路积水及2次明显风雹灾害。区防汛指挥部及时协调市政、公路、交通以及城区各街道、辖区各乡镇的防汛联动部门，启动相应级别应急响应，迅速调动人员、设备及抢险救灾物资，采取有力应对措施排除险情。具体情况如下：一是道路严重积水抢险。6月15日晚8时，通州普降中到大雨，造成北关立交桥下瞬时汇水面积增大，桥下积水50厘米；7月1日晚，通州普降雷阵雨，城区短时强降雨造成北苑科印立交桥、丁各庄、北关及西立交桥区积水47.5厘米；9月1日晚，通州出现入汛以来最强降雨，全区平均降雨量62.2毫米，最大马驹桥站降水量120毫米。造成区内45处积水路段，马驹桥镇内12个严重积水路段，最深处积水达1米，1辆小轿车误入积水被淹。险情发生后，区防汛指挥部立即协调水务、市政、公路、交通支队等联动部门出动人员、设备，采取断路措施，在维持交通秩序前提下，进行紧急抽排水作业。全区调动排水设备、车辆980台次，排水作业人员1000人次，抢险巡查人员1200人次。二是风雹灾害。6月26日局地强降雨及瞬时大风并伴有冰雹，造成本区东南部部分乡镇受灾，其中，永乐店镇14个村停水停电，1500户居民生产生活受到影响，电信线路受损3.5公里，村民房屋受损2100户，农作物受损17988亩，倒伏树木5445棵，无人员伤亡情况发生。8月28日晚，宋庄镇受大风并伴有冰雹灾害，导致22个村农作物及林木不同程度受损，受灾面积17649亩，总经济损失4107万元。灾害发生后，区委书记王云峰带领区委、区政府相关部门领导，亲临受灾地区查看灾情并指导救灾工作，责成受灾乡镇组派8个专人小组分头深入辖区各村调查灾情，第一时间掌握受灾程度，摸清受灾面积。积极运用补救手段，与相关保险公司及时沟通，对受灾保户（农户）进行现场定损，及时为2000余家农户进行理赔，最大限度降低农户经济损失。区镇两级政府积极做好群众安抚工作，帮助受灾村民恢复生产，由政府组织派出20个小组210名科学农业技术员对受灾农户给予技术支持，指导村民对受灾作物进行补救补栽、果树修枝、修补受损及倒塌房屋大棚，及时完成1600余株树木的补栽，900余间房屋的修补，区供电部门及时启动应急措施，连夜抢修电缆线路3500米，及时恢复供电。

（安志彬）

9月1日晚，科印立交桥下防汛抢险 （公路局提供）

【工程质量监督管理】 2014年，监督的工程项目有9项，其中，本年度新开工程7项，跨年度项目2项。主要有通州区小中河通州段清淤整治工程、河东再生水厂支线污水截流工程、通州区运潮减河清淤整治工程、通州区玉带河清淤整治工程等。本年度内进行单位工程验收的项目有：通州区2013年农田水利工程、通州区宋庄镇小堡村移民排水工程2项。进行工程竣工验收的项目有：北运河通州城区段补水净化工程、东南郊水网（通州区）工程、北运河清淤整治工程3项。监督管理过程中严格按照规定办理监督注册手续，严查体系建设和工程实体质量，把好工程验收关，全年工程项目质量处于受控状态。

（缪学文）

供水

【概　况】 2014年，北京潞洲水务有限公司竣新挖潜、强基精管、城郊并重、全面发展，公司广大干部职工精诚团结，努力拼博，较好地完成了全年各项工作任务，确保通州区安全供水。全年完成供水总量3815万立方米，完成售水总量3134万立方米，水质综合合格率100%；修漏及时率100%；全年未出现安全生产责任事故和死亡责任事故。

【维护检修工作】 年内，针对水厂供水设备的超期服役现状，供水部认真完成电检工作，加大对供水设施设备维护检修力度，按时完成春、秋季电检，发现问题隐患及时排除。大修机泵17台，加泵管14根，拆水源18井并组装机泵一套，接电机电缆14根共100米，安装4口新井及其配套设备，更换压力表36块；急活急修200多次。保证了供水设施设备的完好运行，为安全供水奠定了基础。

【加强对供水管网的维护检查】 公司安装中心始终坚持以服务群众为宗旨，做到来电来访热情接待，及时上门维修服务，以安全供水为目标，加强供水管网设施检查，积极应对突发事件，做到应急抢修确保安全供水。供水附属设施维修209处，解决非本公司管辖的用户报修36户，上门服务零活小修291户，修漏及时率达到100%。

【加强水质检测力度】 为保障供水安全，公司水质检测中心严格执行国家饮用水的检测要求，全年完成对所有水源井、补压井、出厂水、管网水等的取水采样理化分析，全年检测13713项次，合格率100%。为加强管网水的检测力度和频次，加大管网取水范围，由40个点增加到45个点，主要关注余氯指标和感官指标、细菌学指标，提高监测密度，全面落实“水质是生命”的企业文化精神。

【应对高峰前的供水紧张】 5月，通州城区高日供水量连续突破公司的供水能力，针对当前供水的紧张形势，公司积极采取应对措施，确保全年实现安全供水。一是积极与政府和集团公司进行沟通，研究解决措施，二是采取深入社区走访、利用社区网络论坛等形势，积极做好用户的解释工作。三是多种途径，增加自产水能力。启动通州城区供水应急保障工程，利用水资源费对水源地通供7号井、通供

16号井进行更新，同时增打白庙村水源2井，日增加供水量5000立方米；四是深入实地调查，了解供水状况，帮助用户解决实际用水问题，缓解矛盾；五是建立供水调度会商制度，结合高峰期内每日天气状况和设备运行状况、客户反映水压不足情况及突发事件影响正常供水事件，经过分析，制定有效合理的供水调度方案，发挥最大供水能力。

【加强供水管线的防护】 随着通州作为城市副中心的快速发展，出现大规模、大范围的拆迁地区。由于施工单位较多，造成本公司供水管线被挖断情况时有发生，给部分居民用水造成较大的影响。公司在加强自身对供水管线巡护检查的基础上，建立了拆迁及施工工地的台账登记制度，及时反映工地的数量及施工情况，同时向区政府呼吁有关部门要进一步加强对地下管线的保护。针对近年来对输配水管线的占压问题，公司积极向区政府反映，引起区政府有关领导的高度重视，明确要求有关乡镇、部门结合违建，环境整治，进行清理腾退，确保供水安全。

（张小莉）

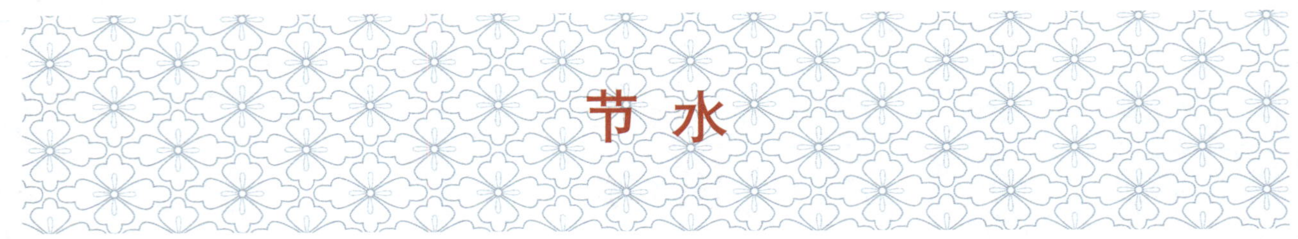

节 水

【概　况】 2014年，通州区节水办以创新为动力，以服务为根本，加强作风建设，以服务北京城市副中心建设为目标，围绕《中华人民共和国水法》等一系列水法规，完成各项节水管理工作。全年完成36个单位、6个小区、6个村庄的节水创建工作，建设集雨樽75处；完成8家临时用水指标审批及4家建设项目节水“三同时”审查工作；继续做好地下水资源费征收工作：全年收取地下水资源费2819.14万元，污水处理费341.67万元，累进加价费45.38万元。

【总量控制用水指标】 2014年，北京市水务局下达本区用水指标为39350万立方米。全年严格实行单月预警，双月考核制度，进行用水总量控制，2014年，实际用水量为38944万立方米，低于用水指标410万立方米。其中，新水用量23199万亿立方米，再生水用量1.574亿立方米。万元地区生产总值耗水量为71.68立方米，较2013年耗水量降低7.61立方米，万元地区生产总值水耗降低率为9.59%。

【落实水价调整工作】 5月1日起，特殊行业用水水价调整为160元/立方米，为确保水价调整工作平稳落实，对全区359家特殊行业用水企业开展多次检查，并按照水源类型、经营性质等项目归类建立台账，加强管理。为确保现场制、售水机行业落实水价调整工作，联合区卫生部门、自来水公司约谈现场制、售水机企业4次，出台《北京市通州区现

台湖金福艺农节水设施　（水务局提供）

场制、售饮用水监督管理办法》，与备案单位签订《北京市通州区现场制、售饮用水经营单位管理责任书》，于《通州时讯》刊登题为《明年起，制、售水机水费征收涨至160元/立方米》的专题访谈文章，督促企业按照要求安装水表分类计量缴纳水资源费。全年接到群众举报122起，均在第一时间出动检查人员到现场核实取证，并对2家存在尾水浪费现象的小区现场制、售水机企业进行处罚。

【加强安全管理】 2014年，全区108家自备井单位签订《自备井供水安全责任书》，全年封填废弃自备井10眼，督促自备井单位加强安全管理；抽取16家单位25眼自备井进行水质检测，确保供水安全。

【加大宣传力度】 2014年，城市节水宣传周期间，于通州区电视台滚动播放节水宣传口号，并在《通州时讯》刊登多篇节水文章及节水知识，设立40个站点开展形式多样的宣传活动。开展“知水、爱水、节水、护水”骑行、“节水杯”羽毛球比赛等节水宣传活动，传播节水理念。为把节水宣传工作落到实处，在居民小区、创建达标单位及节水村安装节水宣传栏22个，更新宣传栏内容35个。

（赵虹宇）

于家府节水大棚 （水务局提供）

供电

【概　况】 2014年，国网北京市电力公司通州供电公司（以下简称公司）全面落实“四个突出、四个提升”（突出配电网建设改造，提升电网发展水平；突出向管理经营型转变，提升公司发展水平；突出专家人才培养，提升队伍建设水平；突出规章制度建设，提升基础管理水平）工作思路，以安全稳定为基础，以提升服务为宗旨，以开拓创新为动力，不断提升各项工作水平。同时，深入开展党的群众路线教育实践活动，进一步强化党员干部作风建设。公司获得首都文明单位标兵、国家电网公司会计基础管理规范化评估达标单位、华北电力系统先进工会、国网北京市电力公司先进单位、安全生产先进单位、建设管理先进单位、五四红旗团委、交通安全先进单位等多项荣誉。2014年，坐落于通州地区的220千伏变电站有6座，容量252万千伏安；110千伏变电站23座，容量205.95万千伏安；35千伏变电站8座，容量20.52万千伏安；110千伏输电线路25条，共计320.66公里，35千伏输电线路18条，共计134.45公里。最大瞬时负荷103.64万千瓦，发生在7月20日21时09分。

【安全生产】 年内，健全安全责任保障体系，逐级落实安全生产责任制，完善146个岗位的安全职责，形成集体控制违章机制。加强重点线路的处缺管理，开展故障高发线路会诊巡视，10千伏线路永久故障同比减少26%。扎实推进多项配电网改造工程，不断优化配电网结构。城镇供电可靠率为99.9918%，同比提高0.001个百分点；农村供电可靠率为99.9717%，同比提高0.031个百分点。完善

19项专项应急预案、32座变电站现场处置方案，组织开展4次联合应急演练。建立风险预警机制，深入开展电网运行方式分析，动态跟踪设备负载变化，精心筹备、周密组织，完成春节、度夏、APEC及地区多项重要活动的保电工作。

通州区北苑P+R停车场装设北京市第一个应用智能立体机械化设施，电力员工在调试电力设备 （供电公司提供）

【电网规划与建设】 年内，加强政企共建，与区政府各委办局和乡镇政府建立长效沟通机制，营造电网发展的良好外部环境。配合北京公司开展北京东特高压下送通州工程，促成北京公司与区政府签署《关于推进500千伏输变电工程建设的合作协议》，取得沿线所有乡镇支持，取得区政府规划选线同意意见。积极推进500千伏通北、220千伏运河、梨园、柴务输变电工程的规划前期工作，取得阶段性进展。完成半壁店扩建等5项110千伏项目储备，稳步推进110千伏望君疃、北神树、乔庄输变电工程建设。完成220千伏商务园、110千伏纪庄、大杜社输变电工程竣工投产。完成110千伏湖张、35千伏张运线路切改。积极推进京沪高速马驹桥服务区、北苑P+R停车场充电站工程建成使用。220千伏商务园站、110千伏纪庄站及大杜社站被评为“2014年度国网输变电优质工程”。

湖张110千伏线路迁改，为环球影城用地提供保障 （供电公司提供）

【营销服务】 年内，主动服务地方经济社会发展，完成售电量50.02亿千瓦时，同比增长5.94%。优化业扩报装工作流程，实施流程串改并，提高报装接电效率。充分发挥大客户经理作用，主动跟进项目进度，完成2项轨道交通工程、4项保障房工程送电任务。加快用电信息采集系统建设，严格执行换装工艺流程，完成地区智能表换装15.60万具，用户采集覆盖率达到80%，加强台区采集监控，完成台区采集表安装2212具，台区采集覆盖率达到75.37%。认真开展电价稽查，完成5203具峰谷表换装，规范957户客户档案信息。依托区政府完成五龙新村、竹木厂小区临时代永久用电改造。开通掌上电力客户端和电力微信服务42271户。开展电动汽车充换电网络建设，推进分布式光伏项目并网接入工作。联合区政府加强需求侧管理，编制四级避峰调控有序用电方案，将437户高压客户纳入需求侧管理。规范农村供电所基础管理，完成全年农网智能化改造工程。加强95598工单分析管控，查找服务短板，督促业务整改，形成优质服务闭环管理。

（汪剑波　赵美佳）

燃 气

【概　况】 全区现有经营燃气企业35家，管道燃气居民用户37万户，全区燃气管网总长度近1200余公里。天然气门站5座；次高压A调压站5座；高压A调压站1座；高压B调压站1座；中低压调压站905座。本区农村地区14.3余万户居民用上政策性补贴的液化石油气，全年销售液化石油气55万瓶。

【燃气管网建设】 年内，完成采通线天然气主干管网除漷小路段的建设任务，铺设管网40公里；完成西集天然气门站建设；核心区高压B调压站及进出线天然气工程建设完成；天赐良缘小区2800余户居民，天然气置换工程全部完成。

【液化石油气下乡】 通州区农村地区液化石油气下乡工程自2013年12月26日开始启动，截至2014年底，有14.3万余户居民用上政策性补贴的液化石油气，累计发放液化石油气55万余瓶，实现全区农村地区居民送气下乡工程全覆盖。按照安全、惠民、便民和清洁空气的原则，在通州农村地区建立起由液化石油气气瓶集散中心和换瓶点组成的液化石油气供应服务网络，瓶装液化石油气供应和配送服务体系已能满足广大农村地区居民需求。

【加强对全区燃气企业安全管理】 2014年，区市政市容委不断加大对辖区燃气企业安全生产监管力度，着重加强对燃气企业的安全生产管理。对全区所有燃气供应企业进行多次大检查，重点检查企业的安全生产制度、用户安全管理制度，对不合格的企业下发整改通知单5份，行政处罚2家，责令限期整改。

【组织燃气企业进行应急演练】 9月25日，市市政市容委组织北京华油联合燃气开发有限公司开展市政管线泄漏突发事件演练。演练中，消防部门等各成员单位在现场指挥部的统一指挥下，衔接顺畅、配合默契、反应敏捷、处置有效，全体参演人员操作规范、执行有力，体现了本区燃气企业燃气应急救援人员协同作战的能力和水平，展现了本区燃气抢险技术数量、本领过硬。全区各燃气经营企业全程观摩此次演练。

【普查燃气使用情况】 2014年，对全区餐饮经营单位使用情况进行全面普查，全区餐饮经营单位4326余家，除6家使用电力外，其余4320余家均使用燃气。其中，使用市政天然气的168家，使用液化石油气的4158家；使用液化石油气的餐饮经营单位比例占96.1%。

【燃气综合评价以及行政许可审核发放】 9月至10月，对本区拥有燃气经营许可证的35家企业统一进行综合评价。其中，包括11家储罐站、16换瓶站，5家压缩天然气站、1家压缩天然气母站、2家管道天然气公司。发放燃气经营许可证32个，综合评价不合格企业3家，2015年1月1日起经营许可证到期作废，将不予颁发燃气经营许可证。

【普及燃气安全使用知识】 年内，每月7日组织燃气企业开展“燃气安全进我家”宣传咨询活动，现场悬挂宣传横幅，摆放宣传展板，设立燃气和灶具咨询台，向广大居民用户宣传燃气知识和安全使用燃气常识，解答居民在燃气使用中存在的问题。联合北京市燃气协会，邀请燃气专家对社区安全员、餐饮企业负责人、供气企业上岗操作人员、农村地区液化气送气下乡安全员等相关人员的安全培训，使安全常识得到更大范围的普及。集中开展百人以上培训工作8次，并利用通州电视台宣传安全用气知识8期，《通州时讯》刊登安全用气知识10次，发放居民安全用气手册5万册，餐饮企业安全使用燃气手册1万册。

（孟晓云）

邮 政

【概 况】 通州区邮政局位于运河西大街174号，现有干部、职工615人，其中，正式职工285人，劳务工330人。区局机关设五部一室及五个专业分局（公司），分别为办公室、人力资源部、党群工作部、市场经营部、计划财务部、监督检查与安全保障部；商函分局、代理金融业务分局、报刊发行分局、电商分销分局、集邮公司。下辖邮政支局8个，邮政所26个。代理邮政金融业务网点25个。设置区内邮路8条，投递道段108条，其中，汽车投递道段11条，摩托车投递道段2条，电动三轮车93条，机要投递道段1条，包裹直投道段1条。投递里程3964公里，信筒信箱601处，村邮站479个，担负着全区907平方公里150多万人口的邮政通信服务工作。

2014年，通州区邮政局围绕区委、区政府的工作部署，贯彻落实市邮政公司“深化改革，转型发展”的工作要求，进一步解放思想，坚定信心，扎实工作，全力支持通州新城发展建设。全体员工攻坚克难，奋力拼搏，不断夯实网点各项业务发展，着力服务于通州居民，提升服务品质，经营工作保持平稳较快发展，完成全年各项工作目标。全年业务收入累计实现13671.2万元，完成预算的111.73%，净利润累计实现2466.24万元，完成预算的100.07%。

【优化生产作业流程】 年内，为加快通州邮局进出口邮件时限，按照北京市邮政公司流程优化工作总体部署，经过现场调研、数据整理等工作，于7月完成新华分拣前置进驻大平面（商函处理中心、投递分拣中心）作业区的工作，正式实行“通州项目”，完成通州分拣模式的历史性转折，缩短了处理时限，满足了商函业务发展的需要。全面实现全局34个局所当日收寄的邮件当日出口，本市互寄邮件次日递工作目标。完成16个网点的营业时间调整工作，实现优化管理，使各网点的营业时间更人性化、高效化。

【加强设施建设】 为提升网点设施整体形象，加快网点建设，2014年，对网点调整工作流程进行重新梳理，明确各部门工作职责和时限，进一步提高网点改造工作效率，实现对相关网点的优化调整。一是更换网点标识牌，同时调整营业时间牌的悬挂位置。二是结合通州区环境整治及创城工作，对主要大街及老旧信箱进行清理和更换。三是为新开网点和新改造局所更换公示牌、制作指标图，方便用户用邮。四是为提高企业服务环境及服务效果，在日常检查中以环境卫生、设施布局、定置管理等几大要素为基本检查内容，并下发整改通知书，纳入考核。2014年，新开业怡乐中路邮政所一处，对宋庄、马头、玉桥、甘棠局所进行装修改造，增加硬件设备和台席。改造总面积为1175.27平方米，投资331.2万元，改善了用户的用邮环境，提升了企业对外服务形象。

【安全管理工作】 年内，加强监督检查，严格执行各项规章制度。一是逐级签订各项安全责任书，加大对交通安全、资金、消防安全工作的管理力度。二是开展系列安全教育，定期召开司机例会、知识竞赛等活动，编发交通安全宣传专刊，年内，组织召开交通安全例会6次，组织防火演练2次，防抢、防盗演练48次，增强全员安全意识和事故防范能力。三是积极开展安全生产月活动，以预防和减少安全生产事故为目标，强化生产责任落实，确保重大节日期间的维稳和安保工作。全年未发生各类重、特大通信案件、资金安全案件和车辆人身伤亡事故，较好地实现了安全生产目标管理。

【营销项目】 年内，以完善机制为支撑点，加快营销模式转变，以完备信息为着手点，提升大客户满意度，细化客户开发，加强过程管控。在营销项目管理办法的基础上，出台补充办法，对营销项目的开展进行了指导性规范，有序推进营销工作。全年有28个项目获得区局的营销成果奖，其中，5个营销项目获得市公司营销成果奖。

【增强投递能力】 年内，加大投入电动三轮车，减轻投递压力。2014年，投入99辆电动三轮车，改变了长期以来投递员一直使用脚踏自行车投递邮件、报刊的状态，实现邮政投递交通工具的升级换代。既改善了投递条件，又减轻了投递员的劳动负荷，明显缩短邮政投递员外出作业时间，提高了投递时限和质量。

【增加网点专业设备】 年内，在网点增效上，本着以经济效益为中心，兼顾普遍服务水平不降低的原则，2014年，为网点配备网银自助终端18台，新增大堂CRS5台，更换老旧ATM机4台。10月，随着金融逻辑大集中系统的正式上线，全局更新网络图形终端25台，提高了网点服务形象和专业能力。

（张素霞）

电信

【概　况】 2014年是中国联合网络通信有限公司北京市通州区分公司市场份额、客户服务和网络维护指标保持领先的一年。一年里，通州联通围绕北京联通“四为”“六有”的中心要求，应对激烈的竞争态势，不断摸索营销发展策略，持续深化机制体制改革，积极挖潜销售效能，努力完成各项工作任务。2014年，通州联通完成“全国两会”“中央军委领导、北京市领导义务植树活动”“联东U谷2014世界台球团体锦标赛”“APEC会议”等重要通信保障任务，全年无人为故障和重大通信阻断故障。各项安保指标全面完成，未发生重大安全事故。

【网络质量全面升级】 年内，通州联通全面提升网络质量，实施宽带升速改造、新建项目综合接入、新建用户交换机、3G和4G基站建设、基站载波扩容、室内分布等工程，工程建设规模大，为市场发展提供了强有力的支撑。通过更新老旧设备、基站防雷检测、整改室分系统、排查安全隐患等措施，确保基站动力及配套设备可靠运行，基站断站指标保持五大郊区领先地位。结合网络测试数据，定位无线网络质量问题，分重点、分批次开展无线环境基础优化，全面提升网络质量。通州联通落实“宽带中国”战略部署和“智慧北京”建设要求，积极推进“光进铜退”网络升级改造，在区政府的大力支持下，制定改造方案，成立7个项目组，落实工作职责、工作方法及激励政策，建立光改进度日通报制度及实施问题反馈机制，及时解决分局光改过程中各环节问题，全面推进“光进铜退”升级改造工作，提前完成一阶段任务指标。

【提升服务质量】 年内，通州联通致力于提高客户服务满意度，持续完善服务管理体系，修订服务质量考核、管控办法，制定移动网络信号、催装移修投诉处理流程，建立领导人员服务值班制度，从营业厅、入户服务、投诉、VIP维系方面，开展服务劳动竞赛、营业厅专项培训、投申诉强管控、网络信号投诉专人维系等多项举措，服务水平稳步提升，普通投诉、装移修投诉率持续下降，营业厅整体成绩稳步提升。服务能力专项提升明显，窗口服务能力提高，持续推进“营业厅52周检查计划”，做到周检查、月通报、沟通热点问题，三方检查成绩顺利达标。入户服务能力排名领先，针对现行服务流程存在的弊端，细化“四位一体”投诉处理模式，做到分工明确、流程畅通、管控到位。VIP客户维系能力有效改善，从加强过程管控、提升服务能力、强化特色俱乐部建设方面全面提升。

【管理创新】 年内，通州联通推进营、维、服三位一体工作，网格营销效果显著，维护指标完成出色，服务指标改善明显，三个方面协调发展，相互作用支撑，取得良好的效果。在积累试点经验的同时，通州联通组织撰写的《光网时代地市分公司“三位一体”运营体系变革》论文获得中国联通集团2014年管理创新成果三等奖，通州联通作为唯一获奖的地市级分公司，参加中国联通2014年管理创新和QC小组成果（市场服务类）宣传推广会，分享了先进经验。

（乔　蕾）

新农村建设

【概　况】 2014年，区新农办在完成新一年目标计划的同时，也将2013年各项建设工程遗留工作进行扫尾。完成农宅保温工程2.2万余户，安装节能路灯2.4万余盏，修建联村路、园区路65万平方米，完成15处坑塘改造及8万延米村庄排水工程收尾工作，完成364村的2.7万余户、6.7万余吨优质煤订购量，完成11个乡镇14万余户的液化石油气下乡工作，发放液化气惠民气瓶61万余瓶。同时加强城乡统筹发展，牵头编制完善城乡一体化规划，负责协调落实各类试点建设工作。

【农村地区“减煤换煤”工作】 按照全市统一部署，区新农办负责全区农村地区“减煤换煤、清洁空气”行动。在前期调研摸底、征求各部门意见的基础上，完成《通州区2014年农村地区“减煤换煤、清洁空气”行动实施方案》的制定，采取重点推进，整村推进，局部覆盖的方式，重点完成六环以内所有保留村、六环外中心镇规划区域内村庄及生态文明村等重点村的“换煤”工作。截至2014年底，全区完成364村2.7万余户，6.7万余吨优质煤订购量，其中，块煤7993吨、蜂窝煤3717吨、球煤56054吨。登记无烟煤炉具2.1万余台。积极推进液化石油气下乡工作，在全市率先实现农村地区液化石油气全覆盖。年内，完成11个乡镇14万余户的液化石油气下乡工作，发放液化气惠民气瓶61万余瓶。

“减煤换煤、清洁空气”行动坚持从百姓的切身需求做起，扎实做好基础工作。一是成立领导机构、设置村级安全员，开展专题安全培训。二是实施挂账式管理，落实相关责任，建立、健全《液化石油气下乡用户管理台账》《液化石油气安全管理台账》《隐患排查及整治台账》。对全区的换气用户实施挂账式管理，动态监管用户信息。三是重点排查和专项检查相结合，消除安全隐患。四是严格管理，建立信息联动，完善应急机制。液化石油气下乡服务监督电话24小时开通，及时处置群众反映的问题。

不断完善行动体系建设。制定《通州区“减煤换煤、清洁空气”行动冬季清洁燃煤配送方案》《通州区农村居民炊事气化工作方案实施细则》。在优质煤配送方面，各乡镇积极落实各村优质煤堆放点，方便燃煤配送；区煤炭公司健全完善优质煤配送体系，在多个环节做好服务工作。在液化石油气下乡方面，区市政市容委按照实施细则要求全程进行服务，重点做好入户服务工作。

开展联合执法，取缔非法煤点。开展区级劣质煤清理整顿联合执法活动5次，镇级联合执法活动40次，出动执法车辆133车次，执法人员503人次，查处劣质煤销售点213处，其中，197家无照燃煤销售点已进行清理，15家有照燃煤销售点全部责令整改，并严令禁止销售劣质煤燃煤。

全区采取多种宣传方式开展宣传工作。发放《致农村住户的一封信》12.2万份，《通州区2014年“减煤换煤”工作释疑解答》13万份，液化石油气下乡手册14.1万份，各乡镇还在重要交通路段、人口密集区及村委会等地点悬挂宣传横幅514条，张贴户外宣传写真30幅，镇级宣传材料3.9万余份。在本区10个乡镇40余个村举办无烟煤炉具试烧活动，参观农户累计达到8000余人。组织510名村级安全员在各乡镇20个村开展液化石油气安全使用培训教育12场次，实现每村培训2～3名村级安全管理员，及时了解群众在液化石油气下乡及减煤换煤工作中反应的各类问题。

开展入户回访并及时反馈工作情况。区农委、区新农办组织区财政局、区质监局、区市政市容委、液化石油气公司、区煤炭公司、各乡镇主管副镇长及新农办主任对6个乡镇12个村33处农户进行回访，并以“优质煤替代”“液化石油气下乡”工作为回访重点。现场解决问题，指导农户科学的操作方法及使用方式，避免农户日后在用煤、用气时再次出现类似的问题。

【LED照明全覆盖】 年内，实现农村地区LED照明全覆盖，进一步方便百姓出行，提高农村地区的基础设施建设，优化了农村的人居环境。

【有序开展各项管护工作】 年内，继续实施农村公厕、太阳能浴室、“两气工程”、LED节能路灯、农村污水处理站、农村街坊路工程、农村户厕、村庄绿化管护、村邮站运行补贴等11项农村基础设施管护工作。开展季度管护巡查4次、专项检查11次。400服务热线24小时开通，随时接受村民的咨询和违规举报，接受群众咨询267人次，安排维修34次。使农村基础设施建设保持标准化、规范化、长效化。

【完善城乡一体化工作】 年内，全面梳理4个重点村建设情况，配合市、区加快推进重点村产业发展，确保村庄重建后的经济支撑及就业安置。截至年底，4个重点村上楼3131户，1.4万余人，全部实现清洁供热；完成农转非6766人，对接社保安置2643人，新增滞留户拆迁46户。基本完成拆迁扫尾，回迁安置、转非社保、社会管理等各项工作持续推进。

宋庄镇五合新村、永乐店镇应寺村–胡村集并建设和谐小镇新型农村社区被确定为市级新型农村社区试点。

牵头负责城市化上楼改造工作，协调组织各部门做好“一核五区”涉及区域旧村改造工作，基本完成梨园镇、张家湾镇、潞城镇、台湖镇、永顺镇、宋庄镇共计30个村的旧村改造工作。

（夏剑峰　王　雪）

园林绿化

【大运河森林公园建设】 年内，大运河森林公园继续完善配套服务设施，建成游客服务中心、停车场、公共自行车租赁点和绿岛乐园游乐场，接待社会游客近304万人次，接待各类参观考察和旅游团体107次，主办、承办和协办大中型群体活动29次。

【公路河道绿化工程】 年内，完成公路河道绿化30千米，涉及梨园、马驹桥、张家湾、永乐店、宋庄、永顺、西集和台湖8个乡镇。

（杨小刚）

运河核心区建设

【概　况】　2014年，新城基业公司在区委、区政府和区国资委的领导下，围绕北京城市副中心建设任务，全力推进拆迁安置、土地一级开发、投融资平台搭建、重点工程建设和运河景区管理等各项工作。2014年，完成投资12.79亿元，实现收入8.19亿元，上缴税金0.78亿元。截至12月底，资产总额221.74亿元，净资产119.95亿元。

【拆迁安置工作】　年内，通过与相关单位密切合作，完成2户滞留户签约工作；完成东亚铝业过户北运河管理处房产过户手续，支付了相关费用；配合农干中心签订装修工程三方协议；全年进行意向选房14套，办理入住手续24户，受理更名材料8份，报送网签775套房，追回停产停业补偿款5户，取得铜牛安置房部分房屋所有权证，公共部分房屋所有权证正在办理中，办理杨坨安置房通邮手续，协助潞城镇政府对安置房选房，完成亚华源泉公司49户职工中46户的安置工作；与公租中心、金隅集团达成一致，退还剩余安置房屋。

【审计工作】　年内，配合区相关部门，向国家审计署通州审计小组提供相关依据及答复；配合市审计局对北苑商务区全部住宅、非住宅提出的问题进行整改；配合上营、西海子棚户区、运河核心区成本审计，完成6759份住宅和非住宅档案整理工作；积极配合区检察院、法院核实住宅和非住宅相关情况。

【土地一级开发工作】　年内，完成彩虹之门项目一级开发和土地上市相关工作；完成0504街区配套指标核算及用地规划调整方案，取得奥体公园配电改造费用计入2号地开发成本批复；3号地5个地块取得授权、征地批复等前期手续，北通高压线迁移工程即将复工；完成核心区1、5、6号地项目剩余地块和上营棚户区项目相关地块入市交易工作。截至年底，除两地块外，其他地块全部完成上市工作。

上市交易方面，截至年底，核心区、西海子、上营、北苑四个项目除核心区1号地、西海子viii-11地块及上营棚户区IX-01、03地块外，全部实现挂牌；2014年，有11个地块挂牌上市，其中，核心区6个地块实现成交，出让土地面积16.74万平方米，规划建筑面积66.56万平方米；上营棚户区5个地块实现成交，出让土地面积13.23万平方米，规划建筑面积60.37万平方米。

【重点工程项目建设】　年内，完成杨坨安置房及方恒东景106号楼修缮和九棵树大街等6条道路施工；完成东小营P+R公交场站概念设计方案编制等工作；完成通州宾馆项目股权变更等手续和施工现场移交、财务交接等工作；积极推进区养老院等代建项目相关手续办理工作，区养老院项目手续进入招投标阶段，北运河管理处迁建项目主体结构及室内装修全部完成；完成京秦铁路两侧周边环境摸底调查、环境整治及绿化方案编制等工作。

【全国文明城区创建】　年内，努力打造符合创城要求的示范景区，完成公益性广告牌安装等大量工作；创建爱国主义教育基地，开辟“运河游”爱国主义教育专门航线；按区创城办要求，完成新华大街广告围档施工、北苑商务区临时停车场修建和通州宾馆项目南侧地块渣土清运等工作。

【投融资平台建设工作】　年内，完成18亿企业债发行工作，为企业发展提供有力的资金保障；完成平原造林贷款担保工作；完成向首寰公司提供1亿元借款和首寰公司股份转让新城投资公司相关工作；根据区政府安排，以股权信托方式融资30亿元，为金桥产业基地国家集成电路产业园项目解决资金问题。

【资产运营管理】 2014年运河游开航以来，观光船累计出航487次、接待游客2万余人、安全出航率达到100%，实现“零伤亡、零事故、零投诉”的工作目标；进一步提高自航船码头运营规模和力度，漕运码头、森林公园码头接待乘船游客20余万人次；成功举办第六届草莓音乐节，接待游客30万余人次，完成七夕文化节保障工作，成功举办运河庙会、冰雪节、沙雕艺术节等10余场文娱活动。

【核心启动区市政基础设施建设】 年内，新华大街和新华南北路等主要干线基本实现主路贯通；协助新奥通城公司积极筹措建设资金，办理新华东路等支线道路工程前期手续；积极协调做好北关大道、北运河桥工程施工占地、地上物拆改及趸船迁移等工作。

（马　颖）

新城建设推进工作

【概　况】 2014年，新城核心区建设步伐全面加快，到年底，重点地块基本实现全部上市供地，核心区累计完成40宗土地上市交易，总用地面积136万平方米，建筑规模362万平方米；重大基础设施项目基本完工，主要市政管线全面贯通，东关大道、北环环隧重大基础设施项目进入扫尾阶段，地铁M6线实现运行；落地项目取得实质进展，核心区16个落地开发项目多数实现开工，并全面加快建设，较好地完成了区委、区政府赋予的新城开发建设组织协调工作。

【设立核心区现场管理议事机构】 年内，经区政府专题会议研究决定，设立有20个部门为成员单位的核心区建设现场管理办公室，各成员单位按照各自职责，加强执法检查，完善服务功能。初步建立三项制度，分别是联合执法检查制度、成员单位和施工单位项目经理参加的周例会制度、四步走问题整改挂账督办制度。依托该平台，通过2014一年的运转，核心区的安全生产、文明施工、环境保护和综合服务工作有很大提高。成立现场办公室以来，召开例会35次，印发《新城核心区建设管理检查情况通报》1400余份，组织各项联合执法检查33次，印发联合通报35期，通报问题890个问题；有869个问题完成整改、累计处罚金30.92万元、累计扣减36家施工单位保证金12.5万元。

【做好新城核心区综合服务工作】 一是注重法规普及。针对食堂和食品安全普遍问题，联合区食药局开展安全主题知识讲座。在7月1日实施《建筑垃圾运输车辆标准》前，专门召开会议进行政策讲解，在各封闭大门前设置展板进行宣传。二是提供技术指导。组织核心区所有项目施工单位到先进工地观摩后，相关委办局执法人员到各个工地进行现场指导和纠正；防汛前，组织水务局、安监局、住建委、新奥通城公司的工作人员为施工单位提供排水出口连接、安全用电、安全度汛等技术服务工作。三是协调解决服务需求。施工单位遇到的临时占地、临建审批、占用公共区域、多项目交叉施工等问题时，通过协调相关委办局或召开会议形式帮助解决，通过台账式管理协调解决各类事项315项。

【创建文明示范工地】 创建“文明示范工地”是本区创建全国文明城区的一项特色指标，也为核心区工地管理的提升提供了各项指标。2014年，按照创城的高标准，在核心区内的13个项目工地开展文明示范工地创建活动，通过重点培育、引导推进等手段，在核心区内掀起创建热潮，得到各开发建设单位的支持，加大人力、物力、财力的投入，施工单位创建积极性得到提高。华业新北京中心工地通过多轮的54项指标进行现场检查、评分以及层层把关和考核验收，荣获通州区第二批“文明示范工地”称号。此后，保利项目工地也脱颖而出，成为其他项目的观摩对象；其他工地从底子薄向重视管理、抓环境建设和安全生产迈进。

【利用科技手段创新巡查模式】 年内，在人工巡查基础上，利用两项科技手段进行高空巡查：一是使用航模进行航拍，整个施工现场扬尘治理到不到位，用航拍高清图足以说明全部情况，让问题整改更彻底。对保利、侨商总部基地等项目进行航拍后，整改效果明显。二是利用监控探头进行实时监控管理，监控中心工作人员实时监控保安人员执勤情况，工地管理情况。如：土方运输车合规、车轮带泥行驶、运输车苫盖等情况，发现问题立即记录并通报有关管理人员处理。

【建立基础设施建设项目定期督办制度】 按照2014年初制定的“通州新城核心区2014年基础设施建设项目任务分解及形象进度表”，做好区委、政府的每月督察。根据督查要求，单独或会同督察机构开展现场检查督办，及时反馈计划完成情况，督促建设单位加快进度。每月梳理未按时间完成的工作，向项目牵头单位、建设单位和协办单位发函督办，汇总项目未完成的原因及下一步工作的措施和时限，为领导决策提供准确的数据支撑。

【核心区基础设施建设进展情况】 到2014年，累计开工44项，主要市政管线全面贯通，启动区周边主干道路贯通。东关大道、北环环隧正在进行设备后期安装；高压B燃气调压站完工；市政综合配套服务中心主体完工；北关大道跨通惠河桥梁工程完工，跨北运河桥完成桥梁下部结构施工。

【舆论宣传工作】 2014年年初，就进一步加强新城核心区建设宣传制定了详尽的宣传方案，成立北京城市副中心建设宣传工作指挥部、工作组，采取多种形式进行宣传。一是协调通州电视台在每晚《通州新闻》中开辟“新城建设进行时”栏目，时间约为3～5分钟，跟踪报道市政基础设施工程进展情况，对一系列在施项目的基本情况、进展及意义进行全方位报导。记者通过深入核心区建设工地采访，带领电视观众探寻施工工地围挡内核心区基础设施建设。通州电视台新闻部组成两组专门报道组，以主持人出镜的方式，体验探访核心区工程规划、进展、管理等方面内容，多角度报道运河核心区基础设施建设进展情况。二是利用《通州新闻》后的《小强听说》专题栏目，邀请城建口单位一把手详细解读北京城市副中心建设情况，区住建委、区新城管委、区规划分局、新奥通城公司等单位主要领导分别就核心区整体建设、基础设施接受专访。三是利用《北京商报》《通州时讯》等报纸多渠道对核心区建设进展进行报道。在《通州时讯》重要版面设置城市副中心建设专栏，及时报道核心区基础设施建设建设以及工程完工的重点节点等。四是充分发挥大运通州、八通网等百姓熟知网络媒介的作用，定期跟踪核心区建设进展，让百姓第一时间了解建设概况。2014年，八通网组织百名网友参观核心区建设，网友在参观后分别撰写心得体会，并在网上公开发表，掀起全区上下热议北京城市副中心建设的高潮。

【参观接待工作】 2014年，外省市、市区有关部门；区人大代表、政协委员到核心区参观，进一步了解北京城市副中心建设，尤其是运河核心区建设进展情况，全面营造全区百姓参与、支持北京城市副中心建设的舆论氛围。全年接待社会各界到新城核心区内外考察、调研、参观活动约65次，接待人数1500余人，总接待量比上年成倍数增长。

（朱秀莲）

核心启动区基础设施建设

【概　况】　北京新奥通城房地产开发有限公司由北京新奥集团有限公司与北京新城基业投资发展有限公司共同出资设立，于2011年2月18日正式注册成立，注册资金为1亿元，主营业务范围为土地一级开发、房地产开发经营、物业管理、市政基础设施及配套设施建设等。公司主要负责通州国际新城运河核心启动区市政基础设施及公共服务项目建设，涉及市政管网、场站设施、轨道交通、交通枢纽、河道治理、跨河桥梁等大型市政基础设施。

2014年，核心启动区基础设施建设取得新进展，公司开发建设的市政管网及路网基本贯通，跨河桥梁进展迅速，市政综合配套服务中心进入收尾阶段，北环环隧、东关大道地下隧道工程启动竣工验收。根据通州区委区政府“一年一跨越、五年展雏形、十年出形象”的总体建设要求，核心启动区各项基础设施将于2015年建设完成并投入使用。

【东关大道工程】　南起新华大街，向北经东关一街、东关南街、东关中街、东关北街、北关大道、北关北街，北至通燕路（桥下），道路全长约1.99公里，其中，隧道长度约1公里，规划为城市主干路，设计时速为50公里/小时。建成后将快速连接核心启动区南北两区，成为新城核心区最重要的地下交通要道。

【北环环隧工程】　位于通州运河核心区商务北区，总长2.9公里，其中，主隧道长1.5公里，设置4对进出口与地面道路相接，设置22处进出口与地下车库相连，设计时速为30公里/小时。隧道分为上中下三层，上层为行车道层，中层为设备夹层，下层为综合管廊。建成后行车道层可以实现地块与地块间、地块与市政道路间的无缝衔接。设备夹层和综合管廊包含水、电、真空垃圾收集等主管线的预置，通过提前进行地下管线先行预埋，为地块开发进场施工与建成后地块能源及服务系统投入使用提供便捷，同时为后期管线维保、升级提供作业环境。工程将随二级地块开发进度逐步投入使用。

【市政综合配套服务中心】　位于通州运河核心区商务北区，规划用地面积约0.68公顷，总建筑面积约为12020平方米。为地下三层结构，地下一层为垃圾收集中心和监控中心，地下二层为管理用房和设备用房，地下三层为立体停车库。建成后将成为核心启动区现代化管理的中枢，为通州运河核心区北区发展提供有力支撑。

【赵登禹大街道路工程】　南起玉带河大街，北至故城东路，道路全长1.14公里，规划为城市次干路，设计时速为40公里/小时。道路于9月底实现主路贯通。

【通燕高速辅路改造工程】　西起新华南北路，东至东关大道，规划为城市快速路辅路，设计时速为40公里/小时。包括两部分内容：一部分是通燕路南北两侧的辅路改造，双侧全长约1公里；第二部分是现况通燕路在本段辅路范围内进出口的改造。辅路改造于2013年底完成，进出口改造将随区域相关道路建成适时启动。

【故城东路工程】　南起玉带河大街，向北经新华南街、上园中街、赵登禹大街、终点至新华大街，道路全长约0.95公里，规划为城市主干路，设计时速为50公里／小时。道路于9月底实现主路贯通。

【北关大道工程】　东起北运河西滨河路，终点至通燕路，道路全长约1.49公里，规划为城市次干路，设计时速为40公里/小时。2014年，北关大道与通惠河、北运河相交处分别启动建设北关大道跨通惠河桥和北关大道跨北运河桥，建成后将集交通与景观功能于一体，为区域景观增添靓景。

【温榆河西滨河路工程】 南起通燕路，终点至安顺路，道路全长约0.58公里，规划为城市主干路，设计时速为50公里/小时。道路于年内实现右半幅主路贯通。

【新华北路、新华大街工程】 新华北路南起新华大街，北至北关桥，全长约1.53公里，规划为城市主干路，设计时速为60公里／小时。2014，新华北路与通惠河相交处启动建设新华南北路跨通惠河桥。道路及跨河桥梁于9月底实现主路贯通。

新华大街东起东关大桥，西至新华南北路，道路全长约1.83公里，规划为城市主干路，设计时速为60公里／小时。道路于9月底实现主路贯通。

【玉带河大街工程】 西起故城东路，向东经上园路、赵登禹大街，终点至北运河西滨河路，道路全长约1.25公里，规划为城市主干路，设计时速为50公里/小时。道路于9月底实现主路贯通。

【安顺路工程】 北起温榆河西滨河路，南至通燕高速，道路全长约0.4公里，规划为城市主干路，设计时速为60公里/小时。道路于9月底实现主路贯通。

【新华东路工程】 南起新华大街，北至通燕路，道路全长1.56公里，规划为城市支路。道路分为南北两段，南段为新华大街至政府北路，设计时速为30公里/小时；北段为永顺南街至通燕路，设计时速为20公里/小时。南段道路于9月初实现贯通。

（卢素红）

运河核心区投资运营工作

【概　况】 北京通州现代化国际新城投资运营有限公司（简称新城投资）承担通州核心区规划、重点项目建设、招商推介等工作。新城投资公司围绕北京城市副中心建设，紧抓区属国企战略重组机遇，找准公司定位和发展方向，全力配合区属部分国企战略重组，扎实推进核心区建设任务，积极拓展业务合作，对接优质资源，在搭建社会力量参与城市副中心建设桥梁过程中发挥了重要作用。

【彩虹之门项目】 研究投融资方案。按照开发时序预算投资资金，制定资金使用计划；与区财政、区国土等部门研究，落实项目投标保证金及全部地价款，制定资金筹措和流转方案。实现土地上市。梳理土地上市所涉及事项，制定计划任务分解表，逐一排查解决各环节问题，协调完成相关手续办理，完善土地上市条件，最终实现土地上市。彩虹之门地块招标公告于12月25日发布，新城投资公司与北京建工集团组建联合体参与土地出让竞标活动，以50.399亿元竞得该宗地使用权。确定开发方案。确定彩虹之门项目合作原则和合作方案，成立北京建工新城投资发展有限公司，确定双方委派董事会董事、监事及财务等人员名单。

【环球影城项目投资】 9月25日，作为北京重点项目之一的环球影城主题公园项目正式获国家发改委批准。北京环球影城项目由首旅集团和新城投资公司等四家国有企业共同设立的北京首寰文化旅游投资有限公司和美国康卡斯特NBC环球公司旗下的环球主题公园及度假区集团合资拥有。项目位于北京通州文化旅游区，临近京哈高速和东六环路交汇处西北角。项目最终形态是一个包含环球主题公园、环球冠名酒店、城市大道、水上乐园等的综合性度假区。新城投资公司按照区政府、区国资委部署，开展主题公园行业和市场调研，做好环球影城项目投资工作，在承接首寰公司3000万元股权的基础上，向国资委申请追加按照出资比例新增货币出资3亿元，使股份持有量达到10%。

【深化南大街传统街区设计方案】 年内，坚持改善民生与保护传统文化并重原则，启动南大街所在的0502街区控规深化方案调整工作，协调各相关单位建立沟通交流机制，收集整理街区控规调整所需各项资料，并对重点地区进行现场踏勘。详细了解与分析街区内建筑、环境、风俗、民意等情况，研究该街区土地、项目审批现状，校核地块现状与规划方案，逐步修改完善控规编制文件。

【调整0504街区控规深化方案】 年内，根据0504街区内规划建设进展，结合河东地区交通市政专项规划，启动0504街区控规深化方案调整工作，研究彩虹之门周边用地相关地块的规划情况，针对街区现状详细调查，对上版规划存在的问题进行逐一核实，对应各处用地详细情况，落实相关指标调整内容。

【推动0506街区的交通市政专项规划】 年内，为配合0506街区内3号地一级开发工作，根据设计单位提供的基础资料收集清单，协调相关委办局组织召开交通市政专项规划方案沟通会。参与路网编制，协调相关单位收集整理高压线迁改资料、道路审批文件、街区地形图、杨坨安置房、街区路名规划等基础资料，在控规深化方案的基础上，对重点道路进行实地探勘，进一步深化道路设计、优化路网结构。年内，交通市政专项规划方案编制完成。

【开展现代有轨电车工程规划】 年内，围绕选线与周边防洪堤、道路的结合问题进行研究，不断优化现代有轨电车规划方案。积极协调规划分局，推动整体线网的委托编制工作，经与城建院多次沟通完善，高标准完成视频宣传片的制作。年内，现代有轨电车工程规划完成轨道选线、站点布局、交通衔接等计划。

【研究绿色低碳、智慧城市建设】 年内，与北京建筑技术发展有限责任公司对接，借助其技术优势，研究新城核心区绿色生态指标体系落实监管机制，筹划建设核心区生态、智慧服务管理平台。双方经过多轮洽谈，达成初步合作意向，拟合作成立专业技术公司，参与通州新城生态智慧技术咨询、投资、建设与运营管理等工作。

【合作项目前期开发】 年内，与国润新通公司，同市属国企国通公司沟通，共同研究开发铜材厂与铝材厂项目，成立项目筹备工作组，接洽顾问公司，向国土部门征求产权过户等问题相关意见，为项目后续开发奠定基础。

【吸引对接优质资源】 年内，依托ULI美国土地学会、BOMA中国、中国商业地产联盟等高端平台，以房地产行业百强、大型国企、外企和民企为主要目标，积极开展新城招商推介。先后与英蓝置地、龙湖地产、中集集团等多家地产投资商建立联系，并积极开展合作交流，寻找项目合作机会。

（张之琼　胡凯太）

房屋管理

【摸底调查】 年内，对全区物业服务企业项目及街道、乡镇数据进行汇总，摸清了底数，全区纳入创城范围内实施物业服务项目的住宅项目151个，2005年及以前建成并投入使用的住宅项目106个，2005年以后新建小区实施物业管理项目45个，根据项目不同建筑年代及实际情况，研究制定具体指导方案。

【动态监管】 年内，通过网上查询年度收支公示、人员信息报送及物业服务项目备案情况，定期约谈项目负责人，深入现场进行检查，对项目负责人专题培训等有效手段，大力加强对物业服务企业的动态监管。截至年底，全区151个物业服务项目全部归档，约谈项目负责人20余人，组织专题培训物业服务人员500余人，深入实地检查物业服务项目115处，3家物业服务企业进行资质核查，在动态监管系统中对5家未及时收支公示的物业服务服务企业进行扣分。

【项目备案】 年内，以服务为宗旨，立足物业服务企业工作需要，在规定的时间，高效完成物业服务项目备案工作。完成物业服务项目新增备案19个，物业服务项目变更47个，物业服务企业资质变更14个，三级暂定资质申报3个。

【业务指导】 年内，以网络、电话、深入现场为载体，切实解决物业服务企业在业务上遇到的难题。在网络上解答物业企业问题40余个，接受物业企业电话咨询200余次，促进物业服务企业的正规化管理。

【信息登记工作】 年内，将企业基本人员信息、提供服务项目信息、年度信息等相关信息登记造册，为企业量身定制信息登记手册。从早期介入、前期管理、日常服务、撤场管理等四个方面掌握企业全面数据。

【制定物业基础服务标准】 年内，组织悦豪物业等11家企业建立通州区物业基础服务标准制定领导小组，采取定期开会、到低收费标准小区实地调研等多种形式，制定切实可行的服务标准，避免产生业主预期与实际服务行为不对等产生的物业矛盾纠纷，基础服务标准调研初稿完成。

（刘爱武）

【城镇房屋安全检查】 年内，组织各乡镇政府、街道办事处、直管房单位、自管房单位、物业服务企业开展2014年度通州区城镇房屋安全检查工作。在检查中，一是要求各管房单位认真学习市政府《北京市房屋建筑使用安全管理办法》强调房屋使用安全管理的重要性；二是利用《通州时讯》播出2014年城镇房屋安全检查通告宣传房屋安全法规政策。使本区各有关单位、人员了解房屋安全知识及承担的相关责任和义务。三是对全区城镇的直管房和自管房单位检查到位，力求房屋数据统计全面、准确。全区房屋安全检查有直管公房43.99万平方米，其中，楼房36.49万平方米，平房7.5万平方米且年久失修的较多。自管房166.96万平方米；物业管房2528.43万平方米，合计完成房屋安全检查2739.38万平方米，比上年增长381.38万平方米，总量增长16.2%。全区城镇房屋存在危险房屋的均为直管公房，共计113间，1831平方米，已按期完成解危任务。

【超期使用公建排查】 年内，根据《北京市住房城乡建设委员会关于对超过合理使用年限继续使用的公共建筑加强使用安全监督管理的通知》的要

求，依托市住建委房屋管理平台排查出本区超期使用的公共建筑96处，针对排查出的超期使用公建，我委对房屋状况进行排查，经排查，有39处超期使用公建在新城区建设过程中拆除，属于公建的17项，不属于公建的22项，尚未完成调查的18项，区住建委向各属地政府下发通知，要求对确已属于超期使用的公建产权人下发通知，尽快完成鉴定工作，对尚未完成调查的，尽快将调查情况报送至区住建委。

【普通地下室安全使用管理】 一是在元旦、春节期间加强普通地下室烟花爆竹燃放管理工作，要求普通地下室的承租人进行24小时值守，严禁储存、燃放烟花爆竹，确保普通地下室在节日期间使用安全；二是制定《通州区住建委关于开展普通地下室安全检查工作方案》，对既有的54万平方米普通地下室安全使用加强管理，对本区住人普通地下室使用安全进行检查130次，下发整改通知单80份，检查的重点是住人普通地下室擅自变动房屋建筑主体或承重结构、普通地下室的安全使用责任人不履行安全管理义务（例如违规使用电热毯、电炉子、热得快等大功率电器）、普通地下室容纳人员超过核定人数等通过检查，现住人普通地下室建立公用厨房，统一安装电热水器。

【普通地下室清理整治】 年内，与各乡镇政府、办事处、消防支队通过约谈、联合执法等方式共同清理整治新城阳光小区、运乔嘉园小区、西上园小区等10处散租住人普通地下室，全区散租住人普通地下室由当初的58处减少至32处，完成清理工作44.8%，建筑面积减少至27590平方米，居住人员减少至1500人。

【普通地下室备案】 年内，根据市住建委《关于开展普通地下室登记备案工作的通知》要求，完成普通地下室备案10处，包括通州万达广场、北京ONE、罗斯福广场等新建大型商业项目3处，用于各类小型商超市5处，用于工业厂房仓库的2处，与备案的10处普通地下室签订的《普通地下室安全使用责任书》。

【房屋防汛】 年内，制定《通州区住房和城乡建设专项分指挥部运行工作方案》，重新组建7支应急救援抢险队，200余人。6月，联合组织召开全区物业服务企业和各乡镇政府、街道办事处、自管房和直管房单位参加的2014年通州区城镇房屋防汛工作动员会。要求各单位严格落实房屋防汛各项规章制度和保障措施，全面排查房屋安全隐患，做好人员物资储备工作。根据当前防汛形势，经与通州区红旗宾馆、通州区东方宾馆两家单位协商，共同签订《临时安置汛期城镇房屋灾民协议书》，用于临时安置城镇房屋防汛过程中出现险情的居民。通过手机短信群发系统平台，发送各类预警信息35次。在各乡镇政府、街道办事处、自管房和直管房单位、物业服务企业的共同努力下完成“少塌房、不死人”，普通地下室“少倒灌、不死人”的工作目标。

【商品住宅专项维修资金使用审核】 年内，申请审核材料 523件，使用专项维修资金5276万元，其中，应急支取245件，使用专项维修资金2941万元，比上年全年增加53件，使用专项维修资金增加716万元，总体增加15%以上。使用维修资金进行的房屋维修项目主要涉及屋面防水（平屋面、坡瓦及露台）、电梯、消防报警系统及消火栓系统、二次供水设备、排水管道、安防监控和门禁系统等。

【拆改承重结构联合检查】 年内，建立联合乡镇政府、街道办事处及各相关单位统一行动的联合检查制度，重点打击存在严重安全隐患的普通地下室和群体或大规模拆改承重结构等问题，特别是处理京贸国际城小区16户集体拆改抗震结构工作，多次联合属地政府、开发单位、原设计单位及物业服务企业、聘请法律顾问，召开协调会，组织研究解决方案，协调法院立案庭，经多次与相关业主沟通，最终逐步解决问题。

（朱赤军）

【老旧小区改造】 年内，抗震节能综合改造2.88万平方米，节能改造完工19.78万平方米，小区公共区域改造完工15个。

（周学强）

城镇住房制度改革

【公有住宅房屋出售】 2014年，办理51件房改批复，涉及住房734套，面积65341.991平方米。其中，受理售房方案29件，涉及住房663套，建筑面积59830.89平方米；受理产权变更方案18件：住房45套，建筑面积3490.921平方米；受理调房方案4件：住房26套，建筑面积2020.18平方米。

【住房补贴发放】 年内，住房补贴发放工作涉及本区机关事业单位262家（其中，一级单位86家、二级单位176家），初步统计符合发放条件职工18940人。86家一级单位中：初审完毕、等待复审4家；公示完毕，准备进入审计阶段11家；本单位审核阶段31家；填表阶段29家；培训阶段11家。

（刘　伟）

【保障房建设】 全年承担建设、筹集开工11240套（含市级筹集房源5000套）、竣工5323套保障性住房的指标任务，其中，新建公租房500套、经适房2100套（含市级筹集1600套）、限价房5400套（含市级筹集3400套）、定向安置房3240套。本区拟定13个开工项目、5个竣工项目予以对接。年内，已开工10638套，竣工5323套，累计选房11400户，解决2.8万中低收入人群的住房困难。

（闫海军）

【公租房摇号】 1月24日，组织了公租房项目公开摇号。房源为梨园铜牛公租房项目剩余房源110套和工具厂公租房项目剩余房源324套。5月30日，组织华远·铭悦雅园限价商品住房项目公开摇号。房源包括华远·铭悦雅园项目340套和富力·尚悦居项目尾房2套，共342套。9月25日，组织经济适用住房项目公开摇号，房源为土桥华远·铭悦雅园项目，共801套。

【保障房后期管理】 一是对房源质量实施重点监管。对于已建成的保障性住房质量问题，追究建设单位责任，责成其限期整改。在保障性住房收购协议中明确规定：主体结构封顶拨付总收购资金的90%，产权过户后拨付95%，房源入住两年后承租户进行质量满意度评价达80%后再行拨付剩余5%资金。二是对公租房承租户实施监管。除日常巡查外，通过设立现场管理站的方式对承租人实施社会化管理。针对欠租3个月的承租户，按照相关程序启动退出机制。三是对物业公司的监管。开展物业服务评价机制，由承租人对物业服务进行评价，按照与物业公司签订的协议，根据评价结果结算物业费用。

（邱　磊）

市政管理

保障首届运河庙会　（城管监察局提供）

环境保护

【概　况】 2014年，区环境保护局着力推进《清气计划》工作落实，突出抓好大气治理、污染减排、流动污染源防控，严把项目准入关，加大环境执法监察力度，抓住重点、突出亮点、攻克难点，认真履行环保职责，切实发挥环保在经济社会发展中的保障作用，全力助推副中心建设新的发展。2014年，成立环境监察服务中心、大气环境管理科，核定事业编制15人。采取选调、公开招聘等形式，引进专业人员7名，其中，环保相关专业5人，计算机1人，自动化1人；研究生以上学历4人（硕士2人、博士2人）。

【落实《清气》计划】 年内，确定62大项，160项具体工作任务，从压煤、控车、治污、降尘四个主要方面对清洁空气进行工作部署。围绕清洁空气行动计划，先后补充出台《通州区控制扬尘工作方案》《通州区进一步加大劣质煤清理整治工作方案》等34个工作计划和方案，从顶层设计筹划清洁空气行动。

【划定水源保护区】 年内，区环境保护局完成划定《通州区集中式饮用水水源保护区》。主要划定乡镇级水源保护区，确定17个乡镇级集中供水厂范围内121眼水源井划定一级保护区，总面积为0.372平方公里。此次划定共计158个集中式饮用水水源地，全区共计331个集中式饮用水水源井，服务总人口68.9万人，年供水总量3526万立方米/年。完成《城区和乡镇饮用水水源保护区划定》调整方案、技术报告和相关图件的编制工作，为加强饮用水水源监督检查提供有力保障。同步完成2014年集中式饮用水水源保护区环境风险影响评估工作。

【重调声功能区划】 年内，为配合城市副中心建设发展，按照新城规划，调整声环境功能区划，适度扩大一类区域范围，更加契合环境与发展的统一。区环境保护局完成划定《通州区声环境功能区划实施细则》。调整后，新城范围内1、2、3、4类环境功能区面积分别为10.8、115.99、11.97和11.11平方公里，较调整前增加区划面积118.6平方公里。

【为政府科学决策服务】 年内，围绕“三个说清”的工作目标，用时三个月完成《通州区河流水污染调查》，启动《通州区河流污染治理规划》前期准备工作，为全区河流整治及水污染治理工作、3～5年内彻底改善通州区水环境提供技术依托。

【建立机制】 年内，规范市级专项资金申报，确保资金使用绩效，制定《污染减排奖励资金管理使用办法》《煤改清洁能源补助资金管理使用办法》，会同区农业局制定《农业源粪污治理工程专项资金管理办法》。完成中央、市级2014年减排奖励资金支持项目申报、2014年，清洁能源改造补助资金项目申报3300余万元，比上年增长135.7%。

【加大基础设施配备建设】 年内，积极争取市、区两级财政支持，先后投入291.01万元购置环境应急、环境监测等仪器设备。按照标准化建设要求，调整办公用房，保障环境监测用房达到1240平方米，监测能力达到102项，基本满足本区环境质量监测和各类污染源监测需要。

【加快环境科技化建设】 年内，建设环境监测信息网络，建成区、乡镇、街道一体、功能完善、互联互通的环境信息平台，构建先进的环境监测预警和执法监督体系。按照《北京市通州区人民政府关于印发通州区2014年在直接关系群众生活方面拟办重要实事的通知》的要求，在区委、区政府的大力支持下，投资1490万元，建立区大气颗粒物自动监测系统，在全区布设1个大气质量监测全项站、18个细颗粒物监测站点、450个颗粒物监测站点，建成“1+18+450”空气质量监测网络，实现全区覆盖。同时建立通州环境监管信息中心，对全区空气质量进行监控。

【加大环保保障力度】 2014年，市、区两级财政继续加大对环保资金支持力度，先后拨付235万元专项资金，重点用于大气污染防治、机动车排放治理、流域区域污染综合整治、环境监管能力建设、环境应急应对等方面，推进本区环境建设工作有序开展，保障环境质量。

【治理大气污染】 2014年，立案处罚281家次，处罚金额1017万元，分别是2013年的3倍、2.6倍，处罚金额在全市各区县第二。重点开展大气专项执法周。自3月起，将每月第一周作为大气污染防治专项执法周，重点检查供暖锅炉、餐饮、汽修等行业600余家。及时开展采暖季煤烟型污染专项整治。先后部署120余家重点单位开展燃煤锅炉专项整治，空气重污染预警期间实施24小时不间断巡查，采暖季检查203家次。扎实开展水污染防治。对涉重金属单位、污水处理厂环境风险防控进行全面检查，检查有工业废水排放企业71家、监测43家。流动污染源防控成效明显。通过与交管等部门开展联勤联动、遥感监测、路检夜查等方式，检查非道路移动机械824台次、加油站2119家次、机动车115万辆，淘汰老旧机动车20792辆。强化危险废物、辐射污染防控。通过完善污染源台账、细化打分考核、加大监管频次强化监管，对2家违法企业均处以高限处罚。以“三个100%”为目标，全年征收排污费1092万元，为上年的11倍，有效发挥了经济杠杆调节作用；有效处理信访案件4615件，较上年增加2110件，同比增长84%。

【“清气减排”工作】 清洁空气行动计划推进，各项任务指标基本完成。在执行期间，与区政府督查室、监察局配合，对“清气”计划当中的各项任务执行情况及进展程度进行督查。每月月底，牵头将各单位任务进展情况汇总上报。《通州区2014年清洁空气行动计划》大部分指标基本完成。APEC会议期间空气质量保障工作有力，效果明显。制订《2014年亚太经济合作组织会议通州区空气质量保障方案》《通州区进一步加大劣质煤清理整治工作方案》及《通州区APEC会议期间环境监察工作方案》等6个专项方案，确保空气质量保障工作有序开展。会议期间，区领导率先垂范,督办到位；各部门明确重点，强化联动；区环委会强化宣传，社会支持。完成北京市下达的保障任务，其间全区空气质量大幅改观。11月1日至13日，全区PM2.5、SO_2、NOX、PM10分别同比下降40.3%、58.2%、37.2%和38.3%。发挥职能作用，污染减排顺利推进。严把关，“减二增一”审环评。2014年，拒批项目251件。多举措，推进主要污染物减排工作。制定《通州区2014年主要污染物减排工作方案》《污染减排奖励资金管理使用办法》，通过协调责任部门、深挖减排工程等举措，深入推进本区主要污染物减排工作。推进马驹桥第二污水处理厂、台湖第二污水处理厂等临时过渡性污水处理设施建设，新增污水处理能力7000吨。年内，本区工业和生活化学需氧量分别削减1680.41吨、153.784吨，完成全年减排任务。强手段，老旧机动车淘汰工作完成。年内，本区淘汰老旧机动车20792辆，超额完成全年指标。多方式，完成VOC减排工作。年内，全区减排挥发性有机物完成548.46吨，超额完成全年任务。

【环保宣传】 年内，利用局政务网站、主要媒体、现场宣传等多种媒介开展全方位环保宣传，组

10月，环保手工制作展示活动 (环保局提供)

织社区、学校开展环保宣教系列活动，强化公众环境保护观念和参与意识，在全社会营造浓厚的氛围。以《北京市大气污染防治条例》出台为契机，通过送法下乡、现场接受咨询、执法检查过程中向企业发放材料、在媒体刊发《给工业企业的一封信》等多种形式，接受咨询100余人次，发放法规单行本1000余份、其他宣传材料2000余份。加大政务信息报送。准确、及时、高效开展政务信息报送近200篇次，积极发挥“下情上达，上情下达”桥梁作用，为区领导决策提供依据，在全区政务信息考核中处于前列。同时编辑《通州环保》《环保工作简报》等刊物20期。邀请媒体加强舆论引导。通过《通州时讯》等媒体及局网站对环境执法进行跟踪报道，在“零点行动”、大气专项执法周、APEC会议期间及空气重污染预警等期间，先后参与宣传曝光50余次。策划系列现场宣传活动。“六五”世界环境日期间策划开展“一主二分四媒介”系列环保宣传活动，以通州经济开发区东区为主会场，现场拆除燃煤锅炉，BTV等市级媒体进行报道。定期开展环保知识进校园。深入通州区第二中学、大方居幼儿园、通州运河中学等与青少年学生现场互动；组织“2014年通州区我爱地球妈妈”环保演讲比赛活动，3名中小学生获市级优秀。积极发挥新媒体作用。利用局官网、八通网等平台开展环保知识和法规宣传；制作《向污染宣战》动画片并在北京市首届绿色环保主题动漫公益广告设计大赛获“二等奖”。

（赵　信）

12月4日，宋庄小堡环保科普宣传　（环保局提供）

防震减灾

【概　况】　2014年，区地震局扎实推进监测预报、震害防御和紧急救援三大工作体系建设，完成全年各项工作任务。2014年，区地震局被北京市地震局评为2014年度北京市区县防震减灾工作综合评比先进单位和2014年度区县地震监测预报工作先进单位。

【地震测报体系建设】　年内，继续推进地震宏观测报网、灾情速报网、知识宣传网和指挥部防震减灾助理员的“三网一员”建设，充分发挥群测群防在地震短临预报、灾情信息报告和普及地震知识中的重要作用。依法加强对地震监测设施和观测环境的保护；逐步完善本区防震减灾信息网络系统建设，为应急管理、灾害防御、监测预报等提供信息服务；进一步完善地震预测信息会商机制，做好各类会商所用数据和背景资料的收集、整理；扎实做好震情跟踪和分析研究，严格贯彻异常落实和上报制度；加强震情趋势研判，做好重要时段的地震安全保障。

【地震灾害预防体系建设】　年内，以群众路线教育活动为契机，梳理修订抗震设防备案服务流程；召开教育、卫生系统座谈会，提前告知行政手续，解答办理疑问；积极指导、服务潞河医院四期工程项目建设。认真开展信息系统建设，利用小区划成果辅助抗震设防管理。年内，启动马驹桥镇新海祥和社区、台湖镇次渠南里2个地震安全社区的创建工作，指导社区进行资料、文件汇编，规范建立防灾减灾工作机构和工作机制，两社区和2013年创建的星河社区获评2014年北京市地震安全社区。

【宣教活动】 年内，选择“3·1”“7·28”等重大纪念日作为宣教节点，深入开展地震应急疏散演练和防灾减灾知识讲座、主题宣传教育活动；“5·12”防灾减灾日，联合区民防局、区红十字会、区气象局、区公安消防支队、区应急办和北苑街道办事处在玉桥艺苑西里社区组织防灾减灾日专题宣传活动。

【开展防灾减灾系列活动】 年内，在宣教工作“六进”（进学校、进家庭、进社区、进机关、进企业、进乡村）的基础上积极拓展宣教途径。4月16日，和北苑街道北苑桥社区联合开展防震减灾应急疏散演练并搭建36平方米的防灾大帐篷；5月6日，在台湖镇次渠南里社区开展防灾减灾宣传活动，为社区居民发放防灾减灾宣传手册和购物袋等，社区居民100余人参与活动；5月7日，组织全区教育系统负责安全的校长200余人开展专题讲座，讲授建筑结构与防灾避险知识；10月，联系防灾科技学院开展为期6天的防震减灾业务培训两期，来自全区15个街道乡镇、社区117人参加。

【地震应急避难场所建设】 2014年，对已建的潞河中学、运河中学、北苑中学、通州四中、芙蓉小学、北京小学、育才学校、龙旺庄中学等8所区属中小学避难场所改造工作进行资料整理，按照建档程序要求，进行材料归档存放；会同教委对相关避难场所进行基础数据建立，指导学校完善预案体系。

【建立地震专业救援队】 年内，依托区公安消防支队组建地震救援队，完成方案制定；10月12日，救援队第一期专业技能培训班，在国家紧急救援训练基地进行，培训期15天，10人参训。

【通州新城地震小区划三期工作】 8月底，完成三期124平方公里全部外业，累计9条测线、110个钻孔，测线总长44.56公里，截至年底，进入实验室分析测算阶段。同步启动地震小区划信息数据管理系统建设，以抗震设防日常管理数据为基础，纳入地震小区划一期、二期成果，初步具备设防标准指导功能，服务北京城市副中心建设。

（蔡　轶）

城管监察

【概　况】 年内，区城管执法局坚持“强班子、带队伍，严执法、求精细，重服务、保稳定”，强化综合监管，狠抓党的群众路线教育实践活动、创建全国文明城区、首都生态文明和城乡环境建设等重点工作落实，队伍作风进一步好转，一大批影响城市环境秩序的痼疾顽症得到解决，保证了获取创建全国文明城区提名、APEC会议、全国“两会”等重要节日环境秩序，为北京城市副中心建设做出了应有贡献。年内，出动执法人员13万余人次，查处违法行为27万起，立案查处14901起，同比增长4.7%，人均立案数居全市城管系统首位；罚款总额560.113万元，同比增长78.6%。在参加市城管执法局月度和市、区政府法制办年度案卷抽查中，优秀率达100%。办理市、区折子工程17项，全部按时、按质完成。承办人大代表建议、政协委员提案15件，全部按期完成，满意率100%。

【城市管理综合监管工作】 年内，区城管执法局认真履行城市管理综合监管领导小组办公室职责，加强协调沟通和督导监管，统筹各方力量，促进城市管理各项工作的落实。建立联合考核、联合督查督办、重大问题约谈制度，开展联合检查50余次，召开部署协调会议25次，协调解决突出问题10个。各街道、乡镇落实管理责任，实施辖区层级考核。加大经费投入，梨园镇等8个乡镇小广告治理服务，宋庄镇渣土治理，永顺镇、台湖镇环保服务工作均实现市场化运作。组织开展联合执法3007次，马驹桥再生资源回收市场、永顺京贸国际城周边违法建设、西集金各庄市场等乱点，得到清理整治。坚持"月检查、月曝光、月排名"，年内，向委办局派发监管通知单64件，向街乡镇派发监管通知单1383件，反馈率93%，整改率78%，督促解决突出问题1972个。

清理小广告　(城管监察局提供)

【行政执法工作】　年内，全面履行城管执法职能，先后组织大气污染防治攻坚行动和街面环境秩序治理行动，开展违法建设、安全隐患、"黑车"、夜施扰民专项整治。以区政府名义发布《关于通州区行政区域内禁止露天烧烤食品的通告》《关于通州区行政区域内不得擅自摆摊设点和店外经营的通告》，取缔露天烧烤，严格施工扬尘和道路遗撒管控。开展交通秩序大整治，扣押、处罚各类"黑车"2384辆。海螺兴业投资有限公司、轩阳文化传播有限公司、沈飞玻璃幕墙有限公司和枫露皇苑违建等逐一拆除，按时完成拆违任务，拆除违法建设47876平方米，配合各乡镇拆除违法建设57686平方米。拆除大型违规户外广告158块。

拆除大型违法建设　(城管监察局提供)

【城管志愿者队伍】　年内，建立103支城市管理志愿者服务队，正式注册会员809名，开展城管志愿者活动126次，服务群众3万余人次，形成招募登记、教育培训、活动组织、信息报送、总结交流等较为完备的工作机制。

(杨　璇)

交通管理

【概　况】　2014年，由通州交通支队管理的道路总里程为2005.3公里，其中，高速公路105.3公里，管界有各类交通标志145面，隔离护栏56千米，交通标线4200千米，信号灯449处。登记在通州区的机动车约29万辆，私人机动车约25万辆，机动车驾驶员超过30万人。

【交通秩序管理工作】　2014年，支队处罚各类交通违法17.8万起。其中，货车违法36555起、涉牌

3916起、非机动车行人违法1551起、处罚酒驾581起、违法停车85640起、外埠客货车31026起。查扣两轮摩托车、电动（燃油）三轮车1537辆，货车466辆、拘留违法人员179人。

【科学管理水平不断提升】 科技手段应用不断深化。一是路面交通科学组织优化水平提高，有效缓解了拥堵。年内，实施各类优化方案48个，增设交通标识145面，施划交通标线54000米，增加隔离设施9300余米。按照区委、区政府部署，重点解决新城核心区道路拥堵问题，实施路口优化方案4个，对芙蓉东路、东关路口等路口进行优化改造。二是科技执法手段增强。年内，投入各类科技执法装备281套。三是科学优化施工单位监管，建立“三个制度”：即施工单位主要领导的定期例会制度，定期通报施工工期件的内部安全制度落实情况；所属工作人员的轮训制度，对占路施工单位安全工作的内查和外查制度，采取单位内部自查与管界队日常检查相结合的方式督促各项安全措施的落实。全年组织占路施工检查260余次，查处违法施工11起，下发《消除安全隐患通知单》6张。有效规范了施工行为，违法占路施工，道路遗洒等违法行为大幅减少。

【外围管控工作】 2014年，通州区交通支队围绕全国两会、“6·4”“7·5”维稳及APEC安保工作，以各外围检查站为重点，细化工作措施，强化组织落实，完成外围管控各项工作。一是强化党建引领，及时启动战时党建机制，成立由值勤大队领导负责的外围管控党员突击队，承担重点工作。二是细化工作措施，增加力量投入。针对重点安保工作需要，尽最大力量抽调警力投入外围管控，确保警力24小时值守。强化联勤联动，主动与治安力量、外埠兄弟单位及高速公路路产部门、社会清障力量等相关部门对接联动，形成工作合力。三是抓好办证大人流应对工作。2014年，市政府出台政策，进一步限制外地车辆行驶，管界各办证处办证量迅速上升。给办证工作造成巨大压力。白庙检查站日办证量突破9000张，协调相关部门将办公窗口增加至7个，尽最大努力增加办证力量。2014年，各办证处办理进京通行证2809787张，其中，白庙检查站881844张。

【文明交通行动】 2014年，支队充分发挥“一镇一警”作用，强化交通安全基础工作。针对本区道路交通状况，支队组织各乡镇安办，深入开展事故隐患排查治理。排查出各类隐患149处，名列全局第一。在驻镇民警协调下，各乡镇投入55145万元，在管界道路增设爆闪灯42套、黄闪灯7套、安装红绿灯4套，固定宣传标语30块，修建减速道埂40处445米、安装交通标志48面。同时，各地区安办加大安监执法力度。公开处理重点交通安全隐患单位160家，处理违法突出驾驶人350人，限改单位932家，停驶单位825家。全年设立交通安全宣传小组580个，深入单位、机关、学校、农贸市场开展宣传活动。发放交通安全挂图110套，光盘3000张，交通安全教育读本3万册，宣传品10万份，宣传群众近百万人次。支队制作的交通安全公益音频、视频、海报参加公安部作品评选，获得三等奖和优秀奖。组织本区300余家严重违法社会单位法人，在本区交通安全教育基地，开展交通安全教育。由安监民警主持，在全区15个街乡镇开展对严重违法驾驶人员的教育培训，组织开展140余次，7000余人受到教育。以中、小学校为重点，在学校建设“交通安全角”，选派30余名交通安全辅导员，为学生讲授交通安全课78场次，协助学校组织各种活动100余场，9万余名中学生受到教育。

（付　苑）

环境卫生

【概　况】 2014年，区市政市容委以“美丽通州，环境先行”为主线，围绕文明城区创建和北京城市副中心建设，着眼本区城乡环境建设实际，始终保持环境整治高压态势，职能部门密切协作，街乡镇狠抓落实，市容环境更加整洁、秩序环境更加有序，一些老大难问题和脏乱死角得到有效改善，城乡环境日趋绿色、低碳、生态。

【开展区域提升工程】 年内，坚持“把实事办实，把好事办好”，从居民最关心的身边环境问题入手，2014年，对北苑、中仓辖区各约1平方公里区域进行环境提升改造。拆除违建1909平方米，清洗粉饰建筑物外立面418640平方米，拆除及规范牌匾标识444平方米，完善照明设施123处，简易绿化13877平方米，景观绿化18728平方米，硬化小区道路105292平方米，拆除废旧电线杆63个，梳理架空线3.4万米，新建和修复围墙3677平方米，修整道路71623米，清运垃圾渣土31588平方米。通过提升整治，区域环境有很大改观，群众反映很好，先后赠送“改造工程合民意，政府关怀暖人心”等7面锦旗。

【开展达标道路建设】 本着打造精品、树立标杆、示范引领的目的，年内，对芙蓉路、八通轻轨沿线进行环境整治。对道路两侧用防粘贴小广告涂料粉刷外立面、规范牌匾、绿化补植、规范公服设施等，实现“街容卫生整洁、市政设施完好、道路绿化美观”的目标，有效提升了道路环境建设水平，居民赠送了“修好路促变化精心施工，旧貌换新颜百姓齐称赞”等3面锦旗和1封表扬信。

【参加优美小区街巷胡同评选】 为了改善群众身边环境，积极营造优美环境人人共建共享氛围，本区积极参加首环办组织的优美小区街巷胡同评选工作。通过环境提升整治，12个老旧小区、7个街巷胡同参加评选，首环办专家组实地检查时，对整治后的效果给予充分肯定。最终北苑的帅府园、总后勤部通州干休所2个居住小区和中山街、帅府中街2个街巷胡同被评为北京市优美小区街巷胡同。

【提升公共设施环境】 年内，编制完成新华大街、新华南北路、运河西大街等19条城市主要道路户外广告和牌匾标识规划方案；结合芙蓉路环境整治，对道路两侧299块牌匾标识进行提升整治；清理整治违规户外广告179块，整治报刊亭55座，拆除废弃电话亭20座，治理公交站设施240座，粉饰清洁志愿者服务亭14座，更换果皮箱200个；组织对城镇地区的旱厕进行气水冲改造，新建或改造公厕16座，并将改造后的公厕纳入环卫中心统一管理，配备专业保洁人员，提高公厕服务水平，改善居民如厕环境。

【建筑垃圾综合管理】 为确保全区建筑垃圾运输车辆达标，杜绝道路遗撒和扬尘污染，从7月至12月，由市政、城管、环保、住建、交通局、交通支队等部门组成联合检查组，轮流牵头每天组织对在建工地及建筑垃圾运输车辆进行执法检查，累计出动执法人员7916人次，出动执法车辆3676台次，检查施工工地1278场次，规范施工行为420场次，检查各类渣土运输车辆668台次，罚款89万余元。截至年底，本区有933台运输建筑垃圾达标车辆，规模以上出土工地均安装监控设施。APEC会议期间，在建工地全部停工，裸露土地和渣土全部覆盖，并且每天洒水降尘，高标准完成了APEC会议保障任务。

【落实“门前三包”责任制】 年内，按照《市容环境卫生条例》规定，以落实“门前三包”责任制为抓手，完善属地管理、部门联动、定期会商、综合考核的运行机制，推动“六小门店自律”，重点治理店外经营、倚门售货、乱堆乱停乱放、环境卫生脏乱、牌匾标识不规范等行为。统一制定“门前三包”责任制公示牌，并摆放在明显位置，2014年“门前三包”责任制签订率达到96%以上。

【抓好脏乱点台账整治】 2014年，首环办先后下发12批475处脏乱点台账，区环境办采取明查、暗访、热线、微博等多种方式梳理12批2688处区级脏乱点台账，实行脏乱点台账销账制度，环境办及时区分责任，下发督办单，限期整改，督促相关单位及时整治。市级475处脏乱点台账整治率100%，区级2688处脏乱点台账整治率98%。

【治理小广告】 年内，市政、城管、治安、交管等部门联勤联动、重拳出击、惩教并举，严厉打击张贴、喷涂、散发非法小广告团伙。梨园、北苑、中仓、永顺、马驹桥等街乡镇采取小广告服务外包，环境提升区域建筑物外立面3米以下粉刷防粘贴小广告专用漆，在小区门口等人口聚集处设置“便民信息栏”，疏堵结合，严厉打击小广告乱贴乱画违法行为。2014年，城管执法局收缴小广告近60万张，清掏小广告窝点19处，处罚65起；公安分局抓获办假证人员5名，治安拘留散发人员2名；住建委对5家违规房地产经纪机构进行通报批评。

【垃圾分类试点工作】 年内，加大垃圾分类宣传，逐步推行垃圾分类试点。全区完成城镇地区60%以上居住小区、50%以上党政机关和75%以上中、小学校垃圾分类达标建设工作，涉及103个居民小区、36家党政机关和24所学校，资源化率达到42.67%。2014年，实现城区四个街道垃圾分类全覆盖，完成207个居住小区、7所学校垃圾分类达标创建，全区参与垃圾分类的市民达到40万人、16万户。

【环卫保洁工作】 年内，区环卫所新接管东果园北街、杨庄北街及杨庄路北口3条道路的清扫保洁工作，新增保洁面积2.03万平方米。2014年，区环卫所负责城区29条大街253.86万平方米的清扫保洁工作。全年出动垃圾清运车1300车次，清运垃圾1870吨；出动洒水车3200车次，使用中水量65714吨；出动冲路车800车次；清理小广告870690张；捡拾白色污染18231公斤；出动栏杆车602车次；安排专人对道路两旁的1208个果皮箱、149个候车厅、222个广告牌、22个邮箱、91个电话亭进行清擦；完成扫雪铲冰工作任务，喷洒融雪剂102.25吨；从除夕到正月十五出动车辆28车次，清理烟花爆竹残屑41吨。

【垃圾清运及处理】 年内，环卫设施所负责城区内47个垃圾站站点的垃圾清运，年清运垃圾8.1万吨；负责全区955个有偿服务化粪池抽运工作和城区内82座公厕的保洁、维护维修工作，全年抽运粪便7.5万吨；负责38家党政机关、24所学校和51个生活小区厨余垃圾的收运工作，全年收运厨余垃圾1844.1吨；生活垃圾转运站转运生活垃圾16.1万吨，达到垃圾日产日清的工作要求；污物处理站消纳粪便5.5万吨，处理厨余垃圾1043吨；西田阳填埋场共填埋生活垃圾52万吨，无害化处理率达到100%。

（孟晓云）

科教文卫体

9月9日，通州区2014年教师节庆祝大会召开　　（区教委提供）

科技

【概　况】　2014年，通州区科技工作坚持“自主创新、重点跨越、支撑发展、引领未来”科技工作方针，围绕北京城市副中心建设的战略目标，以提高自主创新能力为核心，深化科技体制改革，加快区域创新体系建设，不断强化科技的支撑引领作用，推动了通州经济和社会各项事业快速发展。全面深化科技体制改革，研究制定《关于实施创新驱动发展战略加快北京城市副中心建设的意见》为指导的创新驱动发展“1+6”系列政策；通州科学中心建设完成前期设计研究，列入政府重大办推前期项目并完成选址；签署《北京市科委、通州区政府共同开展国际科技创新合作框架协议》；实施市科委绿通项目“通州区青少年科技后备人才创新教育平台建设”；立项支持公共卫生领域和医学重点学科建设研究；文明城区创建工作全面展开，人均科普经费支出、科普场馆、基层科普设施、科普志愿者活动四项指标全部达标；在玉桥街道建设社会组织孵化基地；“航天工程育种新品种展示与产业化开发”等市以上重大科技项目结题验收，种业园籽种产业聚集示范区初步建成；立项支持园区农业、科技农业、数字农业以及乡镇特色农业和蔬菜、观赏鱼、大樱桃、食用菌、耐寒蕨类五大籽种产业发展。颁布2013年度通州区科学技术奖励决定，授予一等奖8项，二等奖12项，三等奖19项。高新技术产业发展迅速，截至2014年底，组织新申报高新技术企业82家，认定登记技术合同成交总额达到37亿元；拓展“一核五区”专家顾问团服务范围，新增11个产业园区作为服务对象；新吸纳各方面专家42人，顾问团专家达100人；资助与奖励2013年度科技创新人才50项；科普事业健康发展，市科委重大专项“通州区青少年科技后备人才创新教育平台建设”课题通过验收；“科技引领　文明生活”主题益民科普园在运河文化广场正式投入使用；通州区《科普法》及科普知识竞赛活动结束，科普事业发展取得新成效。

（邬奇洋）

【深化科技体制改革】　年内，研究制定“创新驱动发展1+6”政策，即以《关于实施创新驱动发展战略加快北京城市副中心建设的意见》为总的指导方针，以《通州区支持科技创新暂行办法》《通州区支持科技创新暂行办法申报指南》《通州区科技计划项目管理办法》《通州区专利实施项目管理办法》《通州区“一核五区”专家顾问团工作暂行办法》《通州区科技创新人才资助与奖励工作指南》等系列政策文件为具体落实举措，构建科学有效的科技创新支撑体系。

【信息化建设】　年内，信息化建设全面升级，通州科技网全新改版上线，新建信息公开LED显示屏和科技信息查询触摸屏系统，开通科学技术奖在线申报系统。

【科技宣传】　年内，依托电视、报纸、网络等新闻媒体建立对外宣传主渠道，广泛宣传通州区贯彻落实科技政策的新举措、区域科技创新体系建设的新亮点，企业科技创新的新成果。编印《通州区科技政策汇编》；在通州区电视台和大运通州网播放科技专题片、科普宣传片10部，知识产权动漫宣传片14集；在《通州时讯》刊登“科技点亮生活”专版40余期。

（毕　铮　邬奇洋）

【服务高新技术企业】　年内，组织全区274家国家高新技术企业进行年检统计、企业自查和年度信息备案，组织高新技术企业复审44家，组织新申报高新技术企业80家，组织18家已至有效期的高新技术企业重新认定。协助企业申报“市科委重大科技成果转化落地培育专项”，北京高新利华催化材料制造有限公司的“炼厂混合C4加氢生产乙烯裂解原料

催化剂”项目获得立项支持，支持资金248.9万元。

【推进首都科技条件平台通州工作站建设】 年内，开展“百家重点实验室进千家企业”活动，通过首都科技条件总平台联系中国科学院半导体研究所、北京大学等5家科研院所与北京卓立汉光仪器有限公司、北京莱恩斯涂料有限公司等5家企业解决技术难题，进行研发合作。服务企业20家次，新增成员单位8家，工作站成员单位达45家。

【深化科技企业孵化器建设】 年内，邀请北京市创业孵育协会专家到本区调研指导，帮助对接北京联东益远恒通科技企业孵化器，为孵化器建设解决发展难题。

（郭华杰）

【技术合同认定登记】 年内，组织开展技术转让相关政策法规宣传培训8期，参加企业260余家次，发放《技术合同认定登记须知》《技术合同认定登记基本条件》和国家、北京市有关技术市场的优惠政策等宣传材料500余册。深入企业开展技术合同认定登记方面的需求和存在问题的调研，对区内未登记技术合同的部分企业进行统计调查，挖掘未登记技术合同企业技术性收入存量。全区认定登记技术合同成交总额达到37亿元。

（耿大乐）

【科技政策法规宣传培训】 年内，深入街道、企业、园区广泛开展科技政策法规宣传、培训。深入开展“法律六进”“12·4”法制宣传日宣传活动。全年组织科技政策培训11次，参加人员450余人次。

【“一核五区”专家顾问团工作】 年内，组织实施“一核五区”专家顾问团工作规范化、制度化、常态化建设项目。组织召开通州区第二次“一核五区”专家顾问团联席会议，出台《通州区“一核五区”专家顾问团工作暂行办法》，顾问团专家调整完善为100名。协调园区与专家对接，引导园区开展单次咨询、函件咨询、项目咨询、长期顾问、团队支持等不同形式的咨询活动。

【科技创新人才资助与奖励】 年内，出台《通州区科技创新人才资助与奖励工作指南》，受理科技创新人才资助奖励推荐申报项目96项，确定资助与奖励项目50项，兑现资助奖励资金近290万元。

【科技调研】 年内，完成技术合同认定登记所属地域的统计和技术合同认定登记工作分析；完成2014年度通州区高新技术企业认定及复审情况分析；完成《我区高新技术企业科技人才现状及集聚对策研究》调研课题。

（康连元）

【通州国际种业科技园区建设项目】 3月20日，国家现代农业科技城产业培育项目“通州国际种业科技园区建设”完成经费审计及结题验收。通过项目实施，建成组培室1000平方米，培养草莓组培苗4万株、树莓组培苗近3万株；建成种苗繁育中心25200平方米，引进以色列蔬菜品种40个，筛选出优良品种5个，年产番茄、辣椒、黄瓜等种苗达2.03亿株；举办春秋两季大型良种展示会，搭建品种展示与推广平台，展示小麦、玉米、蔬菜优良品种3000多个；引进集聚国内外知名种业企业及科研院所43家，联合科研院所、入驻企业制定小麦、玉米、番茄、辣椒、黄瓜良种繁育规程5个。

（张春兰　燕　艳）

【通州种业园区物联网技术集成与应用项目】 3月7日，国家现代农业科技城成果惠民科技示范工程项目“通州种业园区物联网技术集成与应用”完成经费审计及结题验收。通过项目实施，熟化了农作物新品种育种、中试、生产和展示环境监测技术产品4套，建立种业生产环境无线通信网络，支持示范区内温室及大田环境采集节点、室外气象站与园区物联网控制中心进行实时数据交互，数据丢包率小于3%；研究熟化了设施、大田主要病虫害预警模型6套，初步构建种业物联网集成应用技术体系；申请发明专利3项，获得软件著作权5项；形成育种数据管理分析、专家远程科研育种会商、种业园区可视化GIS管理、种业园区生产环境监测、设施环境综合调控等7套应用系统；建成通州种业科技园区物联网中控中心；面向园区6家入驻企业提供感知数据服务和专业软件租赁服务，降低了应用示范企业生产经营成本。

（张春兰　张永浩）

【通州区农业优新品种引进示范与推广项目】 10月16日，2013年科技工作基础专项——区县科技“通州区农业优新品种引进示范与推广”项目完成经费审计及结题验收。通过项目实施，引进特色蔬菜品种39个，筛选出适合于推广种植品种15个，在本地区示范推广100亩；引进锦鲤种鱼30组，红白长尾草金鱼2000组，建立观赏鱼示范基地25亩；筛选出适合本地区樱桃品种1种，示范种植100亩；引进香菇品种12个、平菇品种14个，筛选出适合本区种植的香菇主栽品种4个、平菇主栽品种6个，示范种植130亩；引进绿化用蕨类花卉新品种11个，筛选出适合北京地区生长、易于繁殖品种8个，实现了年产50万株种苗的生产规模。

（张春兰　燕　艳）

【基于物联框架智能博物馆艺术品管理平台的建设项目】 市级科技计划绿色通道项目“基于物联框架智能博物馆艺术品管理平台的建设”完成经费审计及结题验收。项目结合物联网技术框架，建立艺术品展示、库存、追踪的自动监管系统，与艺术品交易平台集成，实现对艺术品展示的“监（监督）、管（管理）、控（控制）”的智能化综合监管，为文化产业提供了信息化的管理平台。

（鲁新龙　苏　颖）

【通州种业园现代农作物高通量育种技术服务平台建设项目】 市科委重大专项“通州种业园现代农作物高通量育种技术服务平台建设”项目进展顺利。项目完成基于SNP芯片鉴定的高通量农作物育种研发服务平台建设，推动园区种业企业及科研机构培育出优良玉米新品种10个、优良蔬菜新品种36个；为园区及国内外种业企业和相关单位提供育种技术服务，累计检测样品5088份，申请国家专利2项，发表学术论文5篇。

（张春兰　张永浩）

【基于多屏融合的移动资讯采集发布系统研发与示范项目】 市科委绿色通道项目“基于多屏融合的移动资讯采集发布系统研发与示范”进展顺利。项目建设以智能终端为前端载体，采用移动互联网、云存储、虚拟现实等先进技术构建服务多　融合的集“采”“存”“发”为一体的移动资讯采集发布系统。

（鲁新龙　苏　颖）

【通州新城智慧供热平台研发与示范项目】 市科委绿色通道项目“通州新城智慧供热平台研发与示范”通过市科委立项，各项工作进展顺利。项目已完成整合热计量系统和自控系统一体化的数据库平台、运行监管系统和能耗监管系统上线、单元入口和楼栋自动平衡控制系统调试、智慧供热软件平台并应用于供热区整个供热系统、建立自动控制系统和热计量系统一体化数据子平台等建设工作。

（张永浩　苏　颖）

【草莓新品种引进繁育与配套栽培技术示范推广项目】 2014年，科技工作基础专项——区县科技“草莓新品种引进繁育与配套栽培技术示范推广”项目通过市科委立项，各项工作进展顺利。项目完成已引进草莓优新品种9种；建立安全、高效草莓新品种、新技术示范基地300亩；繁育脱毒优质草莓生产苗1000万株，辐射带动周边种植面积2000亩；形成相关技术报告3份。

（张春兰　燕　艳）

【科学技术奖】 颁布2013年度通州区科学技术奖励决定，授予“北环环隧项目关键技术研究与示范”项目重大科技创新奖；授予“废聚酯瓶片直纺涤纶长丝关键技术与装备开发”等8个项目一等奖，授予“超细硬管内窥镜系统的研发推广”等12个项目二等奖，授予“基于物联网的数字农业应用项目”等19个项目三等奖。推荐申报2014年度北京市科学技术奖9项，经评选，中冶焊接科技有限公司、中冶建筑研究总院有限公司完成的“轧辊堆焊复合（再）制造药芯焊丝及成套堆焊技术开发及产业化”项目和北京中科信电子装备有限公司完成的“12英寸65纳米工艺中能离子注入机研发及产业化”项目荣获三等奖。

（鲁新龙　苏　颖）

【科技周活动】 5月19日，以“科学生活 创新圆梦”为主题的“2014年通州科技周活动”在新华街道国防教育广场正式拉开帷幕。本届科技周活动深入基层，重点开展三项活动：一是分别在新华街道如意社区、北苑街道通典铭居社区、玉桥街道万春园、于家务乡北辛店村和漷县镇北堤寺村组织五场科普宣教系列活动；二是组织公众走进科普场馆，

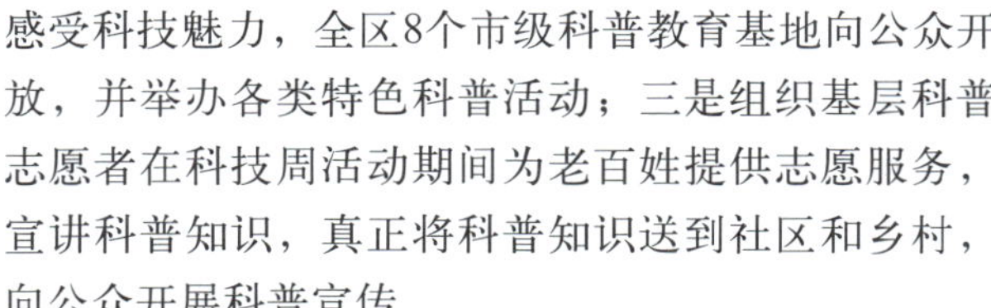

感受科技魅力，全区8个市级科普教育基地向公众开放，并举办各类特色科普活动；三是组织基层科普志愿者在科技周活动期间为老百姓提供志愿服务，宣讲科普知识，真正将科普知识送到社区和乡村，向公众开展科普宣传。

【“科技引领 文明生活”主题益民科普园】 “科技引领 文明生活”主题益民科普园是区财政局、区科委共同建设的公共场所科普宣传与服务平台，8月5日在运河文化广场正式投入使用。项目由市财政科普专项资金支持，投资179万元，以“重大科技事件”“防灾减灾”“低碳生活”“疾病预防”和“食品安全”等10余个百姓关注的热点为主题，配置26件科普体验设施，通过惟妙惟肖的十二生肖、趣味灵动的卡通造型，翻转、穿越、骑行等不同类型的互动体验形式，为百姓增添感知科普的乐趣，使广大市民在休闲之余获取丰富的科普知识。益民科普园的建设，为公众打造了一个身边露天“科技馆”，丰富了区域科普资源，是科技传播形式的创新，将对提高全民科学文化素质、助力全国文明城区创建发挥积极作用。

【通州区科普知识竞赛活动】 9月18日，以“科学普及——你我共参与”为主题的科普知识竞赛决赛打响，比赛内容涵盖《中华人民共和国科学技术普及法》《全民科学素质行动计划纲要》、健康生活和食品安全方面的科普知识。街道、乡镇15支代表队进行初赛，选拔出8支代表队闯入决赛，经过必答题、抢答题和风险题三个环节的激烈角逐，台湖队、梨园队、西集队分别荣获前三名。活动的开展进一步强化了各级做好科普工作的意识和责任感，为正确理解和把握科普工作的基本任务、组织管理、社会责任、保障措施和法律责任，努力开创科普工作新局面奠定了良好的理论基础，有效促进了公民科学素质的提高，为助力北京城市副中心建设和创建全国文明城区发挥了积极作用。

【通州区青少年科技后备人才创新教育平台建设项目】 市科委重大专项“通州区青少年科技后备人才创新教育平台建设”课题顺利通过验收。课题实施后分别在本区13所中小学校建成不同类型的科技创新教育基地，开发13门校本课程，建成科技辅导教师、首席专家、管理服务等3支队伍及一批青少年科技创新队伍，建立科技后备人才创新教育平台运行管理体系以及信息管理系统，取得14项软件著作权并发表1篇国内核心期刊科技论文。该课题的实施率先开辟科技支撑教育的新途径，探索科技引领教学的新形式，提升了全区青少年科技素质教育水平，为创建全国文明城区青少年思想道德建设奠定坚实基础，是通州区乃至北京市科技教育融合的典范。

（任中平 李 杰）

知识产权工作

【概 况】 2014年，通州区知识产权工作围绕北京城市副中心建设，认真贯彻落实《国家知识产权战略纲要》和《北京市人民政府关于实施首都知识产权战略的意见》，积极推进和实施知识产权战略，不断提升知识产权创造、管理、保护与服务的能力，推动创新驱动发展，切实将知识产权工作融入区域经济社会发展。11月21日，经区科委党组决定，独立设置知识产权科，将其职能从综合科剥离，其工作职责是：组织研究本区知识产权方面的重大问题；组织制订本区专利工作发展规划；研究起草本区专利管理的有关措施，并组织实施；制订本区有关知识产权的宣传教育与培训工作规划；负责本区专利行政执法工作，依法处理专利纠纷和查处冒充专利行为；负责规范并管理本区专利技术市场、专利权转让合同、专利实施许可合同和专利申请权转让合同备案工作；管理和监督专利申请资金及专利实施资金；组织和推动重大专利技术的实施；联络和协调区有关知识产权主管部门的相关工作；统筹协调本区涉外知识产权事宜；承办市知识产权局交办的其他事项。知识产权服务中心协助知识产权科做好知识产权相关工作。

【专利申请与授权】 2014年，全区专利申请2202件，其中，发明专利570件、实用新型专利1209件、外观设计专利423件。PCT专利申请6件。全区专利授权1564件，其中，发明专利172件、实用新型专利1036件、外观设计专利356件。有效发明专利680件。

【落实专利资助政策】 年内，落实通州区专利资助政策，对2013年度通州区117家企业、7名个人的813件授权专利进行资助，经审核兑现资助金93.35万元。2014年，资助专利实施转化项目20项，资助金额280万元。

【出具专利申请减缓证明】 年内，执行国家专利申请减缓政策，累计为98家企业636件专利出具专利申请减缓证明，其中，发明专利256件、实用新型专利295件、外观设计专利85件，为企业减缓专利申请费用168万元。

【种业品种权交易创新基地揭牌】 4月28日，北京国际种业品种权交易创新基地揭牌仪式在通州国际种业科技园区举行。基地的建立不仅提升了本区农作物知识产权运用和保护的能力，同时也将改善目前品种权转化运用面临的诸多问题，促进商业化育种体系的建立，将有效填补国内缺少专业的品种权交易信息发布及交易平台的缺憾，降低交易风险和交易成本，促进种业科技成果转化，提升区域种业发展水平；通过合理竞争，使其市场价值能够最大化，确保研发人员的积极性，促进种业品种权的商用化运用。

4月28日，北京国际种业品种权交易创新基地揭牌仪式 (知识产权局提供)

【制订通州区专利实施项目管理办法】 12月30日，依据《通州区专利资助及奖励办法》文件精神，区知识产权局制订《通州区专利实施项目管理办法》。该管理办法对项目立项、项目实施和项目验收等进行详细的规定。为加强规范化管理，分别制订《操作流程》及各种配套文件。

【建立专利商品动态监控系统】 年内，针对重点商业企业，将其在销的专利商品录入监控系统，实现专利法律状态实时监控，实现及时查处假冒专利行为。

【开展专利执法检查活动】 一是开展无冒充专利示范单位日常执法检查，检查商场20家次，检查专利商品150件。二是开展医疗器械专利商品专项执法检查。对龙福康医疗器械城等8家专卖店进行专利行政执法检查，出动执法人员62人次，检查专利商品110余件。按照北京市专利行政委托执法程序，立案查处假冒专利案件14件。

5月19日，区知识产权局对潞民康医疗器械店进行专利执法检查活动 (知识产权局提供)

【知识产权宣传活动】 年内，知识产权宣传围绕"六进活动"主线，同时利用"3·15""4·26""科技周""科技三下乡"等有利时机，组织多种形式、内容丰富的宣传活动。分别在马驹桥百尚生活广场、梨园镇街心花园、家乐福超市、恒聚化工集团、北苑街道后南仓社区、永乐店中学、通州经济开发区西区、新华街道国防教育广场、北苑街道通典铭居社区广场、玉桥街道玉桥南里社区、于家务北辛店村委会、漷县镇北堤寺村小广场、中仓街道中心广场开展知识产权现场宣传活动，通过摆放展板、悬挂横幅、发放材料进行宣传，发放各种宣传材料1万余份。在通州电视台播放知识产权宣传周主题字幕，在《通州时讯》开辟知识产权专版。

【举办知识产权培训班】 6月10日，市知识产权信息中心与区知识产权局联合举办通州区企业专利信息利用能力提升培训班。培训班邀请国家知识产权局专家就企业专利信息利用能力的提升进行全方位的指导。专家们分别讲解了专利文献、专利检索技巧、专利信息分析与运用、专利战略及专利预警中的专利信息利用及"北京市知识产权公共信息服务平台"应用等内容。通州区专利试点企业80余人参加培训。7月18日，区知识产权局举办通州区高新技术企业知识产权政策法规培训班。市知识产权局政策法规处处长张飞虎介绍了《北京市专利保护和促进条例》（以下简称《条例》）修订的背景、意义、过程及特色，并采取新旧条文对比的形式，讲解了《条例》修订的内容。区知识产权局有关人员对《通州区专利资助与奖励暂行办法》进行详细讲解。通州区200余家高新技术企业参加了培训。

【建立紧密型12330“1+X”工作体系】 年内，根据北京市知识产权举报投诉服务中心（12330）的工作要求，结合通州区知识产权工作的实际，建立由一个分中心加三个工作站构成的紧密型知识产权保护“1+X”工作体系。积极探索“五定”工作机制——站点联络定员制、企业服务定位制、项目支持定额制、宣传培训定向制、工作交流定期制，为全区重点高新技术企业做好服务工作。

【支持12330工作站特色专项】 年内，支持国际种业科技园工作站开展“种业知识产权一体化服务平台”建设专项，打造北京国际种业品种权交易创新基地。支持宋庄文创集聚区工作站开展知识产权保护示范街区特色街区创建及宣传专项。完成知识产权保护示范街区特色街区创建及宣传解决方案。举办宋庄文化创意产业集聚区设计服务业知识产权保护讲座暨交流推介会。在2014中国艺术品产业博览交易会期间，知识产权保护入驻艺博会，在淘宝街设立宣传咨询台。针对集聚区内画家和画廊多而散的特点，编印版权保护宣传品。支持通州工业开发区西区工作站开展“企业知识产权宣传培训”专项。工作站开展现场宣传培训4次，深入企业开展定制服务10余次。

【专利试点、示范工作】 年内，完成2013年度北京物资学院等30家北京市专利试点企业总结验收；组织18家企业申报和开展2014年度北京市专利试点工作。北京百纳威尔科技有限公司、北京壹人壹本信息科技有限公司两家企业荣获北京市第六批专利示范单位称号；组织甘李药业、燕化永乐、赛凡科技、迪玛克四家企业申报和开展北京市第七批专利示范单位创建工作。

【开展知识产权专业服务】 年内，携路浩、海虹嘉诚等知识产权代理机构的专业人员深入企业30余家次，为企业提供全方位知识产权优质服务。为来电、来访企业和个人提供知识产权咨询服务200余次，主要涉及专利申请和有关知识产权政策。

（宋　薇）

教　育

概　述

2014年，通州区教育以办人民满意教育为宗旨，以公平、均衡、优质为主线，振奋精神、深化改革、扎实工作，在新的起点上，科学发展、创新发展。

学前教育快速发展。大方居、七零九零及新通3所幼儿园通过北京市一级一类园的验收。快乐时光幼儿园、红杉溪谷幼儿园主体工程完成，华远铭悦幼儿园、芙蓉幼儿园、永顺中心幼儿园分园、马驹桥中心幼儿园分园等4所幼儿园办理移交接管手续，郎府中心园、马驹桥镇物流基地项目配套幼儿园等工程建设正在推进中，于家务回族乡中心幼儿园、觅子店中心园正在办理前期手续。

中小学建设进展顺利。扎实推进《通州区中小学建设三年行动计划》的实施。北京史家小学通州分校、北京育才学校通州分校、潞河中学附属学校、首师大附中等4所学校列入北京市城乡一体化学校建设工程（全市2014年共20所），现已全部竣工，工程总投资7000万元。永乐店中学、贡院小学、马驹桥金桥小学工程完工，9月投入使用。梨园中学新建教学楼，办学层次调整为九年一贯制学校，大杜社中学改扩建工程，完成主体工程建设。运河中学南校区、北京五中通州校区、北京二中通州分校等工程正在推进；永乐店镇小务小学、马驹桥镇西马庄小学新建工程和第一实验小学、运河小学改扩建工程顺利推进。启动人大附中附小、青少年活动中心、永顺镇中心小学（杨庄小学）等一批学校建设工程手续。

8月31日，贡院小学建成、开学　　（教委提供）

办学条件得到进一步提升。实施学校服务水平提升工程，投资450万元，对中小学食堂进行改造；投资150万元对中小学水电暖改造。校舍修缮工作扎实推进。投入资金2.4亿元，涉及81个学校103个工程，其中，操场改造15个学校、平房翻改扩建9个学校、维修改造校舍46个学校。投入资金6000余万元进行校园文化建设，11月，在本区召开北京市学校文化示范校创建现场观摩会。

教师队伍建设取得实效。落实2014年毕业生就业政策，招聘160名非北京生源和439名北京生源大学毕业生。面向社会公开招聘122名教职工。引进、调入各学科优秀教师57人。评选区级骨干教师514名，优秀校长20名，评选北京市特级教师12名。与北京教科院合作启动“通州区教育高端引领培养工程”项目，开展骨干教师暑期培训、国培计划、绿色耕耘等多项培训活动。

入学招生工作依法规范。严格落实北京市有关入学招生政策，依法规范招生工作，建立起属地管理、五证联席审核机制。本区小学一年级入学9713名，其中，非本市户籍适龄儿童3688名，约占38%。（2013年，小学一年级学生13015人，非本市户籍适龄儿童7597人，约占58%。2014年，小学一年级本市户籍学生增加517人，非本市户籍适龄儿童减少3909人）；中小学招生实行计划管理，学籍管理采用信息化方式，严格转学程序。义务教育阶段取消共建生，高中阶段取消择校生，逐年扩大优质高中分配招生名额到区内普通初中的比例（2014年，比例为30%，本区名额分配录取465人）。

中、高考成绩显著。公立初中总分及格率89.1%，优秀率38.0%，相比2013年有较大的提高（2013届总分及格率84.2%，优秀率20.5%）。

2014年，全区有2857名学生参加高考，比2013年减少472人。公立高中四科统招生文科平均分为495.8分，比2013年提高35.9分；理科平均分为489.6分，基本持平。文理合计本科上线率为66.1%，比上届提高6.9百分点（如果加上艺术体育考生及提前招生人数，本科上线率总计达72%）。全区9所公立高中文科本科上线率68.7%，比上年提高13.5百分点；理科本科上线率65.0%，比上年提高4.3百分点。

职成教育稳步提升。职业教育以新城职业学校为主体，投资400余万元建成3157平方米的汽车修理实训室和数控钳工实训室。与张湾成校联手建成职业教育实习实训基地。强化自主招生工作，高职招生录取率达87%，比上年提高35%。推出“春芽杯”青年教师课堂教学评优活动等；成人教育着力重点，投资2000余万元易址建成张湾成人学校和认定10所区级示范村校；推出市、区有影响力的“计算机系列培训”“文化育人行动”“居民文艺中专班”等社区教育等活动。通过编制特色课程教材和巡导青年教师课堂教学，提升教师“项目培训”和“教育培训活动”能力。培育“学习型企业”，编制“学习之星专辑”和组织“市民学习周”“学习型组织知识竞赛”等巩固创建学习型新城区成果。

教育督导加大力度。完成对11个乡镇、4个街道办事处落实素质教育责任目标考核工作；为督学责任区配备36名兼职督学并实现责任区挂牌；完成全区中小学等107个单位考核（其中，39个单位被评为考核优秀）和通州区2014年学前教育发展状况监测统计工作。组织高中学校德育工作专项督导调研并协助市政府教育督导室完成20所中小学生学习生活状况调查工作等。

（勾庆祥）

学前教育

【概　况】　2014年，通州区幼儿园136所，入园幼儿12695人，离园幼儿5612人，在园幼儿25455人。其中，教育部门办园46所，在园幼儿8359人。民办幼儿园35所，在园幼儿9460人。其他部门办园（含村办）55所，在园幼儿7636人。全区幼教职工3752人。其中，园长174人，专任教师2153人，保育员（含保健医）697人，其他728人。专任教师中，本科学历,247人，专科928人。教师中，高级教师职称1人、一级教师职称73人、二级教师职称104人、三级教师职称115人。全区一级一类园10所（包含1所市级示范园），一级二类园3所，北京市早期教育示范基地8个，北京市学前儿童特殊教育示范基地3个。教育部门办幼儿园教育投入46526.2万元，其中，国拨20843.3万元、自筹25682.9万元。

（勾庆祥）

【召开连片教研总结会】　2月27日，通州区教师研修中心学前教研部组织召开通州区幼儿园连片教研总结交流会，有46所幼儿园的保教主任、教研组长计75人参加。会上8位连片教研组长对上年成立以来的连片教研组的针对性活动、采取的措施、教研实效、存在问题等进行重点总结，认同这一举措通过研究学习、合作共赢，有效提升各类幼儿园的保教工作质量和教师队伍的专业化水平。该区8个连片教研组均由市级示范园和一级一类园带一般公办园和民办幼儿园组成。

（白秋红）

【4条措施推行早期教育服务】　4月中旬，通州区幼儿园针对服务区域推出4条措施推行社区早期教育服务。一是完善园内《区幼社区早期教育基地》各项管理制度。成立区幼早期教育基地工作小组，制定并完善各项管理制度，保证送教进社区的活动顺利。二是加强培训，提高教师的专业化水平。在教师文明礼仪和谈话内容等多方面提出具体要求。深入学习《北京市0～3岁婴幼儿教养方案》，丰富教师对3岁以下幼儿的科学教育知识，提高教师指导家长科学育儿的能力。三是与社区密切合作，加强宣传。在社区发放《0～3岁家长告知书》《0～3岁散居儿童育儿需求调查问卷》，鼓励散居儿童家长参与，了解家长在育儿方面的困惑和需求。四是，组织多种活动，满足家长需要。教师走进社区，开展育儿教育咨询活动。邀请部分0～3岁儿童及家长走进幼儿园，感受幼儿园的环境与气氛。开展亲子活动，引导家长与孩子共同参与，提高家长指导儿童游戏的能力。

（袁　伟）

【幼儿园手拉手活动启动】　6月25日，通州区幼儿园手拉手活动启动会在区教师研修中心召开。会上，区教师研修中心副主任张会清宣读了北京市通州区教育委员会关于开展幼儿园“手拉手”活动的通知。北京空军育翔蓝天幼儿园等7所市级示范园与通州区幼儿园等7所区域园和通州区东里幼儿园等8所通州区市级一级一类园与马驹桥中心幼儿园等16所部分农村中心园及民办幼儿园分别进行“手拉手”签约。协议规定双方定期组织园本培训、教研活动和教育科研活动，开展教师据需教育等5项协议，有效期为2年半。

（刘雪艳）

【举办幼儿教师师德专题讲座】　6月28日，通州区幼儿教师师德专题讲座在研修中心举行。北京教育学院德育研究所所长张红教授从“真正的教师是什么样子的、师德教育是一种什么样的教育、幸福教师的要素”等内容出发，结合大量的师德教育案例、自身的教育实践以及当今学前教育现状进行深入浅出的剖析。要求每位教师在平时的教育教学过程中尊重每一个孩子，真诚关爱每一个孩子，以宽容的胸怀包容他们，让孩子在平等、尊重的氛围中接受教育，争做幸福教师。区教育工会副主席贾大为主持活动。区教育工会主席石春江参加讲座，全区24所幼儿园的一线教师和保育员、近3年入职的新教师、近600名幼儿教师参加活动。

（郭　薇）

【接管配套学前教育设施】　10月31日，通州区教委发展规划科对北京麦金和房地产开发有限公司百合湾小区配套学前教育设施进行接管。该幼儿园占地面积3000平方米，建筑面积2400平方米，设计规模为6个教学班。

（张　强）

【成立运河娃足球队】　11月2日，通州区幼儿园成立该区第一个幼儿足球队——“运河娃”足球队，队员20名全部来自大班生。足球队聘请足球爱好者、本园专职体育教师苏齐担任教练，每周安排两次园内训练，起步从基本功抓起，传授传球、停球等动作，锻炼小队员们身体协调性、灵敏度和平衡能力。

（袁　伟）

【召开早教基地启动仪式暨开班典礼】　11月2日，通州区教工幼儿园与运河湾社区联合召开幼儿早教基地启动仪式暨开班典礼。相关领导和教师及幼儿家长参加。仪式上，运河湾社区党支部书记提出发挥师资力量强、教学设施齐等优势，积极探索早教新模式，集思广益，开拓创新，以提高0～3岁儿童家长和看护人员科学育儿水平为重点，向家庭辐射的多元化早教指导和服务模式的希望。家长及与会人员共同观摩现场亲子活动。

（姚　辰）

【召开幼儿园转岗培训结业活动】　11月29日，北京市第九期乡镇幼儿园转岗教师培训（通州培训班）结业暨汇报演出在区教师研修中心（分院）举行，全区各幼儿园园长、主管培训负责人，2014年新教师、保育员、第九期、第十期幼儿转岗教师350余人参加，特邀首都师范大学学前教育学院副书记郭亚新，北京市幼教师资培训中心培训处主任周梅林等领导出席。活动分两个阶段，第一阶段，总结表彰。与会领导为第九期转岗教师（通州培训班）颁发结业证书，并对优秀班干部和优秀学员进行表彰。第二阶段，才艺展示。40名幼儿转岗教师将一年来的培训成果以舞蹈、声乐、钢琴、讲故事谈体会、手工作品展示等形式向与会者进行汇报。转岗教师们表演了律动《新城速度》、中国舞《鱼儿》、街舞《机械人》、学习小故事、大合唱等。

（邓立平）

基础教育

【概　况】　2014年，通州区小学83所（公办校74所、厂办校1所、民办校8所），教学班1642个。招生9709人，毕业7465人，在校生60717人。教职工4001人，其中，专任教师3542人。中学40所（完中10所、高级中学1所、初中15所、九年一贯制学校、十二年一贯制学校14所），教学班812个（初中529个、高中283个），招生8911人（初中6268人、高中2643人），毕业7584人（初中4918人、高中2666人），在校生27166人（初中18219人、高中8947人）。教职工4654人，其中，专任教师3434人。特殊教育学校1所，在校生119人。校外教育单位1个，教职工79人。教育部门办中小学专任教师学历合格率小学、初中、高中均100%。教职工具有高级教师职称644人、一级教师职称2476人、二级教师职称2419人、三级教师职称23人。中小学占地总面积3171329平方米，建筑面积总1385521平方米，固定资产总值55171.5万元。图书2870782册，信息化数字资源量43134.22吉字节（其中，电子图书17352.42吉字节）。全年教育投入251829.5万元，其中，国拨239012.8万元，自筹12816.7万元。内含小学教育投入117000.1万元，其中，国拨113644.2万元，自筹3355.9万元，中学教育投入134829.4万元，其中，国拨125368.6万元，自筹9460.8万元。

（勾庆祥）

【成立11个学科工作站】　1月4日，通州区教育高端引领培养工程启动会在教师研修中心举行。按照《通州区教育高端引领培养工程方案》，成立中学语文、小学美术等11个学科工作站。该工作站聘请北京教育科学研究院10位市特级教师组成专家指导团队，指导通州区教师专业成长。

（王　靖）

【表彰课堂教学录像获奖教师】　1月6日，通州区教委以通报形式颁发荣誉证书，表彰“桃李杯”课堂教学录像获奖教师，其中，培智学校徐志清、运河小学王希红等一等奖29名，东方小学高云英、后南仓小学苏淑琴等二等奖19名。

（张志强）

【选举产生出席区团代会代表】　3月20日，共青团北京市通州区教育委员会第三次代表大会召开，来自全区各学校团委选举产生的71名代表参加。会上，按照《团章》规定和民主集中制原则，选举产生出席共青团北京市通州区第五次团代会代表41名。

（朱　宇）

【举办小记者培训班】　3月27日，通州区后南仓小学举办“北青社区报”小记者培训班，经过自愿报名和班级推荐的52名小记者参加。培训班邀请“中国新闻奖”获得者、北京青年报社资深编辑、记者杨小光老师主讲，对如何采集焦点、怎样抓住新闻要素等内容惊醒了辅导并同小记者进行学习对话。

（汪　多）

【承办数学校本教研活动】　4月9日，北京市通州区中山街小学承办市级小学数学校本教研活动，美国数学培训专家艾瑞克·勒蒙纳，教育部北师大基础教育课程研究中心研究员王明明，相关杂志社主任、编辑以及河北省、内蒙古地区吴正宪小学数学教师工作站和市各区县数学教研员、骨干教师等150人参加。活动中，集中听看了该校中年级一节数学课，研讨后听取了艾瑞克·勒蒙纳的数学培训讲座。

（张　蛙）

【举办民族学校传统体育运动会】　4月18日，通州区第七届民族学校传统体育运动会在潞河中学召开。本次民族运动会以展示各民族学校普及民族传统体育运动的成果，推动全区民族传统体育运动的广泛开展为宗旨，有潞河中学、民族中小学等7支代表队参加，300名运动员参加7个项目的角逐。于家务民族中学、张家湾村民族小学分获中小学团体总分第一名。

（刘会民）

【接待张家港市教育同行】　4月21日，北京育才学校通州分校接待江苏省张家港市教育系统领导、部分学校校长参观交流。活动中，育才学校通州分校从学校基本情况、办学理念、两支队伍建设、德育工作、教学工作、特色建设、今后设想等方面作了总体介绍。客人表示北京育才学校通州分校在提升学校“规划力、凝聚力、创新力、内生力、软实力、竞争力、影响力”，使学校成为“充满思想、课程多彩、相互关怀、寻找同伴、合作竞争、书香四溢、留下印记的地方”，有了深刻的印象。

（李丽娜）

【签署教育文化合作框架协议】　4月21日，在北京师范大学主楼，通州区人民政府与北京师范大学正式签署教育文化发展合作框架协议。区长岳鹏代表通州区人民政府，校长董奇代表北京师范大学正式签署教育文化合作框架协议。随后通州区副区长李亚兰与北京师范大学副校长曹卫东代表双方签署教育领域合作的子协议。在签约仪式上，岳鹏代表通州区人民政府为北京师范大学教育学部部长石中英教授颁发通州区人民政府教育顾问的聘书。通州区教委主任张绍武与北京师范大学国内合作办公室主任屈浩共同为“北京师范大学通州培训教育基地”揭牌。签约仪式完成后，领导们还参观了北京师范大学校园和认知神经科学与学习国家重点实验室。

（李壬戌）

10月24日，签署战略合作协议　（教委提供）

【建特级教师工作站学校基地】　4月22日，通州区教育高端引领培养工程教研员贾美华工作站（小学品生、品社）基地学校揭牌仪式在通州区第一实验小学举行，来自全区的品德与生活、品德与社会教师150余人参加活动。活动中，与会人员听取该校品德与生活教师、品德与社会教师两节现场课堂教学展示课。主任贾美华为两位老师评课后，与陈金香校长共同为工作站揭牌并相继做了工作站具体工作任务部署。

（张如燕）

【完成336人普通话测试】 4月26日，通州区语言文字测试分中心完成本年度首批336名社会生普通话水平测试。此次测试加大了考前辅导力度及针对性，从测试的目的、知识内容、技能技巧、应注意的问题、测试流程以及如何备考等方面对应试人员进行了全方位辅导。

（李秀娜）

【获市高中纸服装大赛奖项】 4月26日，2014年北京市普通高中通用技术《服装及其设计（纸服装）》——《文化遗产与青春力量》作品展示活动举行，通州区运河中学以《岁寒三友》为主题设计并制作5套纸服装，成功被选参加活动展示。获学生设计一等奖、二等奖、优秀模特奖、优秀指导教师奖和学校团体一等奖四项大奖。北京市有12个区28所学校32个主题参加展示活动，天津市、广东省、大连市的3所学校也参加了这次活动。

（刘　凌）

【承办规划课题研讨会】 4月29日，通州区运河小学承办来自全国不同省市的30余人参加的“十二五”教育部规划课题“传统文化与中小学生人格培养研究”传统文化课程区域（北京·通州）实践研讨会。运河小学张校长就国学开展情况做了简要总结，然后代表们听了获全国赛课一等奖的《弟子规》《千字文》两节国学展示课，观看了该校两个均获通州区首届国学诵读大赛一等奖的诵读节目《圣人训诫我牢记》《悠悠古诗情，拳拳爱国心》，还参观了低年级部的校园文化建设。

（洪　雨）

【开展防震减灾教育活动】 5月12日，通州区教委会同区民防局组织中小学开展防震减灾教育活动。期间各学校积极行动，以“识别灾害风险、掌握应急技能”为主题，开展讲座65场，演练117场，出安全板报近500期，知识竞赛37场次，悬挂横幅、电子横幅宣传标语111条，发放各类宣传教育材料近4000份，受教育学生大8万余人次。

（王振祥）

【召开学校卫生工作会召开】 5月20日， 2014年通州区学校卫生工作会暨“营在校园”启动会召开。会上，通州区疾病预防控制中心副主任通报2013年通州区中小学卫生防病工作规划（2011—2015年）中期评估报告。与会领导为2013年通州区新获“健促校”称号11所单位授牌。区疾控中心学校卫生科、食品营养科相关负责人针对《通州区学校学生视力不良和肥胖防治方案》《中小学健康指引》《控烟方案》《“营在校园”通州区平衡膳食校园健康促进行动方案》进行专题培训。

（贡爱莉）

【举办校园艺术节】 6月1—3日，通州区第六中学举行2014年校园艺术节。由学校团委、德育处组成的活动组委会组织包括表演类、作品类两大项目23个单项的比赛，吸引200余名艺术爱好者参与其中。经过精心组织与专业评审，评选出艺术节先进集体8个，艺术明星18人，单项评比金、银、铜奖122人。该活动4月部署，通过班级（团支部）自主安排、自主排练，活动组委会依单项组织竞赛。

（梁　晶）

【举行捐赠光盘活动启动仪式】 6月20日，北京史家小学通州分校承办由中国关心下一代工作委员会办公室、新华社CNC电视台、全国妇联儿童部和中华诗词学会联合主办、中国社会福利基金会支持拍摄的百集专题片——《诗词中国》向通州区中小学捐赠光盘暨向全国小学捐赠《诗词中国（少儿版）》光盘大型公益活动启动仪式，中国关心下一代工作委员会主任顾秀莲出席并讲话。全区中小学代表300余人和区委、区政府、区关心下一代委员会相关领导李玉君等、王杰群等参加。启动仪式在该校同学们精彩的吟诗表演中拉开序幕，同学们声情并茂地吟诵赢得在场领导和嘉宾们热烈的掌声。仪式上向通州区中小学赠送320张《诗词中国（少儿版）》光盘。中国关心下一代工作委员会主任顾秀莲出席并讲话。

（张　爽）

【发展11处校外教育基地】 至6月中旬，通州区张家湾镇教委办重视发展校外教育基地，确定市、区、镇三级校外教育基地达11处。其中，牛堡屯学校被市教委命名为北京市乡镇校外活动站，运河磁画管、鑫淼水产养殖基地、瑞正圆农庄被确定为区级校外教育基地，毛主席像章纪念馆等7家单位被确定为镇级校外教育基地。镇辖区内中、小学、幼儿园利用其校外教育基地社会教育资源，定期组织师生参加社会实践活动。

（高起刚）

【普及家校合作系统软件操作】 7月2日，通州区中小学卫生保健所组织开展小学新生家长家校合作系统“阿里师生”软件使用指导培训，全区直属各小学、各乡镇中心校及九年一贯制学校卫生工作的主管领导50余人参加。培训过程中，阿里巴巴（中国）有限公司相关负责人向参会人员介绍了中小学健康管理家校合作系统“阿里师生”软件的研发背景和简要操作。该软件是由北京市教育委员会与阿里巴巴公司联合的公益项目，旨在通过对学校主管领导的培训，使此软件能够顺利推广到各小学，灵活应用到学校与家长当中去，方便学校与家长之间的沟通，及时、准确地反映学生健康情况，利于教育行政部门对于学生各时期各种易感传染病的调查、统计、监测及控制。

（贡爱莉）

【展示廉洁文化进校园工作】 7月3日，通州区芙蓉小学向区教委纪工委督导组展示开展廉洁文化进校园工作。芙蓉小学负责人介绍本校创建廉洁文化进校园的工作情况，详细介绍了完善的廉洁文化制度、阵地、措施和学校开展的“党员干部六个一”“师德师风六评议”“学生活动八个一”等活动情况。引领督导组对学校廉政文化档案进行了详细阅览，还观摩了学校少先队室、道德讲堂、教师办公室、学校食堂等环境的廉洁文化建设。

（刘开江）

【组织中韩学生互访交流】 8月4—25日，中、韩优秀高中生举行互访交流。其间，4—10日，由韩国首尔市九老区16名优秀高中生组成的青少年代表团到达通州进行为期一周的交流活动。韩国学生参观了北京大学、天安门广场、故宫以及宋庄画家村、韩美林美术馆等景点，此外，还体验了书法、剪纸、舞蹈、武术等中国传统文化艺术，并在中国学生家庭进行一天一夜的中国家庭生活体验活动。19—25日，通州区第三中学和北京二中通州分校的17名优秀高中生组成的青少年代表团回访韩国首尔市九老区并进行为期一周的交流活动。其间，参观了光华门广场、韩屋村等一系列文化景点及韩国表演艺术学校，同时体验了韩国传统工艺品制作，并赴韩国学生家庭体验韩国家庭生活。

（刘　琼）

【培训2014年入岗新教师】 8月22—24日，通州区2014年新教师培训开学典礼及新教师培训工作会在运河中学举行，全区各单位主管培训的领导及新教师700余人参加会议。启动会上，研修中心相关负责人宣读了《2014年通州区新任教师岗前培训实施方案》。区教委副主任及人事科相关人员就新教师培训工作，对各校领导、新教师提出具体要求和希望。党的十八大代表、全国劳动模范、通州区名师、培智学校教学主任李银环为新教师做了题为“做一名幸福的教师”讲座。3天培训采取集中培训教育思想、师德教育等，分学科成组由区学科教研员带领培训。

（刘殿金）

【组织学生中心教学法项目培训】 8月23—31日，通州区“学生中心教学法项目”培训班在区教师研修中心实验学校举行，有28名一线教师和3名英语学科教研员参加培训。由外籍专家Carmel Gibbons全程执教。旨在帮助老师们在了解SCL教学法理论背景和主要方法的基础上，真正和教师自己的专业相结合，使SCL教学法切实落地。本次培训将借鉴“以学生为中心”的教学思想，有效推进全区的教育教学改革，满足广大教师在“新理念、新理论、新知识、新教法”等方面的需求，尽快提升教师的综合素养，开阔国际视野，创新学科教学，突出全区教育的新亮点和新特色。

（刘文胜）

【开展新生家长培训活动】 8月28日，北京第二实验小学通州分校开展一年级新生家长培训活动。活动邀请著名家庭教育专家闵乐夫进行小学生学习能力和生活能力培养的专题讲座，从教孩子学做人、提高学习能力、锻炼生活能力、培养良好习惯这四个方面，结合家庭教育中出现的主要问题进行了具体讲解和阐述。

（安秀春）

【易址新建贡院小学投入使用】 8月31日，易址新建的通州区贡院小学建成举行开学典礼。市委教工委常务副书记刘建，市教委相关领导、区领导王云峰、岳鹏、张文山、李玉君、宋京璋、李亚兰、韩振福及区教委班子成员出席开学典礼。新校位于新城核心区新华东街北侧，占地面积34716平方米，建有教学楼、游廊、大门，天桥、多功能厅、地下车库等，计1.87万平方米，总造价预算0.9亿元。学校规模36个教学班，可容纳1440名学生就读。该小学是一所百年老校，始建于1903年，原址位于大运河西岸的贡院胡同，因“贡院”得名。2010年，新城规划拆除。是年9月临时搬入北京小学通州分校办学。

（勾庆祥）

【新建两所中小学校投入使用】 8月31日，通州区潞河中学附属学校举行落成投入使用，北京市委教育工委常务副书记刘建与区委副书记、区长岳鹏一起为学校揭牌。该校因新城规划设计，为九年一贯制学校，校园占地21200平方米，总建筑面积16700平方米，设计规模36个教学班，其中，小学24班，中学12班，最多可容纳1500名学生同时就读。同日，通州区金桥小学建成投入使用。新学校位于通州区马驹桥镇景盉北一街29号，占地1.3万平方米，建筑面积1.1万平方米，为四层教学楼，设计为18个教学班规模。本年度第一学期招生6个教学班。其中，一年级4个教学班140人，二年级2个教学班60人。该校2013年经区政府依马驹桥镇域规划批复设置，是年暑假由马驹桥镇政府组织开工建设，投资3000万元。

（张　强）

9月，金桥小学竣工开学　（教委提供）

【举办教师专场道德讲座】 9月5日，区文明办、区委教工委、区成教中心联合举办“通州区道德讲堂总堂——教师专场活动”，全区教育系统优秀教师代表、学生300余人参加。活动中，教师研修中心教师代表合唱《公民道德歌》，漷县镇中心小学教师邢东平讲述自己放弃市区优厚待遇、扎根农村支教的朴素情怀；张家湾镇中心小学教师刘志洪讲述自己在肩负家庭重担下不忘教学育人的奉献精神；通州区关心下一代工作委员会顾问罗敬义讲述潞河中学退休校长方田古捐资助学、建立“运河奖教金”的感人事迹；东方小学师生表演经典国学诵读节目《惜时》；优秀教师代表和大家分享道德感悟；培智学校李银环老师向全区教职工发出崇尚师德、敬业奉献倡议。

（刘　森）

【发放小学生乘车补助】 9月20日，通州区马驹桥镇2014—2015学年第一学期小学生乘车补助发放工作全部完成，全镇有1623名小学生享受到乘车补助款405850元。发放补助的目的是为了在全镇小学暂无统一校车配置情况下减轻学生家长接送小学生往返学校的交通负担。补助标准依据学生家庭住址与就读学校距离、公共交通状况等因素综合制定，分为150元、300元、350元、400元四档。该项工作首先由镇内各所小学做好学校学生基本信息统计，随后镇教委办对数据进行整理、汇总，最后各村委会发放补助金到家长手中。2014年是镇内公办小学就学的小学生发放乘车补助的第三年（2012年9月始）。

（张　强）

【召开教育管理思想研讨会】 10月13日，由北京市教育学会主办，区委教工委、区教委承办的“研修一体，和谐发展”——院长肖宝军教育管理思想研讨会在通州区教师研修中心召开。本次研讨会由北京市教育学会主办，区委教工委、区教委承办。北京市教育学会会长李观政，通州区教委主任张绍武，北京市教育学会、各区县教育学会领导，各区县主管师训、干训领导，通州区教委、教工委领导，通州区各中小学、幼儿园、成人学校、职业学校、各直属单位党政正职、副职及优秀青年管理人才培训班学员、名校长工作室成员，500余人参加会议。研讨会由北京市教育学会副会长梁威主持。与会人员一同观看了“研修一体，和谐发展”的专题短片。肖宝军以“研修一体，和谐发展”为题进行主旨发言。运河中学校长张佳春、育才分校校长李竹林、实验一小校长陈金香进行交流发言。北京市教育学会副会长、首都师范大学基础教育研究院副院长张景斌，北京教育学院副院长杨志成，《中小学管理》杂志社社长沙培宁三位专家分别进行了点评。北京市教育学会会长李观政进行了总结发言。

（商学军）

【二中校史馆建成迎首批嘉宾参观】 10月16日，伴随北京市通州区第二中学建校110周年纪念大会，投资80余万元的校史馆落成并迎接150多名区级领导、中小学校负责人，学校离退休教师代表参观。校史馆设在学校西小院楼房二层，面积近400平方米。此馆由展板与实物两部分组成，记述建校至今110年发展轨迹。其中，展板悬挂在展厅的墙壁上，分为四部分：历史回眸（1904—1948年）、千锤百炼（1949—1978年）、扬帆竞发（1979—2001）、放飞梦想（2002—2014），展示图片200余张，最早的图片是富善牧师19世纪末期的照片。馆中央设有实物展台，陈列119种实物200余件，最早的一件物品是清光绪三十年（1904）学校创始人富善慕柯（萨拉）的梳妆用镜。基督教美籍传教士富善在清同治五年（1866）到通州传教，1904年与其夫人富柯慕德（萨拉）面向妇女讲经传道的安士学道院扩建为女童蒙馆并招收女童，命名富育女子学校。时年招收小学女生25至30人，1923年增设初中部。后，另建富育小学，此为通州区第二中学前身。

（贾春玲）

【召开论文赛总结表彰及培训会】 10月22日，通州区特殊教育中心召开通州区第四届随班就读论文大赛总结表彰及培训会，通州区中小学随班就读学校干部、教师及区教委相关负责人等百余人参加。会上，对评出的获奖论文一等奖17名、二等奖26名，三等奖36名教师进行了颁奖。会上特邀北京师范大学邓猛教授作随班就读培训讲座。

（丁秋宇）

【签署三年战略合作协议】 10月24日，北京市通州区研究中心及实验学校与英国教育教学质量监控协会三年战略合作协议签署仪式在区教师研修中心举办。来自（英国）教育与教学质量控制协会的副主席Mike，Jane Burrows 教授，中国代表处张彤主任和项目协调员马文，通州区教育委员会及其区教师研修中心等相关领导参加。双方签署协议后互换纪念品。校方纪念品是实验学校学生亲手绘制的国画作品及编织作品，寓意双方友谊之花常开，友谊之树常青。

（曹德臣）

【京蒙17校结对发展】 10月28日，通州区与内蒙古赤峰市翁牛特旗合作办学座谈会在区教师研修中心举行，通州区副区长李亚兰、翁牛特旗领导、两地教育部门负责人参加。会上签订的合作办学协议主要规定，在教育教学研究、教学资源共享、人员互派交流、教师教育培训、信息化建设等方面开展广泛深入的帮扶合作，合作帮扶形式以两地各级各类学校建立对口帮扶关系为主体，结合实际，通过多种形式开展务实有效的活动。帮扶对子涵盖中学、小学、幼儿园、职业学校、校外教育机构、教师培训机构等。会后，对接学校分头进行教育合作交流和实地考察，当天下午，翁牛特旗相关人员还参观考察了区青少年活动中心、永乐店中学、芙蓉小学和教工幼儿园。2011年，通州区教委与内蒙古赤峰市翁牛特旗教育局建立了教育对口帮扶合作关系，进行了多次互访交流，其间通州区为翁牛特旗教育捐款10万元，捐赠计算机400台。

（勾庆祥）

【永乐店中学新校舍落成】 10月31日，通州区组织永乐店中学新校舍落成。学校新校舍位于永乐店镇原校址北侧，项目总投资4.2亿元，总占地面积13.1万平方米，总建筑面积8.2万平方米，为全日制完全中学，提供初中阶段及高中阶段教育。计划办学规模为初中24班、高中60班，可容纳3660名学生就读。永乐店中学是1952年通州区创办的第一所农村中学，1978年被确定为区重点中学。2005年12月被北京市教委认定为“北京市示范性普通高中校”。历经六十余年的不懈发展，学校已经由一所普通的农村中学，成长为“北京市示范性普通高中校”。为进一步扩大示范高中校办学规模，扩充高中优质教育资源，通州区委、区政府将学校新建工程列为2013年区政府重点工程。

（勾庆祥）

【聘任兼职督学36名】 至10月底，通州区人民政府教育督导室年内两次聘兼职督学36名。其中，中小学兼职督学25名，每名督学责任区为3至5所学校，职责明确为督导责任学校的校务管理和制度执行情况；招生、收费、择校情况；课程开设和课堂教学情况；学生学习、体育锻炼和课业负担情况；教师职业道德和装爷发展情况；校园及周边情况，学生交通安全情况；食堂、食品、饮水机宿舍卫生情况；校风、教风、学风建设情况等8项工作；随导学前教育督学11名，依区教育督导室安排定园参与督导。

（董迎春）

【举行学习周活动开幕式】 11月2日，通州区举行第十届学习周开幕式，市教委职成处、市创建学习型组织专家指导委员会、区建设学习型新城区工作领导小组等相关单位负责人以及社区居民代表300余人参加。会上，对北京汽车动力总成有限公司等4家企业授予通州区创建学习型企业先进单位。授予通州区宣传部“通州学习节”等3项培训活动“通州区市民学习品牌”称号。授予郭小燕等15名“通州区市民学习之星”称号；对张家湾镇等8个单位在通州区学习型组织知识竞赛中获得一、二、三等奖进行表彰。对王健等41人在《我的社区教育活动》征文中获得一、二等奖进行表彰。对王立娟等87人在终身征文中获一等奖进行表彰。开幕式上，2014年首都学习之星吴玉禄等介绍了学习促成长经验。最后，通州区区委副书记、创建学习型组织领导小组组长宣布学习周开幕。

（姜梦笔）

【举办师德主题教育活动】 12月18日，通州区教育工委、教委、教育工会联合组织的“中国梦 教育梦 我的梦”——培育和践行社会主义核心价值观师德主题教育活动交流会在通州教师研修中心召开，教育系统各基层单位行政正职、工会主席、教师代表等400余人参加，区委常委、宣传部长王杰群、区文明办、区总工会等相关负责人应邀出席。会议对今年“中国梦 教育梦 我的梦”师德主题系列教育活动中获奖的单位和教师进行表彰，授予20所学校为“师德建设先进单位”、37名教师为“从事农村教育优秀教师”、93名教师为“千师访万家先进个人”。会上，获奖单位和个人代表作了经验介绍和演讲；播放了“从事农村教育优秀教师”的工作掠影短片；全国劳模、十八大代表、通州培智学校老师李银环，代表通州区优秀师德群体教师，向全区教师发出了培育和践行社会主义核心价值观的倡议。该项活动年内2月起，在全区教育系统启动并展开。

（郭 薇）

【市教工委书记苟仲文到校听课】 12月26日，北京市教工委书记苟仲文一行到北京二中通州分校在该校录课室听了一节高三年级语文课，并在下课后和授课老师及北京市教育考试院副院长臧铁军、北京市教委委员李奕、北京二中校长钮小桦、通州区教委主任张绍武及该校领导就高考语文教学及考试、通州区教育规划及落实、学校与北京二中的“一体化”工作等进行交流。

（李迎秋）

职业与成人教育

【概 况】 2014年，通州区域内中等职业学校3所，全部为职业高中校。其中，教育部门办1所、民办2所，开设专业10类。招生99人，毕业571人，在校生818人。教职工176人，其中，专任教师127人。职业高中学校（学校产权）占地总面积225808平方米，建筑总77098平方米，图书室藏书79272册，固

定资产总值3975.13万元。区教委辖属职业教育经费投入5146.2万元，其中，国拨4063.6万元，自筹1082.7万元；成人教育单位12个，其中，成人教育中心1个、教委辖管乡镇成人学校11个。开设外语、计算机、农业技术、驾驶、文明素质等培训科目。教职工45人（不含外聘教师），其中，专任教师25人。教委辖属乡镇成校占地总面积150342平方米，建筑总面积41796平方米，图书馆藏书60682册，计算机1249台，固定资产总值6669.42万元。全年教育经费投入2773.8万元，其中，国拨2210.9万元，自筹562.9万元。

（勾庆祥）

【认定10所区级示范标准村校】 1月7—9日，通州区教委职成科会同区教师研修中心组成2个小组，分别深入2013年申报的区各乡镇12个村级成人学校进行区级示范标准评估验收。评估组按照听取汇报、查阅档案资料、教师和居民访谈、巡视校园环境、评议反馈等流程进行，综合权衡后认定永乐店大羊、马驹桥六郎庄等10所村校达到通州区级示范村校标准。

（刘学萍）

【组织食品制作培训班】 3月3—15日，通州区于家务成人文化技术学校组织回族食品制作培训班。此次培训为期8天，计48课时，聘请通州南街具有多年回族小吃制作经验的文志光老师、北工职业技能培训学校的专业教师范老师授课，采取集中授课、学员动手实践、教师零距离辅导的方法，学习回族特色食品油香、松肉、糖卷果、驴打滚等8种食品制作。50余名回族大龄妇女报名参加。

（王　欢）

【完成春季专本科招生】 3月25日，通州区永顺成人文化技术学校与中国石油大学、北京航空航天大学牵手春季高起专、专升本4个学历班60名学员通过入学资格考试入学。其中，中国石油大学专科班28人，本科班7人，共计35人。北京航空航天大学专科班17人，本科班8人。高起专学制、专升本学制均为年，专业设置为人力资源管理、行政管理、工商管理、市场营销、电气工程及其自动化、会计学、计算机应用技术等共20多个专业，学员通过现代远程教育学习，集中考试通过后获得相应学历证书。

（苏维进）

【召开学习型城区先进总结表彰会】 4月22日，通州区建设北京市学习型城区先进区总结表彰会召开。区委副书记李玉君充分肯定了通州区建设学习型城区工作，并对今后学习型城区建设提出了不放松、不松劲、不停止、不滞后、不满足、不放手等六点希望。会上宣读了《北京市建设学习型城市工作领导小组关于认定通州区为北京市建设学习型城区先进区的通知》。副区长李亚兰宣读《关于表彰在2013年度通州区迎接北京市建设学习型城区先进区工作中做出突出贡献单位及个人的决定》，认定区委社会工作委员会等10家单位为创建工作突出贡献单位；区市政市容管理委员会等14家单位为创建工作先进单位；区委区直属机关工作委员会等22家单位为创建工作优秀组织单位；区政府办公室李建军等70人为创建工作先进个人。市、区领导为先进个人和先进单位进行了颁奖。市教委职成处副处长吴缨、北京市建设学习型城市专家组组长李永涛、市专家马成奎等和部分社区居委会社区教育工作者400余人参加。

（姜梦笔）

【举办校园文化艺术节】 6月6日，北京新城职业学校举办“跃青春进行时”第三届文化艺术节。通过班级组织的舞蹈、电子琴弹奏、大小合唱、校园剧等多种形式的21个节目艺术展演呈现。该校文化艺术节启动于2012年，每年举办一次。

（何　华）

【组织出行安全与礼仪培训】 6月7日，通州区马驹桥成人文化技术学校组织了“出行安全与礼仪”培训，镇域各村、社区的居民52人参加。授课教师讲授步行、骑行、驾车出行、乘坐公共交通工具出行四种出行方式中需要遵守的交通规则和文明礼仪，讲解了重要的交通标识。

（张　强）

【易址建成张湾成人学校】 9月1日，通州区张家湾成人文化技术学校建成投入使用。新校址坐落在该镇三间房村内，投资2000余万元建设。学校用地面积4533平方米，总建筑面积3944.79平方米，设普通教室4个，建有组织培养实验室、3D制衣、书法、计算机等专业教室11个。2012年暑假，原镇域内的大高力庄校舍因通州新城规划整体搬迁，依张家湾镇政府协调并出资，学校借位于上店村的新米伦有限公司办公楼办学。

（高起刚）

【建成汽车修理与数控钳工实训室】 9月，北京新城职业学校为确保每名学生都有充足的实践操作时间，进一步提高学生的动手能力，进一步提高教学质量水平，投资400余万元建设的汽车修理实训室与数控钳工实训室建成并投入使用。其中，数控钳工实训室占地面积1844平方米，拥有机械加工设备25台。汽车修理实训室占地1313平方米，拥有10个举升机，喷漆车间，3辆实习车辆。

（何　华）

【举办面点主食制作培训】 10月13—21日，通州区潞县成人文化技术学校牵手镇社保所，在潞县镇社区服务中心举办面点主食制作（非等级）培训，镇域40名居民参加。此次培训采取理论与实践相结合的培训方式进行，共计53课时，聘请区职教中心厨艺专家进行现场讲解和指导。传授了家常饼、牛肉水饺、蛋挞等近20家常主食的制作方法，以及食品卫生安全规范、厨房操作安全规范等知识。学员亲自动手制作，品尝自己的制作成果。

（张　泉）

【举办丝网花制作项目培训】 10月29—31日，台湖成人文化技术学校在西下营村委会举办丝网花制作项目培训，34名学员均为台湖镇各村喜好手工制作的村民。培训特邀请手工艺人于淑云为兼职教师讲。于淑云从制作丝网花的工具、材料到制作步骤以及注意事项，细致、耐心的进行了介绍、讲解、指导。三次课12课时分别引领制作了马蹄莲花、百合花、郁金香等丝网花制品。

（高雪梅）

【组织校本研究素养专题研修】 10月30日，通州区教师研修中心科研部在区成人教育中心召开提升成教中心教师校本研究素养专题研修项目启动会。成教中心、教育学会、教师研修中心（分院）相关领导及成教中心全体教师和教科研部项目组成员参加。区教师研修中心科研部负责人介绍了“提升成教中心教师校本研究素养专题研修”项目方案。本项目是受成教中心的邀请，由教科研部和成教中心教导处多次协商，最终确定由科研部承担培训任务并制定了项目实施方案。本项目历时三个学期，采用前期的调研、撰写调研报告；系统培训、研修；效果的跟踪反馈三种形式进行，将于2015年12月结束。五个课题按两组分别进行了课题鉴定，同时召开了项目的座谈会。在课题鉴定过程中，课题负责人汇报课题研究情况，科研部的老师对课题的结题规范和研究报告的撰写予以了针对性的指导。

（刘文胜）

潞河中学

【初中合唱团获奖】 5月20日，初中合唱团获得北京市第十七届学生艺术节合唱比赛一等奖。初中合唱团在指挥老师张宏的带领下参加北京市艺术节合唱比赛展演，在比赛中同学们演唱了《八骏赞》《Seize The Day 》两首歌，孩子们的精彩演出，受到评委们的高度评价。

【在首届朗诵大会上获奖】 10月18日，首届全国中学生朗诵大会在一〇一中学召开。本次朗诵大会在教育部语言文字应用管理司、中国教育学会中学语文教学专业委员会、中国传媒大学播音主持艺术学院的指导下，由北京市教育系统关心一代工作委员会、北京市第一〇一中学主办，《中学语文教学》杂志社协办，第一〇一中学、人大附中、清华附中、十一学校、四中、师大附中、潞河中学、一七一、华东师大二附中、青岛二中、菏泽一中、宁波中学、南京二十九中、无锡河埒中学等十八所学校，初高中组分场角逐。在如云强手的惨烈比拼中，本校初二年级黄晓杰、马嘉骏两位同学合诵的《我是一条古老的河流》荣获初中组特等奖，高三年级舍佳昕同学朗诵的《我用残损的手掌》荣获高中组一等奖。

【潞河中学与内蒙古乌丹一中签署合作协议】 11月18日，通州区教委副主任王秀东、潞河中学校长徐华率部分班子成员赴乌丹一中签署两校合作协议。双方根据协议条款在队伍建设、课程交流、数字校园以及师生合作等方面达成广泛共识，双方还就两校合作的具体内容、形式等方面展开深入研讨。11月19日上午，合作协议签字仪式在乌丹一中举行。内蒙古自治区赤峰市翁牛特旗副旗长李凯、杜金红，通州区在翁旗的挂职干部，旗委常委、副旗长何志达出席签字仪式。签字仪式由副旗长杜金红主持，何志达、王秀东分别代表翁牛特旗政府和通州区教委讲话。通州区教委副主任王秀东，潞河中学校长徐华，翁牛特旗教育局局长，乌丹一中校长贾国林分别代表两地教委（局）、学校签署协议。

【彩虹计划正式启动】 年内，由中国传媒大学、潞河中学共同倡导发起的“彩虹计划——促均衡、跨学段美育六校联盟”在北京市通州区潞河中学正式启动。中国传媒大学、首都师范大学、潞河中学、西集中学、史家小学通州分校、北京教育科学研究院通州区第一实验小学等六所不同学段、不同特点的学校，作为“彩虹计划”实施的先行试点，共同构建“促均衡、跨学段美育六校联盟”。

【亚洲三国教科文全委会官员访问潞河中学】 12月16日上午，韩国、泰国、日本联合国教科文组织全国委员会官员一行3人到潞河中学访问。潞河中学校长徐华接待并详细介绍本校的历史、办学规模、师资队伍建设、国际交流活动，以及学校参加教科文组织活动等方面的情况。客人们认真聆听了徐校长的介绍，并就学校如何开展教科文组织的交流活动、如何在教育活动中让学生增进国际理解等双方感兴趣的话题交换了看法和意见。

（苏　培）

北京工业大学实验学院

【概　况】 北京工业大学实验学院（以下简称实验学院），是一所工、经、管、法多学科综合学院。2014年，实验学院深入贯彻党的十八大精神，以“执行力建设年”为主题，继续巩固党的群众路线教育实践活动成果，围绕北京工业大学建设“世界知名、有特色、高水平研究型大学”的办学理念，在管理创新、教育创新、实践育人、产教融合上形成抓力。切实服务通州区北京城市副中心建设，发挥桥梁、窗口与基地作用，组织教师主持或参与通州区政府部门多领域课题调研和报告的起草与制定，与多个政府部门合作建成校外实训基地，签署校企合作协议。2014年，学院有教职工301人，其中，专任教师156人，专任教师中，教授5人、副教授44人、讲师70人，专任教师中硕士以上学历的教师占70%以上。学院聘用学科专业指导教授12人。2014年，毕业学生936人，其中，本科生405人、专科生531人。

【软件专业人才设计大赛获佳绩】 3月22日，第五届“蓝桥杯”全国软件专业人才设计大赛（软件类）北京赛区比赛成功举办，实验学院信息工程系30位同学参加该项比赛，最终获得C/C++程序设计本科B组一等奖1人，二等奖2人，三等奖4人；C/C++程序设计高职高专组二等奖2人，三等奖2人；Java软件开发本科B组一等奖2人，二等奖1人，三等奖3人；Java软件开发高职高专组优秀奖2人的好成绩。

【校外实践基地揭牌】 5月30日，实验学院与通州区人民检察院签约校外实践基地。双方共同规划合作前景，确定法学专业学生进入通州区法庭进行真实场景学习实践的具体事宜，双方也就合作开展课题研究和调研工作以期增强自身理论和科研实力达成一致。实验学院为通州区检察院三位检察官颁发特聘指导老师聘书。

6月3日，实验学院与通州区人民检察院举行校外实践基地签约仪式　　（北工大实验学院提供）

【全国机器人大赛获奖】 2014中国机器人暨Robocup公开赛分别在8月9～10日在北京航空航天大学（分项赛）及10月10～12日在合肥（决赛）进行，来自实验学院信息工程系机器人协会的20多名参赛同学经过排位赛、小组赛及淘汰赛等多轮激烈竞争，最终斩获冠、亚、季军及一等奖等多个奖项。

【与通州区住建委签署校企合作协议】 9月26日，实验学院与北京市通州区住房和城乡建设委员会完成校企合作签约仪式。双方旨在实现建委、学校和学生的三赢。通过校企合作，解决施工过程中遇到的技术难题，创造经济和社会效益，同时加强教师的工程实践能力，提高学院办学质量，培养应用型人才。双方确定企业专家到校授课，学院教师到企业顶岗学习及学生实习安排的具体内容。

【法律援助】 首都文明办联合市委社工委、首都综治办等部门组织开展学雷锋志愿服务示范站（岗）金牌、银牌项目评审活动，实验学院法律援助站法律援助志愿服务获得首都学雷锋志愿服务示范站金牌项目称号，成为通州区唯一获得此项称号的团队。2014年，学院文法系师生到志愿者服务站为老百姓提供法律援助服务百余次，受到社会一致好评，为实验学院服务通州做了重要贡献。

（王　甜）

成人教育中心

【概　况】 2014年，成教中心深入开展党的群众路线教育实践活动，围绕北京城市副中心建设和创建全国文明城区的大局，着力打造政府服务输出基地。市民教育力度不断加大，以运河讲堂、道德讲堂、首都职工素质教育工程等平台为广大市民、职工提供教育服务；打造政府系统人员继续教育基地，与全区各委办局加强合作并提供继续教育服务；充分利用实用技术人才培训基地对农民进行全方位培训；通过成人学历教育和社会合作办学等形式，为北京城市副中心建设提供职业培训服务。教育教学和自身建设水平不断提升，基层组织建设和党风廉政建设持续加强，工会工作有序开展。

【成人学历教育稳步发展】 年内，北京广播电视大学通州分校更名为北京开放大学通州区分校。开放大学继续实施“一村一名大学生计划”，培养专科层次的农村实用科技人才和管理人才。开放大学专科、本科共招生516人，毕业671人，14人获得学士学位，在籍生达到2435人。奥鹏远程教育中心，专、本科招生64人，毕业89人，在校生352人。中国政法大学首届MPA班有46名新生入学，第二期有80人报名，其中，35名学员参加MPA考前培训班。

【成人培训全面推进】 年内，首都职工素质建设工程在7个乡镇开展14场培训活动，培训488人。与区民政局合作开设助理社工师考前培训班，培训320人；与区社工委合作开设社区工作者专业能力提升培训班，30人参加培训；与区卫生局合作培训医务人员600人；为区投促局定制应用文写作培训班，局机关全员参加培训；开设会计从业资格和统计从业资格考前辅导班，培训220人。

【农民教育取得新进展】 年内，开展农村“阳光工程”培训，包括病虫害防治员、畜禽养殖员、蔬菜园艺工、农民信息员、农民专业合作社骨干人员培训，培训500人。按照市农业局和市农广校要求，对通州区和顺义区的185名“阳光工程”部分初级工和二级工进行职业技能鉴定，300名“阳光培训”工程学员完成学业，获得农广校中专学历，实现技能培训与学历教育相结合。实施“文化驻乡”工程，开设文艺中专班，为农村培养乡村职业文化艺术人才，招生105人。

（辛宏伟）

文化

文化 文物

【概 况】 2014年，以学习总书记习近平在文艺工作座谈会上重要讲话精神为统领，推动全区文化工作快速发展。投资3亿元、建筑面积3万平方米的通州区文化中心投入运营，为全区百姓提供了高品位的文化活动场所。通州区文化中心二期（暂定名）完成项目初步选址规划测绘工作。漷县、北苑等乡镇、街道文体活动中心投入使用，西集、永乐店、宋庄等乡镇文体活动中心基本完工。举办正月十五民间花会展、新春文艺演出、农民艺术节等传统文化品牌活动。开展“星火工程”文艺演出1700场，吸引观众50万人；放映电影2万余场，吸引观众100万人。在全市率先推出“移动图书馆”和“电子图书”借阅服务。组织培训文化骨干1000人次。举办2014北京通州运河艺术节、“繁荣杯”群众演艺大汇、“我的舞台”等品牌文化活动。庆祝新中国成立65周年系列文化活动异彩纷呈。举办亲子阅读月系列活动60余场，吸引参与者2万余人。组织开展“一村（社区）一品”工程、优秀业余团队评选和品牌活动评选工作。创作优秀艺术作品，舞蹈《panda》《夜深沉》《流淌的记忆》夺得北京市第九届“舞动北京——群众舞蹈大赛”团体金奖、少儿组单项金奖、成人组单项金奖以及优秀创作奖。以6月22日大运河申遗成功为契机，充分利用新闻媒体开展文物法律法规宣传工作，组织10余家主流媒体对大运河申遗工作及保护、管理、利用进行宣传报道。收集老、旧街区改造的零散文物，加强传统街区及有特色村落的保护工作。配合市文物部门做好核心区考古勘探工作。全面推进文物保护项目实施，全年开工12项文物修缮工程，总投资9000多万元。其中，万字会院和平津战役指挥部旧址修缮工程通过竣工验收；完成潞河中学教士楼、博唐亭、京兆男子师范学校、通州清真寺4项修缮工程。加大文物征集力度，为推进新城博物馆建设积蓄展品。组织大顺斋糖火烧、骨雕制作技艺、运河号子三项“非遗”项目参加北京市首届“非遗大观园”端午游园会活动。开展“非遗”项目进校园、进社区、进军营活动，其中，市级项目通州大风车分六册编入本区小学1至6年级乡土教材。2014中国艺术品产业博览交易会成功举办，7天时间客流量34万人次，交易额24.29亿元。承办北京奥林匹克音乐周启动仪式，通州被定为北京奥林匹克音乐周永久会址。提高行政许可服务水平，新增文化企业168家，其中，娱乐场所8家、出版物零售企业155家、表演团体2家、电影院3家，举办大型商业演出1次，变更文化企业102家。强化文化企业安全生产，聘请专业讲师为文化企业进行安全生产讲座，与经营单位签订安全责任书，不定期进行安全生产大检查。全面开展“扫黄打非”工作，出动执法人员1800人次，检查各类经营场所2800家次，立案30起，行政罚款15万元，收缴非法出版物2万余册，盗版音像制品10万余张，确保文化安全。

【通州区出版物零售企业年检】 1月9日—4月9日，根据北京市新闻出版局的要求，通州区对辖区内出版物零售企业和音像制品零售企业《出版物经营许可证》进行年检，有322家出版物和音像制品零售企业完成年检换证工作。

【通州区印刷复制行业现场年检】 1月10日—2月29日，通州区独立对辖区内印刷复制企业的年检材料进行现场审核，在北京市新闻出版局新刷管理处的业务指导下，通过本区初审及市局复审的企业210家。

【青少年思想教育基地挂牌仪式】 4月24日，通州区举行青少年思想教育基地挂牌仪式。通州区电影院正式成为本区的学生校外教育基地，服务本区中小学生的思想道德教育工作。

【启动“2014书香中国·北京阅读季·亲子阅读月”活动】 5月28日，“2014书香中国·北京阅读季·亲子阅读月”活动在通州区图书馆正式启动，活动首次向全社会倡议推广“亲子共读”公益行动。市新闻出版广电局局长李春良出席活动并宣布启动，通州区委副书记、政法委书记李玉君在活动上致辞。市新闻出版广电局副巡视员卞建国，通州区委常委、宣传部长王杰群，副区长李亚兰等领导出席活动，通州区百名幼儿、幼儿园教师及全市志愿者参加活动。当当网、中国少年儿童新闻出版总社、接力出版社、蒲公英童书馆、双螺旋童书馆在当日向通州区图书馆赠送5000册优秀童书。活动于11月15日结束。

【真人图书馆活动】 6月14日上午，《通州时讯》报社“分享人生，读会行走的书，阅有故事的人”主题真人图书馆活动在通州区图书馆举办，著名诗歌理论家张同吾、漕运文化专家王梓夫以及紫幕山、“通州小兵”四位嘉宾与150余名读者现场互动，分享智慧人生，交流生活感悟。

【经典电影展映季放映活动】 7月1日—9月30日，通州区开展运河文化广场大屏幕经典电影展映季放映活动。“经典电影展映季”广场大屏幕电影放映活动主要服务本区外来务工人员，放映电影52场，吸收外来务工人员和周边居民等3万余人次。

【北京奥林匹克音乐周启动仪式】 8月8日，北京奥林匹克音乐周启动仪式暨申冬奥音乐作品征集活动发布在通州区文化中心举办，北京市副市长、冬奥申委副主席杨晓超出席活动。区委书记王云峰致欢迎词，北京奥运城市发展促进会副会长蒋效愚授予通州区作为北京奥林匹克音乐周永久会址，区长岳鹏接牌。本次音乐周为2022年冬奥会申办工作营造了良好的氛围。

【文化娱乐场所消防应急演练】 9月24日，区文化委在北发大酒店广场举行通州区文化娱乐场所消防应急演练。邀请区消防支队赵阳警官现场指导，77家娱乐场所负责人参加应急演练并做实地灭火操作。

【参加“舞动北京—群众舞蹈大赛”决赛】 9月28日，通州区选送舞蹈《panda》《夜深沉》《流淌的记忆》《社区大妈欢乐多》《京韵养生舞》参加中共北京市委宣传部、北京市文化局、北京市总工会、共青团北京市委员会、北京市文学艺术界联合会联合主办的北京市第九届“舞动北京——群众舞蹈大赛”决赛。通州区选送的舞蹈作品夺得团体金奖、少儿组单项金奖和成人组单项金奖以及优秀创作奖。其中，舞蹈《夜深沉》获得成人组单项金奖，舞蹈《panda》获得少儿组单项金奖。

【2014中国艺术品产业博览交易会】 9月29日—10月5日，2014中国艺术品产业博览交易会(以下简称：艺博会)在通州区落幕。本届艺博会设置2大主展馆、5个主题馆、1条艺术淘宝街及高峰论坛、工作室开放及5个分会场等内容。艺博会期间，客流量总计34万人次，成交总额约24.29亿元，实现经济效益和社会效益的协调发展。本届艺博会突出产业和交易这两大核心点，旨在着眼艺术品产业与全产业链的交流与互动，为中国艺术品产业的可持续发展发挥出越来越显著的正能量，为带动北京城市副中心的建设，京津冀协同发展提供一个全新的驱动力。

【通州区庆祝新中国成立65周年系列文化活动】 9月30日至10月7日，通州区举办庆祝新中国成立65周年系列文化活动，包括启动仪式、文艺演出、非物质文化遗产展示展演、精品剧目展演、电影放映、全民阅读活动等。活动主题：共庆国庆 同颂家乡 梦想通州 和谐乐章。10月1日上午，通州区在运河文化广场举办“新城庆国庆 共圆中国梦——通州区庆祝新中国成立65周年系列文化活动启动仪式”。

【庆祝新中国成立65周年放映电影活动】 10月1日至7日，通州区电影管理中心组织了“我和我的祖国”公益电影展映活动。活动由两部分组成，一是组织全区农村数字电影固定厅，在“十一”

期间展映各种国产公益影片。二是在通州区电影院，开展国产影片低票价放映。其间，农村数字电影放映760场，吸收观众22800人次，通州区电影院放映150场次，吸收观众6205人次。

【文物征集】 10月10日，通州博物馆征集出土大型陶器21件套，器物年代为战国时期，出土于永乐店镇德仁务村南。其中包括，高戟耳圆腹兽面足捉手圆盖灰陶鼎、高戟耳圆腹三兽面足陶鼎（无盖）、高戟耳圆腹三兽面足三系圆盖灰陶鼎等，为区博物馆增加了馆藏文物。

【2014北京通州运河艺术节】 10月31日，由区委、区政府主办，区委宣传部、区文化委共同承办的2014北京通州运河艺术节开幕。开幕式在舞蹈表演《流淌的记忆》中拉开帷幕。舞蹈以漕运文化为背景，融入北京市级非物质文化遗产“运河号子”的原生态元素，通过舞台场景还原了漕运文化的昌盛图景。通过朗诵《圆梦运河》引出成立志愿者联盟环节，台上与台下的的志愿者团队共同宣誓。由通州文化专家刘祥和著名作曲家肖白为本届通州运河艺术节创作的主题曲《大运河畔放歌》压轴出场。区委常委、宣传部长王杰群致辞，副区长李亚兰出席开幕式。艺术节于11月16日闭幕。

【“繁荣杯”群众演艺大汇舞蹈大赛决赛】 11月4日，由区委、区政府主办，区委宣传部、区文化委承办的通州区2014“繁荣杯”群众演艺大汇舞蹈大赛决赛在通州区文化中心举办。决赛邀请了中央电视高级编辑、CCTV电视舞蹈大赛创始人、全国“群星奖”舞蹈大赛与CCTV电视舞蹈大赛专家评委白志群老师，北京舞蹈家协会副主席、全国“群星奖”舞蹈大赛与CCTV电视舞蹈大赛专家评委阮兰玉老师、以及中国舞蹈家协会副秘书长李甲芹老师等5位专家作为评委，通过评委评审和点评相结合的形式，为参赛的广大舞蹈爱好者提出了技术性高、指导性强的意见和建议。大赛评出一等奖4名，二等奖6名，三等奖8名，优秀奖1名。

【宣传“南水北调”中线工程通水】 为庆祝和纪念“南水北调”中线工程通水，北京市宣传部、八一电影制片厂等单位共同创作推出“南水北调”工程题材故事影片《天河》。根据通州区委宣传部工作安排，11月20日开始，通州区电影院放映电影《天河》，放映电影53场，吸收观众10759人次。

【成立中国盲文图书馆通州支馆】 12月3日，国际残疾人日，中国盲文图书馆通州支馆在通州区图书馆举行揭牌仪式。中国盲文图书馆通州支馆在通州区图书馆视障者服务中心基础上，延伸开展盲文图书及各类数字音箱资源的借阅服务，为全区2900余名视力残疾人提供各类针对视障人士的技能培训服务，组织全区8支文化助残志愿者服务队为残疾朋友提供上门预约借书、送书等系列服务活动。中国残联副主席、中国盲协名誉主席李志军，中国残联理事、中国盲文出版社社长张伟，北京市残联副理事长吕争鸣等领导出席揭牌仪式，区领导李亚兰致辞。

（邢振华）

广 播 电 视

【概　况】 北京市通州区广播电视中心成立于2001年10月。前身是通县广播站、通县人民政府广播科、通县广播电视局、通州区广播电视局。现辖通州人民广播电台、通州电视台、大运通州网三个主流媒体。通州电视台节目纳入北京电视台新闻频道播出，采用有线和无线两种形式。2014年，全年电视综合频道安全播出3960小时，公共频道播出1643小时，文艺频道播出4380小时，电台播出6752小时，其中，直播730小时。2014年，通州区广电中心围绕区委、区政府中心工作，坚持正确舆论导向，提高舆论引导能力，突出宣传重点，弘扬主旋律。新闻宣传有声有色，内部管理卓有成效，事业建设稳步推进。围绕开展第二批党的群众路线教育实践活动、建设北京城市副中心和创建全国文明城区三大主线，加强对各项新闻宣传工作的策划，加大新闻宣传力度，为全区经济社会发展营造良好的舆论氛围。

【对第二批党的群众路线教育实践活动的主题宣传】 自2014年1月份教育实践活动开始，中心成立专门的宣传报道组，对全区上下深入开展教育实践活动的情况进行内容丰富、思路开阔、视角多元的报道。通州电台、电视台同步推出《党的群众路线教育实践活动》专栏，充分报道区直各单位，以及社会各界开展教育实践活动的进展、成效、经验，不断强化典型宣传，对全区活动开展情况以及查摆解决“四风”问题中涌现出来的典型人物和先进集体、单位进行深入报道，进一步增强广大党员、领导干部对群众的感情、对工作的激情，推动全区教育实践活动不断深入开展。全年播出党的群众路线教育实践活动的新闻190多条。大运通州网配合区委宣传部开设“群众路线教育实践活动”专题网页，设立“通州区理论学习园地”网络版，为教育实践活动搭建了网络宣传平台。

【对北京城市副中心建设进行全程报道】 2014年是通州区全面进行北京城市副中心建设的重要一年，通州电台、电视台利用新闻节目开辟的“新城建设进行时”专栏和各类专题节目，加大对副中心建设的宣传报道力度，使通州百姓时时感受副中心建设的进展变化。“一核五区”内各大重点工程项目是通州发展的重要支撑，对于拉动经济增长、加快城市建设、保障和改善民生具有十分重要的意义。一年来，广电中心深入践行“走转改”，以“围挡内的秘密”为题，走进北环环隧、地铁6号线二期、市政综合配套服务中心、新华大街等各大工程现场，记者以体验的方式，逐一报道重大工程的建设进展情况，反映副中心建设日新月异的变化。《看通州》栏目以及与区住建委、市政等部门合作举办的《通州城建》《大市政新市容》等专题栏目，对城市副中心建设进行高密度的集中报道。中心新推出的《小强听·说》节目的编导还邀请区新城建委、区规划分局、区住建委等部门的相关负责人走进演播室，为广大观众答疑解惑。网站开辟“新城建设进行时”专题页，收集各方面关于副中心建设的信息资料，为广大市民了解副中心建设进展、宣传推介通州提供了便利的平台。

【对创建全国文明城区工作的宣传】 通州电台、电视台在《通州新闻》原有的《创城进行时》专栏中，增设《文明达人》子版块，与《创城进行时》《创城我参与》《文明就差这一点儿》三个子版块一起，形成一个“创城”主题、四大系列的报道框架，播出创城类新闻240多条。同时配合创建工作，新开设电视专题栏目《文明通州》，宣传报道本区在创城工作中涌现出的先进典型和先进经验，每周制作播出一期。根据2014年创城工作需求，整合全中心力量策划、制作了以“文明达人”为主题的8个公益广告片，创作、录制、拍摄《文明达人》和《与文明同行》两个创城主题歌的MV，在电视台黄金时段播出。为配合市文明办对通州创城提名资格的检查验收，集中力量高质量地完成高清迎检专题片的拍摄制作，播放后得到一致好评。通州电台以未成年人为受众群体，开设《成长进行时》广播专栏，通过播放积极向上的童话故事、儿童歌曲及未成年人法律小常识，对未成年人的思想品德进行正面引导。全年累计播出364期，2912分钟。大运通州网在“创建全国文明城区”的工作中承担起主流网络媒体的责任和作用，与区文明办紧密配合，开设“通州榜样”“文明达人”“未成年人思想道德建设”等主题网页、与区关协工委合作开设“关心下一代专题网页”，组织开展“文明达人秀启动仪式”等一系列线上线下活动，并对活动进行网站、论坛、微博、微信等新媒体宣传推广。2014年，大运通州网上传各类新闻信息4000余条，发布各类公告30条。

【做好全区性重大活动报道】 2014年，通州区各部门组织了许多重大活动，如团拜会、运河绿道骑游、艺术品博览会、七夕艺术节、世界台球团体锦标赛、蘑菇文化节、运河艺术节等，通州广电每次活动都主动出击，提前准备，保证每个活动的宣传效果，得到各组织方的一致称赞。“两会”召开期间，全体编辑记者及相关技术人员，以高度的主人翁责任感全身心投入工作，不仅保证每天新闻、专题报道的准时播出，而且按既定方针和目标完成预直播任务（直播任务因故取消）。两会宣传得到各级领导、参会代表委员及观众的充分肯定。

广电中心在做好本职工作的同时，克服人员少、任务重等各方面困难，策划、承办区委宣传部、区文委的“首届副中心十大文化名人”颁奖活动和区文明办、永乐店镇的第二届“感动永乐好村民”授奖活动，取得突出的效果和社会反响，传播了正能量，弘扬了主旋律，得到了社会各界的一致好评，为广电赢得了声誉。发挥专业优势，为区纪委录制了第二届“勤廉之星”专题片9个，“落实两个主体”电视访谈5期，并在电视台开设专题栏目陆续播出。为区委宣传部宣讲团制作10个短片，为区委宣传部主办的“最美通州人”宣讲活动制作片头和宣传片，给宣讲活动增加了传播效果。年底前启动区创城办等五家单位主办的通州区“少儿才艺”电视大赛活动，2014年，完成8场初赛、4场复赛阶段的组织和录制，为少年儿童搭建了展示才艺的舞台，赢得社会各界的普遍关注，最终的4场决赛正在筹备中。

【进一步深化“走转改”活动】 年内，制定新闻宣传整改方案，把镜头更多地对准基层，对准百姓，切实做到“三贴近”。按照中央“八项规定”要求加大了社会、民生新闻的比例。同时，《通州新闻》开设“服务民生”专栏，丰富选题，解决百姓关心的各类民生问题，为广大居民提供更全面贴心的服务，如预防金融诈骗、减煤换煤政策、雾霾天气应对等，深受百姓欢迎。另外，与公安司法部门合作，开设“警法在线”专栏，增强广大居民知法守法意识和紧急避险技能，提升居民的安全感，营造依法治区的社会氛围。评论部以民生和文化为主线，年内，采制多期与通州百姓生产生活和历史文化息息相关的专题，如《过年的礼物系列》《解决劳动纠纷的绿色通道》《千年古镇漷县》等，使节目更加接地气。

【加强对新闻、专题节目和栏目的策划、设计和包装】 2014年，通州电视台所有栏目全面升级，从形式、内容上都进行调整优化。根据宣传内容，充分体现了一个“新”字。《通州新闻》《记者视点》等栏目换用新片头，不同板块单元，风格各异，独具特色，增强了节目的辨识度，使得节目更具时代感，让观众有耳目一新的感觉。新开办的专题《小强听·说》是通州电视台第一档演播室新闻谈话节目，在节目制作风格上，强化低视角、接地气，就大众关心、社会关注的热点、焦点话题，邀请一线嘉宾，将各界人士请进演播室，以“听”“说”的轻松形式，拉近话题、观点、人物与受众之间的距离。并将19个专题节目按照主题不同，对节目进行整合，划分为“法治通州”“健康通州”“美丽乡村”“和谐通州”，“魅力通州”五大板块，使播出更具规律性，满足了受众收视习惯，丰富了荧屏内容。

【加强外联工作】 2014年，通州人民广播电台与北京新闻广播确立合作关系，不仅加强了与北京台的联系，学习更多经验，加大对通州建设的宣传力度。把通州百姓的身边事，发至北京新闻广播编辑部，经北京电台新闻会商组商议之后，采用连线、录音、文字消息、服务信息等四种形式进行报道，扩大了通州作为北京城市副中心的影响力。

【完成创建全国文明城区分解指标工作】 年内，完成通州区争创全国未成年人思想道德建设工作先进城区测评体系指标任务分解台账中的七项牵头指标。完成通州区创建全国文明城区测评体系指标任务分解台账中三十项责任单位指标。完成一项加分项目(未成年人思想道德工作新增项目：电视台开设经典诵读栏目)，即自办栏目《精品赏析》节目，为通州区赢得宝贵的加分值。同时，按照创建全国文明城区指标要求， 4月，购买了内蒙古东联影视动漫科技责任公司260集大型动画片《中华德育故事》的播映权。两大测评体系累计整理目录1835条，刻录光盘653盘，整理稿件653篇，新闻截图86张。

【高清转播车正式投入使用】 2013年12月20日高清电视转播车正式交付使用。转播车投资1800多万元，拥有8个有线讯道和2路无线讯道，并具有扩展至12讯道以上的容量，可实现体育赛事、文艺节目、重大新闻事件的现场录制、制作，可通过光纤、微波传输进行现场直播，结束了通州电视台不能直播的历史。2014年“两会”召开前，区相关部门要求广电做好直播准备，这对于刚购置了转播车的广电来说是一个挑战。为做好此项工作，中心成立专门的直播小组，对直播方案从整体到每个细节进行周密细致的研究，同时兼顾常规的新闻专题宣传需要，确保直播和新闻宣传万无一失。2014年分别完成“两会”预直播、区团拜会、台球世锦赛等多项重大会议和活动的直播。

1月27日，首次直播现场　（广电中心提供）

【电台数字直播录制系统建设完成投入使用】 2014年，通州广播电台投资近100万元完成设备技术改造，建立集广播电台内容生产、运营和管理等综合业务为一体，适应现代广播的网络化平台。电台数字直播录制系统建成主备两套直播间和播出系统，形成完善和健全的电台直播和播出体系，4月，通过验收。6月15日正式投入使用。电台的播出质量和安全程度有了大幅度提高。同时，该项目还获得区文化创意基金补助资金28.5万元。

4月17日，电台新系统培训　（广电中心提供）

【“基于多屏融合的移动资讯采集发布系统研发与示范”项目启动并实施】 1月，该项目在北京市科委正式立项，是北京市科委绿色通道项目。预算总额1000万元，其中，市财政支持经费399.66万元，区级财政配套科技经费400万元，区广电向区财政申请配套资金200.34万元。项目采用3G/WIFI移动宽带、云存储、VR展示等先进技术，通过智能移动终端实时采集，构建一个集“采”“存”“发”为一体，并服务于多屏融合需求的移动资讯采集发布平台，在科技创新方面走出了一条新路。通过该项目实施，提高了通州区广电中心资讯采编效率和新闻的时效性，丰富采编素材和发布形式。使本台从标清拍摄、制作系统转为高清电视节目拍摄、制作系统，为通州地区电视观众带去更为清晰质感的电视画面。

（张娟娟）

北京歌华有线电视网络股份有限公司通州分公司

【概　况】 歌华有线公司将2014年确定为企业的改革之年、转型之年、跨越之年。2014年“歌华云平台”的正式上线，标志着歌华有线全媒体时代的到来、标志着首都有线电视将跨入云时代。同时随着业务的不断拓展将会极大提升用户体验，并为新媒体业务的发展奠定坚实的基础。推出4K极清歌华宽带电视以及实现中国电视院线联盟，让用户感受百余部“极清”院线大片的同时全力打造出全球最大的有线电视观影平台。歌华有线通州分公司践行以改革促发展、以改革增效益，不断探索以用户为中心，以网络为基础的服务工作模式，大胆创新，锐意改革。有线电视基础业务、用户发展、高清交互数字电视用户推广等业务不断巩固和发展，为通州区智慧城市建设发挥了积极作用。

【有线电视网络发展】 2014年，分公司加大网络改造力度，双向网改造完成34119户。农村网络改造41个村，12474户。2014年，发放高清双向机顶盒4.6万户，通州区高清交互网络覆盖率超过70%。2014年，有线电视网络实现通州区户户通有线电视全覆盖。

漷县镇纪各庄村高清机顶盒发放现场
（歌华公司提供）

【基础设施建设】 截至2014年，分公司全年敷设光缆（含管道和架空）282条公里，合计7927芯公里。有线电视网络光缆累计总长4382条公里，合计242598芯公里。

【服务质量建设成果】 2014年，为不断提升对区域内有线电视用户的服务品质，分公司采取分片划区、主动营销、分站设点、及时维护等多项改革举措，不断践行“以用户为中心，以网络为基础”的企业服务理念。与此同时，各营业厅结合通州区创城工作的总体要求，持续完善服务管理体系。通过监控系统对服务质量采取实时监控，每日班会通报当日服务情况，有效提高了员工的服务意识。

【安全传输保障】 为确保全国“两会”、APEC会议期间及“两节”等重点期间全区有线电视网络安全传输和优质服务。全年先后制定出台《通州分公司有线电视维护服务保障应急响应方案》等七个方面的预案及一个管理流程。节假日及重点保障时段分公司组建安全保障小组，用以确保网络畅通、有线电视信号传输正常和满足用户服务需求。

【光缆拆移切割工作】 1月，通州分公司配合区政府道路拆改工程，完成新华北路通惠河段光缆拆移切割工作。该工程线路涉及有线电视用户约20万户及全区各级单位政务专网，涉及分公司主干线光缆20条、3440芯、6880个熔接点，此次工程新敷设光缆8千米。整个切割工程施工期间实现安全无事故。

（刘　丹）

卫生

医疗卫生

【概　况】 辖区内卫生医疗机构615个，其中，医疗机构608个，卫生机构7个。医疗机构中营利性63个，非营利性545个。其中，三级医疗机构3个，二级医疗机构6个，一级医疗机构30个（含18个乡镇卫生院社区卫生服务中心），村卫生室344个，门诊部49个，诊所、卫生所、医务室89个，社区卫生服务站84个，其他10个。卫生技术人员8081人，其中，执业（助理）医师3034人、注册护士3092人。实有床位3216张。平均每千常住人口拥有卫技人员数5.96人，执业（助理）医师数2.24人，注册护士数2.28人，实有床位数2.37张。

生命统计。出生8795人，出生率12.56‰；死亡4570人，死亡率6.53‰；自然增长4225人，增长率6.03‰。因病死亡人数4401人，占总死亡人数96.3%。前十位死因顺位依次为：心脏病，脑血管病，恶性肿瘤，呼吸系统疾病，损伤和中毒等外部原因，内分泌、营养代谢和免疫系统疾病，消化系统疾病，神经系统疾病，泌尿、生殖系统疾病，传染病。期望寿命：男78.42岁，女81.86岁，合计

80.10岁。

【卫生改革】 全面落实北京市深化医药卫生体制改革2014年主要工作任务，继续以“保基本、强基层、建机制”不断推向深入，医疗资源配置得到优化，机构布局趋于合理，功能定位初步形成优势互补；随着引进优质医疗资源入驻通州，医联体建设的不断加强，医疗服务体系更加完备，服务能力及水平得到提升。

区域医疗中心建设。随着通州“十二五”医疗卫生事业发展规划实施，建设和完善以区域医疗中心为龙头，以专科医院为补充，以乡镇卫生院（社区卫生服务中心）为基础，以村卫生室和社区卫生服务站为网底的新型三级医疗服务网络架构。继续发挥潞河医院龙头作用，壮大综合医疗实力；打造中医综合医院，发挥市级优质医疗资源；打造综合医院特色专科，探索医院带社区的医疗服务模式；中西医并重，做贴近百姓的医疗服务；功能补充，充分发挥妇儿专科医院作用。

医院联合体建设。完成潞河医联体协议签署，建立妇科、口腔医联体。5月9日，成立全市第一个中医医联体——通州区中医医联体，以中医医院为核心医院，老年病医院、张家湾卫生院等9家一、二级医院为成员单位。6月23日，正式派驻专家到合作医院出诊，基本达到影像及检验结果互认。

中医药工作。落实《国务院关于扶持和促进中医药事业发展的若干意见》及北京市《关于促进中医药事业发展的意见》，坚持中西医并重，推进中医药特色服务优势。完善“治未病”、康复科硬件建设，提高专业技术人员服务技能。成立中医预防保健专家指导组，规范指导基层业务开展。

9月14日至20日，开展以“服务百姓健康行动暨邻里守望进社区”为主题的大型义诊活动。区内二、三级医院193名中高级以上专家为百姓提供健康咨询等服务，惠及百姓11076人次，发放各类宣传资料5910份，健康知识讲授28场次，受众1307人次。

全年引进副高级以上职称专业技术人员5人，接收应届毕业生495人，其中，北京生源293人、非北京生源202人。与首都医科大学合作，定向培养临床医学专业学生16人，全部充实到基层。

【社区卫生】 家庭医生式服务。组建157个社区卫生服务团队，成员907人。累计签约438625人（188640户），占全区常住人口33.2%；其中，慢病累计签约143485人，占慢病患者89.3%；65岁（含）以上老人累计签约107708人，占老人总数94.5%；功能社区累计签约501人，离休干部累计签约84人。培养家庭保健员1600人，其中，中医家庭保健员320人。

健康档案。建立家庭健康档案328763份，个人健康档案1030907份，建档率78.1%。更新完善健康档案444988份，活档率43.2%。转诊预约75人，成功转诊75人，转诊成功率100%。

社区常见慢病管理。管理高血压患者107643人，规范管理67126人，规范管理率62.4%，血压控制率33.3%；管理糖尿病患者37778人，规范管理23339人，规范管理率61.8%，血糖控制率36.7%。开展65岁及以上常住老年人健康管理33532人次，管理率30.7%；60岁以上无保障老年人免费体检8762人次，体检率75.8%。

全年销售药品28676万元，其中，基本药物18352万元、非基本药物10324万元，基本药物销售比例占64.0%；基本药物销售金额比上年增加1547万元，提高20个百分点，让利百姓2752万元。

健康自测小屋。为900余人提供健康自测服务，其中，动态心电图检测300人次，电子血糖监测200人次，体重体质分析350人次，全自动血压监测500人次。

【农村卫生】 完成569名乡村医生再注册及基本待遇统计及经费分配发放工作。组织525名乡村医生参加规范化培训并进行技能和理论考试。落实村卫生室零差率药品补助，依据使用量对前200名进行奖励。

新型农村合作医疗。参加新农合317682人，参合率99.7%。人均筹资1000元，其中，市区财政每人补助630元，乡镇财政每人补助270元，农民以户为单位缴费，每人100元。筹资总额31844.02万元。全年报销23.1717万人次，其中，门诊195503人次，门诊特殊病2451人次，住院31175人次，大病保险补偿2588人。基金支出31740.58万元，结余103.45万元。2月27日，居民健康卡北京首发启动会在永乐店镇召开，8月，在永乐店、于家务卫生院实行新农合刷卡实时结算，发放居民健康卡25万张。

【疾病控制】 传染病防治。报告法定传染病22种11671例，发病率为913.35/10万；死亡8例，死亡率0.63 /10万。其中，甲类无发病；乙类发病1983例，发病率158.71/10万；发病前三位为肺结核、肝炎、梅毒。丙类发病9688例，发病率775.38/10万；发病前三位为手足口病、其他感染性腹泻病、流行性感冒。

结核病防治。24家医疗机构发现疑似/确诊肺结核及结核性胸膜炎患者484例，报告、转诊率100%；转诊到位354例，转诊到位率74.4%。登记管理肺结核160例，监化治疗率100%，系统管理158例，管理率98.8%。完成15所学校27例肺结核患者密接接触者结核病筛查（对2811名密切接触者进行PPD筛查，2648名密切接触者进行胸部X线检查），检出肺结核/结核性胸膜炎患者20例，单纯PPD强阳预防性抗结核治疗175人。举办结核病防治培训9场，宣传89场，受益群众90万余人，发展志愿者427名。

性病、艾滋病防治。开展性病病人干预1429人，发放各类宣传品1444份，安全套15890只，性病服务包1434份，检测1284人。在20余家社区卫生服务中心设立艾滋病知识宣传栏，提高防病知晓率。全年报告HIV阳性者127例，全部进行流行病学调查并及时上报国家专网。监测哨点工作指标为1748人次，实际完成1815人次的检测量。全年接受艾滋病自愿咨询检测773人次（全年工作量为600人），检出阳性59例。

手足口病防治。完成手足口病病原学监测252件，阳性143件，混合感染1件，阳性率56.75%。其中，肠道未分型病毒51件、EV71病毒21件 、COX16病毒64件和CA6病毒7件。协助市疾控中心开展北京市手足口病临床表现和危险因素调查项目，完成100例手足口病例的样本采集及随访工作。

慢性非传染性疾病防治。开展高血压自我管理、糖尿病同伴支持、伤害监测、脑卒中高危人群规范化管理、全民健康生活方式行动及北京市癌症早诊早治项目筛查等工作。230人参加19个高血压自我管理小组活动。伤害监测一级医院全覆盖，收集病例31091例，审核数据信息超过3.5万条。申报健康示范单位12家，其中，示范单位2家、示范社区7家、示范食堂2家、示范餐厅1家。

地方病防治。完成碘盐及碘缺乏病、水氟含量、自然疫源性疾病的监测。采集居民碘盐样本300份，合格295份，不合格5份，非碘盐0份；碘盐合格率98.3%，合格碘盐食用率98.3%，非碘盐率0。完成100份孕妇碘营养状况及主要影响因素调查问卷。开展历史氟病村丰水期和枯水期水氟含量监测及儿童氟斑牙调查，均无患病。

精神卫生。全区有精神病患者2638人，系统管理2408人，管理率91.3%。免费服药808人，随访9989人次。

学校卫生。完成学生营养状况监测71112人，肥胖率22.20%；身高等级监测73343人，下等率3.24%；沙眼监测73196人，患病率0.28%；视力监测73376，不良率53.90%；乳牙患龋监测28743人，患龋率64.91%；恒牙患龋监测73107人，患龋率8.72%；肺活量等级监测73267人，下等率29.89%；贫血监测73328人，检出率0.63%。青少年健康危险行为监测调查问卷2510份，其中，初中1119份，高中953份，职高141份，大学297份。

计划免疫。门诊常规疫苗接种792648人次，其中，一类疫苗655349人次，分别为11种免疫规划疫苗常规接种518802人次，强化查漏补种接种2407人次，外来民工麻疹、A+C群流脑接种28077人次，各类应急接种疫苗12179剂次；二类疫苗137299剂次，分别为乙肝疫苗3438剂次，四价流脑疫苗162剂次，HIB疫苗5055剂次，水痘疫苗30175剂次，轮状病毒疫苗3153剂次， 流感疫苗2711剂次，23价肺炎疫苗2899剂次，7价肺炎疫苗3309剂次，狂犬疫苗67455剂次，狂犬病免疫球蛋白6707剂次，狂犬病血清7427剂次，气管炎疫苗675剂次，灭活脊灰疫苗307剂次，五联苗3826剂次。

公共卫生监测与评价。年内，接受48家用人单位委托进行粉尘、臭氧、锰等15项职业病危害因素现场采样、检测，检测点322个，检测样品1168件，超标78件，超标率6.67%。完成建设项目职业病危害放射防护预评价36个，其中，预评价18个，控制效果放射防护评价18个。

健康教育与健康促进。举办健康大课堂597场，受益人群41718人次；健康咨询453次，受益人群43208人次。健康示范村108个、示范社区21个、健康促进学校61个、国家健康促进医院试点2个、北京市健康促进医院6个、无烟医院23个、三届北京市健康之星3人、健康大使5人。发布首个全民健康生活动漫片《健康小天使漫游记》，在北京歌华有线播放。通过通州区电视台、《通州时讯》及八通网等媒体传播健康理念与知识。

【卫生监督】 各类管理单位3457户，监督12759户次，合格率99.16%，覆盖率97.14%。对违法行为坚决依法给予行政处罚，总计实施225起，罚没款678830元。

卫生行政许可。完成卫生行政许可859户次，其中，公共场所、生活饮用水、消毒产品生产企业新增487户，证件延续单位306户，变更单位56户，注销单位10户；放射行政许可64户；受理医疗机构申请材料384件（变更、校验323件，设置申请61件），医师注册变更1543件，护士注册变更1864件。接待各项咨询1.4万人次。

【公共卫生专项检查】 公共场所1725户，监督5960户次，合格率98.89%，监督覆盖率96.17%；量化分级1312户。生活饮用水300户，监督1012户次，合格率99.9%，监督覆盖率98.67%。公共场所完成：3家公共场所电子监测点安装，实现实时监控；协助张家湾镇政府完成国家卫生镇创建；完成美容美发、游泳场馆、集中空调、控烟及无证挂账村等八个专项检查及四项抽检，未发现问题。生活饮用水完成：涉水产品生产经营企业等四个专项监督；对全区86家单位饮用水砷含量调查采样，对17家不合格单位监督复检直至合格。

医疗卫生专项检查。监督各级各类医疗机构2634户次，其中，医疗机构599户，监督2634户次，合格率99.46%，监督覆盖率98.66%。传染病消毒单位619户，监督2722户次，合格率99.52%，覆盖率97.09%。

打击非法行医。参与联合执法48次，取缔非法行医133户次，向公安机关移送案件10件，申请法院强制执行案件19件。

投诉举报。受理举报投诉279件，办结率100%，群众满意率100%。

食品安全标准备案。全区食品生产企业220余户，标准490余份。年内，向市卫生监督所报送企标25份（接受审核复验85户次），审核通过25份。接受咨询700余人次。

【爱国卫生】 继续巩固创卫成果，落实创建“健康通州”各项任务，以“六个一”（即一条主线、一个契机、一个平台、一个成果、一大特色、一个活动）为工作主线，全面提升爱国卫生工作整体水平。投入30余万元，以“宣传健康知识，倡导健康生活”为主题，建成健康文化楼门近千个，制作宣传板4000余块，小型健身器材2万余件。组织1600名健康家保员和439名健康生活方式指导员走进楼门、家庭，开展健康知识宣传活动，发放宣传品3万余份。

环境卫生治理。出动8000余人次，清理各类垃圾200余吨，渣土350余车次，清除卫生死角190余处。

病媒生物防治。开展灭蟑等除四害活动，完成入户灭蟑消杀69394户，发放灭蟑药品9500份；发放鼠药1860桶、鼠站9850个、粘鼠板6000个；消杀蚊蝇面积近1000万平方米；组织防治蚂蚁知识讲座及指导，百姓满意率100%。

农村改水情况。完成农村饮水健康行动19项，即单村水厂水处理5项、水质消毒10项、风险管理4项，达到GB 5749—2006饮用水卫生标准。受益村27个，受益农民43408人，投入专项资金300万元。

创建工作。指导张家湾镇成功创建国家卫生镇。创建北京市健康社区3个、健康促进示范村11个。

控烟工作。开展“世界无烟日”宣传活动，发放各类宣传品20万份，控烟标识10万余份。印发《通州区公共场所控烟工作实施方案》，与区内委办局、乡镇政府、街道办事处签订《控烟工作承诺书》。

【妇女保健】 户籍孕产妇8795人，管理率99.37%；住院分娩8795人，分娩率100%；剖宫产率43.5%，孕产妇死亡率11.37/10万。全年计划生育手术17759例，手术并发症1人，发生率0.56/万等。20～65岁妇女病普查及“两癌”筛查65837人，检出宫颈癌6人，卵巢癌1人，其他妇科恶性肿瘤2人，癌前病变164；乳腺癌23人，癌前病变5人，婚前检查人数545人，婚检率3.23%。

儿童保健。新生儿死亡率1.66‰，婴儿死亡率2.25‰，5岁以下儿童死亡率3.08‰。新生儿疾病筛查率98.33%，出生缺陷发生率10.43‰。0～6个月婴儿纯母乳喂养率75.52%；0～2岁儿童神经心理发育筛查率91.54%。0～6岁儿童48682人，儿童保健系统管理率96.62%。0～6岁儿童免费体检351840人次，1～6岁儿童听力筛查率95.06%。

【医疗工作】 门诊7791761人次，急诊799351人次，观察室留观193210人次。（门诊及病房危重症抢救人次）入院90427人次，出院90154人次，病床使用率79.2%，出院者平均住院日9.26天。死亡人数1144人，病死率1.27%。住院手术33090例。

护理工作。全区有注册护士3863人。重新修订《通州区护理质控标准》及《通州区护理技术操作考核标准》。组织卫生院200余名护士进行为期3天的急救理论知识及操作技能培训。

医疗机构审批。完成8家机构设置审批。11家机构登记注册，其中，二级医院1家，一级医院3家，门诊部3家，社区卫生服务站1家，村卫生室1家，医务室、卫生所各1家。机构校验580件次，变更登记注册79件次，实地验收900余户次。

对口支援。市级3家医疗机构与区内2家医疗机构保持对口支援关系，支援医院派出专家78名，诊疗患者41000余人次，指导查房450余次，疑难病例会诊65次，业务培训2500余人次，协助手术85余例，手术示范13例。接收本区进修18人。继续完善辖区6家二、三级医院与18家乡镇卫生院对口支援关系。

血液管理。设立采血点12个，分布在朝阳区、通州区、大兴区、顺义区、平谷区。全年采血138254单位，其中，全血118571单位、成分血19683单位，全部为自愿无偿献血。供成分血250083.5单位，其中，红细胞类115450单位、机采血小板19600单位、新鲜冰冻血浆115033.5单位。检验血液标本85313份，合格83223份，标本合格率97.55%。制备血液239605单位，其中，红细胞类121362单位、新鲜冰冻血浆118243单位。

麻醉药品、第一类精神药品管理。完成区内28家医疗机构（一级20家、二级5家、三级3家）的《2015—2017年麻醉药品、第一类精神药品购用印鉴卡》的换发工作。对持有印鉴卡医疗机构进行医师处方权培训，确保药品储存、使用、管理安全。

病原微生物实验室生物安全管理。开展病原微生物实验室生物安全岗位培训，经考核颁发“生物安全合格证”。对区内病原微生物实验室监督检查2次，发现问题及时纠正，督促整改，确保无重大安全事故发生。

【医学教育】 举办区级继续医学教育项目458项，6.4万余人次参加，参与率100%，达标率98%。专业技术人员在职学历/学位教育649人，其中，在读博士13人、硕士69人、本科338人、大专229人。组织525名乡村医生参加规范化培训并进行技能和理论考试。选送16名西医医师参加为期12个月的专科骨干医师规范化培训；13名医师参加为期2年半的北京市助理全科医师规范化培训；3名医师参加为期1年的北京市中医类别全科医生转岗培训；6名医师参加为期1年的北京市第八期全科医师骨干暨2014年西医类别全科医生转岗培训；32名中医师参加国医大师学术经验传承研究班培训；91名专业技术人员参加骨干及学科带头人培养。15名优秀中医学徒向13名国家级名老中医拜师，培养了一批通州本土的中青年中医大师。选送193名符合条件的医师参加西医、中医及中西医结合专业住院医师规范化培训。举办为期5天的第二届西医全科医师中成药合理使用培训班，19家一级医疗卫生机构167名西医全科医师参加培训，全部通过考核。

【科研工作】 全年获批科研课题25项、结题14项、在研34项，参与课题73项。其中，主持国家课题级1项、参与国家级课题6项；主持省部级课题10项、参与省部级课题1项；主持市级及市局级课题17项、参与市级及市局级课题4项；主持区级34项。全年获区级科学技术奖15项，其中，一等奖2项、二等奖6项、三等奖7项。发表论文305篇，其中，SCI文章14篇，核心期刊240篇，非核心期刊51篇。

重点学科建设。完成30个区级重点学科的评审评估。截至10月，重点学科人才梯队667人，其中，主任医师75人、副主任医师168人、主治医师220人、住院医师204人；博士后3人、博士28人、硕士265人、学士337人、其他学历34人。新技术开展108项，其中，达到国际级2项、国家级25项、市级51项、填补区内空白30项。举办学术交流30场，其中，国际级1场、国家级2场、市级15场、区级12场，近4000人次参加。参加学术交流147场，其中，国际级18场、国家级61场、市级68场，2400余人次参加。主办学术讲座66场，其中，国家级2场、市级8场、区级56场。

【财务管理】 财务管理单位34家，其中，行政单位2家，卫生单位6家，医疗单位26家。全年总收入380482万元，其中，财政补助收入126840万元（含一般预算财政拨款收入112535万元，政府性基金预算拨款收入14305万元），上级补助收入3256万元，事业收入247564万元，其他收入2822万元。总支出397750万元，其中，财政补助支出144776万元（含一般预算拨款支出122859万元，政府性基金财政拨款支出21917万元），医疗卫生事业支出252974万元。

基本建设。潞河医院门诊综合楼工程完成主体结构、二次结构、外幕墙施工、粗装修施工；新华医院工程完成主体结构施工；东直门医院东区二期工程完成主体结构1～4层施工；中西医结合医院建设工程完成基础底板施工；妇幼保健院工程正在办理可研报告审批；公共卫生服务中心工程完成规划选址意见书、土地预审；潞河医院分院含郎府卫生院工程完成项目建议书代可研审批手续。

（田剑韦）

食品药品监督管理

【概　况】 2014年，通州区现有“四品一械”（食品、药品、保健食品、化妆品、医疗器械）企业约21500家，医疗机构601家。全年进行药品GSP现场检查120家，其中，通过认证检查56家，撤回认证申请55家，3个月整改8家，不予通过1家。

2014年，经区委组织部、区直机关工委批准，于5月成立中共北京市通州区食品药品监督管理局党组、中共北京市通州区食品药品监督管理局机关委员会，设立7个党支部。培训积极分子2人，发展党员3人，预备党员转正1人，截至年底，党员人数116人。

【办理行政许可】 2014年，办理行政许可事项全年完成行政许可事项4690件，其中，食品流通2823件、餐饮服务1072件、药品333件、医疗器械227件、保健食品235件。此外，办理医疗器械生产企业行政许可审批16件，办理食品委托生产备案122件，完成146家食品（食品添加剂）生产企业的生产许可证年度审查工作。

【办理投诉举报】 2014年，接报食品药品类投诉举报1703件，全部按要求开展现场调查，办结1504件，其中，立案141件。查处违法生产经营案件245件，其中，食品领域222件、药品领域23件，罚没合计1303052.78元；移送公安机关2件，刑拘7人。打掉血豆腐、豆芽、豆腐等食品黑加工点16个，涉案货值10余万元。查获一起网络销售走私、产品不符合标准的奶粉案，案值近700万元，移交北京海关缉私局查办。配合公安部门查处一起涉嫌在食品中添加药品违法案件，刑拘1人。

【“四品一械”抽验抽检】 2014年，完成1733个食品样本、595批次药品、药包材21批次，保健食品46批次，化妆品55批次，医疗器械抽验34批次的监督检测抽检工作。食品统一监测抽检合格率98.0%，药品、药包材、保健食品、化妆品抽检合格率均为100%；医疗器械抽检合格率95.1%。通州区食品药品市场稳定有序，总体呈现良好态势。

【加强食品药品安全监管队伍建设】 2014年，按照第72期通州区长办公会要求，面向社会公开招聘食品药品安全监察员120名，于7月1日经培训合格后持证上岗，充实和加强了基层执法力量，奠定了社会共治基础。在各村委会、居委会设立食品药品安全联络站点，并配置信息员591名，在乡镇、街道食品药品安全委员会的统一领导下，主要负责食品药品安全隐患排查、信息上报、宣传等工作。实行网格责任制，并定期上报辖区安全信息，形成村委会、居委会层面的食品药品安全信息员队伍，做到横到边、纵到底。

【社会宣传】 2014年，组织“3 · 15”消费者权益保障日、“5 · 12”防灾减灾日、“5 · 15”打击和防范经济犯罪日、医疗器械“五整治”“安全生产月”“安全用药月”和以“尚德守法 提升食品安全治理能力”为主题的食品安全宣传周等各类宣传活动，出动人员297人次、车辆128车次、发放宣传材料44360份、解答群众咨询4636人次。在大运通州网上开通本局专栏，8月上线，2014年更新各类信息78条，上传5个宣传片。联合通州电视台拍摄并播出《食药安全》专题片5期。根据监管特点，全年安排6次媒体采访活动，引导正面舆论导向。

【配合创建全国文明城区工作】 年内，针对来自原工商、卫生、质监、食品办和药监五个监管部门的2011年版19项创城任务指标，不等不靠，从组织分工、培训宣传、对标达标、专项整治上下功夫，积极协调开展全国文明城区提名资格争创工作。建立区级和乡镇、街道食品药品安全资金投入保障机制。通过企业自身重视创建，执法人员监督改进，以“白加黑，5+2”的工作姿态，全面开展对标达标、专项整治、拉练检查等系列活动，为创城提名资格测评工作作出了突出贡献。针对2014年版新的19项任务指标，从常态管理入手，层层落实创城工作要求，明确科室任务要求，全力以赴迎接创城复查、检查工作。

【“护蕾”行动】 年内，联合通州区教委制定对学校的检查方案、举办食品安全培训，检查学校幼儿园及其周边餐饮单位、食品经营户1498家次，出动执法人员1603人次，出动执法车辆811车次，下达监督意见书956份。

【食品安全专项整治】 2014年，开展儿童食品和校园及周边的食品安全专项整治，出动执法人员634人次，检查校园及其周边食品经营单位190户，检查校园及其周边餐饮单位176户，发现存在风险隐患的食品经营者4户，监督抽检食品46批次，取缔无证经营2户，查处违法案件2件，净化校园周边环境。

【食品生产企业专项整治】 年内，针对食品生产企业开展白酒、桶装饮用水、使用可可粉食品生产企业专项整治进一步严格食用明胶和使用明胶生产加工食品专项整治及获证食品生产企业标签专项整治，出动执法人员275人次，检查相关单位126家次，整改隐患29起，有力地规范了企业行为，维护了行业秩序。

【医疗机构监督检查】 年内，针对医疗器械开展康复理疗生产企业专项监督检查、体外诊断试剂使用专项监督检查、注射用透明质酸钠专项监督检查、医疗机构在用医疗器械产品专项检查、直接面向公众销售医疗器械专项监督检查、定制式义齿生产使用专项监督检查及无菌和植入性医疗器械生产使用环节监督检查等工作，检查医疗器械生产企业44家次、经营企业116家次，检查医疗机构69家次，对35家企业提出整改要求，对1家擅自变更仓库地址的企业进行处罚；按照市局统一部署，扎实开展医疗器械“五整治”专项行动，保障辖区群众用械安全，检查生产、经营、使用单位118家次，出动执法人员190余人次，责令整改71家，责令停产1家。

【开展农村食品市场“四打击四规范”专项整治行动】 2014年，出动执法人员354人次，检查食品添加剂经营户44户次、各类市场21个、食品生产企业40户次、食品经营户254户次，取缔无照经营户34户次，监督抽检食品110件次，捣毁制售假冒伪劣食品窝点1个，查处食品违法案件7件，受理和处理消费者投诉和举报3件。

【整治无证无照餐饮经营行为】 2014年，以通州区食品药品安全委员会的名义印发《通州区餐饮业无证无照经营整顿工作指导意见》，明确依法规范一批、疏导解决一批、整治取缔一批的目标。联合工商分局、城管局、环保局等多部门，开展全区范围内的无证无照专项治理行动，行动秉持合法引导和严厉打击并重的原则，截至12月底，本局治理无证无照经营出动执法人员6074人次，组织联合执法301次，检查主体4648户，新发现无证无照经营303户，取缔关闭600户，引导合法经营228户，治理存在重大安全隐患主体20户，行政指导1135户，责令停业350户，立案105件，结案95件，罚款31.2234万元。

（张文利 安琳琳）

首都医科大学附属北京潞河医院

【概　况】 首都医科大学附属北京潞河医院始建于1878年，经过130多年的发展，潞河医院成为北京东部最大的一所集医疗、教学、科研、预防保健及社区服务功能为一体的综合性三级医院。

2014年，医院业务收入11.91亿元，总成本12.37亿。全年总门急诊量1948472人次，日均门诊量6893人次，总出院人数36293人次，全年医保病人占49.45%，农保病人占27.47%，外埠病人占26%，平均住院日9.13天。“人本潞河”的办院宗旨确立，“六位一体”的学科发展模式成为学科建设的主线，确保医院“一体三翼”和“九大战略”的实施，尝试启动DRGs管理模式及医疗质量持续控制与改进机制，使医院临床医疗能力明显提升，18个临床及医技科室的38项新技术、新业务相继开展；2014年，医院在研各级科研课题125项，包括国家自然基金项目2项，省部级项目10项、区科委12项、区行业专项8项、实验室开放课题3项、合作课题20项、院内课题90项，全年发表科研论文110篇，SCI文章累计发表53篇，中美神经科学研究所9个课题在研，发表8篇SCI文章；糖尿病研究所有一项国自然、四项市级项目、四项区级项目、发表SCI文章12篇。

【建设首都医科大学附属北京潞河医院合作协议正式签署】 11月25日，首都医科大学与通州区人民政府建设首都医科大学附属北京潞河医院合作协议签约，标志着潞河医院正式成为首都医科大学附属医院，掀开了潞河医院发展史上崭新的一页。

【肝内胆管多发结石的治疗新技术】 年内，本院普外肝胆胰病区为一名从内蒙古通辽市转诊过来的患者进行电子纤维胆道镜联合火激光网篮取石术，手术顺利取净肝内三级胆管以下的全部结石。术后行胆道造影检查无结石残留。

【神经内科成功完成9例急性脑梗死动脉溶栓治疗】 年内，本院神经内科成功完成9例脑动脉内溶栓血管再通术，此技术是目前国际上治疗急性脑梗死最确切有效的新型高精技术，这项技术的成功开展标志着本院神经内科临床诊疗技术跨入国内先进水平。

【举行实验室揭牌仪式】 12月16日，本院成功举办首届“低氧适应医学”国际学术论坛暨“低氧适应转化医学北京市重点实验室”揭牌仪式。实验室建设的指导方针是立足当前低氧适应医学发展前沿，瞄准缺血性卒中防治中存在问题，开展低氧和缺血适应预防以及治疗缺血性卒中研究。

【举办首届亚太临床医疗高峰论坛】 9月20日，由本院主办的首届亚太临床医疗高峰论坛在北京阳光会议中心召开。来自比利时、德国、新加坡、马来西亚、韩国等国家的专家和国内知名专家200余人应邀参加会议。由骨科、普外科、内分泌科、心内科组成的此次论坛，进一步提升了北京市副中心和潞河医院的知名度，增进了国内外专家的友谊，促进了相关医疗领域的诊疗技术和整体水平的提高。

【脊柱外科治愈94岁老人骨质疏松行骨折】 年内，本院脊柱外科成功为一名94周岁的高龄患者实施腰椎多阶段骨质疏松性压缩骨折椎体成形术。在脊柱外科的精心治疗下，患者于术后第二天即可在医护人员搀扶下行走。

【开展阵发性室上速心内电生理检查及导管消融术】 12月12日，本院心内科成功开展心内电生理检查及导管消融术，完成本院首例阵发性室上速患者心内电生理检查和导管消融治疗，填补了本院一项技术空白，标志着本院心内科在未来的发展提供更广空的前景。

【眼科成功开展微创玻璃体视网膜手术】 12月11日，本院成功为两名患者完成玻璃体视网膜手术联合白内障及眼内光凝组合手术。这是本院首次开展眼球后节手术。

（李志敏　赵　娜）

体育

【概　况】 2014年，区体育局大力推进群众体育、竞技体育、体育产业、设施建设、人才队伍协调发展。体育已成为人民日常生活和社会生活的重要组成部分，全民健身活动普遍开展，身体素质普遍提高，经常参加体育锻炼人数达到较高水平。举办了联东U谷2014世界台球团体锦标赛及2014北京国际风筝节等国际高水平体育赛事。全民健身活动广泛开展，坚持开展经常性、传统性、品牌性的全民健身活动，成功举办运河绿道骑游活动，打造通州“一区一品”体育品牌活动。全民健身指导队伍、体质监测工作进一步发展。竞技体育水平进一步提高，完善以区体校为龙头、以体育项目传统校和青少年体育俱乐部为重点的竞技体育训练格局，形成一批在全市有影响的拳头项目并拥有众多的体育人才。坚持体教结合方针，全面整合全区竞技体育资源，推进多渠道业余训练网络建设，进行运动项目合理布局和结构调整，为上一级运动队输送更多、更优秀的体育后备人才。在体育产业方面，健全执法机构，发挥监管职能，确保体育市场安全、稳定，城镇乡村健身设施标准普遍提高。形成了创建资源统筹、开放创新、人才强体、科学促体、依法治体的新局面。

【创建全国文明城区工作】 2014年，扎实开展体育工作中各类创建工作。一是规范档案整理工作。落实2012—2014年的档案整理工作。二是做好场馆无障碍设施、公共消防设施方面工作。保障本区公共体育场馆的无障碍设施的使用良好。积极做好体育场馆的消防安全检查工作，区游泳场（馆）、区羽毛球馆完善消防安全制度，配备消防器材。三是加大创建文明城区的宣传工作力度。在区篮球场、田径场、羽毛球馆、游泳场（馆）中悬挂了创城宣传标语。在18条城市道路两侧的包括44家体育经营场所中，发放海报进行宣传。制作360块标语，悬挂在四个街道及3个乡镇各全民健身设施场地内。

【第六次全国体育场地普查工作】 年内，根据国家体育总局关于开展第六次全国体育场地普查的通知精神，严格按照“不重不漏、准确全面”的要求，对全区的体育场地及设施进行普查。经第六次全国体育场地普查统计，包括各学校、经营单位、各委办局及各乡镇及街道统计全区体育场地896片，其中，各乡镇及街道办事处体育场地数量为654片，学校体育场地数量为168片，各经营单位和各委办局体育场地数量为74片。按照普查统计数据，对本区的全民健身器材进行更新升级。

【在北京市第十四届运动会上取得好成绩】 北京市第十四届运动会自7月16日开赛至8月25日落下帷幕，通州体育代表团全体运动员、教练员及工作人员，团结协作，不畏困难，奋力拼搏，不负全区人民的期望，在参加的16个比赛项目中一举夺得金牌17枚、银牌20枚、铜牌33枚，创造了自1990年以来在北京市青少年运动会上的最好成绩，并获得大会组委会颁发的体育道德风尚奖和各代表团总成绩三等奖，实现“金牌翻番”和精神文明双丰收的目标，在通州区体育发展史上写下了光辉的一页。

【举办通州区首届青少年击剑锦标赛】 4月19日，在北京人民警察训练学校体育馆，由通州区体育局、通州区教育委员会联合举办“通州区首届青少年击剑锦标赛”。有23所学校，150多名运动员参加比赛，比赛分为两天进行。产生击剑个人赛9项冠军及击剑团体赛9项冠军的成绩。击剑项目在本区立项开展有3年的时间，有10多所小学近200名学生参加训练。

【举办2014月信集团杯通州区百姓足球联赛】 举办通州区百姓足球联赛，至2014年已经进入第6个年头，在通州区政府，通州区企业的大力支持下，在北京市及河北地区业余和专业足球圈里享有盛名，并受到金志扬、南方、李洪政等国内足球名将的关注。百姓足球联赛从3—11月陆续开展比赛活动。联赛主要分为超级组和甲级组两个级别进行比赛，严格按照规则进行比赛，足球联赛成功举办为通州区全民健身体育的发展起到积极的推动作用。

【举办社会体育指导员广场健身舞培训班】 4月14日，在通州体育场举办社会体育指导员广场健身舞培训班，由中国广场舞小王子，国家级社会体育指导员、国际培训师王广成教授广场健身舞，来自各乡镇、街道的各个站点的健身操舞队中的体育骨干400多人参加培训。

【举办2014北京国际风筝节】 4月15日，由北京市体育总会、北京市人民对外友好协会、北京市通州区政府主办，北京市体育总会秘书处、北京市人民对外友好协会业务三部、北京市风筝协会和北京市通州区体育总会承办，通州区风筝协会协办的2014北京国际风筝节在区奥体公园体育场拉开帷幕。来自美国、法国、瑞典、意大利、澳大利亚、新西兰、荷兰、波兰、印度、印度尼西亚、马来西亚、韩国、泰国等国家的风筝代表队，中国香港、澳门、台湾等地区的风筝代表队和北京、广东、湖北、河南、河北、黑龙江、辽宁、江苏、山东、山西、陕西、天津等省市的风筝代表队及风筝爱好者300余人参加了风筝节。

国际风筝节　　(体育局提供)

【举办通州区第三届风筝比赛】 4月15日，通州区第三届风筝比赛在通州奥体公园体育场举办，本次比赛有来自全区15个乡镇、街道办事处的80余名运动员参加，经过激烈的角逐，最终产生硬板类、硬翅类、软板类、软翅类4类个人前六名的运动员，个人成绩相加得出团体总分成绩，团体总分前六名依次为：张家湾镇、玉桥街道办事处、梨园镇、永顺镇、宋庄镇、北苑街道办事处。

【健身气功推广展示活动】 4月19日，由北京市体育局、北京市体育总会主办及通州区体育局、通州区体育总会、通州区防范处理邪教问题领导办公室承办的2014北京市体育公益活动社区行暨通州区城乡一体化健身气功推广展示活动在通州区文化广场举行。此次活动有来自全区各乡镇街道办事处选派的38支代表队500余名运动员参加易筋经、五禽戏、六字诀、八段锦、健身气功大舞、马王堆导引术、导引养生功十二法等演示项目。

【举办2014年通州区社区第一届气排球比赛】 5月6日，在区羽毛球馆举办2014年通州区社区第一届气排球比赛，共有北苑社区、新华社区、玉桥社区、中仓社区和梨园社区参加了比赛。经过激烈比赛，北苑社区获得冠军，玉桥社区获得亚军，中仓社区、梨园社区、新华社区获得第三至五名。

举办气排球比赛　　(体育局提供)

【举办运河绿道骑游周】 5月17日，由区政府主办，区体育局、区体育总会、区园林绿化局、区水务局、区旅游委、新城基业公司、西集镇人民政府、潞城镇人民政府共同承办，2014全民健身运河绿道骑游周在大运河森林公园漕运码头拉开帷幕。1.5万余名骑游爱好者、专业车手齐聚大运河畔参加骑游活动。

此次参加骑游活动的骑行爱好者年龄最大的83岁，最小的仅3岁，还有22位国际友人参与。本次活动作为通州区“一区一品”群众品牌活动是本区的传统项目，已举办了三届。

举办2014运河绿道骑游活动　(体育局提供)

【举办拉丁舞、踢踏舞培训班】 由通州区体育局、张家湾镇人民政府主办，区体育舞蹈协会协办的2014年通州区社会体育指导员拉丁舞、踢踏舞培训班于5月21—23日在张家湾中学体育馆举行，来自各委、办、局、中心、园区、乡镇、街道22个单位80余人参加此次培训。

拉丁、踢踏舞指导员培训　(体育局提供)

【举办通州区第四届空竹比赛】 5月27日，在通州区体育场举行通州区第四届空竹比赛。本次比赛有来自全区15个乡镇、街道办事处的160余名运动员参加，这是本区的传统比赛，已连续举办三届。比赛设单轮、双轮、中长杆、舞龙四个单项及集体表演赛，四个单项前六名计入团体总分，宋庄镇、马驹桥镇、梨园镇、潞城镇、永乐店镇、永顺镇获团体前六名。

举办空竹比赛　(体育局提供)

【举办通州区全民健身科学健身指导大讲堂活动】 6月25日，2014年通州区全民健身科学健身指导大讲堂在梨园镇政府报告厅举行，来自梨园镇各社区工作者及部分企业人员共200余人参加，全国著名的体育健身指导专家赵之心给大家上了一堂科学健身指导课，专家围绕着大家关心的有关糖尿病、心脑血管疾病、颈椎病、各种腰腿疼痛等有关疾病应该如何科学锻炼进行了讲解和带领大家进行了示范，并就日常应该如何科学健身进行了指导，受到了参加大讲堂活动人员的欢迎与喜爱，会场气氛热烈，大家积极参与到与专家的各种互动中。

【举办北京市公益体育活动社区行交流展示活动】 为充分发挥体育社团组织的作用，为社区群众提供良好的健身氛围，促进社会和谐，积极引导社会力量，6月20日，北京市公益体育活动社区行暨通州区轮滑、花毽、麒麟鞭交流展示活动在通州区篮球场、体育场同时进行，本次活动有来自区轮滑协会、健身鞭协会、花毽表演队选派的260余名运动员参加，活动不设名次，以交流展示为主。

【举办联东U谷2014世界台球团体锦标赛】 联东U谷2014世界台球团体锦标赛于7月28日在通州潞河中学潞友体育馆开幕。此次比赛由世界花式撞球联盟、国家体育总局小球运动管理中心、中国台球协会、北京市体育局、北京市体育总会、北京市通州区人民政府联合主办，北京市台球协会、通州区体育局等单位共同承办。该赛事是通州区政府举办的重大国际体育赛事。有来自24个国家和地区的25支代表队110余名选手参赛。此次在通州举办2014世界台球团体锦标赛，不仅能够带动台球运动在通州乃至全市、全国得到广泛普及和深入推广，更将共同为北京城市副中心建设增添新的内涵和新的亮点。比赛期间，通州严格按照组委会的要求，全力做好各项服务保障工作，确保比赛顺利进行。比赛于8月2日结束。获得本届比赛最佳团体奖的代表队是中华台北队；获得本届比赛并列第三名的代表队是中国一队代表队、日本代表队；获得本届比赛第二名的代表队是菲律宾代表队；获得本届比赛第一名的代表队是中国二队代表队。

【举办通州区全民健身鞭友交流大会】 8月16—17日，通州区全民健身鞭友交流大会暨2014首届中华麒麟鞭全国邀请赛，在通州区运河文化广场举办。主办单位是通州区体育总会，承办单位是通州区健身鞭协会，协办单位是全国各地28支中华麒麟鞭代表队参加人数有800余人。大赛设八项赛程、集体表演和武术表演等，比赛从几岁儿童到80岁老年参加，分A至K组，活动产生金牌80枚、银牌80枚、铜牌共120枚，此次活动中沈阳队和江苏队及天津队获团体总分前三名。通州取得3枚金牌，并获得优秀组织奖。

【通州区成立徒步协会】 为进一步落实《全民健身条例》《北京市全民健身计划（2011—2015）》，充分发挥枢纽型体育社团的作用，进一步健全通州区体育组织网络，通州区体育总会于8月27日在通州区会议中心举行通州区徒步协会成立仪式。通州区体育总会发展体育协会29个，其中，独立法人协会7个、人群协会5个、单项体育协会17个，通州区徒步协会的成立，使总会组成的协会数量达到30个。

【举办通州区第一届徒步行走运动会】 9月21日，由区体育总会主办、区徒步行走协会承办的区第一届徒步行走运动会在区奥体公园田径场举行，有来自徒步行走协会5个会员单位的1000余名徒步行走爱好者参加，行走路线长5公里，1小时30分钟后所有参加人员全部完成5公里行程。

【举办2014年通州区社区两项比赛】 2014年通州区全民健身路径交流大会和2014年体育生活化社区体质促进项目比赛在9月26日落下帷幕。西集镇一队等20个行政村（社区）获得全民健身路径交流大会优胜奖，玉桥一队等11个行政村（社区）获得优秀奖；北苑街道京贸国际社区等14个体育生活化社区获得体育生活化社区体质促进项目比赛优胜奖。近400人参加了社区两项赛事。

【举办通州区全民健身乒乓球团体对抗赛】 9月27—28日，由通州区体育局、通州区乒乓球协会主办的“通州区全民健身乒乓球团体对抗赛”在时代体育乔庄新馆闭幕，本次比赛有来自全区各单位的72支代表队，410余名运动员参加，经过两天的激烈角逐，最终京通八通一队获第一名、仙源一队获第二名、狂飙队获第三名、大运河俱乐部一队获第四名；潞河中学队、西田阳二队、中钢吉电队、滦县队获并列第五名。

【举办2014北京徒友嘉年华活动】 11月29日，在通州大运河森林公园举办北京市民徒步长走活动，2014北京徒友嘉年华活动以“走进通州，相聚运河”为主题，由北京市徒步运动协会、通州区政府共同主办，区体育局等多家单位承办。此次活动为进一步在全社会普及徒步健身运动，同时宣传和展示通州区作为北京城市副中心的自然、文化和旅游资源，在徒步健身的同时感受通州城市副中心的自然风貌和运河千年的历史文化。本次徒步走活动分为5公里和16公里。当天，全市有4000徒友参加徒步活动。

（冯晶晶）

社会生活

9月30日，“我们的节日——重阳节”主题活动在梨园镇敬老院举行

（区委宣传部提供）

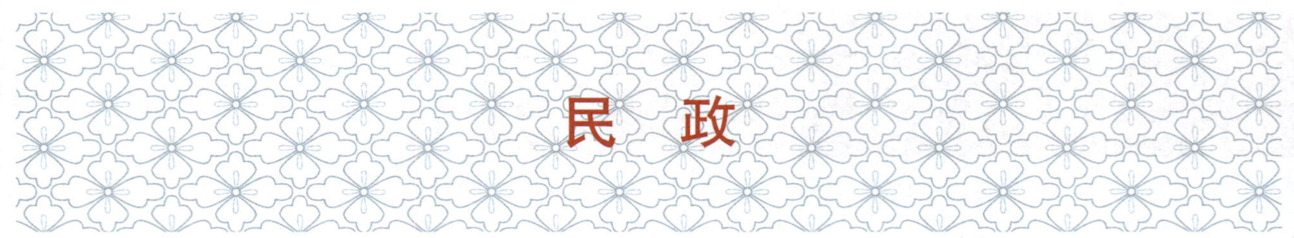

民　政

民政工作

【概　况】　2014年，通州区民政工作在区委、区政府的领导下，在市民政局的指导帮助下，以十八届三中全会精神为统领，以深化改革为主线，以推动“民政事业社会化、民政服务产业化、民政工作信息化、民政业务体系化”为总体改革目标，围绕创新社会治理、发展养老服务业、保障基本民生、提升专项社会事务服务水平、理顺民政体制机制、加强民政队伍建设等6个方面，进一步加强统筹协调，扩大社会参与，提升服务效能，深入推进民政事业健康有序发展，全力服务通州区建设首都城市副中心和全国文明城区，各项民政工作均取得新的进展和成效。

【民政信息】　年内，为扩大民政信息的宣传面和影响力，及时传递各项民政政策法规，使群众第一时间了解最新民政工作动态，区民政局以通州民政信息网、通州区政务门户网站、通州区政府信息公开网、北京民政信息网及《民政信息》内部刊物为载体，打造民政信息平台，通过民政局局域网向北京市民政局报送信息606篇，在其他网站发布民政工作成果信息436篇。

【民政宣传】　年内，为进一步加大民政宣传工作的力度，通过展板、电视、广播、报刊等多种形式进行广泛宣传，通州电视台、通州广播电台等宣传媒体播出反映民政工作的新闻87条；《中国社会报》《北京社区报》《通州时讯》等报刊媒体刊发民政专题1期、其他各类稿件322篇，与通州电视台联合策划播出专题栏目《民政民生》12集，扩大了民政工作的社会影响。

【民政信访】　年内，认真贯彻落实《北京市信访条例》和区委、区政府的部署要求，建立健全信访工作长效机制，坚持局长信访接待日制度，每件信访件党政一把手都亲自阅批，及时化解社会矛盾，用实际行动践行民政为民的工作理念。2014年，受理各级（部门）转办群众来信21件，其中，市民政局转办5件，区委、区政府转办7件，直接收办9件；信访件办结率为100%。

【行政监察】　年内，结合民政工作实际，制定《2014年民政局党风廉政建设和反腐败工作实施意见》《2014年党风廉政建设和反腐败工作主要任务分工》《2014年党风廉政建设和反腐败工作任务分解表》和《2014年民政局党风廉政建设责任制考核办法》，促进党风廉政建设和反腐败工作的深入开展。为不断深化党风廉政建设，引导干部职工正确对待和行使权力，组织全员签订《党风廉政建设责任书》和《廉洁自律承诺书》。

【网上服务监察系统】　年内，按照廉政风险防控管理工作信息化体系建设要求，将网上服务监察工作分解到具体岗位和人员，做到“五个及时”，即为群众办事要接待及时、审查及时、解释及时、落实及时和反馈及时。全年承办网上监察行政审批事项1623项、行政服务事项8789件，执法合格率、时限办结率和群众满意率均为100%。

【征地超转管理】　年内，全区征地超转工作坚持维护和保障征地超转人员的基本生活权益为出发点和立足点，不断改善征地超转人员的就医条件，依法依规为征地超转人员排忧解难。2014年，新接收征地超转人员1225人，发放生活补助费10502万元，将全区6560名征地超转人员全部纳入社会医疗保障体系，实现持卡就医。接待来信来访160余人（件）次，群众满意率100%。充分利用民政服务对象管理系统，加大对死亡人员的筛查力度。

（杨　华）

优抚安置

【概　况】 2014年，全面贯彻落实国家各项优待抚恤政策，不断提高优抚对象定期抚恤补助标准；建立义务兵优待金自然增长机制，义务兵优待标准由每人每年2.5万元提高到2.65万元；元旦、春节期间市、区领导广泛开展走访慰问各类优抚对象活动，慰问金总额353.24万元。

【优抚对象医保政策落实】 按照优抚对象医疗保障办法和相关文件精神，年内，为877人次优抚对象减免医药费239万元；为733名农村优抚对象、39名城镇“一老一小”优抚对象缴纳医疗保险。

【军功奖兑现】 2014年，区民政局为98人次通州籍义务兵兑现了军功奖5.2万。其中，荣立个人三等功的18人次，发放奖励金3.6万元；获得优秀士兵的80人次，发放奖励金1.6万元。

【优抚对象危旧房翻建】 年内，认真落实《通州区农村住房救助实施办法（试行）》，完成5个乡镇17户、51间优抚对象房屋的翻建工作，投入资金91.8万元，进一步改善了优抚对象的住房条件。

【开展烈士公祭活动】 9月30日，是我国首个烈士纪念日，当天，在烈士周波生前所在部队，举行区级烈士公祭活动。区各级领导参加烈士公祭活动。为了做好烈士公祭活动，积极争取领导支持，及时制定《通州区烈士公祭活动方案》和《通州区烈士公祭活动应急预案》，召开相关部门协调会；引导工作落实到位，制定民政局内部人员分工方案，各负其责。烈士公祭活动后，区四大家领导还分别慰问四户烈士遗属，并送去米、油、水果等慰问品和5000元慰问金。

【见义勇为权益保护工作】 2014年，为弘扬见义勇为行为，授予通州区马驹桥镇甄金生为“见义勇为好市民”荣誉称号，为其发放奖金1万元，并荣获“全国见义勇为模范”的称号，为其发放奖金5万元；漷县镇李国福（北京市祥龙出租公司司机）荣获“全国见义勇为英雄司机”荣誉称号，为其发放奖金5万元。为做好通州区见义勇为人员权益保护工作，为9名人员办理2014年公园年票、博物馆年票，19人办理公园年票激活，12人办理区县游览证，11人办理国航购票优待证，31人办理免费公交乘车证。“两节”期间慰问全区见义勇为人员57人，发放慰问金4.72万元，临时救助生活困难见义勇为人员9名，发放临时困难补助2.8万元。确认见义勇为行为3起5人。

（杨　梦　杨　华）

【复退军人接收安置】 2014年，依据《退役士兵安置条例》，坚持以兵为本，认真做好退役士兵接收安置和培训，竭力为退役士兵排忧解难。年内，接收退役士兵290人，其中，城镇退役士兵195人，农村籍退役士兵95人；245名退役士兵和士官选择自主就业；17名进藏退役士兵和7名转业士官安置到事业单位；113名退役士兵参加教育培训，通过培训，提高了他们的就业技能。

（何　昕　杨　华）

【“双拥”工作】 2014年，通州区各级、各单位为驻通部队送去慰问品、慰问金达400余万元，为支持部队建设投资达3000余万元。为解决部队官兵子女入学，通州区认真落实军人子女入学政策，招收军人子女122人，其中，小学82人，初中33人，跨区就学7人。为随军家属推荐安置就业和鼓励自谋职业47人，其中，进入事业编制单位的随军家属10人，经社区工作者考试被录取的随军家属15人，自谋职业22人。为进一步密切军民军政关系，各级各单位积极开展科技拥军、法律拥军、文化拥军等军民共建活动，尤其在“军地青年交流”“好军嫂评比”“送医药下乡”“慈心汇大爱，温暖子弟兵”等品牌“双拥”活动中，累计为驻通部队捐建军营青年图书室18个，评出好军嫂29名，为50余名优抚对象进行义诊，累计救助困难官兵64名，发放救助款44.3万元，得到官兵大力好评。同时，驻通州部队也积极开展“驻通州、爱通州、建通州”活动，大力支援地方重点工作建设，累计出动官兵5000余人次，投入车辆机械200多台次，清理垃圾1000余吨，种植树木2万余株，义诊群众1000余人，出动带兵骨干军训学生2万余人次，为解决贫困学生和困难群众学习、生产和生活上遇到的实际困难，111名部队干部与111名贫困学生结成“一助一”帮扶对子，

25家部队与50户困难家庭建立帮扶关系，用实际行动赢得群众的信任和赞誉。

（张　军　杨　华）

救灾救济

【概　况】 2014年，社会救灾救济工作以维护困难群众的基本生活权益为出发点和落脚点，建立健全各项保障制度，为困难群众提供系统、全面、规范的基本生活保障。社会福利社会化步伐加快，各项救灾救济政策得到落实，“五保”供养水平、城乡低保标准实现统筹。年内，全区有城市低保对象1295户1895人，年保障资金1604.77万元；农村低保对象3436户5502人，年保障资金3228.88万元；为435户因病、因灾等特殊原因造成生活暂时困难的家庭发放临时救助金102.57万元；为2637名城乡特困群众发放医疗救助金687.38万元；2014—2015采暖季为燃煤自采暖城乡低保对象发放补助金211万元；为79名困难大学生发放助学金28.94万元；为143户符合条件的家庭做了低收入家庭认定；两节期间，向全体城乡低保对象发放走访慰问金314.88万元。

【城乡低保对象动态管理】 2014年，区民政局和街道（乡镇）民政部门认真做好低保入户调查、公示上墙、受理审批等环节的工作，确保实现动态管理下的应保尽保。全年新审批203户364人享受城乡低保待遇，并对城乡低保对象采取半年复审、不定期抽查和社会监督等方式，进一步加大动态管理力度。全年因城乡低保对象去世或收入超标，停发享受726户1402人；因城乡低保对象收入或家庭成员发生变化，调整401户。

【救灾应急预案管理】 年内，为妥善应对自然灾害，扎实做好救灾准备工作，摸清救灾物资储备的底数，确定科学的应急物资储备方案，制定《救灾应急物资储备管理制度》。为确保灾情数据报送的准确性、时效性，严格灾害信息员持证上岗制度，截至年底，对通州区村、乡镇（街道）、区三级灾害信息员开展培训3次，培训700余人。为确保民政对象安全度汛，区民政局及时制定下发《关于做好2014年安全迎汛工作的通知》，并与15个街乡签订《安全度汛责任书》，做到机构、人员、职责三落实。

【农村特困户危旧房修建】 2014年，按照市民政局的部署，对全区149户农村社救对象危旧房进行改造，其中，翻建139户、维修10户，投入资金639万元，11月底前全部竣工。

【社会福利机构】 2014年，全区登记注册的社会福利机构18所，养老机构总床位数7510张，床位使用数1842张。

【“五保”供养】 年内，有190人享受农村“五保”供养待遇，其中，集中供养144人、分散供养46人，供养金182.3万元。

【孤儿救助】 年内，进一步落实《关于发放孤儿基本生活费有关事项的通知》，严格审批程序，依法保障孤儿的合法权益。截至年底，全区有城乡散居孤儿24人，累计支出资金35.8万元。

（李宝辉　杨　华）

【救助流浪乞讨人员】 2014年，在节日及重要会议前、恶劣天气期间，积极协调公安、城管、卫生等部门在全区开展流浪乞讨人员集中救助行动。对城市生活无着的流浪乞讨人员的救助向主动型服务转变，全年救助417人次，流浪乞讨、露宿街头等现象明显减少。

（刘宝凤　杨　华）

社区建设

【概　况】 年内，通州区社区建设工作结合城市副中心定位，以统筹城乡建设为指针，以城乡社区居民服务需求为导向，扎实推进“六型社区”（干净、规范、服务、安全、健康、文化）建设、农村社区建设、完善社区服务体系建设、城乡社区人才队伍建设等重点工作，全面提升城乡社区治理水平和社区服务能力。

【农村社区建设稳步推进】 年内，市区签订“农村社区示范区”共建协议，创新开展“11125”工程（“111”即一区一品、一镇一品、一社区一特色三方面内容。“2”是两个层面的结对共建，一方面实施城乡携手共建，另一方面，重点推进文明祥和、安全稳定、服务完善、环境整洁、管理规范、特色创新、健康幸福社区即“七型农村社区”与其他省市的优秀农村社区结对。“5”是在农村社区推行完成登记备案社区社会组织5家）。继续开展星级创建，细化目标，按照社区自荐、乡镇统筹、片区互评三星、民政局评审四星、区农村社区建设领导小组聘请第三方北京市社区服务协会评五星的次序依次评选确定30个区级五星级“七型农村社区”，经北京市协作者社会工作发展中心全过程评估确定5个市级农村社区建设典型示范社区。此外，继续投入农村社区建设管理长效基金1685万元，推进农村社区服务项目化、常态化运作，各乡镇、社区以辖区居民需求为导向，组织开展“惠民饮水服务网”“文艺嘉年华”“情暖老人心”等30个精品和亮点项目。

【深化“六型”社区创建】 年内，城市社区继续开展干净、规范、服务、安全、健康、文化“六型社区”创建工作，通过建立高效的沟通协调机制、建立广泛的公众参与机制、建立职能部门联动机制等措施，经自荐、互检、互评和两轮第三方北京市信用协会全过程评估及市民政局绩效考评，15个社区被市民政局命名为2014年度北京市“六型社区”。

【大力加强社区从业人员教育培训】 年内，为进一步提升现有农村社区从业人员素质和能力，区民政局结合城乡社区治理机制创新、发挥社会工作在社区治理中的作用、社区服务项目申报运作和公益创投、农村土地流转与户籍制度改革政策解读等内容，为全区11个乡镇主管干部和部分农村社区服务站站长106名农村社区从业人员举办专题培训。此外，继续新建仇庄“法德教育基地”、 应寺“便民服务示范基地”、小堡“文化引领示范基地”、次渠北里“志愿服务示范基地”、朗东“队伍建设示范基地”、苍上“党建示范基地”6个农村社区建设实训基地。

【社工登记】 年内，组织430名社区工作者参加考前培训。完成新登记、备案社会工作师41人，助理社会工作师123人。至此，通州区有社会工作师164人，助理社会工作师526人，共计690人。

（王　宁　杨　华）

【“96156”信息平台建设】 年内，为加强“96156”信息平台建设，提高信息准确性，社区中心工作人员深入全区各社区网站了解信息录入情况，全区录入信息总量8336条，其中，居家生活230条、政策法规95条。按照《“96156”服务队伍准入标准》《“96156”服务商加入基本流程》《服务队伍管理规定》发展本区域的服务商队伍，确立严格的准入机制。与此同时，加强对参与社区信息平台网站工作的社区进行考核，对服务商、各乡镇街道社区服务中心负责人及信息员进行培训，以提高他们的社区服务水平。

【志愿者队伍建设】 年内，根据《北京市社区志愿服务促进办法》要求，通过组织宣传、举办社区大课堂、开展形式多样的志愿活动等，不断壮大全区志愿服务队伍。2014年，网上登记注册志愿者队伍573支、志愿者人数47751人。

【“两节”服务】 年内，根据市中心要求，围绕“96156——温暖冬日，情满社区两节关爱老人行动”服务活动为主题，区中心组织开展“政府购买送温暖”“整合资源联手慰问”“亲情陪伴活动”“志愿服务保祥和”和“和谐一家亲”等“两节”服务活动。

（田　芳　杨　华）

基层自治组织建设

【概　况】 2014年，全区城乡基层自治组织建设工作以加强社区民主协商，提高社区治理水平为目标，以试点推行社区“参与式协商”民主自治模式为抓手，不断提升基层自治组织制度化、民主化和规范化水平。积极开展2014年先进村（居）委会和村（居）委会主任评比表彰活动，评出市级先进村（居）委会19个，市级先进村（居）委会主任7名；区级先进村（居）委会12个，区级先进村（居）委会主任13名。行政区域界线管理工作有序开展，通大、通顺、朝通3条行政区域界线联合检查工作顺利完成。

【创新基层自治组织工作模式】 年内，研究制定并下发《通州区民政局关于推行社区“参与式协商”民主自治模式，提高社区治理水平的指导意见

（试行）》，在全区112个社区居委会中选取17个社区进行试点，切实提高社区治理水平。多次深入基层实地调研，有序推动全区街道社区管理体制改革有关工作。

【城乡基层自治组织建设】 2014年，为进一步加强社区公益金的使用管理，提高资金的使用效率，联合区财政局对全区社区公益金使用情况进行统一考核检查。妥善解决化工六厂定向安置房项目跨行政区域界线建设有关遗留问题，成立新城乐居社区居民委员会，切实做好社区居民的管理和服务工作，至此，全区社区居委会达到112个。10月底，民政部副部长姜力深入于家务回族乡仇庄村调研农村社区和基层民主自治建设情况，对仇庄村“以德为政，以法治村”模式给予高度评价。

【农村民主日活动】 2014年，为切实保障村民的决策权、参与权、知情权和监督权，维护全区农村政治稳定和各项事业全面发展，在全区范围内于1月、7月组织两次农村民主日活动。农村民主日活动的深入开展，极大地调动了广大群众参政议政的积极性，提高了农村基层干部的决策水平和解决实际问题的能力，进一步密切了党群干群关系。同时，在全区范围内集中组织召开两次社区居民会议，切实提高社区民主议事、民主决策、民主监督水平。

【行政区划管理】 2014年，围绕北京城市副中心建设与发展、优化地区行政区划设置、提升城市管理水平的总体要求，会同规划分局、国土分局、区农委、区发改委等有关职能部门及乡镇进行全区行政区划调研，委托北京市行政区划与区域发展研究会开展专项课题研究，提出行政区划中近期调整可行性方案。组织开展通大、通顺、朝通3条行政区域界线联合检查工作，同时组织通州区各街道、乡镇开展街乡镇级行政区域界线联合检查工作。对数据库管理系统软件进行升级，完成区级及街乡镇级的行政区划、界线、界桩等相关图形数据、属性数据和文档资料电子化处理，进一步完善了区划数据库。

（范 晔 杨 华）

综合执法

【概　况】 2014年，区民政局在以局党政主要领导牵头的依法行政工作领导小组的领导下，坚持依法行政，坚持学法、用法并依法办事，不断提高民政执法人员的法律素质和行政执法水平。加强法制宣传，开展多种形式的法制宣传教育活动，年内，综合执法科开展民政政策法规的学习和培训，规范行政执法行为，做到严格执法、文明执法，并以局文件形式起草出台《通州区民政局行政诉讼和行政复议办理办法》和《通州区民政局行政执法文书送达规定》，是对民政系统法律法规的补充和完善，对坚持依法行政，正确执法提供了帮助。

【普法宣传】 年内，邀请区法制办主任到民政局进行依法行政培训，坚持在通州民政信息网及《民政信息简报》宣传板块上进行民政法制宣传。在清明节扫墓接待日、村（居）委会换届选举、民政局开放日、“5·12”防震减灾日开展多种形式的法制宣传教育活动，进行民政法律法规、规章及民政相关政策的宣传，尤其是在首个宪法日，通州区民政局综合执法科跟其他委办局一起到张湾镇进行宪法知识宣传，民政局对民政法律法规进行重点宣传，发放大量的民政法律宣传材料，接受政策咨询并耐心解答群众询问，使城乡社区群众受到法治教育，增强了广大群众的法制观念和守法意识。

【依法行政】 年内，通州区民政局综合执法科加强对行政职权的梳理，加强对规范性文件的核对和清理并及时上报。继续对相关科室的规范性文件进行梳理，结合民政工作实际，出台《通州区民政局行政诉讼和行政复议办理办法》和《通州区民政局行政执法文书送达规定》，这两个文件的出台，进一步加强了相关科室依法行政意识，明确了依法行政工作的重要性，为民政依法行政工作的开展提供了完备的依据。组织各科室没有执法证人员参加市民政局和区法制办的民政知识和相关法律法规考试，其中，8人通过两级考试并领取执法证件，进一步充实了民政执法力量。

【综合执法】 2014年清明节前夕，区民政局会同公安、工商、城管、监察等部门，对区内殡葬用品经营网点进行联合执法检查，重点检查各销售网点是否合法营业，是否存在销售冥票、纸人纸马等迷信殡葬用品行为，通过实地联合检查，进一步规范全区的殡葬销售市场，保护合法经营的殡葬销售网点。坚决制止乱埋乱葬和非法销售墓地行为，对公益性墓地进行不定期的执法检查，对非法销售的继续采取高压态势进行打击。撤销多年不参加年检的社团和民非7家，制作的其中一卷行政处罚案卷《北京市通州区青年绿色果品协会不参加年检案》，报送市民政局参加案卷评查。

（杨良忠　杨　华）

殡葬管理

【殡葬惠民】 2014年，区民政局认真贯彻落实各项殡葬惠民政策，按照《通州区城乡无丧葬补助居民丧葬补贴办法》，严格丧葬补贴操作手续，防控风险，避免重复申领、避免政策规定的十类人员申领（该类人员已在其他渠道享受丧葬补助）。年内，共审核丧葬补贴申请2987件，区、镇（乡）两级财政拨付丧葬补贴资金1493.5万元。深入推进“零百千万”工程，即零元骨灰撒海、百元骨灰盒、千元殡仪服务、万元墓地，全区销售百元骨灰盒308个，提供千元殡仪服务1998次，并做好清明节群众扫墓接待服务工作，在全社会大力倡导移风易俗新风。

【清明祭扫】 为确保清明节期间群众扫墓服务安全、有序进行，成立了由区政府办公室、区民政局、区公安分局等部门组成的通州区群众扫墓服务工作临时指挥部，召开了有35个指挥部成员单位领导参加的清明节群众扫墓接待工作协调会。清明节前夕，联合指挥部成员单位对辖区内公墓（陵园）、骨灰堂、公益性集体埋葬点进行了安全检查，对在检查中发现的问题责令限期整改。清明节期间，通州区殡仪馆、永安公墓、通惠陵园、京运陵园、惠灵山陵园等几处重点扫墓接待点，共接待扫墓群众305740人次，机动车辆65795辆次，由于组织周密，措施有力，未发生一起安全责任事故。

（王瑞荣　杨　华）

社会组织管理

【概　况】 年内，通州区社会组织管理坚持以培育发展与规范管理并重的方针，创新社会组织发展理念，全力提高服务、管理社会组织的水平，积极做好社会组织年度检查，认真搞好社会组织评估工作，加快推进政府购买社会组织服务，更好地满足通州区城乡居民多层次、多样化的服务需求。截至年底，登记注册社会组织1308个，其中，社会团体120个，民办非企业单位210个，社区社会组织978个。

【社会组织年度检查】 2014年，为强化社会组织监督管理，结合社会组织年度检查工作，区民政局着重对社会组织的内部变动变更事项、财务运转情况及业务活动情况进行审查，进一步规范社会组织监督管理。完成社会组织年度检查244家，其中，社会团体106家，合格94家，基本合格4家；民办非企业单位138家，合格136家，基本合格2家。

【社会组织评估】 2014年，坚持发挥评估的指导、激励和约束作用，增强社会组织的学习力、凝聚力、公信力、创新力、服务力，在上年评估的基础上，区民政局民管办认真总结经验，建立健全科学合理的评估指标体系，修订并完善社会组织评估标准，协同第三方评估机构完成对通州区97家社会组织的评估工作。截至年底，全区社会组织累计评估107家。

【政府购买服务】 2014年，区政府把购买婚姻家庭辅导、社会公益服务、社会福利服务纳入为民办实事项目，由区财政出资200万元，购买社会组织开展为民办实事项目。区民政局严格按照项目设计、项目提出、项目申报、项目评审等流程确定购买项目；引入专家库评审机制，以机构建设、创新性等20余项评定标准进行打分，决定购买项目，最终有25家社会组织承接为民办实事项目；通过第三方对购买项目进行过程监管，提高项目的质量；制定资金使用管理办法，规定使用范围；由审计机构对购买项目资金的使用情况进行专项审计；以推进政府购买社会组织服务为契机，激发社会组织自身活力和社会服务能力，塑造通州区社会组织公益服务品牌。

【开展社会组织清理整顿】 年内，坚持依法行政，开展社会组织专项清理整顿工作。成立通州区社会组织清理整顿工作领导小组，明确相关部门的职责分工，制定清理工作部署安排。以年度检查工作为基础，对全区330家社会组织进行全面筛查，清理出一批长期不参加年检、不开展活动、有名无实的“休眠”组织。对拟清理的40家社会组织，进行逐一走访，进一步了解社会组织的实际情况，已开展实地取证15家。按照先易后难、注销优于撤销的原则，有5家社会组织自愿办理注销，5家社会组织完成撤销，2家社会组织受到警告。

【落实“四类组织”直接登记工作】 通州区根据工作实际，对行业协会商会类、科技类、公益慈善类、城乡社区服务等四类社会组织降低准入门槛，进行一次性告知制，为当事人提供人性化服务，实行直接登记。截至年底，通州区直接登记的社会组织10个，其中，民办非企业单位7个，社会团体3个。

【开展调查摸底工作】 按照市局部署，通过梳理核查2012年、2013年检资料，积极开展在京境外非政府组织和活动情况调查摸底工作，做到全覆盖，无死角。并与区卫生局联合开展以中医药研究机构名义实施非法诊疗活动专题整治活动，经专项检查，通州区未发现存在非法诊疗活动。

【完成社会组织基本信息普查工作】 一是明确普查任务。通州区有社会组织330家，3000余份成立、变更、注销、年检等不同类型的基本数据信息。二是确保数据质量。建立严格的电子档案数据收集、整理、录入制度。三是落实工作人员。专门抽调两名有档案整理工作经验的工作人员建立社会组织的电子信息基本档案。此项工作为实现社会组织管理自动化、信息数据化、管理网络化打下坚实的基础。

（丁　蔺　杨　华）

婚姻登记

【概　况】 2014年，婚姻登记管理工作依照《中华人民共和国婚姻法》《婚姻登记条例》和《婚姻登记工作暂行规范》要求，坚持依法行政、热情服务的基本原则，继续巩固、提高争创4A级婚姻登记机关成果，办公效率得到进一步提高，群众认可度持续增长。全年办理结婚登记8501对，较上年增长0.9%；离婚登记2538对，较上年增长7.9%；补领婚姻登记2164对，较上年增长11.3%；出具婚姻记录证明2956份，较上年增长99.8%；接待电话咨询及现场解答3.6万余人次。除此之外，协助司法部门查办案18件，检查出冒用假证件办理婚姻登记26起，有效地维护了法律的尊严。

【特殊婚姻登记日服务】 2014年2月14日是特殊的结婚登记日，为做好特殊婚姻登记日的服务工作，区婚姻登记处借鉴往年高峰日经验做法，预先制定工作方案和各项应急预案，并做好相关引导工作。当日办理结婚登记357对，占全年登记量的4.2%，由于准备充分，工作深入，服务周到，未发生一起投诉事件，群众满意率100%。

【涉外、涉华侨、涉港澳台婚姻登记工作】 按照市民政局安排，自2014年9月25日起，涉外、涉华侨、涉港澳台的婚姻登记工作由北京市民政局下放区县民政局负责办理。自下放之日起，办理通州区户籍人员涉外、涉华侨、涉港澳台婚姻登记9对，其中，结婚登记8对、离婚登记1对。

【婚姻家庭辅导】 2014年，为有效降低离婚率，提高通州区公民婚姻法律知识普及率，区婚姻登记处积极创新工作方式、方法，通过政府购买服务方式，引入北京市婚姻家庭建设协会、通州区律师协会等社会组织，由专业心理咨询师、律师定期到区婚姻登记处开展公益性婚姻家庭辅导服务，为当事人提供婚姻家庭矛盾调解、心理咨询、法律援助等公益性服务。年内，开展辅导件数327件，其中，离婚辅导308件，通过辅导选择合好的为88件，占28%，暂缓离婚的138件，占45%，选择继续离婚的82件，占27%；新婚夫妇及其亲属辅导19件。同时，为推进婚姻家庭辅导服务进一步向社区延伸，积极开展婚姻家庭辅导服务进社区活动，在基层社区组织开展和谐婚姻家庭宣传教育活动3次，受益群众500余人，通过开展婚姻家庭辅导，有效避免冲动型离婚的发生，使通州区群众更方便的享受政府提供的公益性服务，维护了社会稳定和家庭和谐。

【婚姻家庭健康咨询】 年内，区民政局积极配合卫生、计生等部门，向婚姻当事人宣传免费婚检、孕检政策，同时向当事人发放计生用品和优生优育宣传资料，引导新婚当事人主动进行婚检和孕检。接待婚检咨询9000余人次，协助计生部门发放宣传手册7500余份。

【婚姻法律法规宣传】 年内，区婚姻登记处通过多种媒体向全社会宣传婚姻法律法规，并在《通州时讯》《通州新闻》《法制晚报》等新闻媒体刊登宣传稿件10余篇。同时，不断加大婚姻政策法规宣传，全年向全区群众发放《中华人民共和国婚姻法》《中华人民共和国收养法》《婚姻登记条例》及计划生育相关知识等宣传资料2万余份，并对1.5万余次群众咨询进行解答，取得良好的宣传效果。

【社会监督】 年内，为进一步提高机关行政效能，确保婚姻登记群众满意率。区婚姻登记处认真开展网上监察服务，做到公正、公开、透明，全年将13203件婚姻登记办结情况通过监察服务系统向群众公布，加强社会监督，增加工作透明度，执法合格率和群众满意率均为100%。

（刘广宇　杨　华）

福利事业

【概　况】 通州区社会福利事业坚持社会福利服务社会的工作方针，千方百计为残疾人安排就业，切实保障残疾职工的合法权益；福利彩票销售发行坚持弘扬福利彩票“扶老、助残、救孤、济困、赈灾”的工作宗旨，发挥彩票公益金扶残济困的作用，树立了良好的社会形象；通州区光荣院不断创新管理模式，提升服务质量，精心照料优抚对象，为优抚人员创造温馨、舒适、优美、和谐的休养环境；通州区社会福利院不断强化服务意识，强化软硬件建设，为孤残儿童提供优质的康复治疗和医疗服务。

【福利生产】 2014年，全区福利生产稳中求进，坚持走市场发展的道路，全年完成销售收入33830.86万元，利税2354.96万元，上缴税费817.64万元。年内，完成全区福利企业资格认定工作。与此同时，认真做好福利企业残疾人就业岗位补贴工作，为16家福利企业的368名残疾职工给予岗位补贴135万元；办理超比例安置残疾职工奖励13.5万元；为福利企业275名残疾职工社会保险补贴128.63万元。为北京磁通设备制造有限公司协调技改贷款贴息26万元。此外，监督全区福利企业与残疾职工全部签订劳动合同，并全部参加社会保险，统一实行北京市最低工资保障标准，使残疾职工的合法权益得到有效维护。

（周丽杰　杨　华）

【接收捐赠】 2014年，累计接收社会捐款41万元，接收物资3315件，根据对口支援地区的要求，将资金50万元，棉衣被等6235件送往对口支援地区，用于助学、助教、助困以及帮助该地区群众解决过冬棉衣不足的困难。

【应急储备】 年内，捐赠储备库2000平方米，储备捐赠物资14437件，为了应对特大自然灾害的发生，通州区储备了包括：帐篷、折叠床、大衣、发电机等13个品种5840件（台）的应急救灾储备物资，价值121.88万元，全面提升了通州区应急救灾能力。救灾物资储备库制度健全，储备库消防制度，储备库突发事件应急预案，接收捐赠款物分类标准，接收捐赠物资工作业务流程，捐赠物资发放工作业务流程制作成展板，全部上墙。年内，对捐赠储备库进行消防、安全检查24次，检查情况良好。

【慈善超市】 4月和6月，在通州区通惠北路14号和通州区群芳南街119号分别建成北京市慈善超市连锁店第4号店和北京市慈善超市连锁店第2号店，在全市率先完成两家区级慈善超市的创建工作，并与北京爱心超市管理有限公司签署《慈善超市委托管理协议书》，领取营业执照，正式营业。

（赵福成　杨　华）

【光荣院创新服务管理】 2014年，区光荣院秉承“思想求新，工作求实，管理求严，服务求优”的工作思路，继续坚持“人性化、亲情化、家庭化”的服务理念，在为老人提供完善服务的同时，光荣院开展多项受到优抚老人喜爱的、内容丰富、形式多样的文体娱乐活动，创新服务内容和服务项目，下乡慰问全区优抚对象，开展通州区重点优抚对象短期疗养活动 ，将全区66名优抚对象分两个阶段，五个批次，接到光荣院进行集中疗养，赢得了良好的社会声誉。

（沈　宾　杨　华）

【社会福利院服务管理】 通州区社会福利院本着“一切为了孩子，为了孩子的一切”的服务宗旨，不断完善软硬件设施设备，努力为孤残儿童营造一个温馨舒适的家。2014年，救助弃婴8人。积极推进儿童回归家庭，完成国内送养11人，涉外送养5人。保障孤儿受教育权，进行适龄儿童信息采集6人次，新增入学2人、入托2人，有12名儿童就读幼儿园、小学及初中。积极开展孤儿学习运用社区资源活动，参加儿童200人次。加强儿童档案管理工作，针对儿童个人资料档案、收送养及寄养业务档案、医疗档案、教育康复等各类档案及文件资料，根据要求建立一儿一档。申请资金10万元，购置大型户外儿童游戏设施，丰富儿童的娱乐生活。

（金　鑫　杨　华）

老龄工作

【概　况】 通州区老龄办按照年初制定的工作目标，继续围绕深化落实“九养”政策这条主线，稳步推进各项老龄基础工作，并以抓好折子工程和为民办实事项目的落实为重点，深入开展各项老龄工作。同时，老龄办开展专项调查，积极探索适合通州区实际情况的为老服务新模式，不断完善三级为老服务体系建设，为营造全区老龄事业发展的良好社会氛围而不断努力。

【养老照料中心建设】 养老照料中心的建设在本年度被列入市政府折子工程。养老照料中心旨在为本辖区内失能、半失能老人提供养老服务的同时，为辐射区域内的老人提供助餐、助浴、助洁、助医等居家养老服务。截至2014年底，通州区除完成玉桥办事处养老照料中心的建设任务外，又超额完成马驹桥镇和永顺镇两家养老照料中心的建设工作。

【养老服务需求抽样调查】 7月，为充分了解全区老年人居家养老需求，有针对性地开展居家养老服务，本区对60周岁及以上老年人开展居家养老服务需求抽样调查工作。向城区、城乡结合部、农村3个方面发放调查问卷3000份，针对老年人家庭状况、健康状况、经济状况、居家养老服务需求、意见征求5大方面开展调查。此次调查为更好地掌握并满足老年人实际居家养老服务需求，构建科学合理的居家养老服务保障体系提供了重要的参考依据。

【为老年人办实事】 2014年，区老龄办为全区2950名户籍及外埠60周岁及以上老年人办理老年人优待证；为14780名户籍及外埠65周岁及以上老年人办理老年人优待卡；为全区17988名80周岁及以上老年人发放居家养老服务券2076.7万元；为全区1417名90周岁及以上老年人发放高龄津贴177余万元；为全区52名95周岁及以上老年人发放医疗补助14.6万元，在全区范围内评选出625名市级孝星。

【老年文体活动】 2014年，“敬老月”活动主题是“传承中华美德　弘扬敬老文化”。通州区在“敬老月”期间开展了以下一系列活动：一是在全区开展第二届“敬老文明号”创建活动；二是走访慰问百岁和高龄特困老人144名；三是举办第五届“长寿杯”老年门球赛和老年台球赛；四是开展孝星事迹宣讲活动；五是在社区、村举办老年法律知识讲座；六是为老年人免费发放老花镜1万余副；七是深入社区、养老机构举办为老服务健康行等老年特色活动。

（何家乐　杨　华）

民族 宗教 侨务

【概　况】 2014年，区民宗侨办认真遵循市民委、市宗教局和市侨办关于民族宗教侨务工作的指导方针，坚持以中共十八大和十八届三中全会精神为指导，从全区民族宗教侨务工作的实际出发，全面落实党的民族宗教侨务政策，加强民族团结进步，依法管理宗教事务，积极引导宗教领域与形势发展相适应，努力维护民族宗教领域的稳定。

【扶持发展民族经济】 2014年，区民宗侨办完成市民委以奖代补考核工作。通州区政府获得区县主体作用发挥优秀二等奖，张家湾镇政府获乡镇主体作用发挥优秀二等奖、于家务回族乡获乡镇主体作用发挥优秀三等奖。张家湾镇枣林庄村和张湾镇村获得民族村经济发展进步奖。全年争取市级民族经济发展资金710万元，区级配套扶持资金500万元，用于扶持于家务回族乡优质育肥牛生产基地、张家湾镇张湾镇村观赏鱼生态养殖中心、小楼饭店宴会厅升级改造等经济项目建设。

【清真食品管理】 年内，区民宗侨办在做好清真食品市场日常检查的同时，对全区清真饮副食网点经营情况、清真食品供应及规范管理情况进行调查，全年办理清真标志牌及清真食品生产经营许可证手续13件，及时纠正部分商户擅自悬挂清真标志牌等违法行为。

【完善民族服务体系建设】 年内，全区规范化清真食品经营专柜总量从原有的23家增加至28家；小楼饭店、紫光园通州店、通一顺饭店评选为北京市规范化清真特色餐厅；北京隆昊肉类食品有限公司在北关、西关清真寺新建两家清真牛羊肉直营店，服务于周边少数民族群众。同时，根据市民委有关要求，向全区289名回族等具有清真饮食习惯的少数民族低保群众，按照每人300元的标准，发放一次性春节临时生活补助。

【发展民族文化体育事业】 2014年，争取市民委少数民族地区补助费22万元，用于扶持于家务村、张湾镇村、垡头村文化体育设施建设。举办通州区第七届民族传统体育运动会。组团参加北京市第九届民族传统体育运动会，参加蹴球、陀螺、太极拳等9个竞赛项目、5个表演赛项目的角逐，并取得优异成绩。严格依法行政，为20人办理更改民族手续。

【宗教场所维稳工作】 1月26日、3月30日，北关、西关两座清真寺先后举办落成庆典，区委书记、区长等主要领导分别到两座清真寺视察，并表示祝贺。年内，区文化委拨专款修缮通州清真寺礼拜大殿、邦克楼。与此同时，做好基督教非法聚会点清理整治工作，对个别非法聚会的组织者和骨干成员进行说服教导，配合公安部门阻止其非法聚会活动。

【协助市级宗教团体换届】 8月，市级宗教团体先后换届。区民宗侨办积极组织区级宗教团体、宗教活动场所做好代表、委员推荐工作。区天主教爱国会会长闫一杰神甫当选市天主教爱国会常委；区基督教三自爱委会会长吕东牧师当选市爱委会副会长；区伊协会长张俊胜阿訇当选市伊协副会长；佑民观刘崇尧道长当选市道协副会长；佑圣教寺然教法师当选市佛协常务理事。

【为侨眷排忧解难】 年内，区民宗侨办认真贯彻落实《中华人民共和国归侨侨眷权益保护法》，积极开展为困难归侨送温暖活动。为7名华人华侨、港澳同胞子女办理中小学入学手续，努力为侨眷排忧解难。

（刘　嵩　杨　华）

人口管理

【概　况】 2014年，通州区有常住人口342639户705084人（男350260人；女354824人），其中，非农业人口395397人，农业户口309687人。全年登记出生10294人（男5291人；女5003人），死亡5527人（男3015人；女2512人），迁入7776人（省内迁入4228人；省外迁入3548人），迁出4426人（迁往省内3749人；迁往省外677人）。（王丽华）

【流动人口和出租房屋管理】 2014年，通州区共登记流动人口729078人，办暂住证546364人，携带15岁以下儿童7586人。登记出租房屋65081户208587间，建立出租房屋管理站274个（来京人员和出租房屋服务站），配备专职协管员542人。

（孙胜杰）

【户口申报审批】 2014年，通州公安分局办理各类审批户口2638 份3355人。（侯振宇）

【证件管理】 2014年，通州公安局分局办理二代居民身份证32030个，办理临时居民身份证6751个。

（王丽华）

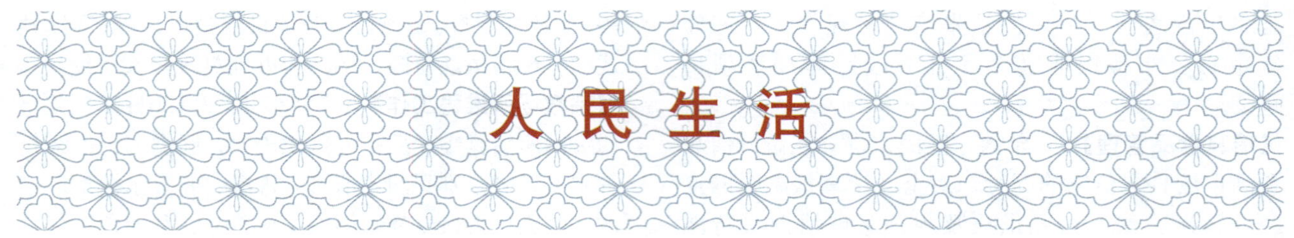

人民生活

【概　况】 2014年，城乡居民收入平稳增长，消费结构不断优化。抽样数据显示，城镇居民人均可支配收入37095.2元，同比增长10.2%，城镇居民人均消费性支出23694.5元，同比增长15%；农村居民人均纯收入20076元，同比增长12%，农民人均生活消费性支出12702元，同比增长9.3%；城乡居民储蓄余额973.8亿元，比年初增加95.3亿元。

（刘海燕）

【城镇居民人均家庭总收入增长11.1%】 2014年，城镇居民人均家庭总收入42205元，同比增长11.1%。人均可支配收入37095.2元，同比增长10.2%。其中，工资性收入28442.2元，同比增长8.2%，占家庭总收入的67.4%；人均经营净收入2310.6元，同比增长19.3%，在四项收入中增速最快；人均财产性收入477.5元，同比增长15.3%；人均转移性收入10974.7元，同比增长17.1%。

【转移性收入占比逐年提高】 2014年，城镇居民人均可支配收入为37095.2元，同比增长10.2%，"十二五"前四年平均增速达到11%，比"十一五"平均增速快1.6个百分点。其中，人均工资性收入占家庭总收入的比重为67.4%，一直保持着拉动收入增长的主导地位，其次是人均转移性收入占比26%，北京市连续十年提高企业退休职工养老金的政策，使转移性收入占比逐年提高。

【城镇居民人均消费支出增速呈逐年上涨趋势】 2012至2014年，通州区人均消费性支出为18971.7元、20603.9元、23694.5元，同比增长分别为6.7%、8.6%和15%，呈逐年增长且不断扩大的趋势。三年来，食品、教育文化娱乐服务、交通和通信三项支出占比稳居前三位，其中，人均食品支出以占比33.8%、34.5%、31.8%连续首位，而居民在交通和通信的人均支出连续两年超过其他项位居第二。

（崔丽鹏）

【农村居民人均纯收入同比增长12%】 2014年，农村居民人均纯收入20076元，同比增长12%，绝对额与增幅均居五个发展新区首位。从收入构成看，四项收入"三升一降"，其中，人均工资性收入12672元，同比增长10.3%；人均家庭经营纯收入870元，同比降低3.4%；人均财产性纯收入2502元，同比增长24.3%；人均转移性纯收入4031元，同比增长14.5%。

【农村居民人均文教娱乐支出增长23.6%】 2014年，农村居民人均文教娱乐支出1031元，同比增加197元，增长23.6%，增幅在八项消费支出中排名第二，仅次于增长26.9%的其他商品和服务消费支出。其中，人均体育娱乐用品支出66元，同比增长32.8%；人均旅游休闲消费支出235元，同比增长22.3%。数据表明，随着农村居民生活水平的逐步提高，人们对文化娱乐、旅游休闲的消费需求也日益增长。

【农村居民人均消费性生活支出同比增长9.3%】 2014年，农村居民人均消费性支出为12702元，同比增长9.3%，八类消费均呈增长态势。其中食品、居住、医疗保健占比位列前三位，分别为5067元、1914元、1198元，分别占消费性支出的39.9%、15.1%、9.4%。增幅前三位为其他商品和服务、文教娱乐和医疗保健，分别增长26.9%、23.6%、17.8%。

【农村居民收入增速连续四年高于城镇居民】 近年来，随着通州区城镇化进程加速以及区委、区政府对农村地区各项扶持政策的落实到位，农村居民财产性和转移性收入增长明显，带动人均纯收入指标较快增长。抽样调查数据显示，"十二五"以来通州区农村居民收入增速连续四年高于城镇居民。其中，2011—2014年农村居民人均纯收入增幅分别为13.2%、11.7%、12.5%和12%，年均增长12.5%；城镇居民人均可支配收入增幅分别为13.5%、10%、10.5%和10.2%，年均增长11%。

（陈　杰）

【城乡居民住房面积】　2014年，城镇居民人均住房建筑面积为34.8平方米，比上年增加0.5平方米；农村居民年末人均拥有住房面积51.3平方米，比上年增加5.1平方米。

（刘海燕）

社会组织

概　述

2014年，区民政局强化服务意识，加大宣传力度，以提升社会组织活力，立足社会组织特色为基础，着力开展社会组织公益服务活动，激发社会组织多角度参与社会治理。充分调动社会组织积极参与社会服务的积极性、主动性、创新性，整合区内社会资源，搭建服务平台，真正实现有效共享，形成月月有活动，社会组织齐参与的常态性社会服务工作新局面。2014年，全区有社会组织330家。其中社会团体120家，民办非企业单位210家。

2014年，区社会组织开展并参加各类公益服务活动两百余场，累计受益人群超五万余人。北京市通州区温州商会“关爱老年人——清晰看世界”免费为通州区1500多名敬老院的老年人验光馈赠老花镜活动；北京通州中医门诊部走近“空巢”送温暖活动历时4个半月，北京马驹桥中医医院到敬老院开展义诊，两项活动使近千名老年人受益；北京仁爱门诊部为通州区13所打工子弟小学在职教师约400余人进行教师节送健康体检活动；北京市通州区金融行业商会“阳光校园行——走进嘉英打工子弟小学”向孩子们赠送书包300个、T恤300件；北京市通州区果树产业协会聘请果树专家张开春举办果树管理培训，全区各乡镇林业站技术人员、各基层单位技术员以及区乡土专家、重点果园技术员70余人参加培训；北京市通州区消防协会在区8所中小学开展消防安全进学校流动展览活动；北京市通州区中医药行业协会组织会员企业，走进区光荣院，用实际行动践行“为老服务我先行，健康宣讲在行动”，同时为区18位百岁老人每人赠送健康大礼包一个等；北京市通州区医学会联合疾控中心性病艾滋病防治所在北京现代音乐学院开展艾滋病日主题宣传活动，发放各种宣传品3000余份、安全套600余只、宣传折页400份；北京市通州区民间艺术协会准备了《九九消寒图》，深入5家敬老院、3所幼儿园、5所中小学校和3个社区开展送温暖活动，受益学生、居民、老年人多达3800余人；北京市通州区慈善协会“慈心汇大爱　温暖子弟兵”项目救助活动对驻通州部队因患大病导致生活困难的官兵进行慰问，有9家部队参与救助活动，40名符合条件的现役官兵及家属获得救助款31.1万元；北京市通州区金融行业商会携手南京、浦发、杭州、邮政储蓄银行“送金融知识进社区”活动使5家社区、400余人受益；北京市通州区北苑街道社区社会组织联合会举办传美德建和谐慰老服务专场活动，7家社区社会组织充分利用自身优势为到场老人提供免费理发、修脚、义诊、金色回忆义务拍照、老花镜发放、居家环保展示、老年书画展示、风筝技艺展示等项目，受益居民涉及18个社区约120余人。

（丁　蔺　杨　华）

通州区消防协会

【概　况】 通州区消防协会为5A级社会组织，现有团体会员170家（辖企事业单位310家），并有中仓、张家湾、漷县、西集等4个地区基层活动片组，有个人会员35家。年内，全会围绕区政府消防工作中心，坚持以民生需求为本，以提升会员单位从业人员和社会群众消防安全综合素质为重点，积极参与公益宣传，广泛开展消防安全宣教活动，通过组织的12轮消防安全流动展览和6场次消防知识培训演练等活动，使全区112家单位的132703人次的企事业员工、大中专院校及幼儿园师生、医患人员、商市场人员、社区居民和农村群众受到了消防安全的宣传教育，为促进会员单位消防安全管理水平的提升和社区居民、社会群众消防安全意识与技能的增强均发挥了积极作用。会长张振华被评为北京市社会组织工作先进个人。

【“消防安全”流动展览】 年内，协会自筹资金，以“美丽乡村—消防安全‘进农村’”系列活动和消防安全“进校园”“进社区”等不同主题并结合会员单位和农村实际，精心设计制作8套160块消防安全流动展览展板和60个不锈钢展板架、2.5万余本消防知识宣传册等消防宣传品，并遵循“点”“面”结合的组展方针，以“送展上门”的形式组织12轮消防安全流动展览。其中，以“点”的形式，在协会的理事、监事单位和规模较大的防火重点单位中组展，有北京财贸职业学院、北京工业大学实验学院、通州商业资产运营公司、通州马

4月25日，消防安全“进校园”专题流动展览
（消防协会提供）

驹桥物流园区、通州区园林绿化局等防火重点单位参展；以“面”的形式在中仓、西集、漷县、张家湾4个基层片组所辖企业中组展。12轮流动展览累计有112家单位的13万余人次的企事业员工、在校师生、医护人员、商市场人员和社区居民、社会群众参观了展览。活动还有力地配合了全区“安全生产月”“119”消防宣传周等活动的开展，特别是在通州区科技周、社区节开幕仪式、慈善超市开业仪式等公益宣传现场，协会的流动展览展板吸引了许多人驻足观看，受到了参会人员和过路群众的称赞。

【加强协会组织建设】 3月5日，通州区消防协会三届五次理事会暨会员代表会议在协会副会长单位北京财贸职业学院院部会议中心召开，会议对协会上年工作进行总结并审议通过协会本年度工作计划要点。10月22日，协会三届六次理事会暨会员代表会议在北京财贸职业学院院部会议中心召开，会议研究部署了协会“119”消防宣传周活动以及协会下一阶段工作，并就协会副会长和理事的调整进行了表决。

【消防宣传教育活动】 为延伸流动展览功能，协会秘书处结合消防安全“五进”（进企业、进学校、进农村、进社区、进家庭）的实际，精心制作不同主题的消防宣传多媒体课件和教案，并结合火灾案例宣讲消防知识。年内，协会组织消防知识培训和灭火逃生演练6次，有北京财贸职业学院、通州区园林绿化局、马驹桥物流园区、中仓社区等多家单位的1万余人参加了培训和演练。

【政府购买社会组织服务】 消防协会积极发挥社会组织的桥梁和纽带作用。协会的“美丽乡村——消防安全‘进农村’系列活动”被市社工委购买，此项目以推进新农村建设为主题，发挥协会职能作用和消防志愿者参与社会管理的基础作用，在农村地域辽阔、外来人口偏多、消防宣传相对薄弱的地区开展消防安全专题流动展览和消防知识培训、消防知识有奖问答以及灭火器材使用演示等多层次的消防安全宣传教育活动。年内，区民政局为落实政府委托相关职能，培育服务品牌，将对辖区内社会组织安全检查事宜委托给消防协会。协会秘书处制定详尽的检查方案，成立安全检查领导小组，进行科学的分工，并会同各辖区职能部门对辖区内的社

会组织和民营非企业单位的安全进行地毯式检查，按照委托协议中的检查重点进行逐一排查，并及时登记备案。

5月16日，社区节公益宣传（消防协会提供）

【服务民生】 消防协会认真履行社团职责，热情参与各项公益宣传，广泛普及安全知识：5月1日，区消防协会在人员密集的葛渠农贸市场开展消防知识赶大集专题消防安全流动展览活动；5月16日，区消防协会参加区社工委、区民政局等单位在区运河文化广场举办的2014年社区节开幕式启动仪式，接受5A级社会组织的授牌；5月19日至5月23日，区消防协会分别在区兵器广场、漷县、玉桥等地区参加了由区政府主办，区科委、区科协承办，区科普联席会部分成员单位协办的2014年通州区科技周活动；9月26日，区消防协会参加了区高楼金慈善超市开业庆典。以上公益宣传活动中，协会积极宣讲消防安全知识，并发放消防宣传购物袋等消防宣传品6类2万余份。

（郭淑云）

9月24日，消防灭火演练（消防协会提供）

通州区关心下一代工作委员会

【概　况】 2014年，区关心下一代工作委员会（以下简称区关工委）围绕通州区创建全国文明城区大局，依靠组织，充分发扬“五老”（老干部、老战士、老专家、老教师、老模范）队伍优势，开展多项蕴含思想教育内涵、内容形式多样的活动，各项工作不断取得新成绩。基层组织建设进一步深化，16个基层关工委全部配备专职“五老”担任关工委副主任，负责关心下一代工作；宣传工作进一步加强，区关工委依托大运通州网建立专题网页，涵盖基层动态、“五老”风貌、茁壮成长等多个版块；示范性、引领性活动进一步推广，区关工委打造“青少年思想道德建设大讲堂”特色品牌，进一步挖掘青少年校外思想教育基地，开展传统文化教育活动，逐步拓展活动领域、活动空间，不断充实活动内容；基层关心下一代活动进一步丰富，玉桥街道、漷县镇、教育系统等关工委都开展了各具特色、形式多样的活动。

【开展大讲堂系列活动】 年内，由区关工委牵头，在全区范围内开展“青少年思想道德建设大讲堂”系列教育活动。活动于4月9日启动，全年引入专家、学者、模范人物9名，围绕10个专题，开展活动14场。活动包括北京教科院家庭教育研究与指导中心原主任闵乐夫讲授“青春期女孩如何健康成长专题讲座”“从男孩到男子汉”“隔辈人教育的利弊及方法建议”；著名京剧表演艺术家孙毓敏讲授“弘扬民族文化、传播京剧国粹”；感动中国人物“草原英雄小姐妹”龙梅、玉荣讲授“传颂英雄故事 传承英雄精神”等专题讲座。全年大讲堂活动参与面广，得到各个单位的大力支持，呈现以下几个特点：一是主办单位多。联合全区8家委办局开展本次活动，影响力大，利用不同单位的资源，共同助力青少年教育；二是参与学校多。涵盖中学、小学、幼儿园，直接参与的学校包括第一实验小学、官园小学、北京二中通州分校等16所学校；三是发挥教育基地作用。大讲堂将三场讲座设在已挂牌的青少年校外教育基地通州区图书馆和通州区文化馆，充分利用了社会教育资源；四是受众面广。受众包括教师、学生、家长、社区工作者等群体，不同的专题针对不同的群体，使教育效果极具针对性。区关工委对每一场讲座都进行全程录像，并统一刻录光盘，发放到全区城区、农村的所有中小学校及各级关工组织，使未能亲临现场的听众也能听到专家、学者、模范人物的精彩讲座。

【全面推进基地推介使用工作】 区关工委联合区文明办连续三年开展青少年校外思想教育基地评选、命名、推介活动。第三批教育基地申报19家，审核考察通过14家。其中，涵盖地方历史教育基地、青少年思想教育基地、文化创意艺术教育基地、科技农业发展教育基地等类别。截至2014年底，全区评选青少年校外思想教育基地51家。

【举办诗文朗诵会】 5月30日，区关工委在老干部活动中心举办“梦想在召唤”诗文朗诵会。“老少同台咏，唱响中国梦”，形式多样、内容丰富的朗诵让现场的青少年感受中华传统文化的博大精深。朗诵会参演节目19个，内容以古诗词为主，也有朗诵者的诗文新作。教育系统关工委、张家湾镇关工委、永顺镇关工委报送的节目获得一等奖。

区关工委举办“梦想在召唤”诗文朗诵会

（关工委提供）

【开展传统文化教育】 6月20日，《诗词中国》向通州区中小学捐赠光盘暨向全国小学捐赠《诗词中国（少儿版）》光盘大型公益活动启动仪式在北京市史家小学通州分校举行，中国关心下一代工作委员会主任顾秀莲出席并发表讲话。活动结束后，区关工委将光盘下发到全区中小学，要求基层关工组织以《诗词中国》向通州区中小学捐赠光盘为契机，组织好《诗词中国》欣赏，进而在学生中广泛开展经典古诗词诵读活动，引导少年儿童关注中华传统文化，感受中华诗词艺术的独特魅力，从中陶冶情操，获得教益。

中国关工委主任顾秀莲到通州出席《诗词中国》向通州区中小学捐赠光盘大型公益活动并讲话　（关工委提供）

【开展节日手抄小报制作活动】 手抄小报制作活动是区关工委的传统活动。2014年，区关工委对前三年的手抄小报进行汇总、筛选，挑选出优秀的手抄小报作品，与区文明办联合印制《通州区优秀节日小报集锦》一书。区关工委将《通州区优秀节日小报集锦》发放到基层关工组织，让孩子们看到自己的作品，提高了他们参与社会活动积极性，对促进青少年的全面发展起到了积极作用。

【开展“家德家风我传承”征文活动】 暑假期间，区关工委开展“家德家风我传承”征文活动，要求各基层关工委要引导学生关注自己的家德家风，与家长一起思考、总结并把良好的家德家风传承下去。同时，以此为基础，采取有叙有议的方式，完成一篇“家德家风我传承”征文。区关工委在假期结束之后，将收集上来的优秀征文作品刊登在关工委网页的《茁壮成长》栏目。

【编印《我们的节日》一书】 年内，为了对青少年进行节日文化教育，区关工委编写了《我们的节日》一书，内容涵盖中华传统节日、党和国家重要纪念日和公众性节日三个部分。对其中主要节日的产生、发展、节俗、传说及有关节日诗词做了简要介绍，以帮助青少年从节日文化中吸取精华、得到教育。

（范立华）

通州区观赏鱼产业协会

【概　况】 协会现有团体会员32个，个人会员178名。全区现有880户从事水产养殖，其中，观赏鱼养殖户274户，养殖水面5391亩。2014年，全区商品观赏鱼产量2.8亿尾，产值9692万元。观赏鱼自孵鱼苗9亿尾，外销1.5亿尾，引进5000万尾，全区放观赏鱼苗8亿尾。

【发挥鑫淼水产良种场龙头带动作用】 鑫淼水产良种场作为国内首家观赏鱼国家级良种场，具备观赏鱼品种改良、优质亲鱼、后备亲鱼与苗种供应的能力。2014年，鑫淼水产良种场孵化优质锦鲤水花4000万尾，草金鱼鱼苗1亿尾。年内，该场对孵化设施、亲鱼及后备亲鱼培育池、水源井、电力线路进行升级改造，为进一步提高良种生产供应能力奠定基础。

【加强观赏鱼苗种扩繁场建设】 2014年，作为观赏鱼苗种扩繁基地之一的西集镇马坊村孙高起养殖场孵化观赏鱼鱼苗3.4亿尾，其中，龙睛、红狮、红头、琉金等宫廷金鱼鱼苗1.8亿尾，红草金鱼鱼苗1.2亿尾，锦鲤鱼苗4000万尾，苗种销售收入60余万元，经济效益可观。张家湾镇西永和屯苗种扩繁场改造孵化车间600平方米，建设宣传文化墙并对场区道路设施进行升级改造，年内，该场孵化草金鱼苗1亿尾，全部提供给合作社社员和周边养殖户。2014年，全区苗种繁育场孵化观赏鱼苗6亿尾。全区观赏鱼良种覆盖率达70%以上。

【推广观赏鱼养殖新技术】 重点推广螺旋藻饲料增色增艳、中草药防治鱼病、优质锦鲤挑选等4项观赏鱼养殖新技术，促进科技成果落地转化。年内，以鑫淼观赏鱼科技示范基地和全区遴选出的50名观赏鱼科技示范户为依托，开展螺旋藻饲料增色、水质调节剂使用等新技术推广应用活动，向观赏鱼养殖示范户发放观赏鱼专用螺旋藻粉700公斤，亚硝快克100箱。张家湾镇大北关村观赏鱼养殖示范户李连华，养殖草金鱼13亩，产商品鱼1.3万余公斤，平均亩产达1000公斤，总产值37万元，纯利润17万元，亩平均利润达1.3万元，经济效益可观。

【组织参加观赏鱼大赛】 年内，组织鑫淼、西永和屯等通州区知名观赏鱼养殖单位参加10月在中国农业展览馆举办的“2014北京　金鱼锦鲤大赛”。大赛中，本区获得锦鲤、金鱼组各部别奖项25个，其中，冠军奖项11个。鑫淼水产总公司获得红白锦鲤55部、大正锦鲤55部冠军和兰寿金鱼季军，西永和屯观赏鱼养殖合作社获锦鲤20部冠军等。进一步提高了通州观赏鱼的知名度和市场竞争力。

【开展全覆盖式培训】 2014年，先后邀请全国水产技术推广总站王玉堂研究员，北京市水产技术推广站殷守仁研究员为在台湖、张家湾等地开办了养殖用药技术、观赏鱼养殖水处理技术培训班；在西永和屯、王庄、靛庄、唐大庄等水产田间学校开办田间学校培训班。全年组织各类培训班8期，培训人员600余人次。

（郑利华）

街 道

6月5日，玉桥街道文化周活动中，群众表演“家和万事兴”　（玉桥街道提供）

中仓街道

【概　况】　中仓街道位于副中心建设的核心区域，总面积约700万平方米（7平方公里），街道下辖17个社区，有企事业单位114家，总人口约4.6万户9.8万人。2014年，中仓街道围绕副中心建设总体目标，认真贯彻落实党的十八届三中、四中全会精神及市、区决策部署，以群众路线教育实践活动为契机，以创建全国文明城区工作为载体，以社会管理创新为抓手，深入推进“平安、美丽、人文、幸福”四个中仓建设，街道党员干部作风持续转变，为推动街道各项事业健康发展提供了坚强保障。年内，街道荣获民政部授予的全国和谐社区建设示范街道称号，通州区年度征兵工作先进单位、安全生产工作先进单位；星河社区获得全国和谐社区建设示范社区称号；小园社区被评为北京市城乡环境建设基层样板单位，运河湾社区被评为北京市绿化美化花园式社区。

【全国和谐社区建设示范街道创建】　由民政部主办的全国和谐社区建设示范单位创建活动，是我国社区建设领域最高级别的示范创建活动。中仓街道被推荐为北京市远郊区县唯一一家参评单位，在创建迎检过程中，在全面梳理总结近三年和谐社区建设方面的工作措施和成绩，研读分析、细化分解各项创建指标任务的基础上，大力挖掘街道自身工作优势和特点，围绕“平安、美丽、人文、幸福”中仓建设目标，大力推动社区标准化、规范化、精品化建设，经过民政部授权专家小组验收，授予中仓街道全国和谐社区建设示范街道称号。

【全国文明城区创建工作】　年内，通过调查问卷、发放宣传品等形式，对辖区3万户常住人口进行入户宣传，制作宣传展板300余块，粉刷装饰楼门239个、7.7万平方米，征集书画作品900余幅。广泛动员各类社会组织和企事业单位，发动志愿者6000余人，组织开展环境卫生整治、交通文明劝导、治安巡逻防控等主题志愿活动，完成8个文明示范小区建设，街道文明程度显著提升，为通州区取得创城提名资格作出了积极贡献。

【城市综合监管工作】　年内，查处违法建设31宗，拆除953平方米，实现违法建设动态清零；组织开展联合执法76次，排查整改安全隐患1500余处，处罚违法经营单位200多家；深入推进平安社区创建和社会秩序综合治理，开展流动人口和出租房屋大摸排专项整治行动，核查出租房屋2600余户；街道网格化社会服务管理系统运行良好，接收报送各类事件近2.6万件，结案率99.8%，群众满意率100%。

【社会保障工作和民生改善落实到位】　各项社会保障政策、救助资金落实到位。年内，实现就业832人，城镇登记失业率控制在1.6%；投入600余万元大力开展环境整治，硬化小区道路、老旧街巷2.9万平方米，粉饰街巷、胡同10万平方米，清除卫生死角50余处，清理小广告近15万张；协助区市政市容委对新华园等4个社区1.13平方千米区域进行环境提升，解决居民行车难、停车难、环境差等问题，受益居民达9000户；小区垃圾分类通过企业化运作模式，实现管理全覆盖。

【党建工作】　2014年，突出服务主题，切实加强基层服务型党组织建设，通过实施“社区周末工作室”“社区微信平台”等新方式，提高社区服务便捷度；深入开展在职党员进社区活动，1533人次参与志愿服务活动，服务群众3710人次，“红色1+1”党支部、“城市书吧”等，搭建起在职党员服务社区的新平台；“七彩社区梦”党建工作机制获评区委组织部年度基层党建创新项目。

【社区服务】　2014年，运河湾等3个社区实现“六型社区”（干净、规范、服务、安全、健康、文化）创建达标；小园、西上园、滨河社区通过“北京市智慧社区”工作验收；中仓、白将军、小园社区成功创建市级“一刻钟服务圈”示范社区；通过开展“雷锋精神创和谐家园”等主题活动，大力培育和引导社区社会组织参与社会管理服务；社区志愿者服务形成新常态，与社区残疾人建立“一对一”生活服务帮扶对子218对，实现助残志愿服务机制长效化。

【搭建文化平台】 年内，以“一书一报一舞台”为载体，积极推动“人文中仓”建设，出版发行街道历史文化专著《中仓》6000册，创办《中仓社区报》，发行13期20万份，“中仓居民大舞台”开展年度文体活动30场次，参与群众达8000余人次；成立中仓文联、摄影、书法协会和中仓诗社4个群众自治文化组织，发展会员410人，为繁荣社区文化建设打下了坚实基础。组织开展“迎新春楹联征集”“月圆中秋情满社区”“九九重阳百家乐”等传统节日文化活动，大力倡导文明健康向上的节日理念，引导群众凝心聚力，践行“中国梦”和社会主义核心价值观。

（郭　玮）

新华街道

【概　况】 新华街道地处现代化国际新城核心区，东北起温榆河、北运河中心线，西至新华北路、通顺路中心线，南至新华大街中心线，面积325万平方米（3.25平方公里）。下设如意、司空、天桥湾、贡院、新建、北关、东大街7个社区居民委员会。历时4年多的拆迁、征收、建设，辖区发生巨大变化。5个社区（贡院、新建、北关、东大街、司空）全部拆迁。辖区户籍人口8079户，16578人，常住居民2485户，5142人；外来人口4662人，出租房屋722户。近年来，新城核心区基础设施建设正在进行中，其中，在建项目17个，38个工程标段，39个建设工地，完成在建项目1个，工程标段4个，施工人员近两万人。2014年，新华街道认真贯彻落实党的十八届四中全会精神，以开展党的群众路线教育实践活动为契机，切实改进工作作风，从“夯实工作基础，提高服务质量，打造服务品牌，促进新华发展”四个方面入手，扎实开展各项利民惠民工作，不断提升服务质量和水平，并全力推动各项创城工作。司空小区征收工作初步完成，其余小区完善基本配套设施，为创建“魅力、实力、活力、和谐、幸福”的新城开创了新局面。2014年，新华街道国、地两税合计入库4321万元，同比增加2111万元，增长95.5%；实现区财力1581万元，同比增加870万元，增长122.3%。其中，国税入库4195万元，同比增加2068万元，增长97.2%；地税入库126万元，同比增加43万元，增长51.8%。

（于　佳　赵文祥）

【纪念中国共产党成立93周年系列活动】 7月，新华街道工委以庆祝建党93周年为契机，集中开展参观、党课、征文、演讲、座谈等系列活动。开展了“念党情，送温暖”走访慰问建国前老党员、生活困难党员活动。组织党员帮助本辖区困难群众和党员解决实际问题，用共产党员无私奉献的实际行动引领互助互爱的社会新风尚。开展“拆迁党员居住地共建”系列活动，进一步发挥新华党员的先锋模范作用，从而带动社区居民参与承诺制活动。开展“党员社区公益服务日”活动，为文明城区创建、建设和谐新华作出积极贡献。

【打造区域化党建格局】 11月，召开新华街道“大工委”、社区“大党委”成立大会，全力构建以街道工委为核心、社区党组织为基础、驻辖区单位党组织和党员共同参与的区域化党建格局。2014年，街道在如意社区和天桥湾社区建立起党代表工作室，以“党代表工作室”为工作平台，结合党代表履职特点，将党代表进社区活动引向深入，多种渠道了解民意，多元方式解决民忧，多维角度凝聚民心，不断推进和谐新华的建设。

【推进“双协商”】 11月，针对社区治理中的难点、热点问题，在区委党校和博士联谊会的指导下，建立街道和社区两个层面的社区事务协商治理、协商服务模式。开放性和多方参与的双协商机制架构建立运行，在社区党总支的主持下，在解决因居民利益矛盾引发的一层下水改造、个别居民侵占公共空间问题上取得突破性进展。社区党组织引领下的居民自治、自管显现较强活力。

【深挖“党员承诺制”品牌】 2014年，推动升级转化，党员承诺制由党员个人承诺向党组织集体承诺和党、群结合承诺转化，参与承诺制的党员达到648名，占有活动能力党员的89.1%，带动身边百余名群众也纷纷加入承诺，承诺服务事项300多项。对参与承诺的党员、群众政治上关心、生活上关爱，为全体党员订阅《通州时讯》，为志愿者购买人身意外伤害保险。加大宣传激励力度。对贡院社区学雷锋党员承诺服务队的先进事迹进行深度追踪，拍摄《永恒的承诺 不变的坚持》微电影；将党员承诺服务的照片作为楼门文化展示的内容，七一当天，对优秀的党员志愿者进行表彰。

【实施搬迁党员安家工程】 年内，在拆迁分散党员的服务管理工作中，针对650名党员分布在9个安置房小区的情况，通过上门走访等方式，掌握支部和党员情况，联系所在乡镇、街道，协调解决党员活动场地的问题，为每个支部配备必要的学习培训设备，和当地党组织建立起日常性的双向共管工作机制。

（张海佳）

【服务民生工作】 2014年，切实开展为民服务活动：投资360万元对218个楼门进行粉刷，统一更换邮政信报箱，对楼道破损窗户及安全扶手进行维修，并在一层安装老年人安全扶手；为218个楼门安装或升级楼宇对讲防盗系统；出资107万元，为每一楼门安装2块固定的公共服务宣传栏，4块楼门文化宣传栏和居民个性化自创空间，因地制宜发展楼门文化；召开招聘会12场，提供岗位788个，有353人初步达成就业意向。为失业人员发送单位招聘信息36次。挖掘社区就业的潜力，促进215名困难失业人员实现就业。帮助21人实现创业，带动50人就业。开发绿色岗位52个；住保新增申请32户；因申请人去世、自愿放弃等原因终止19户；因增加人口、减少人口、保障方式变更等原因变更29户；为辖区200余名退休人员变更社保卡身份。340名居民办理社保卡申领、挂失补办手续；为辖区134户计划生育家庭参保“安康计划”，最大限度地确保计划生育家庭的根本利益；为辖区200名城镇无业已婚育龄妇女发放体检表等活动。

（于　佳）

【司空征收工作初步完成】 10月6日，司空小区房屋征收项目现场签约工作正式启动。司空小区房屋征收项目共计1045户，奖励期内签约981户，剩余64户。司空征收工作从2013年9月23日开始启动，经过评估、公布征收与补偿方案、入户调查、发放签约选房顺序号等环节的工作，由通州区政府作出征收决定。

（赵文祥）

【创城工作】 2014年，为了营造良好的创城宣传氛围，在居民小区、办公楼设置遵德守礼提示牌32块，自行车车棚围挡108块，小区便民贴吧218块、社区服务宣传栏218个，楼道宣传镜框872个；发放创城倡议书1万份，4000份调查问卷；投资25万元制作了印有创城标语的脚垫、围裙、扫尘套装等宣传品；投资350万元对天桥湾、吉祥园、如意园3个小区进行改造；新建如意社区电子图书室，协调区图书馆配置电脑11台，结束了社区无电子图书室的历史；累计发放实地督办单33份。

（贾　菲）

【公租房摇号】 2014年，公租房摇号选房一个批次，选房15人，补贴15人；经适房摇号前复审65人，摇中选房63人；限价房摇号前复审45人，选房

45人；廉租房及公租房租金补贴复审133人。

（赵文祥）

【楼门文化建设】 2014年，辖区以“环境整洁、管理规范、民主自治、居民和谐、特色突出”为目标，通过楼门粉刷全覆盖、安装防盗门全覆盖、楼道保洁全覆盖“三个全覆盖”和“2+4+N”模式全面提升楼门硬指标。完成218个文化楼门的建设工作，创建109个精品楼门、2个精品楼门社区和2个精品楼门文化圈，建立楼门情况基本台账，组建10支楼门文化创作志愿团队，建设“一老一小”楼门长队伍，发展楼门长近200人，形成新华街道特有的楼门文化全覆盖、出精品、有特色的发展格局。

（徐　蕾）

【气象安全社区建设】 年内，完成如意、天桥湾两个社区气象灾害防御应急准备认证工作。如意、天桥湾两个社区获“气象安全社区”称号。

（赵凤义）

【街道指挥分中心成立】 2014年，新华街道辖区成立街道指挥分中心和7个网格工作站，处理社会管理服务信息2000余条，其中，包括党群建设、社会服务、经济管理、公共安全、综治维稳、城市管理6大类。完成率为98%。为实现区域网格信息化服务迈出了坚实的一步。

（刘燕升）

【文艺演出】 年内，新华街道辖区举办了“古韵新华文明先行”暨新华街道“道德模范”“身边好人”“文明达人”表彰文艺演出。本次演出自3月初开始筹备，历时两个月，参演演员均为新华辖区居民。节目以创城为主题开展创作，10个原创作品，其中，包括乐器合奏、独唱、小品、京剧、合唱等。表彰2014年度“道德模范”10名，“身边好人”30名，“文明达人”48名，并向获评者颁发荣誉证书。

（汤　林）

5月22日，新华街道开展“古韵新化，文明先行”创城宣传文艺演出活动　（新华街道提供）

【城市综合监管队伍成立】 年内，为进一步维护辖区治安、交通、环境秩序，并结合辖区实际情况投资10余万元，购置电动巡逻车20辆，组建新华街道城市综合监管队伍。

（周志明）

【为工地流动已婚妇女提供免费体检服务】 2014年，辖区为新城建设工地上的流动已婚妇女发放体检表，到263医院进行免费健康体检。使他们在为新城建设作贡献的同时，感受到政府对他们身心健康的切实关怀。

【宣传“宝贝计划”免费亲子课程】 为了配合区人口和计生委开展的“宝贝计划”工程，辖区过电子显示屏、社区宣传栏、楼门宣传栏、电话通知等方式，将“宝贝计划”免费亲子课程的信息宣传覆盖到整个辖区。使辖区内有意愿参加免费亲子课程的婴幼儿充分享受公益服务。

【加强计生法治建设】 12月4日在第十四个法制宣传日，也是首个国家宪法日。为深入贯彻党的十八届四中全会精神，全面推进依法治国，街道辖区计生办到国防广场开展以“弘扬宪法精神、建设法治中国”为主题的计划生育法制宣传活动，发放计生礼包、计生法律法规及相关政策读本、避孕药具100余份。

（王　莹）

北苑街道

【概　况】　北苑街道位于通州新城中心城区西部，北临通惠河，南至运河西大街，东起新华南北街，西与朝阳区接壤，辖区面积870万平方米（8.7平方公里），设有18个社区，总户数为38100户，户籍人口近7万人，总人口近15万人。2014年，北苑街道以“重服务、勇创新、树形象、创一流”为工作目标，发扬北苑街道“诚为本、善争先、勤服务、苑清廉”的机关精神，大力推进街道社区和谐发展，培育和践行社会主义核心价值观为总体思路，努力从群众关注的焦点，百姓生活的难点中寻找工作切入点，以党建工作为统领，实施一系列惠民利民工程，街道社会治理水平，地区文明程度都得到了提升。

【深化党建“双向积分”工作】　年内，党建“双向积分”工作进一步深化，推出“5队3社”（义务指路队、48只眼小广告清除队、果园西自管队、普法队、护河队，缝缝补补服务社、曾春玲理发服务社、八姐妹书画社）北苑党员品牌志愿服务队；整理完成42名积分标兵纪实故事宣传材料；印制出版《北苑双向积分推进群众路线教育实践活动扎实开展》手册；制作党员电教片《结亲戚》和“微型党课”宣传片，被评为全区优秀党教宣传片和十佳党课。辖区机关事业单位、非公经济组织积极参与，促成北苑商会党支部、北苑街道“大工委”的成立，进一步提升了基层党建工作平台。“双向积分”被区社工委确定为社会服务管理创新项目，被区委组织部评为2012—2014年度优秀基层党建工作创新项目一类项目。

【创城工作】　一是建立机制，构筑平台，打好持久战。二是形式多样，借助平台，扩大社会面宣传。加强社区阵地建设，为18个社区安装精神文明宣传栏，张贴精神文明宣传内容，每季度更新一次，宣传全国文明城区的口号。三是成立“明天的太阳”宣讲团，挖掘青少年典型事迹。形成未成年人社会教育体系，助力创建全国文明城区。四是整合资源，推动创作，扩大精神文明宣传。以“创建进行时”为主题，以“我们的节日”为切入点、以“我的舞台”为载体，组织开展街道、社区两级文化活动50余场，参与群众达到2万余人次。大力开展群众体育活动，辖区15个社区被评为体育生活化社区。完成市委考评组对辖区内7个社区实地考察及问卷调查工作，确保辖区创城工作的顺利开展。

北苑街道创城文艺汇演　　（北苑街道提供）

【推进生态文明建设】　一是扩大绿化种植面积。推进市花进社区活动，锦园社区及朗峰小区获得首都花园式社区称号。认真落实北京市第八次林业资源绿化普查工作，普查绿化资源2062亩。二是创新模式达到垃圾分类全覆盖。实行垃圾分类管理外包，街道实行监督的办法，推荐辖区88个小区的垃圾分类工作。三是广泛发动群众打造美丽北苑。加大协调力度，积极与市级相关部门、驻区部队、辖区企业联系，对老旧小区及重点街巷开展环境整治，形成共建共享的良好格局，全面提升街区的环境卫生，打造干净、优美的小区居住环境。

锦园垃圾分类　　（北苑街道提供）

老人发放高龄津贴19800元。6—10月，社保所前后为万达广场、星悦百货举办10余场专场招聘会，其中，8月16日在万达广场举行的大型企业招聘洽谈会，新入驻北苑辖区的万达、国泰百货两家大型商贸企业为本地区带动就业3279人。

【楼门文化建设】 年内，联合爱卫会等部门，加入生理健康、食品安全等宣传内容；发动摄影、书画等社会组织，征集文艺作品60余件；举办楼门文化作品征集大赛，征集刺绣、照片等作品100余件。探索由街道、专业公司、辖区单位、政府机构多元投资的机制，结合小区风格和人文结构特点，对楼门文化展示内容分类进行设计及后期维护，并与物业公司合作改造楼门，统筹结合老旧小区改造工程，完成943个楼门建设。建立健全楼门自治和考核等机制，推进楼门文化建设持续健康发展，推出北苑桥等3个精品社区楼门，完成新华西街等16个精品楼门文化圈建设。

【提高居民生活质量】 年内，加强与社区、施工方沟通交流，22栋楼的综合节能改造基本完成，7栋楼的抗震加固于年底完工。完成后南仓小区公共部分改造，涉及上下水改造1500余户，道路硬化1.2万余平方米，安装小区照明设备156盏，改造自行车车棚及机动车车位，增加机动车车位100余个，改造绿化面积近200平方米，增设监控系统安装探头36个，每个单元门安装楼宇对讲门禁，在小区出入口安装抬竿4个，为小区引进物业打下了坚实的基础，完成北光家属院及新华大街55号院的公共部分改造。

【落实一平方公里工程】 年内，启动后南仓、玉带路、帅府等6个社区的整体环境提升工程，涉及居住小区15个，36栋楼，149个楼门，6100余户居民。清除棚舍7处，路面硬化铺装9.6万余平方米，砌筑围墙245延长米，更换防盗门及门禁218个，粉刷油饰建筑立面26.3万平方米，更换广告牌匾330延米，清除垃圾渣土、堆物堆料2698吨。

【民生保障工作】 年内，发放重残补助844人次，54万余元；发放轻度残疾人补助117人次，1.17万元；发放低保重残补助959人次，9.59万元；发放养老助残券2226人次，22.26万元。动态掌握老人基本状态等情况，登记60岁以上老人9077人，办理老年证85张，优待卡362张，为90岁以上

【维护辖区稳定】 年内，与辖区单位签订2014年安全生产、消防安全、特种设备安全、交通安全任务书。万达、星悦百货、苏宁电器通州西门店等一批大型商场陆续入驻辖区，采取以日常检查、专项检查、联合检查相结合的形式，加强属地监管力度，对检查中发现的问题做到“回头看”，查出隐患1008处，完成整改983处，确保隐患彻底清除，全年未发生较大以上安全生产亡人事故。在保障经济日益发展的同时，辖区安全生产形势平稳。开展联合执法60余次，查扣“黑摩的”689辆，治安拘留65人；扒窃类案件30起，涉案金额3.6万元；110“黑车”报案9起，同比下降35.7%；扒窃类案件同比下降82.4%。

【完善社区服务工作】 一是对孤寡老人开展简约的居家养老常年服务。二是对辖区行动不便的空巢慢性病患者开展老年健康托管服务。三是启动“扶老助

困——从身边做起”空巢老人家居维护专项行动。四是协助有关医疗单位为滨惠南三街、家园北区、新城南街等3个社区的近7000名居民建立电子健康档案，落实对社区居民的健康管理。五是创建北京市健康生活方式示范单位，成为通州城口唯一一家市级“示范单位”。六是整合社区资源，满足居民享受快捷的公益服务和基本商业、生活等便民服务，完成“一刻钟服务圈”市级验收，推进社区建设。

（宗博华）

潞河医院义诊　　（北苑街道提供）

玉桥街道

【概　况】　玉桥街道位于通州城区东南部，北以京秦铁路为界，西南到果园环岛沿京津公路，东南由大运河接市六环路环绕，辖区面积为1120万平方米（11.2平方公里）。下设17个社区居委会，14个社区党总支，82个基层党支部，党员2213人。街道办事处下设科室18个，自设科室2个（创城办、网格办），派驻科室5个（司法所、食药所、玉桥城管分队、消防工作站、交通安全委员会），机关在编人员59人，社区工作者232人。玉桥辖区有人口99584人。其中，户籍人口40462人，流动人口约为23933人，辖区单位1526家。2014年，玉桥街道办事处围绕北京城市副中心建设，着力把握新形势下街道工作的特点和规律，各项事业实现较快发展。

【提升基层党组织服务能力】　2014年，在玉桥东里、新通国际两个社区试点开展基层服务型党组织建设。玉桥东里实行“五力并举”，即依托组织力，建设好的领导班子；依托规范力，制定好的工作机制；依托服务力，提升好的群众反映；依托发展力，组建好的党员队伍；依托品牌力，打造好的工作业绩。新通国际社区坚持把打造宗旨意识强、能力素质强、作用发挥好、群众评价好的党员队伍作为基层服务型党组织建设的关键。其他社区结合党的群众路线教育实践活动，做好各项民生服务，同步开展基层服务型党组织建设。

【壮大楼门文化的品牌影响力】　年内，进一步加大楼门文化建设力度，继续落实项目制管理，全年下拨楼门建设专项资金34万元。建成文化楼门1903个，精品文化楼门583个，精品楼门文化圈15个。各社区分别建立楼门台账，完善楼门长队伍、楼门志愿服务团队及楼门文化创作团队。引入新技术资

4月2日，马仲良教授调研玉桥街道楼门文化工作（玉桥街道提供）

源，依托歌华有线的网络优势，打破传统的楼门文化展示方式，在新通国际社区31个楼门内建立数字屏幕楼宇平台，将服务终端设在社区居委会，实时更新播出内容。网络信息技术的引入，使社区具备开拓各种新型服务模式的硬件条件，促进社区服务和楼门文化进行有效融合。

【社会组织规范有序发展】 规范化管理，实现区街两级登记备案制度，引导社会组织自律，备案社会组织212个。引入专业社工事务所开展指导培育，建成社会组织孵化基地，采用先进信息管理技术，打造社会组织孵化基地信息管理体系平台。入住社会组织15家，指导社区自行申报服务项目30余个。优化服务资源，动态登记汇总服务网点和项目，建立社区服务便民菜单。实施社区“名人工程”，成功树立“首都志愿服务终身成就奖”“草根领袖”等30余名，同时创建陶水明工作室、聂奶奶阳光驿站等“社区名片”。

12月24日，玉桥街道办事处领导参观社会组织“双百工程” （玉桥街道提供）

【网格化管理水平稳步提升】 年内，完善街道指挥分中心机构配备，根据街道各部门职责范围，与公安、工商、消防、市政、食药、城管六大职能部门进行工作对接，明确街道、社区两级平台建设思路及内容。对街道与梨园、永顺交接不清有争议的地域进行确认，完成辖区网格边界勾画，明确管理范围。建立工作例会制度、考核评价办法以及网格工作服务管理指导手册、网格长定期培训等规范性要求。截至年底，辖区内划分为76个网格，网格长133名、网格联络员481名、网格信息员1840名，采集基础数据89970条。全年接收事件22761件，办结事件22658件，办结率99.5%。

【建设平安玉桥】 年内，整合安监、消防、交通、食药等各类安全监管职能，组织专业力量、治安志愿者、治安巡防队等社会力量，协同开展安全稳控，建立起大安全格局。街道各部门全力以赴处理好方恒东景燃气闪爆事件应急处置和善后救援工作，未造成居民上访及次生灾害等事件。完成了方恒东景、梨花园两个社区的群租房拆除整治工作，拆除违法群租房235套。各基层人民调解委员会调解纠纷251起，排查纠纷13起并全部化解。在17个社区居委会设专职律师为居民提供法律服务，开展法律宣传32场，法律讲堂120余场。

【环境建设】 年内，深入开展城市环境综合整治工程，重点对辖区京哈铁路沿线、老旧小区等开展集中整治，清运垃圾渣土1100立方米，外墙面粉刷7000平方米。加大小广告治理工作力度，购置高压冷水小广告清除车等设备7台，铲除小广告3.8万余张，清理非法广告牌匾230块。完成法院、地税局等单位屋顶绿化工程4000余平方米，完成辖区绿地普查3100亩。在葛布店南里等社区栽植月季花2000株，净水园社区被评为首都绿化美化花园式社区。在86个小区推行垃圾分类，率先实现辖区垃圾分类全覆盖。

【民生保障工作】 年内，坚持以人为本、民生优先，注重创新管理、突出精品和亮点。积极配合区住建委、区市政市容委实施土桥等3个社区的老旧小区综合改造工作。在社区养老、助老方面积极探索，与金隅集团合作投入1280万元，建成通州区首家养老照料中心，建筑面积达1260平方米，设有医疗康复室、健身房、图书室等综合设施；建成柳岸方园街道级、新通国际社区级两个养老服务中心，发展葛布店北里等10家托老所，为社区老人提供日托照料、护理陪伴等17大类服务。积极落实各项惠民政策，为695名老人申请养老券55.6万元、发放失业金112万元。实施心灵家园工程，开展关爱失独家庭、打造残疾人温馨家园等社会工作。

9月29日，玉桥街道重阳节“金婚庆典”活动
（玉桥街道提供）

【宣传思想和精神文明创建工作】 年内，加强理论武装，每周定期收集更新学习材料。组织各社区开展“每月一讲”活动，由社区书记、专业骨干力量等，为社工、党员、居民开展主题讲座活动。创办《通州玉桥报》，全方位反映街道和社区工作，畅通宣传渠道。组建玉桥街道“幸福家园”百姓宣讲团，举办“文明城区 魅力玉桥”慰问楼门长文艺演出、“创建文明城区 创新文化玉桥”文化周等活动。投入27万元支持文化工作室基础设施建设，全力推进潞阳桥社区综合文化服务中心建设。

【开展创建全国文明城区工作】 年内，围绕创城指标，建立“1+1+8+17”（即1个总指挥部、1个创城办公室、8个专项工作小组、17个社区）的创城工作指挥体系，将街道238项指标任务逐条逐项落实到责任科室。打造“一横三纵”（一横为运河大街，三纵为玉桥中路、玉桥西路、玉桥东路）的宣传网。在辖区主要路口、公共场所安装创城板式横幅94条、板式横幅标语26块、创城文化墙两处、更换60个社区宣传栏和757个楼门创城宣传展板。在《通州玉桥报》设置创城专版，组织网格长、楼门长、社区志愿者开展入户宣传工作，实现创城宣传全覆盖。

【加强日常监督与防控】 年内，建立街道社区党风义务监督员制度，及时了解、掌握居民需求意见，监督街道社区两级干部的履职情况，解决居民的热点难点问题。现有义务监督员165人，建立街道社区监督员6项工作制度。全面清理和确定各类职权，核定职权114项。分别查找风险点、制定防控措施，绘制权力运行流程图，分解细化办理流程，制定岗位操作规程。

（柳雯雯）

乡 镇

漷县书院　　（漷县镇提供）

永顺镇

【概　况】 永顺镇地处北京城市副中心核心地区，地域面积4300万平方米（43平方公里），全镇均处在新城规划范围内，与通州区4个街道办事处交叉包容，有“围城四关”的历史说法。在北京市“两轴、两带、多中心”总体规划中，永顺镇既位于百里长安街轴线上，同时也处在东部发展带上，空间上包含通州新城“一核五区”产业布局中运河核心区和国际组织集聚区，其中，运河核心区位于五河交汇处，是全镇未来高端产业中心。地铁八通线、R1（规划）、M6二期、S6（规划），京秦铁路、京承铁路、通燕高速、京通快速、六环路、通顺路、朝阳北路延长线、两广路延长线等多条交通干线穿境而过，京杭大运河、温榆河、通惠河、运潮减河、小坝河、中坝河及小中河等7条河流流经于此，区位交通便捷，多河富水，文化底蕴深厚。

永顺镇属城乡结合部，辖区总人口约30万人，其中，常住人口15.1万人，外来人口14.9万人，本镇户籍人口6.08万人。下辖25个村、19个社区。村级建制中，已撤队转居的有竹木厂、杨富店、岳庄3个村，整建制转非的有龙旺庄、北马庄2个村。全镇有69个基层党支部，其中，农村党支部21个，社区党支部23个，企事业党支部25个，共有党员3659人。

【招商引资工作】 全年引进并完成工商注册企业441家，总注册资金61.5亿元，均为商业、房地产、金融、服务业等第三产业，第三产业税收贡献比达到86%。注册资金1000万元以上项目59个，注册资金亿元以上企业7家。

【产业项目发展】 年内，对重点招商项目采取实地拜访、跟踪服务等贴心、暖心、安心的服务方式，建立“万达广场项目服务站”工作团队，积极为入驻项目提供工商、税务、资质手续办理“一条龙”服务。协助办理万达广场项目集团公司旗下7个全资子公司注册手续，完成206家签约品牌商户工商注册手续。时刻关注辖区重点项目进展，富华水乡南区基本竣工，新北京中心项目进入主体建设阶段，保利集团通州项目、侨商总部聚集区项目等8个核心区项目逐步推进，正元矿业大厦、网秦移动等项目前期工作进展顺利，核心区拿地企业成立的22家公司工商、税务登记手续全部办理完毕。

【配合市、区重点工程建设】 年内，协调市级重点挂账杨庄村相关手续办理。协调、配合新华医院、北京五中通州分校、北京电影学院、杨庄小学等项目完成各项征地拆迁工作。配合完成小中河改造工程和镇域内公租自行车布点工作。推进朝阳北路东延二期、六环西侧路北延、潞苑三街、潞苑五街、潞苑中路、竹木厂路等道路工程前期各项征地拆迁手续办理。

【镇域开发建设】 2014年，有15个项目开复工，开复工面积约255万平方米，新开工面积138万平方米，竣工面积8.8万平方米。镇政府周边5个村的旧村改造完成签约914户，拆除面积约19万平方米，安置人口5300余人，项目整体签约率97.7%。启动杨富店村旧村改造拆迁工作，完成签约103户，项目整体签约率95.3%。协调刘庄、焦王庄等历史遗留村民安置楼项目手续办理。实现东方长安、临空新村、珠江2号地等地块上市及二级建设。

【环境综合整治】 年内，组建违法用地、违法建设专业看护队伍，全年实现动态清零45处，及时拆除违法建设3834平方米。完成3个老旧小区公共部分整治改造。完成陈列馆路、滨惠北二街道路大修工程，对永顺南街、果园大街、物资学院路等6条道路进行修整，补修面积3740平方米，创建6条乡村文明样板路。投入800万元购置环卫硬件设备，11个小区实现垃圾分类管理。开展环境整治专项行动，清理垃圾渣土4.2万立方米，苫盖绿网近45万平方米，绿化道路2.1万平方米。加大执法力度，取缔无证无照商户800余家，消减存量60%，规范各类违法行为3000余起，有效解决西潞苑小区、京贸国际城群众反应强烈的环境难题。创建联合执法动态会商机制，保障地铁6号线二期开通后的环境秩序整治工作。

8月，陈列馆路改造工程完工　　(永顺镇提供)

【社会服务管理】　年内，投入3500余万元，建成全镇网格化管理—社会面防控一体化平台，实现无缝隙、全天候监控，出资570余万元，招聘100名专业辅警组建巡逻队伍，初步实现精细化管理。完善全镇166个网格单元，招聘210名网格长，健全镇、村（社区）、网格三级响应体系，建立信息库。打造2个一刻钟社区服务圈，创建2个市级“六型社区”，全镇19个社区楼门全部达到文化楼门标准。全镇71个物业管理小区建立电子档案信息库。落实安全生产责任，排查各类生产经营单位1497家，查处各类安全隐患3372处。完成流动人口和出租房屋大摸排工作，通过旧村改造、取缔无照经营、清退再生资源回收市场等，疏解非城市副中心核心功能产业从业人口4万余人。

永顺镇社会面防控——网格化管理一体化系统　(永顺镇提供)

【民生保障工作】　2014年，在计生、民政、残联、教育等民生领域累计投入1400余万元，同比增长15%。严格落实各项社会保障政策，建立各类优抚对象信息管理系统。积极开展就业服务工作，接洽26家招工单位，提供就业岗位1513个，推荐就业772人。出资20万元开办智能楼宇、消防中控、营业员等培训班，培训154人，对万达、国泰、罗斯福三大用工企业定向输送。持续发挥创城工作示范、引导、带动作用，大力营造创城宣传氛围，发放宣传品5.7万份，完成运通园创城示范小区建设，启动潞邑、世纪星城示范小区创建工作，推进道德讲堂、永顺榜样等精神文明创建活动，完成创城各项工作任务。

5月14日，永顺镇创文明城区“群众艺术团”成立暨社区节开幕　(永顺镇提供)

【信访维稳】　年内，将信访维稳工作成效纳入村干部年底考核体系，深入开展二级班子领导干部大接访活动，保障有效信访事件事事有着落，件件有回音。加强群众网络信访工作，引导上访人员走网络渠道和法律途径维权。

(陈芊芳)

梨园镇

【概　况】　梨园镇位于通州新城核心区南部，镇域面积2487万平方米（24.87平方公里），辖26个行政村，21个社区居委会，辖区总人口24余万人；全镇有党支部（总支）69个，村级党组织30个，社区党组织22个，非公党组织17个，机关、事业等其他党组织8个，有党员2518名；全镇有居住楼房1222栋，城市道路近90公里。2014年，全镇实现税收14.56亿元，实现区级财力5.27亿元；固定资产投入67亿元；全镇年人均劳动所得实现2.64万元，同比增长14%；万元GDP能耗、大气污染物、水污染物节能减排完成区里下达的任务指标。

【招商引资取得新成效】　2014年，引进注册企业1098家，注册资本31.25亿元。其中，引进注册资本100万元以上企业551家，注册资本1000万元以上的企业74家，亿元以上3家。引进项目质量不断提升。引进金融机构5家，包括江苏银行通州支行、招商银行通州支行、中信建投证券等；引进品牌商业5家，包括京通罗斯福广场、宝马城市展厅、波士诚达奔驰4S店等；引进品牌餐饮业5家，包括东来顺、便宜坊、慢咖啡、俏江南等。

梨园镇宝马城市展厅　（梨园镇提供）

【调整转型不断加快】　年内，第三产业内部结构得到优化，税收结构更加合理。金融业增长较快，新增商业企业300家，面积11万平方米，新增商务企业640家，面积4.5万平方米；新的商业模式日趋丰富，京通罗斯福广场开业，华业东方玫瑰商街实现开街，华远好天地商业项目实现部分开业。

梨园镇华业东方玫瑰商街实现开街　（梨园镇提供）

【开发建设全面推进】　年内，文化旅游区拆迁工作调度有力，涉及8个村的征地工作全部完成，征地5235亩。旧村改造工作进入收官阶段，全镇最后一个村（东小马）的拆迁工作基本完成。房地产项目建设稳步推进，开复工面积达91.6万平方米，新开工面积47.3万平方米，竣工44.3万平方米。

【重点工程建设进展顺利】　年内，通州新城中央休闲公园采用将梨园城市公园、公园内地下人防、通州体育中心等周边项目打包整体运作的模式确定，通过公开招投标确定社会投资人，并完成签约工作。

【基础设施和公共服务设施不断完善】　年内，新建公共自行车租赁点位70个，新配备2000辆自行车，实现了重要商业区域、道路站点、居住小区的公共自行车租赁点位全覆盖；家乐福、贵友大厦两个交通堵点的交通改造方案的规划设计完成；完成群芳二路修建工程和杨家洼北街改造工程；完成云景东路和怡乐北街环境整治工程，统一铺装步道砖、绿化补植面积35478平方米；完成10个小区的供热管网的改造工作，在南部城区全部实现集中供暖；镇中心幼儿园扩建工程、半壁店学校建设工程均完工并交付使用；配合区教委完成运河中学高中部的征地拆迁工作，并实现开工；梨园中学扩建工程主体完工。

梨园镇中心幼儿园扩建工程完成　　（梨园镇提供）

【网格化建设取得阶段性成效】　年内，网格指挥中心实现正式运转，利用“一张网”实时监控指挥系统，按照安全生产、公共服务、城市管理等6个专业模块，将网格长上报的有效事件进行统筹派发，截至年底，处理案件17435件，有效维护了区域稳定。

【生态环境建设水平进一步提升】　年内，坚持“建一条、绿两侧、亮起来”的城市化格局，按照见缝插绿原则，在镇域内所有主要路口设立街心公园，绿化水平大幅提升，自管绿地面积达150万平方米。完成南部新城绿化规划，确定三核晖映、五廊相连、多园并举的绿化总体布局。完成京洲南街和怡乐中街道路绿化美化工程8975平方米和北京育才学校通州分校屋顶绿化工程3120平方米。

【市容环境进一步优化】　年内，实施美化工程，在主要街区、广场、道路节点及韩美林艺术馆等场所门口摆放卡通人物、音符等鲜花造型；翠屏西路夜景照明工程完成；继续推广垃圾分类工作，在原有18个垃圾分类小区基础上，完成李老、西小马2个新建分类小区创建工作；加大环卫设施投入，新购置垃圾压缩车6部，城管执法车4辆，洒水车1辆，清扫车3辆，实现镇域内垃圾密闭式运输管理及环卫执法全覆盖；全面施行非法小广告外包治理机制，梨园镇政府与保洁公司签订治理合同，合同内容延伸至由该公司对轻轨站周边的卫生、公共自行车摆放及镇域内果皮箱一并进行清理，同时镇政府设立监督检查机制，由相关部门不定期对保洁公司治理情况进行检查。

梨园镇小广告外包公司工作人员正在清理小广告（梨园镇提供）

【社区服务管理迈上新台阶】　年内，完成楼门文化400个，精品楼门文化圈17个，精品楼门社区3个；创建精品社区2个；创建体育生活化社区5个。打造一刻钟社区服务圈21个，实现居民服务全覆盖，申报大方居、翠屏南里2个社区作为市级一刻钟服务圈示范点，将便民服务手册、服务示意图、居民留言簿有机结合，配合网格化管理，实行长效服务机制，做到有点有面的基本生活服务，确保居民享受到在一刻钟之内享受便民利民服务，并通过市、区两级领导的检查验收。

【多项惠民政策得到有效落实】　年内，完成博爱基金筹建工作，筹集资金199万元，2014年使用求助金80.32万元；扎实做好全镇老年人、优抚对象、残疾人和低保家庭的关爱工作，发放各类津贴补助及报销费用近300万元；完成高楼金整建制转非及将军坟、东小马相应地块转非任务，实现950人纳入城镇保障体系；举办培训班6个，完成400人的职业技能培训；组织专场招聘会8次，推荐就业1100人，城镇登记失业率为1.8%。

【社会各项事业全面发展】　年内，积极发展中、小、幼、成教育事业，教育质量稳步提高，制定梨园镇教师奖励办法，激发教师工作积极性；完成中小学招生工作，妥善解决京籍、非京籍入学1920人，做到镇域内适龄儿童全部入学；完成全国第三次经济普查工作，登记单位信息9807家；建立流动人口计生管理服务长效机制，签订各类计生责任书732份，签订率达100%。

【精神文明建设蓬勃发展】　年内，创建全国文明城区工作全面推进，对照创城体系任务分解台账和未成年人思想道德建设分解台账，将各项工作分解到科室，责任到人。严格落实理论中心组学习制度，建立理论大讲堂长效管理机制；群众文化活动丰富开展，成立通州区第一家乡村公益书画讲堂，完成电影放映350场次，星火工程演出20余场次。

（王洪杰）

宋庄镇

【概　况】　宋庄镇地处通州新城北部，京杭大运河的源头、百里长安街的东端，距天安门24公里，距北京中央商务区（CBD）20公里，距首都机场T3航站楼仅2公里，交通路网便捷，区位优势明显。宋庄镇域面积11600万平方米（116平方公里），辖47个行政村，总人口12万。镇域由温榆河、潮白河、运潮减河三河环绕，水网密集，是北京市东部的水源保护地。在规划发展生态型都市旅游观光农业的同时，镇域内还规划多处集中绿地，为创意企业和人才居住提供生态宜居的环境。自20世纪90年代中期，宋庄镇逐渐形成大规模的当代艺术大本营。在宋庄生活的艺术家超过5000人。有大型美术馆22家、画廊113家、艺术家工作室4500多个，集中展览、经营面积达10多万平方米，艺术工作区从原来的零散发展到现在近20个，餐饮、休憩、时尚空间150个，年均举办各类文化艺术活动过千场次，慕名而来的海内外游客达到年均50万人次。2014年，全镇税收完成12亿元，同比增长8.1%，形成区级财力3.63亿元，增长15.2%；固定资产投资完成45.1亿元，超额完成全年任务；农民人均劳动所得21414元，增长12%。

【镇域经济实现新发展】　年内，立足地区实际，加速产业转型，通过腾笼换鸟、盘活闲置资产，镇域产业结构进一步优化，经济发展质量进一步提高，三次产业结构比重发展为1.2：6.5：2.3。规范发展一产，先后制发宋庄镇“三资”监督管理暂行办法、土地经营权流转意见、交易市场（招投标）等文件制度，使村级“三资”管理进一步规范，为提高农民收益奠定坚实基础。提质发展二产，做强做大现有规模以上企业，积极引导鼓励佩特来等一批优质企业开发新技术新产品，增强科技创新能力，提升工业经济发展质量和效益特色。大力发展三产，培育以原创艺术赏析为代表的高端旅游新业态，通过举办高规格展会，提升接待服务能力，使全镇经济不断实现新发展。

【重点产业项目取得新突破】　年内，集聚区一期A、B、C地块一级开发成本报告通过市局审核，A地块达到场清地平，具备入市条件，B、C地块地上物拆迁进展顺利；二期一级开发实施方案编制完成，并上报区国土部门审核。中国艺术品交易中心项目启动方案、空间方案及前期手续完成，国家时尚创意中心项目完成项目起步区概念性规划设计。

北京电影学院新校区项目完成规划意见书、立项文件；星港影视产业园（东侧配套经营性用地）完成全部拆迁工作。长江商学院、天安数码城项目取得征地批复、征地结案、地籍核查报告。中国艺术陶瓷博览园、红木文化博览园和盛唐时代数码影视制作基地签署意向合作协议，中国艺术品金融中心、菜鸟物流北京中心、掌讯集团、戴姆勒备品备件配送中心、文学家创作基地及版权交易中心等一批项目正在积极洽谈。

【市政基础设施实现新建设】 年内，道路交通路网不断完善。区级重点道路工程建设顺利，宋梁路、徐尹路一期全部建成通车；六环西辅路（宋庄段）达到通车条件，潞苑北大街二期、徐尹路二期全线进场施工；张采路北延评估、测绘等工作全部完成。镇级自建道路有序推进，潞苑南大街（规划三路至宋郎路段）、规划三路（京榆旧路至潞苑南大街路段）、徐宋路一期（京榆旧路至潞苑南大街路段）等一批自建道路建成通车。徐辛庄路、南二环路等5条道路大修工程全部完成。市政管网站点建设同步推进。镇中心区全面接入市政供热管线。寨辛庄组团能源中心项目正在办理前期手续。三号污水处理厂规划方案完成。翟减沟排污管线工程拆迁工作全部完成。

【镇域生态环境展示新形象】 年内，大力开展平原造林工程。全年完成土地流转8424.45亩，栽植苗木总量30万株。东郊森林公园湿地公园全部建成，全镇森林覆盖率达45%。以艺博会举办为契机，投入资金1亿元，对京榆旧路、徐宋路、宋梁路、窑平路、通顺路等镇域主要道路街区进行美化亮化绿化，进行高标准改造提升。 严格落实空气清洁行动计划，集中开展清理无证无照经营、再生资源站点、非法小煤厂、泔水猪养殖等专项整治行动，全镇累计清理无证无照企业138家、再生资源站点176家、非法小煤厂45家、泔水猪（牛）2.3万头，拆除猪舍5万平方米，完成减煤换煤11560吨，占全区总换煤量的1/4，完成镇中心区20蒸吨及以下燃煤采暖锅炉改造100蒸吨。实施“送气下乡”工程，为全镇20300户村民办理燃气配送卡，初步建立起清洁能源配送体系。镇党委、政府旗帜鲜明、态度坚决，严厉打击违法用地违法建设行为，加大在账“两违”项目拆除清理力度，累计拆除违法建设71宗，拆除建筑面积8.2万平方米，腾退土地123.3亩。投入1000余万元加大环境综合治理工作，镇域环境质量明显改善。

【民生工作呈现新亮点】 年内，为3706户农户实施抗震节能保温改造，新安装LED节能路灯1500盏，改造760盏，建设联村道路及园区道路9万余平方米，超额完成年度工作任务。修建村级排水沟2万余平方米，提前1个月完成全年任务。冬修水利工程完成桥涵5座，新修农桥5座，建方涵2座，水损工程改建桥梁2座。新建农业产业园3个，总面积1300亩，总投资2000余万元。镇网格化指挥中心建成并投入使用。宋庄青年创业园社区青年汇旗舰店成立，社区服务及志愿服务成效明显。

【统筹集体建设用地试点取得新进展】 2013年8月，本镇被确定为全市统筹利用集体建设用地试点乡镇，针对这一重大机遇，全镇高度重视，结合实际，迅速做出反应，成立镇级试点工作领导小组，制定具体工作实施推进方案。组织开展各类座谈、讨论20余次，邀请发改、国土、规划等多部门参加专题研讨，为快速有序推进试点工作出谋划策。组织力量对镇域内工业大院、养殖小区情况进行详细摸排，对各类数据资料进行汇总分析，做到底数清、情况明。同时，对全镇（重点是先行区）规划实施中的资金平衡进行总体测算，以增强规划的实操性。鉴于实际情况，在市农研中心、北规院以及相关专家的建议下，决定在条件成熟的区域先行推开试点工作。经前期摸底及紧张准备，最终将小堡片区确定为本次试点工作的先行区。截至年底，徐辛庄中心组团、辛店组团、北刘组团等控规、村庄规划及试点工作实施方案编制完成。

【服务管理提升新水平】 年内，配合市区相关部门，成功举办2014中国艺术品产业博览交易会，设置“2大主展馆、5个主题展馆、1条艺术淘宝街”八个板块和100家开放艺术家工作室，总展品数量达10万余件，其中，宋庄本土艺术家作品占25%，吸引客流量34万人次，成交总额约24.29亿元，均居国内同期类似展会首位，在艺术品展览交易领域形成显著的品牌效应，为推动北京城市副中心建设，促进京津冀协同发展提供全新的驱动力。依托公共服务平台和中国·宋庄艺术品交易网组织90余场作品展览展示，100余名艺术家与淘宝网及苏宁艺术拍卖频道等多家知名电商网站成功签约，有效拓展艺术品和衍生品流通销售渠道。为9家市区文创项目申请市区补助资金1464万元。为充分发挥党员艺术家的正能量，成立宋庄艺术家党支部，引导宋庄地区艺术健康发展。建立宋庄文化安全协商会商机制，全面做好文化安全相关工作。充分发挥镇党委维护地区社会安全稳定的主体责任。强化安全生产检查工作，确保安全生产零事故，全力打造“平安宋庄”。

（高　阳）

9月28日，2014年中国艺术品产业博览交易会国际观赏石宝玉石精品展在宋庄国际奇石展示中心开幕（宋庄镇提供）

张家湾镇

【概　况】　张家湾镇位于通州新城区东南，镇域面积10580万平方米（105.8平方公里），下辖57个行政村。2014年，全镇工业总产值、销售收入、工业增加值、利润、工业税金分别累计完成121.9亿元、131.1亿元、28.7亿元、16.1亿元、7.7亿元。全镇实现国地两税收14.1亿元，同比增长10%（其中，国税9.1亿元，同比增长8.4%，地税5亿元，同比增长12%）。累计实现社会固定资产投资4.6亿元。形成区财力3.41亿元，农民人均纯收入达到19200元。全镇常驻总人口61206人，其中，农业人口38096人，非农人口23110人。流动人口76974人，全镇全年出生873人。

【产业结构不断升级】　年内，调退“三高”企业15家，减少低端产值3.5亿元。调出产业发展空间400多亩，铜牛制衣将8600平方米厂房转让给万生药业，用于医疗器械研发，协助华强京工与联东集团合作盘活闲置土地100亩，盘活闲置资源5处，引进北京能泰高科等2家中关村高新企业。完成10家企业改造燃煤锅炉89蒸吨，压减燃煤2万余吨。

【经济发展稳中有增】　年内，吉林森工“霍尔茨门”被国家质检总局认证为国家生态原产地保护产品，是北京地区和家居建材行业“双料第一”。医模科技等2家企业被认定为北京市著名商标。五木服装等7家企业获评“通州名优产品”。奥力通起重机项目获区科学技术一等奖。福耀玻璃实现税收1亿余元，四环制药投产并实现实收9000万元，以中油公交、金韵达、珠江房地产为代表的三产提速，经济贡献率达35%。

四环医药　（张家湾镇提供）

【镇域总体规划初稿编制完成】 年内，五小村（施园、宽街、立禅庵、唐小庄、张湾镇村）及上马头两个街区规划获批并确定土地一级开发主体及回迁楼选址。

【完善基础设施建设】 年内，完成环湖路、里上路等15条近11公里道路和堡凤桥等4座约700平方米桥梁工程。改造升级66座镇级公交站亭。贯通张凤路14路专线公交车，途经北仪阁等15个村33个站点，解决南部地区百姓出行难问题。

【打造生态宜居环境】 年内，完成张辛庄等2个临时垃圾转运点建设。完成35个地坑式垃圾箱、100个垃圾大箱配备。无害化处理率达到90%以上。创建前青山等4个生态文明村和2个健康教育促进村。完成西定、中街2处村级污水处理站建设。清淤河沟19条，清淤河道全长45公里，拆除和改建阻水建筑物25座。

【新农村工程利民惠民】 年内，完成2.1万户液化石油气下乡，免费为孤寡老人等困难群体送气上门。投资107.36万元，完成三个村村庄绿化工程，补助135万元，为871户农宅进行节能保温改造，翻建抗震房屋45户。与北京东禾绿通园林绿化有限公司签订《保洁维护合同书》维护公厕正常运行。

【平原造林工程稳步推进】 年内，完成造林5658亩，苗木品种多达60多种。全镇6634.17亩藕地也全部腾退完成。发展林下经济，枣林庄、中街、后街等村种植大豆近3000亩，高营村在林地种植耐荫的中药材板蓝根424亩。

【农业产业化逐步成型】 年内，形成国内独有的四季常青绿色品牌“张家湾一号黄杨”，推进国家地理标识“张家湾葡萄”工程建设，以上农业品牌，分获区科学技术二、三等奖。张湾葡萄还与武夷红茶等一同成为“质量之光”年度地标产品，成为张湾自己独特的地方名片。推动“张湾社区小菜园”等5个农产品商标成功注册。瑞正园、碧海圆两个农业观光园荣获全国休闲农业与乡村旅游五星级示范创建企业。

【教育事业蓬勃发展】 9月，张家湾成人学校竣工投入使用，项目占地面积4533.19平方米，总建筑面积约3623平方米，项目总投资2408万元。对陆辛庄学校门前1779平方米排水沟进行盖板并翻建147米围墙。为张家湾中心小学西侧铺设甬路160米，制作文化墙240平方米。对牛堡屯学校200米围墙进行加高。张家湾中心幼儿园被评为全区乡镇幼儿园中唯一一所市级一级一类园。张家湾中学跻身于全区高考优秀校的行列。在全区素质教育优秀校评比中，张家湾镇率先成为三所学校满贯的乡镇。

张家湾镇成人文化技术学校 （张家湾镇提供）

【就医环境不断改善】 年内，1.7万平方米的突发公共卫生事件定点医疗救治场所在牛堡屯卫生院正式投入使用。全区首家医联体的张家湾卫生院妇产专科，正式升级为潞河医院产科部，改造预防保健科面积220平方米，投资38万元完成张家湾卫生院整体绿化美化工作。

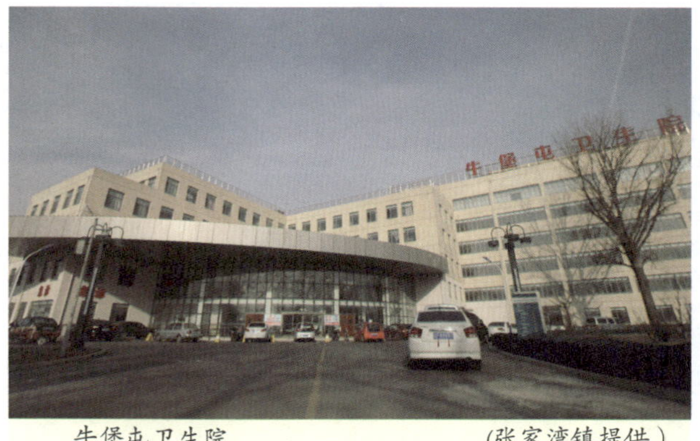

牛堡屯卫生院 （张家湾镇提供）

【帮扶解困弱势群体】 年内，启用爱心超市；对97户老年残疾人家庭进行无障碍设施改造；为重残人群发放80万元的养老助残券。通过劳动力信息网使村民做到不出村就实现求职就业，新增就业1698

人。新农合参合率达到98%以上。在前街、里二泗两个村设立“村村通”便民取款点。

【推行村庄社区化封闭管理】 年内，创建北许场等一批三星、四星社区；垡头等一批五星“七型社区”和精品示范区；特别是大辛庄社区还被评为北京市农村典型示范社区；皇木厂村获评全国敬老文明号。

【夯实安全稳定工作】 年内，在牛堡屯派出所建立第二个镇级消防站，与北部消防站形成呼应。全镇安全工作，获得区级安全生产先进单位。“一镇一警”交通安全工作，获得市级交通安全先进单位称号。各村建立流动人口管理服务站。成立通州区第一支乡镇劳动保障监察分队，为570名农民工追回酬劳930万元。加强社会矛盾排查化解，解决了一批历史遗留问题，完成重大节假日安保任务。

【网格化服务全覆盖】 年内，在学校、幼儿园、卫生院、敬老院、各村主要出入口、两个派出所所有图像信号全部接入镇监控指挥中心，并与区网格指挥中心对接，立体式网格化农村社区治理体系已见雏形，在反映群众诉求、提供社会服务、管理环境卫生、维护治安秩序、加强土地管理等方面发挥了积极作用。

【深化文化驱动策略】 年内，打造全市首个非遗传承长廊大辛庄剪纸传承文化长廊。承办“新农村杯”北京市门球邀请赛，并荣获北京市门球示范镇称号。培育12个示范村、57个幸福家庭典型户，并荣获区“特色单位”荣誉称号。新建1处3000平方米南部地区文体广场。

【提高党群干部服务素质】 年内，创新实施“六进家门”工作法，将党委（扩大）会开到村民家中，做到进农家门，议农家事，知农家情，解农家难，党群、干群关系进一步融洽。以帮扶工作助推基层党建，争取帮扶资金56万元。完成群众路线教育实践活动，全镇党员干部服务群众的意识和水平明显提高，镇党委制定的37项为民办实事项目全部完成，指导基层党组织开展活动，万生药业微型党课荣获全区“十佳”。非公企业党组织通过惠民项目认领、结对帮扶等形式建立教育实践活动联系点，开展志愿服务活动，涌现出医模公司、瑞正园公司、御香苑等非公企业典型。积极为统战人士办实事好事。

（张　阳）

漷县镇

【概　况】 漷县镇位于北京市通州区东南部京、津、冀交界处，举世文明的京杭大运河畔，是北京连接天津、河北香河的必经之路。镇域面积11370万平方米（113.7平方公里），辖61个行政村，3个居委会，总人口7.59万人，其中，非农人口1.43万人，农业人口4.15万人，暂住人口2.01万人。全镇有工业企业483家，其中产值2000万元以上的规模企业41家。年内，完成税收6.7亿元，同比增长1.5%；实现工业总产值57亿元，同比增长5 %；实现农民人均劳动所得16226元，同比增长12%；实现固定资产投资11.7亿元。

【党的建设】 2014年，漷县镇继续深化“六比”“三评”“一处置”活动。开展“小堡垒”凝聚正能量——“六比”活动。动员组织全镇广大党员围绕首都城市副中心和全镇发展的战略部署，“比学习、比团结、比干事、比创新、比带富、比奉献”，在全镇范围内真正树立一批先进基层党组织和优秀共产党员的典型事例，使广大党员的先锋模范作用在围绕中心、服务群众、奉献社会、促进发展的实践中得到充分发挥。以“回顾延安精神、争当时代楷模”为主题，开展以党员自评、群众测评、支部点评为主要内容的“三评”模式。通过广泛组织开展“三评”活动，构建起自下而上、上下联动、以评促强、以评促建、以评促进、以评促和的长效机制，不断提升全镇基层组织建设科学化水平。坚持“党要管党、从严治党”的方针，开展了“一处置”活动。镇党委对“三不党员”、群众测评结果不合格率高的党员和“两委”班子成员进行诫勉谈话。在全镇党员中开展潜修自我，弘扬正能量“五个一”活动，即“日行一善、日献一爱、年修一技、年戒一弊、人助一困”，通过开展活动使广大党员的先锋模范作用在围绕中心、服务群众、奉献社会、促进发展的实践中得到充分发挥。通过进一步深化“第一书记”工作机制，研究制定《片区长工作职责与工作制度细则》《第一书记管理制度》《第一书记工作周志》等制度。在61个村设立第一书记信箱，定期收集、整理意见建议，结合第一书记入村走访，体民情、察民意、解民忧，为加强村内班子建设、监督指导村内选举工作、培养后备干部、化解矛盾、维护社会稳定等方面发挥了积极作用。制定《漷县镇2014年党风廉政建设和反腐败工作实施意见》和《2014年漷县镇党风廉政建设和反腐败工作主要任务分工》，对全镇党风廉政建设工作进行分解，明确责任部门、主管领导、主要任务、完成时限，建立起职责明确、各部门共同参与的党风廉政建设责任体系。完成全镇61个村财务管理审计工作，针对审计出的问题，制定村级财务问题整改方案，采取廉政约谈、培训指导等形式及时进行整改，有效推进村级财务规范化管理。

【精神文明和民主法治建设】　2014年，围绕通州创建文明城区，漷县镇以争创首都文明乡镇为主要工作主线，制定2014年度百姓宣讲工作方案，成立“传递爱心、传播文明”魅力漷县百姓宣讲团，在全镇开展巡回宣讲活动。承办区级“最美通州人、魅力运河”百姓巡回宣讲活动和市级“最美北京人”百姓宣讲团的巡讲活动。做好“通州榜样”候选人推荐工作，上报包括翁万清、董岳东等在内的14名“通州榜样”候选人。其中，王连明、董岳东、曹海丰等人被评为“通州榜样”。年内，开展各类普法宣传活动7次。

【招商引资工作】　年内，坚持以高端制造、生物医药、现代服务业为主导产业的发展方向，引进北京新博医疗技术有限公司、康牧兽药集团、通州区煤炭公司、北京中科博联环境工程有限公司等4家企业，占地173亩，盘活闲置厂房4000平方米，投资总额6亿元，达产后可实现税收1.45亿元。

【农业产业规模发展】　2014年，投资1574万元，完成涉及榆林庄、长凌营等8个村5000亩的农业综合开发工程。投资700万元，完成海宝蔬菜基地、北京良冠花卉基地及北京胖龙花木园艺基地的水、电、路灯等基础设施建设。投资1900万元完成冬修水利工程。投资3亿元完成1.1万亩的平原造林工程。北京良冠花卉基地和胖龙基地新建2000平方米的连栋温室，用于花卉展示和游客参观。完成花卉规划中的一园，即位于李辛庄一期占地2120亩的征地工作。完成黄厂铺村1400亩市级家庭农场示范点创建工作。全镇7个种养基地获得市级标准化生产示范基地称号，20个种养基地获得无公害农产品认证，其中，3家种养基地获得有机农产品认证。启动节水示范镇创建工作。

【土地一级开发有序推进】　年内，中心区产业用地A、B、C、D、F地块前期开发工作完成，部分地块完成上市交易，G地块完成规划意见书、立项和土地预审。中心区经营性用地一级开发工作完成实施方案调整工作，并上报区土储审查。同时，本镇委托北京工业大学开展镇域总体规划调整，年内，完成初步成果并得到通州规划分局的关注和认可。协调区水务局和园林绿化局，对“延芳淀”湿地公园进行规划设计。

【基础设施建设】　2014年，深入开展各专项规划的实地调研，启动控制性详细规划编制、村庄规划编制的前期准备工作，进一步完善一级开发实施方案，研究漷县村拆迁安置方案，争取搬迁安置方案尽快获得批复，为漷县古城复建工作打好基础。通州区敬老院、西区集中供热中心、觅子店组团路网、漷小路、漷于路、漷城西三路等工程前期手续进展顺利。通州区第四区域医疗中心、消防站、漷永路、漷兴西三街改造项目进场开工建设。投资1167万元，完成4座危旧桥梁改建工程。投资465万元，完成田南路、马黄路、张京路、马庄路乡村公路大修工程。通过全面完善基础设施建设，使城镇综合承载力得到有效提升。

【新农村建设】 2014年，投资843万元，完成281户农宅翻建工程。投资700万元完成中辛庄、王楼等17个村的排水工程。投资100万元，安装路灯129盏。投资124万元，完成2个“首都绿色村庄”建设。投资200万元，完成三黄庄、大柳树等5个村的“生态村”创建工作。积极推进液化气下乡和“减煤换煤”工作，登记优质煤2600余吨，送气下乡2万余户。

【教育文化事业不断推进】 年内，全面推进义务教育均衡发展，实现教育资源优化整合，觅子店中心园分园张庄、曹庄两所幼儿园9月正式开园。举办以“七彩阳光，健康成长”为主题的漷县镇第十七届中小学生艺术节，来自全镇9所中小学校的优秀节目参加展演，包括“校园剧”“歌舞剧”“合唱”等。

漷县镇第十七届中小学生艺术节现场 （漷县镇提供）

幼儿园 （漷县镇提供）

【社区工作】 2014年，镇政府投资8万元创建143个精品楼门、20个文化楼门。开展形式多样、内容丰富的社区宣传教育活动，举办“关爱老人行动”两节服务活动，金三角社区组织辖区不回家的流动人口开展“关爱流动人口迎新春联谊会”包饺子庆除夕活动，各社区开展“关爱母亲、体味母亲”、助残日联谊会、五四青春趣味运动会等一系列活动，关爱社区群众，满足社区群众的精神文化需求。

【优抚保障机制】 年内，按时发放城乡低保金500.1万元、优抚抚恤金173.5万元。受理各类医疗救助182人次，发放救助金33.15万元。通过核实，投资153万元，完成35户农村低保、优抚对象危房翻建维修工作；发放救助金2.7万元，为6户低保家庭大学新生办理教育救助。组织全体机关干部、各村、各企业党员及爱心人士为南阳村一位小朋友捐款献爱心，众志成城，捐款404889.21元，帮助其家庭重新燃起希望。

【社会管理不断创新】 年内，大接访、大下访活动深入开展，各类信访问题、社会矛盾纠纷得到有效化解，信访总量明显下降。全面推进农村基层惩防体系建设，深入推进“阳光村务工程”建设。进一步完善网格化社会服务管理工作，投资610万元建设漷县镇视频监控指挥平台，实现全镇61个村和3个社区视频监控全覆盖并与派出所视频联网，镇村群众工作网络初步构建。认真落实领导干部“一岗双责”安全生产责任制，安全生产监管制度不断完善，安全生产形势得到有效巩固。

【环境建设】 年内，结合通州区创建全国文明城区，开展环境建设工作，狠抓重点区域环境整治。建立“双轨”运行模式，即：在转运能力不足的情况下，雇佣企业车辆进行垃圾外运，提高生活垃圾无害化处理水平，生活垃圾无害化处理率达95%。2014年，投入120万元完成石小路、凤港河巡堤路环境治理工作，清运垃圾1.69万立方米，掩埋平整4.45万平方米，整修路肩、边坡7.2万平方米。完成淘汰落后产能企业6家，完成年度压减燃煤任务3308吨，改造锅炉5台34蒸吨，做好APEC会议期间空气质量保障与落实工作，切实提升了镇域环境。

（胡　敏）

环境治理 （漷县镇提供）

马驹桥镇

【概　况】　马驹桥镇地处北京东南郊，始建于辽金时代，距今有1300多年的历史，在明朝建都时，已经发展成为商贾云集的小镇。如今的马驹桥，地处环渤海经济圈中心部位，北临北京经济技术开发区，京沪高速公路与六环路在镇中心交汇，是北京市“两轴—两带—多中心”空间发展布局和东部产业带上的重要节点。全镇镇域面积8200万平方米（82平方公里），辖45个行政村，3个社区居委会，总户籍数21644户、总人数47772人。其中，农业户为10546户、农业人口25854人；非农业户为11098户、非农业人口为21918人。2014年，全镇农民人均劳动所得实现20403元，同比增长12%。辖区内有中关村金桥科技产业基地（国家级）和北京通州物流基地（市级）两个产业园区。2014年，马驹桥镇实现税收23.1亿元，同比增长12.1%，形成区财力6.18亿元，同比增长3%，完成固定资产投资47.6亿元，同比增长4.2%。

【农业发展见实效】　年内，投资9000万元对大杜社、神驹等5个村实施7200亩高标准农田改造及水利工程建设，提高农业投入产出比；投资2亿元，完成16宗涉农违建、6处泔水猪养殖场的拆除工作。对于腾退出的土地，采取“公司+农户”的形式，发展苗木及花卉种植270亩；完成2014年度6700亩平原造林任务。

【新农村风貌展新颜】　年内，以取缔马驹桥镇最大的“再生资源回收场所”为契机，开展大规模废品回收站点的治脏治乱清理工作，取缔废品回收站点126个，腾退土地近2000亩，疏解人口4000余人；配合区市政管委完成总投资2亿元的市级挂账垃圾坑的治理工作，开展大杜社十字路口等重点路段整治工作，完成4个“郊区生态村”创建任务，新建垃圾地坑30个，增加垃圾运输车等环卫配套设备29台。投入120万元作为村级环境卫生奖励资金，采取镇人大代表、党代表考核打分的方式，创新环境卫生管理工作机制。

村级娱乐健身广场　　（马驹桥镇提供）

【农村管理落实处】　年内，出台《马驹桥镇“三农”扶持政策》，对于发展设施农业、观光休闲旅游业的农村带头人、合作社发起人进行奖励；培养农村实用人才300名，举办各类农业培训28期，完善村级农技推广体系；加强农村“三资”管理，组建村级“三资”监管服务中心，成立印章管理办公室，进一步规范村级经济行为。累计兑现农村发展建设资金4800万元，为村集体经济发展注入新活力。

【重点工程建设显成效】　年内，中心区村民安置楼B区工程建筑面积8.2万平方米、总投资2.7亿元，6号楼结构施工完成，1—5号楼正在进行整改和验收；新凤河跨河桥工程开工建设；金桥小学、金桥幼儿园、大杜社11万变电站、四支路、七支路等一批重点工程实现竣工；六环路3号桥改造、黄马路东延、马桥南街污水管线、镇文体中心、新海消防站等项目手续办理工作进展顺利。

金桥小学投入使用　　(马驹桥镇提供)

【加大城镇综合管理】　2014年，马驹桥镇确定为“社会秩序整治年”。坚持违法用地和违法建设查处“动态清零”及村级周报告制度，2014年度“两违”台账8宗、9500平方米，国土部例行督察涉及21宗，全部清理整治完毕；制定《马驹桥镇交通优化工作方案》，投资200万元，对重点路口安装信号灯、禁停摄像头，对交通设施进行改造。处罚违法车辆1310辆、查扣“黑摩的”800辆、拘留30人；开展镇域内“打非治违”等10项整治行动，检查单位和场所8400家次，消除隐患2700处，关停企业250家，清退人员880人；完成16个重点村和4个小区的消防通道集中整治，维护镇域良好生活生产环境；实施清洁空气行动计划，完成燃煤锅炉清洁能源改造81蒸吨、压减燃煤1万吨；加大大气污染治理力度，取缔露天烧烤违法行为90起，取缔无照经营商户274家，关停污染企业9家，为38个村配送优质燃煤1万余吨；流动人口数量与上年同期相比减少20%。切实加强队伍建设，投入资金300万元，新建流动人口服务站1个，招聘流动人口管理员12名，完成流动人口和出租房屋大摸排工作，进一步夯实人口基础数据。

【社会保障工作取得新成绩】　2014年，举办大型招聘会3期，参会人数达8200人次，有2100人次达成就业意向。在此基础上，每月举办中型招聘会一次。每周的周二至周四，举办小型招聘会数十次；针对农村劳动力和城镇失业人员，开展创业者培训、中式面点制作等级培训班8期，培训学员300余人，另外与市区合作举办叉车工培训班、培训技工80人；城乡社会保障覆盖范围不断扩大，社会保险扩面征缴金额达143万元，“一老一小”、无业居民2014年度医疗保险新参保人员439人。

【做实民生保障工作】　年内，实施园区及中心镇11个村、6134人的转非安置工作，投入资金12.8亿元；加强人口服务与管理工作，2014年出生人口519人；为263户城乡低保户发放城乡低保金346.7万元。帮助5户农低保翻建危房，发放建房款22.5万元；全面落实残疾人社会保障政策，开展残疾人就业、康复、维权、专项调查工作。完成红十字会救助工作。

【文化教育事业取得新成绩】　年内，完成六郎庄、团瓢庄2个村级文化活动中心建设，完成10个村健身器材更新和维修，新建物流园区标准化灯光篮球场，以“马驹桥镇群众文化活动演出季”为载体，扎实开展群众文化活动，大白村市级健康教育示范村通过区、市检查评审；加快推进教育环境与教学质量提升，投资6909.5万元，改善中学、小学、幼儿园、成人技术学校等基础设施和办学条件。规范招生程序，非京籍适龄儿童少年入学工作平稳完成。启动“马驹桥社区教育文化育人行动”，打造马驹桥社区教育新的品牌；扎实做好新农合投保、报销、

治安巡逻　　(马驹桥镇提供)

兑现工作，有27007人参加新农合，参合率达99.3%。

【加强社会环境治理保障安全稳定】 年内，投入1000万元，完善大防控体系建设，加强防控队伍建设，全镇专业防控力量达到614人，实现巡逻防控24小时全时空覆盖；推进网格化建设，投资220万元，完成镇网格化指挥服务平台建设工程，落实监控系统联网工作，在重点部位、主要路口路段安装监控摄像头3311个，全镇48个网格累计上报各类事件7458起，事件办结率100%。

【全面加强基层党组织建设】 年内，按照党的群众路线教育实践活动总要求，牢固树立"党要管党、从严治党"的理念，组织全镇89个党支部，2080名党员，参加教育实践活动，参与率和覆盖率均达到100%。做好教育实践活动成果转化，真正把服务发展、保障发展、促进发展作为党建工作的根本任务；把村级"两委"建设作为一项基础工作来抓，重新修订《村级工作考核奖励办法》，认真落实"四评"工作机制，完善"三会一课"制度，实行党务、村务公开，通过制度来约束人、管理事。制定一村一策，完成9个软弱涣散党组织转化工作。在各村建立民情民意服务中心，开展"连线基层"等创建活动，全面提升基层党组织凝聚力、战斗力。

【全面推进精神文明建设】 年内，完成创建全国文明城区档案材料上报及各项迎检准备工作，在全镇重点部位制作"讲文明、树新风"公益广告，以弘扬社会主义核心价值观和创建全国文明城区为主题，加强环境布置，营造浓厚氛围；以开办道德讲堂、组织百姓宣讲、评选"马桥榜样"等活动为载体，加强正面教育引导，提高干部群众道德修养和文明素质；全力争创首都文明乡镇，完成材料申报、环境布置和实地考察等各项工作，精神文明创建成果进一步巩固。

（楚　箫　箫）

西　集　镇

【概　况】 西集镇地处通州区东南部。东、西、南有潮运两河，三面环水，土壤肥沃，宜粮宜蔬宜果。京哈高速穿境而过，设西集、郎府两个出口；通香公路联接京津冀，西部紧邻103国道，交通发达。镇域面积9065万平方米（90.65平方公里）。耕地面积4.1万亩，辖57个行政村。2014年年底，全镇户籍总数23022户，户籍人口42602人，其中，农户14529户，农业人口31205人；非农户8493户，非农人口11397人。户籍人口以汉族为主，兼有满、回、蒙古等民族。全年有外来人口10061人，出租房屋932户。2014年出生439人。全年实现税收7.3亿元，同比增长10%；实现区级财政收入2.3亿元，同比增长18%；实现固定资产投资14亿元；农民人均纯收入实现同比增长13%。

【东区项目建设】 2014年，开发区东区立足高端制造和生物医药产业发展，大力推动项目建设，成为重要的经济支撑。园区完成总收入72亿元，同比增长36%；工业总产值52亿元，同比增长30%；利润总额2.1亿元，同比增长32%。在建项目快速推进。2014年产业项目完成固定投资4.5亿元，实现开复工面积18万平方米。诺思兰德医药和大正恒丰金属科技两项目竣工并完成设备安装；嘉林药业、珅诺基一期及动力总成试制车间三项目即将完工；凯悦宁医药开工建设。高端项目签约落地。2014年引进3家央企、大型民企总部和研发技术中心项目，中威联合国际能源服务有限公司、华美孚泰油气增产技术服务有限公司注册成立；年产值超百亿元的辽宁海城石油机械制造集团研发结算总部正式落户。三个项目总投资7.65亿元，实现产值20亿元以上。跟踪多家优质项目。与枢密院达成建设服务外包产业园合作意向；跟踪洽谈华电重工研发及实验中心、河北华信实业集团北京总部和中新恒超研发总部等多个项目。产业结构优化升级。全年淘汰落后产能企业39家，数量居全区首位，压减燃煤2.5万吨，削减用电1300万千瓦时，节水6000立方米，在淘汰落后产能工作中，大灰店等村做了大量细致工作，为全镇产业结构优化做出贡献；开发区主动服务，完成园区1号供热中心及三佳时装、奥鑫模板等12家单位清洁能源改造。

淘汰落实产能拆除现场　　（西集镇提供）

【镇域开发建设快速推进】　年内，一级开发取得实质进展。配套区33.8公顷土地具备入市条件，13.8公顷村民回迁房地块完成拆迁；186公顷中心区一级开发实施方案上报市国土局待批；园区197公顷土地一级开发实施方案通过审批。基础设施建设全面铺开。京哈南辅线一期、天然气门站、“采通线”西集段管线铺设等3个项目完成建设；110千伏变电站工程启动站点建设；配套区路网一期、杜望路、中心区路网一期、新堤路、园区2号供热中心5个项目手续办理顺利。配套设施建设快速推进。镇企业服务中心、中心区文体活动中心、郎府派出所、肖林幼儿园、大灰店幼儿园、杜柳棵幼儿园6项目完成建设，郎府中心幼儿园完成主体施工；郎府农贸市场、中心区住宅及商业、文化广场改扩建3项目加紧施工；潞河医院分院暨郎府卫生院“医联体”项目手续办理积极推进。

【都市型现代农业】　年内，镇有果园面积1.9万亩，其中，大樱桃达1.1万亩。镇农服中心争取1400万元，成立全区首家聚隆农业合作联合社，整合全镇200多家樱桃种植园，600多樱桃种植户，农民规模化对接市场能力显著提高，樱桃季销售产值达6000万元，同比增长20%，带动农民季节性就业2.1万人次。全镇草莓种植面积500亩，仅此一项，农民就收入1500万元。“101农场”“老庄农庄”等率先开始社区配菜尝试。截至年底，向北京及周边市场供应蔬菜近2500万斤，菜农人均纯收入万元以上。2014年，投资1000多万元，改造中低产田5000亩，涉及王庄、和合站、金各庄3个村。进行水利建设、农田林网、科技、农机、培肥等10余项工程，提升了农田效益，方便了运输，节省了水资源。

通州首家樱桃果品联社成立　　（西集镇提供）

【实施平原造林】　2014年，平原造林工程有北运河景观生态林；潮白河景观生态林；京哈高速绿色通道；镇景观生态林建设，涉及全镇29个行政村，171个地块。2014年，完成造林面积1万亩，栽植各类树木42.8万余株。年底，全镇林地面积累计6.7万亩，包括各种果树2.45万亩，林木覆盖率达44%，位居北京平原乡镇前列。继续推进“村村绿”工程，道路绿化和各单位绿化工作。重点打造赵庄、老庄户等村及东仪路、杜（柳棵）陈（桁）路的绿化，面积6.2万平方米。推进郎府中学、西集中心小学首都绿化美化花园式单位创建，栽植各种树木6000余株，达到首都绿化美化花园式单位标准。推广林下经济3150亩，占平原造林总面积的32.4%。形成林粮、林花、林菌、林苗、林菜五种种植模式，带动就业126人，既提高了林业附加值，又开辟了农民增收渠道。

【构筑绿色有序环境】 保持两违查处高压态势。各村两委班子积极配合镇党委、政府工作，全镇形成依法查处、村级属地管理、专业队伍动态巡查的三级联动机制，做到早发现、早制止、早拆除。全年累计拆除面积2.64万平方米，保持“两违”零增长。镇域环境秩序持续改善。城管分队、环卫中心、安委会等相关部门不断强化环境秩序整治，主要道路沿线及校园、市场周边等重要节点的环境秩序明显改观，村级环卫检查严格落实，地区垃圾无害化处理率达95%。2014年，新购置100个垃圾大箱，配置到15个重点村。

【切实保障民生幸福】 清洁空气行动。镇新农办全面推开“送气下乡”工作，年底，域内液化石油气用户达18500户，实现全覆盖；积极开展“减煤换煤”工作，采取“整村推进、重点覆盖”等方式，实现优质煤替代全覆盖。年底，全镇定购优质煤10160吨，更换节能炉具4039台。完成农宅翻建等工作，惠及全镇4200余户。维稳能力显著提升。镇综治办、网格办、派出所等部门不断加快社会面防控视频监控平台建设，全镇41个村安装监控探头1000多台，网格化管理指挥分中心平台实现上线运行，累计解决民生问题3202件，结案率100%。安装一氧化碳报警器17700台，大大减少本地区取暖季煤气中毒事故。切实加强民生保障。民政、社保、计生、残联等部门不断加大民生投入，累计投入2262万元用于合作医疗、低保抚恤、残疾人补助等。城乡居民社会养老保险续保率100%，农村合作医疗参合率99.6%，1102名城乡劳动力实现就业。

【党建工作】 2014年，围绕主题，抓住重点。以为民务实清廉为主题，以领导班子、党员干部和支部书记为重点，确定“1＋N”工作思路，以1个指导方案、党员活动日等载体举办“学党章、讲党性、跟党走”等N次主题实践活动。领导班子成员集中学习16次，基层单位和基层支部集中学习2780人次，观看党课录像片及教育片1618人次，远程教育2696人次，学习交流1808人次。同时，处级领导根据主管工作，面向村级党员讲党课12场；各基层党支部主要负责人面向党员讲党课58场。围绕改进作风，建立、完善《村级干部十不准制度》等65项可执行、可监督、可检查、可问责的制度，形成作风建设长效机制，把领导带头贯彻始终，层层推进，使活动有序开展。强化指导，抓出成效。针对不同对象，提出不同要求，在解决“四风”问题上下功夫、见实效。各科室、各部门，以服务群众为着力点，推动农村基层支部积极实践“支部＋中心”“支部＋合作社”“支部＋服务队”的“1＋3”服务型党组织建设模式，有效提升广大党员干部服务发展、服务民生、破解难题的能力。郎东村成为党建管理新标杆，史东仪被评为北京市最美乡村。后寨府等26个村被评为五星级党支部、黄东仪等13个村被评为四星级党支部。加强党风廉政建设。纪委进一步强化党员干部教育、管理和监督，制定村级干部“十不准”等制度，规范村级招待费支出。突出主责主业，加大责任追究和信访矛盾排查调处力度，确保党风廉政建设等制度得到落实，维护地区和谐稳定。

【深化精神文明创建活动】 年内，以创建全国文明城区为契机，积极践行社会主义核心价值观，不断深化精神文明创建活动。深入开展身边榜样评选和宣讲活动。4月，在全镇范围内开展争做“最美西集人”主题教育，各村及各单位，评选本部门诚实守信、孝老爱亲等方面先进典型，并成立“最美西集人”宣讲团，基层宣讲10余场，参加区里宣讲获二等奖。年底，有李永红等十名“最美西集人”获此殊荣。扎实推进精神文明创建工作，结合首都文明乡镇、文明村、文明单位创建，建立“党委统一领导、党政齐抓共管、部门各负其责，社会积极参与”的工作机制，不断提升村民文明素质。加强未成年人思想道德建设。进一步搞好尹家河村史馆等青少年基地建设， 300多人次接受教育。开展“追寻党的足迹、感受家乡变化”等征文比赛和“文明小使者”系列活动，进一步巩固学校、社会、家庭三位一体的思想道德教育网络。

【营造良好舆论环境】 年内，宣传部围绕党、政中心工作，充分利用综合传媒手段，营造良好舆论环境。打造樱桃文化新名片。在“通州区第九届樱桃采摘季”举办之际，围绕滨河生态旅游业的发展，加大宣传力度，不断提升西集的影响力。樱桃节期间，接待游客20万人次。深化对外宣传，借助北京电视台财经频道、《通州时讯》、通州电视台等宣传平台，利用微博、微信等新传媒手段，宣传本地区在各项建设中取得的新进展、新成就。2014年，在各种媒体刊发稿件500余条。扩大对内宣传。充分利用《西集月报》、宣传栏等载体，深入宣传报道全镇经济社会发展中的先进典型和经验做法，营造关注、支持、服务发展的浓厚氛围。

通州大樱桃标志使用授权仪式　（西集镇提供）

西集大樱桃联社组织农民参与规模化经营　（西集镇提供）

【群团工作】 年内，镇总工会不断加强组织建设。全镇企业建会率达100%，职工入会率100%。百人以上企业独立开展工资集体协商且合同签订率达100%。在劳动争议调解方面，各类建会企业劳动争议调解组织建制率、建立劳动关系协调员制度均达100%。组织“安康杯”知识竞赛，菲美得获优胜奖。在服务体系建设方面，工会服务站达到规范化建设标准。组建“职工之家”，按市总工会标准达85%以上。其中，珠江钢琴被评为北京市劳动模范职工之家。镇团委坚持党建带团建，不断加强团组织自身建设。下发《关于进一步加强村级团组织建设工作的意见》，对村级团支部活动开展提出建设性安排，要求各村团支部每月结合本村两委工作，重点开展活动，并以“五星级党支部”创建活动为载体，加大考核力度，提高农村基层团建整体水平。还从开发区内企业、村内企业两方面入手，有针对性地开展团建工作。突出创新，继续扎实推进镇青年汇建设。除学习、培训外，建立青年汇团支部、党支部，开展推优入党工作，今年，已吸收1人为预备党员，1人为入党积极分子。坚持以活动为载体，不断强化对团员青年的教育引导。结合网格化管理服务工作的开展，在全镇各村及各“实体化”团委、团组织组建多方面志愿服务队，切实发挥团员先进作用。镇妇联强化队伍建设，提升综合能力。在基层女干部中开展以《巾帼圆梦——奉献西集》为主题的征文演讲活动，7名事迹突出的妇联干部进行宣讲；14名妇女干部参加区妇联举办的第三届舞蹈大赛，荣获二等奖；4名主任自编自演情景剧《姐妹驿站的故事》，并代表区参加市妇联举办的巾帼亲情维权服务队成果展演。强化培训内容，增长科学知识。举办两场女性健康知识讲座；聘请市农科院专家举办大樱桃夏剪知识讲座；聘请多名律师为巾帼亲情服务队成员进行法律知识讲座，176名妇女参加培训。强化美德教育，弘扬文明新风。把家庭美德教育，融入喜闻乐见的活动中。以风采展示形式庆三八，其中，王庄齐文英夫妇的《夫妻对夸》等演讲，使大家深受教育。在开展和谐家庭申报工作中，最终，大沙务的陈瑞红家被评为区十大最美家庭之一。强化儿童教育，营造成长环境。利用母亲节，开展征文活动，收到54篇；庆祝六一，陈桁村组织孩子们自编自演节目。林屯等四个村妇联主任自费到幼儿园慰问。

（张保林）

潞城镇

【概　况】　潞城镇位于北京市正东，长安街延长线上，西距建国门25公里，镇域面积7076万平方米（70.76平方公里）。辖56个自然村，54个村民委员会，居民社区3个。常住人口84979人，户籍人口45384人。2014年，本镇经济指标快速增长，完成税收11.6亿元，同比增长7%。工业总产值、销售收入分别完成79.45亿元、143.8亿元，同比分别增长10.9%、27.1%。

【党建工作取得突出进展】　年内，全镇75个基层党组织、3024名党员参与党的群众路线教育实践活动。率先建立党代表任期制，作为全区示范成功召开首届乡镇党代表年会，创立“党代表履职工作手册”管理制度，鼓励代表建言献策，全年办理党代表提案12件。指导蒙牛公司党委创建“三对接工作法”，实现党建工作与企业发展互促共赢。确定“示范带动，以点带面”的基层服务型党组织建设思路，创立“跨村联建，以强带弱”的“1+X”党建创新模式，促进基层党组织的平衡发展。

【国际医疗服务区建设稳步推进】　年内，市政府办公厅出台11条政策支持医疗区建设，将医疗区明确为北京市社会办医唯一聚集区、试验区和示范区，园区同时成为国家发改委社会办医联系点和北京市科委科技创新基地，并纳入中关村政策范围。同时，土地一级开发和基础设施建设稳步推进。由国际一流专家领衔的信诺佰世医学检验所正式开业，园区储备相关重大项目40余个。加快实施深化首个医教研组团项目北京国际医学中心（综合体）设计方案。陆道培血液病中心、韩国首尔妇产医院、香港国际烧伤医院等项目签署入园协议，并启动项目方案设计。

【国际都市农业科技园及健康食品科技园影响力提升】　年内，农业科技园区成功引进新品种120个、新设备50套、新设施3种，推广新技术25项，机械化生产、节水灌溉技术提高，信息智能化管理系统建设基本完成，温室设备研发推广、农业用水处理等领域处于国内顶尖水平，带动周边农民实现增收，连续举办四届通州区农业科技节。传统食品工业园区提升为健康食品科技园，定位为高科技食品、保健品、高附加值医疗耗材生产基地，清理淘汰落后产能企业25家，园区内供电、排水、污水处理、燃气改造等基础设施工程持续推进，无线网络实现全覆盖，全年税收占全镇65.4%。

【重点工程取得实质进展】　年内，中国人民大学东校区非住宅拆迁签约率达98.7%，腾退土地1800亩；人民大学附中、附小地块控规修改方案已报市规委；北京五中通州校区场清地平；M6线正式投入运营；运河核心区3号地村民搬迁上楼，A、C、D三地块2300亩土地具备上市条件；宋梁路、玉带河大街东延二期、芙蓉路等3.9公里道路正式通车。清退企业176家，疏解人口3000余人。0604街区安置楼完成室内外装修，0602街区安置楼主体结构完工并封项；新建镇级敬老院可容纳200张床位；潞城及甘棠中心幼儿园竣工，4所村级幼儿园开园招生。推动镇属医联体工程建设，清淤3条沟渠，新建、维修危桥等建筑物5座，整治坑塘1座，建设雨水管道及方沟8.7公里。配合区水务局完成减河治理工程和河东再生水厂支线截流工程拆迁等工作。

【生态环境建设取得扎实成果】　年内，完成平原造林973.7亩，全市首个法制主题文化公园——潞城中心公园开园，启动为期3个月的系列普法宣传活动。建成2200亩的药艺特色主题公园，与医疗服务区相配套。完成潮白河沿线13公里、运河老堤8公里综合整治，清理裸露垃圾、渣土9100吨，整治臭水坑塘7处，栽绿植9万余株。垃圾转运站投入使用，镇域垃圾处理率达到90%以上。实施清洁空气行动计划，加快企业清洁能源改造，完成APEC期间服务保障任务。严厉打击违法建设行为，确保违法建设

"零容忍、零增长"。

【新农村建设工作有序进行】 年内，改造中低产田5000亩，修建管、涵、桥闸等21座，硬化农田道路3.3万平方米，清淤排水沟2条，新建绿化道路2条，农田培肥6600亩，推广小麦新品种2000亩，实现农业种植专业化和产业化。投资4000万元支持卜落垡中农福地等7个农业项目设施建设。申报岔道禾田春色、前榆兆丰嘉业等5个农业科技项目。完成粮食直补、小麦新品种发放及强制免疫工作。完成新建道路、排水工程等基础设施验收。安装路灯195盏，新建翻建抗震住宅107户，液化气开户1.5万户，订购优质煤3100余吨、采暖炉1133台。

【社会民生建设水平整体提升】 年内，开展首届"文明乡村"及"潞城榜样"评选活动。统一制作发放垃圾大箱432个，补种植物2万余株，新增绿化面积3000平方米，粉刷装饰楼道墙面1.1万平方米，芙蓉东路东侧、三元村市场安装宣传标语等176块。建设创城、党建等文化品牌精品楼门16个，广泛动员群众积极参与创城活动。建成通州首家由个人、医院、政府三方运营康复指导站，为722名残疾人建立康复训练档案，为5000余名已婚育龄妇女免费做TCT检查。东堡、大营村试点"家庭医生式服务模式"，前疃村被评为北京市健康教育促进示范村。举办招聘会12场，提供就业岗位1000余个，新农合参保人数达2.8万人。三元村、杨坨、小营及东堡村健身场地实现竣工并投入使用，完成肖庄、前疃七型农村社区创建。

【安全生产及社会综合治理成效显著】 2014年，接警151起，开展城乡结合部专项整治、安全生产大检查、APEC会议安保等各项隐患排查治理专项行动和联合检查15次，检查各经营单位3793家，消除各类安全隐患12396处，全年未发生安全生产责任事故。加强人口管控，流动人口和出租房屋登记率达95%以上。严厉打击群租行为，清理水仙园、三元村、荔景园群租房245间，清退流动人口516人。

（石　慧）

台湖镇

【概　况】 台湖镇位于北京市东南部，通州区西南部，五环路和六环路之间，镇域西侧与朝阳区、大兴区接壤。全镇辖46个行政村，户籍人口5.2万人，流动人口7.8万人，镇域面积81.5平方公里，京哈高速、京津高速、京沪高速和六环路在镇内交汇贯通。2014年，全镇完成工业总产值213亿元，同比增长4%；销售收入209.7亿元，同比减少1%；完成税收23.58亿元，同比增长6.5%；形成区级财力6.95亿元，同比增长16.8%；完成固定资产投资132亿元，同比增长80.8%；农民人均纯收入达到21280元，同比增长12%。

【明确产业发展方向】 台湖镇作为北京市城乡结合部（二道绿隔地区）——乡镇城乡统筹实施规划试点工作6个试点镇之一，在市有关部门的指导与政策支持下，本镇充分考虑中央、市、区政策及周边重大项目建设等各种因素影响，对镇域总体规划开始进行修编。同时对全镇发展提升战略进行专项研究，重点研究环球影城产业对接发展战略和镇区风貌特色提升战略，力争实现"产业结构得提升，生态环境得改善，农民生活得保障"。

【产业结构优化升级】 年内，环渤海高端总部基地国家车联网产业基地项目地块具备上市条件，上海合作组织中心、北京SAP智慧城市创新中心加快推进，闽商企业北方总部基地、台湾企业总部中心实现签约。以枢密院、矿业要素城为代表的"园中园"总部经济引进中石国际贸易集团、北京国际矿业交易所等14个优质项目落户光机电一体化产业基地，有效推进了全镇产业结构实现优化升级。星湖科技园总部集群项目招商进展顺利。

【土地一级开发】 年内，文化旅游区涉及的非住宅搬迁、住宅搬迁工作基本完成，田家府、铺头两个村党支部和村委会在工作中发挥战斗堡垒作用，确保了此项工作的顺利进行，其中，非住宅116户已签约107户，签约率92.3%；住宅965户已签约942户，签约率97.6%。口子、前营、朱家垡村在北京市南水北调管线拆迁和萧太后河整治拆迁工作中，积极配合市、区相关单位工作，为国家和市、区重点工程作出突出贡献。环渤海总部基地拆迁剩余滞留户181户，其中，8户可以立案。截至年底，裁决上报材料上报土储。台湖中心区进行滞留户拆迁扫尾工作，住宅剩余29户，签约率96%。

【重点工程建设】 年内，环渤海高端总部基地——站前街通马路路口至次渠大街路段竣工通车。通马路工程正在进行施工。首开万科(住宅部分)、世纪鸿、泰禾项目正在进行主体结构施工。光机电一体化产业基地——2014年复工建设的道路5条，总长1739米，局部路段已完工。景观广场修复工程地面基础及景观小品完成。枢密院二期、经开G135地块（一期）等5个建设项目年底均已竣工。北神树安置楼项目开工建设，计划2016年全面竣工。星湖科技园——政府大街、铺西路道路工程项目进入现场施工阶段。集中供水厂竣工并试运营。北京燃气集团台湖调压站主体结构完成。

【环境美化工作】 2014年，完成4990.2亩平原造林任务。台湖公园建设顺利推进，一期于2014年“十一”开园，二期全面开始施工。全镇生态景观规划编制进展顺利，镇域景观顶层设计见雏形。

【新农村建设】 年内，外郎营最美乡村创建工作基本完成；完成董村、丁庄等五个村的村内排水工程；完成尖垡村、周坡庄村、碱厂村道路硬化工程，解决百姓出行难问题。

【节能减排工作】 2014年，深入开展淘汰落后产能工作，完成华城砥砺公司、约基公司生产环节退出工作，完成红狮漆业公司、亚南气体公司技术改造升级工作。新福润达绝缘材料有限公司、北京华腾橡塑有限公司、奥达石化等企业在APEC会议召开期间分别进行停、限产，为全镇节能减排工作做出了贡献。此外，完成节能减排和淘汰落后产能工作任务，拆除燃煤锅炉20蒸吨，改造68蒸吨。雨润公司、双益发公司、新华敬业等单位积极配合，确保全镇清洁能源改造任务完成。完成23个平房村10800吨新型燃煤的配送，万元GDP能耗持续下降，清洁空气行动计划得到有效落实。

【社会事业全面发展】 2014年，全镇参保总人数30801人，参保率达到100%。胡家垡幼儿园、东下营幼儿园建成并投入使用，有效解决了学前儿童的入学难题。成功举办第四届文化艺术节、第七届全民运动会等丰富多彩的群众文体活动。台湖村、胡家垡村、北神树村、次一村、新河村、蒋辛庄6个村在2014年的各种招聘会活动中，积极宣传劳动就业信息，组织本村无业人员参加招聘，为促进劳动力转移作出突出贡献。国际图书城、新华联会议中心、红狮漆业等6家企业2014年度招用本地劳动力突出，积极参加镇政府组织的招聘会，为台湖镇劳动力市场的稳定作出积极贡献。

台湖公园正门 （台湖镇提供）

台湖镇中老年群众进行太极扇表演 （台湖镇提供）

台湖镇第七届全民运动会开幕式花伞表演
（台湖镇提供）

【民生保障工作】 年内，进一步完善村级就业服务平台建设，聘任村级就业协管员。为低保、孤儿、优抚、高龄老人等民政对象发放民政事业费300余万元；救助癌症、突发灾难等困难人员22人次；发放养老助残券128万元。将全镇重阳节养老补助范围扩大至70岁以上老人，发放459万元慰问金。全年支出1105万元，用于为全镇50岁以上户籍农民和20岁以上户籍妇女开展免费体检，为全镇居民进行合作医疗二次报销和年终大病救助。

【社会管理工作】 年内，在区行政服务中心等部门的大力支持下，将镇综合服务大厅建设成为区行政服务中心台湖分中心，在全市率先实现工商执照、组织机构代码证、税务登记证的镇域内一站式联合办理。严格落实“一把手”负责制和“一岗双责”责任追究，加强拆违督办调度，形成拆违控违的联动机制和强大声势，全镇各村积极配合镇政府相关部门进行控违、拆违工作，使全镇遏制违法建设、违法占地工作取得显著成果。累计拆除违法建设119宗、20.6万平方米。全面完成网格化社会服务管理体系和平台建设实现全覆盖，社区建设取得新成绩，楼门文化建设进一步拓展提升。

【基层党建工作】 年内，认真贯彻执行新修订的《党政领导干部选拔任用工作条例》，做好科级干部选拔任用和干部轮岗交流工作，进一步激发干部队伍活力。扎实推进机关效能建设，突出精细化管理，出台一系列转变作风的规定，干部管理监督力度进一步加大，干部作风有明显好转。以胡家垡、外郎营村为试点，深入推进基层服务型党组织建设，村级党组织和党员队伍战斗力和服务水平明显增强，涌现出一大批优秀基层服务型党组织。

【党风廉政建设】 年内，班子成员认真落实“一岗双责”职责，层层签订责任书和承诺书，层层落实党风廉政建设任务。2014年，签订责任书194份，承诺书98份。在制定科室职权目录和权力运行流程图的基础上，在全区率先出台《纪检监察组织监督工作规则》。加大审计监督工作力度，聘请专业审计公司，对镇内各村和事业单位进行审计。严肃查处顶风违纪案件，加大约谈、通报、曝光力度，全年查办信访件117件次，发现违纪线索2件，上报区纪委进行处理。

（马金娜）

永乐店镇

【概　况】 永乐店镇位于通州区东南部，处京、津、冀三省市的交界处，距通州城区23公里，京津塘高速公路穿境而过，京津第二条高速公路和京津城际铁路途径镇域腹地，并在镇域内分别设有出入站口和预留站口。镇域面积10468万平方米（104.68平方公里），下辖38个行政村，常住人口43162人。永乐店镇是2014年被住建部、发展改革委、财政部、国土资源部、农业部、民政部、科技部七部委确定的全国重点小城镇。镇党委、政府围绕建设“新兴、生态、和谐、活力”的现代化永乐店镇总体目标，全面完成2014年提出的各项任务。完成税收8.08亿元，同比增长22.3%；形成区财力

2.67亿元，同比增长34.3%，农民人均纯收入达到1.76万元，同比增长12%；实现社会固定资产投资9.9亿元。经济建设、社会建设、党的建设都取得较好成绩，全镇发展跃上更高起点。

【基础设施建设稳步推进】 永乐店镇中心区实施方案编制完毕，于10月份在市规委上会通过。中心区路网方案优化调整完毕。30万平方米村民安置楼完成开工前各项手续。中心区G地块授权通过四委联席会。镇中心区农民就业基地、德仁务片区一级开发有序进行。永乐店中学新校区占地241亩、建筑面积8.3万平方米，全面竣工并投入使用。镇中心幼儿园、镇文体活动中心项目主体竣工。永德路（镇中心区至京津城际铁路永乐站）全长5公里，红线60米全面完工，永乐店中学周边路网项目全面竣工交付使用。漷小路一期项目基本完成拆迁并实现开工建设。完成20公里乡村公路的大修工程。镇中心区供水厂二期开工建设。完成4个村庄的饮水、排水工程、8个村的绿化美化工程等一批新农村建设项目。永乐店镇供热中心、供暖管网项目、中心镇路网、镇养老院、小务小学、小务幼儿园、柴厂屯幼儿园等项目手续前期工作进展顺利。永乐经济开发区污水处理厂、供热中心、集中供水厂加紧前期手续。累计完成平原造林总面积31142.9亩，占地700亩的永乐生态公园竣工投入使用。

【产业项目发展】 年内，产业项目引进实现新突破：宇培电子商务中心占地10万平方米（150亩），投资4亿元项目竣工投产，顺丰物流公司、迅捷物流公司、乔达国际货运公司入驻投入运营。联东U谷永乐产业园一期、二期共引进50余家中小型高科技类企业入驻。三期项目建设进展顺利。新地北京电子商务中心项目具备开工建设条件。镇食用菌产业彰显特色，成功举办第三届北京蘑菇文化节，40余家企业参展、接待游客1.5万人次，签订销售合同1.2亿元。全镇有1500余农民从事食用菌相关产业，形成食用菌工厂化生产、设施生产、林下种植和庭院种植4种模式，9大系列21个品种，形成日供首都市场70吨的生产能力。

【社会服务管理再上新台阶】 年内，全镇网格化防控体系平台建设投入使用。生活垃圾村收集、镇运输实行公司化运作，无害化处理100%。完成10个村“一事一议”筹资筹劳财政奖补项目，总投资967万元，受益群众6400人。完成民政社救优抚对象危房翻建48户，有4个村的养老院和幸福院接受市级验收，完成7个村创建5星级社区工作，组织职业技能培训300余人，搭建就业平台，开发就业岗位130余个。加强对流动人口的管控，实现全年流动人口控制在4000人以内，全年无越级集体访，安全生产事故为零。完成清洁燃煤替换5000吨，节能灶具更换2000台。

【精神文明建设展现新风貌】 年内，以培育践行社会主义核心价值观为主要内容的社会面宣传营造良好的舆论环境，完成通州区创建全国文明城区阶段性检查验收。继续开展“感动永乐好村民”道德模范评选活动。孙国江、居涛、李占芳、张宗兰、李本明、杨晓东6名永乐好村民成为“通州榜样”。高标准完成创建首都文明乡镇各项工作，获首都文明村镇称号。2014年，西河村、大羊村、老槐庄村、西槐庄村被评为首都文明村。组建“群众在我心中最美永乐人”农民宣讲团，获通州区百姓宣讲活动三等奖。加大对外宣传力度，市级以上媒体报刊网络刊发报道相关信息60余条。

【党的建设全面推进】 年内，健全以党委书记为第一责任人的领导责任体系，完善考核监督机制。积极推进基层服务型党组织建设。针对村集体经济薄弱问题，制定“强村富民”三年规划，为基层组织和党员服务群众搭建平台，确立产业发展项目13个，基础设施建设项目20个，10个村被确定为三年发展重点村。建立领导干部联系点制度，实行“一村一策”，投入330万元用以解决软弱涣散党组织五方面突出问题，促进软弱涣散党组织的转化提升。15家帮扶单位为联系村提供110万元资金，实现全部转化提升。通过公开报名、笔试、面试组织考察确定村后备干部82名。

【市级领导调研永乐店中学新校区】 10月31日，教育部副部长刘利民、北京市委常委、教工委书记苟仲文到新建成的永乐店中学进行调研。

【抓好党风廉政工作】 年内，认真落实“党委主体责任、纪委监督责任”，镇纪委建立阳光工程办公室，对镇、村两级的重点工程、重大事项、“一事一议”项目的流程及各环节实行监督和监察。对村级的党支部书记提出“六个不允许”要求，对村级十个重点领域的整治强化村级党风廉政建设，要求村干部修身律己、干净干事、坚决纠正不正之风和违法违纪。积极开展警示教育活动、严格落实党风廉政建设责任制、落实一岗双责。党委书记与党政班子成员、村党支部签订《党风廉政建设责任书》，二级班子成员与主管科室负责人签订“廉政承诺书”，做到权利在阳光下运行，工作在制度中规范。

（杨存田　宋德厚）

于家务回族乡

【概　况】　于家务回族乡位于通州区南部，距通州城区21公里，是北京市五个少数民族乡之一，同时也是通州区唯一的少数民族乡。全乡下辖23个行政村，总面积6570万平方米（65.7平方公里）。2014年，全乡实现税收7.2亿元，同比增长7%；形成区财力2.2亿元，同比增长10%；完成固定资产投资16.68亿元，同比增长193%；农民人均纯收入实现20200元，同比增长12%。

【中心区建设取得新进展】　年内，首开“缇香郡”商品房项目一期已出售，二期开工建设；安置楼项目二期进入装修收尾阶段，三期全部结构封顶；公租房项目2号公租房正在进行装修施工；1号公租房正在办理施工审批手续；综合服务中心项目完成主体及二次结构施工，正在装修；中心幼儿园项目竣工；外电源项目正在进行收尾施工；再生水厂项目各项手续正在办理；D地块一级开发项目正在进行国有土地地籍调查。

【次中心区建设稳步推进】　年内，自住房项目办理前期开工手续，市政工程全面进入设计施工阶段。

【国际种业科技园区发展环境不断优化】　年内，综合服务区A地块，市政项目方案通过市规委评审，道路与管线综合施工图正在设计，西六支沟与西六支沟西侧道路方案设计获得批准；研发中心项目取得立项、规划、环评等批复；品种权交易创新基地项目完成挂牌，并以此为基础向科技部申报；专家院士工作站建设完成，并成立种业园区、神舟绿鹏航天育种基地、玉米中心3个企业科协，为企业提供科技人才支撑与服务，为种子“硅谷”建设提供智力基础；“四化同步”试点建设工作，形成以国际种业科技园区为核心的种业园区+中心区组团、中国农科院+次中心区组团、北京市农林科学院+聚富苑产业园区组团的“三大组团”的发展格局，在通州区工业化、信息化、城镇化与农业现代化的“四化同步”试验区实施方案中，本乡被确定为“核心区”将率先启动。

5月25日，2014年世界种子大会北京种业专题报告会在北京国际种业科技园区举办　（于家务回族乡提供）

【聚富苑产业园区发展定位进一步明确】 全乡产业发展定位逐步从传统的加工制造业向高精尖产业转型升级。2014年，引进4家盘活企业，盘活土地181亩。完成A区待上市四地块工业项目结案手续和考古勘探工作，委托资质单位对新地价评估报告进行编制；B区道路规划方案取得成果，完成道路中心定线，同时B区11条道路初步设计的方案通过区规划分局审查并取得批复意见，B区部分地块规划动态维护工作基本完成成果编制。

【生态环境持续改善】 年内，湿地水生态改造建设工程进展顺利，投资2500万元，完成湖区土方开挖、土工膜膜下基础处理，土工膜铺设和潜流湿地土方工程，完成湿地集中绿化景观改造；高标准完成1942亩平原造林工程，三年来累计造林面积达到7500亩，进一步改善了全乡的生态环境。

【社会事业协调并进】 年内，公共服务投入进一步加大，投资2500万元对23个村的饮水、道路硬化、排水等基础设施进行完善和改造，各村基础设施进一步完善；成功举办四季幸福于家务孝亲文化年系列活动、深入开展全社会各个层面的道德实践活动；随着北辛店村、东马各庄村两所村办幼儿园的建成和使用，进一步完善村内教育基础设施建设，解决村内儿童就近入学的问题；开展全民免费体检，全乡6456人参加，群众的健康意识进一步提升；重阳节期间为全乡2076名70岁以上老人发放慰问金200余万元；城镇登记失业率控制在1%以下；社会治理深入推进，完成69个网格单位的创建工作，进一步实现网格化社会服务管理体系和平台建设乡域全覆盖；投资800余万元进行视频监控等项平安村创建工作，检查复查各类生产经营单位3716家次，消除各类安全隐患4257处，开展各类安全培训班、讲座150余场次，完成安全生产标准化三级达标创建工作阶段任务；加大矛盾纠纷排查调处力度，社会保持和谐稳定；应急管理、人民武装、“双拥”共建工作健康发展。

【党建工作不断加强】 年内，以群众路线教育实践活动为契机，全面深化党的建设，广泛听取各界意见，向4826人征集意见建议1179条；先后投资近2000万元及时进行整改；村级老党员服务站、西垡村“民情档案”等一系列党建创新项目深入推进，同时探索推广发展党员全程纪实制度规范党员发展程序，党的基层组织建设得到进一步加强；构建“党委引导、园区推动、企业融入、群众参与”的种业园区联动发展模式，更好地解决了产业升级、农民增收等问题；党风廉政责任制全面落实，廉政文化建设形成特色，廉洁促发展成为全乡广大党员干部的思想共识。

（王 鑫）

组织机构及负责人

中国共产党北京市通州区委员会

书　记　王云峰(11月免)
　　　　杨　斌(11月任)
副书记　岳　鹏
　　　　李玉君
常　委　王云峰(11月免)
　　　　杨　斌(11月任)
　　　　岳　鹏
　　　　李玉君
　　　　赵玉影
　　　　于世疆
　　　　杨静慧(女)
　　　　张春秀(女)
　　　　李耀光
　　　　崔志成
　　　　芦　峰
　　　　王杰群(女)

组织部

部　　长　杨静慧(女)
常务副部长　甄　朋
副　部　长　杨连元(兼)
　　　　陈广强(兼)
　　　　赵志刚
　　　　靳国旺

政法委员会

书　　记　李玉君
副　书　记　李耀光(兼)
　　　　崔志成(兼)
　　　　石宝玉
　　　　张志军
　　　　朱军辉
　　　　李　军(1月免)
　　　　安行健(1月任)

宣传部

部　　长　王杰群(女)
常务副部长　王立生(7月免)
副　部　长　陈立军
　　　　张卫东(兼)
　　　　刘　磊

区委办公室

主　　任　尚祖国
常务副主任　姚华峰
副　主　任　杜　彤
　　　　张　华
　　　　朱春彬
　　　　路长程(兼)

区委督查室

主　　任　魏　欣(女)

区委机要局(区密码管理局)

局　　长　田　莉(女,满族)

精神文明建设委员会办公室

主　　任　张卫东
副　主　任　禹晓峰

统一战线工作部

部　　长　赵玉影
常务副部长　王振成

副部长 王瑞丰
曹恒永(兼)

台湾工作办公室(台湾事务办公室)
主任 孔庆媛(女)

社会治安综合治理委员会办公室
主任 张志军
副主任 石国庆

维护稳定工作领导小组办公室
副主任 杨利民

流动人口和出租房屋管理委员会办公室
主任 张志军
副主任 郭玉明
付彩霞(女)

区委研究室
主任 曾祥正
副主任 谢京文
童露
刘小明

机构编制委员会办公室
主任 陈宇
副主任 谢振平

直属机关工作委员会
书记 李玉君
常务副书记 陈秋平
副书记 谢建生
纪工委书记 马洪利
工会主席 曹艳清(女)

区委党校
校长 李玉君
党委书记 王青春
党委副书记 安志江
纪委书记 宋明凯
常务副校长 安志江
副校长 李智敏(女)
宋明凯
惠学刚

老干部局
党组书记 王增哲
党组副书记 陈广强
局长 陈广强
副局长 赵德启
刘江妹(女)

保密委员会办公室(区国家保密局)
主任(局长) 路长程
副主任(副局长) 马伟(女)

社会建设工作委员会
书记 宁秋君
副书记 张玉震
曹锡钧

社会建设工作办公室
主任 张玉震
副主任 王章兴
周庭桂(女)

中国共产党北京市通州区纪律检查委员会

书记 张春秀(女)
副书记 孟繁虎
王介民
石建华
常委 张春秀(女)
孟繁虎
王介民
石建华
李柱世
仇春旺
尹长伟
黄好振
王岩军

办公室
主任 焦善鸣

组织部(原干部室)
部长 闫荣萍(女,7月任)

宣传部(原宣传教育室)
部长 尹长伟(兼,7月任)
副部长 郝洁(女,8月任)

研究室
主任 李柱世(7月免)
仇春旺(兼,7月任)

副主任　褚　锋(2013年12月任)

信访室(挂行政投诉中心牌子)

主任　王洪波(女,7月免)
　　　王岩军(兼,7月任)

党风政风监督室(挂预防腐败室、区纠正行业不正之风办公室牌子)

主任　仇春旺(7月免)
　　　陈　镇(7月任)

第一纪检监察室(原案件检查室、案件管理室)

主任　王岩军(7月免)
　　　黄好振(兼,7月任)

第二纪检监察室(8月成立)

主任　陈　钊(7月任)
副主任　刘建兵(8月任)

第三纪检监察室(8月成立)

主任　钱　龙(7月任)
副主任　刘国兴(8月任)

案件监督管理室(8月成立)

主任　王洪波(女,7月任)

案件审理室

主任　温亚玲(女,7月免)
　　　李柱世(7月任)
副主任　刘伶艳(8月任)

预防腐败局(2013年12月成立)

局长　孟繁虎(兼,4月任)
副局长　程行利(兼,4月任)

行政投诉中心

主任　孟繁虎
副主任　王岩军(兼,7月任)

人大序列

通州区人民代表大会常务委员会

主任　张文山
副主任　张秀余
　　　罗明光
　　　宋京璋
　　　刘汝林
　　　张晓燕(女)
委员　马克生
　　　刘志刚
　　　刘学力
　　　刘振东
　　　刘维嘉
　　　杜俊红(女)
　　　李清俊(女)
　　　张东凤(女)
　　　张春兰(女)
　　　张俊胜(回族)
　　　张梅菊(女)
　　　张慧敏
　　　张德芳
　　　郎丽丽(女)
　　　赵　冬(女)
　　　郭宝圣
　　　黄春来
　　　曹歧连
　　　崔大柏
　　　韩克非(女)
　　　傅　刚

办公室

主任　刘学力
副主任　李凤云(女)
　　　王　巍(女)

财政经济工作委员会

主任　张东凤(女)

内务司法工作委员会

主　　任　郭宝圣
副 主 任　李　翔

教科文卫工作委员会

主　　任　曹岐连
副 主 任　贾立军(女,10月免)

城乡建设环保工作委员会

主　　任　黄春来
副 主 任　徐　波

农村工作委员会

主　　任　马克生
副 主 任　钱　龙(8月免)

代表联络室

主　　任　李清俊(女,10月免)
　　　　　贾立军(女,10月任)
副 主 任　武顺金(女)

研究室

主　　任　刘志刚
副 主 任　郭　磊

信访办公室

主　　任　王立艳(女)

政府序列

通州区人民政府

区　　长　岳　鹏
副 区 长　崔志成
　　　　　于世疆
　　　　　洪　波
　　　　　肖志刚
　　　　　李亚兰(女)
　　　　　崔松光

办公室

主　　任　王岩石
常务副主任　刘海涛
副 主 任　毕小京
　　　　　陈世忠
　　　　　张　阳
　　　　　王春华
　　　　　崔立新(4月免)
　　　　　段　卉(女,8月任)

政策研究中心

主　　任　皮联仿

督察室

主　　任　王　强

突发公共事件应急委员会办公室

主　　任　刘海涛

监察局

局　　长　孟繁虎
副 局 长　黄好振
　　　　　程行利

信访办公室

党组书记　高　华
主　　任　高　华
副 主 任　王　丽(女)
　　　　　王忠义
　　　　　姜海龙

民防局

党组书记　王玉芳
纪检组组长　黄文健(女)
局　　长　张玉和
副 局 长　刘文平
　　　　　刘瑞华

经济和信息化委员会

党组书记　陈国庆
纪检组组长　巩如意(女)
主　　任　陈国庆
副 主 任　李实杰
　　　　　官　宏
　　　　　侯康超

园区管理委员会

主　　任　崔志成(兼,10月免)
　　　　　洪　波(10月任)

党组书记　聂玉泉
纪检组组长　张友刚
常务副主任　聂玉泉
副主任　裴志强
　　郭成礼
　　冯顺利
　　刘　生(10月免)

农村工作委员会

副书记　刘雪峰
　　张东旭
纪工委书记　李光忠
主任　刘雪峰
副主任　刘瑞芳(女)
　　王子江
　　郎德峰(11月免)

住房和城乡建设委员会

党委书记　杨泽军
党委副书记　贾君刚
　　刘文鹏
纪委书记　刘士军
主任　贾君刚
副主任　杜少勋
　　林东生
　　王练雄
　　刘长志
　　任瑞启

教育工作委员会

书记　张绍武
副书记　胡晓东
主任　张绍武
副主任　肖建辉
　　袁静华(女)
　　王秀东
　　李跃松
纪工委书记　周　颖(女)

教育督导室

主任　李少杰
副主任　刘德杰

商务委员会

党组书记　韩向群
党组副书记　陈国增
纪检组组长　胥德增
主任　陈国增
副主任　果松海
　　刘月刚
　　相洪河

科学技术委员会(知识产权局)

党组书记　杜　伟
主任(局长)　田春华(女)
副主任　杜　伟
　　李彦军
　　张凤军
　　李　群(女)
纪检组组长　杨玉稳(女)

知识产权服务中心

主任　宋长福

发展和改革委员会

党组书记　刘贵明
纪检组组长　李玉直
主任　刘贵明
副主任　林旭平
　　张艳青(女,10月免)
　　刘秀杰(女)
　　董春山(10月免)
　　吴孔安

金融服务办公室

主任　乔立群

国有资产监督管理委员会

党委书记　田晓江
党委副书记　董维毅
　　牛春刚
纪委书记　王书生
主任　董维毅
副主任　刘庆海
　　李　煦(蒙古族)
　　李旻杰(女)
工会主席　闫淑荣(女)

人口和计划生育委员会

党组书记 张湛军
党组副书记 刘美俊(女)
纪检组组长 谭 丽(女)
主 任 刘美俊(女)
副 主 任 薛美丽(女)
梁 萍(女)
张秀明(女)

市政市容管理委员会

党委书记 张军领
党委副书记 薄立军
张文宽
纪委书记 陈慧英(女,回族)
主 任 薄立军
副 主 任 张卫东
杨艳芬(女)
胡大为(10月免)
马劲松
张跃宗
工会主席 刘秀燕(女)

城乡环境建设委员会办公室

主 任 薄立军
专职副主任 李 琴(女)

燃气管理办公室

主 任 张文宽
副 主 任 张贵江
牛文波(10月任)

环境卫生服务中心

主 任 张卫东
副 主 任 卢子山
张 磊
工会主席 韩凤源

新城中心区建设管理委员会

党组书记 朱志高
纪检组组长 芮双林
主 任 朱志高
副 主 任 李士龙
安聪颖
石 宇

文化委员会

党委书记 杜德久(5月免)
王立生(7月任)
党委副书记 赵益富
纪委书记 李瑞红(女)
主 任 杜德久(6月免)
王立生(8月任)
副 主 任 杨根萌
林长春(4月任)
王绮茜(女)

文化执法队

队 长 贾海科

人力资源和社会保障局

党委书记 王士杰
党委副书记 杨连元
徐佩松
纪委书记 刘 江
局 长 杨连元
副 局 长 徐佩松
李 军
张立华
曹奇权
吴绍伟

社会保险事业管理中心

主 任 杨玉洁(女)

劳动人事争议仲裁院

院 长 李祥辉
工会主席 周凤良(3月任)

财政局

党委书记 张春良
党委副书记 徐思清
纪委书记 刘 丰
局 长 张春良
副 局 长 姚华松
李宝清
武燕伶(女)

审计局

党组书记 石国辉
党组副书记 盛亚荣(女)

纪检组组长　王文选
局　　长　盛亚荣(女)
副 局 长　曹温华
　　　　　赵　静(女)
　　　　　周　丰
　　　　　黄海青

环境保护局

党组书记　裴志刚
纪检组组长　西宝生
局　　长　刘立新(2月免)
　　　　　裴志刚(2月任)
副 局 长　潘自欣
　　　　　徐晓云(女)
　　　　　张旭辉

统计局

党组书记　李柏松
党组副书记　潘月东
　　　　　张大朋
纪检组组长　赵桂芳(女)
局　　长　潘月东
副 局 长　贾国增
　　　　　陈凤香(女)
　　　　　刘德龙
总统计师　张春姝(女)

调查队

队　　长　张大朋
副 队 长　刘宗刚
　　　　　韩秀玲(女)

体育局

党组书记　王凤臣
党组副书记　苏亚文(女)
纪检组组长　翟海英(女)
局　　长　苏亚文(女)
副 局 长　吴小末(女)
　　　　　王锦新(7月免)
　　　　　王　栋
工会主席　于德海

卫生局

党委书记　马月明(回族)
党委副书记　白玉光(蒙古族)
　　　　　许华芳
纪委书记　刘亚兰(女)
局　　长　白玉光(蒙古族)
副 局 长　蔡力凯
　　　　　李凤苹(女)
　　　　　陈长春
　　　　　李文龙
　　　　　纪智礼

疾病预防控制中心

主　　任　刘晓峰

卫生局卫生监督所

所　　长　朱立新

交通局

党委书记　吴长利
党委副书记　姜富龙
　　　　　刘福国
纪委书记　陈桂芸(女)
局　　长　姜富龙
副 局 长　胡　蓝(女)
　　　　　何万顺
　　　　　冯振华

铁路道口安全管理办公室

主　　任　冯振华

园林绿化局

党委书记　刘　卉(女)
党委副书记　董本新
纪委书记　陈永梅(女)
局　　长　刘　卉(女)
副 局 长　李书勇
　　　　　王春喜
　　　　　王建军
工会主席　刘玉梅(女)

绿化委员会办公室

主　　任　刘　卉(女)
副 主 任　张宝常

森林公安处

处　　长　高秉权

水务局

党委书记　房亚军
纪委书记　刘　宁(女)

局　　长　房亚军
副 局 长　李振海
　　　　　李克强
　　　　　梁　民(7月免)
　　　　　程　群
　　　　　郭庆福(7月任)
总工程师　金建华

农业局

党委书记　田恩生
党委副书记　刘庆生
　　　　　陈长春
纪委书记　康淑静(女)
局　　长　刘庆生
副 局 长　张春良
　　　　　倪寿文
　　　　　王永利
　　　　　杜德强
工会主席　王广龙

旅游发展委员会

党组书记　李金玺
党组副书记　张小艳(女)
纪检组组长　张书利
主　　任　张小艳(女)
副 主 任　王凤荣(女)
　　　　　安文崑
　　　　　顾有勤
工会主席　王劲松

民政局

党委书记　储怀森
党委副书记　何志强(回族)
　　　　　李宗秀
纪委书记　刘冬梅(女)
局　　长　何志强(回族)
副 局 长　王　彤
　　　　　陈晓丽(女)
工会主席　吴立华(女)

民族宗教侨务办公室

主　　任　何志强(回族)
副 主 任　马玉春(回族)

老龄工作领导委员会办公室

主　　任　何凤红(女,回族)

双拥办

主　　任　储怀森
副 主 任　郝玉平

司法局

党组书记　李永锋
党组副书记　王志勇
纪检组组长　张　银(女)
局　　长　李永锋
副 局 长　王志勇
　　　　　张改朝
　　　　　康　静(女)
　　　　　李立文

安全生产监督管理局

党组书记　曹树常
纪检组组长　雷雨雯(女)
局　　长　曹树常
副 局 长　杨文庆
　　　　　吴宝祥
　　　　　王志佳

法制办公室

主　　任　刘青松
副 主 任　张康林
　　　　　张琴琴(女)

城市管理综合行政执法监察局

党委书记　刘　升
党委副书记　赵瑞恒
　　　　　何连贺
纪委书记　郭宝堂
局　　长　赵瑞恒
副 局 长　姜军平
　　　　　夏庆元
　　　　　宋坤一
　　　　　周建刚

行政服务中心

党组书记　宋俱乐
纪检组组长　田晓棠(女)
主　　任　张全启
副 主 任　王　超
　　　　　张新刚
　　　　　马伟哲(女,回族)

区机关事务服务中心

党组书记　陈均芝

纪检组组长　翟　琦
主　　任　陈均芝
副 主 任　辛　卫
史永刚
纪宇一(女)

档案局（档案馆）

党组书记　张丽华(女)
局(馆)长　高德澍
副局(馆)长　王振和
张钰丛(女)

党史工作办公室(区地方志办公室)

主　　任　王葆刚
副 主 任　翟荣华
禹万新

地震局

党组书记　黄志伟
局　　长　王金成
副 局 长　张春明
韩　冰(女)

投资促进局

局　　长　卢庆雷
副 局 长　张　莹(女)
陈　勇
吴　涛

北京市通州区行政事业资产事务中心(7月更名)

（原北京通政国有资产经营公司）

董 事 长　张春良(2月免)
经　　理　徐思清(2月免)
副 经 理　钱　锋(4月免)
李　军(4月免)

种植业服务中心

党委书记　刘福生
党委副书记　刘庆生
李春民
主　　任　刘庆生
副 主 任　王永利
王宝东
工会主席　闫庆利

农机服务中心

党委书记　田恩生(7月免)
梁　民(7月任)
党委副书记　刘庆生(7月免)
纪委书记　李洪芳(女)
主　　任　刘庆生(7月免)
梁　民(7月任)
副 主 任　董　钢
王泽宇
工会主席　苏　同

农村合作经济经营管理站

党组书记　王立成
党组副书记　宗　飞
纪检组组长　李笠江(女)
站　　长　宗　飞
副 站 长　金世明
朱新亮

广播电视中心

党组书记　陈立军
党组副书记　王志刚
主　　任　王志刚
副 主 任　王雪征
王小利
高玉强(10月任)

北工大实验学院、职业教育中心、北工大通州分校

党委书记　张立芳(女)
党委副书记　王明生
郭　颖(4月任)
纪委书记　王明生
院　　长　周竞学
副 院 长　石秀丽(女)
贾红军
主　　任　张立芳(女)
副 主 任　胡亚军
校　　长　张立芳(女)
副 校 长　王明生

成人教育中心

党委书记　高孝锋
党委副书记　朱春彬
纪委书记　塔文田
主　　任　朱春彬
副 主 任　李保国
张成法
李卫红(女)

潞河中学

校　　长　徐　华

行政学院

院　　长　崔志成(兼)
常务副院长　安志江
副 院 长　李智敏(女,兼)
　　　　　宋明凯(兼)
　　　　　惠学刚(兼)

首都医科大学附属北京潞河医院

党委书记　纪福民
党委副书记　纪智礼
　　　　　杜会山
纪委书记　全俊亚(女)
院　　长　纪智礼
副 院 长　赵京红
　　　　　李晓辉
　　　　　陈学明
　　　　　王喜红

北京通州报社

总 编 辑　安继连

政协机关

中国人民政治协商会议北京市通州区委员会

主　　席　王春元
副 主 席　张振泉
　　　　　韩振福
　　　　　季志会(女)
　　　　　杜少勋(不驻会)
　　　　　王子江(不驻会)
　　　　　田春华(女,不驻会)
秘 书 长　杜德耕
常务委员　王红菊(女)
　　　　　王德宝
　　　　　王振成
　　　　　边学锋(女)
　　　　　吕　东
　　　　　吕庆申
　　　　　刘宝平
　　　　　刘崇尧(女)
　　　　　池雪斌
　　　　　孙大公
　　　　　杜　伟
　　　　　杜德强
　　　　　李　罡
　　　　　李光伟(女)
　　　　　李旻杰(女)
　　　　　杨玉桥
　　　　　杨涛源(女)
　　　　　吴　涛
　　　　　张　松
　　　　　张琴琴(女)
　　　　　贯会学
　　　　　金文岭
　　　　　周　正
　　　　　庞　玉
　　　　　郝　玥(女)
　　　　　胡玉玲(女)
　　　　　胥振阳
　　　　　郭　枫
　　　　　赵　静(女)

办公室

主　　任　纪万成
副 主 任　王金瑞
　　　　　王　珍(女)

研究室

主　　任　杨广文
副 主 任　卢雪静(女)

专委会一室

主　　任　李北江

专委会二室

主　　任　赵振华

专委会三室

主　　任　丁振宇

副 主 任　刘　飏(女,回族)

专委会四室

主　　任　刘宝明

副 主 任　吕　征(女)

专委会五室

主　　任　吕咸生

副 主 任　李雅静(女)

专委会六室

主　　任　李汝刚

副 主 任　齐莉丽(女,7月免)

法院 检察院

人民法院

党组书记　黄宝跃(10月免)
　　　　　焦慧强(10月任)

党组副书记　何惠英(女,9月免)

政治处主任　张永增

纪检组组长　连增平(女)

纪检组副组长　徐古月

院　　长　黄宝跃(10月免)

代 院 长　焦慧强(10月任)

副 院 长　何惠英(女,10月免)
　　　　　焦慧强(10月任)
　　　　　史宝山
　　　　　王成喜
　　　　　谢恩品(8月免)

执行局局长　樊守林

执行一庭庭长　杨　宇

执行二庭庭长　杨少青

执行三庭庭长　张　萍(女)

立案庭庭长　王旭东

审判委员会专职委员　綦炫声
　　　　　蔡俊清(女)
　　　　　徐伟东

刑事审判第一庭庭长　朱长军

民事审判第一庭庭长　李迎新(女,满族)

民事审判第二庭庭长　张　静(女)

民事审判第三庭庭长　刘秉浩

民事审判第四庭庭长　李士刚

行政审判庭庭长　孙天舒(女)

审判监督庭庭长　刘广强

研究室主任　张　涛

宋庄人民法庭庭长　徐瑞成

张家湾人民法庭庭长　王连勇

马驹桥人民法庭庭长　徐伟东(8月免)

漷县人民法庭庭长　马　辉

人民检察院

党组书记　李　华(女)

党组副书记　郭晓红

政治处主任　马宝成

政治处副主任　张爱华(女)

纪检组组长　张守刚

纪检组副组长　高学全

检 察 长　李　华(女)

副检察长　郭晓红
　　　　　甘　露(女)
　　　　　田长江
　　　　　张树昌

反贪污贿赂局局长　向令涛

检委会专职委员　李希强
　　　　　李智慧(9月免)

民事行政检察处处长　马良民

法律政策研究室主任　李洪欣(女)

公诉二处处长　杨文悦

案件管理办公室主任　李智慧(9月免)

反渎职侵权局局长　吴　涛

侦查监督处处长　李　峥(女)

监所检察处处长　高建泉

职务犯罪预防处处长	甄国清
检察技术处处长	李永红(女)
法警大队队长	陈　威

群众团体

区总工会

主　　席	王振良
常务副主席	吕庆申
副 主 席	张健姝(女)
	徐淑兰(女)

共青团北京市通州区委员会

书　　记	阳　波
副 书 记	于　军
	石　韧(回族)
	张　硕

区妇女联合会

主　　席	冯利英(女)
副 主 席	赵淑清(女,4月免)
	边学锋(女)
	朱京萍(女)
	倪晓燕(女,4月任)

区科学技术协会

党组书记	岳凤山
主　　席	金文岭
副 主 席	谭　轶

区工商业联合会

党组书记	曹恒永
副 主 席	曹恒永
	孟　勇
秘 书 长	林　鹏

区残疾人联合会

党组书记	尹宝宇
党组副书记	陈宏毅
理 事 长	陈宏毅
副理事长	何全盛
	孙喜春

区红十字会

会　　长	于世疆
常务副会长	杨东风
秘 书 长	杨景斌

区文学艺术界联合会

主　　席	樊淑玲(女)

通州区爱国卫生运动委员会

主　　任	于世疆
副 主 任	李凤苹(女)

区属商贸服务企业

通州商业资产运营公司

党委书记	孙士臣
党委副书记	贾国禄
纪委书记	贾国禄
经　　理	孙士臣
副 经 理	吴春良(9月免)
	高文峰
	郭小莲(女)
	何桂霞(女)
	冯秀军
	吕建军(2013年9月任)
工会主席	贾国禄

北京金通资产经营管理公司

党委书记	陈满全
党委副书记	温大海
纪委书记	温大海
经　　理	陈满全
副 经 理	皮连永
	刘义亭
工会主席	温大海

通州区煤炭公司

党委书记	潘国利
党委副书记	李宝全
纪委书记	李宝全

经　　理　潘国利
副 经 理　孟庆江
　　张福全
　　董维臣(1月任)

通州区供销合作总社

党委书记　王　强
党委副书记　吴　卫(11月免)
　　牛伟伟
　　米广清(11月任)
纪委书记　牛伟伟
主　　任　王　强
副 主 任　吴　卫(11月免)
　　郭海波
　　米广清(11月任)

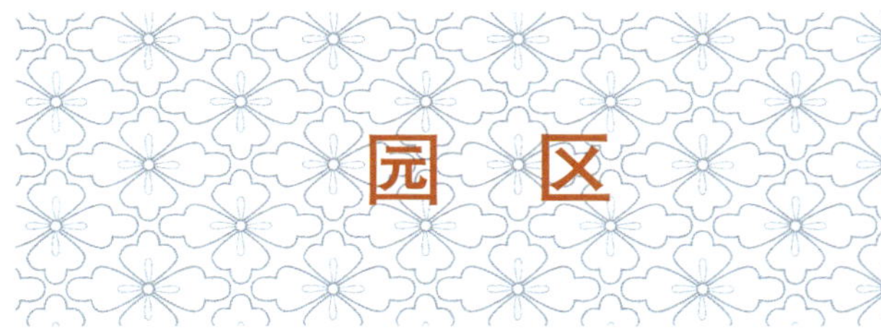

园　区

光机电一体化产业基地管委会

主　　任　曹东波(兼,4月免)
　　苏礼华(4月任)
副 主 任　梁红梅(女)
　　肖　丹(女)

金桥基地管委会(北京国家环保产业园区管理委员会)

主　　任　王德松(4月免)
　　李墨军(4月任)
副 主 任　潘洪跃
　　李晓玲(女,7月免)
　　高聪全(兼)
　　林东生(兼)

物流基地管委会(北京通州物流产业园区管理委员会)

主　　任　王德松(4月免)
　　张留树(4月任)
副 主 任　彭凯泉
　　董　彦(女,蒙古族)
　　高聪全(兼)
　　黄遵东(兼)

通州新城金融服务园区管委会

主　　任　邓忠义(4月免)
　　李宝增(4月任)
副 主 任　黄之元
　　雷　霆

北京市通州区台湖高端总部基地管委会

主　　任　曹东波(兼,4月免)
　　李志杰(4月任)
常务副主任　李志杰(4月免)
副 主 任　李　朋
　　王建中
　　马淑慧(女)

北京通州文化旅游区管委会

党组书记　赵　军
主　　任　赵　军(1月任)
副 主 任　张宝国
　　李　朋
　　王冬生

北京通州宋庄文化创意产业集聚区管理委员会

主　　任　柳德利(4月免)
　　刘永忠(4月任)
常务副主任　刘永忠(3月免)
副 主 任　孙广平
　　黄友庆

北京通州国际医疗服务区建设管理委员会

主　　任　关　平(4月免)
　　申　键(4月任)
副 主 任　杨跃凯
　　刘　颖(女)

北京市通州区国际种业科技园区管理委员会

主　　任　何海龙(回族,4月免)
　　张洪亮(4月任)
副 主 任　吕正波(4月任)

街道 乡镇

中仓街道

工委书记	魏　国
工委副书记	张弘力
	张连福
	刘晓波
纪工委书记	刘晓波
组织部部长	郑国峰
宣传部部长	张建竹
武装部部长	张连宝
总工会主席	张玉平
人大街工委主任	魏　国
人大街工委副主任	米福清(女,回族)
办事处主任	张弘力
办事处副主任	李　明
	杨家毅
	刘宗永
	于洪流(4月任)

新华街道

工委书记	董建忠
工委副书记	滕永新
	杨万军
	王庆新
纪工委书记	王庆新
组织部部长	马　骎(女)
宣传部部长	万松梅(女,9月免)
	王春玲(女,11月任)
武装部部长	陈　平
总工会主席	郑友松
人大街工委副主任	张梅菊(女)
办事处主任	滕永新
办事处副主任	万松梅(女,10月任)
	方向东
	王　刚
	徐海波(4月免)
	李永金(4月任)

北苑街道

工委书记	李彦明
工委副书记	华　飞(女)
	李永刚
	崔淑芬(女)
纪工委书记	崔淑芬(女)
组织部部长	高新凤(女)
宣传部部长	李晓英(女)
武装部部长	杜永贵
总工会主席	叶国良
人大街工委主任	李彦明
人大街工委副主任	张宝贵
办事处主任	华　飞(女)
办事处副主任	梁维萍(女,4月免)
	沈延忠(4月任)
	崔淑敏(女)
	王文超

玉桥街道

工委书记	徐景发
工委副书记	杨东莲(女)
	李　青
	常有伶(女)
纪工委书记	常有伶(女)
组织部部长	张艳萍(女)
宣传部部长	西雪莲(女)
武装部部长	孟轩昂
总工会主席	徐桂兰(女)
人大街工委副主任	羿永强
办事处主任	杨东莲(女)
办事处副主任	李　吏(女)
	王立夫
	董　金

永顺镇

党委书记	张若冰
党委副书记	邓忠义
	李宝增(3月免)
	陈新全
组织委员	姜宝军
宣传委员	郭春杰

纪 委 书 记　杨德春
武装部部长　王履安(回族)
总工会主席　吴慧玲(女,满族)
人 大 主 席　张若冰
人大副主席　朱秀慧(女)
镇　　　长　邓忠义
副 镇 长　苏丽华(女,5月免)
赵程红(女)
邹海涛
王　东
郑永忠
蔡德刚(10月任)

梨园镇

党 委 书 记　于立东
党委副书记　周东振
陆德启
组 织 委 员　罗占先
宣 传 委 员　刘宏伟(女)
纪 委 书 记　辛　新(女)
武装部部长　田洪民
总工会主席　崔丽君(女)
人 大 主 席　于立东
人大副主席　王元霞(女)
镇　　　长　周东振
副 镇 长　郭庆福(7月免)
代恒猛
唐殿珂
金海河
巩少峰
王　刚(7月任)

宋庄镇

党 委 书 记　李　霞(女)
党委副书记　刘永忠(3月免)
柳德利
李树东
陈洪波(3月免)
组 织 委 员　洪壮志
宣 传 委 员　李小忠
纪 委 书 记　裴剑峰
总工会主席　张殿东
人 大 主 席　李　霞(女)
人大副主席　王玉英(女)
镇　　　长　柳德利
副 镇 长　陈洪波
詹海霞(女)
杨跃方
张　君(女)
马宝民

张家湾镇

党 委 书 记　程卫民
党委副书记　杨　利(回族)
邓小民
组 织 委 员　张　军
宣 传 委 员　齐莉丽(女,7月任)
纪 委 书 记　张国瑞
武装部部长　李小军
总工会主席　张凤国(1月任)
人 大 主 席　程卫民
人大副主席　张德芳
镇　　　长　杨　利(回族)
副 镇 长　王　鑫
李　丹(回族)
董振瑞
马俊艳(女)
杨文新

漷县镇

党 委 书 记　孙奎亮
党委副书记　孝　军
赵正胜(3月免)
张民平
组 织 委 员　张亚忠
宣 传 委 员　杜振强(女)
纪 委 书 记　张雪莲(女)
武装部部长　邢　君
总工会主席　郝洪达
人 大 主 席　孙奎亮
人大副主席　曹庆明
镇　　　长　孝　军

副 镇 长	李宝华
	季晓光
	李佳佳(女)
	刘树才
	谭先进

马驹桥镇

党委书记	鲁新洪
党委副书记	王德松
	张留树(3月免)
	徐德义
组织委员	王雪艳(女)
宣传委员	刘淑清(女)
纪委书记	王小东
武装部部长	李宝华
总工会主席	米学忠
人大主席	鲁新洪
人大副主席	王文兵(女)
镇 长	王德松
副 镇 长	于长阳
	刘 鑫
	张凤华
	高国庆
	初庆宝(12月任)

西集镇

党委书记	张德启
党委副书记	孙 伟
	王 艳(女)
	杨建路(3月免)
组织委员	马清文
宣传委员	杨继君(女)
纪委书记	宋 扬
武装部部长	李成军
总工会主席	王昊健(女,1月任)
人大主席	张德启
人大副主席	林广连
镇 长	孙 伟
副 镇 长	尹凤忠
	唐荣光
	吴殿东
	刘振锋
	郝红芬(女)

潞城镇

党委书记	雷晓宁(女)
党委副书记	孙雪松(女)
	关 平
组织委员	林广星
宣传委员	彭绍常
纪委书记	王国栋
武装部部长	蔡瑞彬
总工会主席	潘玉霞(女)
人大主席	王 晨
人大副主席	梁红英
镇 长	关 平
副 镇 长	杜妍杰(女)
	李文周
	安源良
	刘为凤
	王东海

台湖镇

党委书记	倪德才
党委副书记	曹东波
	李志杰(3月免)
	郭 枫
组织委员	贾晓玲(女)
宣传委员	韩廷春
纪委书记	张宝利
武装部部长	李胜利
总工会主席	李 勇
人大主席	倪德才
镇 长	曹东波
副 镇 长	刘学军
	余 龙
	王雪冬
	李立新
	石园园(女)

永乐店镇

党委书记	禹学河
党委副书记	刘德昉
	杨志勇
纪委书记	杨得志
组织委员	宋兰艳(女)
宣传委员	毛瑞霞(女)

武装部部长　王建伟
总工会主席　李永生(1月任)
人大主席　禹学河
人大副主席　赵学军(2月免)
　李金松(2月任)
镇长　刘德昉
副镇长　周万武
　李立新
　周立军
　郭　莉(女)
　李　锋

于家务回族乡

党委书记　甄　宇
党委副书记　何海龙(回族)
　古　剑(回族)
　张洪亮(兼,3月免)
组织委员　丛丽娟(女)
宣传委员　戴迎春(女)
纪委书记　徐海涛
武装部部长　张向忠
总工会主席　于秀红(女)
人大主席　甄　宇
人大副主席　冉金友
乡长　何海龙(回族)
副乡长　葛　静(女)
　钱玉东(回族)
　马选军
　李亚军(回族)
　张春波

双管单位

北京市规划委员会通州分局

党组书记　杨　唯
纪检组组长　李　伟(2月免)
　仇冬利(4月任)
局长　杨　唯
副局长　詹懿琳(女)
　齐晓庭
　张　奇
　李　伟(2月任)
　郭宝峰(4月任)

北京市交通委员会路政局通州公路分局

党委书记　曲　峰(3月免)
　王沛才(3月任)
党组副书记　张玉霞(女,5月任)
局长　曲　峰(4月免)
　张玉霞(女,4月任)
副局长　张淑琴(女)
　孔　羽(女)
　陈丕东

通州区质量技术监督局

党组书记　杨希迁
纪检组组长　赵志辉
局长　杨希迁
副局长　程耀谷
　刘　成
　曹庆辉
　韩　涛

北京市国土资源局通州分局

党组书记　刘占恩
党组副书记　高聪全(8月免)
　靳　京
纪检组组长　张洪兴
局长　靳　京
副局长　刘占恩
　张士祥
　康振宇
　王满屯
　王　玥(女)

通州区气象局

党组书记　池长春
纪检组组长　董鹏捷(女)
局长　池长春
副局长　董鹏捷(女)

通州区邮政局

党委书记　贾军林(3月免)
　赵凤军(3月任)
局长　贾军林(3月免)
　赵凤军(3月任)
副局长　陈建国(3月任)
　董宗悦
　王立波(3月免)
　朱秀起(3月任)
工会主席　董宗悦

中国人民解放军北京市通州区人民武装部

部长　芦峰
政委　张国富
副部长　金德胜
军事科科长　金德胜
政工科科长　张昌令
后勤科科长　夏絮飞

通州区国家税务局

党组书记　刘祝轩
局长　刘祝轩
副局长　宋卫国
　田京玉
　张永年
　柯大庆
纪检组组长　张涛(12月免)
　邱红雷(女,12月任)
总经济师　孟建秋

通州区地方税务局

党组书记　杨玉杰
党组副书记　赵辉(4月免)
纪检组组长　马杰(10月免)
　马岚(女,12月任)
局长　杨玉杰
副局长　赵辉(4月免)
　张孟松
　刘亚慧(女)
　杜云涛(4月任)
　董立彤
　王华(4月任)

工商行政管理局通州分局

党组书记　高树田
党组副书记　贾建强
纪检组组长　贾建强
局长　高树田
副局长　朱亚军
　鲁嵩
　赵岩
　王通新

北京市公安局通州分局

党委书记　李耀光
党委副书记　吴大征
局长　李耀光
政委　吴大征

北京市通州区食品药品监督管理局

党组书记　冯德利
党组副书记　纪晔
纪检组组长　姚晨(女)
局长　纪晔
副局长　冯德利
　王立春
　张民(女)
　王继文(8月任)

北京市通州区烟草专卖局（公司）

书记　夏建瓴(1月任)
局长(经理)　夏建瓴(1月任)
副经理　李超(6月任)
副局长　张国栋
　张年庆

部分重点企业

中国烟草总公司北京市公司物流中心

经理　殷刚(4月免)
　王永革(4月任)
党委书记　董宇康(3月免)
　吴晓平(女,6月任)
党委副书记　吴晓平(女,3月免)
　王永革(4月任)

副　经　理　吴晓平(女)
尤洪涛(6月免)
柳宝发
孙壮志
张广秀
赵全利(6月任)

通州区粮油贸易公司

党委书记　唐顺荣
党委副书记　张殿荣(女)
纪委书记　张殿荣(女)
总　经　理　唐顺荣
副总经理　张启发
郭　林
工会主席　张殿荣(女)

电信科学技术仪表研究所

党委书记　吕东风
党委副书记　曹永增
所　　长　吕东风
副　所　长　曹永增
杜俊兴
董恩辉
总工程师　申学军

北京岱摩斯变速器有限公司

总　经　理　金成国(1月免)
朴炳宪(1月任)
副总经理　宋寅旭
申光浩(6月免)
郑豪镛
金沂章(3月免)
柳羲馨
李赞周
孟佑永
张世熙
黄吉周
金柱坤(6月任)

北京中丽制机工程技术有限公司

党委书记　刘福安
党委副书记　宋　林
总　经　理　仝文奇
副总经理　刘福安
沈　玮
焦春阳
总会计师　曹　曙(1月任)

北京万生药业有限责任公司

董事长(总经理)　黄　河
副总经理　梁云松
周建明
漆　乐
耿玉先
褚爱萍(女)
财务总监　李　永

其他单位

中国联合网络通信有限公司北京市通州区分公司

党委书记　邢志超
党委副书记　高　奎
纪委书记　高　奎
总　经　理　邢志超
副总经理　高　奎
张春军
刘　刚
工会主席　高　奎

中国人民财产保险公司北京市通州支公司

党支部书记　赵雄心
总　经　理　赵雄心
副总经理　李　强
总经理助理　龚　健(11月任)

中国人寿保险公司北京市通州支公司

党支部书记　王文财(4月免)
总　经　理　王文财(4月免)
负　责　人　吴冬梅(女,4月任)
副总经理　李　冉(女,4月免)
李　钧(4月任)
总经理助理　李国良

建设银行北京通州区支行

行　　长　周　敏
副　行　长　刘　洪
冯　涛
闫玉国

工商银行北京通州支行

行　　长　马跃进(满族)
副 行 长　司洪胜
　　　　　张　婕(女)
　　　　　朱高杰
纪委书记　石秀荣(女)

农业银行北京通州支行

党委书记　刘树军
纪委书记　王　山(3月免)
　　　　　唐会伶(女,3月任)
行　　长　刘树军
副 行 长　王　山(3月免)
　　　　　唐会伶(女)
　　　　　李美茹(女)
　　　　　王小芬(女)

中国银行北京通州区支行

行　　长　侯艳军
副 行 长　牛　军
　　　　　孙　岚(女)
　　　　　山雪梅(女)

华夏银行北京通州支行

行　　长　尚　高
副 行 长　李　维(女)

北京银行通州支行

行　　长　李　伟
　　　　　姚继云(女)
副 行 长　刘晓鸥(10月免)
　　　　　臧建国
　　　　　郑立新(4月任)

农业发展银行北京市通州区支行

行　　长　郝红生
副 行 长　王洪生
　　　　　石玉苹(女)

北京农村商业银行通州支行

行　　长　单国俊
副 行 长　何　涛(女)
　　　　　郑爱华(女)
　　　　　李玉堂
　　　　　马俊华(女)
　　　　　贾　佳(9月任)

上海浦东发展银行北京通州支行

行　　长　高　杰
副 行 长　隋　新(女)

北京市电力公司通州供电公司

经　　理　刘德坤
副 经 理　祝秀山
　　　　　张　松
　　　　　刘　磊
党委书记　祝秀山
党委副书记　刘德坤
　　　　　柳　军
纪委书记　柳　军
工会主席　周　欣(女)
总工程师　郝印涛

北京新城基业投资发展有限公司

党委书记　徐立军(10月任)
党委副书记　赵铁成(10月任)
董 事 长　张　洪(2月免)
　　　　　张艳青(女,10月任)
经　　理　张增然(10月免)
　　　　　赵铁成(10月任)
常务副经理　沈延忠(1月免)
监　　事　徐立军(10月任)

北京通州现代化国际新城投资运营有限公司

书　　记　陈　欢(10月任)
执行董事、总经理　陈　欢(10月任)
副 总 裁　李旻杰(女)
监　　事　代艳东(10月任)

北京新奥通城房地产开发有限公司

总 经 理　唐力钢
书　　记　刘春生
副总经理　魏　越
　　　　　宋建斌
　　　　　张国迎(女)

北京歌华有线电视网络股份有限公司通州分公司

党支部书记　石江明
党支部副书记　李星梅(女,7月任)
总 经 理　石江明
常务副总经理　宋宝贵
总经理助理　张　恒(女)
　　　　　李星梅(女,7月任)

先进单位、先进个人

全国先进单位、先进个人

全国五一劳动奖状

北京苏宁云商销售有限公司

全国看守所管理机制创新单位

通州区看守所

五化建设示范单位

通州区看守所

法治文明窗口建设年活动先进单位

通州区看守所

全国敬老文明号

通州区张家湾镇皇木厂村

全国未成年人思想道德建设工作先进单位

通州区妇女联合会

全国巾帼现代农业科技示范基地

金诚众和生猪养殖专业合作社

2014年度全国巾帼文明岗

通州区人力资源和社会保障局社保中心

全国五一巾帼标兵岗

通州区地方税务局收入核算科

全国纺织行业先进党建工作示范企业

北京中丽制机工程技术有限公司

2014中国纺织十大品牌文化

北京中丽制机工程技术有限公司

2014全国纺织劳动关系和谐企业

北京中丽制机工程技术有限公司

全纺最具影响力企业报(刊)

北京中丽制机工程技术有限公司企业报刊——《中丽报》

郝建秀小组式全国纺织先进班组

北京中丽制机喷丝板有限公司的喷丝板精密加工班组

北京中丽制机电气有限公司的医疗产品部

第六届全国烟草行业先进集体

北京烟草物流中心

全国和谐社区建设示范街道

通州区中仓街道

全国和谐社区建设示范社区

通州区中仓街道星河社区

全国魅力新农村十佳乡村

小堡村

全国见义勇为英雄司机

李国福

第三次全国经济普查先进个人

吴冬梅

北京市先进单位、先进个人

2014年度北京市安全生产监督管理工作改革创新奖

通州区

北京市“安全生产月”活动优秀组织奖

通州区

北京市“安全生产月”活动最佳实践活动奖

通州区

首都劳动奖状

通州区市政市容管理委员会

北京通州国际种业科技有限公司

北京市工人先锋号

北京市通州区梨园镇

北京市通州区糖业烟酒公司

北京盛仁堂医药有限公司

北京韬盛科技发展有限公司

首都绿化美化花园式社区

北苑街道锦园社区

玉桥街道新通国际社区

中仓街道运河湾社区

永顺镇京贸国际家园社区

梨园镇梨园东里社区

首都绿化美化花园式单位

永顺镇K2清水湾小区

西集镇中心小学

梨园镇孙王场自住小区

北苑街道朗峰嘉园小区

台湖镇台湖学校

中仓街道百合湾嘉园

漷县镇东定安小学

玉桥街道远洋东方会馆

西集镇郎府中学

北京潞电建筑工程有限公司

马驹桥镇香雪兰溪家园小区

宋庄文化创意产业集聚区建设管理委员会

北京市通州区地方税务局永乐店税务所

永乐店镇绿源永乐食用菌高科技产业园

于家务回族乡王各庄村支部委员会

首都全民义务植树先进单位

北京市通州区漷县镇绿化委员会办公室

北京市通州区妇女联合会

北京市通州区委直属机关工作委员会

北京市通州区精神文明建设委员会办公室

首都绿化美化先进单位

北京市通州区于家务回族乡林业工作站

北京市通州区梨园镇林业工作站

北京市通州区运河文化广场管理处

首都绿色村庄

西集镇老庄户村

西集镇赵庄村

潞城镇肖庄村

潞城镇夏店村

漷县镇吴营村

永乐店镇小安村

永乐店镇南堤寺东村

永乐店镇南堤寺西村

于家务回族乡仇庄村

于家务回族乡满庄村

北京市城乡环境建设基层样板单位

通州区中仓街道小园社区

首都文明村镇

通州区永乐店镇

首都文明村

通州区永乐店镇西河村

通州区永乐店镇大羊村

通州区永乐店镇老槐庄村
通州区永乐店镇西槐庄村

首都环境优美小区

通州区北苑街道总后干休所
通州区北苑街道帅府园小区

首都环境优美街巷胡同

通州区北苑街道中山大街
通州区北苑街道帅府中街

首都未成年人思想道德建设创新案例奖牌

通州区“领导干部爱心助学活动”

2014年度《北京劳动就业报》宣传扩面工作突出贡献奖

通州区人力资源和社会保障局

2014年度人力资源和社会保障综合统计优秀单位

通州区人力资源和社会保障局

二〇一三年度工资统计报表质量优良单位

通州区人力资源和社会保障局

2014年度全市人事考试工作先进单位

通州区人事考试中心

2013—2014年度北京新型农民培养先进单位

通州区职业技能指导中心

2013年北京市公务员统计年报全优报表单位

通州区人力资源和社会保障局

综合工作先进单位

通州区劳动人事争议仲裁院

首都拥军优属、拥政爱民模范单位

通州区人力资源和社会保障局

北京市2014年度劳动保障监察工作先进单位

通州区人力资源和社会保障局劳动监察队

北京市2014年度“无拖欠工作”工作先进单位

通州区人力资源和社会保障局劳动监察队

2014年度社保经代办机构重点业务目标考核评比优胜单位

通州区人力资源和社会保障局社保中心

首都环境保护先进集体

通州区市政市容委员会

2012—2013年度北京市党校（行政学院）系统优秀科研工作组织奖

通州区委党校党委

北京市党校（行政学院）系统2012—2013年度优秀科研成果一等奖

《北京城市副中心探索与实践》（林学达著）

2014年度北京市“宣讲家杯”优秀报告

《毫不动摇地坚持中国特色社会主义》

北京市政府信息系统优秀单位

通州区人民政府办公室

北京市项目促进工作（重大项目促进）优秀单位

通州区投资促进局

北京市妇联系统调研工作先进集体

通州区妇女联合会

北京市三八红旗集体

通州区国税局收入核算科
通州区玉桥街道南里南社区“十姐妹工作室”
中国建设银行股份有限公司北京通州光谷支行
通州区市政市容委员会环卫所
通州区教工幼儿园

首都文明单位标兵

“于文静先锋示范岗”
通州区人力资源和社会保障局
北京市公安局通州分局出入境管理大队
国网北京市电力公司通州供电公司

首都文明单位标兵

中国联合网络通信有限公司北京市通州区分公司

首都学雷锋志愿服务站

北京市公安局通州分局出入境管理大队

首都学雷锋志愿服务示范站金牌项目

北京工业大学实验学院法律援助站

2013年度卷烟打假先进集体

北京市公安局通州分局经侦大队

2013年度警务信息工作三等奖

通州区人民法院法警队

北京市法院先进集体

通州区人民法院民二庭

北京市先进法院

通州区人民法院

2013年度北京市法院行政裁判文书二等奖

通州区人民法院

2013年度北京市法院行政司法建议二等奖
通州区人民法院
2013年度北京市法院行政司法建议三等奖
通州区人民法院
2013年度市级交通安全先进单位
通州区人民法院
北京市法院案例工作优秀单位奖
通州区人民法院
调研成果优秀奖
通州区人民法院
2014年度查处侵权盗版案件有功集体二等奖
通州区人民法院刑一庭
行政审判专题调研工作先进单位
通州区人民法院
北京市打击整治“伪基站”专项行动先进集体
通州区人民法院
2013年度北京市生活垃圾分类社会单位贡献奖
通州区财政局
北京市交通安全先进单位
通州区国家税务局
2013年度北京市青年文明号
通州区国家税务局第一税务所
北京市工商行政管理局通州分局注册科
建设银行总行级文明单位
建设银行北京通州支行
企业文化建设先进单位
建设银行北京通州支行
北京市先进纪检监察组织
通州区园林绿化局纪委
北京公园绿地协会先进会员单位
通州区园林绿化局
2014年度园林绿化优质工程
为中国人民解放军北京陆军预备役高炮兵师建设的屋顶绿化工程
农村土地承包经营权流转工作先进单位
通州区农村合作经济经营管理站
北京市农村经管系统信息报送工作先进单位
通州区农村合作经济经营管理站
北京市工业企业知识产权运用示范企业
北京中丽制机工程技术有限公司
北京市安全生产标准化二级企业
北京中丽制机工程技术有限公司
华北电力系统先进工会
国网北京市电力公司通州供电公司
国网北京市电力公司先进单位
国网北京市电力公司通州供电公司
2014年度北京市区县防震减灾工作综合评比先进单位
通州区地震局
2014年度区县地震监测预报工作先进单位
通州区地震局
2014年北京市地震安全社区
马驹桥镇新海祥和社区
台湖镇次渠南里
星河社区
2013年度服务区域发展奖
通州区12330分中心
北京市区县机关档案工作测评市级优秀单位
通州区北苑街道
通州区质量技术监督局
通州区红十字会
通州区国有资产监督管理委员会
通州区科学技术委员会
北京市模范职工之家
育才通州分校
北京市模范职工小家
歌华有线通州分公司工会
北京市科学技术普及工作先进集体
通州区北苑街道
2013年度北京市生活垃圾分类街道、乡镇贡献奖
通州区北苑街道
北京市农村典型示范社区
通州区张家湾镇大辛庄社区
北京市门球示范镇
通州区张家湾镇
北京市优秀宣讲团
“最美通州人”魅力运河百姓宣讲团

首都劳动奖章获得者

王连队　郝志娟　何　伟　刘　光

顾岳山　赵晋文　徐宝宏　商会霞

李奎涛　孙京君

北京市三八红旗手

于文静

北京市模范军队转业干部

施文东　刘　海

北京市三八红旗奖章获得者

张瑞平　杨玉洁

首都环境保护先进个人

张瑞平　冯瑾卓

北京市森林公安系统2014年度个人嘉奖

李玉生　王阿祚

北京市党校（行政学院）系统2012—2013年度优秀科研管理工作者

涂清华

2014年度北京市理论宣讲先进个人

涂清华

2014年度人力资源和社会保障综合统计优秀个人

张　雪　臧　炜　董首悦　刘　燕

2014年度全市人事考试工作先进个人

郑　璇

北京市2014年度优秀劳动保障监察员

李　宁　刘　海

2014年度优秀仲裁员

刘　辰　沈智慧　吕沛昕

北京市职业技能培训优秀教育工作者

岳　然

优秀党课

黄宝跃

组织工作先进个人

卫　丹

刑事庭审调查评比活动优秀奖

朱长军

中央打击整治“伪基站”专项行动先进个人

王欢欢

北京市打击整治“伪基站”专项行动先进个人

蒋为杰

北京市模范法官

杜　鹏　于俊平

“人民满意的政法干警”争创奖

杜　鹏

北京市先进法官

李福华　姚玮东　张　岩　智耀军

北京市法院第二届业务技能比赛司法业务技能标兵

李中华　孙之智　豆　鹏

2013年度北京市法院案例工作优秀通讯编辑

田雪娇

2013年度诉讼服务先进个人

陈　建

2013年度警务信息工作三等奖

胡　祥

2013年度查处侵权盗版案件有功个人三等功

蒋为杰

优秀通讯员

卫　丹

党政机关执行人民法院生效判决专项积案清理工作先进个人

苏宝泉

2012—2014年度北京市司法行政系统先进个人

李永峰　敖志国

北京市人民调解工作能手

张德杰　赵林兴　赵宝忠　葛学锋

北京市气象局第二届“青年气象之星”

温　煦

北京市农村经管系统优秀信息员

消　然

首都绿化美化先进个人

季　峰　李　琴　董艳芹　张锁友　刘　利

李宏伟　路永新　聂建国　齐　峰　王春娜

杨　超　赵松山　张　雷　张千秋　张若冰

北京市社会组织工作先进个人

张振华

北京市科学技术普及工作先进个人

田春华　毕　铮

人物简介

崔铁军 男，全国交通运输行业文明职工标兵荣誉称号获得者。1974年9月出生，汉族，中共党员，大学本科学历，现任北京市交通委员会路政局通州公路分局路政大队党支部书记。

作为基层党支部书记，崔铁军始终以饱满的工作热情、扎实的工作作风投入到工作中，严格要求自己、刻苦钻研业务，带头学习提高、改进作风、服务群众、争创佳绩。自从踏上路政大队管理岗位以来，他十年如一日地奉献在通州公路第一线，风里来雨里去，秉公执法、廉洁为民、任劳任怨。在十年的路政工作中，他将“科学发展上水平、党员干部受教育、人民群众得实惠”作为工作指引，健全制度、理顺程序，埋头苦干，使路政大队发生了巨大的变化。

他非常注重一线执法队员的政治思想教育工作，带头学习宣贯党的路线方针政策，充分发挥党支部战斗堡垒作用和党员先锋模范作用，有制度、有落实、有考核、有整改、有总结，不断完善组织、增强活力，打造出了具有通州路政特色的党支部。他常说，一个集体若想有发展，就一定要不断学习，形成共同学习、共同思考、趋同价值观的团队。围绕路政管理实际需要，他不断思考对路政队员的执法业务培训，以学习路政管理相关的法律法规为主，结合案卷制作、信息写作、现场勘验摄影、批后监管、汽车驾驶技能等，开展了一系列有特色的教育培训活动。经过几年的努力，路政大队微型党课开展的非常有特色，使支部建设与行政管理有机的溶合，增强了支部的战斗堡垒作用，促进路政管理各项工作有效落实，得到上级领导肯定。

在他的带领下，全体队员始终保持昂扬向上的精神状态和“用心想事、用心谋事、用心干事”的良好作风，路政大队2007年被评为交通部执法责任制示范单位，2012被评为公路公路系统“创先争优”先进基层党组织，北京市交通委员会、路政局授予“2010—2012年创造争优先进基层党支部”称号。他本人2013年在中共北京市通州区委组织的“群众心目中的好党员”活动中被评为“敬业爱岗先锋”，同时队内涌现出了一批获得各级表彰的先进个人。

崔铁军常说：“我们要对得起路政员的称号。”路政大队要求队员24小手机处于开机状态，随时准备突发案件应急，值班人员时遇到复杂应急问题，即使是深夜，他都能立即进入应急状态。大风吹倒路树，路面深陷，危化物品车辆泄漏等应急现场你总能看到他到场处置的身影，必免事态扩大，保证行人、车辆安全。

为了方便当事人办理审批项目，他在依法依规办理行政许可的前提下，提出压缩时限、简化程序、提前介入、同步受理等积极有效的措施。为方便申请人，制作各种有特色的宣传材料。他不断提高办事效率，处处彰显贴心服务意识，从一点点小事做起，为行政许可申请人提供更加人性化、主动性的行政许可服务。

除了行政许可，他还紧抓行政执法案卷业务。行政执法案卷制作水平，体现着一个路政大队的依法行政能力。根据路政大队实际情况，成立案卷评查小组，对路政巡查、现场执法、案卷制作、档案管理等多个环节进行程序疏理，找出每一个环节应具备的业务素质，对各环节对应的岗位人员进行有针对性的培训，对不具备该岗位能力的人员进行调整。通过一系列的调整，大队执法效率有明显的提高，各级案卷评比均取得优秀的成绩。

通州区是北京市的东南门户，路政执法和管理所涉及公路段辖区范围较广。路政管理任务十分繁重。崔铁军作为通州路政大队“大家长”，在全体路政员的共同努力下路政管理各项工作逐年上台阶，得到上级充分认可。2011年，路政大队推出“打造精品公路，助推新城建设”活动，进一步提高执法能力，整治公路周边环境，治理涉路违法行为，打造品质优良的公路路网，为通州新城建设提供交通支持，树立新城新形象；2012年，“精细管理，无痕服务”的理念深入贯彻到治超工作细处，坚持治超长效机制、加大依法处罚力度，继续推行流动治超与固定站点治超并举的措施，坚持高压态势不松懈，全年治超工作综合评比全市第一；2013年，路政大队将路面清理整顿确定为工作重点。在非路用标志清理整治中，积极与市政市容委、城管、公安等相关单位协调，制订出整治方案，形成政府牵头、部门联动、合力整治的局面，阻止违法行为进一步蔓延，维护了路产，保护了路权、保障了公路安全畅通。作为路政执法大家庭中的一个家长，一名公路守护者，他时常出现在路上，大雨里有他行路的足迹，寒风中回荡着他的声音。

崔铁军将一腔热血奉献在公路事业上，用一腔赤诚守护着公路的坦途。十年来，他所带领的路政执法人员使北京市通州区公路路政管理面貌焕然一新，发生了巨大的变化。同事们说，他用青春在平凡岗位上创造了令人钦佩的业绩；领导说，崔铁军展现的形象和风采，就是新时期真正的共产党员和热心的群众公仆的生动写照。他却说：“我是一名路政员，很荣幸生活在路政大队这个集体，我要对得起路政这个称号！”

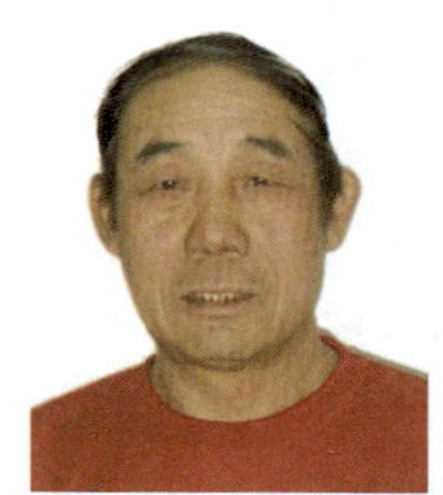

甄金生 男，1950年6月出生，汉族，中共党员，马驹镇新海北里社区居民，曾荣获通州区“见义勇为积极分子”荣誉称号。2014年7月25日被正式授予第十二届“全国见义勇为模范”荣誉称号。

甄金生是一位普普通通的农民，家住通州区马驹桥镇壮丁屯村。2003年，该村因占地拆迁，甄金生和其他村民一道搬迁到新海北里社区居住。2003年9月，他来到马驹桥镇胜利物业公司从事新海家园社区绿化、美化养护工作。他干一行，爱一行，热爱和珍惜自己的工作岗位。春季是种花植木的黄金季节，有时一次性购进上百株苗木，需要在一两天内完成栽种任务，难度很大。为提高花木的成活率，他主动放弃自己的休息时间，和其他职工一起加班加点，在最短时间完成栽种任务。

由于他工作积极主动、办事认真，2006年10月被公司职工推选为绿化科长，虽然只是一名科长，但他觉得那是公司领导和全体职工对他的信任，为此，他时时处处严格要求自己，带头遵守各项规章制度和工作纪律。

在工作上，他始终把安全生产放在第一位。草坪机、绿篱机，他手把手的教职工操作，严格规范使用方法。他从事绿化工作8年来，从未发生过安全事故。寒来暑往，几度春秋，甄金生以润物细无声的模范行动感召和影响着周围的人，是大家眼里公认的“为了工作不顾家”的代表。如果你在休息日找他，用他老伴儿的话说：“他准是在外疯哪！”他不是查看树苗的长势，就是蹲在草丛里清理杂草。如果发现哪儿有需要管理的地方，他立即组织人员处理。尤其在每年的春季，为了把本年的苗圃基础打好，甄金生经常一身土、一身泥忙碌在绿化第一线，多少次累得腰酸腿痛，但是他从没因此而休息过半天。老伴看他这么辛苦，就唠叨：“你都这把年纪了，图个啥呀？”他总是笑笑说：“咱是老共产党员，咱不带头，谁带头呀！”

2011年8月8日上午9点30分左右，甄金生像往常一样在社区内修剪花木。当他途经16号楼时，突然听到哭喊声，顺着声音一看，发现一个四五岁的孩子，头卡在6楼的护栏上，身体悬空。孩子可能受到惊吓大声啼哭，楼下围了很多人却不知所措。甄金生见此情景，扔下手中工具，紧跑两步，一把抓住一楼阳台的护栏，开始往上攀爬。甄金生已是62岁的人了，手脚不是很利索，时间就是生命，为了救孩子，他拼老命坚持着，努力地往上爬，可到了五楼由于没有护栏，不能再往上爬了。在这种情况下，他急中生智，抓住孩子悬在空中的脚，使劲往上托并嘱咐着说："孩子，别害怕，爷爷来救你。""我要妈妈，我抓不住了，爷爷。"孩子吓坏了，大声哭泣着。"别害怕，爷爷托着你哪！"甄金生开始安慰孩子，孩子似乎听懂了，开始配合。这时物业公司的其他职工顺着楼梯也到了六楼，由于孩子的家长没在家，房门无法打开，甄金生就这样一直托着，大约过了20多分钟，孩子的母亲回来了，打开房门后，其他两名职工迅速冲到卧室阳台，一人撑开护栏，一人将孩子拉上来。孩子得救了，甄金生松了一口气，这时的他才发现自己已是大汗淋漓，浑身颤抖，衣服也撕破了，再想下来，自己却没了力气。过了许久，在大家的协助下，他才慢慢地从五楼回到了地面。

事后了解到，该住户父母有急事外出，将自己4岁孩子锁在家中，孩子不甘寂寞从阳台爬出，腿和身子爬出护栏，头却卡在护栏上，整个身子悬在空中，幸亏有甄金生的及时赶到，才将其救下。

此事发生后，有记者采访甄金生："您今年已是62岁的人了，怎么就敢往六楼上爬呢？"甄金生这样回答说："我当时什么都没想，也没时间去想，我宁可用我的命去换孩子的命。因为我是一名共产党员，讲奉献、为百姓服务是我的责任，我必须这样做。"

2011年12月，经通州区民政局审查批报，授予甄金生"见义勇为"称号。

周　敏　男，获得中国企业文化研究会授予的企业文化顶层设计与基层践行先进工作者称号。1970年9月15日出生，中共党员，现为建行北京通州支行党委书记、行长。

周敏到任北京通州支行以来，一直将企业文化建设作为支行的核心战略工作，坚持"始于心、践于行、乐于业，利于人"的文化建设主导思想，提出"做区域内最好的金融服务供应商"的发展愿景。他带领支行领导班子率先实践，发挥表率作用，一手抓业务、一手抓文化，积极践行、大力弘扬社会主义核心价值观和建设银行核心价值观；他坚持以人为本、开放式办行的管理理念，打造出支行人人乐于奉献、全行一盘棋的良好氛围；他带领的建行北京通州支行得到客户和区域社会的广泛认可，树立了文明诚信、爱岗敬业、关爱社会的企业形象；形成支行"文明促发展，发展铸文明"的良好发展态势。

在周敏的带领下，支行在区域内的文化软实力和综合竞争力稳步提升，各项业务快速、健康发展。2013年，支行多项业务指标位于分行系前列，并获得分行"三星级荣誉团队"称号；2014年6月，支行一般性存款在分行系统内郊县支行中率先突破200亿元大关；9月，对公一般性存款再次在郊区县支行中率先突破100亿元大关。2014年6月，下辖机构先后获得通州区文明诚信示范窗口称号、北京市三八红旗集体称号、分行级文明单位荣誉称号、分行第一届企业文化建设示范单位称号。2014年9月底，支行完成首都文明单位申报工作，材料获得区文明办的好评。

一、始于心，践于行

周敏是通州支行企业文化建设工作的设计者，也是支行企业文化精神的第一传播者和实践者。"开放式支行"是他一直奉行的管理原则之一。党委决策、干部任免、资源配置、激励约束机制等核心工作在不违反总、分行管理制度的前提下全部公开。他强调"开放式支行，实际上是革自己的命，班子的所有决策都要经得起群众的考验"。为此支行常态化邀请基层员工、青年员工代表参加行务会、工作会，增强各项重要决策的透明度和科学性。

在团队建设方面，他主张以人为本。主张“用心管理”做好员工的“大家长”，从情感入手，努力为员工营造“家”的氛围。他要求各级管理人员在日常管理实践中始终坚持以人为本的原则，强调关心员工生活，关注员工成长。工作中坚持员工个人与支行整体双赢原则，促进员工团队归属感和组织信赖感的形成，使员工在情感上与这个团队成为共同体，形成队伍的向心力、凝聚力。

用心管理，以情感汇聚人心。员工及家属患病必访，节假日开业网点必访，员工个人问题和家庭困难要关注，并协助帮助解决，行领导必须定期走进网点，与基层员工面对面，与基层工作困难面对面……就是这一系列成文或不成文的规定把支行员工的心聚在了一起。周敏以人为本的情感管理模式激发了员工的工作热情和创造力，形成了人人乐于奉献、全行一盘棋的良好氛围。在历年的旺季营销中，支行一线员工自发加班，利用休息时间主动出去跑客户、到其他银行做调研；很多员工带病坚持与团队并肩作战；为实现团队目标，员工舍“小家”顾“大家”的实例屡见不鲜；遇到重点项目，全员联动收集市场信息实施营销已经常态化；客户遇紧急情况时，员工经常主动跨部门、跨条线协作，发动亲友为客户解决实际问题；中后台员工为支持一线业务发展、保障员工利益，主动加班加点，甚至连夜工作。2013年年终决算当晚，周敏带领班子和二线员工为在柜面忙碌的员工送去亲手包的饺子……

严就是爱，以制度为保护员工，为发展护航。在内控管理方面，周敏一直坚持“严就是爱”的管理理念。在周敏的管理理念中，不良事件的发生带来的不仅是对业务发展的破坏，更是对员工职业发展甚至整个人生的致命伤害。因此，在内控管理方面他坚持细化制度、严格考核，奖罚分明；坚持制度面前人人平等，对任何人“不讲情面”“不开绿灯”。要防范风险，首先要充分揭示风险。他一直保持将《柜面操作32条禁止性规定》作为新员工入行第一课的传统。他把合规操作、规范服务作为对员工基本要求，严防安全事件，严控操作风险和声誉风险，通过合规教育，不断提升员工风险意识，养成良好的职业习惯。在他的带领下，支行将会计技能、业务合规、服务质量、舆情事件监控等工作一并纳入员工绩效考评体系，形成严谨的风险管理文化。

热心服务，打造文明示范窗口。柜面服务是彰显员工职业素质和支行企业形象的关键环节。周敏要求员工在坚持建行服务礼仪的基础上，以专业、真诚、热心为准则，不断提升服务水平；他主张柜面营销工作要从与客户需求入手，用好建行的产品优势，从共赢的角度出发不断提营销能力。支行网点健全的服务设施和优质的服务质量得到客户认可的同时也得到社会的广泛认同。在通州区文明办组织的“文明之窗 诚信通州”主题教育实践活动中，支行以优质的柜面服务成为通州区金融系统的唯一示范窗口。

热心公益，积极承担社会责任。充盈厚重的文化氛围离不开对企业社会责任的但当。近年来，在周敏的带领下，支行联合区文明办、街道等机构，常态化开展社会贫困扶贫、红十字会募捐、进社区为民服务、义务植树、绿色出行等社会公益活动。2014年初，支行完善志愿北京学雷锋社会服务志愿者团队，员工参与踊跃。支行在北京星星雨教育研究所（自闭症儿童教育研究）建立志愿者服务基地，定期义务看护自闭症儿童。在他的带领下，支行员工关爱社会、奉献爱心、积极承担社会责任，不仅净化了心灵，也为支行的企业文化增添温度和厚度。3月，通州支行良好的社会形象和优质的柜面服务赢得通州区文明办创建全国文明城区指挥办公室的关注和认可，经区政府组织，北京分行批准，周敏接受《北京晨报》《金融时报》等6家媒体采访，并对支行优质的柜面服务进行报导，报道文章刊载后先后被人民网、新华网、凤凰网等多家网站转载。2014年7月，支行正式开办道德讲堂，周敏行长请来著名公益人士，光爱学校石青华校长到支行领讲。

二、乐于业、利于人

周敏在实践中不断探索，努力创建先进的企业文化，打造“虽忙尤乐”、积极向上的文化氛围；

他搭平台、建机制，多措并举，逐步在支行培育出利于员工成长的职业发展环境。

搭建信息交流平台，建立文化宣传机制。周敏行长主张通过信息宣传工作，加强员工思想道德和文明素养建设。他引导支行各管理部门积极发挥作用，以关心职工生活、宣扬建行精神文明、增强员工主人翁意识为目的，采取员工故事会、趣味知识竞赛、制作室内外展板和每周出版《企业文化园地》专刊等多种方式，对支行企业文化建设成果、典型服务案例，员工事迹、员工的业绩、重点项目成果，社会公益活动和其他活动进行宣传报道。通过常态化宣传，潜移默化地促进员工对支行企业文化的感知、理解和接受，提高员工的思想水平和文明素养，促进思想统一。

搭建员工文体竞技平台，展示员工个人风采。周敏要求支行工会开展多样化的竞技活动，从多方面入手为员工搭建展示才能和文化交流的平台，为员工减压，促进团队融合。支行每年组织拓展训练，组织足球、篮球、羽毛球、乒乓球、游泳等体育竞赛和歌唱比赛、演讲比赛、主持人比赛、小品比赛、时装秀等文艺活动。多元的舞台为员工全面融入团队提供了环境，为员工个人才华的展示提供的广阔的舞台。在2013年分行第九届职工运动会赛场上，支行员工荣获A组团体第五名的佳绩；在分行故事会大赛的舞台上，支行参赛的两名员工分别荣获大赛的一等奖和二等奖；2014年，支行在分行“中国梦 建行情”主题活动汇报演出上，以集体诗朗诵《梦的旋律》博得满堂喝彩……

搭建职业成长平台，建立人才选拔培养机制。周敏坚持公开竞聘的人才选拔模式，让职业晋升通道“看得见、摸得着”。近三年，支行分别针对公司、个人、住房金融客户经理和升格支行行长助理、柜员主管等管理岗位组织开展多次全员公开竞聘，先后有28人通过竞聘走上新的工作岗位，占到当时支行总人数的十分之一。在2013年分行个人销售业绩排行榜上，通州支行有5名客户经理进入年度前10，包揽排行榜的前3名。

为加速青年员工职业发展，储备人才，2013年，周敏策划启动青年核心人才培养计划。从基层选拔培养对象，通过参加行务会、参与支行重大工作决策的研讨、开展市场调研、撰写分析报告等方式培养青年员工，想方设法为有思路、有干劲儿的青年员工提供展示才华和学习交流的平台。在2013年的25名培养对象中，有5人通过公开竞聘走上管理工作岗位，6人走上核心业务岗位。

搭建全面的业务竞技平台，建立精确考核机制。在周敏的带领下，支行各业务条线建立起按岗位进行PK的绩效考评通报机制，促进各岗位人员在公平竞技的同时，相互学习成功做法，形成比、学、赶、帮、超的良性竞争文化。近几年通州支行涌现出一大批80、90后科级管理人才和业务骨干。2012—2013年入行的百余名新员工中，许多人走上客户经理岗位，无一人因工作原因离职。

透明的信息环境、广阔的发展平台、丰富的竞技舞台和公平、热烈、友善的竞争环境为员工成长提供了肥沃的土壤，也强有力地推动了支行各项业务的快速发展。2012年，支行实现区域内市场占比超越中行；2013年上半年，实现对公业务市场占比超越农行，位列四行第二；支行对私资金总量新增在分行系统夺冠。2013年5月，支行资金总量在北京分行各郊县支行中首先跨入200亿元行列。2014年6月，支行一般性存款在分行系统内郊县支行中率先突破200亿元大关；9月，对公一般性存款再次在郊区县支行中率先突破100亿元大关，支行存量结算账户达到10082户，成为北京分行系统内结算账户率先突破1万户的支行，增量排名分行系统第一。

三、文明促发展，发展铸文明

先进的企业文化是业务持续发展的精神支柱和动力源泉。支行在本届班子成立之初制定的一年超越中行，隔年超越农行，两年内对公存款翻番突破百亿的阶段性目标基本实现。在目标逐步实现的同时，周敏带领支行全员逐渐形成团结、奋进、协作、奉献的大局意识；真诚服务、合规经营、不断超越的市场意识；想客户所想、急客户所急，与客户共赢的服务意识以及关爱社会弱势群体，积极履行企业社会责任的社会责任感。实践证明，周敏以人为本的管理实践不仅拉近支行党委与每一名员工的情感距离，也塑造了一支团结一致，充满激情、干劲儿、乐于奉献的员工队伍，强力地推动了支行各项业务的发展。

白启芳 男，2014年入选中国好人榜。1954年8月出生，汉族，中共党员，通州区司法局玉桥司法所干部。在政法战线上工作了33年，白启芳始终立足于基层司法行政工作阵地，勤政廉洁、尽职尽责，先后多次被评为北京市十佳司法助理员、北京市先进个人、通州区优秀共产党员、优秀公务员。

司法干部白启芳二十多年来工作扎实，深受社区居民爱戴和尊敬，人们亲切地称他为“人民的好司法”。

他一心护法为民保平安。在一起邻里纠纷中，他勇敢地上前劝阻，一场即将发生的流血事件被及时制止，可自己的手却被菜刀划开了一个大口子。有一家洗车店因擅自挖排水井和附近25户居民发生冲突，他详细调查，从情、理、法三方面入手做通了当事人的思想工作，最后店主恢复了排水井原貌。

他时刻把百姓冷暖放在心头。一个小区在施工中扰民，20多个居民闯入施工现场闹事，事态严峻。白启芳闻讯赶到现场，与相关部门的同志共同找到该建筑队负责人，讲法喻理，要求他立即停止违章作业，并依法支付居民补偿金，妥善解决了这起纠纷。一名残疾妇女通过热线电话向他哭诉，说经常受到丈夫打骂和家人的“白眼”，白启芳及时为她提供了法律援助。刑满释放的李某回家后，生活一时没有出路，整天郁郁寡欢，白启芳协调各方将他安排在小区物业从事卫生清扫工作，每月工资500元。

他在考验面前身子正。白启芳的妻子因车祸致残，完全丧失生活自理能力。妻子出院不久，正赶上对邪教练习者进行帮教工作，白启芳克服家庭困难，一心扑在帮教工作上， 他负责的3名邪教练习者全部得到转化。一次，白启芳在解决一起社区居民赔偿纠纷时，一方当事人暗中送给他现金2000元，目的是想让他给予关照。白启芳不但拒绝了他的要求，还严肃地批评了他。据不完全统计，几年来，白启芳拒宴请50余次，拒受礼金3万余元，拒受礼品折合人民币1万多元。

他在紧要关头冲在前。“非典”时期他负责某社区防控工作，家里的保姆因怕传染“非典”，竟然不辞而别。面对无人看护的妻子，白启芳没有将困难告知办事处领导。他每天早上五点钟起床，为妻子洗脸、喂饭、接屎接尿，为不影响工作，他上班前事先为妻子放好便盆，将妻子锁在屋里，待下班后再做清理。当区司法局、办事处领导了解到他的情况后，决定把他调整下来时。他态度坚决地说：“和战斗在‘非典’一线的医务人员相比，我的家庭困难算不了什么，我自己能解决。”

高　盼 女，2014年入中国好人榜。1988年10月出生，汉族，预备党员，现在是通州区潞城镇后榆林庄村的大学生村官。

她的窘境要从14年前说起。14年前，父母的离异破坏了原本幸福的家庭，母亲再婚，她就一直和父亲生活。

那时候父亲的身体一直不好，患有强直性脊柱炎，可能是因为年轻的时候去外面打工睡地板睡的，脊椎基本不能弯，连腰也不能动。母亲从那个时候起，便不在理她，因为什么她也不知道，或许她和父亲之前有那么一些误会吧！那个时候的她刚刚上小学，为了让她不辍学，父亲自己一个人种植一个蔬菜大棚，蔬菜都是父亲一个人骑着三轮车到城里去卖，凌晨两点多就出发了，傍晚才回来，也许是看着家里的处境，心理有一种触动，她比一般的小朋友懂事都要早，每当放假的时候她都会去棚里帮忙，但是由于父亲的身体，生活还是过的一团糟。

很快，几年就过去了，她上了初中，学习变得紧张起来，因为要中考，时间也变得不富裕了，没想到的是父亲的病居然在这个时候加重了。因为强直性脊柱炎，父亲的身体开始变形，很多地里的活就做不了了，有的时候地里种的老玉米，父亲已经抬不出来了，她自己一袋一袋，吃力的将两亩地的玉米抬出去拉到家里。即便是这样，悲剧还是发生了，父亲的生活基本不能自理了，这对年幼的她来说是一种打击，但同时也是一种激励。因为父亲失去了劳动能力，从那个时候起，家里的棚就不种了，没有了经济来源，她渐渐地学会了自立，这个在同龄人眼中很遥远的东西。也是从那个时候，生活紧张了起来，忙碌了起来。每天除了上学，回家之后还要照顾父亲，擦身体，洗头，洗脚变成了每天必需的功课。

经过三年的努力，她上高中了，也得住校了，每周回去的时间变短了，还好家里有奶奶。就这样每周一至周五都是奶奶来照顾父亲，但是奶奶年纪也大了，生活上肯定有很多的不便，她每周回去之后都要给他们改善生活、饮食，还要忙一些家务，除除草啊，擦擦玻璃啊，生活倒也是不亦乐乎。她知道父亲最喜欢周末了，因为那样的话她就可以回来，陪他聊天，给他做好吃的，给他讲她在学校的一些事和生活中遇到的麻烦。不过家里的困境确实一天天的严重起来，在一次偶然的机会中，她们村的书记告诉她可以申请低保，简直来得太及时了，因为这个事，村里的书记没少为她们家跑，前前后后大约有一年的时间，一直因为家里的棚可以外租，没申请下来。在她高一快要结束的时候，低保终于申请下来了，生活也改变了不少，那个时候觉得生活真的很美好，在她们孤独无助的时候，有人帮你，那个是一种内心深处的幸福。

就这样在民政部门的帮助下，高中时光一点点过去了，高考过后她考上了一所市里的大学，离家也更远了，但好在那个时候功课轻松多了，每周都可以回家两三次，回家来看看父亲的身体，看着父亲的身体越来越差，她也不放心，每次回来还可以为父亲做点好吃的。但是大二的时候，打击再一次到来，父亲又得了消化道出血，需要住院治疗，家里又只有她和父亲两个人，奶奶因为年纪大了，而且身体也不好，她就干脆搬到医院住，每天看着父亲输液打针，化验，还要来回给父亲去交这表，送那个结果，在床前给父亲端水喂饭，端屎端尿等等，跑前跑后忙了半个月，父亲因为查不出来什么原因，但是血已经止住了就回家了。回到家里父亲经常喘，每个月都要跑去医院拿药。

父亲的消化道出血好了快一年的时候，又开始每天咯血，后来四处求医，终于在通州结研所确诊是得了肺结核，庆幸是阴性的，也就是这个病，让父亲在床上躺了一年，父亲自己起床已经很费力了，她又开始照顾瘫在床上的父亲，每天除了端屎端尿，还有搀父亲起床遛个弯儿，长期瘫在床上，使得父亲的骨骼更加死板定型了，就是连掏耳朵这种小事也要她去帮着父亲完成，父亲这次真的生活不能自理了，她也就成了父亲的一双手，喝的水，吃的饭都要送到他手边。

大学四年匆匆而过，工作是她面临的一个问题，如果去好点的企业去实习，很明显就没有时间去照顾父亲了，但是在家这边有没有什么很好的工作，在这个问题上纠结了很久之后她决定先照顾父亲，于是就在家这边找了一个工作，在后榆村当了一名村官，时间还算自由的一个工作，每天都可以回家为父亲做些好吃的，陪他聊聊天。生活每天都这样的重复着。

父亲的身体越来越不好，现在经常会出现一些不适症状，看到父亲很痛苦的样子，真心的希望通过她多做些可以做到的事情，帮助父亲减轻点痛苦，争取身体一点点恢复。

如今，面对着有病在床的父亲，想着离别多年的母亲，心里有一些的酸痛，生活虽然如此了，但是总有着一点点的不服，她相信，通过她的努力，他们以后会过得非常好。

赵翠香　女，2014年入选中国好人榜。1951年11月出生，汉族，群众。“……厚德、包容”是北京精神的重要组成部分。正是这种精神激励着陈树清、赵翠香夫妇矢志不移，精心抚育着智障女儿陈雪走在漫长的生命历程中，从1981年至今，他们和领养的智障女儿共同走过了32个春夏秋冬。

我们决不能再遗弃她……

1977年5月，陈、赵经人介绍正式结婚。婚后经查确认其中一方生育功能有障碍。1981年经朋友介绍，他们来到海淀医院认养了一个出生3个月的女婴。夫妇俩看着白白胖胖的女婴十分喜欢，起名叫陈雪。

抱回家之后，经过三个月的精心抚养，他们发现同龄的婴幼儿已经会自己翻身了，陈雪怎么不会呢？他们把孩子抱到村里医务室去瞧瞧，村医仔细查看后告诉他们，这孩子是先天性麻痹，智力有障碍。夫妇俩又抱起陈雪去儿童医院做诊断，结论也是先天性智障，得到这一消息，是放弃？还是继续抚育？夫妇俩思前想后，做出一个看似平常却极不平凡的决定：继续抚养。当朋友邻居好心相劝时，他们坚定地说：这孩子命苦呀，她已经被亲生父母遗弃了，我们决不能再抛弃她！

一年中，花300多元买奶粉，家里吃一斤酱油

“孩子一两岁正是吃奶的时候。1982年前后，奶粉价格也不便宜。我一个人在乡办企业上班，月工资四十元钱，那一年，工资差不多都用来给孩子买奶粉了。”想起当年情形，养母赵翠香声音有些哽咽，那时候，为了扶养这孩子，其家一年才吃一斤酱油。

陈雪声带发育也有障碍，说话含混不情，性格十分倔犟。她喜欢吃一样菜就不动别的，老陈夫妇就是紧着她吃好、吃够。陈雪怕冷，老陈夫妇精心准备在先：居室、被褥、衣物都打点的暖暖乎乎的。外出时，妈妈拉着她的手不放松，生怕走丢了。七八岁时，妈妈把她送到残疾人学校读书，一天傍晚时去接时，妈妈发现孩子的小手背儿有血迹，仔细一看，剜去了一块肉。妈妈心疼的哭着找老师评理。从那天起，她没有再送女儿去学校。

再苦再难也不放弃最初的信念，直到今天

陈雪长大了，可她仍然不会洗衣服，不会洗头。招呼她，她不会答应。赵翠香的弟弟曾劝她说：“别再抚养了，我托人给你要一个身心健康的男孩儿，喂完奶再送过来成吗？”他听后摇头说：“不成。那等孩子长大了再欺负她怎么办？不成”。邻里乡亲们也提出担扰：“孩子这样子，你们俩老了怎么办呢？还不如趁早处理了。”老陈夫妇仍然不动摇。

为了女儿借400元钱买台电视机

为了让陈雪生活更愉快、充实，生活困难的养母从娘家借了400元钱买了一台12寸的电视机，这也正是陈雪的喜欢，她每天从早九点一直看到晚十点才入睡。有时室外天线被风刮歪了，荧屏信号不好，陈雪就哭了，她认为是大人给换台了。每遇到这种情况，爸爸就出去爬上屋顶摇动天线，妈妈在屋里哄着陈雪，直到信号正常。谈到这里，性格开朗的老陈幽默地说：这台电视机质量真好，一直看了二十年，2004年，我们才换彩电。

2007年，老陈患了哮喘病，肺部出现纤维化。这一年他住了11次医院，医药费支出让只有低保的他不堪负重。一面要继续抚育智障养女，一面要医治自身顽疾，这时的老陈真得陷入两难境地。村委会和镇政府了解情况后，参照有关政策核算对其医药费加大报销比例，老陈终于松了一口气，面对养女时又多了几分宽慰的笑容。老陈心怀感激地对笔者说：“还是党的政策好呵！我治病的药费负担轻了，还能拿出钱来好好照料女儿陈雪。”

杨广金　男，2014年入选中国好人榜。1953年3月出生，汉族，群众，张家湾镇大北关村人。

2004年6月，杨广金当选为张家湾镇大北关村村委会委员，负责村内规划、民调、社保、民政、残疾人管理、民兵等多项工作。在一些人眼里，这都是琐碎繁杂、受累不讨好的活，不容易出成绩，但他勤勤恳恳，任劳任怨，把平凡的工作做得有声有色，很快就赢得村民的赞许。

他为村民办理合作医疗事项时，发现填单、报销、领钱等手续，对残疾人来说十分不便。他抽空走访了本村残疾人家庭，了解具体情况，每当他们需要报销时，只需一个电话，他便亲自上门服务。

村民李振平双目失明，丈夫在外打工，儿女又要上班。老杨每周定期去她家看望，询问有什么事需要帮助。一次，狂风大作，眼看大雨就要来了，他赶紧骑车到李振平家，一看她家锁着门，经询问邻居才知道，她下午出去还没回来。他召集几个人一起寻找，最后在河沟里找到她，原来她去买东西，迷了路，掉进河沟里。她的家人去他家表示感谢，他说：“谢什么，这是我应该做的。”

邻居张巨旺是个智残人，70多岁，无儿无女，没人照顾。老杨便负责起老人的衣食住行，每天都要去他家看看，看是否需要买些生活必需品，还经常询问他的身体情况，陪老人聊天。老人现在衣食无忧，每天快乐地生活着。

2007年6月的一天中午，11岁的张君宇和伙伴在村东头水坑边玩耍，不慎失足落入两米深的水中。小伙伴赶紧去君宇家报信。张君宇的奶奶刘秀玲和爷爷赶往事发地。杨广金也闻讯赶到坑边，只见孩子的奶奶由于不识水性正在水里挣扎，他连忙把老人拉上岸，自己跳入水中寻找孩子，把小君宇从水中托上来时，孩子浑身全都紫了，停止了呼吸。君宇的爷爷奶奶被吓得瘫倒在地，老杨用平时掌握的急救知识为小君宇抢救，120急救车到来前，孩子已经缓上气来。经过医院治疗，小君宇欢蹦乱跳地康复出院了。事后，张君宇的奶奶带孩子到村委会，给杨广金送来金字锦旗，上面写着："奋不顾身，永得民心"，感谢他给了孩子第二次生命。

周腾飞　男，2014年入选中国好人榜。1983年1月出生，汉族，江苏连云港人，中共党员，总参陆航学院某训练基地学兵一队队长。2001年9月入伍，2005年毕业于解放军国际关系学院，历任排长、参谋、副队长、教导员、队长等职。

任职以来，工作认真负责，带兵科学有方，任务执行圆满，尤其是3次救人抢险的事迹在军营内外引起较大反响，彰显了一名革命军人对党，对人民的无限忠诚。个人多次被上级表彰为优秀基层带兵人、优秀教育工作者。荣立三等功1次、嘉奖2次。

2014年4月8日下午5点50分许，基地学兵一队正组织学兵有序进饭堂就餐，站在队列后面的队长周腾飞突然听到有人大喊："有人落水了！"循着声音，迅速跑到学院的"同心湖"旁，发现一个小男孩正在水中挣扎，周腾飞来不及任何考虑和犹豫，"扑通"一声跳进湖里，一把抓住小孩，用力托举向岸边一点点游靠过去，最终在其他战友的协助下才将小孩拉上岸。周腾飞上岸后顾不得被撞伤的膝盖，和战友们迅速对溺水小孩进行应急抢救，在确认小男孩脱离危险，安排好人把小孩送回家后，自己才一瘸一拐地回到学员队。而此时，他浑身湿透，随身物品全部落入水中。

为救群众奋不顾身，危急关头敢豁出生命。周腾飞的英勇一跳感动现场许多官兵，可事后大家了解到，他抢险救人的事还不止这一件。2008年冬天，周腾飞在前往学院办事途中，在路边看见一辆蓝色现代车翻进马路一侧的深水沟里，司机已经在里面撞伤昏迷。他立即打电话报警，随后毫不犹豫地跳进冰冷刺骨的水里，拼命地拉踹车门，由于浮冰太多且车体入水太深，车门根本无法打开。随后赶到的几名群众担心他会冻坏出事，硬把他拉了上来。但周腾飞根本顾不上冻麻的双腿和被冰块划伤的胳膊，拦下一辆路过的大卡车，再次跳入冰水里去拴牵引绳，终于救出被困的司机。2012年暑假，周腾飞回家探亲期间，家乡遇上特大台风"达维"，街道全部被淹，周腾飞顾不上自家进水的房屋，主动和村干部一起转移群众，抢救财产。由于暴雨不断，内涝严重，很多房屋因泡水时间过长而倒塌，周腾飞顾不上个人安危，从早上忙到傍晚，滴水未进，在村里来回穿梭，一个人把十几个小孩和老人从快要坍塌的危房里背出来，有几次差点滑倒进排水沟里。最后，配合村干部把上百名受灾群众安全转移，抢救出财产数十万元。

三次抢险救人，彰显军人本色。一位将军了解到他的事迹后给予高度评价："见义勇为是中华民族的美德，周腾飞同志三次见义勇为，这是一名军人对人民的爱，对组织的忠。"

统计表

2014年通州区社会经济主要指标统计表

项　目		2014年	2013年	增长率（%）
区域概况				
全区地域面积	(平方公里)	906.28	906.28	持平
乡镇数	(个)	11	11	持平
#镇	(个)	10	10	持平
街道办事处	(个)	4	4	持平
村民委员会	(个)	475	475	持平
居委会	(个)	111	111	持平
平均气温	(度)	14.6	13.3	9.8
常住人口				
年末常住人口	(万人)	135.6	132.6	2.3
#常住外来人口	(万人)	55.5	53.6	3.5
按性别分				
男性	(万人)	70.1	68.9	1.7
女性	(万人)	65.5	63.7	2.8
按城乡分				
城镇人口	(万人)	87.1	84.5	3.1
乡村人口	(万人)	48.5	48.1	0.8
按年龄分组情况				
0～14岁人口	(万人)	13.2	12.2	8.2
15～64岁人口	(万人)	111.1	109.0	1.9

续　表

项　目		2014年	2013年	增长率（%）
65岁及以上人口	(万人)	11.3	11.4	-0.9
60岁及以上人口	(万人)	18.6	18.1	2.8
户籍人口情况				
总户数	(户)	342640	337287	1.6
农业户	(户)	139037	142180	-2.2
非农业户	(户)	203603	195107	4.4
户籍人口	(人)	705084	693233	1.9
按性别分				
男	(人)	350261	344372	1.7
女	(人)	354823	348861	1.7
按城乡分				
农业人口	(人)	309697	319412	-3.0
非农业人口	(人)	395387	373821	5.8
劳动力情况				
乡镇及行政村从业人员	(人)	418076	412115	1.4
国民经济核算				
地区生产总值	(万元)	5489086	5052283	8.7
按产业分				
第一产业	(万元)	219974	209956	4.8
第二产业	(万元)	2765694	2490117	11.1
第三产业	(万元)	2503419	2352210	6.4
财政税收金融				
地方财政收入	(万元)	4242247	2195561	93.2
#公共财政预算收入	(万元)	608551	529114	15.0
地方财政支出	(万元)	3740310	2601303	43.8
#公共财政预算支出	(万元)	1318393	1243165	6.1
税收总额	(万元)	1871677	1712795	9.3
国税	(万元)	861594	820666	
地税	(万元)	1010083	892129	13.2

续 表

项 目		2014年	2013年	增长率（%）
年末各项存款余额	(万元)	17552123	16721461	5.0
年末各项贷款余额	(万元)	5186874	4755802	9.1
对外贸易				
实际利用外资	(万美元)	35742	12004	197.8
新增三资企业个数	(个)	29	35	-17.1
出口创汇总额	(亿美元)	12.2	11.5	6.1
固定资产投资				
全社会固定资产投资项目个数	(个)	451	473	-4.7
#本年新开工项目个数	(个)	146	198	-26.3
全社会固定资产投资	(万元)	6877173	5907727	16.4
#基础设施投资	(万元)	1448714	1171786	23.6
建安投资	(万元)	3389519	3151355	7.6
按城乡划分				
1.城镇投资	(万元)	6008654	5047757	19.0
#房地产开发投资	(万元)	4468179	3609322	23.8
#办公楼	(万元)	1167642	615248	89.8
商业营业用房	(万元)	365038	442137	-17.4
2.农村投资	(万元)	868519	859970	1.0
按产业划分				
1.第一产业	(万元)	309455	397882	-22.2
2.第二产业	(万元)	405897	455238	-10.8
#工业	(万元)	405897	455238	-10.8
3.第三产业	(万元)	6161821	5054607	21.9
农村经济				
现价农业总产值	(万元)	578164.3	554136.5	4.3
#农　　业	(万元)	234901.9	257769.7	-8.9
林　　业	(万元)	141572.3	110130.2	28.5
牧　　业	(万元)	164684.6	148952.8	10.6
渔　　业	(万元)	27431.6	28251.8	-2.9

续 表

项 目		2014年	2013年	增长率（%）
粮食总产量	(吨)	79625.0	121830.5	-34.6
夏粮	(吨)	22312.0	40485.9	-44.9
秋粮	(吨)	57313.0	81344.6	-29.5
农作物总播种面积	(公顷)	26530.5	34998.5	-24.2
粮食作物	(公顷)	12887	19691.9	-34.6
经济作物	(公顷)	47.2	55.8	-15.4
其他作物	(公顷)	13596.3	15250.8	-10.8
农副产品产量				
蔬菜产量	(吨)	542458.6	617604.7	-12.2
出栏生猪	(头)	251769.0	285622.0	-11.9
鲜奶产量	(吨)	105683.0	104329.3	1.3
鲜蛋产量	(吨)	8067.6	8029.6	0.5
园林水果产量	(吨)	51323.5	54103.4	-5.1
瓜果类产量	(吨)	25454.0	23749.5	7.2
鲜切花产量	(万枝)	1280.3	1903.1	-32.7
盆栽花产量	(万盆)	1156.5	969.1	19.3
都市型现代农业				
观光农业				
农业观光园	(个)	58.0	55.0	5.5
接待人次	(人次)	833162.0	774100.0	7.6
观光园总收入	(万元)	18518.4	20572.7	-10.0
设施农业				
1.播种面积	(公顷)	7469.0	7983.3	-6.4
#蔬菜	(公顷)	6776.3	7507.5	-9.7
瓜果类	(公顷)	261.3	257.7	1.4
2.产量				
#蔬菜	(万公斤)	26675.7	29967.9	-11.0
瓜果类	(万公斤)	895.4	912.2	-1.8
3.设施农业实际利用面积	(公顷)	2790.7	2807.0	-0.6

续 表

项 目		2014年	2013年	增长率(%)
温室	(公顷)	1968.8	2092.0	-5.9
大棚	(公顷)	661.4	591.4	11.8
中小棚	(公顷)	160.3	123.6	29.7
4.设施农业收入	(万元)	114459.6	131319.2	-12.8
种 业				
种业销售收入	(万元)	4287.4	3571.6	20.0
农业	(万元)	867.6	650.0	33.5
林业	(万元)	2940.5	2123.0	38.5
牧业	(万元)	279.3	453.9	-38.5
渔业	(万元)	200.0	344.7	-42.0
销往外埠收入	(万元)	2547.2	2701.0	-5.7
工 业				
规模以上工业总产值(现价)	(万元)	6910537	6677235	3.5
#现代制造业	(万元)	2929265	2810291	4.2
高技术制造业	(万元)	1195699	1241465	-3.7
规模以上工业主营业务收入	(万元)	7866425	7514764	4.7
#现代制造业	(万元)	3027039	2939167	3.0
高技术制造业	(万元)	1218712	1270233	-4.1
规模以上工业利润总额	(万元)	499862	362168	38.0
#现代制造业	(万元)	337461	159589	111.5
高技术制造业	(万元)	200875	50278	299.5
建筑业				
建筑业总产值	(万元)	9236885	7571530	22.0
按行业类别				
房屋工程建筑业	(万元)	6496249	5118208	26.9
土木工程建筑业	(万元)	2309255	2014859	14.6
建筑安装业	(万元)	39703	37412	6.1
建筑装饰和其他建筑业	(万元)	391323	400078	-2.2
施工面积	(万平方米)	9264	6980	32.7

续　表

项　目		2014年	2013年	增长率（%）
#本年新开工面积	(万平方米)	3665	2843	28.9
竣工面积	(万平方米)	930	1240	-25.0
竣工产值	(万元)	2650583	3547325	-25.3
签订合同额	(万元)	28534364	22478409	26.9
#本年新签订合同额	(万元)	11610936	11842210	-2.0
社会消费品零售额				
社会消费品零售额	(万元)	3231955	2869235	12.6
人民生活				
农村居民人均纯收入	(元)	20076	17925	12.5
农村居民人均生活消费支出	(元)	12702	11625	9.4
城镇居民人均可支配收入	(元)	37095	33662	10.2
城镇居民人均消费性支出	(元)	23694	20604	15.0
城乡居民储蓄余额	(万元)	9738066	8784703	10.9
旅游				
旅游收入	(万元)	285753	259494	10.1
接待旅游人数	(万人次)	526.0	223.0	135.9
劳动就业与社会保障				
城镇登记失业率	(%)	1.99	1.86	
城镇登记失业人员就业率	(%)	70.32	67.23	
城镇登记失业人员就业人数	(人)	10232	9096	12.5
职业介绍服务机构	(家)	38	36	5.6
失业人员参加培训人数	(人)	919	1022	-10.1
职业技能鉴定人数	(人)	2616	2603	0.5
参加职业技能培训人数	(人)	20296	20828	-2.6
参加养老保险单位数	(家)	17164	14193	20.9
参加养老保险人数	(人)	445645	414879	7.4
参加基本医疗保险单位数	(家)	17434	14681	18.8
参加基本医疗保险人数	(人)	453623	486127	-6.7
参加失业保险单位数	(家)	17207	14150	21.6

续　表

项　目		2014年	2013年	增长率（%）
参加失业保险人数	(人)	321649	319879	0.6
参加城乡居民养老保险人数	(人)	219794	213901	2.8
城乡居民养老保险续保率	(%)	99.1	98.5	
城镇五险社会保险基金目标完成率	(%)	120.7	107.3	
企业退休人员基本养老金最低标准	(元/月)	1463	1330	10.0
企业退职人员基本养老金最低标准	(元/月)	1331	1210	10.0
企业退养人员基本养老金最低标准	(元/月)	1210	1100	10.0
失业保险金最低标准	(元/月)	1012	892	13.5
领取失业保险金金额	(万元)	13072	11616	12.5
领取工伤保险金金额	(万元)	5740	5305	8.2
职工最低工资标准	(元/月)	1560	1400	11.4
文化				
公共图书馆	(个)	1	1	0.0
公共图书馆藏书	(万册)	49.9	47.9	4.2
区级以上非物质文化遗产项目	(项)	33	33	0.0
教育				
幼儿园	(所)	136	126	7.9
#在园人数	(人)	25203	20473	23.1
小学	(所)	83	82	1.2
毕业生数	(人)	7465	7373	1.2
招生数	(人)	9709	13070	-25.7
在校生数	(人)	60717	59413	2.2
中学	(所)	40	42	-4.8
毕业生数	(人)	7584	7862	-3.5
招生数	(人)	8911	9448	-5.7
在校生数	(人)	27166	28262	-3.9
卫生				
卫生机构	(个)	615	601	2.3
#医院	(个)	19	12	58.3

续 表

项 目		2014年	2013年	增长率（%）
社区卫生服务中心（站）	（个）	102	101	1.0
实有床位数	（张）	3216	3203	0.4
#医院	（张）	2400	2425	-1.0
社区卫生服务中心	（张）	544	514	5.8
卫生技术人员	（人）	8081	7447	8.5
#执业（助理）医师	（人）	3034	2803	8.2
注册护士	（人）	3092	2784	11.1
卫生防疫人员数	（人）	276	244	13.1
5岁以下儿童死亡率	（‰）	3.08	1.20	
婴儿死亡率	（‰）	2.25	1.10	
公共设施				
公园	（个）	18	6	200.0
体育场馆	（个）	19	19	0.0
道路长度	（公里）	2340.1	2353.9	-0.6

注：1.2014年常住人口数据为人口抽样调查推算数据

2.部门数据来源于通州区民政局、气象局、环保局、公安分局、财政局、国税局、地税局、商务委、人力资源和社会保障局、文化委、教委、卫生局、园林绿化局、体育局、公路分局

3.存贷款数据、城乡居民储蓄数据来源于通州区工行、农行、农商行、建行、中行、交通银行、北京银行、农发行、兴业银行、华夏银行、中信银行、邮储银行、浦发银行、杭州银行等

4.全社会固定资产投资为项目建设地口径；地区生产总值产业划分依据国家统计局2012年制定的《三次产业划分规定》，行业划分依据《国民经济行业分类》（GB/ T 4754—2011）。为现价增速

5. 规模以上工业为年主营业务收入2000万元及以上的工业法人单位

6. 社会消费品零售额按“产业在地”原则核算

7.旅游收入及接待旅游人数为北京市统计局反馈数据

8.体育场馆数据为第六次全国体育场地普查数据

附　录

中共北京市通州区委主要文件目录

中共北京市通州区委文件

京通发〔2014〕1号	中共北京市通州区委关于授予“人才公寓建设工程”等8个项目“通州区人才工作创新项目奖”的决定
京通发〔2014〕2号	中共北京市通州区委关于印发《2013—2017年通州区干部教育培训工作规划》的通知
京通发〔2014〕3号	中共北京市通州区委关于在全区深入开展党的群众路线教育实践活动的实施意见
京通发〔2014〕4号	中共北京市通州区委关于印发《区委常委会深入开展党的群众路线教育实践活动工作方案》的通知
京通发〔2014〕5号	中共北京市通州区委　北京市通州区人民政府关于调整北京市通州区精神文明建设委员会组成人员及职责分工的通知
京通发〔2014〕6号	中共北京市通州区委　北京市通州区人民政府关于印发《2014年区委、区政府折子工程》的通知
京通发〔2014〕7号	中共北京市通州区委关于成立区委全面深化改革领导小组的通知
京通发〔2014〕8号	中共北京市通州区委关于印发《区委常委会2014年议题计划》的通知
京通发〔2014〕9号	中共北京市通州区委　北京市通州区人民政府关于对2013年度考评优秀单位进行表彰的决定
京通发〔2014〕10号	中共北京市通州区委关于成立中国共产党北京市通州区食品药品监督管理局党组等相关工作的通知
京通发〔2014〕11号	中共北京市通州区委关于对区委全面深化改革领导小组和专项小组设置进行调整的通知
京通发〔2014〕12号	中共北京市通州区委关于进一步加强基层纪检监察组织建设的意见
京通发〔2014〕13号	中共北京市通州区委　北京市通州区人民政府关于进一步调整理顺我区流动人口服务管理体制机制的工作意见
京通发〔2014〕14号	中共北京市通州区委关于培育和践行社会主义核心价值观的实施意见
京通发〔2014〕15号	中共北京市通州区委印发《通州区贯彻落实〈建立健全惩治和预防腐败体系2013—2017年工作规划〉的实施细则》的通知

京通发〔2014〕17号	中共北京市通州区委关于批转《中共北京市通州区人大常委会党组关于补选北京市通州区第五届人民代表大会代表的请示》的通知
京通发〔2014〕18号	中共北京市通州区委关于批转《中共北京市通州区人大常委会党组关于召开北京市通州区第五届人民代表大会第五次会议的请示》的通知
京通发〔2014〕19号	中共北京市通州区委关于批转《中共政协北京市通州区委员会党组关于召开政协北京市通州区第五届委员会第四次会议的请示》的通知
京通发〔2014〕20号	中共北京市通州区委 北京市通州区人民政府关于授予耿晓坤等同志第二届“通州青年英才奖”的决定
京通发〔2014〕21号	中共北京市通州区委 北京市通州区人民政府关于开展安全生产监管体制机制综合改革工作实施意见

中共北京市通州区委办公室文件

京通办发〔2014〕1号	中共北京市通州区委办公室关于对2013年度通州区党委系统办公室工作先进单位及先进个人进行表彰的通报
京通办发〔2014〕2号	中共北京市通州区委办公室关于进一步推进学习型党组织建设的实施意见
京通办发〔2014〕3号	中共北京市通州区委办公室 北京市通州区人民政府办公室关于印发《2014年通州区党风廉政建设和反腐败工作任务分工方案》的通知
京通办发〔2014〕4号	中共北京市通州区委办公室 北京市通州区人民政府办公室印发《关于进一步加强和完善村级经济事项监督管理的意见》的通知
京通办发〔2014〕5号	中共北京市通州区委办公室 北京市通州区人民政府办公室关于印发《北京市通州区行政事业单位实物资产管理办法（暂行）》的通知
京通办发〔2014〕6号	中共北京市通州区委办公室转发区纪委区委组织部区委宣传部《关于授予王岩等9名同志北京市通州区第二届“勤廉之星”荣誉称号的决定》的通知
京通办发〔2014〕7号	中共北京市通州区委办公室 北京市通州区人民政府办公室印发《关于在全区集中开展流动人口和出租房屋大摸排工作的方案》的通知
京通办发〔2014〕8号	中共北京市通州区委办公室 北京市通州区人民政府办公室印发《关于国庆节和亚太经合组织领导人非正式会议期间开展社会面防控专项行动的工作方案》的通知
京通办发〔2014〕9号	中共北京市通州区委办公室关于进一步加强和改进党委督促检查工作的实施意见
京通办发〔2014〕10号	中共北京市通州区委办公室 北京市通州区人民政府办公室印发《关于进一步完善区级领导调查研究工作规范领导活动的办法》的通知
京通办发〔2014〕11号	中共北京市通州区委办公室关于做好2015年度《人民日报》、《求是》杂志、《北京日报》、《前线》杂志等党报党刊发行工作的通知
京通办发〔2014〕12号	中共北京市通州区委办公室印发《通州区关于巩固和拓展党的群众路线教育实践活动成果的方案》的通知
京通办发〔2014〕13号	中共北京市通州区委办公室印发《关于加强新形势下发展党员和党员管理服务工作的实施意见》的通知
京通办发〔2014〕14号	中共北京市通州区委办公室关于印发《通州区2014—2018年党员教育培训工作规划》的通知
京通办发〔2014〕15号	中共北京市通州区委办公室关于转发区委组织部重新修订的《通州区村级组织规范化管理工作实施细则》的通知

北京市通州区人民政府主要文件目录

北京市通州区人民政府文件

通政发〔2014〕1号	北京市通州区人民政府关于印发通州区大龄低保人员参加城乡居民养老保险补贴办法的通知
通政发〔2014〕2号	北京市通州区人民政府印发关于对年度突出贡献企业奖励办法的通知
通政发〔2014〕3号	北京市通州区人民政府关于加强占用征收林地管理的意见
通政发〔2014〕4号	北京市通州区人民政府印发关于促进就业再就业工作实施办法（试行）的通知
通政发〔2014〕5号	北京市通州区人民政府关于防范处置企业拖欠工资的意见
通政发〔2014〕6号	北京市通州区人民政府关于成立通州区空气重污染应急指挥部的通知
通政发〔2014〕7号	北京市通州区人民政府关于成立北京市通州区“北京矿业要素市场项目”工作小组的通知
通政发〔2014〕8号	北京市通州区人民政府关于印发2014年区政府会议重要议题计划的通知
通政发〔2014〕9号	北京市通州区人民政府关于印发岳鹏同志在区五届人大四次会议上作的《政府工作报告》的通知
通政发〔2014〕10号	北京市通州区人民政府关于印发2014年通州区生态环境建设工程的通知
通政发〔2014〕11号	北京市通州区人民政府关于印发通州区安全生产“一岗双责”实施办法（暂行）的通知
通政发〔2014〕12号	北京市通州区人民政府关于印发通州区2014年重点项目任务表的通知
通政发〔2014〕13号	北京市通州区人民政府关于印发通州区2014年在直接关系群众生活方面拟办重要实事的通知
通政发〔2014〕14号	北京市通州区人民政府关于印发通州区推进气象事业发展率先实现气象现代化实施方案的通知
通政发〔2014〕15号	北京市通州区人民政府关于促进农民增收工作的意见
通政发〔2014〕16号	北京市通州区人民政府关于印发通州区迎接国家土地督察北京局例行督察工作方案的通知
通政发〔2014〕17号	北京市通州区人民政府关于印发通州区2014年清洁空气行动计划的通知
通政发〔2014〕18号	北京市通州区人民政府关于印发北京市通州区大运河森林公园管理办法的通知
通政发〔2014〕19号	北京市通州区人民政府关于成立通州区促进农民增收工作领导小组的通知
通政发〔2014〕20号	北京市通州区人民政府关于印发通州区2014年主要污染物减排工作方案的通知

通政发〔2014〕21号	北京市通州区人民政府关于印发通州区森林可持续经营规划（2013—2020年）的通知
通政发〔2014〕22号	北京市通州区人民政府关于印发通州区淘汰落后产能工作奖励暂行办法的通知
通政发〔2014〕23号	北京市通州区人民政府关于评选认定区级优秀校长、区级骨干教师的决定
通政发〔2014〕24号	北京市通州区人民政府印发关于配合北京城市总体规划修改进行相关专项研究工作方案（2004—2014年）的通知
通政发〔2014〕25号	北京市通州区人民政府关于2013年度通州区科学技术奖励的决定
通政发〔2014〕26号	北京市通州区人民政府关于印发《通州区新增产业的禁止和限制目录（2014年版）》的通知

北京市通州区人民政府办公室文件

通政办发〔2014〕1号	关于成立通州区流浪乞讨人员救助管理工作领导小组的通知
通政办发〔2014〕2号	北京市通州区人民政府办公室关于表彰2013年度区政府系统办公室工作先进单位及先进个人的通报
通政办发〔2014〕3号	北京市通州区人民政府办公室转发市烟花办关于做好2014年春节期间烟花爆竹安全管理工作的通知
通政办发〔2014〕4号	北京市通州区人民政府办公室关于办理通州区五届人大四次会议代表建议和政协通州区五届三次会议委员提案的通知
通政办发〔2014〕5号	北京市通州区人民政府办公室关于印发通州新城核心区建设现场管理工作方案的通知
通政办发〔2014〕6号	北京市通州区人民政府办公室关于清明节期间加强殡葬管理工作的通知
通政办发〔2014〕7号	北京市通州区人民政府办公室关于北京市通州区食品安全委员会更名并调整组成人员的通知
通政办发〔2014〕8号	北京市通州区人民政府办公室关于印发为民办实事工程、区政府折子工程、重点工程、生态环境建设工程四大工程绩效任务书的通知
通政办发〔2014〕9号	北京市通州区人民政府办公室关于加强联络服务驻区中央单位和驻区部队工作的意见
通政办发〔2014〕10号	北京市通州区人民政府办公室关于成立通州区代征绿地移交建设领导小组的通知
通政办发〔2014〕11号	北京市通州区人民政府办公室关于印发通州区2014年加快压减燃煤和清洁能源建设工作方案的通知
通政办发〔2014〕12号	北京市通州区人民政府办公室关于调整通州区语言文字工作委员会组成人员的通知
通政办发〔2014〕13号	北京市通州区人民政府办公室关于进一步规范和完善区政府会议制度的通知
通政办发〔2014〕14号	北京市通州区人民政府办公室关于印发通州区气象灾害防御规划（2013—2020年）的通知
通政办发〔2014〕15号	北京市通州区人民政府办公室关于对火灾隐患进行挂账督办的通知
通政办发〔2014〕16号	北京市通州区人民政府办公室关于印发通州区迎接义务教育发展基本均衡区县国家认定工作实施方案的通知
通政办发〔2014〕17号	北京市通州区人民政府办公室关于印发通州区2014年淘汰落后产能工作方案的通知
通政办发〔2014〕18号	北京市通州区人民政府办公室关于印发通州区2014年市级以上工业开发区以外工业

	企业压减燃煤工作方案的通知
通政办发〔2014〕19号	北京市通州区人民政府办公室关于印发通州区组织清理石油天然气危险化学品管线占压侵占安全距离等安全隐患工作方案的通知
通政办发〔2014〕20号	北京市通州区人民政府办公室关于印发通州区司法行政基层建设三年行动计划（2013—2015年）的通知
通政办发〔2014〕21号	北京市通州区人民政府办公室关于印发通州区政府合同管理规定的通知
通政办发〔2014〕22号	北京市通州区人民政府办公室关于通州区第八次园林绿化资源普查工作的实施意见
通政办发〔2014〕23号	北京市通州区人民政府办公室转发区食品药品监管局关于食品生产加工作坊工作指导意见的通知
通政办发〔2014〕24号	北京市通州区人民政府办公室关于印发通州区人民防空工程使用规划的通知
通政办发〔2014〕25号	北京市通州区人民政府办公室关于印发通州区2014年节能目标分解方案的通知
通政办发〔2014〕26号	北京市通州区人民政府办公室关于印发通州区重大环境建设和管理问题约谈制度的通知
通政办发〔2014〕27号	北京市通州区人民政府办公室关于印发通州区2014年农村地区“减煤换煤、清洁空气”行动实施方案的通知
通政办发〔2014〕28号	北京市通州区人民政府办公室关于转发市发展改革委等部门制定的《北京市新增产业的禁止和限制目录（2014年版）》的通知
通政办发〔2014〕29号	北京市通州区人民政府办公室关于印发通州区蔬菜零售网点建设工作方案（2014—2016年）的通知
通政办发〔2014〕30号	北京市通州区人民政府办公室关于印发通州区安全生产约谈办法的通知
通政办发〔2014〕31号	北京市通州区人民政府办公室关于调整通州区推动首都标准化战略领导小组组成人员的通知
通政办发〔2014〕32号	北京市通州区人民政府办公室关于印发2014年亚太经济合作组织会议通州区空气质量保障方案的通知
通政办发〔2014〕33号	北京市通州区人民政府办公室关于印发通州区控制扬尘污染工作方案的通知
通政办发〔2014〕34号	北京市通州区人民政府办公室关于做好“光进铜退”网络升级改造工作的通知
通政办发〔2014〕35号	北京市通州区人民政府办公室关于印发通州区2014—2015采暖季供热工作方案的通知
通政办发〔2014〕36号	北京市通州区人民政府办公室关于成立北京市通州区南水北调对口协作协调小组的通知
通政办发〔2014〕37号	北京市通州区人民政府办公室关于编制《通州区2015年在直接关系群众生活方面拟办的重要实事》的通知
通政办发〔2014〕38号	北京市通州区人民政府办公室关于印发通州区政府领导跟踪督查制度的通知
通政办发〔2014〕39号	北京市通州区人民政府办公室关于做好政务网站群内容更新工作的通知
通政办发〔2014〕40号	北京市通州区人民政府办公室关于启用通州区政务协同办公系统的通知

通州区社区居委会名录

新华街道办事处(7个)

天桥湾	天桥湾13号楼前平房	69551634
东大街	如意园小区12号楼—7（此为临时租赁办公场所）	69551624
新建	北大街17号（此为临时租赁办公场所）	69551274
贡院	如意园小区12号楼—7（此为临时租赁办公场所）	69551604
司空	北大街59号（此为临时租赁办公场所）	69551430
如意	吉祥园甲18—1	69551294
北关	北大街17号（此为临时租赁办公场所）	69551284

北苑街道办事处(18个)

果园西	北苑南路48号院内平房	81531314
新北苑	广通小区1号楼2单元102室	60534924
后南仓	后南仓12楼北侧	69553562
新城南街	后南仓32号楼金禧花园小区内1层居委会	69519160
新华西街	新华西街15号院北门外	69531046
长桥园	八里桥南街87号院8号楼104、105室	89503063
五里店	杨庄路5号	60533861
玉带路	潞河中学北街13号	80886601
帅府	帅府小区40楼北侧	69516593
西关	玉带河大街88号	80880548
复兴南里	北苑南路38号院底商2号楼2—6号	80814056
北苑桥	八里桥南街1号院Ｅ座105室	60530243
锦园	五里店西路6号院6号楼底商101	60536578
中山街	中山大街52号6单元102号	80880623
京贸国际	八里桥南街68号院1号楼107室	89506243
滨惠南三街	新华西街145号院内8号楼东小院	80888362
新华联家园北区	新华联家园北区东北门旁	80812378
天时名苑	天时名苑小区10号楼1单元 102室	80574061

中仓街道办事处(17个)

中仓	中仓小区10号楼东侧平房	69513099
四员厅	新街下坡9号	69536342
东里	新城东里17号楼后平房	69536431
西营	玉带河大街50号楼院内	69548171
悟仙观	南大街47号	69555872
莲花寺	南大街莲花寺5号	69554865
白将军	南大街东顺城街甲8号	69551915
小园	东营前街3号楼底商一号	69513149
西上园	西上园一区甲13号楼	60562853
上营	潞通大街198号院8号楼2单元101	60561778
东关	潞通大街198号院11号楼1单元101	60561467
新华园	故城东路51号院	69536809
星河	水仙西路89号（运河湾北区底商）	80855652
中上园	玉带河东大街145号	60563020
运河园	通州区兽医站南侧	80852774
滨河	运河明珠小区2号楼3单元4层	52113080
运河湾	水仙西路83号	80858505

玉桥街道办事处(17个)

乔庄北街	乔庄北街1号院平房	81588186
土桥	临河里106号楼首、二层	56405153
玉桥东里	玉桥东里6号楼底商6-1,6-2	81546160
艺苑	艺苑西里7号楼南平房	81534001
运河东大街	葛布店东里12楼南平房	81525744
玉桥南里	玉桥南里22号楼北平房	81586364
玉桥北里	玉桥北里47号楼	81586392
葛布店南里	葛布店东里100-8当代名筑底商	81512199
葛布店北里	蓝山国际小区2号楼102室	81524780
梨花园	梨园北街18号院5号楼南侧	60526533
柳岸方园	玉桥西里中街底商28、30号	52101079
柳馨园	乔庄东区91号院南侧灰楼一层	60549175
玉桥南里南	玉桥南里50院2号楼底商（景馨家园）	81598088
净水园	净水园12号楼	59757433

玉桥东里南	玉桥东里南115号楼二层、三层	81575317
新通国际	梨园西里21号楼南侧	89542940
潞阳桥	砖厂北里101号楼1单元101室	56530064

永　顺　镇(22 个)

富河园	通州区永顺镇富河园小区门口	69556193/89500119
天赐良园	西富河园二号院门口	80544295/80508774
盛业家园	通胡大街23号院206号楼北侧平房	51070549
运乔嘉园	运河西大街乔庄东区2号院23号楼地下室	81588242
龙旺庄	龙旺庄煤气站东院停车场院内平房	89517535/89591736
世纪星城兴业园	世纪星城77号楼6单元101、102室	52998951/52998952
潞苑南里	拉维小镇31号楼首二层	57907159/57907158
东潞苑西区	东潞苑五区甲12号楼底商	89596690/89557332
潞邑	新潮家园小区三区三单元201室	89597806/89557652
运通园	潞苑南大街614号澜花语岸院内西花园南侧平房	89557072/89557280
杨庄南里西区	杨庄小区1号楼平房院内	60533302/60539200
西马庄	西马庄34号楼东侧平房	60512196
苏荷雅居	苏荷雅居14号楼地下室	58014723
永顺西里	永顺西里甲38号院东门	60511094/60510545
永顺南里	永顺南街234号	60514252/60510483
艺苑东里	艺苑东里小区物业公司右侧	81538215
杨庄南里南区	通州区杨庄路22号院内	60531051
潞苑嘉园	永顺镇社会服务管理中心西楼二层	89588600/89588670
竹木场	永顺镇竹木场村	60514342
岳庄	永顺镇岳庄村	69551671
杨富店	永顺镇杨富店村	81564891
杨庄通广嘉园	杨庄通广嘉园小区	81562541/81562624

梨　园　镇(22 个)

新华联家园南区	新华联家园南区10号楼5单元502号（地下室）	81557495
格瑞雅居	格瑞雅居小区北平房	81539489
靓景明居	梨园镇怡乐园三区靓景明居西会所三层居委会办公室	58013927
万盛北里	梨园镇万盛北里380号楼	81573410
龙鼎园	翠景南里西区6号楼104号	81551872
金侨时代家园	花涧溪28号楼2层	60550769

梨园东里	梨园东里南区物业楼一层	81573402
京洲园	京洲园413号楼底层（京洲馨园院内）	60545691
翠景北里	梨园镇瑞都国际小区（南区9号楼）	81518043
葛布店东里	北杨洼小区28号楼前平房	81541462
群芳园	云景东路66号院群芳园小区老年活动中心二楼	81524368
云景东里	梨园镇园景阁东区南门平房5−7号	81577966
云景里	云景里社区10#楼前社区服务站一楼	60529914
颐瑞西里	梨园镇群芳中二街152号瑞都公园世家小区5号楼	60529747
颐瑞东里	梨园镇颐瑞东里C区147号2层	81578395
欣达园	群芳四园桃花岛小区商AA座998—5号	81526302
曼城家园	梨园镇万盛北里甲420号楼地下室	81532973
云景北里	新城阳光小区36楼1单元114号	60529512
翠屏北里	翠屏北里小区1号楼北侧平房	81517532
大方居	大方居小区331号楼1层	57055500
翠屏南里	通景园194号楼2层	56852916
新城乐居	颐瑞东里207号	

路 城 镇（3 个）

三元	三元楼甲14号楼	89522535
紫荆雅园	北京市通州区通胡大街3—15号	89521934
水仙园	北京市通州区通胡大街68号	89521824

马驹桥镇（3 个）

新海南里	新海南里39号楼一单元101室	60509328
新海北里	新海南里39号楼3单元102室	60509590
新海祥和	新海北里8号楼一单元101室	60509527

漷 县 镇（3 个）

绿茵小区	绿茵小区南门西侧	80586010
绿茵西区	绿茵西区二期院内	80520295
金三角	金三角商贸城内	80566298

通州区村民委员会名录

永　顺　镇（21个）

村名	电话	村名	电话
上　营	60560765	乔　庄	81582577
小圣庙	69572219	范　庄	69555513
南　关	52353387	焦王庄	58011003
果　元	81517118	王家场	89590826
杨　庄	81566266	刘　庄	89597779
永　顺	89532535	李　庄	89594266
前上坡	80887261	耿　庄	89593772
西马庄	60512253	龙旺庄	89590733
邓家窑	80541089	小潞邑	89597311
新　建	69543380	苏　坨	89597682
北马庄	89576102		

梨　园　镇（26个）

村名	电话	村名	电话
半壁店	60558867	孙　庄	60521755
李老公庄	81561744	车里坟	60521574
刘老公庄	81542917	孙王场	81533342
小　稿	60522734	九棵树	60522782
东总屯	81525795	东小马庄	60528361
西总屯	60529897	魏家坟	60557573
小街一队	60525633	将军坟	60524095
小街二队	60525822	高楼金	61568873
小街三队	60525079	三间房	60520967
西小马庄	81521609	梨　园	60524999
大稿村	81563977	北杨洼	81514505
曹　园	58019983	公　庄	81530435
大马庄	81533853	砖　厂	69573088

宋　庄　镇（47个）

名称	电话	名称	电话
关辛庄	89571580	辛　店	69591318
郝各庄	89572596	大兴庄	69596764
西　赵	89572556	宋　庄	52100642
港　北	89572534	小　堡	80856711
南马庄	89572537	疃　里	89599012
高各庄	89571189	六　合	69591432
翟　里	89572180	后夏公庄	69591012
北寺庄	89571591	前夏公庄	69591015
小杨各庄	89572939	邢各庄	52112046
白　庙	69596618	丁各庄	52107606
任　庄	52337325	高辛庄	52103301
喇嘛庄	69596776	菜　园	52103588
小邓各庄	52105295	富　豪	89551542
大邓各庄	69598092	尹各庄	89551774
师姑庄	89513098	草　寺	89567384
北刘各庄	69593069	岗　子	80857681
摇不动	69597529	北窑上	80857071
平家疃	80859335	王辛庄	80857764
大　庞	89567534	寨　里	89559724
小　营	89567347	寨辛庄	80519389
内军庄	89567704	葛　渠	89559541
徐辛庄	89567414	吴各庄	52330970
沟渠庄	89567694	管　头	89559388
双埠头	52115902		

潞　城　镇（54个）

名称	电话	名称	电话
东杨庄	89526240	七　级	89581804
魏　庄	89521688	堡　辛	69594175
霍　屯	89521653	常　屯	69594280
古　城	89582750	东　堡	89581927
杨　坨	89515336	西　堡	89592060
郝家府	52110100	召　里	69594138
辛安屯	89515031	后　屯	69594387

胡各庄 89582070
大台 89583154
留庄 89580738
东夏园 89582453
庙上 89582475
大营 89582543
东小营 89582652
前北营 89582674
后北营 89582760
黎辛庄 89581373
南刘各庄 89581206
八各庄 89583992
东刘庄 61529815
岔道 61520832
侉店 52339226
大甘棠 61522818
小甘棠 61521214
大豆各庄 52119752
小豆各庄 52119772
武窑 61521505

孙各庄 89598871
兴各庄 61521186
燕山营 61525258
凌家庙 61522002
李疃 61520575
武疃 61529663
前疃 61525848
东前营 61529355
贾后疃 61521244
前榆林庄 61523101
后榆 61522290
卜落垡 61529885
夏店 61522700
崔家楼 61521364
肖庄 61521090
大东各庄 61521324
小东各庄 61521046
谢楼 61559044
康各庄 61552047
太子府 61551656

西集镇（57个）

曹刘各庄 61576083
南小庄 61576061
上坡 61576063
和合站 61576065
安辛庄 61578189
吕家湾 61576014
杨家洼 61579713
辛集 61576238
肖家林 61576040
前寨府 61577119
后寨府 61576093
黄东仪 61576009
尹家河 61576124
赵庄 61513442

东辛庄 61576095
大灰店 61576109
大沙务 61576046
小灰店 61576113
小沙务 61576119
牛牧屯 61576584
桥上 61576107
杜店 61576105
前东仪 61576121
史东仪 61576004
侯东仪 61576005
耿楼 61558230
陈桁 61558203
王庄 61558204

侯各庄	61576013	金　坨	61558993
于辛庄	61576015	何各庄	61558213
车　屯	61571336	金各庄	61558240
武辛庄	61576371	张各庄	61558132
胡　庄	61579436	望君疃	61558243
协各庄	61576043	杜柳棵	61558259
西　集	61576041	马　坊	61558126
石　上	61516914	任辛庄	61558047
王　上	61576115	太平庄	61558008
林　屯	61576059	小　屯	61558186
岳　上	61576081	小辛庄	61558148
郎　东	61558071	供给店	61558618
郎　西	61558003	儒　林	61558184
老庄户	61558374	沙古堆	61558610
冯各庄	61558147		

漷县镇（61个）

马　头	80586102	周起营	69568414
马　堤	80599103	北堤寺	69568405
三黄庄	80586945	黄厂铺	69568457
石　槽	80586105	小　屯	80566043
毛　庄	80586107	曹　庄	80561183
高　庄	80587899	纪各庄	80569674
沈　庄	80599660	侯黄庄	80566515
后　地	80599770	马　庄	13801052382
小香仪	80580180	张　庄	80563274
大香仪	80580723	东寺庄	80566123
东黄垈	80586034	凌　庄	80566350
西黄垈	80586024	前尖平	13911183839
漷　县	80586302	后尖平	80566149
杨　堤	80586109	徐官屯	80562346
长凌营	80581411	东定安	80561195
榆林庄	80582877	西定安	80562348
苏　庄	80586097	军　屯	80564522
马　务	80586007	柏　庄	80560069
翟各庄	80585242	龙　庄	80566131

许各庄	80583480	李辛庄	80566059
南阳	80586090	尚武集	80566145
靛庄	80599700	觅子店	80566221
吴营	13701140525/80525890	南屯	80567245
王楼	80581902	穆家坟	80590341
郭庄	13699108950	军庄	80590724
中辛庄	80586091	边槐庄	80566038
南丁庄	69568406	梁家务	80565218
东鲁	69569754	罗庄	80566045
西鲁	69569348	前元化	80561003
草厂	69568404	后元化	80567268
大柳树	80563774		

张家湾镇（57个）

张湾村	61506019	南姚园	61569450
张湾镇	61568516	齐善庄	61502914
施园	69573004	牌楼营	69573014
宽街	69572972	马营	69573714
唐小庄	69573703	前街	69581366
立禅庵	69573724	中街	69581403-8003
大高力庄	69573432	后街	69581407
南许场	69571033	后坨	69580496
北许场	69571866	小耕垡	13716464092
土桥	69572122	前南关	69587401
皇木厂	69573040	后南关	69586221
上马头	69573247	北仪阁	69571435
张辛庄	69571661	前青山	69580028
梁各庄	69572274	后青山	69589049
东定福庄	69573431	苍上	69588665
西定福庄	69573749	王各庄	69581457
贾各庄	69573743	东永和屯	13716464318
姚辛庄	69573493	西永和屯	69581459
里二泗	61563348	小北关	13716464633
烧酒巷	69573451	大北关	69581417
上店	69571300	垡头	69581420
大辛庄	69571097	三间房	69588620
枣林庄	69575208	北大化	69584315

何各庄	69573746	陆辛庄	69581126
瓜厂	69573747	苍头	69581153
南火垡	69585262	坨堤	69583433
十里庄	69586164	高营	13716464635
南大化	69581415	梓田	60570147
柳营	69582151		

台湖镇（46个）

董村	81501225	垛子	69509532
北神树	81502473	徐庄	69500545
丁庄	69501648	台湖	61531983
白庄	69501282	玉甫上营	61532683
马庄	69501280	西下营	61535015
孟庄	69505300	东下营	61531705
郑庄	69508385	北姚园	61531732
安定营	69508386	唐大庄	61574707
北堤	69501894	碱厂	61531737
崔窑	69502721	尖垡	61531742
水南	69503089	兴武林	61531754
北小营	80823591	窑上	61531763
西太平庄	69502474	北火垡	61534143
次一	69501725	蒋辛庄	61531903
次二	69501029	外郎营	52105926
东石	69502248	周坡庄	61538152
桂家坟	81509719	胡家垡	61531936
麦庄	69502417	江场	61531950
永隆屯	69503727	口子	61531952
大地	69509494	铺头	61531962
新河	69500545	前营	61532014
高古庄	69500416	田家府	61531335
桑园	69501548	朱家垡	61531895

马驹桥镇（45个）

北门口	60509484	大周易	60509219
二街	60509416	史村	60507775
三街	60599947	前银子	60509338

名称	电话
一街	60508866
西后街	60502930
辛屯	60509516
大葛庄	60500272
东店	60509861
西店	60509403
马村	60509581
小白村	60509327
姚村	60505858
张各庄	60509774
大白村	60509745
张村	60509227
古庄	60509490
房辛店	60509517
小张湾	60505058
周营	60509228
杨秀店	60594082
郭村	60501226
柴务	60509519
小周易	60505899
后银子	60500244
驸马庄	60591198
南堤	60591108
大杜社	61585729
小杜社	61585740
西马各庄	61582737
六郎庄	61583915
大松垡	61584561
小松垡	61585747
神驹	61585753
柏福	61585752
东田阳	61583398
南小营	61582571
团瓢庄	61582666
姚辛庄	61585996
前堰上	61585951
后堰上	61585935
陈各庄	61582958
西田阳	61585950

永乐店镇（38个）

名称	电话
永乐店一村	69569024
永乐店二村	69568744
永乐店三村	69568632
小南地	69569656
大羊	69569314
孔庄	69569684
老槐庄	69564047
陈辛庄	69564646
邓庄	69567975
后甫	69568355
东张各庄	69564024
德仁务前街	69569990
德仁务中街	69568153
德仁务后街	69568308
西河	80551310
新西庄	69568493
南堤寺东村	69568489
南堤寺西村	69568487
马合店	80553586
后营	80551315
西槐庄	80551454
坚村	80598008
小安	80551312
临沟屯	80511342
应寺	80511306
胡家村	80512105
柴厂屯	80511241
熬硝营	80515506
小甸屯	80511475
三垡	80511407

东　　河	80551978	半截河	80514388
小　　务	80551012	兴隆庄	80511424
大　　务	80551192	前马坊	80511397
鲁　　城	80552715	后马坊	80511492

于家务回族乡（23个）

于家务	80531963	小海字	80522196
东马各庄	80531950	渠　　头	80521362
西马坊	80534891	南三间房	80529409
果　　村	80531962	富各庄	80523575
神　　仙	80534596	王各庄	80523898
北辛店	80532820	满　　庄	80523633
大耕垡	80533588	崔各庄	80810466
南仪阁	80531946	东　　垡	80521474
仇　　庄	80521158	西　　垡	80521359
南刘庄	80521997	前　　伏	80521379
吴　　寺	80529028	后　　伏	80529268
枣　　林	80521014		

通州区中小学校、幼儿园名录

幼儿园

通州区马驹桥镇大松垡幼儿园	通州区马驹桥镇大松垡村	61580348
通州区马驹桥镇六郎庄幼儿园	通州区马驹桥镇六郎庄村	61583915
通州区永乐店镇小务幼儿园	通州区永乐店镇小务村	80551012
通州区宋庄镇徐辛庄中心幼儿园翟里分园	通州区宋庄镇翟里村	89541052
通州区漷县镇觅子店幼儿园	通州区漷县镇觅子店村	80510951
通州区漷县镇漷县中心幼儿园徐官屯分园	通州区漷县镇徐官屯村	80588440
通州区宋庄镇徐辛庄中心幼儿园北刘分园	通州区宋庄镇北刘各庄村	89541052
通州区梨园镇新城嘉园中心幼儿园	通州区梨园镇新城嘉园小区云景东里108号楼	81529807

通州区永乐店镇熬硝营幼儿园	通州区永乐店镇熬硝营村	69546339
通州区马驹桥镇小周易幼儿园	通州区马驹桥镇小周易村	80890031
通州区潞城镇贾后疃幼儿园	通州区潞城镇贾后疃村	18500466654
通州区马驹桥镇神驹幼儿园	通州区马驹桥镇神驹村	61585753
通州区宋庄镇红杉溪谷幼儿园	通州区宋庄镇疃里南区55号楼	13671042212
通州区梨园镇大风车双语幼儿园	通州区梨园镇时尚街区东区9号楼	80818815
通州区马驹桥镇金桥幼儿园	通州区中关村科技园区通州园金桥科技产业基地景盛北一街29号	80898809
通州区漷县镇漷县中心幼儿园黄厂铺分园	通州区漷县镇黄厂铺村	80588440
通州区马驹桥镇史村幼儿园	通州区马驹桥镇史村	80840700
通州区西集镇西集中心幼儿园肖林分园	通州区西集镇肖家林村	13810324522
通州区马驹桥镇杨秀店幼儿园	通州区马驹桥镇杨秀店村	80803910
通州区马驹桥镇小松垡幼儿园	通州区马驹桥镇小松垡村	61587384
通州区台湖镇台湖中心幼儿园东下营分园	通州区台湖镇东下营村	61528180
通州区漷县镇漷县中心幼儿园大香仪分园	通州区漷县镇大香仪村	80588440
通州区台湖镇台湖中心幼儿园胡家垡分园	通州区台湖镇胡家垡村	61528368
通州区潞城镇古城幼儿园	通州区潞城镇古城村	13671309733
通州区台湖镇次渠家园幼儿园	通州区台湖镇次渠北里105号	80821732
通州区梨园镇西总屯幼儿园	通州区梨园镇翠屏北里小区27号楼	60526990
通州区西集镇西集中心幼儿园大灰店分园	通州区西集镇大灰店村	15001119087
通州区马驹桥镇团瓢庄幼儿园	通州区马驹桥镇团瓢庄村	61582666
通州区潞城镇后屯幼儿园	通州区潞城镇后屯村	89582390
通州区台湖镇台湖中心幼儿园外郎营分园	通州区台湖镇外郎营村	59494261
通州区马驹桥镇后堰上幼儿园	通州区马驹桥镇后堰上村	61585935
通州区张家湾镇南大化幼儿园	通州区张家湾镇南大化村	60579371
通州区马驹桥镇前堰上幼儿园	通州区马驹桥镇前堰上村	61587891
通州区马驹桥镇后银子幼儿园	通州区马驹桥镇后银子村	81505961
通州区台湖镇定海园幼儿园	通州区台湖镇定海园二里16号	60577589
通州区于家务乡北辛店幼儿园	通州区于家务乡北辛店村	80531831
通州区宋庄镇平家疃幼儿园	通州区宋庄镇平家疃村	15611988667
通州区梨园镇玉豆豆瑞都幼儿园	通州区梨园镇颐瑞西里南区	80819090
通州区宋庄镇六合幼儿园	通州区宋庄镇六合村	57178892
通州区马驹桥镇南小营幼儿园	通州区马驹桥镇南小营村	69576340
通州区宋庄镇白庙幼儿园	通州区宋庄镇白庙村	69546339
通州区永乐店镇永一幼儿园	通州区永乐店镇永一村	69569339
通州区马驹桥镇小张湾幼儿园	通州区马驹桥镇小张湾村	13718583067
通州区马驹桥镇周营幼儿园	通州区马驹桥镇周营村周营南街	80828828
通州区金宝幼儿园	通州区河滨路1号	89537333

通州区马驹桥镇东田阳幼儿园	通州区马驹桥镇东田阳村	61583398
通州区马驹桥镇柏福幼儿园	通州区马驹桥镇柏福村	61585752
通州区花石匠幼儿园	通州区砖厂北里39号楼	56542238
通州区台湖镇台湖中心幼儿园	通州区台湖镇台湖村临36号	59494261
通州区马驹桥镇西马各庄幼儿园	通州区马驹桥镇西马各庄村	61582737
通州区马驹桥镇姚辛庄幼儿园	通州区马驹桥镇姚辛庄村	69546339
通州区幼儿园	通州区中山街36号	69544030
通州区新城东里幼儿园	通州区西营前街25号	69545284
通州区教工幼儿园	通州区潞通大街196号	69544818
通州区如意中心幼儿园	通州区如意园小区甲12号	69541957
通州区情智幼儿园	通州区通惠南路1号	60519296
双鹿艺术幼儿园	通州区玉桥西路1号	69545541
中国人民解放军总参谋部陆航部幼儿园	通州区张家湾镇三间房806号院	66858363
通州区玉桥街道运河幼儿园	通州区葛布店北里8号楼东侧	81528111
通州区科印幼儿园	通州区北苑南路63号院	60536388
北京七色光艺术幼儿园	通州区永顺镇新建工业区5号	81579292
运乔蓝天幼儿园	通州区运河大街乔庄东区2号	81591155
通州区天使宝贝双语艺术幼儿园	通州区东大街60号	80855170
通州区贝乐康双语艺术幼儿园	通州区梨园镇半壁店大街10号	52998088
通州区春蕾双语艺术幼儿园	通州区艺苑小区东里1号	81510266
通州区玉桥幼儿园	通州区玉桥北里47号	81587114
通州区新苗幼儿园	通州区靶场路潞苑嘉园27号楼	89558599
通州区童乐幼儿园	通州区通惠南路29号院内	69545714
通州区瀚林华馨幼儿园	通州区台湖镇次渠大街19号	69505829
通州区东方幼儿园	通州区玉带河东街461号	69545558
通州区小脚丫幼儿园	通州区潞城镇召里村	89529068
通州区龙旺庄双语艺术幼儿园	通州区永顺镇龙旺庄村	89595336
北京通州哈佛摇篮幼儿园	通州区通胡大街68号	89520860
北京武夷大地幼儿园	通州区通胡大街68号	89524395
通州区芬芳幼儿园	通州区梨园镇砖厂村	68572943
通州区星河幼儿园	通州区玉桥西里70号院	81537959
通州区运河宝宝双语艺术幼儿园	通州区永顺西街32号	80883815
通州区启智贝尔幼儿园	通州区玉桥东路58号	81598268
通州区小海豚双语艺术幼儿园	通州区潞苑南大街1093号	89512389
通州区童心幼儿园	通州区永顺镇西马庄村	60516183
通州区淘乐思艺术幼儿园	通州区果园北街226号	81573037
通州区永顺镇中心幼儿园	通州区八里桥南街68号院	89506393

通州区永顺镇小潞邑幼儿园	通州区永顺镇小潞邑村	69546339
通州区梨园地区中心幼儿园	通州区梨园镇群芳园小区东侧	81529807
通州区梨园地区扬洼幼儿园	通州区梨园镇北杨洼村	80579158
通州区永乐店镇老槐庄幼儿园	通州区永乐店镇老槐庄村	69546339
通州区宋庄镇尹各庄幼儿园	通州区宋庄镇尹各庄村	89576009
通州区张家湾镇张家湾中心幼儿园	通州区张家湾镇西定福庄丙51号	69573184
通州区张家湾镇牛堡屯中心幼儿园	通州区张家湾镇中街村442号	69582371
通州区马驹桥镇马驹桥中心幼儿园	通州区马驹桥镇西店村	60599598
通州区马驹桥镇大杜社中心幼儿园	通州区马驹桥镇大杜社村	61586059
通州区台湖镇中心幼儿园	通州区台湖镇台湖村	61531059
通州区潞城镇中心幼儿园	通州区潞城镇胡各庄村	89583867
通州区民族幼儿园	通州区芙蓉园312号	69542233
通州区西集镇西集中心幼儿园	通州区西集镇西集村	61579280
通州区东旭英华双语艺术幼儿园	通州区梨园北街256号	69539200
通州区新通幼儿园	通州区梨园西里38号楼	89542746
通州区漷县镇漷县中心幼儿园	通州区漷县镇漷县村	80588440
通州区漷县镇觅子店幼儿园曹庄分园	通州区漷县镇曹庄村	80510920
通州区宋庄镇疃里幼儿园	通州区宋庄镇疃里村	69546339
通州区大方居幼儿园	通州区半壁店大街25号京洲园334号楼	57056484
通州区七零九零幼儿园	通州区梨园西街净水园14号楼	59757315
通州区宋庄镇徐辛庄中心幼儿园	通州区宋庄镇徐辛庄村	89541052
通州区世纪之星艺术幼儿园	通州区梨园镇九棵树万盛北里甲355号	81519281
通州区北星幼儿园	通州区梨园路122号	52101961
通州区蓝馨双语幼儿园	通州区宋庄镇吴各庄村82号	52330707
通州区于家务乡中心幼儿园	通州区于家务回族乡于家务西里新月路1号	80534851
通州区漷县镇觅子店幼儿园边槐庄分园	通州区漷县镇边槐庄村	80510922
通州区于家务乡东马各庄幼儿园	通州区于家务乡东马各庄村	80535865
通州区台湖镇台湖中心幼儿园兴武林分园	通州区台湖镇兴武林村	59494261
通州区临河里幼儿园	通州区临河里62号	81515239
通州区西集镇西集中心幼儿园杜柳棵分园	通州区西集镇杜柳棵村	13716647728
通州区梨园镇玉豆豆新城阳光幼儿园	通州区梨园镇新城阳光小区云景北里40号楼	81579668
通州区潞城镇大豆各庄幼儿园	通州区潞城镇大豆各庄村	60550260
通州区漷县镇觅子店幼儿园张庄分园	通州区漷县镇张庄村	80510951
通州区幼师实验幼儿园	通州区玉桥东里106号	81575934
通州区龙鼎幼儿园	通州区翠景南里西区18号楼	81551886
通州区迪帆幼儿园	通州区安顺路17号	89545581
通州区永乐店镇中心幼儿园	通州区永乐店镇东张各庄村	69568919

通州区东旭英才双语艺术幼儿园	通州区物院路南口A1-8号	80544002
通州区华远铭悦幼儿园	通州区砖厂南里27号	89542746
通州区瑞丁幼儿园	通州区梨园镇九棵树西路188号通大家园22号	81599269
通州区快乐时光幼儿园	通州区半壁店大街北口1号	13521405607
通州区思玛特双语艺术幼儿园	通州区怡乐中街靓景明居小区内	58014689
通州区斯宾赛尔幼儿园	通州区潞苑中路枫露皇苑1区甲1号	61528188
通州区汇佳绣江南幼儿园	通州区梨园镇大马庄村群芳四园56号楼	52115261
通州区艾毅幼儿园	通州区杨庄北里52号	81596406
通州区巴克寓所幼儿园	通州区梨园镇怡乐中街149号	13621357605
通州区潞城镇甘棠中心幼儿园	通州区潞城镇侉店村	89582390
通州区鹤立幼儿园	通州区翠景南里西区17号楼	81552253
通州区日光彩虹幼儿园	通州区北苑南路44号院	80811146
通州区西集镇郎府幼儿园	通州区西集镇郎东村	69546339
通州区博瀚双语艺术幼儿园	通州区加州小镇C区159号	80877856
通州区金色摇篮幼儿园	通州区马驹桥镇新海南里6号	59296405
通州区尚慧幼儿园	通州区梨园镇大稿村	60253333
通州区阳光起点幼儿园	通州区永顺镇东潞苑五区甲11号	89598972

小 学

通州区马驹桥实验小学	通州区马驹桥镇二街村15号	80829550
通州区嘉英小学	通州区宋庄镇辛店村	60573430
通州区教师研修中心实验学校	通州区顾家坡1号	60562767
通州区富豪小学	通州区宋庄镇富豪村	89551130
北京第二实验小学通州分校	通州区砖厂北里39号	56542838
通州区芙蓉小学	通州区通胡大街70号	89535016
通州区胡各庄小学	通州区潞城镇胡各庄村	80854802
通州区次渠家园小学	通州区台湖镇次二村	81507073
通州区北苑小学	通州区北苑南路22号	69542948
通州区南关小学	通州区东营后街9号	69544219
通州区中山街小学	通州区新华西街16号	69544116
通州区后南仓小学	通州区新仓路53号	69554153
通州区东方小学	通州区西顺城街甲32号	69542593
通州区运河小学	通州区运河西大街246号	81510252
通州区官园小学	通州区新仓路29号	80888204
通州区贡院小学	通州区西海子西街	69544015

通州区司空分署街小学	通州区司空小区10号楼	69534835
通州区玉桥小学	通州区玉桥东路1号	81587322
通州区永顺小学	通州区永顺南街75号	69544474
北京教育科学研究院通州区第一实验小学	通州区梨园镇刘老村西	81526570
北京探矿机械厂子弟小学校	通州区梨园镇半壁店大街8号	81563601
通州区私立博羽小学	通州区台湖镇麦庄村	69508984
通州区艺才小学	通州区马驹桥镇大葛庄村124号	52339630
通州区红星小学	通州区马驹桥镇二街村15号	60593305
通州区兴顺实验小学	通州区永顺镇刘庄村	60511476
通州区明星小学	通州区宋庄镇尹各庄村	89576788
通州区台湖镇培彦学校	通州区台湖镇东石村	81509183
通州区古城小学	通州区潞城镇古城村	89583721
史家小学通州分校	通州区玉桥东路东小区A1区	81590956
北京小学通州分校	通州区芙蓉园313号	80853103
通州区永顺镇中心小学	通州区永顺镇杨庄村	81564281
通州区西马庄小学	通州区永顺镇西马庄村	81562327
通州区乔庄小学	通州区永顺镇乔庄村	81585845
通州区发电厂小学	通州区永顺镇小圣庙村	61563183
通州区龙旺庄小学	通州区永顺镇小潞邑村	89519604
通州区焦王庄小学	通州区永顺镇焦王庄村	89597737
通州区范庄小学	通州区永顺镇范庄村	69553172
通州区梨园镇中心小学	通州区梨园镇群芳园小区东	60523455
通州区大稿新村小学	通州区梨园镇大稿新村	81566724
通州区宋庄镇中心小学	通州区宋庄镇宋庄村	69594882
通州区北寺庄小学	通州区宋庄镇北寺庄村	89571779
通州区师姑庄小学	通州区宋庄镇师姑庄村	52119225
通州区翟里小学	通州区宋庄镇翟里村	89573246
通州区徐辛庄小学	通州区宋庄镇徐辛庄村	89563232
通州区葛渠小学	通州区宋庄镇葛渠村	89559876
通州区张家湾镇中心小学	通州区张家湾镇开发区广聚街12号	69572781
通州区上店小学	通州区张家湾镇上店村	69571442
通州区张辛庄小学	通州区张家湾镇张辛庄村	61507651
通州区漷县镇中心小学	通州区漷县镇漷兴一街	80586050
通州区靛庄小学	通州区漷县镇靛庄村	80586567
通州区草厂小学	通州区漷县镇草厂村	69569035
通州区马头小学	通州区漷县镇马堤村	80599336
通州区觅子店小学	通州区漷县镇觅子店村	80566040

通州区东定安小学	通州区漷县镇东定安村西	80566385
通州区马驹桥镇中心小学	通州区马驹桥镇兴华大街9号	60504843
通州区小张湾小学	通州区马驹桥镇小张湾村	60500604
通州区大杜社小学	通州区马驹桥镇小杜社村	61586608
通州区西集镇中心小学	通州区西集镇政府街25号	61577884
通州区肖林小学	通州区西集镇肖家林村	61576144
通州区大灰店小学	通州区西集镇大灰店村	61576408
通州区新东仪小学	通州区西集镇黄东仪村	61576064
通州区郎府小学	通州区西集镇郎东村	61558074
通州区杜柳棵小学	通州区西集镇杜柳棵村	61558108
通州区沙古堆小学	通州区西集镇沙古堆村	61577884
通州区台湖镇中心小学	通州区台湖镇次渠大街	69507134
通州区永乐店镇中心小学	通州区永乐店镇永三村	80572541
通州区德仁务小学	通州区永乐店镇德仁务中街村	69569364
通州区小务小学	通州区永乐店镇小务村	80551547
通州区柴厂屯小学	通州区永乐店镇柴厂屯村	80511545
通州区潞城镇中心小学	通州区潞城镇七级村	89594802
通州区后屯小学	通州区潞城镇后屯村	80854802
通州区大东各庄小学	通州区潞城镇大东各庄村	89580540
通州区大豆各庄小学	通州区潞城镇大豆各庄村	80854802
通州区卜落垡小学	通州区潞城镇卜落垡村	89580540
通州区于家务乡中心小学	通州区于家务乡于家务村	80531942
通州区于家务乡渠头小学	通州区于家务乡渠头村	80521541
通州区西垡小学	通州区于家务乡西垡村	80521422
通州区民族小学	通州区回民胡同47号	69553754
通州区张家湾镇张湾村民族小学	通州区张家湾镇张湾村	61561781
通州区张湾镇民族小学	通州区张家湾镇张湾镇村	69571173
通州区枣林庄民族小学	通州区张家湾镇枣林庄村	69573469
通州区临河里小学	通州区临河里58号	81594962
通州区侯黄庄小学	通州区漷县镇侯黄庄村	80563268

中 学

北京通州华仁学校	通州区丛林庄园	89591108
通州区潞河中学附属学校	通州区梨园镇大方居小区北	69546339
通州区玉桥中学	通州区梨园北街23号	81591742
通州区第六中学	通州区西顺城街32号	69543268

通州区北关中学	通州区永顺西街62号	69527871
通州区龙旺庄中学	通州区永顺镇小潞邑村北	89594808
通州区梨园学校	通州区梨园镇云景东路399号	60529536
通州区宋庄中学	通州区宋庄镇政府大街	69598707
通州区漷县中学	通州区漷县镇漷兴一街	80585485
通州区觅子店中学	通州区漷县镇尚武集村	80566041
通州区马驹桥学校	通州区马驹桥镇新海西路88号	60504922
通州区大杜社中学	通州区马驹桥镇大杜社村	61582577
通州区西集中学	通州区西集镇国防路25号	61576213
通州区郎府中学	通州区西集镇郎东村	61558070
通州区次渠中学	通州区台湖镇次一村	69502312
通州区小务中学	通州区永乐店镇小务村555号	80551584
通州区柴厂屯中学	通州区永乐店镇柴厂屯村	80515851
通州区甘棠中学	通州区潞城镇侉子店村西	61529328
通州区新华学校	通州区新华大街77号	80886064
通州区月河学校	通州区台湖镇次一村	81509419
通州区新未来实验学校	通州区宋庄镇宋庄村	89578346
通州区立华学校	通州区梨园镇东小马庄工业区4号院	89586122
育才学校通州分校	通州区梨园镇群芳中二街3号	81576606
通州区牛堡屯学校	通州区张家湾镇中街村462号	69581391
通州区陆辛庄学校	通州区张家湾镇陆辛庄村	69585189
通州区台湖学校	通州区台湖镇台湖村	61536208
通州区于家务中学	通州区于家务回族乡于家务村	80531922
通州区第二中学	通州区玉带河西街28号	69544963
通州区第三中学	通州区潞城镇胡各庄村南1号	89537370
通州区第四中学	通州区新华西街45号	69522231
通州区运河中学	通州区运河西大街107号	81523528
通州区潞河中学	通州区新华南路135号	69546337
通州区永乐店中学	通州区永乐店镇永三村1号	69568463
私立树人·瑞贝学校	通州区宋庄镇小堡南区甲一号	80856788
时代中学	通州区运河西大街35号	51430088
北京潞河国际教育学园	通州区玉带河西街10号	69553535
通州区潞州中学	通州区宋庄镇徐辛庄村北	60573788
通州区张家湾中学	通州区张家湾镇工业开发区广源西街8号	61567769
第二中学通州分校	通州区潞城镇三元村东	89521723
北京中加学校	通州区丛林庄园	89598885

特　教

通州区培智学校	通州区运河西大街6号	81524430

职业学校

北京新城职业学校	通州区台湖镇台湖村862号	61537151
现代音乐学校	通州区云景南大街68号	81514448
北京中华商科学校	通州区运河西大街35号	51430088

通州区卫生机构名录

潞河医院	新华南路82号	69543901
北京中医药大学东直门医院东区（中医医院）	翠屏西路116号	69542682
妇幼保健院	玉桥中路124号	81588625
新华医院	新华大街47号	69544236
中西医结合医院	车站路89号	69545941
老年病医院	台湖镇次渠村	69544987
第二医院（马驹桥镇马驹桥社区卫生服务中心）	马驹桥镇	60509269
梨园卫生院	梨园镇葛布店南里11号楼	81511566
永顺社区卫生服务中心	永顺龙旺庄36号楼	89596885
次渠卫生院（第三医院）	台湖镇次渠村	69502154
宋庄卫生院	宋庄镇前夏村	69595708
漷县卫生院	漷县镇漷县村	80586031
郎府卫生院	西集镇郎东村	61559055
徐辛庄卫生院	宋庄镇徐辛庄村	89567032
西集卫生院	西集镇西集村	61576285

张家湾卫生院(张家湾镇张家湾社区卫生服务中心)	张家湾镇张湾村东区甲2号	69572762
于家务卫生院	于家务乡于家务村	80534409
牛堡屯卫生院	张家湾镇牛堡屯村	69581337
永乐店卫生院(永乐店镇永乐店社区卫生服务中心)	永乐店镇永乐店大街20号	69565064
觅子店卫生院	漷县镇觅子店村	80566218
甘棠卫生院	潞城镇侉店村	61521017
大杜社卫生院	马驹桥镇大杜社村	61582210
潞城卫生院	潞城镇胡各庄	89584074
台湖卫生院	台湖镇台湖村	61531720
卫生局驻北京市通州区看守所（拘留所）社区卫生服务中心	看守所（拘留所）院内	81584764
疾病预防控制中心	新城南关2号	69547952
卫生局卫生监督所	云景东路79号	69554251
中心血站	通胡大街21号	69543732
医学会	梨园北街6号	81591787
新型农村合作医疗办公室	西大街62号	69545239
社区卫生服务管理中心	西大街62号	80883994
农村改水领导小组办公室	梨园镇西总屯村	81520382
通州区精神病医院	宋庄镇北侧	69591307

通州区公证处、法律服务所及律师事务所名录

北京市潞洲公证处	中仓路5号	69553774
中仓街道法律服务所	南大街周仓庵2号楼平房	69551794
玉桥街道法律服务所	玉桥北里41号楼玉桥办事处院内	81585143
北苑街道法律服务所	潞河中学北街18号	80574807
新华街道法律服务所	吉祥路17号新华办事处对面	69531138
永顺镇法律服务所	新华北街33号永顺镇政府院内	69543029
梨园镇法律服务所	梨园镇云景东路80号梨园镇政府院内	60524279

西集镇法律服务所	西集镇政府院内	61576541
宋庄镇法律服务所	宋庄镇政府院内	69596207
台湖镇法律服务所	台湖镇行政服务中心楼内	61531526
张家湾镇法律服务所	张家湾镇政府院内	61567086
漷县镇法律服务所	漷县镇政府社区服务中心	80580362
马驹桥镇法律服务所	马驹桥镇社会保障服务中心	60509802
永乐店镇法律服务所	永乐店镇政府综合楼	80572599
潞城镇法律服务所	潞城镇政府院内	89581506
于家务乡法律服务所	于家务乡政府对面	80532826
北京市致宏律师事务所	玉桥西里致宏律师楼（法院西门对面）	60527953
北京市天正律师事务所	玉桥西里天正律师楼（法院西门对面）	60523545
北京市天安律师事务所	玉桥西里79号楼5单元307室	52101033
北京市宝隆律师事务所	玉桥西里70号院8号楼612室	81536297
北京市德通律师事务所	玉桥西路72号楼16号1315	81528173
北京市隆康律师事务所	玉桥西里79号楼3层313室	60528650
北京市明非律师事务所	京贸国际公寓3号楼17层1705室	89505953
北京陈晓琼律师事务所	玉桥西里70号院8号楼412室	81534843
北京廉峰律师事务所	梨园北街186号嘉福临大厦301室	59011122
内蒙古大法杨律师事务所	北京分所梨园北街186号302室	18910393919
北京邵躏律师事务所	玉桥西里70号院12号楼412室	61581052
北京薛鹏律师事务所	梨园七号楼442号	81515031
北京市诚汇律师事务所	梨园路126号1层	52101906
北京荣罡律师事务所	玉桥中路109号	81518131
北京母福奎律师事务所	梨园东里北区五号楼112号	81542547
北京恒清律师事务所	西大街70号	69523040
北京王鸿飞律师事务所	梨园51号楼411室	60524955
北京蔡丽萍律师事务所	玉桥西里70号院12号楼112室	81527268
北京市卓冕律师事务所	梨园北街186号3层303室	59011069
北京泽达律师事务所	梨园东里北区五号楼421号	80817193
北京强力律师事务所	梨园东里5号楼713号	13520166100
北京伦辉律师事务所	新城东里21号楼211室	69553346
北京宝辰律师事务所	北杨洼251号	52101688
北京市达奥律师事务所	梨园镇北杨洼小区19号楼商C段二层	60527915
北京京尧律师事务所	玉桥西里12号楼3单元311室	61581362
中晏律师事务所	梨园北街18号院10号楼611	83509221
策慧律师事务所	玉桥西里70号院12-512室	81533978
邦文律师事务所	梨园北街63号楼1层	52101312

北京修诚律师事务所	通胡大街甲3号3层03层商业	52101112
北京市新展律师事务所	玉桥西里3号楼西北角	15699982198
北京市盛都律师事务所	梨园北街梨园51号楼111室	18910845515
北京市国征律师事务所	梨园东里北区5号楼713	53319013
北京市国凯律师事务所	梨园路128号法院西门北侧	52101849
北京市德兰律师事务所	玉桥西里79号楼509室	52101112

2014年通州区标准地名命名

地　名	命名时间	地　点
景盛南一街	2014-1-28	通州区马驹桥镇
恒业北七街	2014-5-22	通州区永乐店镇
恒业北八街	2014-5-22	通州区永乐店镇
寨辛庄车路	2014-10-30	通州区宋庄镇
荷香路	2014-10-30	通州区宋庄镇

通州区2014年设立的副处级以上机构

成立时间	名　称	级别	备　注
6月	中共北京市通州区委研究室加挂“中共北京市通州区委全面深化改革领导小组办公室”牌子	未定级	加挂“中共北京市通州区委全面深化改革领导小组办公室”牌子
12月	中关村科技园区通州园管理委员会	未定级	设立，并加挂北京市通州区人民政府园区管理委员会牌子，为区政府派出机构。

通州区2014年度纳税千万元以上企业名录

上海烟草集团北京卷烟厂
北京万方置业有限公司
北京祈连房地产开发有限公司
中禧伟业（北京）投资有限公司
北京君合百年房地产开发有限公司
金融街（北京）商务园置业有限公司
中交路桥建设有限公司
北京市土地整理储备中心通州区分中心
北京天旭运河房地产开发有限责任公司
北京金隅嘉业房地产开发有限公司
北京新通致远房地产开发有限公司
北京融科阳光房地产开发有限公司
北京龙源顺景房地产开发有限公司
北京苏宁云商销售有限公司
北京东亚信义国际会展中心有限公司
北京智地愿景房地产开发有限公司
北京极富房地产开发有限公司
北京中维泰禾置业有限公司
北京北亚华欣置业有限公司
中国烟草总公司北京市公司
北京金泰嘉业房地产开发有限公司
北京合生绿洲房地产开发有限公司
北京东亚信元国际会展中心有限公司
北京珠江房地产开发有限公司
北京旭辉阳光置业有限公司
北京光谷科技园开发建设有限公司
北京万达文化产业集团有限公司
北京新城基业投资发展有限公司
北京润通鸿业房地产开发有限责任公司
北京实地房地产开发有限责任公司
神州长城国际工程有限公司
北京东亚铝业有限公司
北京金隅大成开发有限公司
北京融科卓越房地产开发有限公司
北京东方长安房地产开发有限公司
北京亚腾房地产经营管理有限公司
北京海港房地产开发有限公司
北京星湖投资开发公司
北京硕日新宇投资有限公司
李宁（中国）体育用品有限公司
中国建筑第二工程局有限公司
北京东部绿城置业有限公司
北京佰鸣博泰投资有限公司
北京珠江投资开发有限公司
北京合生北方房地产开发有限公司
北京首都开发股份有限公司首开志信分公司
北京亚通房地产开发有限责任公司
北京首开万科房地产开发有限公司
蒙牛乳业（北京）有限责任公司
北京联东金桥置业有限责任公司
北京中泽房地产开发有限公司
北京联东永乐投资管理有限公司
国美电器有限公司
甘李药业股份有限公司
北京通州房地产开发有限责任公司
中国工商银行股份有限公司北京通州支行
中国农业银行股份有限公司北京通州支行
北京泽丰房地产开发有限公司
北京潞电电力建设有限公司
北京八里桥农产品中心批发市场有限公司
富力（北京）地产开发有限公司
北京欣东园建筑工程有限公司

北京东亚房地产开发有限公司
北京津华通达房地产开发有限公司
阳光人寿保险股份有限公司北京分公司
北京市鸿诺建筑工程公司
北京博宏房地产开发有限公司
中国建设银行股份有限公司北京通州支行
北京东安恒产房地产开发有限公司
北京东亚信安国际会展中心有限公司
北京光谷创新置业有限公司
中国建筑技术集团有限公司
北京新华联伟业房地产有限公司
北京汽车动力总成有限公司
北京龙禧云趣投资有限公司
北京首都开发股份有限公司首开志信分公司
北京珠江投资开发有限公司四季悦城分公司
北京华和房地产开发有限公司
中国农业发展银行北京市通州区支行
北京嘉禾远东置业有限公司
北京顺开房地产开发有限公司
百丽鞋业（北京）有限公司
北京农村商业银行股份有限公司通州支行
国美地产控股有限公司
北京岱摩斯变速器有限公司
北京五河房地产开发有限公司
北京新华联置地有限公司
北京经开光谷置业有限公司
上海新施华投资管理有限公司北京分公司
北京卓越房地产开发有限公司
北京市通州烟草公司
北京中公高远汽车试验有限公司
交通银行股份有限公司北京通州支行
中交路桥南方工程有限公司
蒙牛高科乳制品（北京）有限责任公司
北京新恒基房地产集团有限公司
北京市首发高速公路建设管理有限责任公司
北京泽通水务建设有限公司
北京同仁堂健康药品经营有限公司
北京古城房地产开发有限公司
北京东方信捷物流有限责任公司
北京市日盛达建筑企业集团有限公司永顺项目部
中建二局第三建筑工程有限公司北京通州项目部
泛华博成保险经纪有限公司
北京首都开发股份有限公司
北京华联商厦股份有限公司
中国人民财产保险股份有限公司北京市通州支公司
中国银行股份有限公司北京通州支行
北京中丽制机工程技术有限公司
北京市金三角投资管理有限公司
北京远河房地产开发有限公司
北京瑞阳嘉和物业管理有限公司
北京中消长城消防安全工程有限公司
北京壹人壹本信息科技有限公司
北京太和保兴房地产开发有限公司
中国太平洋财产保险股份有限公司北京市通州支公司
北京市通州区潞河医院
福耀集团北京福通安全玻璃有限公司
北京市通州区永顺镇焦王庄村村民委员会
北京硕日新宇投资有限公司销售分公司
北京潞城建设开发有限公司
北京万生药业有限责任公司
北京通州次渠建筑集团有限公司
北京紫石房地产开发有限公司
北京华腾橡塑乳胶制品有限公司
北京台湖出版物会展贸易中心有限责任公司
北京京成远东房地产开发有限公司
江苏省苏中建设集团股份有限公司北京通州分公司
北京华信鸿业房地产开发有限公司
北京燕化永乐生物科技股份有限公司
北京市春立正达医疗器械股份有限公司
北京兴龙成房地产开发有限公司
北京水木天成房地产开发有限责任公司

索引

说 明

· 本索引采取主题索引也称内容分析索引法编纂。主题词（标目）以《北京通州年鉴2015》版正文中出现的专业名词、名词词组、地名、机构名、人名等为主。

· 特载、专文、大事记、统计表、附录等栏目内容不在标引范围内。

· 本索引基本按汉语拼音音序排列，汉字打头的标目按首字的音序音调依次排列，首字相同时，则以第二字排序，依此类推；以阿拉伯数字打头的主题词，排在最前面；以英文字母打头的主题词，列于其后。

· 本索引的文字部分为标目，标目之后的阿拉伯数字表示该标目所在正文中的页码（地址项），其后的小写英文字母（a、b）表示正文中的栏别（从左至右）。

· 部分标目后面有若干个页码或栏别，则表示该标目均在这些地方出现。

数字索引

英文字母索引

汉语拼音索引

A

B

C

D

E

F

G

H

J

K

L

M

N

O

P

Q

T

W

X

Y

Z